FOURTH EDITION

AVENTURAS

PRIMER CURSO DE LENGUA ESPAÑOLA

José A. Blanco

Philip Redwine Donley, late

VISTA®
HIGHER LEARNING

Boston, Massachusetts

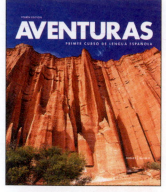

Talampaya National Park, Argentina

Publisher: José A. Blanco

President: Janet Dracksdorf

Editorial Development: Deborah Coffey, Marissa Fiala, Jo Hanna Kurth, Verónica Tejeda O'Shaughnessy

Project Management: Maria Rosa Alcaraz, Sharon Inglis, Adriana Lavergne

Technology Editorial: Darío González, Paola Ríos Schaaf

Design and Production Director: Marta Kimball

Senior Creative Designer, Print & Web/Interactive: Susan Prentiss

Production Manager: Oscar Díez

Design and Production Team: Liliana Bobadilla, María Eugenia Castaño, Michelle Groper, Mauricio Henao, Jhoany Jiménez, Andrés Vanegas, Nick Ventullo

Library of Congress Control Number: 2012948547

Student Text ISBN: 978-1-61857-053-6

Instructor's Annotated Edition ISBN: 978-1-61857-055-0

1 2 3 4 5 6 7 8 9 RJ 17 16 15 14 13 12

Introduction

Welcome to **AVENTURAS, Fourth Edition!** This highly successful introductory Spanish program is designed to provide you with an active and rewarding learning experience. You are about to embark on an exciting adventure as you learn Spanish and explore the diverse cultures of the Spanish-speaking world.

NEW to the Fourth Edition

- A completely new **Fotonovela,** filmed in the Yucatan Peninsula and Mexico City, features engaging international characters and a captivating storyline. Photos from the **Fotonovela** open each lesson.
- Enhanced Supersite—a simplified, user-friendly interface that highlights current assignments and makes all resources easy to find
- Convenient, downloadable eBook with embedded audio and easy-to-use navigation
- iPad®-friendly access—get Supersite and vText on the go!
- Fun, interactive app that reinforces lesson vocabulary, grammar, and listening and speaking
- Online chat activities for synchronous communication and oral practice
- An expanded Testing Program with new tests, plus vocabulary, grammar, and oral quizzes
- 4 new **Lectura** readings, plus Supersite audio-sync technology for all **Lectura** readings
- 6 new authentic **Videoclips** showcasing Spanish from diverse locations in the Spanish-speaking world

Plus, the original hallmark features of AVENTURAS

- Fresh, user-friendly design and layout that support and facilitate language learning
- An abundance of illustrations, photos, and charts specifically chosen to help you learn
- Practical, high-frequency vocabulary for communicating in real-life situations
- Clear, concise grammar explanations that graphically highlight important concepts
- Guided activities that practice vocabulary and grammar so you feel confident communicating in Spanish
- Abundant opportunities to interact in communicative situations
- A process approach to reading, writing, and listening skills
- Presentation of important cultural aspects of the daily lives of Spanish speakers and coverage of the entire Spanish-speaking world
- Engaging video programs, including **Flash Cultura, Videoclip,** and **Panorama cultural,** that provide authentic cultural and linguistic input
- A complete set of print and technology ancillaries to make learning Spanish easier

To familiarize yourself with the program's organization, as well as its original and new features, turn to page xii and take the **AVENTURAS-at-a-glance** tour.

table of contents

	PREPARACIÓN	AVENTURAS

CULTURA	**GRAMÁTICA**	**LECTURA**

v

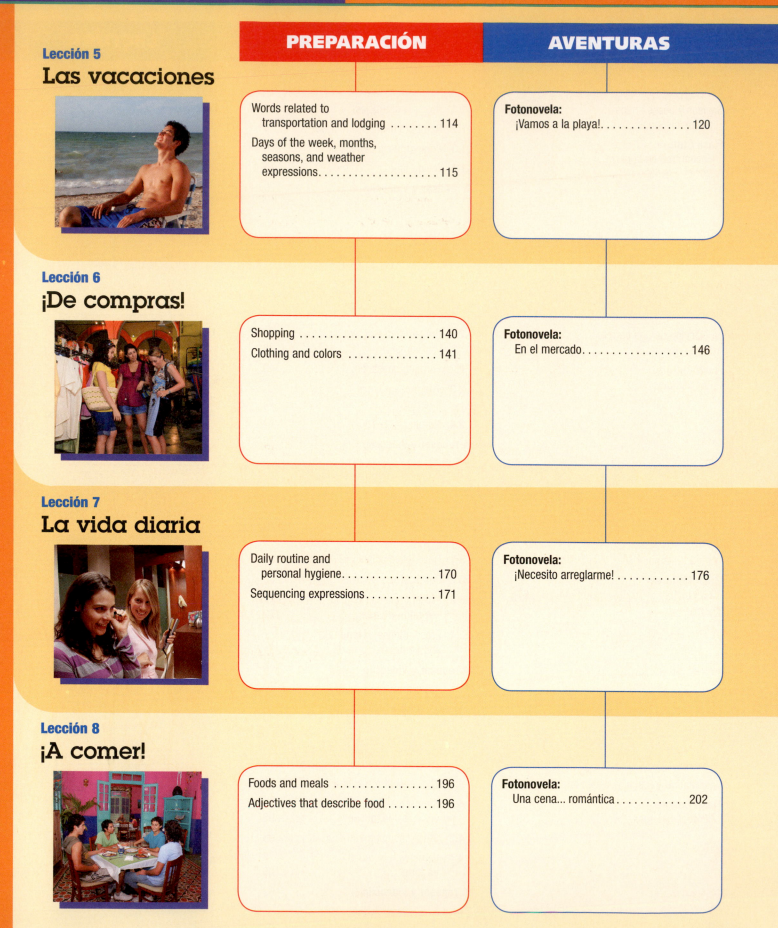

table of contents

table of contents

	PREPARACIÓN	AVENTURAS

Lesson Openers
outline the content and goals of each lesson.

4 El fin de semana

Communicative Goals

You will learn how to:
- talk about pastimes, weekend activities, and sports
- make plans and invitations
- say what you are going to do

PREPARACIÓN

pages 84–89
- Words related to pastimes and sports
- Places in the city
- Word stress and accent marks

AVENTURAS

pages 90–91
- The friends spend the day exploring Mérida and the surrounding area. Maru, Jimena, and Miguel take Marissa to a cenote. Felipe and Juan Carlos join Felipe's cousins for soccer and lunch.

CULTURA

pages 92–93
- *Real Madrid y Barça: rivalidad total*
- Flash Cultura: ¡Fútbol en España!

GRAMÁTICA

pages 94–105
- Present tense of **ir**
- Present tense of stem-changing verbs
- Verbs with irregular **yo** forms

LECTURA

pages 106–107
- Newspaper article: *Guía para el fin de semana*

PARA EMPEZAR
- ¿Cómo son estas personas? ¿Gordas o delgadas?
- ¿Son jóvenes o viejas?
- ¿En qué tienen interés: en el fútbol o en el ciclismo?
- ¿Tienen calor o frío?

Para empezar A series of questions on the lesson opener photo recycles the language you already know and previews the vocabulary you are about to learn.

Lesson organization Consistent, color-coded sections make navigating each lesson easy.

⑤upersite

Supersite resources are available for every section of the lesson at **vhlcentral.com**. Icons show you which textbook activities are also available online, and where additional practice activities are available. The description next to the ⑤ icon indicates what additional resources are available for each section: videos, recordings, tutorials, presentations, and more!

Supersite features vary by access level. Visit **vistahigherlearning.com** to explore which Supersite level is right for you.

Preparación
introduces vocabulary central to the lesson theme.

Art Dynamic photos and illustrations present high-frequency vocabulary.

Vocabulary Theme-related vocabulary appears in easy-to-reference Spanish/English lists. For words where the visual is sufficient, the Spanish is given and the English is provided at the end of the lesson.

Variación léxica This presentation of alternate words and expressions highlights the richness of the Spanish-speaking world.

Supersite

- Vocabulary tutorials
- Audio support for vocabulary presentation

Supersite features vary by access level. Visit **vistahigherlearning.com** to explore which Supersite level is right for you.

Preparación
practices vocabulary in stages.

A escuchar Practice always begins with a page of listening activities that focus on vocabulary recognition and comprehension.

A practicar Practice continues with a page of guided and transitional activities that reinforce the new vocabulary in diverse formats.

Icons Icons provide a visual cue that indicates listening, Supersite, pair, group, and info gap activities. See page xxviii for a legend of all the icons used in the student text.

Practice more! Resource boxes identify the page number of the associated Workbook, Lab Manual, or Video Manual at point-of-use.

Ⓢupersite

- Textbook activities
- Additional online-only practice activities

Supersite features vary by access level. Visit **vistahigherlearning.com** to explore which Supersite level is right for you.

Preparación
wraps up vocabulary practice with communicative activities.

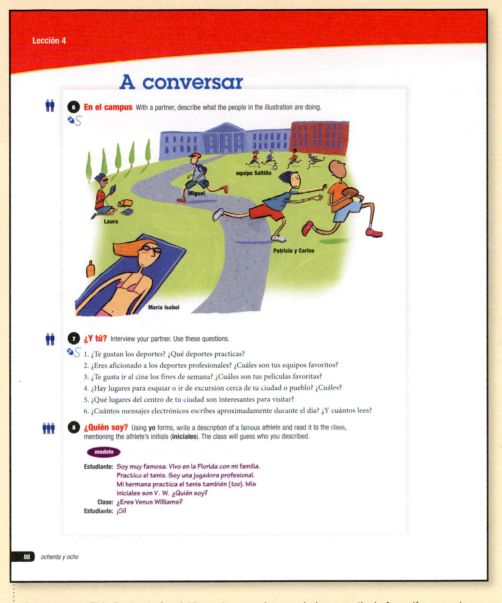

A conversar This final set of activities gets you using vocabulary creatively for self-expression in interactions with a partner, a small group, or the entire class.

Ⓢupersite

Chat activities for conversational skill-building and oral practice

Supersite features vary by access level. Visit **vistahigherlearning.com** to explore which Supersite level is right for you.

Preparación

Pronunciación and *Ortografía* present the basics of Spanish pronunciation and spelling.

El fin de semana

Pronunciación 🎧 Ⓢ Audio

Word stress and accent marks

pe-lí-cu-la	e-di-fi-cio	ver	yo

Every Spanish syllable contains at least one vowel. When two vowels are joined in the same syllable, they form a **diphthong***. A **monosyllable** is a word formed by a single syllable.

bi-blio-**te**-ca	vi-si-**tar**	**par**-que	**fút**-bol

The syllable of a Spanish word that is pronounced most emphatically is the "stressed" syllable.

pe-**lo**-ta	pis-**ci**-na	**ra**-tos	**ha**-blan

Words that end in **n**, **s**, or a **vowel** are usually stressed on the next-to-last syllable.

na-ta-**ción**	pa-**pá**	in-**glés**	Jo-**sé**

If words that end in **n**, **s**, or a **vowel** are stressed on the last syllable, they must carry an accent mark on the stressed syllable.

bai-**lar**	es-pa-**ñol**	u-ni-ver-si-**dad**	tra-ba-ja-**dor**

Words that do **not** end in **n**, **s**, or a **vowel** are usually stressed on the last syllable.

béis-bol	**lá**-piz	**ár**-bol	**Gó**-mez

If words that do **not** end in **n**, **s**, or a **vowel** are stressed on the next-to-last syllable, they must carry an accent mark on the stressed syllable.

*The two vowels that form a diphthong are either both weak or one is weak and the other is strong.

Práctica Pronounce each word, stressing the correct syllable. Then give the word stress rule.

1. profesor
2. Puebla
3. ¿Cuántos?
4. Mazatlán
5. examen
6. ¿Cómo?
7. niños
8. Guadalajara
9. programador
10. México
11. están
12. geografía

En la unión está la fuerza.¹

Oraciones Read the conversation aloud to practice word stress.

MARINA Hola, Carlos. ¿Qué tal?
CARLOS Bien. Oye, ¿a qué hora es el partido de fútbol?
MARINA Creo que es a las siete.
CARLOS ¿Quieres ir?
MARINA Lo siento, pero no puedo. Tengo que estudiar biología.

Refranes Read these sayings aloud to practice word stress.

¹ In unity, there is strength.

En el consultorio

Ortografía Ⓢ Audio

El acento y las sílabas fuertes

In Spanish, written accent marks are used on many words. Here is a review of some of the principles governing word stress and the use of written accents.

as-pi-**ri**-na	**gri**-pe	to-man	an-tes

In Spanish, when a word ends in a vowel, **-n**, or **-s**, the spoken stress usually falls on the next-to-last syllable. Words of this type are very common and do not need a written accent.

a-**sí**	in-**glés**	in-fec-**ción**	**hé**-ro-e

When a word ends in a vowel, **-n**, or **-s**, and the spoken stress does *not* fall on the next-to-last syllable, then a written accent is needed.

hos-pi-**tal**	na-**riz**	re-ce-**tar**	to-**ser**

When a word ends in any consonant *other* than **-n** or **-s**, the spoken stress usually falls on the last syllable. Words of this type are very common and do not need a written accent.

lá-piz	**fút**-bol	**hués**-ped	**sué**-ter

When a word ends in any consonant *other* than **-n** or **-s**, and the spoken stress does *not* fall on the last syllable, then a written accent is needed.

far-**ma**-cia	bio-lo-**gí**-a	su-cio	frí-o

Diphthongs (two weak vowels or a strong and weak vowel together) are normally pronounced as a single syllable. A written accent is needed when a diphthong is broken into two syllables.

sol	pan	mar	tos

Spanish words of only one syllable do not usually carry a written accent.

Práctica Busca las palabras que necesitan acento y escribe su forma correcta.

1. sal-mon
2. ins-pec-tor
3. nu-me-ro
4. fa-cil
5. ju-go
6. a-bri-go
7. ra-pi-do
8. sa-ba-do
9. vez
10. me-nu
11. o-pe-ra-cion
12. im-per-me-a-ble
13. a-de-mas
14. re-ga-te-ar
15. an-ti-pa-ti-co
16. far-ma-cia
17. es-qui
18. pen-sion
19. pa-is
20. per-don

El ahorcado Juega al ahorcado (*hangman*) para adivinar las palabras.

1. _ l _ _ _ _ _ a   Vas allí cuando estás enfermo.
2. _ _ _ _ e _ c _ _ n   Se usa para poner una vacuna (*vaccination*).
3. _ _ _ d _ o _ _ _ _ _ a   Se usa para ver los huesos.
4. _ _ _ _ i _ o   Trabaja en un hospital.
5. a _ _ _ _ b _ _ _ _ _ _ _   Es una medicina.

Practice more!
LM p. 56
Ⓢ vhlcentral.com

Pronunciación This section explains the sounds and pronunciation of Spanish in **Lecciones 1–9.**

Ortografía In **Lecciones 10–16,** this section focuses on topics related to Spanish spelling.

Ⓢupersite

- Audio for pronunciation explanation
- Record-compare textbook activities

Supersite features vary by access level. Visit **vistahigherlearning.com** to explore which Supersite level is right for you.

Aventuras
tells the story of a group of students living and traveling in Mexico.

Personajes The characters who appear in the episode are shown on the left.

Aventuras video The photo-based **Aventuras** conversations appear in the textbook's video program. To learn more about the video, turn to page xxvi.

Expresiones útiles New words and expressions are organized by language function so you can focus on using them for real-life, practical purposes.

Actividades Guided exercises check your understanding and communicative activities allow you to react in a personalized way.

Supersite

• Streaming video of the **Aventuras** episode
• Textbook activities

Supersite features vary by access level. Visit **vistahigherlearning.com** to explore which Supersite level is right for you.

Cultura
highlights engaging contemporary culture through readings and video.

Feature article This focuses on a person, place, custom, event, or tradition in the Spanish-speaking world, with an emphasis on contemporary, day-to-day culture. Written in Spanish as of **Lección 7**, this feature also provides valuable reading practice.

Así se dice Additional lexical features expand cultural coverage to vocabulary from all over the Spanish-speaking world.

Flash Cultura The enormously successful video offers specially-shot content tied to the lesson theme. Previewing support and comprehension activities are integrated into the student text. To learn more about the video, turn to page xxvii.

Supersite
- **Cultura** article
- Textbook activities
- Additional online-only practice activities
- **Conexión Internet** activity with questions and keywords related to lesson theme
- Streaming video of **Flash Cultura**

Supersite features vary by access level. Visit **vistahigherlearning.com** to explore which Supersite level is right for you.

Gramática
uses innovative design to support learning Spanish.

Layout For each grammar point, the explanation and practice activities appear together on two facing pages. Grammar explanations in the outside panels are the foundation for the activities in the shaded inner panels, providing you with support on the same page.

Explanations Written with the student in mind, **AVENTURAS'** grammar explanations are known for their clarity. Images, charts, and diagrams support the text by illustrating language and calling out key grammatical structures, patterns, and vocabulary.

Video Photos from the **AVENTURAS** video integrate it into the grammar explanations, providing a model and a real-life context for the structures you are studying.

Supersite

- Animated grammar tutorials
- Textbook activities
- Additional online-only practice activities

Supersite features vary by access level. Visit **vistahigherlearning.com** to explore which Supersite level is right for you.

Gramática
progresses from directed to communicative practice.

¡Manos a la obra! This first practice activity gets you working with the grammar point right away in simple, easy-to-understand formats.

Práctica Activities provide a wide range of guided exercises in contexts that combine current and previously learned vocabulary with each grammar point.

Español en vivo Documents like advertisements and movie posters highlight the new grammar point in a real-life context.

Conversación Opportunities for personalized expression use the lesson's grammar and vocabulary. Activities take place with a partner, in small groups, or with the whole class.

Supersite

- Animated grammar tutorials
- Textbook activities
- Additional online-only practice activities

Supersite features vary by access level. Visit **vistahigherlearning.com** to explore which Supersite level is right for you.

Gramática
includes additional practice and a video section.

A repasar Two directed and/or communicative exercises provide additional practice opportunities for each grammar point.

Síntesis Every **A repasar** section concludes with an open-ended, cumulative activity that allows you and your classmates to re-combine the grammar points of the lesson with the lesson's vocabulary.

Videoclip An authentic video clip synthesizes the entire lesson in a fun and engaging way. News stories, commercials, and even short films will get you excited about learning Spanish and expose you even more to the cultures of the Spanish-speaking world.

Supersite

- Additional online-only practice activities
- Chat activities for conversational skill-building and oral practice
- Streaming video of **Videoclip**

Supersite features vary by access level. Visit **vistahigherlearning.com** to explore which Supersite level is right for you.

Gramática
emphasizes listening, writing, and speaking in *Ampliación*.

Escuchar A recorded conversation or narration develops your listening skills in Spanish and checks your understanding of what you heard. Valuable on-the-spot listening tips help you carry out the activity effectively.

Conversar Your oral communication skills are developed through realistic, practical role-plays and situations.

Escribir A writing topic and plan take you step-by-step through the writing process, including planning, writing a first draft, peer review, and correcting your work. Valuable on-the-spot writing strategies (tips) help you carry out the activity effectively.

Un paso más This project guides you to research and create a tangible product such as a brochure or a web page or else give a presentation about a certain topic.

Supersite

- Audio activity
- Chat activities for conversational skill-building and oral practice
- **Conexión Internet** activity with questions and keywords related to lesson theme

Supersite features vary by access level. Visit **vistahigherlearning.com** to explore which Supersite level is right for you.

Lectura
supports the development of reading skills in the context of the lesson theme.

Antes de leer This feature presents helpful strategies and pre-reading activities to build your reading abilities in Spanish.

Readings The selections are specifically related to the lesson theme and recycle the vocabulary and grammar you have learned. **Lecciones 13–16** feature literary selections so you can experience reading works by well-known authors in Spanish.

Después de leer Exercises check your comprehension of the reading.

Coméntalo Activities encourage you to discuss the material in the reading from your own, personal perspective.

Supersite

- Audio-sync reading that highlights text as it is being read
- Textbook activities
- Additional online-only practice

Supersite features vary by access level. Visit **vistahigherlearning.com** to explore which Supersite level is right for you.

Vocabulario
summarizes the active vocabulary in each lesson.

4 VOCABULARIO

🎧 Audio: Vocabulary Flashcards

Las actividades

bucear	to scuba dive
escalar montañas	to go mountain climbing
escribir una carta	to write a letter
escribir un mensaje electrónico	to write an e-mail
escribir una (tarjeta) postal	to write a postcard
esquiar	to ski
ir de excursión (a las montañas)	to go for a hike (in the mountains)
leer el correo electrónico	to read e-mail
leer el periódico	to read the newspaper
leer una revista	to read a magazine
nadar en la piscina	to swim in the pool
pasar el tiempo	to spend time
pasear en bicicleta	to ride a bicycle
pasear por la ciudad/el pueblo	to walk around the city/town
patinar (en línea)	to skate (in-line)
practicar deportes	to play sports
tomar el sol	to sunbathe
ver películas	to watch movies
visitar un monumento	to visit a monument
la diversión	entertainment; fun activity
el/la excursionista	hiker
el fin de semana	weekend
el pasatiempo	pastime; hobby
los ratos libres	spare time
el tiempo libre	free time

Los deportes

el baloncesto	basketball
el béisbol	baseball
el ciclismo	cycling
el equipo	team
el esquí (acuático)	(water) skiing
el fútbol	soccer
el fútbol americano	football
el golf	golf
el hockey	hockey
el/la jugador(a)	player
la natación	swimming
el partido	game
la pelota	ball
el tenis	tennis
el vóleibol	volleyball
ganar	to win
ser aficionado/a (a)	to be a fan (of)

Los lugares

el café	café
la casa	house
el centro	downtown
el cine	movie theater
el gimnasio	gym, gymnasium
la iglesia	church
el lugar	place
el museo	museum
el parque	park
el restaurante	restaurant

Adjetivos

deportivo/a	sports-related
favorito/a	favorite

Verbos

cerrar (e:ie)	to close
comenzar (e:ie)	to begin
conseguir (e:i)	to get; to obtain
dormir (o:ue)	to sleep
empezar (e:ie)	to begin
encontrar (o:ue)	to find
entender (e:ie)	to understand
hacer	to do; to make
ir	to go
ir a (+ inf.)	to be going to do something
jugar (u:ue)	to play
mostrar (o:ue)	to show
oír	to hear
pedir (e:i)	to ask for; to request
pensar (e:ie)	to think
pensar (+ inf.)	to intend; to plan
pensar en	to think about
perder (e:ie)	to lose; to miss
poder (o:ue)	to be able to, can
poner	to put; to place
preferir (e:ie)	to prefer
querer (e:ie)	to want; to love
recordar (o:ue)	to remember
repetir (e:i)	to repeat
salir	to leave
seguir (e:i)	to follow; to continue; to keep (doing something)
suponer	to suppose
traer	to bring
ver	to see; to watch
volver (o:ue)	to return

Practice more at **vhlcentral.com**.

Vocabulario The end-of-lesson page lists the active vocabulary from this lesson. This is the vocabulary that may appear on quizzes or tests.

Supersite

- Audio for all vocabulary items
- Vocabulary flashcards with audio

Supersite features vary by access level. Visit **vistahigherlearning.com** to explore which Supersite level is right for you.

Aventuras en los países hispanos

presents the countries of the Spanish-speaking world and appears after every even-numbered lesson.

Maps These maps situate the country or region on its continent and highlight significant features.

Readings Short readings with eye-catching photos explore key facets of the location's culture, such as history, fine arts, food, celebrations, and traditions.

Video A video segment from the **Aventuras en los países hispanos** Video Program lets you experience the sights and sounds of each country featured in this section.

Opening and closing pages The opening page sets the scene for the section with a dramatic photo and statistics about the location. **¿Qué aprendiste?** activities on the closing page connect what you've learned with your own experiences.

Supersite

- Interactive map
- Streaming video of the **Aventuras en los países hispanos** program
- Textbook activities
- Additional online-only practice activities
- **Conexión Internet** activity with questions and keywords related to lesson theme

Supersite features vary by access level. Visit **vistahigherlearning.com** to explore which Supersite level is right for you.

Video programs

The Cast

Here are the main characters you will meet when you watch the **AVENTURAS** video:

From Mexico,
Jimena Díaz Velázquez

From Mexico,
Felipe Díaz Velázquez

From Mexico,
María Eugenia (Maru) Castaño

From Argentina,
Juan Carlos Rossi

From the U.S.,
Marissa Wagner

From Spain,
Miguel Ángel Lagasca Martínez

Aventuras

Fully integrated with your textbook, the **AVENTURAS** Video contains sixteen episodes. The episodes present the adventures of the Díaz family, whose household includes two college-aged children and a visiting student from the U.S. Over the course of an academic year, Jimena, Felipe, Marissa, and their friends explore **el D.F.** and other parts of Mexico as they make plans for their future. Their adventures take them through some of the greatest natural and cultural treasures of the Spanish-speaking world, as well as the highs and lows of everyday life.

The **Aventuras** section in each textbook lesson is actually an abbreviated version of the dramatic episode featured in the video. Therefore, each **Aventuras** section can be done before you see the corresponding video episode, after it, or as a section that stands alone.

In each dramatic segment, the characters interact using vocabulary and grammar you are studying. As the storyline unfolds, the episodes combine new vocabulary and grammar with previously taught language. The **Resumen** segment serves to recap the plot as well as to emphasize the grammar and vocabulary you are studying.

Aventuras en los países hispanos

The **Aventuras en los países hispanos** video is integrated with each **Aventuras en los países hispanos** section in **AVENTURAS**. Each segment is 2–3 minutes long and consists of documentary footage from each of the countries featured. The images were specially chosen for interest level and visual appeal; the all-Spanish narrations were carefully written to reflect the vocabulary and grammar covered in the textbook.

As you watch the video segments, you will experience a diversity of images and topics: cities, monuments, traditions, festivals, archeological sites, geographical wonders, and more. **Aventuras en los países hispanos** covers each Spanish-speaking country, including the United States and Canada, and gives you the opportunity to expand your cultural perspectives with information directly related to the content of **AVENTURAS**.

Flash Cultura

The dynamic **Flash Cultura** Video is fully integrated into the **Cultura** section of each lesson and into your Video Manual. Shot in eight countries (US, Puerto Rico, Mexico, Spain, Argentina, Costa Rica, Ecuador, and Peru), these contemporary and engaging episodes expand on the lesson themes. Each episode is hosted by a correspondent from the featured country; the host provides valuable information about a tradition, event, resource, or other aspect of the country's culture and talks to the locals to get their opinions about the subject at hand.

The episodes are entirely in Spanish as of **Lección 7**, but they feature authentic interviews in Spanish from the very beginning, exposing you to the diverse and authentic accents of the Spanish-speaking world. Support materials in the text, on the Supersite, and in the Video Manual make these interviews accessible so you get the most out of them.

We hope you enjoy **Flash Cultura, ¡el programa donde aprender es toda una aventura!**

Videoclip

AVENTURAS features an authentic video clip from the Spanish-speaking world for each lesson. Clip formats include high-interest commercials and news stories. These clips have been carefully chosen to be comprehensible for students learning Spanish. Developed by Spanish speakers for Spanish speakers, they offer another valuable window into the products, practices, and perspectives that are key to the cultures of the Spanish-speaking world. More importantly, though, these clips are a fun and motivating way to improve your Spanish!

Here are the countries represented in each lesson in **Videoclip**.

Lesson 1 US	Lesson 5 Mexico	Lesson 9 Argentina	Lesson 13 Argentina
Lesson 2 Chile	Lesson 6 Spain	Lesson 10 Spain	Lesson 14 Argentina
Lesson 3 Spain	Lesson 7 Argentina	Lesson 11 Colombia	Lesson 15 Uruguay
Lesson 4 Peru	Lesson 8 Colombia	Lesson 12 Spain	Lesson 16 El Salvador

Icons and Resources boxes

Icons Familiarize yourself with these icons that appear throughout **AVENTURAS**.

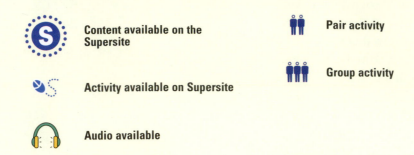

Resources boxes let you know exactly which print and technology ancillaries you can use to reinforce and expand on every section of every lesson. They include page numbers when applicable.

Student Ancillaries

- **Workbook/Video Manual**
  The Workbook activities provide additional practice of the vocabulary and grammar in each textbook lesson and the information in the **Aventuras en los países hispanos** sections. The Video Manual includes pre-, while-, and post-viewing activities for the **Aventuras**, **Aventuras en los países hispanos**, and the **Flash Cultura** videos.

- **Lab Manual**
  The Lab Manual activities build listening comprehension, speaking, and pronunciation skills.

- **Lab Program MP3s**
  The Lab Program MP3 audio files provide the recordings to be used in conjunction with the activities in the Lab Manual. These recordings are available on the **AVENTURAS** Supersite.

- **Textbook MP3s**
  The Textbook MP3 files are the recordings for the listening activities in the **Preparación, Pronunciación,** and **Ampliación** sections in each lesson of the student text, as well as the active vocabulary in each end-of-lesson **Vocabulario** list. These recordings are available on the **AVENTURAS** Supersite.

- **Web-SAM**
  The Web-SAM delivers the Workbook/Video Manual, and Lab Manual online.

Each section of your textbook comes with activities on the **Aventuras** Supersite, many of which are auto-graded for immediate feedback. Plus, the Supersite is iPad®-friendly, so it can be accessed on the go! Visit **vhlcentral.com** to explore this wealth of exciting resources.

PREPARACIÓN
- Vocabulary tutorials
- Image-based vocabulary activity with audio
- **A escuchar** activity
- Textbook activities
- Additional activities for extra practice
- Chat activities for conversational skill-building and oral practice
- Audio files for **Pronunciación**
- Record-compare practice

AVENTURAS
- Streaming video of **Aventuras** dramatic series, with instructor-managed options for subtitles and transcripts in Spanish and English
- Textbook activities
- Additional activities for extra practice

CULTURA
- Reading available online
- Streaming video of **Flash Cultura** series, with instructor-managed options for subtitles and transcripts in Spanish and English
- Keywords and support for **Conexión Internet**
- Textbook activities
- Additional activities for extra practice

GRAMÁTICA
- Animated grammar tutorials
- Grammar presentations available online
- Textbook activities
- Additional activities for extra practice
- Chat activities for conversational skill-building and oral practice
- Streaming **Videoclip**, with instructor-managed options for subtitles and transcripts in Spanish and English
- Composition activity for the **Escribir** activity in **Ampliación**

LECTURA
- Audio-synced reading
- Additional reading
- Textbook activities
- Additional activities for extra practice

VOCABULARIO
- Vocabulary list with audio
- Flashcards with audio

AVENTURAS EN LOS PAÍSES HISPANOS
- Interactive map
- Textbook activities
- Additional activities for extra practice
- Streaming video of **Aventuras en los países hispanos** series, with instructor-managed options for subtitles and transcripts in Spanish and English

Plus! Also found on the Supersite:
- All textbook and lab audio MP3 files
- Communication center for instructor notifications and feedback
- A single gradebook for all Supersite activities
- WebSAM online Workbook/Video Manual and Lab Manual
- **vText** online, interactive student edition with access to Supersite activities, audio, and video

Supersite features vary by access level. Visit **vistahigherlearning.com** to explore which Supersite level is right for you.

xxix

Access on the go

Interact with **AVENTURAS, 4th Edition** through an online browser, download it for offline reading, or boost your language skills on the go with the AVENTURAS, 4th Edition Mobile App.

- Links on the vText page to all mouse-icon textbook activities, audio, and video—a single platform for completing assignments and accessing resources
- Note-taking capabilities for students
- Easy navigation with searchable table of contents and page number browsing
- Access to all Supersite resources
- iPad®-friendly

Downloadable eBook

- Embedded audio for anytime listening
- Fast and responsive—no need to wait for pages to load
- Note-taking, highlighting, searching, and bookmarking capabilities
- Navigation bars to ensure students always know where they are
- Multi-touch enabled to flip through or zoom in at the touch of a finger
- Links to the Supersite and program video when connected online
- Works on multiple devices and platforms, including iPad®, tablets, and smartphones (iPhone® and Android)

Fun, interactive mobile app with games that reinforce lesson content

- Vocabulary flashcard tutorials
- Pronunciation practice
- Interactive *Fotonovela* clips
- Cultural trivia game
- Grammar activities

On behalf of its authors and editors, Vista Higher Learning expresses its sincere appreciation to the many educators nationwide who contributed their ideas and suggestions to **AVENTURAS, First Edition**. We are grateful to the more than eighty members of the Spanish-teaching community who reviewed the original manuscript and/or class-tested the materials. Their insights and detailed comments were invaluable to us as we created the First Edition.

AVENTURAS, Fourth Edition, has been informed by extensive reviews and ongoing input from both students and instructors using the Third Edition. Accordingly, we gratefully acknowledge those who shared their suggestions, recommendations, and ideas as we prepared this Fourth Edition.

We acknowledge Dr. Solivia Márquez of the Massachusetts Institute of Technology for her work with us on the First Edition, and we thank her for her contributions to activities and the **Lectura** sections.

We express our appreciation to the many instructors and hundreds of students using **AVENTURAS** who completed our online reviews. Their comments and suggestions were instrumental in shaping the entire **AVENTURAS, Fourth Edition**, program.

Reviewers

Corinne Arrieta
American River College, CA

Amanda Baron-Fritts
Southeast Community College, NE

Lyn Bement
Lord Fairfax Community College, VA

Juan Antonio Bernabeu
Laramie County Community College, WY

Michelle Bettencourt
University of North Carolina at Asheville, NC

Beatrice Bongiorno
Bellevue College, WA

Robert L. Bowbeer
Detroit Country Day School, MI

Veronica Bradley
Hillsborough Community College, FL

Rhonda Branch
Lawson State Community College, AL

Jane Burke
College of DuPage, IL

Elizabeth Calvera
Virginia Tech, VA

Lilian L. Cano
The University of Texas at San Antonio, TX

Carole A. Champagne
University of Maryland Eastern Shore, MD

María Salomé Chavarría Salgado
University of Houston-Victoria, TX

Maria R. Fernandez
Bellevue College, WA

Bonner Guidera
Coastal Carolina University, SC

Doina Harrison
Cathedral Catholic High School, CA

Hildegart Hoquee
San Jacinto College (Central), TX

Bea Houston
Western Iowa Tech Community College, IA

Anne Kelly-Glasoe
South Puget Sound Community College, WA

Kate Kiec
Wake Tech Community College, NC

Leslie McIver
Horry Georgetown Technical College, SC

Jose L. Mireles
Coastal Carolina University, SC

Elisa Molano-Cook
Hillsborough Community College, FL

Amelia Moreno
Cedar Crest College, PA

Jason Old
Southeastern University, FL

Elizabeth Olvera
The University of Texas at San Antonio, TX

Mari Pino del Rosario
Greensboro College, NC

David Andrew Proctor
Hill College, TX

Christine Sabin
Sierra College, CA

Rosa S. Samelson
Palo Alto College, TX

Bevin Sheehan
Granite State College, NH

Juan Soto
Odessa College, TX

Emily Stokes
Annie Wright Schools, WA

Elizabeth C. Ubiergo
Clark College, OR

Carla Zayas-Santiago
University of South Florida, FL

FOURTH EDITION

AVENTURAS

PRIMER CURSO DE LENGUA ESPAÑOLA

José A. Blanco

Philip Redwine Donley, late

VISTA®
HIGHER LEARNING

Boston, Massachusetts

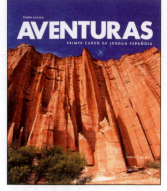

Talampaya National Park, Argentina

Publisher: José A. Blanco

President: Janet Dracksdorf

Editorial Development: Deborah Coffey, Marissa Fiala, Verónica Tejeda O'Shaughnessy

Project Management: Maria Rosa Alcaraz, Sharon Inglis, Adriana Lavergne

Technology Editorial: Darío González, Paola Ríos Schaaf

Design and Production Director: Marta Kimball

Senior Creative Designer, Print & Web/Interactive: Susan Prentiss

Production Manager: Oscar Díez

Design and Production Team: Liliana Bobadilla, María Eugenia Castaño, Michelle Groper, Mauricio Henao, Jhoany Jiménez, Andrés Vanegas, Nick Ventullo

Library of Congress Control Number: 2012948547

Student Text ISBN: 978-1-61857-053-6

Instructor's Annotated Edition ISBN: 978-1-61857-055-0

1 2 3 4 5 6 7 8 9 RJ 17 16 15 14 13 12

Instructor's Annotated Edition

Table of Contents

The **AVENTURAS** Story

Vista Higher Learning, the publisher of **AVENTURAS**, was founded with one mission: to raise the teaching of Spanish to a higher level. Years of experience working with textbook publishers convinced us that more could be done to offer you superior tools and to give your students a more profound learning experience. Along the way, we questioned everything about the way textbooks support the teaching of Spanish.

In fall 2000, the result was **VISTAS: Introducción a la lengua española,** a textbook and coordinated package of print and technology ancillaries that looked different and *were* different. **PANORAMA**, a briefer text based on **VISTAS**, followed in fall 2001. We took a fresh look at introductory college Spanish and found that hundreds of Spanish instructors nationwide liked what they saw. In just three years, **VISTAS** and **PANORAMA** became the most successful new introductory college Spanish programs in the last decade.

This success spurred us to develop **AVENTURAS**, which shares the hallmark user-friendly and video-integrated approach of **VISTAS** and **PANORAMA**, yet offers its own distinct content, design, and full complement of coordinated print and technology components. To our gratification, **AVENTURAS** is also now successfully used in introductory programs nationwide.

To those instructors who have used **AVENTURAS** and are continuing with the Fourth Edition, we thank you for your ongoing support of the program and for partnering with us, a new enterprise dedicated to innovative, focused, and captivating products. To those who are new to the Fourth Edition, we welcome you and thank you for choosing **AVENTURAS**.

We hope that you and your students enjoy using **AVENTURAS**!

Getting to Know AVENTURAS

AVENTURAS, Fourth Edition, offers a student-friendly approach to introductory Spanish. Its goal is to make learning Spanish easier and more rewarding so that students will be successful language learners. To this end, **AVENTURAS** emphasizes an interactive, communicative approach. It develops speaking, listening, reading, and writing skills so students are capable of communicating with confidence in real-life situations.

NEW to the Fourth Edition

- A completely new **Fotonovela**, filmed in the Yucatan Peninsula and Mexico City that features engaging international characters and a captivating storyline. Photos from the **Fotonovela** open each lesson.
- A new Activity Pack—the instructor resource that provides a wealth of additional communicative and directed activities for every lesson, plus a board game for review
- Enhanced Supersite—groundbreaking technology with powerful course management tools and a simplified user experience
- Convenient, downloadable eBook with embedded audio and easy-to-use navigation
- Online chat activities for synchronous communication and oral practice
- An expanded Testing Program with new tests, plus vocabulary, grammar, and oral quizzes
- 4 new **Lectura** readings, plus Supersite audio-sync technology for all **Lectura** readings
- 6 new authentic **Videoclips** showcasing Spanish from diverse locations in the Spanish-speaking world
- iPad®-friendly access—get Supersite and vText on the go!
- Fun, interactive app that reinforces lesson vocabulary, grammar, and listening and speaking
- New realia—a new design for most of the **Español en vivo** realistic readings
- New vocabulary presentations that use images to connect Spanish words to their meaning when possible, eliminating the need for the English translation

Plus, the original hallmark features of AVENTURAS

- Dynamic presentation of practical, high-frequency vocabulary
- Focus on grammar as a tool for communication
- Emphasis on culture as an integral part of language learning
- Meaningful integration of dramatic video
- Two compelling cultural videos: **Flash Cultura** and **Panorama cultural**
- Enriching, authentic cultural content, including the **Videoclip** section
- Unique and cohesive design that provides students with access to grammar explanations and corresponding activities on a single spread
- Tiered, four-part practice sequence that builds to productive output
- Incorporation of meaningful communicative practice in every section of every lesson
- Rich design that supports the learning of language and culture

To get the most out of pages IAE-6–IAE-16 in your Instructor's Annotated Edition, you should familiarize yourself with the front matter of the **AVENTURAS** Student Text.

Getting to Know Your Instructor's Annotated Edition

The Instructor's Annotated Edition (IAE) of **AVENTURAS** contains a wealth of teaching resources. Answers to all exercises with discrete answers are conveniently overprinted on the student text pages. In addition, marginal annotations complement and support varied teaching styles, extending the rich content of the student text.

Here are the principal types of annotations you will find in the **AVENTURAS** IAE.

- **Para empezar** Questions on the lesson opener photo recycle known vocabulary and preview what is to come
- **Suggestion** Ideas presenting instructional elements and cultural information
- **Expansion** Tips for expanding, varying, and reinforcing instructional elements
- **Teaching Option** Supplemental activities and games that practice the target language
- **Script** Printed transcripts of the Textbook Audio Program
- **Video Synopsis** Summaries in the **Aventuras** section that recap the video episode
- **Evaluation** Suggested rubrics for the **Escribir** activity in the **Ampliación** section
- **National Standards Icons** Special icons connecting the sections or subsections to specific standards

Instructor Ancillaries

- **NEW! Activity Pack** New to the Fourth Edition, the Activity Pack contains Info Gap Activities and Worksheet activities previously contained in the IRM. In addition, many closed-ended activities for each lesson's vocabulary and grammar are included here, alongside a plethora of communicative activities.
- **WB/VM/LM Answer Key** This supplement contains the answers to all activities with discrete responses in the Workbook/Video Manual and Lab Manual (available in print and on the Supersite).
- **Instructor's Resources** *(PDF files)* On the Supersite you will find PDF files for: the lab and textbook audioscripts, videoscripts and translations for all four video programs, instructor annotations for **Preparación** and **Gramática**, and **Vocabulario adicional**. You will also find the **Digital Image Bank** (formerly called Overheads), including maps of Spanish-speaking countries, illustrations to reinforce the textbook's **Preparación** vocabulary sections, presentations for each grammar point in **Estructura**, and other textbook illustrations.
- **Testing Program** The Testing Program contains four versions of tests for each textbook lesson, semester and quarter exams, listening scripts, answer keys, and suggestions for oral tests. NEW to the Fourth Edition, there are now quizzes for each lesson's vocabulary, and for each grammar point. The **Testing Program** is provided in ready-to-print PDF and RTF files.
- **Introductory Spanish Test Generator**
- **Instructor's Resource DVD Set** See page xxvi for more information about the video programs.
  - **Aventuras DVD** This video is closely integrated into the **Aventuras** and **Gramática** sections of each textbook lesson. It contains dramatic episodes, cultural shots, and unique summary features.
  - **Aventuras en los países hispanos DVD** This provides the **Aventuras en los países hispanos** video with Spanish and English subtitles.
  - **Flash Cultura DVD** The Flash Cultura episodes integrated in the **Cultura** section are provided on DVD with subtitles in English and Spanish.

AVENTURAS and the *Standards for Foreign Language Learning*

AVENTURAS' pedagogy has been shaped by two main influences: the *ACTFL Proficiency Guidelines* and the *Standards for Foreign Language Learning in the 21st Century*. As a result, **AVENTURAS** emphasizes an interactive, proficiency-oriented approach to teaching language and culture. This approach is organized into five goal areas, often called the five C's: Communication, Cultures, Connections, Comparisons, and Communities.

The Communication goal is integral to the very nature of **AVENTURAS**. For example, the basic structure of the **Gramática** section with explanations and activities presented on the same page supports and facilitates communication by providing students with immediate access to information essential to using Spanish in the on-page activities. Diverse activity formats, such as interviews, role-plays, surveys, task-based, and so-forth engage students in communicative exchanges. The robust Textbook Audio Program develops students' listening and interpreting skills. Finally, integrated projects guide students in presenting information, concepts, and ideas to their classmates on a variety of topics and in varied ways.

The Cultures goal is most evident in the **Cultura** and **Aventuras en los países hispanos** sections, but **AVENTURAS** also weaves culture into virtually every page, exposing students to the multiple facets of practices, products, and perspectives of the Spanish-speaking world. With respect to the Connections goal, students can connect with other disciplines such as geography, history, and fine arts in the **Aventuras en los países hispanos, Cultura,** and **Lectura** sections. The **Pronunciación** and **Gramática** sections, with their clear explanations and parallels to English, reflect the Comparisons goal. Students can work toward the Connections and Communities goals when they do the **Conexión Internet** activities, as well as the activities on the **AVENTURAS** Supersite (**vhlcentral.com**).

The above correlations are just a few of the many that you will find as you work with the **AVENTURAS** program. As you go through each lesson, Standards icons will appear on the pages of your IAE to call out sections that have a particularly strong relationship with the Standards. You will find many more connections to the Standards as you work with the student textbook and its print, audio, video, and technology ancillaries.

General Teaching Considerations

Orienting Students to the Student Textbook

Since the interior and graphic design of **AVENTURAS** were created to support and facilitate students' language learning experience, you may want to spend some time orienting students to the textbook on the first day of class. Have students flip through **Lección 1**, pointing out the major sections. Explain that all lessons are organized in the same manner, so students should always know "where they are" in the textbook. Emphasize that sections are self-contained, occupying either a full page or a spread of two facing pages, which eliminates the need to flip back and forth to reference grammar explanations while completing activities. Call students' attention to the use of color to highlight important information in charts, diagrams, and word lists. Also point out how the major sections of each lesson are color-coded for easy navigation: red for **Preparación**, blue for **Aventuras**, orange for **Cultura**, green for **Gramática**, purple for **Lectura**, and gold for **Vocabulario**. Then have students turn to the **Aventuras en los países hispanos** section that follows **Lección 2**. Explain that these sections cover different countries or regions of the Spanish-speaking world and that they appear every two lessons.

Flexible Lesson Organization

To meet the needs of diverse teaching styles and instructional objectives, **AVENTURAS'** lesson organization is flexible. For example, if you do not want to devote class time to teaching grammar, you can assign the **Gramática** explanations for outside study, freeing up class time for other purposes like developing communicative skills, learning more about the Spanish-speaking world, or working with the video program. You might have students do the **A escuchar** in **Preparación**, **Escuchar** in **Ampliación**, and the **Pronunciación** sections in the language lab or at home. You may choose to skip some sections or use them only periodically, depending on students' interests and time constraints. If you plan on using the **AVENTURAS** Testing Program, be aware that the tests and exams contain sections based on language presented in **Preparación** and **Gramática**. In the **Fourth Edition,** the **Expresiones útiles** from **Aventuras** are not part of the active vocabulary load.

Identifying Active Vocabulary

All words and expressions appearing with the illustrations and in the thematic lists in **Preparación** are active vocabulary. The words and expressions in charts, word lists, and sample sentences in **Gramática** are also active vocabulary. At the end of each lesson, **Vocabulario** provides a convenient one-page summary of the items students should know; these items may appear on assessments.

To increase students' lexicon, supplemental vocabulary lists for each lesson are available on the Supersite (**vhlcentral.com**) and in the Instructor's Resource Manual; these may be distributed to the class. A **Variación léxica** box in each **Preparación** spread also provides information on lexical variations in Spanish. In both cases, these words and expressions are optional and not tested.

Creating and Using a Picture File

Many language instructors find picture files useful for extending and varying practice of vocabulary groups or grammatical points. One of the easiest ways to assemble a picture file is to get into the habit of looking for dramatic images as you flip through magazines. Another way is to ask students to bring in illustrations or photos that appeal to them and that they would like to talk about. These materials can be mounted on posterboard, laminated, and filed in a box. The pictures can be arranged in various ways—by theme (for example, family, clothing, or pastimes), by grammatical topic (preterite vs. imperfect, descriptive adjectives, or the present subjunctive), or by textbook lesson. The **Digital Image Bank,** on the Supersite, has illustrations that correspond to each lesson's theme, as well as the maps that appear in the textbook.

General Suggestions for Using *Preparación*

Lesson Vocabulary

- Introduce the vocabulary using comprehensible input.

- Use the lesson opener questions to preview the new vocabulary.

- Ask multiple choice and yes/no questions about the images in the **Preparación** spread and in the Digital Image Bank. Use as many cognates as possible.

- Make use of any other elements you might have in your classroom to preview recognition of the new vocabulary in a comprehensible way.

A escuchar

- If class time is limited, assign the **A escuchar** activities as homework (see **A practicar** suggestions), although it is advisable to do this section in class for the first few lessons, so students develop good listening habits.

- In the first few lessons, tell students that they should listen for general meaning and not worry about understanding every word they hear.

- Before playing the recording, read the direction line to the class to set the scene and have students read through the exercise as a pre-listening activity.

- If the recorded passage is long, allow students to take notes.

- If students have difficulty completing the activity, play the recording for them again.

A practicar

- Use the Supersite (**vhlcentral.com**) to your advantage.

- Assign as many of the **A escuchar** and **A practicar** activities as you choose as auto-graded homework on the Supersite. Establish a baseline grade and automatically assign additional practice as needed. For example, if students get 80% or above on assigned activities, they are done; if they get less than 80%, they should complete the additional activities on the Supersite as well.

- Use class time for communicative practice and to go over problem areas.

A conversar

- Have students form pairs or groups quickly, or assign students to pairs and groups.

- Allow sufficient time for pairs or groups to do the **A conversar** activities (between five and fifteen minutes depending on the activity), but do not give them too much time or they may lapse into English and socialize. Always give students a time limit for an activity before they begin.

- Insist on the use of Spanish only. Encourage students to use language creatively.

- Monitor students and note common errors to be worked on for general improvement.

- Remind students to jot down information during the interview and survey activities.

Pronunciación

- Explain how the sounds are pronounced.

- Have students find examples of the sounds in the corresponding and preceding lessons' vocabulary lists.

- Model pronunciation of example words followed by choral repetition.

- Remind students that the **Pronunciación** section is recorded on the Supersite, so they can practice the sounds on their own.

General Suggestions for Using *Aventuras*

- To introduce the **Fotonovela**, first have students do the Video Recap activity and then have them predict what will happen based on the video stills.

- Have students brainstorm a list of things that might happen based on the title of the episode.

- Have students read the first half of the **Fotonovela** and predict what will happen in the second half.

- See ideas under **General Suggestions for Using the AVENTURAS Video Programs**, page IAE-13.

- Explain which phrases in the **Expresiones útiles** are more or less formal, emphatic, or polite.

- Have students identify situations in which they would use certain phrases in the **Expresiones útiles.**

- Assign the activities, which can be done orally as class, pair, or group activities. Some may be assigned as written homework if they do not involve pair or group work.

General Suggestions for Using *Cultura*

- Relate **Cultura** to the lesson theme.

- Use the photos as a basis for cross-cultural comparisons. Have students describe what they see in each photo, and then explain how things are similar or different in their culture. In the early lessons, this discussion should be conducted in English since students lack the necessary linguistic ability in Spanish.

- Use **Cultura** as a pronunciation exercise by having different students read aloud.

- Use the **Cultura** reading as a comprehension exercise. Have students read the material in class, then ask them content questions or give them true/false statements.

- See page IAE-13 for suggestions on using the **Flash Cultura** video.

- Have students explore additional information on the theme through the **AVENTURAS** Supersite (**vhlcentral.com**).

General Suggestions for Using *Gramática*

Grammar Explanations

- Keep grammar explanations to a minimum, about three to five minutes for each point. Grammar explanations can be assigned as homework so that class time can be devoted to communication.

- Have students locate examples of the grammar points in the **Aventuras** section.

- See the suggestions on the Supersite and Instructor's Resource Manual for specific ideas or techniques for presenting individual grammar points in each lesson.

¡Manos a la obra!, Práctica, Conversación, and A repasar

- The **¡Manos a la obra!, Práctica**, and a majority of the **A repasar** exercises can be done orally with the whole class, in pairs or small groups. They may also be assigned as written homework.

- Use the Supersite (**vhlcentral.com**) to your advantage.

- Assign as many of the **Práctica** activities as you wish as auto-graded homework on the Supersite.

- Use the same baseline grade as you did for **Preparación** and automatically assign additional practice as needed. For example, if students get 80% or above on assigned activities, they are done; if they get less than 80%, they should complete the additional activities on the Supersite as well.

- Use class time for communicative practice and to go over problem areas.

- For general suggestions about the **Conversación** activities and the **Síntesis** activities in **A repasar**, see **A conversar**, page IAE-10.

- See the suggestions on the Supersite and Instructor's Resource Manual for individual activities.

Español en vivo

- If class time is limited, assign this section as written homework.

- See the suggestions on the Supersite and Instructor's Resource Manual for individual activities.

General Suggestions for Using *Ampliación*

Escuchar

- Briefly discuss the listening tip in each **Escuchar** activity with students. Point out how these strategies will help them develop their listening skills.

- For further suggestions on the **Escuchar** activity, see **A escuchar**, page IAE-9.

Conversar

- For suggestions, see **A conversar**, page IAE-10.

Escribir

- These activities can be assigned as homework or done in class as pair or group writing activities.

- Briefly discuss the writing tip in each **Escribir** activity with students. Point out how these strategies will help them develop their writing skills in Spanish.

- In the first lesson, explain the four steps in the writing process (**Organízalo, Escríbelo, Corrígelo, and Compártelo**) and their purpose. Show students the rubric you will use to grade their work (see the instructor annotations), perhaps with some examples.

- Encourage students to be creative in their writing, but remind them to keep their writing simple and to use vocabulary and structures they know.

General Suggestions for Using *Lectura*

- Discuss the **Antes de leer** with students. Emphasize that these reading strategies will develop their reading skills. Discourage students from translating the readings or relying on a dictionary.

- If the **Lectura** is used as an in-class reading comprehension exercise, students can complete the **¿Comprendiste?** and **Preguntas** activities orally as a class, in pairs, or in small groups.

General Suggestions for Using *Aventuras en los países hispanos*

- This section can be used as an in-class or outside-of-class assignment. It may also be presented at any time you see fit; you do not have to wait until the end of the lesson it follows.

- Have students look at the map or use the Digital Image Bank with the map. Ask them to read aloud the names of the cities and geographical features, or ask questions about the locations of certain cities and geographical features.

- For additional suggestions, see **General Suggestions for Using *Cultura***, page IAE-10.

General Suggestions for Using the *Aventuras* Video Programs

The video programs are extremely flexible. Instructors have access to all video programs on DVD with the exception of **Videoclip**; students and instructors have access to all four programs on the **AVENTURAS** Supersite (**vhlcentral.com**). All videos may be shown in class or assigned for out-of-class viewing. You may choose to consistently show one or two videos in class, or vary the ones you show depending on time and interest. Students always have access to the material, so they can get the most out of its valuable cultural and linguistic input even if you do not have time to show everything in class.

Aventuras

Brand-new and fully integrated with the text, the **Aventuras** video is a dynamic and contemporary window into the Spanish language. The new video centers around the Díaz family, whose household includes two college-aged children and a visiting student from the U.S. Over the course of an academic year, the students explore Mexico as they make plans for their futures.

The **Aventuras** section in **Lecciones 1–16** of the student text and the **AVENTURAS** video were created as integrated pieces. Both the **Aventuras** conversations and their expanded video versions represent comprehensible input at the discourse level; they were purposely written to use language from the corresponding lesson's **Preparación** and **Gramática** sections. Thus, as of **Lección 2**, they recycle known language, preview grammar points students will study later in the lesson, and, in keeping with the concept of "i + 1," contain a small amount of unknown language.

Because the **Aventuras** sections in the text and the video episodes are so closely connected, you may use them in different ways. For instance, you can use each **Aventuras** section as an advance organizer, presenting it before showing the video module. You can also show the video module first and follow up with the **Aventuras** section in the text, or you can show the video module at the end of the lesson as a synthesis activity. You might also want to use the **AVENTURAS** video in class when working with **Gramática** by playing the sections of the dramatic episode that correspond to the video stills in the grammar explanations or showing parts of the episode and asking students to identify certain structures. You can even use the **Aventuras** text section as a stand-alone, video-independent section.

Flash Cultura

Flash Cultura is a dynamic cultural video fully integrated into the **Cultura** strand and the Video Manual. Filmed in eight countries, **Flash Cultura** features correspondents that present various aspects of life in the Spanish-speaking world, always related to the lesson theme. The episodes gradually transition from English into Spanish, but each episode—even the early ones—delivers authentic input through spontaneous interviews with native Speakers.

You can use **Flash Cultura** to preview the reading in **Cultura**, or to expand on it. You can also use this video out of sequence and present it with **Aventuras en los países hispanos** as different countries and regions are featured. Or you can use these episodes to jump-start research projects and presentations. Because you have the flexibility to show the video in class or assign it as homework, the options for using the video are endless.

Aventuras en los países hispanos

The **Aventuras en los países hispanos** video contains documentary and travelogue footage of each country featured in the textbook's **Aventuras en los países hispanos** sections. The images were chosen for visual appeal, diversity of topics, and information of interest that goes beyond the information about each country that is presented in the textbook. Like the conversations in the **Aventuras** video, the voice-overs for the video segments represent comprehensible input. Each was written to make the most of the vocabulary and grammar students learned in the corresponding and previous lessons while still providing a small amount of unknown language. The effect on students as they watch will be that of viewing a documentary in their first language, because all footage is authentic and all narration is exclusively in Spanish.

Videoclip

AVENTURAS also features an authentic clip (news stories, commercials, and even a short film!) for each lesson. With clips from all over the Spanish-speaking world, students are exposed to authentic issues, products, practices, accents, and humor. These clips were not developed by Vista Higher Learning and do not have controlled language as other video programs do. However, with integrated in-text support in **Gramática** and additional support on the Supersite, working with these clips should be a motivating and rewarding experience for students.

If assigned as homework, encourage students to watch the clips two or three times to maximize comprehension. When showing the clips in class, be sure to explain any lexical particularities students may encounter. If you have heritage speakers in your class from the source country, invite them to point out variations in accent and lexicon to the class.

Encourage your students to find similar clips to share with the class.

The video programs for **AVENTURAS, Fourth Edition,** are all available with subtitles in Spanish and English. They also all have supporting materials and comprehension checks either in the student book, in the video manual, or on the Supersite, or in some combination of the three.

The AVENTURAS Supersite

The **AVENTURAS** Supersite is your online source for integrating text and technology resources. The Supersite enhances language learning and facilitates simple course management. With powerful functionality, a focus on language learning, and a simplified user experience, the Supersite offers features based directly on feedback from thousands of users.

student friendly

Easy navigation to find out what's due, the ability to save and continue work later, and prominent links to all available Supersite resources

ease of set-up

Customized settings for courses and class sections, instructor-created categories, and the time-saving option of copying previous settings

all-in-one gradebook

Multi-level views, true cumulative grades that include grades outside of the Supersite, and grade-adjustment functionality

grading options

For instructor-graded activities, the option to review student-by-student, question-by-question, or by spot-checking, plus in-line editing and voice comments for targeted language feedback

accessible student data

Convenient views for sharing information one-on-one with your students during office hours, and class reports in the formats you and your department need

Instructor resources include:

- A gradebook to manage classes, view rosters, set assignments, and manage grades
- A communication center for announcements and notifications
- Instructor Resource PDF files (answer keys, videoscripts, translations, and audioscripts)
- The complete Testing Program in PDF and editable RTF files
- MP3 files of the complete Textbook, Lab, and Testing Audio Programs
- Grammar presentation slides
- Lesson plan RTF files
- Pre-made syllabi
- Complete access to the Student Supersite
- Voiceboards for oral assignments, group discussions, homework, projects, and explanation of complex material
- vText—the online, interactive student text

Course Planning

The **AVENTURAS** program was developed keeping in mind the need for flexibility and manageability in a wide variety of academic situations. These sample course plans illustrate how **AVENTURAS** can be used in courses on a semester or quarter system, and in courses that complete the book in two, three, or four semesters. You should, of course, feel free to organize your courses in the way that best suits your students' needs and your instructional goals.

Two-Semester System

This chart shows how the **AVENTURAS** program can be completed in a two-semester course. The division of material allows the present indicative tense, the present progressive tense, and the preterite to be presented in the first semester; the second semester covers the imperfect, the subjunctive, the present and past perfect tenses, the future, and the conditional.

Semester 1	Semester 2
Lecciones 1–8	Lecciones 9–16

Three-Semester Course or Quarter System

This chart presents one way to configure **AVENTURAS** for a three-semester course or for the quarter system. This arrangement allots only five lessons to the second and third semesters, which gives students more time to absorb and practice new verb tenses.

Semester 1	Semester 2	Semester 3
Lecciones 1–6	Lecciones 7–11	Lecciones 12–16

Four-Semester Course or Quarter System

This chart illustrates how **AVENTURAS** can be used in a four-semester course. The lessons are equally divided among the four semesters, allowing students to progress at a steady pace.

Semester 1	Semester 2	Semester 3	Semester 4
Lecciones 1–4	Lecciones 5–8	Lecciones 9–12	Lecciones 13–16

Visit **vhlcentral.com** for lesson plans.

Hola, ¿qué tal?

PARA EMPEZAR Have students look at the photo. Ask: What do you think is happening in the photo? Say: In Hispanic cultures people greet each other with a handshake, or with one or two kisses on the cheek, depending on the situation and the country. Ask: How do you greet your friends? And strangers?

Communicative Goals

You will learn how to:

- use greetings, farewells, and courtesy expressions
- identify yourself and others
- tell time

PREPARACIÓN

pages 2–7

- Words related to meeting, greeting, and saying goodbye
- Courtesy expressions
- Pronouncing the Spanish alphabet

AVENTURAS

pages 8–9

- Marissa arrives from the U.S. for a year abroad in Mexico City. She meets her Mexican hosts, the Díaz family, survives a practical joke, and settles in to unpack.

CULTURA

pages 10–11

- *Saludos y besos en los países hispanos*
- Flash Cultura: *Encuentros en la plaza*

GRAMÁTICA

pages 12–23

- Nouns and articles
- Numbers 0–30
- Present tense of **ser**
- Telling time

LECTURA

pages 24–25

- Address book: *Información importante*

PARA EMPEZAR

- Guess what the people in the photo are saying:
  - a. Por favor.　　b. Hola.　　c. amigo
- Most likely they would also say:
  - a. Gracias.　　b. fiesta　　c. Buenos días.

S Tutorials

HOLA, ¿QUÉ TAL?

CARLA Hola, Sofía. ¿Qué hay de nuevo?
SOFÍA Nada. Y tú, ¿qué tal?
CARLA Bien, gracias.
SOFÍA Nos vemos, Carla.
CARLA Chau, Sofía. Saludos a Roberto.

SEÑORA SALAS Buenas tardes, señor Pérez. ¿Cómo está usted?
SEÑOR PÉREZ Muy bien, gracias. ¿Y usted, señora Salas?
SEÑORA SALAS No muy bien.
SEÑOR PÉREZ Lo siento.

INSTRUCTIONAL RESOURCES See the front matter of the Instructor's Annotated Edition for a complete list of instructional resources available for each section of the textbook.

SALUDOS Y DESPEDIDAS

Hola. *Hello.*
Buenos días. *Good morning.*
Buenas tardes. *Good afternoon.*
Buenas noches. *Good evening; Good night.*

Adiós. *Goodbye.*
Chau. *Bye.*
Hasta la vista. *See you later.*
Hasta luego. *See you later.*
Hasta mañana. *See you tomorrow.*
Hasta pronto. *See you soon.*
Nos vemos. *See you.*
Saludos a... *Say hello to...*

¿CÓMO ESTÁS?

¿Cómo está usted? *How are you? (formal)*
¿Cómo estás? *How are you? (familiar)*
¿Qué hay de nuevo? *What's new?*
¿Qué pasa? *What's going on?*
¿Qué tal? *How is it going?*

(Muy) bien, gracias. *(Very) well, thanks.*
Nada. *Nothing.*
No muy bien. *Not very well.*
Regular. *So-so.*

SUGGESTION Write a few greetings, farewells, and courtesy expressions on the board. Explain their meanings and model pronunciation. Circulate around the room greeting students, making introductions, and encouraging responses.

PRESENTACIONes

¿Cómo se llama usted? *What's your name? (form.)*
¿Cómo te llamas (tú)? *What's your name? (fam.)*
Me llamo... *My name is...*
¿Y tú? *And you? (fam.)*
¿Y usted? *And you? (form.)*
Mucho gusto. *Pleased to meet you.*
El gusto es mío. *The pleasure is mine.*
Encantado/a. *Pleased to meet you.*

Igualmente. *Likewise.*
Éste es... *This is... (masculine)*
Ésta es... *This is... (feminine)*
Le presento a... *I would like to introduce you to... (form.)*
Te presento a... *I would like to introduce you to... (fam.)*
¿De dónde es usted? *Where are you from? (form.)*
¿De dónde eres? *Where are you from? (fam.)*
Soy de... *I'm from...*

SUGGESTION Point out the use of Ud. vs. tú in the conversations. Explain in which situations each form is appropriate.

LAURA Hola. Me llamo Laura. ¿Y tú?
ESTEBAN Hola. Me llamo Esteban. Mucho gusto.
LAURA El gusto es mío. ¿De dónde eres?
ESTEBAN Soy de los Estados Unidos, de Texas.

EXPRESIONES Y TÍTULOS DE CORTESÍA

De nada. *You're welcome.*
Lo siento. *I'm sorry.*
(Muchas) gracias. *Thank you (very much).*
No hay de qué. *You're welcome.*
Por favor. *Please.*

señor (Sr.) *Mr.; sir*
señora (Sra.) *Mrs.; ma'am*
señorita (Srta.) *Miss*

EXPANSION Use the Digital Image Bank and have students identify informal and formal conversations. Have small groups create conversations based on the pictures and share them with the class.

SUSANA Leti, éste es el señor Garza.
LETICIA Encantada.
SEÑOR GARZA Igualmente. ¿De dónde es usted, señora?
LETICIA Soy de Puerto Rico. ¿Y usted?
SEÑOR GARZA De México.

Variación léxica
Buenos días. ⟷ Buenas.
De nada. ⟷ A la orden.
Lo siento. ⟷ Perdón.
¿Qué tal? ⟷ ¿Cómo te va?, ¿Qué hubo? (*Col.*)

A escuchar

1 **¿Lógico o ilógico?** Listen to each conversation and indicate whether the conversation is logical or illogical.

	Lógico	Ilógico
1.		✓
2.	✓	
3.	✓	
4.		✓
5.	✓	
6.	✓	

2 **Una fiesta** Margarita is having an all-day party to celebrate her twentieth birthday. Listen to the conversations and indicate whether each guest is arriving (**Llega**) or leaving (**Sale**).

	Llega	Sale
1. Ramiro	✓	
2. Sra. Sánchez		✓
3. Luisa	✓	
4. Vicente		✓
5. Profesor Lado	✓	
6. Sr. Torres		✓

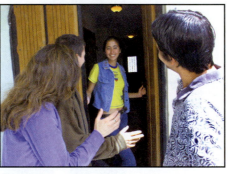

3 **Seleccionar** Listen to each question or statement, and choose the correct response.

1. a. Muy bien, gracias.   b.) Me llamo Graciela.
2. a. Lo siento.   b.) Mucho gusto.
3. a.) Soy de Puerto Rico.   b. No muy bien.
4. a.) No hay de qué.   b. Regular.
5. a. Mucho gusto.   b.) Hasta pronto.
6. a.) Nada.   b. Igualmente.
7. a. Me llamo Guillermo Montero. b.) Muy bien, gracias.
8. a.) Buenas tardes. ¿Cómo estás? b. El gusto es mío.

Practice more!

LM
p. 1

1 SCRIPT
1. **S1:** Hola, Sandra. ¿Qué tal? **S2:** El gusto es mío.
2. **S1:** Hasta luego, Sr. Lagos. Saludos a la Sra. Lagos. **S2:** Adiós.
3. **S1:** Hasta mañana, Juan. **S2:** Nos vemos.
4. **S1:** Antonio, éste es el Sr. Arce. **S2:** Igualmente.
5. **S1:** ¡Hola, Norma! ¿Qué hay de nuevo? **S2:** Nada.
6. **S1:** ¿De dónde es usted, señor? **S2:** Soy de México.

2 SUGGESTION Point out the abbreviations **Sr.**, **Sra.**, and **Srta.** for the titles **señor**, **señora**, and **señorita**. Tell students there is no Spanish equivalent for the title *Ms.*

2 SCRIPT
1. **S1:** ¡Hola, Ramiro! ¿Cómo estás? **S2:** Bien, gracias. ¿Y tú?
2. **S1:** Hasta luego, Margarita. **S2:** Gracias por todo, Sra. Sánchez. Adiós.
3. **S1:** Buenos días, Luisa. **S2:** ¡Hola!
4. **S1:** Nos vemos, Margarita. **S2:** Chau, Vicente. Hasta mañana.
5. **S1:** Buenas tardes, Margarita. **S2:** Buenas tardes, profesor Lado. ¿Cómo está usted?
6. **S1:** Buenas noches, Sr. Torres. Saludos a la Sra. Torres. **S2:** Hasta pronto.

3 SCRIPT
1. ¿Cómo te llamas?
2. Te presento a Juan Pablo.
3. ¿De dónde es usted?
4. Muchas gracias.
5. Nos vemos.
6. ¿Qué pasa?
7. ¿Cómo está usted?
8. Buenas tardes, señor Fernández.

A practicar

4 Sinónimos For each expression, write a word or phrase that expresses a similar idea.

modelo ¿Cómo estás? _____¿Qué tal?_____

1. De nada. _____No hay de qué._____
2. Encantado. _____Mucho gusto._____
3. Adiós. _Chau; Hasta luego/mañana/pronto/la vista._
4. Te presento a Antonio. _____Éste es Antonio._____
5. ¿Qué hay de nuevo? _____¿Qué pasa?_____
6. Igualmente. _____El gusto es mío._____

5 Ordenar With a classmate, put this scrambled conversation in order. Then act it out.

—Muy bien, gracias. Soy María Rosa.
—Soy del Ecuador. ¿Y tú?
—Mucho gusto, María Rosa.
—Hola. Me llamo Carlos. ¿Cómo estás?
—Soy de Cuba.
—Igualmente. ¿De dónde eres, Carlos?

CARLOS _Hola. Me llamo Carlos. ¿Cómo estás?_
MARÍA ROSA _Muy bien, gracias. Soy María Rosa._
CARLOS _Mucho gusto, María Rosa._
MARÍA ROSA _Igualmente. ¿De dónde eres, Carlos?_
CARLOS _Soy del Ecuador. ¿Y tú?_
MARÍA ROSA _Soy de Cuba._

6 Emparejar With a partner, match each question or statement with the correct answer.

_g/a_ 1. ¿Qué tal?
_f_ 2. Hasta mañana, señora Ramírez. Saludos al señor Ramírez.
_c_ 3. ¿Qué hay de nuevo, Alberto?
_d_ 4. Miguel, ésta es la señorita Perales.
_b_ 5. ¿De dónde eres, Antonio?
_a/g_ 6. Buenas tardes, señor. ¿Cómo está usted?

a. Muy bien, gracias.
b. Soy de México.
c. Nada. ¿Y tú?
d. Encantado. Soy Miguel Vega.
e. De nada.
f. Hasta pronto.
g. Bien. ¿Y tú?
h. Por favor.

Practice more!
WB pp. 1–2
vhlcentral.com

A conversar

7 **Diálogos** With a partner, complete and act out these conversations. *Answers will vary.*

DIÁLOGO 1

—Hola. Me llamo Álex. ¿Cómo te llamas tú?

_____

—Soy de Puerto Rico. ¿Y tú?

_____

DIÁLOGO 2

_____

—Muy bien, gracias. ¿Y usted, señor/señora López?

_____

—Hasta luego, señor/señora. Saludos a la señora/al señor López.

_____

8 **Conversaciones** With a partner, make up a conversation for each photo. *Answers will vary.*

9 **Situaciones** Work with two classmates to write and act out these situations. *Answers will vary.*

1. As you leave class on the first day of school, you strike up a conversation with the two students who were sitting next to you. Find out each person's name and where he or she is from before you say goodbye.

2. You meet a friend and ask how he or she is doing. As you are talking, your friend Elena walks by. Introduce Elena to your friend.

3. You say hello to your parents' friends Mrs. Sánchez and Mr. Rodríguez and ask how they are doing. As you say goodbye, send your regards to their spouses.

7 EXPANSION Have students rewrite **Diálogo 1** in the formal register and **Diálogo 2** in the familiar register. Tell them to substitute their own names and personal information where possible.

8 SUGGESTION To prepare students, have them brainstorm who the people in the photos are and what they are talking about. Ask them whether the people in the photos would use the **tú** or **usted** form when conversing.

9 SUGGESTION Assign these situations to different groups and have them perform their role-plays for the class.

¡LENGUA VIVA!

Note that **ch** and **ll** are digraphs, or two letters that together produce one sound. Conventionally they are considered part of the alphabet, but **ch** and **ll** do not have their own entries when placing words in alphabetical order, as in a glossary.

SUGGESTION Point out that in 2010 the **Real Academia** recommended the use of a unified naming convention of the alphabet. The suggested names for **r, v, w,** and **y** are **erre, uve, uve doble,** and **ye**. However, most Spanish speakers tend to use the traditional naming convention followed in their countries.

SUGGESTION Model pronunciation of the Spanish alphabet and the example words. Have students repeat after you.

EXPANSION Ask students to spell their names in Spanish.

EXPANSION Do a dictation activity in which you spell Spanish words as students write them down. Spell each word twice. Then write the list of words on the board so students can check their work.

EXPANSION For additional practice with the alphabet, give students these **refranes: De tal palo, tal astilla** (*A chip off the old block*); **Los ojos son el espejo del alma.** (*The eyes are the window to the soul.*); **El rayo nunca cae dos veces en el mismo lugar**. (*Lightning never strikes the same place twice.*); **No dejes para mañana lo que puedas hacer hoy.** (*Don't put off until tomorrow what you can do today.*)

NATIONAL comparisons STANDARDS

Pronunciación (S) Audio

The Spanish alphabet

The Spanish and English alphabets are almost identical, with a few exceptions. For example, the Spanish letter **ñ** (**eñe**) doesn't occur in the English alphabet. Furthermore, the letters **k** (**ka**) and **w** (**doble v**) are used only in words of foreign origin. Examine the chart below to find other differences.

Letra	Nombre(s)	Ejemplo(s)	Letra	Nombre(s)	Ejemplo(s)
a	a	adiós	n	ene	nacionalidad
b	be	bien, problema	ñ	eñe	mañana
c	ce	cosa, cero	o	o	once
ch	che	chico	p	pe	profesor
d	de	diario, nada	q	cu	qué
e	e	estudiante	r	ere	regular, señora
f	efe	foto			
g	ge	gracias, Gerardo, regular	s	ese	señor
			t	te	tú
h	hache	hola	u	u	usted
i	i	igualmente	v	ve	vista, nuevo
j	jota	Javier	w	doble ve	walkman
k	ka, ca	kilómetro	x	equis	existir, México
l	ele	lápiz			
ll	elle	llave	y	i griega, ye	yo
m	eme	mapa	z	zeta, ceta	zona

Práctica Spell these words aloud in Spanish.

1. nada
2. maleta
3. quince
4. muy
5. hombre
6. por favor
7. San Fernando
8. Estados Unidos
9. Puerto Rico
10. España
11. Javier
12. Ecuador
13. Maite
14. gracias
15. Nueva York

Oraciones Repeat these sentences after your instructor, then spell each word aloud.

1. Me llamo Carmen.
2. Hasta luego, señora Herrera.
3. ¿Qué tal, David?
4. Buenos días, Pedro.

Refranes Read these sayings aloud after your instructor.

Ver es creer.[1]

En boca cerrada no entran moscas.[2]

[1] Seeing is believing.
[2] Silence is golden.

Practice more!

LM p. 2

vhlcentral.com

Video Bienvenida, Marissa

Marissa llega a México para pasar un año con la familia Díaz.

VIDEO SYNOPSIS Marissa, an American college student, arrives in Mexico City for a year abroad. She meets her Mexican hosts, Carolina and Roberto Díaz, and their doorman, Don Diego. As Marissa unpacks, the Díaz children, Felipe and Jimena, take away her English-Spanish dictionary as a joke. Marissa accepts the challenge and leaves the dictionary with Carolina.

PERSONAJES

MARISSA

SRA. DÍAZ

DON DIEGO

SR. DÍAZ

FELIPE

JIMENA

1

MARISSA ¿Usted es de Cuba?
SRA. DÍAZ Sí, de La Habana. Y Roberto es de Mérida. Tú eres de Wisconsin, ¿verdad?
MARISSA Sí, de Appleton, Wisconsin.

2

MARISSA ¿Quiénes son los dos chicos de las fotos? ¿Jimena y Felipe?
SRA. DÍAZ Sí. Ellos son estudiantes.

3

DON DIEGO Buenas tardes, señora. Señorita, bienvenida a la ciudad de México.
MARISSA ¡Muchas gracias!

6

SRA. DÍAZ Ahí hay dos maletas. Son de Marissa.
DON DIEGO Con permiso.

7

SR. DÍAZ ¿Qué hora es?
FELIPE Son las cuatro y veinticinco.

8

SRA. DÍAZ Marissa, te presento a Roberto, mi esposo.
SR. DÍAZ Bienvenida, Marissa.
MARISSA Gracias, señor Díaz.

ACTIVIDADES

1 **¿Cierto o falso?** Indicate if each statement is **cierto** or **falso**. Then correct the false statements.

	Cierto	Falso
1. La Sra. Díaz es de Caracas. *La Sra. Díaz es de La Habana.*	○	✓
2. El Sr. Díaz es de Mérida.	✓	○
3. Marissa es de Los Ángeles, California. *Marissa es de Appleton, Wisconsin.*	○	✓
4. Jimena y Felipe son profesores. *Jimena y Felipe son estudiantes.*	○	✓
5. Las dos maletas son de Jimena. *Las dos maletas son de Marissa.*	○	✓

2 **Completar** Complete the conversation between Don Diego and Marissa.

DON DIEGO Buenos días, (1) ___señorita___.
MARISSA Buenos días, señor. ¿Cómo se (2) ___llama___ usted?
DON DIEGO Yo me llamo Diego, ¿y (3) ___usted___?
MARISSA Yo me llamo Marissa. (4) ___Encantada___.
DON DIEGO (5) ___Igualmente___, señorita Marissa.

MARISSA ¿Cómo se llama usted?
DON DIEGO Yo soy Diego. Mucho gusto.
MARISSA El gusto es mío, don Diego.

DON DIEGO ¿Cómo está usted hoy, señora Carolina?
SRA. DÍAZ Muy bien, gracias. ¿Y usted?
DON DIEGO Bien, gracias.

JIMENA ¿Qué hay en esta cosa?
MARISSA Bueno, a ver, hay tres cuadernos, un mapa... ¡Y un diccionario!
JIMENA ¿Cómo se dice *mediodía* en inglés?
FELIPE *"Noon".*

FELIPE Estás en México, ¿verdad?
MARISSA ¿Sí?
FELIPE Nosotros somos tu diccionario.

SUGGESTION Identify forms of the verb **ser** and point out some subject pronouns. Identify time-telling expressions. Tell students they will learn more about these concepts in **Gramática** sections 1.3 and 1.4.

 Preguntas Imagine that you are speaking with a traveler you just met at the airport. With a partner, create a conversation using these cues.

▶ Greet each other.
▶ Introduce yourselves.
▶ Ask how your partner is doing.
▶ Ask where your partner is from.
▶ Say goodbye.

Practice more!

VM pp. 169–170

vhlcentral.com

Expresiones útiles

Identifying yourself and others
¿Cómo se llama usted?
What's your name?
Yo soy Diego, el portero. Mucho gusto.
I'm Diego, the doorman. Nice to meet you.
¿Cómo te llamas?
What's your name?
Me llamo Marissa.
My name is Marissa.
¿Quién es...? / ¿Quiénes son...?
Who is...? / Who are...?
Es mi esposo.
He's my husband.
Tú eres..., ¿verdad?/¿cierto?/¿no?
You are..., right?

Identifying objects
¿Qué hay en esta cosa?
What's in this thing?
Bueno, a ver, aquí hay tres cuadernos...
Well, let's see, here are three notebooks...
Oye/Oiga, ¿cómo se dice *suitcase* en español?
Hey, how do you say suitcase *in Spanish?*
Se dice *maleta*.
You say maleta.

Saying what time it is
¿Qué hora es?
What time is it?
Es la una. / Son las dos.
It's one o'clock. / It's two o'clock.
Son las cuatro y veinticinco.
It's four twenty-five.

Polite expressions
Con permiso.
Pardon me; Excuse me.
(to request permission)
Perdón.
Pardon me; Excuse me. (to get someone's attention or excuse yourself)
¡Bienvenido/a! *Welcome!*

communities · comparisons cultures · **S** Reading

Saludos y besos en los países hispanos

In Spanish-speaking countries, kissing on the cheek is a customary way of greeting friends and family members. Greetings between men and women, and between women, generally include a kiss (**un beso**) on the cheek, or a kiss on each cheek. Men generally greet each other with a hug or warm handshake. Whereas North Americans maintain considerable personal space when greeting,

Spaniards and Latin Americans decrease their personal space to give one or two kisses on the cheek, sometimes accompanied by a handshake or a hug.

Even when people are introduced for the first time, it is common for them to kiss, particularly in non-business settings. In formal or business settings, where associates do not know one another on a personal basis, a simple handshake is appropriate.

Greetings can differ depending on gender, as well as the country and context. In Spain, it is customary to give **dos besos**, starting with the right cheek first. In most Latin American countries, a greeting consists of a single "air kiss" on the right cheek. It is also acceptable to simply shake hands. In Colombia, female acquaintances tend to simply pat each other on the right forearm or shoulder. In Argentina, male friends and relatives lightly kiss on the cheek.

Tendencias

País	Beso	País	Beso
Argentina	💋	España	💋💋
Bolivia	💋	México	💋
Chile	💋	Paraguay	💋💋
Colombia	💋	Puerto Rico	💋
El Salvador	💋	Venezuela	💋/💋💋

ASÍ SE DICE

Saludos y despedidas

Chao./Ciao.	Adiós.
¿Cómo te/le va?	*How are things going?*
¿Qué hay?	*What's up?*
¿Qué hacés? (Arg.)	
¿Qué te cuentas? (Esp.)	
¿Qué onda? (Arg., Chi., Méx.)	
¿Qué más? (Col., Ven.)	

ACTIVIDADES

1

¿Cierto o falso? Indicate whether each statement is true (**cierto**) or false (**falso**). Correct the false statements.

1. Hispanic people use less personal space when greeting than non-Hispanics. *Cierto.*

2. Men never greet with a kiss in Spanish-speaking countries. *Falso. Argentine men can greet with a light kiss.*

3. Shaking hands is not appropriate for a business setting in Latin America. *Falso. In most business settings, people greet one another by shaking hands.*

4. Spaniards greet with one kiss on the right cheek. *Falso. They greet with one kiss on each cheek.*

5. In Mexico, people greet with an "air kiss." *Cierto.*

6. Gender can play a role in the type of greeting given. *Cierto.*

7. If two women acquaintances meet in Colombia, they should exchange two kisses on the cheek. *Falso. They pat one another on the right forearm or shoulder, or greet with an "air kiss."*

8. In Peru, a man and a woman meeting for the first time in a business setting would probably greet each other with an "air kiss." *Falso. They would probably shake hands.*

2

Saludos Based on your experiences, compare greeting styles in North America with those of Spanish-speaking countries.

CONEXIÓN INTERNET

What is the Spanish custom of *el paseo*?

For more information about this **Cultura**, go to **vhlcentral.com**.

Video

Encuentros en la plaza

1 **Preparación** Where do you usually meet your friends? Are there public places where you get together? What do you do there?

2 **El video** Watch this **Flash Cultura** episode.

Vocabulario

abrazo	hug	**¡Cuánto tiempo!**	It's been a long time!
encuentro	meeting	**¡Qué bueno verte!**	It's great to see you!

Today we are at the **Plaza de Mayo**.

People come to walk and get some fresh air…

3 **Identificar** Identify the person or people who make(s) each of these statements.

1. ¿Cómo están ustedes? *d*
2. ¡Qué bueno verte! *b*
3. Mucho gusto, Mariana. *a*
4. Hola. *a, b, c, d*

a. Gonzalo
b. Mariana
c. Mark
d. Silvina

Practice more at **vhlcentral.com**.

Practice more!
VM pp. 201–202
vhlcentral.com

once **11**

1 GRAMÁTICA

1.1 Nouns and articles Tutorial

▶ Nouns identify people, animals, places, things. All Spanish nouns have gender (masculine or feminine) and number (singular or plural).

▶ Most nouns that refer to males are masculine. Most nouns that refer to females are feminine.

Masculine		Feminine	
el hombre	the man	la mujer	the woman
el chico	the boy	la chica	the girl
el pasajero	the passenger	la pasajera	the passenger
el conductor	the driver	la conductora	the driver
el profesor	the professor	la profesora	the professor

el chico   **la chica**

▶ Most nouns ending in **–o**, **–ma**, and **–s** are masculine. Most nouns ending in **–a**, **–ción**, and **–dad** are feminine.

Masculine		Feminine	
el cuaderno	the notebook	la cosa	the thing
el diario	the diary	la escuela	the school
el diccionario	the dictionary	la maleta	the suitcase
el número	the number	la mochila	the backpack
el video	the video	la palabra	the word
el problema	the problem	la lección	the lesson
el programa	the program	la conversación	the conversation
el autobús	the bus	la nacionalidad	the nationality
el país	the country	la comunidad	the community

¡ojo! (Careful!) **El lápiz** (*pencil*), **el mapa** (*map*), and **el día** (*day*) are masculine. **La mano** (*hand*) is feminine.

▶ Some nouns have identical masculine and feminine forms. The article indicates the gender of these words.

Masculine		Feminine	
el turista	the tourist	la turista	the tourist
el joven	the young man	la joven	the young woman
el estudiante	the student	la estudiante	the student

Práctica

1 **¿Femenino o masculino?** Provide the opposite gender form for each word.

1. la chica ___el chico___
2. el conductor ___la conductora___
3. el turista ___la turista___
4. la profesora ___el profesor___
5. la mujer ___el hombre___
6. el pasajero ___la pasajera___

2 **Singular y plural** Make the singular words plural and the plural words singular.

1. el turista ___los turistas___
2. las cosas ___la cosa___
3. una mujer ___unas mujeres___
4. la palabra ___las palabras___
5. los países ___el país___
6. el problema ___los problemas___
7. unos números ___un número___
8. el conductor ___los conductores___
9. un programa ___unos programas___
10. una mano ___unas manos___

3 **Identificar** For each photo, provide the noun and its corresponding definite and indefinite articles.

modelo

las maletas, unas maletas

1. ___la computadora, una computadora___

2. ___el joven, un joven/ el chico, un chico___

3. ___los cuadernos, unos cuadernos___

4. ___las fotografías, unas fotografías___

Conversación

4 **Clasificar** With a partner, identify the photos and supply the definite and indefinite articles. Then indicate the plural forms of the singular nouns and vice versa.

1. _la chica,_ _las chicas,_
   una chica _unas chicas_

2. _el profesor,_ _los profesores,_
   un profesor _unos profesores_

3. _el autobús,_ _los autobuses,_
   un autobús _unos autobuses_

4. _el mapa,_ _los mapas,_
   un mapa _unos mapas_

5. _los lápices,_ _el lápiz,_
   unos lápices _un lápiz_

6. _los pasajeros,_ _el/la pasajero/a,_
   unos pasajeros _un pasajero_

5 **Dibujar** In groups, play a game of *Pictionary*. Individually, think of three nouns, and taking turns, draw each noun for group members to guess. The first person to identify the singular and plural forms wins a point.

Answers will vary.

Practice more!

| WB p. 3 | LM p. 3 | vhlcentral.com |

Plural of nouns

▶ Nouns that end in a vowel form the plural by adding **–s**. Nouns that end in a consonant add **–es**. Nouns that end in **–z** change the **–z** to **–c**, then add **–es**.

SINGULAR	PLURAL	SINGULAR	PLURAL
el chico	los chicos	el país	los países
la palabra	las palabras	el lápiz	los lápices

¡ojo! In general, when a singular noun has an accent mark on the last syllable, the accent is dropped from the plural form:

la lección → las lecciones   el autobús → los autobuses

▶ The masculine plural form may refer to a mixed-gender group.

1 pasajero + 2 pasajeras = 3 pasajeros

Spanish articles

Spanish has four forms that are equivalent to the English definite article *the*. Spanish also has four forms that are equivalent to the English indefinite article, which, according to context, may mean *a, an,* or *some*.

Spanish articles

Definite articles

MASCULINE		FEMININE	
el diccionario	*the dictionary*	la computadora	*the computer*
los diccionarios	*the dictionaries*	las computadoras	*the computers*

Indefinite articles

| un pasajero | *a (one) passenger* | una fotografía | *a (one) photograph* |
| unos pasajeros | *some passengers* | unas fotografías | *some photographs* |

¡Manos a la obra!

Provide the correct articles.

¿el, la, los o las?

1. _la_ chica
2. _el_ chico
3. _la_ nacionalidad
4. _los_ cuadernos
5. _los_ problemas
6. _las_ mujeres

¿un, una, unos o unas?

1. _un_ autobús
2. _una_ lección
3. _una_ computadora
4. _unos_ hombres
5. _una_ señora
6. _unos_ lápices

1.2 Numbers 0–30 (S) Tutorial comparisons NATIONAL STANDARDS

Numbers 0–30				
0 cero	6 seis	12 doce	18 dieciocho	24 veinticuatro
1 uno	7 siete	13 trece	19 diecinueve	25 veinticinco
2 dos	8 ocho	14 catorce	20 veinte	26 veintiséis
3 tres	9 nueve	15 quince	21 veintiuno	27 veintisiete
4 cuatro	10 diez	16 dieciséis	22 veintidós	28 veintiocho
5 cinco	11 once	17 diecisiete	23 veintitrés	29 veintinueve
				30 treinta

▶ Before a masculine noun, **uno** shortens to **un**. Before a feminine noun, **uno** changes to **una**.

> **un** hombre → **veintiún** hombres

> **una** mujer → **veintiuna** mujeres

¡ojo! **Uno** and **veintiuno** are used when counting (**uno, dos, tres… veinte, veintiuno, veintidós…**). They are also used after a noun, even if it is feminine (**la lección uno**).

▶ To ask *how many*, use **¿Cuántos?** with a masculine noun and **¿Cuántas?** with a feminine noun. **Hay** means both *there is* and *there are*. Use **¿Hay…?** to ask *Is/Are there…?* Use **no hay** to express *there is/are not*.

—**¿Hay** chicos en la fotografía?
Are there boys in the picture?

—No, **no hay** chicos.
No, there aren't any boys.

—**¿Cuántas** chicas **hay?**
How many girls are there?

—**Hay** tres.
There are three.

¡Manos a la obra!

Provide the Spanish words for these numbers.

a.	7	*siete*	f.	15	*quince*	k.	30	*treinta*	
b.	16	*dieciséis*	g.	21	*veintiuno*	l.	4	*cuatro*	
c.	29	*veintinueve*	h.	9	*nueve*	m.	12	*doce*	
d.	1	*uno*	i.	23	*veintitrés*	n.	28	*veintiocho*	
e.	0	*cero*	j.	11	*once*	o.	14	*catorce*	
p.	10	*diez*							
q.	2	*dos*							
r.	5	*cinco*							
s.	22	*veintidós*							
t.	13	*trece*							

Práctica

1 **Matemáticas** Solve these math problems.

> **+ más – menos = son**

> **modelo**   9 + 2 = Nueve más dos son once.

1. **3 + 10 =** *Tres más diez son trece.*
2. **22 – 3 =** *Veintidós menos tres son diecinueve.*
3. **4 + 8 =** *Cuatro más ocho son doce.*
4. **17 + 13 =** *Diecisiete más trece son treinta.*
5. **22 + 1 =** *Veintidós más uno son veintitrés.*
6. **5 – 2 =** *Cinco menos dos son tres.*
7. **11 + 12 =** *Once más doce son veintitrés.*
8. **10 – 0 =** *Diez menos cero son diez.*
9. **3 + 14 =** *Tres más catorce son diecisiete.*
10. **22 – 11 =** *Veintidós menos once son once.*

2 **¿Cuántos hay?** Say how many there are.

> **modelo**

¿Cuántas maletas hay?
Hay cuatro maletas.

1. ¿Cuántos hombres hay?
   Hay un hombre.
2. ¿Cuántas fotografías hay?
   Hay cuatro fotografías.
3. ¿Cuántos chicos hay?
   Hay veinticinco chicos.
4. ¿Cuántos turistas hay?
   Hay tres turistas.
5. ¿Cuántas conductoras hay?
   Hay una conductora.
6. ¿Cuántas chicas hay?
   Hay diecisiete chicas.

Conversación

3 **Describir** With a classmate, answer the questions about the photo.

1. ¿Cuántas mujeres hay en la fotografía?

   Hay tres mujeres.

2. ¿Cuántos hombres hay?

   Hay un hombre.

3. ¿Cuántas jóvenes hay?

   Hay tres jóvenes.

4. ¿Cuántos libros *(books)* hay?

   Hay un libro.

5. ¿Cuántas personas hay?

   Hay cuatro personas.

4 **En la clase** With a classmate, take turns asking and answering these questions about your classroom.
Answers will vary.

1. ¿Cuántos estudiantes hay?
2. ¿Hay un profesor o *(or)* una profesora?
3. ¿Cuántos hombres hay?
4. ¿Cuántas mujeres hay?
5. ¿Hay una computadora?
6. ¿Hay fotografías?
7. ¿Hay mapas?
8. ¿Hay diccionarios?
9. ¿Hay cuadernos?
10. ¿Cuántas mochilas hay?
11. ¿Hay maletas?

Practice more!

| WB p. 4 | LM p. 4 | vhlcentral.com |

Español en vivo

¿Cuál es la fórmula para un futuro perfecto?

1 escuela + 3 profesores + 20 estudiantes +

30 cuadernos + 80° lápices de colores = una generación de niños con futuro

Proyecto **EducAR** trabaja° para construir un futuro mejor°. Apoye° a **EducAR** en la construcción de quince nuevas escuelas rurales.

ochenta *80* **trabaja** *works* **mejor** *better* **Apoye** *Support*

Identificar

Scan the poster and say the numbers out loud.

Preguntas

1. Indicate how many of each are needed. Write the numbers as words.

   a. profesores ___*tres*___

   b. estudiantes ___*veinte*___

2. What is the purpose of this poster: to improve existing schools, or to raise funds for new schools? *to raise funds for new schools*

3. What would be your formula for the perfect school? *Answers will vary.*

1.3 Present tense of **ser**

 Tutorial · comparisons · NATIONAL STANDARDS

Subject pronouns

▶ In order to use verbs, you will need to learn about subject pronouns. A subject pronoun replaces the name or title of a person or thing and acts as the subject of a verb.

Subject pronouns

	Singular			Plural	
FIRST PERSON	yo	I		nosotros	we (masculine)
				nosotras	we (feminine)
SECOND PERSON	tú	you (familiar)		vosotros	you (masc., fam.)
	usted (Ud.)	you (formal)		vosotras	you (fem., fam.)
				ustedes (Uds.)	you (form.)
THIRD PERSON	él	he		ellos	they (masc.)
	ella	she		ellas	they (fem.)

Carlos es estudiante. → Él es estudiante.

▶ Spanish has four subject pronouns that mean *you*. Use **tú** when talking to a friend, a family member, or a child. Use **usted** when talking to someone with whom you have a more formal relationship, such as an employer or a professor, or to someone who is older than you. In Latin America, **ustedes** is used as the plural of both **tú** and **usted**. In Spain, **vosotros/as** is used as the plural of **tú**.

▶ **Usted** and **ustedes** are abbreviated **Ud.** and **Uds.**

▶ **Nosotros**, **vosotros**, and **ellos** refer to a group of males or to a group of males and females. **Nosotras**, **vosotras**, and **ellas** refer only to groups of females.

nosotros, vosotros, ellos   nosotros, vosotros, ellos   nosotras, vosotras, ellas

▶ There is no Spanish equivalent of the English subject pronoun *it.*

—¿Qué es?
What is it?

—Es una computadora.
It's a computer.

Práctica

1 **¿Qué es?** Ask your partner to name the objects and say to whom they belong.

modelo
Estudiante 1: **¿Qué es?**
Estudiante 2: **Es un diccionario.**
Estudiante 1: **¿De quién es?**
Estudiante 2: **Es del profesor Núñez.**

1.
E1: ¿Qué es? E2: Es una maleta.
E1: ¿De quién es? E2: Es de la señora López.

2.
E1: ¿Qué es? E2: Es un cuaderno.
E1: ¿De quién es? E2: Es de Manuel.

3.
E1: ¿Qué es? E2: Es una computadora.
E1: ¿De quién es? E2: Es de Rafael.

4.
E1: ¿Qué es? E2: Es un diario.
E1: ¿De quién es? E2: Es de Marisa.

2 **¿Quién es?** With a partner, take turns asking who these people are (**¿Quién es?/¿Quiénes son?**) and where they are from (**¿De dónde es?/¿De dónde son?**).

modelo   Jennifer López y Marc Anthony / Estados Unidos

Estudiante 1: **¿Quiénes son?**
Estudiante 2: **Son Jennifer López y Marc Anthony.**
Estudiante 1: **¿De dónde son?**
Estudiante 2: **Son de los Estados Unidos.**

1. Penélope Cruz y Antonio Banderas / España
E1: ¿Quiénes son? E2: Son Penélope Cruz y Antonio Banderas.
E1: ¿De dónde son? E2: Son de España.

2. David Ortiz / República Dominicana
E1: ¿Quién es? E2: Es David Ortiz.
E1: ¿De dónde es? E2: Es de República Dominicana.

3. Gloria Estefan / Cuba
E1: ¿Quién es? E2: Es Gloria Estefan.
E1: ¿De dónde es? E2: Es de Cuba.

4. Salma Hayek / México
E1: ¿Quién es? E2: Es Salma Hayek.
E1: ¿De dónde es? E2: Es de México.

5. Shakira / Colombia
E1: ¿Quién es? E2: Es Shakira.
E1: ¿De dónde es? E2: Es de Colombia.

6. Selena Gómez / Estados Unidos
E1: ¿Quién es? E2: Es Selena Gómez.
E1: ¿De dónde es? E2: Es de los Estados Unidos.

Conversación

3 En el dormitorio Using the items in the box, ask your partner questions about Susana's bedroom. *Answers will vary.*

¿Quién?	¿De dónde?	¿Cuántos?
¿Qué?	¿De quién?	¿Cuántas?

4 Personas famosas Pretend to be a person from **Cuba, México, España** (Spain), **Canadá** or **los Estados Unidos** (U.S.) who is famous in one of these professions. Your classmates will try to guess who you are. *Answers will vary.*

actor	*actor*
actriz	*actress*
deportista	*athlete*
escritor(a)	*writer*
cantante	*singer*
músico/a	*musician*

modelo

Estudiante 3: **¿Eres de Cuba?**
Estudiante 1: **Sí.**
Estudiante 2: **¿Eres mujer?**
Estudiante 1: **No. Soy hombre.**
Estudiante 3: **¿Eres músico?**
Estudiante 1: **No. Soy actor.**
Estudiante 2: **¿Eres Andy García?**
Estudiante 1: **¡Sí! ¡Sí!**

Andy García

Practice more!		
WB pp. 5–6	LM p. 5	vhlcentral.com

The present tense of ser

ser (to be)

Singular forms		Plural forms	
yo	**soy** (*I am*)	nosotros/as	**somos** (*we are*)
tú	**eres** (*you are*)	vosotros/as	**sois** (*you are*)
Ud./él/ella	**es** (*you are; he/she is*)	Uds./ellos/ellas	**son** (*you/they are*)

▶ Use **ser** to identify people and things.

—¿Quién **es** ella?
Who is she?
—**Es** Marissa.
She's Marissa.

—¿Qué **es**?
What is it?
—**Es** una maleta.
It's a suitcase.

▶ Use **ser** to talk about someone's occupation.[1]

Jimena **es** estudiante.
Jimena is a student.

Isabel **es** profesora.
Isabel is a professor.

▶ Use **ser** to express origin, along with **de**.

—**¿De** dónde **es** Marissa**?**
Where is Marissa from?
—**Es de** los Estados Unidos.
She's from the U.S.

▶ Use **ser** to express possession, with the preposition **de**. **De** combines with **el** to form the contraction **del**.[2] Note that Spanish doesn't use [*apostrophe*]+ *s* to indicate possession.

—**¿De** quién **es** la mochila**?**
Whose backpack is this?
—**Es** la mochila **de** Marissa.
It's Marissa's backpack.

—**¿De** quiénes **son** los lápices**?**
Whose pencils are these?
—**Son** los lápices **del** chico.
They are the boy's pencils.

---

[1] Spanish does not use **un** or **una** after **ser** when mentioning a person's occupation, unless the occupation is accompanied by an adjective.

[2] **De** does not form contractions with **la, los,** or **las.**

¡Manos a la obra!

Provide the correct subject pronouns, and the present forms of **ser**.

1. Gabriel	*él*	*es*
2. Juan y yo	*nosotros*	*somos*
3. tú	*tú*	*eres*
4. Adriana	*ella*	*es*
5. las turistas	*ellas*	*son*
6. usted y el profesor Ruiz	*ustedes*	*son*
7. yo	*yo*	*soy*
8. el señor y la señora Díaz	*ellos*	*son*

1.4 Telling time Tutorial comparisons

▶ Use numbers with the verb **ser** to tell time. To ask what time it is, use **¿Qué hora es?** To say what time it is, use **es la** with **una** and **son las** with other hours.

Es la una.   **Son las** cuatro.

▶ Express time from the hour to the half hour by adding minutes.

Son las dos **y diez**.   Son las ocho **y veinte**.

▶ Use **y cuarto** or **y quince** to say that it's fifteen minutes past the hour. Use **y media** or **y treinta** to say that it's thirty minutes past the hour.

Son las cuatro **y cuarto**.
Son las cuatro **y quince**.   Son las nueve **y media**.
Son las nueve **y treinta**.

Práctica

1 Emparejar Match each watch with the correct statement.

  4   5   1

  3   6   2

1. Son las ocho menos veinticinco de la mañana.
2. Es la una menos diez de la mañana.
3. Son las tres y cinco de la mañana.
4. Son las dos menos cuarto de la tarde.
5. Son las seis y media de la mañana.
6. Son las once y veinte de la noche.

2 ¿Qué hora es? With a partner, take turns asking and answering the questions. Use the clocks as a guide.

modelo

Estudiante 1: Son las siete de la noche en Los Ángeles. ¿Qué hora es en San Antonio?
Estudiante 2: Son las nueve de la noche en San Antonio.

Miami   **San Antonio**   **Denver**   **Los Ángeles**

1. Son las cinco en punto de la tarde en Los Ángeles.
   ¿Qué hora es en Miami? *Son las ocho de la tarde.*
2. Son las seis de la tarde en San Antonio.
   ¿Qué hora es en Denver? *Son las cinco de la tarde.*
3. Son las siete de la noche en Denver.
   ¿Qué hora es en Los Ángeles? *Son las seis de la tarde.*
4. Son las dos y media de la tarde en Los Ángeles.
   ¿Qué hora es en Miami? *Son las cinco y media de la tarde.*
5. Son las once menos cuarto en San Antonio.
   ¿Qué hora es en Los Ángeles? *Son las nueve menos cuarto.*
6. Es la una de la tarde en Los Ángeles.
   ¿Qué hora es en San Antonio? *Son las tres de la tarde.*

Conversación

3 **En la televisión** With a partner, take turns asking and answering questions about these television listings. *Answers will vary.*

modelo

Estudiante 1: ¿A qué hora es el programa *Las computadoras?*
Estudiante 2: *Es a las ocho de la noche.*

TV Hoy

Programación

11:00 am	Película: *El cóndor* (drama)
1:00 pm	Telenovela: *Dos mujeres y dos hombres*
3:00 pm	Programa juvenil: *Fiesta*
3:30 pm	Telenovela: *¡Sí, sí, sí!*
4:00 pm	Telenovela: *El diario de la Sra. González*
5:00 pm	Telenovela: *Tres mujeres*
5:45 pm	Clip de noticias
6:00 pm	Especial musical: *Música folclórica de México*
7:00 pm	La naturaleza: *Jardín secreto*
7:30 pm	Noticiero: *Veinticuatro horas*
8:00 pm	Documental: *Las computadoras*
9:00 pm	Telecomedia: *Don Paco y doña Tere*
10:00 pm	Película: *Pedro Páramo*

4 **Entrevista** Use these questions to interview a classmate. *Answers will vary.*

1. ¿Qué hora es?
2. ¿A qué hora es la clase de español?
3. ¿A qué hora es el programa *60 Minutes*?
4. ¿A qué hora es el programa *Today Show*?
5. ¿A qué hora es tu (*your*) programa favorito?
6. ¿Hay una fiesta (*party*) el sábado (*on Saturday*)? ¿A qué hora es?
7. ¿Hay un concierto (*concert*) el sábado? ¿A qué hora es?

Practice more!

| WB pp. 7–8 | LM p. 6 | vhlcentral.com |

▶ To express time from the half-hour to the hour in Spanish, use **menos** to subtract minutes or a portion of an hour from the next hour.

Son las dos **menos cuarto**.   Es la una **menos cuarto**.

Son las nueve **menos diez**.   Son las ocho **menos cinco**.

Time-related expressions

▶ Here are some useful expressions related to telling time.

—**¿Qué hora es?**
What time is it?

—Son las cuatro **de la tarde**.
It's 4 o'clock in the afternoon.

—Son las diez **de la noche**.
It's 10 o'clock at night.

—Son las nueve **de la mañana**.
It's 9 o'clock in the morning.

—Es **el mediodía**.
It's noon.

—Es **la medianoche**.
It's midnight.

▶ To ask or state at what time a particular event takes place, use the constructions **¿A qué hora (...)?** and **a la(s)** + *time*.

—**¿A qué hora** es la clase?
(At) what time is the class?

—La clase es **a la una**.
The class is at one o'clock.

—La clase es **a las dos**.
The class is at two o'clock.

—La clase es **a las ocho en punto**.
The class is at 8 o'clock on the dot.

¡Manos a la obra!

Complete these sentences.

1. (1:00 a.m.) Es la ____una____ de la mañana.
2. (2:50 a.m.) Son las tres ____menos____ diez de la mañana.
3. (4:15 p.m.) Son las cuatro y ____cuarto/quince____ de la tarde.
4. (8:30 p.m.) Son las ocho y ____media/treinta____ de la noche.
5. (6:00 a.m.) Son las seis de la ____mañana____.
6. (4:05 p.m.) Son las cuatro y cinco de la ____tarde____.
7. (12:00 a.m.) Es la ____medianoche____.
8. (9:55 p.m.) Son las ____diez____ menos cinco de la noche.

A repasar

1.1 Nouns and articles

Combinar Match the articles and the nouns. There are at least two correct answers for each noun.

un	chicas	unas, las
una	país	un, el
unos	profesoras	unas, las
unas	videos	unos, los
el	mujer	una, la
la	cuaderno	un, el
los	estudiantes	unos, unas, los, las
las	lápiz	un, el
	conversación	una, la
	nacionalidades	unas, las

Completar Make a list of at least six singular or plural nouns and their corresponding definite and indefinite articles. Then work with a partner. One person says a noun and the other responds by saying the correct articles for the noun. *Answers will vary.*

modelo

Estudiante 1: autobuses
Estudiante 2: los autobuses, unos autobuses

1.2 Numbers 0–30

Bingo With a partner, take turns announcing these bingo balls.

EXPANSION Ask students to write B-I-N-G-O across the top of a blank piece of paper. Have them draw five squares vertically under each letter and randomly fill in the squares with numbers from 0–30, without repeating any numbers. Draw numbers from a hat and call them out in Spanish. The first student to mark five in a row (horizontally, vertically, or diagonally) yells **¡Bingo!** and wins. Have the winner confirm the numbers for you in Spanish.

4 ¿Cuánto cuesta? Using the cues provided, say how much each item costs.

modelo
cuaderno / $3.00
Un cuaderno cuesta (costs) tres dólares.

1. mapa del país / $6.00 _Un mapa del país cuesta seis dólares._
2. diccionario / $11.00 _Un diccionario cuesta once dólares._
3. mochila / $28.00 _Una mochila cuesta veintiocho dólares._
4. video / $20.00 _Un video cuesta veinte dólares._
5. diario / $9.00 _Un diario cuesta nueve dólares._

1.3 Present tense of ser

5 ¿Tú, usted o ustedes? Write which subject pronoun (**tú, usted, ustedes**) you would use when speaking directly to these people.

| 1 | 2 | 3 | 4 | 5 | 6 |
| DOCTOR MELÉNDEZ | MARISSA Y JIMENA | FELIPE | UN POLICÍA | MARTA | SEÑOR Y SEÑORA DÍAZ |

1. doctor Meléndez _Ud._
2. Marissa y Jimena _Uds._
3. Felipe _tú_
4. un policía _Ud._
5. Marta _tú_
6. señor y señora Díaz _Uds._

6 Presentaciones In pairs, complete the conversation with the correct forms of the verb **ser**.

DAVID ¡Hola! Tú (1) _eres_ Teresa, ¿verdad?

TERESA Sí, yo (2) _soy_ Teresa y ella (3) _es_ Elena. ¿Y quiénes (4) _son_ ustedes?

DAVID (5) _Soy_ David y él (6) _es_ Roberto. ¿De dónde (7) _son_ ustedes?

TERESA (8) _Somos_ de México, de la capital. ¿Y ustedes?

DAVID Yo (9) _soy_ de Los Ángeles y Roberto (10) _es_ de San Francisco.

TERESA Mucho gusto, David.

DAVID ¡El gusto (11) _es_ mío!

1.4 Telling time

¿Qué hora es? Say what time it is.

1.
Son las cinco y media (treinta) de la tarde.

2.
Son las nueve menos diez de la mañana.

3.
Es el mediodía.

4.
Son las cuatro y trece de la tarde.

5.
Son las seis menos cuarto (quince) de la mañana.

6.
Es la una de la mañana.

En el aeropuerto With a partner, take turns asking and answering questions about the departure times of these flights.

modelo

Estudiante 1: ¿A qué hora es el vuelo (*flight*) para Caracas?
Estudiante 2: Es a las once y dos de la mañana.

Destino (*Destination*)	Hora
Bogotá	10:00 a.m.
Cancún	2:10 p.m.
Caracas	11:02 a.m.
La Habana	12:30 p.m.
Lima	4:40 p.m.
Montreal	1:27 p.m.
Quito	5:50 a.m.
San Juan	8:15 a.m.

Síntesis

9 **En México** You are in Mexico City at the start of your semester abroad. Today there is an orientation session for new students. With a classmate, act out this situation. (Use the cue in brackets to answer the last question.) *Answers will vary.*

- Greet your partner, tell him/her who you are, and find out his or her name.
- Find out where your partner is from.
- Ask if he/she is a professor.
- Find out how many students are in the program. [21 students]

Videoclip **S** Video

1 **Preparación** Think about three favorite activities you like to do with your family and friends. Do you have to pay for them? How much do they cost?

2 **El clip** Watch the ad for **MasterCard** from Argentina.

Vocabulario

aperitivo *appetizer*	**no tiene precio** *priceless*
plato principal *main course*	**un domingo en familia**
postre *dessert*	*Sunday with the family*

Postre…

copa de helado: $6

Un domingo en familia…

un domingo en familia: no tiene precio

3 **Emparejar** Match each item with its price according to the ad.

_b_ **1.** aperitivo
_a_ **2.** plato principal
_d_ **3.** postre

a. quince dólares
b. ocho dólares
c. treinta dólares
d. seis dólares
e. cinco dólares
f. veintiocho dólares

4 **Tener un precio** With a partner, brainstorm and write a TV ad about something you consider priceless. Use this MasterCard ad as a model. Then, read it to the class. *Answers will vary.*

Ampliación

NATIONAL STANDARDS communication

NATIONAL STANDARDS connections communities

1 Escuchar

A Listen to the conversation between an airline employee (Ms. Martínez) and a traveler. Then fill in the missing information on the form.

TIP **Listen for words you know.** You can get the gist of a conversation by listening for words and phrases you already know.

Aero Tur

Número de pasajeros
1. *uno*

Nombre (*first name*) **del pasajero**
2. *Alejandro*

Apellido (*last name*) **del pasajero**
3. *Cavazos*

Destino
4. *Quito*

Número de maletas
5. *dos*

B When does this conversation take place, before or after the trip? How do you know?
Before the trip. Answers will vary.

2 Conversar

You are surveying professors to find out about the resources in their classrooms. With a partner, act out an interview between you and a professor. During the interview, you need to find out the following information. (Don't forget to introduce yourself and thank the professor before saying goodbye.)

• *The professor's name (Confirm the correct spelling.)*

• *The start time of the class*

• *The number of students in class*

• *The number of dictionaries in the class*

• *Whether or not there are computers in class*

• *Whether or not there are maps in class*

Ampliación

3 ## Escribir

Write an e-mail to Mrs. Suárez, the director of a language school in Madrid where you want to take a summer course. Introduce yourself and ask her questions about the program. *Answers will vary.*

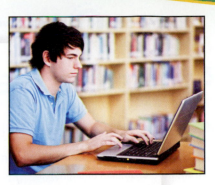

> **TIP** **Write in Spanish.** Use grammar and vocabulary that you know. Also, look at your textbook for examples of style, format, and expressions in Spanish.

Organize | Make a list of the information that you can provide about yourself in Spanish (your name, your occupation, where you are from). In addition, make a list of questions that you want to ask Mrs. Suárez, such as what time class starts, the number of students in the class, and information about the other students (where they are from, number of males/females, etc).

Write | Using the material you have compiled, write the first draft of your e-mail.

Revise | Exchange your draft with a classmate and comment on the organization, style, and grammatical accuracy of each other's work. Then, revise your first draft, taking your classmate's comments into consideration.

Share | Read your e-mail aloud in small groups. What kind of greetings and expressions of courtesy were used in the e-mails?

4 ## Un paso más

Prepare a presentation about how Hispanic cultures have influenced an American city. Include the following in your presentation: *Answers will vary.*

- An introduction of yourself in Spanish
- A general description of the city
- Examples of how Hispanic cultures have influenced the city
- Photos, drawings, and charts to make your presentation more interesting

> ### CONEXIÓN INTERNET
> Investiga estos temas en el sitio **vhlcentral.com**.
> - Emisoras de radio en Nueva York
> - Dominó en Miami
> - Calle Olvera en Los Ángeles

SAN ANTONIO

SUGGESTION Write the following suffixes on the board and have students guess the English meaning: **-ción/-sión** = -tion/-sion (**información, nación, televisión, decisión**); **-ante/-ente** = -ant/-ent (**elegante, inteligente**); **-ia/-ía** = -y (**historia, sociología**); **-dad** = -ty (**oportunidad, universidad**).

Antes de leer

Cognates are words that share similar meanings and spellings in two or more languages. The Spanish words **computadora**, **problema**, and **programa** are examples of cognates.

When you read in Spanish, look for cognates and use them to get the general meaning of what you're reading. Watch out for false cognates such as **librería**, which means *bookstore*, not *library*.

Laura, a university student, made a list of important names and numbers she needed to remember. Look for cognates while you read her list.

Phone numbers are usually read as pairs of numbers. However, for phone numbers with an odd number of digits, the first number is read separately. For example, Mrs. Ruiz's phone number would be read as 4-24-17-11. For e-mail addresses in Spanish, the "at" symbol (@) is called **arroba** and the period is called **punto**.

SUGGESTION As a prereading activity, have students scan the two lists and identify the cognates. Then have them compare their lists in groups.

EXPANSION Have students correct the false statements in **¿Comprendiste?**

EXPANSION Have students write additional true/false statements on the reading to ask their classmates.

Teléfonos importantes

Sra. Ruiz (asistente de matemáticas) 424-1711

Oficina de ayuda financiera 427-1407

Administración universitaria

(número principal) 427-1300

Dormitorio Los Pinos 427-3023

Policía del campus 427-0710

Dra. Chen 313-2012

Estadio de béisbol 222-1514

Pizzería Roma 218-0723

Cooperativa Orgánica El Sol 310-1604

Llamar a la Sra. Ruiz

10 a.m.

Direcciones electrónicas

Oficina de matemáticas

ofna@matematicas.unimetro.edu.pe

Profesora González

a.gonzalez@matematicas.unimetro.edu.pe

Farmacia

rx@farmaciagomez.com.pe

Gimnasio

informacion@gimnasio.unimetro.edu.pe

Después de leer

¿Comprendiste?

Indicate whether each statement is **cierto** (*true*) or **falso** (*false*).

Cierto	Falso	
✔	____	1. Professor González works in the math department.
____	✔	2. If Laura wanted to get a student loan, she would call 427-3023.
____	✔	3. Laura never eats pizza.
✔	____	4. If Laura needed to report a crime, she would call 427-0710.
✔	____	5. To find out the price of organic apples, Laura would call 310-1604.
____	✔	6. Laura would call 427-1300 to get a baseball ticket.

Coméntalo

Think about the names, phone numbers, and e-mail addresses that Laura keeps in her address book. Can you think of any others she should add? *Answers will vary.*

Audio: Vocabulary Flashcards

Saludos

Hola.	Hello.
Buenos días.	Good morning.
Buenas tardes.	Good afternoon.
Buenas noches.	Good evening; Good night.

Despedidas

Adiós.	Goodbye.
Nos vemos.	See you.
Hasta luego.	See you later.
Hasta la vista.	See you later.
Hasta pronto.	See you soon.
Hasta mañana.	See you tomorrow.
Saludos a…	Say hello to…
Chau.	Bye.

¿Cómo estás?

¿Cómo está usted?	How are you? (form.)
¿Cómo estás?	How are you? (fam.)
¿Qué hay de nuevo?	What's new?
¿Qué pasa?	What's going on?
¿Qué tal?	How is it going?
(Muy) bien, gracias.	(Very) well, thanks.
Nada.	Nothing.
No muy bien.	Not very well.
Regular.	So-so.

Expresiones de cortesía

De nada.	You're welcome.
Lo siento.	I'm sorry.
(Muchas) gracias.	Thank you (very much).
No hay de qué.	You're welcome.
Por favor.	Please.

Títulos de cortesía

señor (Sr.)	Mr.; sir
señora (Sra.)	Mrs.; ma'am
señorita (Srta.)	Miss

Presentaciones

¿Cómo se llama usted?	What's your name? (form.)
¿Cómo te llamas (tú)?	What's your name? (fam.)
Me llamo…	My name is…
¿Y tú?	And you? (fam.)
¿Y usted?	And you? (form.)
Mucho gusto.	Pleased to meet you.
El gusto es mío.	The pleasure is mine.
Encantado/a.	Pleased to meet you.
Igualmente.	Likewise.
Éste/Ésta es…	This is…
Le presento a…	I would like to introduce you to… (form.)
Te presento a…	I would like to introduce you to… (fam.)

Verbos

ser	to be

¿De dónde eres?

¿De dónde es usted?	Where are you from? (form.)
¿De dónde eres?	Where are you from? (fam.)
Soy de…	I'm from…

Expresiones adicionales

¿Cuántos/as?	How many?
¿De quién…?	Whose…? (sing.)
¿De quiénes…?	Whose…? (plural)
Hay	There is; There are
No hay	There is not; There are not
¿Qué es?	What is it?
¿Quién es?	Who is it?

Sustantivos

el autobús	bus
la chica	girl
el chico	boy
la computadora	computer
la comunidad	community
el/la conductor(a)	driver; chauffeur
la conversación	conversation
la cosa	thing
el cuaderno	notebook
el día	day
el diario	diary
el diccionario	dictionary
la escuela	school
el/la estudiante	student
la foto(grafía)	photograph
el hombre	man
el/la joven	youth; young person
el lápiz	pencil
la lección	lesson
la maleta	suitcase
la mano	hand
el mapa	map
la mochila	backpack
la mujer	woman
la nacionalidad	nationality
el número	number
el país	country
la palabra	word
el/la pasajero/a	passenger
el problema	problem
el/la profesor(a)	professor
el programa	program
el/la turista	tourist
el video	video

Numbers 0–30	See page 14.
Subject pronouns	See page 16.
Time-related expressions	See pages 18–19.

As students finish the lesson, encourage them to explore the **Repaso** section on the Supersite. There they will find quizzes for practicing vocabulary, grammar, and oral language.

Practice more at **vhlcentral.com.**

Las clases

PARA EMPEZAR Have students look at the photo. Say: **Es una foto de tres jóvenes en la universidad.** Then ask: **¿Quiénes son los jóvenes?** (Son Juan Carlos, Marissa y Felipe). **¿Qué hay en la mano de Felipe?** (un cuaderno)

PARA EMPEZAR
- ¿Cuántas personas hay en la foto?
- ¿Son profesores o estudiantes?
- ¿Dónde están?, ¿en un laboratorio?, ¿en una universidad?

S Tutorials

LAS CLASES

el laboratorio

EN LA UNIVERSIDAD

la cafetería *cafeteria*
la librería *bookstore*
la residencia estudiantil *dormitory*

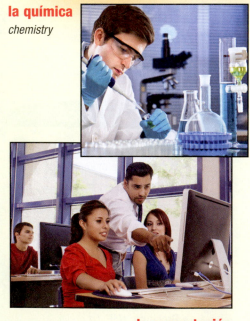

el estadio

la biblioteca *library*

la química *chemistry*

LOS CURSOS

la administración de empresas *business administration*
el arte *art*
la biología *biology*
la clase *class*
la contabilidad *accounting*
el curso *course*
el español *Spanish*
la física *physics*
la historia *history*
el inglés *English*
las lenguas extranjeras *foreign languages*
las matemáticas *mathematics*
el periodismo *journalism*
la psicología *psychology*
la sociología *sociology*

la computación *computer science*

EXPANSION Write **¿Qué clases tomas?** and **Tomo...** on the board and explain their meaning. Have students circulate, introducing themselves, finding where others are from, and asking what classes they are taking. Then, ask students to present the information they have found about a classmate.

la geografía

la pizarra

EN LA CLASE

el examen	*test; exam*
el horario	*schedule*
la mesa	*table*
el papel	*paper*
la pluma	*pen*
la prueba	*test; quiz*
la puerta	*door*
el semestre	*semester*
la tarea	*homework*
la tiza	*chalk*
el trimestre	*trimester; quarter*
la ventana	*window*

el borrador

el reloj
clock; watch

la silla

OTRAS PALABRAS Y EXPRESIONES

el/la compañero/a de clase *classmate*
el/la compañero/a de cuarto *roommate*
la semana *week*
la universidad *university*

Hoy es... *Today is . . .*

el libro
book

el escritorio

LOS DÍAS DE LA SEMANA

septiembre

lunes	martes	miércoles	jueves	viernes	sábado	domingo
	1	2	3	4	5	6
7	8	9	10			

Variación léxica
la pluma ⟷ el bolígrafo
la pizarra ⟷ el tablero (*Col.*)
la tarea ⟷ la asignación (*P. Rico*); los deberes (*Esp., Arg.*)

A escuchar

1 Escuchar Listen to Professor Morales talk about her Spanish classroom, then check the items she mentions.

1. puerta	☑	7. sillas	☐
2. ventanas	☑	8. libros	☑
3. pizarra	☑	9. plumas	☑
4. borrador	☐	10. mochilas	☐
5. tiza	☑	11. papel	☑
6. escritorios	☑	12. reloj	☑

2 Mis clases Listen and fill in the calendar with María's class schedule. Then complete the sentences below.

Estudiante María			Semestre N° 1	
lunes	**martes**	**miércoles**	**jueves**	**viernes**
AM 10:30 arte				*biblioteca (todo el día)*
		11:00 periodismo		
PM				
	2:15 computación			
			3:30 geografía	

María

1. Éste (*This*) es el primer (*first*) __semestre__ de María en la universidad.
2. Este semestre María toma cuatro __clases__.
3. La clase de __arte__ es el lunes a las diez y media de la mañana.
4. La clase de __computación__ es el martes a las dos y quince de la tarde.
5. La clase de periodismo es el __miércoles__ a las once de la mañana.
6. La clase de __geografía__ es el jueves a las tres y media de la tarde.
7. María estudia (*studies*) en la __biblioteca__ los viernes.

Practice more!

LM p. 7

---

1 SCRIPT
¿Qué hay en mi clase de español? ¡Muchas cosas! Hay una puerta y cinco ventanas. Hay una pizarra con tiza. Hay muchos escritorios para los estudiantes. En los escritorios de los estudiantes hay libros y plumas. En la mesa de la profesora hay papel. Hay un mapa y un reloj en la clase también.

2 SCRIPT
Hola, ¿qué tal? Me llamo María. Éste es mi primer semestre en la universidad. Tomo cuatro clases. Mi clase de arte es el lunes a las diez y media de la mañana, mi clase de computación es el martes a las dos y quince de la tarde y mi clase de periodismo es el miércoles a las once de la mañana. Mi clase de geografía es el jueves a las tres y media de la tarde. Mi día de biblioteca es el viernes. En la biblioteca estudio para mis exámenes y hago la tarea.

2 SUGGESTION Using sentences 2 through 6 as a model, have students prepare five statements about their classes to share with the class or a partner. Prepare a class schedule like María's on the board if time permits.

2 SUGGESTION Point out that the days of the week are always written in lowercase. Also, explain that all days of the week are masculine, and that the singular and plural forms are the same except for **sábado(s)** and **domingo(s)**.

A practicar

3 **Clasificar** Indicate to which category each word belongs: **Persona**, **Objeto**, **Curso**, or **Lugar** (*place*).

	Persona	Objeto	Curso	Lugar
1. el periodismo			✓	
2. la residencia estudiantil				✓
3. el compañero de cuarto	✓			
4. el estadio				✓
5. la tiza		✓		
6. la contabilidad			✓	
7. la pluma		✓		
8. la compañera de clase	✓			

4 **Analogías** Choose the best words from the word bank to complete the analogies.

1. dos ⟷ cuatro ⊜ martes ⟷ _jueves_
2. hoy ⟷ mañana ⊜ viernes ⟷ _sábado_
3. EE.UU. ⟷ mapa ⊜ hora ⟷ _reloj_
4. inglés ⟷ lengua ⊜ miércoles ⟷ _día_
5. mapa ⟷ geografía ⊜ computadora ⟷ _computación_
6. pluma ⟷ papel ⊜ tiza ⟷ _pizarra_
7. papel ⟷ cuaderno ⊜ libro ⟷ _biblioteca_

biblioteca	**pizarra**	**profesor(a)**
jueves	**semana**	**miércoles**
computación	**día**	**reloj**
sábado	**borrador**	**domingo**

5 **Cursos** What is the subject matter of each class?

modelo
la cultura de España, el verbo **ser**
Es la clase de español.

1. los microbios, los animales
   Es la clase de biología.

2. George Washington, Martin Luther King, Jr.
   Es la clase de historia.

3. la geometría, la trigonometría
   Es la clase de matemáticas.

4. Frida Kahlo, Leonardo da Vinci
   Es la clase de arte.

5. África, el río Amazonas
   Es la clase de geografía.

6. Freud, Jung
   Es la clase de psicología.

Frida Kahlo, famosa pintora (*painter*) mexicana.

El río Amazonas, en América del Sur.

Practice more!

WB pp. 9–10

vhlcentral.com

A conversar

6 **Horario** Create your own class schedule like the one below. Then discuss it with a classmate. *Answers will vary.*

modelo

Estudiante 1: ¿Cuándo tomas (*when do you take*) biología?
Estudiante 2: Los lunes, miércoles y viernes tomo (*I take*) biología a las ocho y media de la mañana.
Estudiante 1: ¿Quién es el/la profesor(a)?
Estudiante 2: Es la profesora Morales.

Estudiante Manuel Domínguez			Semestre N° 1	
lunes	martes	miércoles	jueves	viernes
8:30 biología Profesora Morales		8:30 biología		8:30 biología
10:15 inglés Profesor Herrera	9:45 historia Profesora Cortés	10:15 inglés	9:45 historia	10:15 inglés
	12:45 psicología Profesor Blanco		12:45 psicología	
3:30 laboratorio (biología)		1:15 arte Profesor Pérez		1:15 arte
4:30 discusión (historia) biblioteca				

Manuel Domínguez

7 **Entrevistas** Use these questions to interview classmates. *Answers will vary.*

1. ¿Cómo te llamas?
2. ¿Cómo estás hoy?
3. ¿De dónde eres?
4. ¿Cuántas clases tomas?
5. ¿Cuándo tomas…?
6. ¿A qué hora es la clase de…?
7. ¿Quién es el/la profesor(a)?
8. ¿Cuál (*Which*) es tu clase favorita?

8 **Nuevos amigos** You meet a new student in the cafeteria. Have a conversation, using these guidelines. *Answers will vary.*

- Greet your new acquaintance.
- Find out how he or she is doing.
- Ask where he or she is from.
- Compare class schedules.
- Say goodbye.

7 EXPANSION Have students prepare and ask additional interview questions.

TEACHING OPTION Have students work in groups, imagining that they are meeting several new students on campus. Remind students to include introductions as part of their conversations. Have the groups practice and present the activity without using any notes.

🎧 Pronunciación ⓢ Audio

Spanish vowels

a   **e**   **i**   **o**   **u**

Spanish vowels are never silent; they are always pronounced in a short, crisp way without the glide sounds used in English.

Álex	**clase**	**nada**	**encantada**

The letter **a** is pronounced like the *a* in *father,* but shorter.

el	**ene**	**mesa**	**elefante**

The letter **e** is pronounced like the *e* in *they,* but shorter.

Inés	**chica**	**tiza**	**señorita**

The letter **i** sounds like the *ee* in *beet,* but shorter.

hola	**con**	**libro**	**don Francisco**

The letter **o** is pronounced like the *o* in *tone,* but shorter.

uno	**regular**	**saludos**	**gusto**

The letter **u** sounds like the *oo* in *room,* but shorter.

Práctica Practice the vowels by saying the names of these places in Spain.

1. Madrid
2. Alicante
3. Tenerife
4. Toledo
5. Barcelona
6. Granada
7. Burgos
8. La Coruña

Oraciones Read the sentences aloud, focusing on the vowels.

1. Hola. Me llamo Ramiro Morgado.
2. Estudio arte en la Universidad de Salamanca.
3. Tomo también (*also*) literatura y contabilidad.
4. Ay, tengo clase en cinco minutos. ¡Nos vemos!

Refranes Practice the vowels by reading these sayings aloud.

> Cada loco con su tema.[2]

> Del dicho al hecho hay un gran trecho.[1]

[1] *Easier said than done.*
[2] *To each his own.*

SUGGESTION Point out that the drawings above the vowels on this page indicate the approximate shape of the mouth as the vowels are pronounced.

SUGGESTION Model pronunciation and have students watch the shape of your mouth as you pronounce each word. Have them repeat after you.

SUGGESTION Model the pronunciation of each word, sentence, and **refrán,** and have students repeat after you.

EXPANSION Provide more place names from Spain, avoiding diphthongs. Ex: **Sevilla, Salamanca, Albacete, Gerona, Lugo, Pamplona, Bilbao, Valladolid, Orense.**

Practice more!

LM p. 8

ⓢ vhlcentral.com

Video

¿Qué estudias?

Felipe, Marissa, Juan Carlos y Miguel visitan Chapultepec y hablan de las clases.

VIDEO SYNOPSIS Felipe takes Marissa around Mexico City. Along the way, they meet some friends, Juan Carlos and Miguel. Felipe, Marissa, and Juan Carlos compare schedules for the upcoming semester, while Miguel rushes off to meet Maru.

PREVIEW Have students cover the **Expresiones útiles** and scan the captions under the video stills to find two phrases about classes and two phrases that express likes and dislikes.

PERSONAJES

MARISSA

FELIPE

JUAN CARLOS

MIGUEL

EMPLEADO

MARU

① ② ③

FELIPE Dos boletos, por favor.

EMPLEADO Dos boletos son 64 pesos.
FELIPE Aquí están 100 pesos.
EMPLEADO 100 menos 64 son 36 pesos de cambio.

FELIPE Ésta es la Ciudad de México.

⑥ ⑦ ⑧

FELIPE Juan Carlos, ¿quién enseña la clase de química este semestre?
JUAN CARLOS El profesor Morales. Ah, ¿por qué tomo química y computación?
FELIPE Porque te gusta la tarea.

FELIPE Los lunes y los miércoles, economía a las 2:30. Tú tomas computación los martes en la tarde, y química, a ver... Los lunes, los miércoles y los viernes ¿a las 10? ¡Uf!

FELIPE Y Miguel, ¿cuándo regresa?
JUAN CARLOS Hoy estudia con Maru.
MARISSA ¿Quién es Maru?

A C T I V I D A D E S

① Identificar Indicate which person would say the following.

1. ¿Maru es compañera de ustedes? *Marissa*
2. Mi mamá habla *(talks)* mucho. *Maru*
3. Mi diccionario está en casa de Felipe y Jimena. *Marissa*
4. Hoy yo estudio *(am studying)* con Maru en la biblioteca. *Miguel*
5. Yo tomo *(am taking)* computación los martes por la tarde. *Juan Carlos*

② Completar Complete each sentence with the correct words.

1. Marissa habla *(speaks)* muy bien el *español*.
2. El profesor Morales enseña *(teaches)* *química*.
3. Marissa toma cuatro *clases*.
4. Hay clase de economía los lunes y *miércoles*.
5. Maru necesita ir *(needs to go)* a la biblioteca y Miguel necesita ir a la *librería*.

VIDEO RECAP Before doing this **Aventuras** episode, review the previous episode with these questions: 1. **En la familia Díaz, ¿quiénes son estudiantes? (Felipe y Jimena son estudiantes.)** 2. **¿Quién es Roberto? (Es el esposo de Carolina.)** 3. **¿De dónde es Marissa? (Es de Winsconsin.)** 4. **¿De dónde es la señora Díaz? (Es de Cuba.)** 5. **¿Es de Felipe el diccionario? (No, es de Marissa.)**

SUGGESTION Point out concepts from this lesson's **Gramática** section, including **tomo** and **tomas** as a regular **–ar** verb, **está** and **estamos** from **estar** to express location and well-being, and using **¿cuántas?, ¿dónde?,** and **¿adónde?** to form questions. Point out the written accent on the question words.

FELIPE Oye, Marissa, ¿cuántas clases tomas?

MARISSA Tomo cuatro clases: español, historia, literatura y también geografía. Me gusta mucho la cultura mexicana.

MIGUEL Marissa, hablas muy bien el español... ¿Y dónde está tu diccionario?

MARISSA En casa de los Díaz. Felipe necesita practicar inglés.

MIGUEL ¡Ay, Maru! Chicos, nos vemos más tarde.

MIGUEL ¿Hablas con tu mamá?

MARU Mamá habla. Yo escucho. Es la 1:30.

MIGUEL Ay, lo siento. Juan Carlos y Felipe...

MARU Ay, Felipe.

MARU Y ahora, ¿adónde? ¿A la biblioteca?

MIGUEL Sí, pero primero a la librería. Necesito comprar unos libros.

SUGGESTION Model the pronunciation of the **Expresiones útiles,** having students repeat after you. Then have pairs prepare a short dialogue, personalizing the questions and answers.

3 **Preguntas personales** Interview a classmate about his/her college life.

1. ¿Qué clases tomas en la universidad?
2. ¿Qué clases tomas los martes?
3. ¿Qué clases tomas los viernes?
4. ¿En qué clase hay más chicos?
5. ¿En qué clase hay más chicas?
6. ¿Te gusta la clase de español?

Practice more!

VM
pp. 171–172

vhlcentral.com

Expresiones útiles

Talking about classes

¿Cuántas clases tomas?
How many classes are you taking?

Tomo cuatro clases.
I'm taking four classes.

Mi especialización es en arqueología.
My major is archeology.

Este año, espero sacar buenas notas y, por supuesto, viajar por el país.
This year, I hope / I'm hoping to get good grades. And, of course, travel through the country.

Talking about likes/dislikes

Me gusta mucho la cultura mexicana.
I like Mexican culture a lot.

Me gustan las ciencias ambientales.
I like environmental science.

Me gusta dibujar.
I like to draw.

¿Te gusta este lugar?
Do you like this place?

Paying for tickets

Dos boletos, por favor.
Two tickets, please.

Dos boletos son sesenta y cuatro pesos.
Two tickets are sixty-four pesos.

Aquí están cien pesos.
Here's a hundred pesos.

Son treinta y seis pesos de cambio.
That's thirty-six pesos change.

Talking about location and direction

¿Dónde está tu diccionario?
Where is your dictionary?

Está en casa de los Díaz.
It's at the Díaz's house.

Y ahora, ¿adónde? ¿A la biblioteca?
And now, where to? To the library?

Sí, pero primero a la librería.

Está al lado.
Yes, but first to the bookstore.
It's next door.

communities STANDARDS | comparisons cultures STANDARDS | **S** Reading

La elección de una carrera universitaria

Since higher education in the Spanish-speaking world is heavily state-subsidized, tuition is almost free; as a result, public universities see large enrollments. Spanish and Latin American students generally choose their **carrera universitaria** (major) when they're eighteen, which can be during their last year of high school or their first year of college.

Estudiantes hispanos en los EE.UU.

In the 2010–11 academic year, over 13,000 Mexican students (2% of all international students) studied at U.S. universities. Colombians were the second largest Spanish-speaking group, with over 6,000 students.

In order to enroll, all students must complete a high school degree, known as the **bachillerato**. In countries like Bolivia and Mexico, the last year of high school (**colegio***) tends to be specialized in an area of study, such as natural sciences or the arts. Students then choose their major according to their area of specialization. Similarly, university-bound students in Argentina follow the **polimodal** track during the last three years of high school. **Polimodal** refers to exposure to various disciplines, such as business, social sciences, or design; based

on this coursework, Argentine students choose their **carrera**. Finally, in Spain, students choose their major according to the score they receive on the **prueba de aptitud** (skills test or entrance exam).

Universidad Central de Venezuela en Caracas

University graduates receive a **licenciatura**, or bachelor's degree. In Argentina or Chile, a **licenciatura** takes four to six years to complete, and may be considered equivalent to a master's degree. In Peru and Venezuela, a bachelor's degree is a five-year process. Spanish and Colombian **licenciaturas** take four to five years, although some fields, such as medicine, require six or more.

*****¡Ojo! El colegio** is a false cognate. In most countries, it means *high school*, but in some regions it refers to an elementary school. All undergraduate study takes place at **la universidad.**

ASÍ SE DICE

Clases y exámenes

aprobar *to pass*
la clase anual *year-long course*
el examen parcial *midterm exam*
la facultad *department, school*
la investigación *research*
la materia; la asignatura (Esp.) *la clase, el curso*

reprobar; suspender (Esp.) *to fail*
sacar buenas/malas notas *to get good/bad grades*
tomar apuntes *to take notes*

ACTIVIDADES

1 **¿Cierto o falso?** Indicate whether each statement is **cierto** or **falso**. Correct the false statements.

1. Students in Spanish-speaking countries must pay large amounts of money toward their college tuition. *Falso. At public universities tuition is almost free.*

2. **Carrera** refers to any undergraduate and/or graduate program that students enroll in to obtain a professional degree. *Cierto.*

3. After studying at a **colegio**, students receive their **bachillerato**. *Cierto.*

4. Undergraduates study at a **colegio** or an **universidad**. *Falso. An undergraduate student takes classes at an universidad.*

5. In Latin America and Spain, students usually choose their majors in their second year at the university. *Falso. They choose their majors either in the last year of high school or upon entering the university.*

6. The **polimodal** system helps students choose their university major. *Cierto.*

7. In Mexico, the **bachillerato** involves specialized study. *Cierto.*

8. In Spain, majors depend on entrance exam scores. *Cierto.*

9. Venezuelans complete a **licenciatura** in four years. *Falso. In Venezuela, a licenciatura takes five years.*

10. According to statistics, Mexican students are the largest group of Spanish-speaking students studying at U.S. universities. *Cierto.*

2 **Saludos** In pairs, research a Spanish or Latin American university online and find five statistics about that institution (total enrollment, majors offered, number of departments/schools). Using this information, create a dialogue between a prospective student and a university representative.

CONEXIÓN INTERNET

What **facultad** does your major belong to in Spain or Latin America?

For more information about this **Cultura,** go to **vhlcentral.com.**

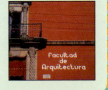
Facultad de Arquitectura

Practice more at **vhlcentral.com.**

 Video

Los estudios

1 **Preparación** What is the name of your school or university? What degree program are you in? What classes are you taking this semester?

2 **El video** Watch this **Flash Cultura** episode.

Estudio derecho en la UNAM.

¿Conoces algún° profesor famoso que dé clases… en la UNAM?

¿Conoces algún…? *Do you know any…?*

3 **Emparejar** Match the phrases in column A to each sentence in column B.

1. En la UNAM no hay *c*
2. México, D.F. es *d*
3. La UNAM tiene (*has*) *a*
4. La UNAM ofrece *b*

a. muchos profesores famosos.
b. 74 carreras de estudio.
c. residencias estudiantiles.
d. la ciudad más grande (*largest*) de Latinoamérica.

Practice more!
VM pp. 203–204 | vhlcentral.com

S Tutorial comparisons NATIONAL STANDARDS

2.1 The present tense of regular –ar verbs

▶ To create the forms of regular verbs, drop the infinitive endings (**–ar, –er, –ir**). Then add the endings that correspond to the different subject pronouns. The chart below shows how to conjugate regular **–ar** verbs.

estudiar (*to study*)

yo	estudi**o**	*I study*
tú	estudi**as**	*you (fam.) study*
Ud./él/ella	estudi**a**	*you (form.) study; he/she studies*
nosotros/as	estudi**amos**	*we study*
vosotros/as	estudi**áis**	*you (pl.) study*
Uds./ellos/ellas	estudi**an**	*you (pl.) study; they study*

Juan Carlos estudia ciencias ambientales.

Y tú, ¿qué estudias, Miguel?

Common –ar verbs

bailar	*to dance*	explicar	*to explain*
buscar	*to look for*	hablar	*to talk; to speak*
caminar	*to walk*	llegar	*to arrive*
cantar	*to sing*	llevar	*to carry*
comprar	*to buy*	mirar	*to look (at); to watch*
contestar	*to answer*	necesitar	*to need*
conversar	*to talk*	practicar	*to practice*
descansar	*to rest*	preguntar	*to ask (a question)*
desear	*to want; to wish*	preparar	*to prepare*
dibujar	*to draw*	regresar	*to return*
enseñar	*to teach*	terminar	*to end; to finish*
escuchar	*to listen*	tomar	*to take; to drink*
esperar	*to wait (for); to hope*	trabajar	*to work*
estudiar	*to study*	viajar	*to travel*

▶ The Spanish present tense has several meanings in English. Note the following examples.

Ana **trabaja** en la cafetería.
Ana works in the cafeteria.
Ana is working in the cafeteria.
Ana does work in the cafeteria.

Paco **viaja** a Madrid mañana.
Paco travels to Madrid tomorrow.
Paco is traveling to Madrid tomorrow.
Paco does travel to Madrid tomorrow.

Práctica

1 Completar Complete the conversation with the appropriate forms of the verbs.

Juan   Linda

JUAN ¡Hola, Linda! ¿Qué tal las clases?

LINDA Bien. (1) _Tomo_ [tomar] tres clases: química, biología y computación. Y tú, ¿cuántas clases (2) _tomas_ [tomar]?

JUAN (3) _Tomo_ [tomar] cuatro: sociología, biología, arte y literatura. Yo (4) _tomo_ [tomar] biología a las cuatro. ¿Y tú?

LINDA Lily, Alberto y yo (5) _tomamos_ [tomar] biología a las diez.

JUAN ¿(6) _Estudian_ [estudiar] ustedes mucho?

LINDA Sí, porque (*because*) hay muchos exámenes. Alberto y yo (7) _estudiamos_ [estudiar] dos horas juntos todos los días (*together every day*).

JUAN ¿Lily no (8) _estudia_ [estudiar] con ustedes?

LINDA No, ella (9) _estudia_ [estudiar] con su novio (*boyfriend*), Arturo.

2 ¿Te gusta...? Get together with a classmate and take turns asking each other if you like these activities. *Answers will vary.*

| ¿Te gusta...? | ▶ | Sí, me gusta.../No, no me gusta... |

modelo

Estudiante 1: *¿Te gusta dibujar?*
Estudiante 2: *Sí, me gusta dibujar. /*
    No, no me gusta dibujar.

	Sí	No
la universidad	___	___
cantar	___	___
la historia	___	___
la computación	___	___
los exámenes	___	___
trabajar	___	___
las lenguas extranjeras	___	___

Conversación

3 **Describir** With a partner, describe what the people in the photos are doing.

modelo

Ana María baila.

Ana María

Héctor

1. *Héctor dibuja/estudia.*

Ernesto

2. *Ernesto descansa.*

Gabriela

3. *Gabriela enseña inglés.*

Mario y Laura

4. *Mario y Laura toman el autobús.*

4 **Entrevista** Use these questions to interview a classmate.
Answers will vary.

1. ¿Qué clases tomas?
2. ¿Caminas a tus clases?
3. ¿A qué hora termina la clase de español?
4. ¿Cuántas lenguas hablas?
5. ¿Dónde estudias?
6. ¿Necesitas estudiar hoy para un examen?
7. ¿Miras mucho la televisión? ¿Qué programas te gustan?
8. ¿Te gusta viajar? ¿Deseas viajar a Sudamérica?
9. ¿Te gusta bailar? ¿Bailas salsa?
10. ¿Te gusta practicar el español fuera (*outside*) de clases? ¿Conversas con tus compañeros en español?

Practice more!

WB
pp. 11–12

LM
p. 9

S
vhlcentral.com

Using verbs in Spanish

▸ When two verbs are used together with no change of subject, the second verb is generally in the infinitive.

Deseo hablar con Felipe.
I want to speak with Felipe.

Necesito comprar lápices.
I need to buy pencils.

▸ To make a sentence negative, use **no** before the conjugated verb.

Yo **no** miro la televisión.
I don't watch television.

Ella **no** desea bailar.
She doesn't want to dance.

▸ Subject pronouns are often omitted; the verb endings indicate who the subject is. They may, however, be used for clarification or for emphasis.

—¿Qué enseñan?
What do they teach?

—**Él** enseña arte y **ella** enseña química.
He teaches art and she teaches chemistry.

—¿Quién desea trabajar hoy?
Who wants to work today?

—**Yo** no deseo trabajar.
I don't want to work.

The verb gustar

▸ The verb **gustar,** which is used to express likes and dislikes, is different from other **-ar** verbs. The most common forms of this verb are **gusta** and **gustan.** Use a singular noun with **gusta** and a plural noun with **gustan.** Also, there is no subject pronoun (**yo, tú,...**) before **gusta(n).**

Me gusta la historia.
I like history.

Me gustan las lenguas extranjeras.
I like foreign languages.

▸ To say what you like, use **me** before **gusta(n).** To ask a friend what he/she likes, use **te** before **gusta(n).** To express dislikes, insert **no** before **me** or **te.**

—¿**Te gusta** la biología?
Do you like biology?

— No, **no me gusta** la biología.
No, I don't like biology.

—¿**Te gustan** las clases este semestre?
Do you like your classes this semester?

— Sí, **me gustan** las clases este semestre.
Yes, I like my classes this semester.

▸ To talk about what you like and don't like to do, use (**no**) **me gusta** + [*infinitive*].

—¿**Te gusta** bailar salsa?
Do you like to dance salsa?

— Sí, **me gusta** bailar salsa.
Yes, I like to dance salsa.

¡Manos a la obra!

Provide the present-tense forms of the verbs.

hablar

1. Yo ___hablo___ español.
2. Ellas ___hablan___ español.
3. Tú ___hablas___ español.
4. Isabel ___habla___ español.
5. Nosotros ___hablamos___ español.

gustar

1. ___Me___ ___gusta___ la clase. *[I like]*
2. ¿___Te___ ___gustan___ las clases? *[Do you like?]*
3. ___No___ ___me___ ___gustan___ las pruebas. *[I don't like]*
4. ___No___ ___te___ ___gusta___ el arte. *[You don't like]*
5. ___Me___ ___gusta___ viajar. *[I like]*

2.2 Forming questions in Spanish

comparisons
NATIONAL STANDARDS

S Tutorial

▶ One way to ask questions is simply to raise the pitch of your voice at the end of a sentence. When writing a question, use an upside-down question mark (¿) at the beginning of a question and a regular question mark (?) at the end.

¿Hablas con tu mamá?

Te gusta mucho la tarea, ¿no?

Statement	Question
Ustedes trabajan los sábados.	¿Ustedes trabajan los sábados?
You work on Saturdays.	*Do you work on Saturdays?*
Miguel regresa a las seis.	¿Miguel regresa a las seis?
Miguel returns at six.	*Does Miguel return at six?*

▶ You can also ask a question by placing the subject after the verb. The subject may even be placed at the end of the sentence.

Statement	Question
SUBJECT VERB	VERB SUBJECT
Ustedes trabajan los sábados.	¿**Trabajan ustedes** los sábados?
You work on Saturdays.	*Do you work on Saturdays?*
SUBJECT VERB	VERB SUBJECT
Miguel regresa a las seis.	¿**Regresa** a las seis **Miguel**?
Miguel returns at six.	*Does Miguel return at six?*

▶ Another way to ask questions is by adding ¿**no**? or ¿**verdad**? at the end of a statement. With negative statements, you may only add ¿**verdad**?

Statement	Question
Ustedes trabajan los sábados.	Ustedes trabajan los sábados, ¿**no**?
You work on Saturdays.	*You work on Saturdays, don't you?*
Miguel regresa a las seis.	Miguel regresa a las seis, ¿**verdad**?
Miguel returns at six.	*Miguel returns at six, right?*
Tú no tomas biología.	Tú no tomas biología, ¿**verdad**?
You don't take biology.	*You don't take biology, right?*

Práctica

1 **Preguntas** Change these statements into questions by inverting the word order.

modelo

Ernesto estudia español.
¿Estudia Ernesto español? /
¿Estudia español Ernesto?

1. Sandra habla con su compañera de cuarto.
   ¿Habla Sandra con su compañera de cuarto? / ¿Habla con su compañera de cuarto Sandra?

2. La profesora Soto busca unos libros.
   ¿Busca la profesora Soto unos libros? / ¿Busca unos libros la profesora Soto?

3. Tú preparas la tarea.
   ¿Preparas tú la tarea? / ¿Preparas la tarea tú?

4. Ustedes trabajan en la cafetería.
   ¿Trabajan ustedes en la cafetería? / ¿Trabajan en la cafetería ustedes?

5. Los chicos escuchan música por la radio.
   ¿Escuchan los chicos música por la radio? / ¿Escuchan música por la radio los chicos?

2 **Una conversación** Irene and Manolo are chatting (quietly!) in the library. Complete their conversation with the appropriate questions.

IRENE (1) *¿Cómo estás? / ¿Qué tal?*

MANOLO Bien, gracias. (2) *¿Y tú?*

IRENE Muy bien. (3) *¿Qué hora es?*

MANOLO Son las nueve.

IRENE (4) *¿Qué estudias?*

MANOLO Estudio historia.

IRENE (5) *¿Por qué?*

MANOLO Porque hay un examen mañana.

IRENE (6) *¿Te gusta la clase?*

MANOLO Sí, me gusta mucho la clase.

IRENE (7) *¿Quién enseña la clase?*

MANOLO El profesor Padilla enseña la clase.

IRENE (8) *¿Tomas psicología este semestre?*

MANOLO No, no tomo psicología este semestre.

Conversación

3 Encuesta Change the phrases in the first column into questions and use them to survey two or three classmates. Then report the results of your survey to the class. *Answers will vary.*

Actividades	Nombres
1. Estudiar contabilidad	_____
2. Tomar una clase de historia	_____
3. Dibujar bien	_____
4. Cantar bien	_____
5. Trabajar los sábados	_____
6. Escuchar música en un iPod.	_____
7. Necesitar comprar una computadora	_____
8. Tomar el autobús a la escuela	_____
9. Llevar una mochila a clase	_____
10. Desear viajar a España	_____

4 Entrevista Imagine that you are a reporter for the school newspaper. Use these questions and create three of your own to interview a classmate about student life. *Answers will vary.*

1. ¿Dónde estudias? ¿Cuándo?
2. ¿Quién es tu profesor(a) favorito/a?
3. ¿Cuántas clases tomas?
4. ¿Necesitas estudiar más (*more*)?
5. ¿A qué hora llegas a la universidad?
6. ¿Trabajas? ¿Dónde?
7. ¿Cuál es tu día favorito de la semana? ¿Por qué?
8. ¿...?
9. ¿...?
10. ¿...?

Practice more!

WB pp. 13–14

LM p. 10

vhlcentral.com

Interrogative words

▶ These interrogative words are used to form questions in Spanish.

Interrogative words			
¿Adónde?	*Where (to)?*	¿De dónde?	*From where?*
¿Cómo?	*How?*	¿Dónde?	*Where?*
¿Cuál?, ¿Cuáles?	*Which?; Which one(s)?*	¿Por qué?	*Why?*
¿Cuándo?	*When?*	¿Qué?	*What?; Which?*
¿Cuánto/a?	*How much?*	¿Quién?	*Who?*
¿Cuánto/as?	*How many?*	¿Quiénes?	*Who? (plural)*

▶ Use interrogative words in questions that require more than a *yes* or *no* answer. Interrogative words always carry a written accent mark.

¿Cuándo descansan ustedes?
When do you rest?

¿Qué clases tomas?
What classes are you taking?

¿Adónde caminamos?
Where are we walking to?

¿De dónde son ellos?
Where are they from?

▶ In questions that contain interrogative words, the pitch of the speaker's voice falls at the end of the sentence.

¿Cómo llegas a la escuela?
How do you get to school?

¿Por qué necesitas estudiar?
Why do you need to study?

¡Manos a la obra!

Make questions out of these statements. Use intonation in column 1 and the tag **¿no?** in column 2.

Statement	Intonation	¿no?
1. Hablas inglés.	¿Hablas inglés?	Hablas inglés, ¿no?
2. Trabajamos mañana.	¿Trabajamos mañana?	Trabajamos mañana, ¿no?
3. Ustedes desean bailar.	¿Ustedes desean bailar?	Ustedes desean bailar, ¿no?
4. Usted estudia mucho.	¿Usted estudia mucho?	Usted estudia mucho, ¿no?
5. Enseño a las nueve.	¿Enseño a las nueve?	Enseño a las nueve, ¿no?
6. Luz mira la televisión.	¿Luz mira la televisión?	Luz mira la televisión, ¿no?
7. Los chicos descansan.	¿Los chicos descansan?	Los chicos descansan, ¿no?
8. Tú preparas la prueba.	¿Tú preparas la prueba?	Tú preparas la prueba, ¿no?
9. Tomamos el autobús.	¿Tomamos el autobús?	Tomamos el autobús, ¿no?
10. Necesito una pluma.	¿Necesito una pluma?	Necesito una pluma, ¿no?

2.3 The present tense of **estar**

 Tutorial

▶ In Lesson 1, you learned how to conjugate and use the verb **ser** (*to be*). Spanish has a second verb which means *to be*, the verb **estar**.

▶ Although **estar** ends in **–ar**, it does not follow the pattern of regular **–ar** verbs. The **yo** form (**estoy**) is irregular. Also, all forms but the **yo** and **nosotros/as** forms have an accented **á**. As you will see, **ser** and **estar** are used in different ways.

estar (to be)

yo	est**oy**	*I am*
tú	est**ás**	*you (fam.) are*
Ud./él/ella	est**á**	*you (form.) are; he/she is*
nosotros/as	est**amos**	*we are*
vosotros/as	est**áis**	*you (pl.) are*
Uds./ellos/ellas	est**án**	*you (pl.) are; they are*

Marissa está en México para estudiar este año.

Hola, mamá. ¿Cómo estás?

Uses of *estar* and *ser*

Uses of estar

LOCATION
Estoy en la biblioteca.
I am at the library.
Marissa está al lado de Felipe.
Marissa is next to Felipe.

HEALTH
Javier está enfermo hoy.
Javier is sick today.

WELL-BEING
¿Cómo estás, Juan Carlos?
How are you, Juan Carlos?
Estoy muy bien, gracias.
I'm very well, thank you.

Uses of ser

IDENTITY
Hola, soy Maru.
Hello, I'm Maru.

OCCUPATION
Soy estudiante.
I'm a student.

ORIGIN
¿Eres de España?
Are you from Spain?
Sí, soy de España.
Yes, I'm from Spain.

TELLING TIME
Son las cuatro.
It's four o'clock.

Práctica

1 Completar Complete this phone conversation between Daniela and her mother with the correct forms of **ser** or **estar**.

MAMÁ Hola, Daniela. ¿Cómo (1) _estás_?

DANIELA Hola, mamá. (2) _Estoy_ bien. ¿Dónde (3) _está_ papá? ¡Ya (*already*) (4) _son_ las ocho de la noche!

MAMÁ No (5) _está_ aquí. (6) _Está_ en la oficina.

DANIELA Y Andrés y Margarita, ¿dónde (7) _están_ ellos?

MAMÁ (8) _Están_ en el restaurante Dalí con Martín.

DANIELA ¿Quién (9) _es_ Martín?

MAMÁ (10) _Es_ un compañero de clase. (11) _Es_ de México.

DANIELA Y el restaurante Dalí, ¿dónde (12) _está_?

MAMÁ (13) _Está_ cerca de la plaza Mayor, en San Modesto.

DANIELA Gracias, mamá. Voy (*I'm going*) al restaurante. ¡Hasta pronto!

2 En la librería Imagine that you are in the school bookstore and can't find various items. Ask the clerk (your partner) where the items in the drawing are located. *Answers will vary.*

modelo
Estudiante 1: ¿Dónde están las mochilas?
Estudiante 2: Las mochilas están debajo de las computadoras.

Conversación

¿Dónde estás? With a partner, take turns asking each other where you normally are at these times. *Answers will vary.*

modelo   lunes / 10:00 a.m.

Estudiante 1: ¿Dónde estás los lunes a las diez de la mañana?
Estudiante 2: Estoy en la clase de español.

1. viernes / 1:30 p.m.
2. miércoles / 9:15 a.m.
3. lunes / 11:10 a.m.
4. jueves / 12:45 p.m.
5. viernes / 2:25 p.m.
6. martes / 3:50 p.m.
7. jueves / 6:00 p.m.
8. miércoles / 8:20 p.m.

La ciudad universitaria You and your partner are at the **Facultad de Bellas Artes** (*School of Fine Arts*). Take turns asking each other where other buildings on the campus map are located.

Facultad de Medicina
Facultad de Administración de Empresas
Facultad de Química
biblioteca
Colegio Mayor Cervantes
Facultad de Bellas Artes

1. ¿Está lejos la biblioteca de la Facultad (*school*) de Bellas Artes?
2. ¿Dónde está la Facultad de Medicina?
3. ¿Está la Facultad de Administración de Empresas a la derecha de la biblioteca?
4. ¿Dónde está el Colegio Mayor Cervantes?
5. ¿Está la Facultad de Administración de Empresas detrás del Colegio Mayor Cervantes?
6. ¿Dónde está la Facultad de Química?

Practice more!

WB pp. 15–16

LM p. 11

S
vhlcentral.com

Estar with prepositions of locations

▶ **Estar** is often used with certain prepositions to describe the location of a person or an object.

Prepositions of location

al lado de	next to; beside	**delante de**	in front of
a la derecha de	to the right of	**detrás de**	behind
a la izquierda de	to the left of	**encima de**	on top of
en	in; on; at	**entre**	between; among
cerca de	near	**lejos de**	far from
debajo de	below; under	**sobre**	on; over

Marissa, Miguel y yo estamos muy lejos de casa.

La biblioteca está al lado de la librería.

La cafetería está **al lado de** la biblioteca.
The cafeteria is beside the library.

Los libros están **encima del** escritorio.
The books are on top of the desk.

El laboratorio está **cerca de** la clase.
The lab is near the classroom.

Carla está **delante de** José.
Carla is in front of José.

El estadio no está **lejos de** la librería.
The stadium isn't far from the bookstore.

Estamos **entre** la puerta y la ventana.
We are between the door and the window.

Juan Manuel está **en** la biblioteca.
Juan Manuel is at the library.

El libro está **sobre** la mesa.
The book is on the table.

¡Manos a la obra!

Provide the present-tense forms of **estar**.

1. Ustedes __están__ en la clase.
2. José __está__ delante de Rosa.
3. Yo __estoy__ muy bien, gracias.
4. Nosotras __estamos__ en la cafetería.
5. Tú __estás__ en el laboratorio.
6. Elena __está__ lejos de la librería.
7. Ellas __están__ en la universidad.
8. Ana y yo __estamos__ en la clase.
9. ¿Cómo __está__ usted?
10. Javier y Paula __están__ en el estadio.
11. Nosotros __estamos__ enfermos.
12. Yo __estoy__ en la biblioteca.
13. Carmen y María __están__ en la residencia estudiantil.
14. Tú __estás__ al lado de Raúl.

2.4 Numbers 31–100 · (S) Tutorial · comparisons / NATIONAL STANDARDS

Numbers 31–100		
31 treinta y uno	37 treinta y siete	50 cincuenta
32 treinta y dos	38 treinta y ocho	60 sesenta
33 treinta y tres	39 treinta y nueve	70 setenta
34 treinta y cuatro	40 cuarenta	80 ochenta
35 treinta y cinco	41 cuarenta y uno	90 noventa
36 treinta y seis	42 cuarenta y dos	100 cien

Hay cuarenta y siete estudiantes en la clase de geografía.

Cien menos sesenta y cuatro son treinta y seis pesos de cambio.

▶ The word **y** is used in most numbers from **31** through **99**.

Hay **ochenta y cinco** exámenes.
There are eighty-five exams.

Hay **cuarenta y dos** estudiantes.
There are forty-two students.

▶ With numbers that end in **uno** (31, 41, etc.), **uno** becomes **un** before a masculine noun and **una** before a feminine noun.

Hay **treinta y un** chicos.
There are thirty-one guys.

Hay **treinta y una** chicas.
There are thirty-one girls.

▶ **Cien** is used before nouns and in counting. The words **un**, **una**, and **uno** are never used before **cien** in Spanish.

—¿Cuántos libros hay?
How many books are there?

—Hay **cien** libros.
There are one hundred books.

—¿Cuántas sillas hay?
How many chairs are there?

—Hay **cien** sillas.
There are one hundred chairs.

¡Manos a la obra!

Provide the word form of each number.

a. **56** _cincuenta y seis_
b. **31** _treinta y uno_
c. **84** _ochenta y cuatro_
d. **99** _noventa y nueve_
e. **43** _cuarenta y tres_
f. **68** _sesenta y ocho_
g. **72** _setenta y dos_
h. **35** _treinta y cinco_
i. **87** _ochenta y siete_
j. **59** _cincuenta y nueve_
k. **100** _cien_
l. **61** _sesenta y uno_
m. **96** _noventa y seis_
n. **74** _setenta y cuatro_
ñ. **42** _cuarenta y dos_

Práctica

1 Baloncesto Provide these basketball scores in Spanish.

1. _ochenta y cinco, setenta y cuatro_ (OHIO STATE 85 – MICHIGAN 74)
2. _setenta y ocho, sesenta y cuatro_ (DUKE 78 – VIRGINIA 64)
3. _cien, noventa y dos_ (FLORIDA 100 – FLORIDA STATE 92)
4. _sesenta y tres, cincuenta y siete_ (KENTUCKY 63 – TENNESSEE 57)
5. _cincuenta y ocho, cuarenta y nueve_ (STANFORD 58 – UCLA 49)
6. _noventa y uno, ochenta y seis_ (TEXAS 91 – OKLAHOMA 86)

2 Números de teléfono Imagine that you are a telephone operator in Spain. Take turns giving the appropriate phone numbers when callers ask for them. *Answers will vary.*

modelo

Estudiante 1: ¿Cuál es el número de teléfono de José Morales Ballesteros, por favor?

Estudiante 2: Es el noventa y uno, nueve, cuarenta y cuatro, sesenta y seis, sesenta y dos.

122	MORALES – NAYA
Morales Ballesteros, José -Venerable Centenares, 22	(91) 944-6662
Morales Benito, Francisco -Calle Flores, 16	(91) 773-1216
Morales Borrego, Flora -Mayor, 51	(91) 634-3211
Morales Calvo, Emilio -Villafuerte, 49	(91) 472-2350
Morales Campos, María Josefa -Toledo, 35	(91) 419-7660
Morales Cid, Pedro -Rosal, 98	(91) 773-1382
Morales Conde, Ángel -Alameda, 67	(91) 944-3915
Morales Crespo, José Pascual -Fernando de la Peña, 13	(91) 634-7148
Morales de la Iglesia, Juliana -Buenavista, 80	(91) 834-5238
Morales Fraile, Rosa -Avenida Solares, 74	(91) 834-3371

Conversación

3 **¿Cuánto cuesta?** With a partner, take turns asking how much the items in the ad cost. *Answers will vary.*

modelo

Estudiante 1: Deseo comprar papel. ¿Cuánto cuesta (*does it cost*)?

Estudiante 2: Un paquete cuesta cuatro dólares y cuarenta y un centavos.

$4,41 paquete

$5,59 caja

$36

$19,50

$4,98

$5,31 caja

$87

4 **Entrevista** Find out the telephone numbers and e-mail addresses of four classmates. (They don't have to be real!) *Answers will vary.*

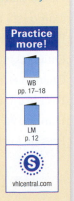

modelo

Estudiante 1: ¿Cuál es tu (*your*) número de teléfono?

Estudiante 2: Es el (416) 635-1951.

Estudiante 1: ¿Y tu dirección de correo electrónico (*e-mail address*)?

Estudiante 2: Es jota-Smith-arroba (*at*)-pe-ele-punto-e-de-u. (jsmith@pl.edu).

Practice more!

WB pp. 17–18

LM p. 12

S

vhlcentral.com

Below is the table of contents from a Latin American magazine.

CONTENIDO

59 Cuestionario
¿Dónde buscas amor?

62 Encuesta
Entrevistamos a 100 estudiantes de la universidad para preguntarles cuáles son los cursos más importantes para su futuro profesional.

74 Pop en español
Conversamos con el cantante colombiano Juanes sobre su nuevo álbum.

Identificar

Identify in Spanish the numbers used in the table of contents.

Preguntas

1. ¿En qué página está la información sobre la familia?
2. ¿Con quién conversan en la página 74?
3. ¿En qué página buscas información sobre (*about*) opiniones de estudiantes universitarios?

A repasar

2.1 The present tense of regular –ar verbs

1 Completar Complete the sentences with the appropriate forms of these verbs. Use each verb only once; there are two that you won't use.

buscar	mirar	terminar	trabajar
cantar	regresar	tomar	viajar

1. Ustedes ___*toman*___ la clase de arte, ¿no?
2. El examen ___*termina*___ a las diez.
3. ¿___*Miras*___ (tú) la televisión todos los días?
4. Yo ___*busco*___ un libro en la biblioteca.
5. Nosotros ___*viajamos*___ mañana a Madrid.
6. Ellos ___*cantan*___ una canción (*song*) de Shakira.

2 Combinar Combine words from the columns to create sentences about yourself and these people. *Answers will vary.*

 modelo
El profesor no necesita explicar el examen.

Yo	(no) desear	caminar	más
Mi (*My*) compañero/a	(no) necesitar	comprar	español
El/La profesor(a)		contestar	el examen
La clase		explicar	los libros
Nosotros		hablar	la lección 2
Los/Las estudiantes		terminar	la tarea
		enseñar	en la clase
		practicar	¿?

2.2 Forming questions in Spanish

3 Preguntas Write questions for these answers using interrogative words.

1. —¿ ___*De dónde*___ es Patricia?
   —Patricia es de Ecuador.
2. —¿ ___*Quién*___ es él?
   —Él es mi compañero de cuarto.
3. —¿ ___*Cuántas*___ clases tomas?
   —Tomo cuatro clases.
4. —¿ ___*Qué*___ desean tomar?
   —Deseamos tomar dos cafés.

4 ¿Qué pasa? Write at least five questions about this photo using interrogative words. Then, with a partner, take turns asking and answering each other's questions. *Answers will vary.*

1. _____
2. _____
3. _____
4. _____
5. _____

2.3 The present tense of estar

5 Oraciones Form sentences using the appropriate forms of **ser** or **estar** and the cues provided.

1. ¿De dónde ___*son*___ ustedes?
2. Nosotros ___*somos*___ de Barcelona.
3. ¿Por qué ___*están*___ ustedes en Chapultepec?
4. Nosotros ___*somos*___ profesores de historia.
5. Yo ___*soy*___ el doctor Ochoa y él ___*es*___ el profesor Mendoza.
6. Nosotros ___*estamos*___ aquí (*here*) para visitar la biblioteca.
7. La biblioteca ___*está*___ a la izquierda, ¿verdad?

6 Entrevista Use these questions to interview a classmate. *Answers will vary.*

1. ¿Cómo estás hoy?
2. ¿Cómo está tu (*your*) compañero/a de cuarto?
3. ¿Dónde está tu compañero/a de cuarto ahora?
4. ¿Quién(es) no está(n) en la clase hoy?
5. ¿Cuándo es la prueba de la lección 2?
6. ¿Dónde están tus amigos (*friends*) ahora?
7. ¿Dónde está la cafetería? ¿Y la librería?
8. ¿Eres de los Estados Unidos?

2.4 Numbers 31–100

Matemáticas Solve these math problems.

+ más	– menos	= son

30 + 42 = Treinta más cuarenta y dos son setenta y dos.

1. **20 + 32 =** *Veinte más treinta y dos son cincuenta y dos.*
2. **65 + 18 =** *Sesenta y cinco más dieciocho son ochenta y tres.*
3. **46 + 51 =** *Cuarenta y seis más cincuenta y uno son noventa y siete.*
4. **76 + 13 =** *Setenta y seis más trece son ochenta y nueve.*
5. **93 – 45 =** *Noventa y tres menos cuarenta y cinco son cuarenta y ocho.*
6. **81 – 34 =** *Ochenta y uno menos treinta y cuatro son cuarenta y siete.*
7. **77 – 66 =** *Setenta y siete menos sesenta y seis son once.*
8. **90 – 55 =** *Noventa menos cincuenta y cinco son treinta y cinco.*

El clima With a partner, take turns asking what the high and low temperatures are in these cities today. *Answers will vary.*

modelo

Estudiante 1: *¿Cuál es la temperatura máxima en Managua?*
Estudiante 2: *Es ochenta y siete grados (degrees).*
Estudiante 1: *¿Y cuál es la temperatura mínima?*
Estudiante 2: *Es sesenta y cuatro grados.*

Ciudad	Máx. / Mín.	Ciudad	Máx. / Mín.
Santiago de Chile	37/24	San Salvador	78/62
Buenos Aires	73/51	Montevideo	55/41
La Paz	48/35	Managua	87/64
Ciudad de México	58/42	Bogotá	72/46
San José	80/69	Quito	63/50

Síntesis

9 El Cuerpo de Paz (The Peace Corps) In pairs, imagine that one of you is a supervisor in the Peace Corps and the other is a volunteer working on starting an elementary school in a rural area in Peru. The supervisor wants some information about the project. Act out this situation, using these guidelines. *Answers will vary.*

- Find out how many students there are. [31 students]
- Find out who the teacher is. [Sra. Ana Pelayo]
- Ask what furniture (*muebles*) and things she needs.
- Find out what courses she wants to teach.
- Find out if the school is located far from the town (*el pueblo*).

Videoclip · Video

1 Preparación Think about occasions when you normally receive gifts. How do you let your family and friends know what you want? Do you usually get what you want?

2 El clip Watch the ad for **Jumbo** from Chile.

Vocabulario	
ahorrar to save	**quería pedirte** I wanted to ask you for
Navidad Christmas	**te preocupa** it worries you

Quería pedirte...

¿Cómo se escribe mountain bike?

3 ¿Qué hay? For each item, write **sí** if it appears in the TV clip or **no** if it does not.

no 1. pizarra   *no* 5. diccionario
sí 2. lápiz   *sí* 6. cuaderno
sí 3. mesa   *no* 7. tiza
no 4. computadora   *sí* 8. ventana

4 Tu lista Write a list of things that you want for your next birthday. Use as much Spanish as you can. Then share your list with a classmate.

Ampliación

1 Escuchar

A Listen to Armando and Julia's conversation. Then list the classes each person is taking. *Answers will vary.*

TIP **Listen for cognates.** Cognates are words that have similar spellings and meanings in two or more languages. Listening for cognates will help you increase your comprehension.

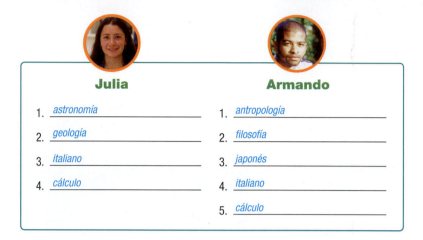

Julia	Armando
1. _astronomía_	1. _antropología_
2. _geología_	2. _filosofía_
3. _italiano_	3. _japonés_
4. _cálculo_	4. _italiano_
	5. _cálculo_

B ¿Cuántas clases toman Armando y Julia? ¿Cuántas clases tomas tú? ¿Qué clases te gustan y qué clases no te gustan? *Julia toma cuatro clases y Armando toma cinco clases. Answers will vary.*

2 Conversar

Greet a classmate, find out how he or she is, and get to know your classmate better by asking these questions. *Answers will vary.*

- ¿Cómo te llamas?
- ¿De dónde eres?
- ¿Qué clases tomas?
- ¿Qué clases te gustan?
- ¿Cuántos estudiantes hay en tu (your) clase de...?
- ¿Cuántas horas estudias durante (during) la semana?
- ¿Dónde estudias normalmente (usually)?

1 SCRIPT
Armando: ¡Hola, Julia! ¿Cómo estás?
Julia: Bien. ¿Y tú, Armando?
Armando: Bien, gracias. ¿Qué tal tus clases?
Julia: Van bien.
Armando: ¿Tomas biología?
Julia: Este semestre no. Pero sí tomo astronomía y geología… los lunes, miércoles y viernes.
Armando: ¿Sólo dos? ¿Qué otras clases tomas?
Julia: Italiano y cálculo, los martes y jueves. ¿Y tú?
Armando: Los lunes, miércoles y viernes tomo antropología, filosofía y japonés. Los martes y jueves tomo italiano y cálculo.
Julia: ¿A qué hora es tu clase de italiano?
Armando: A las nueve, con la profesora Menotti.
Julia: Yo también tomo italiano los martes y jueves con la profesora Menotti, pero a las once.

2 EXPANSION Have students write down and ask a few additional questions, such as
1. ¿Qué clases no te gustan?
2. ¿Trabajas los sábados?
3. ¿Dónde estás los domingos a la una de la tarde?
4. ¿Necesitas estudiar para un examen esta semana?

Ampliación

¡Hola! Me llamo Alicia Roberts. Estudio matemáticas en la Universidad de Nueva York...

3 SUGGESTION Tell students to brainstorm using Spanish whenever possible. Explain that to brainstorm means to enjoy thinking about possibilities, and that selecting and organizing ideas only comes in the second stage of writing.

3 EVALUATION

Criteria	Scale
Content	1 2 3 4
Comprehensibility	1 2 3 4
Organization	1 2 3 4
Accuracy	1 2 3 4
Creativity	1 2 3 4

Scoring

Excellent	18-20 points
Good	14-17 points
Satisfactory	10-13 points
Unsatisfactory	< 10 points

4 SUGGESTION Tell students that information on universities in the Spanish-speaking world will usually appear in Spanish. Encourage students to use their knowledge of cognates to determine meaning. Key Internet search words include **universidad, estudiantes extranjeros, estudios universitarios.**

4 EXPANSION Have students present their posters in class and give a short talk in Spanish that might include how many students are in the university, what interesting sites are in the area, what courses are offered, what number to call for more information, etc.

3 Escribir

Write a description of yourself to post on a website in order to meet Spanish-speaking people. *Answers will vary.*

TIP **Brainstorm.** Spend ten to fifteen minutes jotting down ideas about the topic you are going to write about. The more ideas you write down, the more you'll have to choose from later when you start to organize your thoughts.

Organízalo Make a list of things you would like people to know about you, including your name, your major, where you go to school, what you're studying, where you work, and your likes and dislikes.

Escríbelo Using the material you have compiled, write the first draft of your description.

Corrígelo Exchange papers with a classmate and comment on the organization, style, and grammatical correctness of each other's work. Then revise your first draft, keeping your classmate's comments in mind.

Compártelo Read your descriptions aloud in small groups. Point out the three best features of each description.

4 Un paso más

Create a poster that will encourage students to study in a university in a Spanish-speaking country. The poster might include these elements: *Answers will vary.*

- A title
- Photos of university locations
- A campus map
- A short summary of the university's programs
- Photos of the town where the university is located

CONEXIÓN INTERNET

Investiga estos temas en el sitio **vhlcentral.com**.

- Las universidades en España
- Las universidades en América Latina

UNIVERSIDAD DE ANDALUCÍA

El futuro en tus manos

S Audio: Reading

Antes de leer

Examina el texto

Recognizing the format of a document can help you to predict its content. For instance, invitations and classified ads follow an easily identifiable format, which usually gives you a general idea of the information they contain. Glance at the document on this page and identify it based on its format.

Cognados

With a classmate, make a list of cognates in the text and guess their English meanings. What do the cognates reveal about the content of the document?

Piénsalo

If you guessed that this text is a brochure from a university, you are correct. You can now infer that the document contains information on departments, courses, and the university campus.

SUGGESTION Tell students that there is a wide variety of public and private universities in Spain. Detailed information may be found at the Spanish Ministry of Education, www.mec.es.

SUGGESTION Point out that the photo on page 51 is of the Retiro Park **(Parque del Buen Retiro)** in Madrid. Originally the gardens of the Royal Palace, the Retiro has become a great public park.

EXPANSION Have students correct the false statements in **¿Comprendiste?**

UAE

LA MEJOR° UNIVERSIDAD DE EUROPA
Universidad Autónoma de España

En el campus de la UAE hay ocho facultades:

- Ciencias
- Derecho°
- Medicina
- Psicología
- Filosofía y Letras
- Ciencias Económicas y Empresariales
- Escuela Técnica Superior de Computación
- Facultad° de Formación de Profesorado y Educación

Toma cursos de:

- Antropología Aplicada°
- Computación
- Contabilidad
- Derecho Privado
- Ecología
- Economía General
- Filosofía Antigua°
- Física General
- Geografía
- Historia Contemporánea
- Literatura Española
- Matemáticas
- Microbiología
- Psicología Social
- Química
- Sociología

UAE INICIAMOS LAS CLASES EN SEPTIEMBRE

¡La UAE está cerca de ti!

Calle del Valle de Mena 95 ▪ 28039 Madrid, ESPAÑA
Teléfono: (34) 91.754.87.25 ▪ www.uae.edu.es

mejor *best*   derecho *law*   facultad *school*
aplicada *applied*   antigua *ancient*

Después de leer

¿Comprendiste? 🌀S

Indicate whether each statement is **cierto** (*true*) or **falso** (*false*).

Cierto	Falso	
✔	____	1. La Universidad Autónoma de España está en Europa.
____	✔	2. En la UAE hay diez facultades.
____	✔	3. Filosofía y Letras es un curso.
____	✔	4. Hay cursos de literatura china en la UAE.
✔	____	5. Hay una facultad de psicología en la UAE.
____	✔	6. La UAE está en Málaga, España.

Preguntas 🌀S

Answer these questions using complete sentences.

1. ¿Hay clases de contabilidad en la UAE?
   Sí, hay clases de contabilidad en la UAE.

2. ¿Es posible estudiar medicina en la UAE?
   Sí, es posible estudiar medicina en la UAE.

3. ¿En qué facultad hay clases de economía general?
   Hay clases de economía general en la Facultad de Ciencias Económicas y Empresariales.

4. ¿En qué facultad hay clases de microbiología?
   Hay clases de microbiología en la Facultad de Ciencias.

5. ¿En qué facultad hay clases de literatura española?
   Hay clases de literatura española en la Facultad de Filosofía y Letras.

Coméntalo 🌀S

Look at the brochure of the **Universidad Autónoma de España** and identify the courses taught there. Does your university offer the same courses? Are you taking any of those courses? Would you be interested in studying at the UAE? Why? *Answers will vary.*

Audio: Vocabulary Flashcards

La clase y la universidad

el borrador	eraser
el escritorio	desk
el libro	book
la mesa	table
el papel	paper
la pizarra	blackboard; whiteboard
la pluma	pen
la puerta	door
el reloj	clock; watch
la silla	chair
la tiza	chalk
la ventana	window
la biblioteca	library
la cafetería	cafeteria
el estadio	stadium
el laboratorio	laboratory
la librería	bookstore
la residencia estudiantil	dormitory
la universidad	university
la clase	class
el curso	course
el examen	test; exam
el horario	schedule
la prueba	test; quiz
el semestre	semester
la tarea	homework
el trimestre	trimester; quarter
el/la compañero/a de clase	classmate
el/la compañero/a de cuarto	roommate

Los cursos

la administración de empresas	business administration
el arte	art
la biología	biology
la computación	computer science
la contabilidad	accounting
el español	Spanish
la física	physics
la geografía	geography
la historia	history
el inglés	English
las lenguas extranjeras	foreign languages
las matemáticas	mathematics
el periodismo	journalism
la psicología	psychology
la química	chemistry
la sociología	sociology

Los días de la semana

lunes	Monday
martes	Tuesday
miércoles	Wednesday
jueves	Thursday
viernes	Friday
sábado	Saturday
domingo	Sunday
la semana	week
Hoy es...	Today is...

Interrogative words	See page 41.
Prepositions of location	See page 43.
Numbers 31–100	See page 44.

Verbos

bailar	to dance
buscar	to look for
caminar	to walk
cantar	to sing
comprar	to buy
contestar	to answer
conversar	to talk; to chat
descansar	to rest
desear	to want; to wish
dibujar	to draw
enseñar	to teach
escuchar	to listen
esperar	to wait (for); to hope
estar	to be
estudiar	to study
explicar	to explain
gustar	to like; to be pleasing (lit.)
hablar	to talk; to speak
llegar	to arrive
llevar	to carry
mirar	to look (at); to watch
necesitar	to need
practicar	to practice
preguntar	to ask (a question)
preparar	to prepare
regresar	to return
terminar	to end; to finish
tomar	to take; to drink
trabajar	to work
viajar	to travel

As students finish the lesson, encourage them to explore the **Repaso** section on the Supersite. There they will find quizzes for practicing vocabulary, grammar, and oral language.

Practice more at **vhlcentral.com**.

Todos los años *(Every year)*, en el mes de junio, Nueva York organiza un gran desfile *(parade)* en honor a los puertorriqueños.

ESTADOS UNIDOS Y CANADÁ

Estados Unidos

Población de EE.UU.: 308.750.000
Población de origen hispano: 50.480.000
País de origen de hispanos en los EE.UU.:

10,8% **otros**
3,5% **Cuba**
9,2% **Puerto Rico**
13,4% **Centroamérica y Sudamérica**
63,1% **México**

Estados con mayor población hispana:
California, Texas, Florida y Nueva York
SOURCE: U.S. Census Bureau

Canadá

Población de Canadá: 33.000.000
Población de origen hispano: 300.000
País de origen de hispanos en Canadá:

12,4% **México**
11,6% **Chile**
67% **otros**
9% **El Salvador**

Ciudades con mayor población hispana:
Montreal, Toronto y Vancouver
SOURCE: Statistics Canada

Lugares

La Pequeña Habana

La Pequeña Habana *(Little Havana)* es un barrio *(neighborhood)* de Miami, Florida, donde viven *(live)* muchos cubanoamericanos. Es un lugar donde se encuentran *(are found)* las costumbres *(customs)* de la cultura cubana, los aromas y sabores *(flavors)* de su comida *(food)* y la música salsa. La Pequeña Habana es una parte de Cuba en los Estados Unidos.

Personalidades

Latinos famosos

Los estadounidenses de origen hispanoamericano contribuyen *(contribute)* en todos los niveles *(at all levels)* a la cultura y a la economía de los Estados Unidos.

Sonia Sotomayor, juez, de origen puertorriqueño

John Quiñones, periodista, de origen mexicano

Eva Mendes, actriz, de origen cubano

Ellen Ochoa, astronauta, de origen mexicano

CANADÁ

Vancouver • • Calgary

EE.UU.

• San Francisco

• Las Vegas

Los Ángeles •

• San Diego

MÉXICO

Comida

La comida mexicana

La comida (*food*) mexicana es muy popular en los Estados Unidos. Los tacos, las enchiladas y las quesadillas son platos (*dishes*) mexicanos que frecuentemente forman parte de las comidas (*meals*) de muchos norteamericanos. También (*Also*) son populares las variaciones de la comida mexicana en los Estados Unidos... el tex-mex y el cali-mex.

Comunidad

Hispanos en Canadá

La población hispana en Canadá crece (*grows*) cada año (*year*). Más (*More*) del 50% de los hispanos está en Toronto y en Montreal. La mayoría de ellos tiene (*have*) estudios universitarios y habla una de las lenguas oficiales: inglés o francés (*French*). Esto les permite (*This allows them*) participar activamente en la vida cotidiana (*daily life*) y profesional.

Familia colombiana en Mississauga, Ontario

Ottawa

Toronto

Ciudad de
Nueva York

Chicago

Washington D.C.

Océano
Atlántico

Miami

Golfo
de México

Mar Caribe

Practice more!

WB
pp. 19–20

VM
pp. 233–234

vhlcentral.com

¿Qué aprendiste?

1 ¿Cierto o falso? Indicate whether these statements are **cierto** or **falso**, based on what you have learned about Hispanics in the U.S. and Canada.

Cierto	Falso	
✓		1. Los mexicanos son el grupo hispano más grande *(biggest)* de los EE.UU.
	✓	2. En Florida no hay muchas personas de origen hispano.
✓		3. En Texas hay muchos hispanos.
	✓	4. La Pequeña Habana está en la isla de Cuba.
	✓	5. John Leguizamo es de origen mexicano.
✓		6. Eva Mendes es de origen hispano.
	✓	7. Los tacos y las quesadillas son los platos más populares en los restaurantes hispanos de los Estados Unidos.
	✓	8. A los estadounidenses no les gustan los tacos.
	✓	9. Los chilenos son el grupo hispano más grande de Canadá.
✓		10. Muchos hispanos en Canadá tienen estudios universitarios.

2 Preguntas Answer these questions in complete sentences. *Answers will vary.*

1. ¿Qué ciudades en los Estados Unidos tienen una visible influencia hispana?

2. ¿Hay barrios hispanos en tu ciudad o pueblo? Si es así *(If so)*, ¿los barrios son de algún *(any)* país hispano en particular?

3. ¿Estudias o trabajas con hispanos? ¿De dónde son?

4. ¿Qué otros estadounidenses de origen hispano conoces *(do you know)*?

5. ¿Qué platos de comida hispana te gustan?

6. ¿Qué música latina conoces? ¿Te gusta bailar música latina?

CONEXIÓN INTERNET

Investiga estos temas en el sitio **vhlcentral.com**.

- Norteamericanos famosos de origen hispano
- Lugares en Estados Unidos con nombres en español

PARA EMPEZAR Here are some additional questions:
¿Dónde está la casa de tu familia? ¿Estudias lejos
o cerca de la casa de tu familia? ¿Cuántas personas
hay en tu familia?

Communicative Goals

You will learn how to:
- talk about your family and friends
- describe people and things
- express ownership

PREPARACIÓN

pages 58–63
- Words related to family and professions
- Diphthongs and linking

AVENTURAS

pages 64–65
- The Díaz family spends Sunday afternoon in Xochimilco. Marissa meets the extended family and answers questions about her own family. The group has a picnic and takes a boat ride through the canals.

CULTURA

pages 66–67
- ¿Cómo te llamas?
- Flash Cultura: *La familia*

GRAMÁTICA

pages 68–79
- Descriptive adjectives
- Possessive adjectives
- Present tense of regular -er and -ir verbs
- Present tense of tener and venir

LECTURA

pages 80–81
- Magazine article: *Las familias*

PARA EMPEZAR
- ¿Cuántas personas hay en la fotografía?
- ¿Son compañeros de clase o son una familia?
- ¿Cuántos años tiene la mamá: doce, treinta y cuatro o cincuenta y uno?

SUGGESTION Ask: Who has siblings? Write **hermanos, hermano, hermana,** and **hermanas** on the board and explain that the masculine plural form can refer to mixed groups of males and females. Ask: **¿Cómo se llama tu hermano?** Ask another student: **¿Cómo se llama el hermano de ___?** Work through the remaining relationships in the same manner.

EXPANSION Use the Digital Image Bank to present the new vocabulary. Ask: **¿Cómo se llama el padre? ¿Quién es la hija de Mirta? Con referencia a Marina, ¿quién es Héctor? Con referencia a Héctor, ¿quién es José Miguel? Con referencia a Héctor, ¿quién es Silvia?** Work through additional relationships.

 Tutorials

LA FAMILIA

LA FAMILIA

el/la esposo/a *husband/wife*

el/la hermanastro/a *stepbrother/stepsister*

el/la hermano/a *brother/sister*

el/la hijastro/a *stepson/stepdaughter*

la madrastra *stepmother*

el/la medio/a hermano/a *half-brother/ half-sister*

el padrastro *stepfather*

los padres *parents*

el abuelo
grandfather

la abuela
grandmother

Variación léxica
la madre ←→ la mamá, mami (*colloquial*)
el padre ←→ el papá, papi (*colloquial*)
los padres ←→ los papás, papis (*colloquial*)

el padre
father

la madre
mother

EXPANSION In groups of three, have students take turns interviewing each other about their families. One student should conduct the interview, one should answer questions, and the third should take notes. As a class, ask students questions at random about the families of their group members.

los hijos
sons; children

la hija
daughter

LA FAMILIA EXTENDIDA

el/la cuñado/a *brother-in-law/sister-in-law*

el/la nieto/a *grandson/granddaughter*

la nuera *daughter-in-law*

los parientes *relatives*

el/la primo/a *cousin*

el/la sobrino/a *nephew/niece*

el/la suegro/a *father-in-law/mother-in-law*

el/la tío/a *uncle/aunt*

el yerno *son-in-law*

el artista

OTRAS PALABRAS

el/la amigo/a *friend*
el/la gato/a *cat*
la gente *people*
el/la muchacho/a *boy/girl*
la persona *person*
el/la perro/a *dog*

mi *my (sing.)*
mis *my (pl.)*

LAS PROFESIONES

el/la ingeniero/a *engineer*
el/la médico/a *doctor*
el/la periodista *journalist*
el/la programador(a) *computer programmer*

la doctora

SUGGESTION Ask students to name a profession based on the definition you provide. Ex: **Un hombre que programa las computadoras, ¿qué es? (Es un programador.) Una mujer que trabaja en un hospital, ¿qué es? (Es una doctora/médica.)**

el niño
boy; child

la niña
girl

el novio
boyfriend

la novia
girlfriend

A escuchar

1 **Escuchar** Find Luisa Moya Sánchez on the family tree. Then listen to her statements and indicate whether each statement is **cierto** (*true*) or **falso** (*false*), based on her family tree.

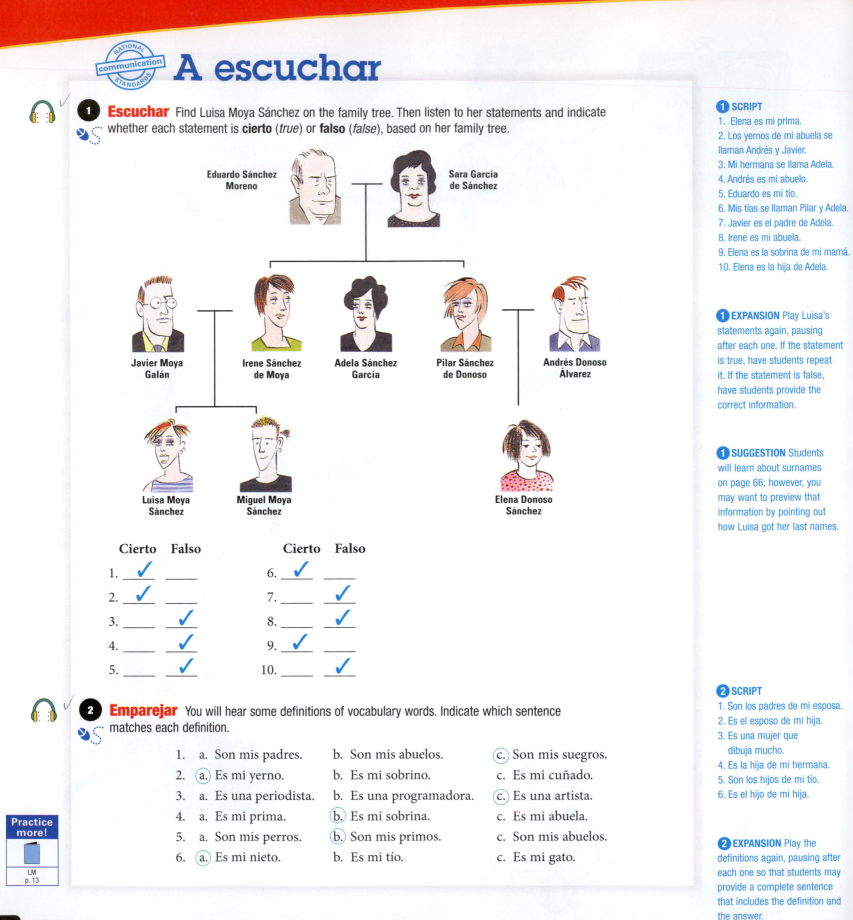

Eduardo Sánchez Moreno

Sara García de Sánchez

Javier Moya Galán

Irene Sánchez de Moya

Adela Sánchez García

Pilar Sánchez de Donoso

Andrés Donoso Álvarez

Luisa Moya Sánchez

Miguel Moya Sánchez

Elena Donoso Sánchez

	Cierto	Falso		Cierto	Falso
1.	✔		6.	✔	
2.	✔		7.		✔
3.		✔	8.		✔
4.		✔	9.	✔	
5.		✔	10.		✔

2 **Emparejar** You will hear some definitions of vocabulary words. Indicate which sentence matches each definition.

1. a. Son mis padres. b. Son mis abuelos. c. Son mis suegros.
2. a. Es mi yerno. b. Es mi sobrino. c. Es mi cuñado.
3. a. Es una periodista. b. Es una programadora. c. Es una artista.
4. a. Es mi prima. b. Es mi sobrina. c. Es mi abuela.
5. a. Son mis perros. b. Son mis primos. c. Son mis abuelos.
6. a. Es mi nieto. b. Es mi tío. c. Es mi gato.

Practice more!

LM p. 13

1 SCRIPT
1. Elena es mi prima.
2. Los yernos de mi abuela se llaman Andrés y Javier.
3. Mi hermana se llama Adela.
4. Andrés es mi abuelo.
5. Eduardo es mi tío.
6. Mis tías se llaman Pilar y Adela.
7. Javier es el padre de Adela.
8. Irene es mi abuela.
9. Elena es la sobrina de mi mamá.
10. Elena es la hija de Adela.

1 EXPANSION Play Luisa's statements again, pausing after each one. If the statement is true, have students repeat it. If the statement is false, have students provide the correct information.

1 SUGGESTION Students will learn about surnames on page 66; however, you may want to preview that information by pointing out how Luisa got her last names.

2 SCRIPT
1. Son los padres de mi esposa.
2. Es el esposo de mi hija.
3. Es una mujer que dibuja mucho.
4. Es la hija de mi hermana.
5. Son los hijos de mi tío.
6. Es el hijo de mi hija.

2 EXPANSION Play the definitions again, pausing after each one so that students may provide a complete sentence that includes the definition and the answer.

A practicar

3 EXPANSION Ask students to provide additional examples for the class to complete.

3 Completar Complete these sentences with the correct words.

1. Mi madre y mi padre son mis ___padres___.
2. El padre de mi madre es mi ___abuelo___.
3. Yo soy el ___tío___ del hijo de mi hermana.
4. La esposa de mi hijo es mi ___nuera___.
5. Yo soy el ___yerno___ de los padres de mi esposa.
6. La hija de mi hermana es mi ___sobrina___.
7. El segundo (*second*) esposo de mi madre es mi ___padrastro___.
8. La hija de mi padre y de mi madrastra es mi ___media hermana___.

4 EXPANSION Ask questions about the photos and captions. Ex: **¿Quién es artista? (Elena Vargas Soto es artista.) ¿Trabaja Irene? (Sí, es programadora.)**

4 EXPANSION Have students bring in pictures of people engaged in various activities. (Use family photos, magazine pictures, drawings, computer art, etc.) Create a class family tree and identify each picture with a name. As a class, ask questions about relationships and professions. Ex: **¿Quién es la abuela de ____? ¿Es artista?**

4 Profesiones Complete the description of each photo.

1. Rosa María Ortiz es _profesora_.

2. Héctor Ibarra es _periodista_.

3. Alberto Díaz es _médico/doctor_.

4. Elena Vargas Soto es _artista_.

5. Daniela López es _ingeniera_.

6. Irene González es _programadora_.

Practice more!

WB pp. 21–22

vhlcentral.com

A conversar

5 **La familia Vargas** With a classmate, identify the members in the family tree by asking questions about how each family member is related to Graciela Vargas García.

modelo

Estudiante 1: **¿Quién es Beatriz Pardo de Vargas?**
Estudiante 2: **Es la abuela de Graciela.**

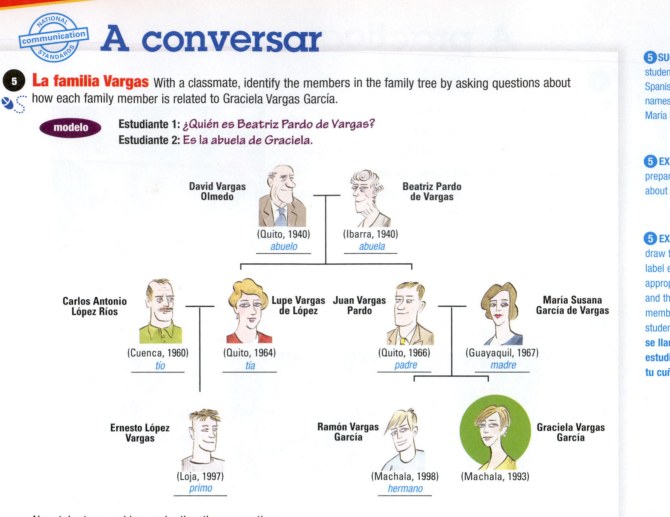

Now take turns asking each other these questions.

1. ¿Cómo se llama la tía de Ernesto? *La tía de Ernesto se llama María Susana.*
2. ¿De dónde es María Susana? *María Susana es de Guayaquil.*
3. ¿Cómo se llama la hermana de Juan? *La hermana de Juan se llama Lupe.*
4. ¿De dónde es el yerno de David y Beatriz? *El yerno de David y Beatriz es de Cuenca.*
5. ¿Cómo se llama el sobrino de Lupe? *El sobrino de Lupe se llama Ramón.*
6. ¿De dónde es la abuela de Ernesto? *La abuela de Ernesto es de Ibarra.*

6 **¿Y tú?** With a classmate, take turns asking each other these questions. *Answers will vary.*

1. ¿Cuántas personas hay en tu familia?
2. ¿Cómo se llaman tus padres? ¿De dónde son?
3. ¿Cuántos hermanos tienes? ¿Cómo se llaman?
4. ¿Cuántos primos tienes? ¿Cuántos son niños y cuántos son adultos?
5. ¿Eres tío/a? ¿Cómo se llaman tus sobrinos/as? ¿Dónde estudian o trabajan?
6. ¿Tienes novio/a? ¿Tienes esposo/a? ¿Cómo se llama?

tengo *I have*	**tu** *your (sing.)*
tienes *you have*	**tus** *your (pl.)*

5 SUGGESTION Remind students that it is common for Spanish speakers to go by two names (like Carlos Antonio and María Susana in this family tree).

5 EXPANSION Have students prepare and ask questions about the family tree.

5 EXPANSION Have students draw their own family tree and label each position with the appropriate family-related term and the name of the family member. Ask questions about students' families. Ex: **¿Cómo se llama tu prima? ¿Es ella estudiante? ¿Quién es tu cuñado?**

6 EXPANSION Ask students to prepare and ask additional interview questions.

🎧 Pronunciación 🆂 Audio

Diphthongs and linking

he rm a no　　　**ni ñ a**　　　**c u ñ a do**

In Spanish, **a**, **e**, and **o** are considered strong vowels. The weak vowels are **i** and **u**.

ru i do　　　**par i e ntes**　　　**per i o dista**

A diphthong is a combination of two weak vowels or of a strong vowel and a weak vowel. Diphthongs are pronounced as a single syllable.

la a buela　　　**mi hi jo**　　　**una clas e e xcelente**

Two identical vowel sounds that appear together are pronounced like one long vowel.

co n N atalia　　　**su s s obrinos**　　　**la s s illas**

Two identical consonants together sound like a single consonant.

e s i ngeniera　　　**mi s a buelos**　　　**su s hi jos**

A consonant at the end of a word is linked with the vowel at the beginning of the next word.

mi he rmano　　　**su e sposa**　　　**nuestr o a migo**

A vowel at the end of a word is linked with the vowel at the beginning of the next word.

🔵🆂 **Práctica** Say these words aloud, focusing on the diphthongs.

1. historia
2. nieto
3. parientes
4. novia
5. residencia
6. prueba
7. puerta
8. ciencias
9. lenguas
10. estudiar
11. izquierda
12. ecuatoriano

🔵🆂 **Oraciones** Read these sentences aloud to practice diphthongs and linking words.

1. Hola. Me llamo Anita Amaral. Soy del Ecuador.
2. Somos seis en mi familia.
3. Tengo dos hermanos y una hermana.
4. Mi papá es del Ecuador y mi mamá es de España.

🔵🆂 **Refranes** Read these sayings aloud to practice diphthongs and linking sounds.

> Hablando del rey de Roma, por la puerta se asoma.[2]

> Cuando una puerta se cierra, otra se abre.[1]

[1] *When one door closes, another opens.*
[2] *Speak of the devil and he will appear.*

Practice more!

LM
p. 14

🆂

vhlcentral.com

S Video # Un domingo en familia

Marissa pasa el día en Xochimilco con la familia Díaz.

VIDEO SYNOPSIS The Díaz family spends Sunday afternoon in Xochimilco. Marissa meets some of the extended family and answers questions about her own family. The group has a picnic and the women take a boat ride through the canals. Mrs. Díaz makes arrangements for Marissa and her friends to travel to Mérida.

PERSONAJES

FELIPE

TÍA NAYELI

JIMENA

MARTA

VALENTINA

SRA. DÍAZ

TÍO RAMÓN

SR. DÍAZ

MARISSA

JIMENA Hola, tía Nayeli.
TÍA NAYELI ¡Hola, Jimena! ¿Cómo estás?
JIMENA Bien, gracias. Y, ¿dónde están mis primas?
TÍA NAYELI No sé. ¿Dónde están mis hijas? ¡Ah!

MARISSA ¡Qué bonitas son tus hijas! Y ¡qué simpáticas!

FELIPE Soy guapo y delgado.
JIMENA Ay, ¡por favor! Eres gordo, antipático y muy feo.

MARISSA Tía Nayeli, ¿cuántos años tienen tus hijas?
TÍA NAYELI Marta tiene ocho años y Valentina doce.

SRA. DÍAZ Chicas, ¿compartimos una trajinera?
MARISSA ¡Claro que sí! ¡Qué bonitas son!
SRA. DÍAZ ¿Vienes, Jimena?
JIMENA No, gracias. Tengo que leer.

MARISSA Me gusta mucho este sitio. Tengo ganas de visitar otros lugares en México.
SRA. DÍAZ ¡Debes viajar a Mérida!
TÍA NAYELI ¡Sí, con tus amigos! Debes visitar a Ana María, la hermana de Roberto y de Ramón.

PREVIEW Ask students to read the title, glance at the video stills, and predict what they think the episode will be about. Record the predictions and return to them after watching the video.

A C T I V I D A D E S

1 **¿Cierto o falso?** Indicate whether each sentence is **cierto** or **falso.** Correct the false statements.

1. La señora Díaz tiene dos hermanos. *Falso. La señora Díaz es hija única.*
2. Marissa no tiene novio. *Cierto.*
3. Valentina tiene veinte años. *Falso. Valentina tiene doce años.*
4. Marissa comparte una trajinera con la señora Díaz y la tía Nayeli. *Cierto.*
5. A Marissa le gusta mucho Xochimilco. *Cierto.*

2 **Identificar** Indicate which person would make each statement.

1. Felipe es antipático y feo. *Jimena*
2. Mis hermanos se llaman Jennifer, Adam y Zach. *Marissa*
3. ¡Soy un joven muy guapo! *Felipe*
4. Mis hijas tienen doce y ocho años. *tía Nayeli*
5. Tus hijas son bonitas y simpáticas. *Marissa*
6. Ana María es la hermana de Ramón y Roberto. *tía Nayeli*

VIDEO RECAP Before doing this **Aventuras** episode, review the previous episode with these questions: **1. ¿Quién estudia historia del arte? (Miguel estudia historia del arte). 2. ¿Quién toma cuatro clases? (Marissa toma cuatro clases). 3. ¿Qué necesita comprar Miguel? (Necesita comprar unos libros). 4. ¿Qué enseña el profesor Morales? (Enseña la clase de química).**

SUGGESTION Point out the masculine, feminine, singular, and plural forms of descriptive adjectives and the present tense of **tener** in the captions and **Expresiones útiles**. Tell students that this material will be formally presented in the upcoming **Gramática** section.

TÍO RAMÓN ¿Tienes una familia grande, Marissa?

MARISSA Tengo dos hermanos mayores, Zack y Jennifer, y un hermano menor, Adam.

MARISSA La verdad, mi familia es pequeña.

SRA. DÍAZ ¿Pequeña? Yo soy hija única. Bueno, y ¿qué más? ¿Tienes novio?

MARISSA No. Tengo mala suerte con los novios.

(La Sra. Díaz habla por teléfono con la tía Ana María.)

SRA. DÍAZ ¡Qué bien! Excelente. Sí, la próxima semana. Muchísimas gracias.

MARISSA ¡Gracias, Sra. Díaz!

SRA. DÍAZ Tía Ana María.

MARISSA Tía Ana María.

SRA. DÍAZ ¡Un beso, chau!

MARISSA Bye!

SUGGESTION Have students review the **Expresiones útiles**. In groups of six, have them select a character and role-play **Un domingo en familia**. Ask one or two groups to act out the episode for the class.

3 **Conversar** With a partner, use these questions to talk about your families.

Answers will vary.

1. ¿Tienes una familia grande o pequeña?
2. ¿Hay artistas en tu familia?
3. ¿Tienes hermanos menores? ¿Y hermanos mayores?
4. ¿Cuántos años tiene tu abuelo (tu hermana, tu primo...)?
5. ¿De dónde son tus padres?

Practice more!

VM pp. 173–174 · vhlcentral.com

Expresiones útiles

Talking about your family

¿Tienes una familia grande?
Do you have a big family?

Tengo dos hermanos mayores y un hermano menor.
I have two older siblings and a younger brother.

La verdad, mi familia es pequeña.
The truth is, my family is small.

¿Pequeña? Yo soy hija única.
Small? I'm an only child.

Describing people

¡Qué bonitas son tus hijas!
Y ¡qué simpáticas!
Your daughters are so pretty!
And so nice!

Soy guapo y delgado.
I'm handsome and slim.

¡Por favor! Eres gordo, antipático y muy feo.
Please! You're fat, unpleasant, and very ugly.

Talking about plans

¿Compartimos una trajinera?
Shall we share a trajinera?

¡Claro que sí! ¡Qué bonitas son!
Of course! They're so pretty!

¿Vienes, Jimena?
Are you coming, Jimena?

No, gracias. Tengo que leer.
No, thanks. I have to read.

Saying how old people are

¿Cuántos años tienen tus hijas?
How old are your daughters?

Marta tiene ocho años y Valentina doce.
Marta is eight and Valentina twelve.

Additional vocabulary

ensayo *essay*
pobrecito/a *poor thing*
próxima *next*
sitio *place*
todavía *still*
trajinera *type of barge*

¿Cómo te llamas?

In the Spanish-speaking world, it is common to have two last names: one paternal and one maternal. In some cases, the words **de** or **y** are used to connect the two. For example, in the name **Juan Martínez de Velasco,** *Martínez* is the paternal surname (**el apellido paterno**), and *Velasco* is the maternal surname (**el apellido materno**); **de** simply links the two. This convention of using two last names (**doble apellido**) is a European tradition that Spaniards brought to the Americas. It continues to be practiced in many countries, including Chile, Colombia, Mexico, Peru, and Venezuela. There are exceptions, however; in Argentina, the prevailing custom is for children to inherit only the father's last name.

Gabriel García Márquez

Mercedes Barcha Pardo

Rodrigo García Barcha

Hijos en la casa

In Spanish-speaking countries, family and society place very little pressure on young adults to live on their own (**independizarse**), and children often live with their parents well into their thirties. For example, about 70% of Spaniards between the ages of 18 and 29 live at home with their parents. This delay in moving out is both cultural and economic—lack of job security or low wages coupled with a high cost of living may make it impractical for young adults to live independently before they marry.

the mother uses, they use the father's first surname followed by the mother's first surname, as in the name **Rodrigo García Barcha.** However, both surnames come from the grandfathers, and therefore all **apellidos** are effectively paternal.

When a woman marries in a country where two last names are used, legally she retains her two maiden surnames. However, socially she may take her husband's paternal surname in place of her inherited maternal surname. For example, **Mercedes Barcha Pardo,** wife of Colombian writer **Gabriel García Márquez,** might use the names **Mercedes Barcha García** or **Mercedes Barcha de García** in social situations (although officially her name remains **Mercedes Barcha Pardo**). Adopting a husband's last name for social purposes, though widespread, is only legally recognized in Ecuador and Peru.

Most parents do not break tradition upon naming their children; regardless of the surnames

ASÍ SE DICE

Familia y amigos

el/la bisnieto/a	*great-grandson/ great-granddaughter*
el/la chamaco/a (Méx.); el/la chamo/a (Ven.); el/la chaval(a) (Esp.); el/la pibe/a (Arg.)	el/la muchacho/a
mi cuate (Méx.); mi parcero (Col.); mi pana (Ven., P. Rico, Rep. Dom.)	*my pal; my buddy*
la madrina; el padrino	*godmother; godfather*
el/la tatarabuelo/a	*great-great-grandfather/ great-great-grandmother*

ACTIVIDADES

1 **¿Cierto o falso?** Indicate whether each statement is **cierto** or **falso**. Correct the false statements.

1. Most Spanish-speaking people have three last names. *Falso. Most people have two last names.*
2. Hispanic last names generally consist of the paternal last name followed by the maternal last name. *Cierto.*
3. It is common to see **de** or **y** used in a Hispanic last name. *Cierto.*
4. Someone from Argentina would most likely have two last names. *Falso. They would use only the father's last name.*
5. Generally, married women legally retain two maiden surnames. *Cierto.*
6. In social situations, a married woman often uses her husband's last name in place of her inherited paternal surname. *Falso. She often uses it in place of her inherited maternal surname.*
7. Adopting a husband's surname is only legally recognized in Peru and Ecuador. *Cierto.*
8. Hispanic last names are effectively a combination of the maternal surnames from the previous generation. *Falso. They are a combination of the paternal surnames from the previous generation.*

2 **Una familia famosa** Create a genealogical tree of a famous family, using photos or drawings labeled with names and origins. Present the family tree to a classmate and explain who the people are and their relationships to each other. *Answers will vary.*

CONEXIÓN INTERNET

What role do **padrinos** and **madrinas** have in today's Hispanic family?

For more information about this **Cultura,** go to **vhlcentral.com.**

  Video

La familia

1 **Preparación** What is a "typical family" like where you live? Is there such a thing? What members of a family usually live together?

2 **El video** Watch this **Flash Cultura** episode.

> **Vocabulario**
> **familia grande y feliz** *a big, happy family*
> **familia numerosa** *a large family*
> **hacer (algo) juntos** *to do (something) together*
> **reuniones familiares** *family gatherings, reunions*

¡Qué familia tan° grande tiene!

Te presento a la familia Bolaños.

tan *so*

3 **Completar** Complete this paragraph with the correct options.

Los Valdivieso y los Bolaños son dos ejemplos de familias en Ecuador. Los Valdivieso son una familia (1) ___numerosa___ (difícil/numerosa). Viven *(They live)* en una casa (2) ___grande___ (grande/buena). En el patio, hacen *(they do)* muchas reuniones (3) ___familiares___ (familiares/con amigos). Los Bolaños son una familia pequeña *(small)*. Ellos comen *(eat)* (4) ___juntos___ (separados/juntos) y preparan canelazo, una bebida *(drink)* típica ecuatoriana.

Practice more!
VM pp. 205–206 | vhlcentral.com

3.1 Descriptive adjectives Tutorial

▶ Descriptive adjectives describe nouns. In Spanish, adjectives agree in gender and number with the nouns or pronouns they describe.

▶ Adjectives that end in **–o** and **–or** have four forms.

Masculine	Feminine
el chico alto	la chica alta
los chicos altos	las chicas altas
el hombre trabajador	la mujer trabajadora
los hombres trabajadores	las mujeres trabajadoras

▶ Adjectives that end in **–e** or a consonant have the same masculine and feminine forms.

Masculine	Feminine
el chico inteligente	la chica inteligente
los chicos inteligentes	las chicas inteligentes
el profesor difícil	la profesora difícil
los profesores difíciles	las profesoras difíciles

▶ Adjectives describing different genders use the masculine plural form.

¿Cómo son Paco y Ana? Paco es alto. Ana es alta. → Paco y Ana son altos.

Common descriptive adjectives

alto/a	tall	gordo/a	fat	moreno/a	dark-haired
antipático/a	unpleasant	grande	big	pelirrojo/a	red-haired
bajo/a	short (in height)	guapo/a	good-looking	pequeño/a	small
bonito/a	pretty	importante	important	rubio/a	blond
bueno/a	good	inteligente	intelligent	simpático/a	nice
delgado/a	thin	interesante	interesting	tonto/a	foolish
difícil	difficult	joven	young	trabajador(a)	hard-working
fácil	easy	malo/a	bad	viejo/a	old
feo/a	ugly				

¡ojo! Note that **joven** takes an accent in the plural: **joven / jóvenes**.

Adjectives of nationality

▶ Adjectives of nationality are formed like other adjectives. Adjectives of nationality that end in a consonant add **–a** to form the feminine.

Masculine	Feminine
Toño es mexicano.	Gloria es mexicana.
Ellos son mexicanos.	Ellas son mexicanas.
Héctor es español.	Sara es española.
Ellos son españoles.	Ellas son españolas.

Práctica

1 **Emparejar** Read the descriptions and match them with the photos.

1. _E_ Mateo es moreno.
2. _D_ Duque es gordo.
3. _F_ Luisa es rubia.
4. _B_ Rayo es delgado.
5. _A_ César es muy pequeño.
6. _C_ Raquel es pelirroja.

A	B	C
D	**E**	**F**

2 **Completar** Look at the portrait of Amanda's family and imagine their personalities. Complete the sentences with appropriate adjectives. *Answers will vary.*

Amanda

1. Mi familia es _____.
2. Mis abuelos son _____. Mi abuelo es _____ y mi abuela es _____.
3. Mi padre se llama Julio. Él es _____.
4. Mi madre se llama Victoria. Ella es _____.
5. Mi hermana se llama Rosa. Ella es _____.
6. Y mi hermano Tomás es muy _____.

Conversación

3 **Describir** With a partner, take turns describing each photo. Tell your partner whether you agree (**Estoy de acuerdo**) or disagree (**No estoy de acuerdo**) with the descriptions. *Answers will vary.*

modelo

Estudiante 1: Los Ángeles es una ciudad (*city*) bonita.

Estudiante 2: Estoy de acuerdo. Es muy grande también (*too*)./No estoy de acuerdo. Es una ciudad muy fea.

Los Ángeles

1. **Príncipe y Princesa de España**

2. **La Torre (*Tower*) Sears**

3. **Christina Aguilera**

4. **Enrique Iglesias**

5. **Santa Fe, Nuevo México**

6. **Bill Gates**

4 **Anuncio personal** Write a personal ad that describes yourself and your ideal boyfriend, girlfriend, or mate. Compare your ad with a classmate's. *Answers will vary.*

SOY ALTA, morena y bonita. Soy estadounidense, de Texas. Estudio arte en la universidad. Busco un chico similar a mí (*to me*). Mi novio ideal es alto, moreno, inteligente y muy simpático.

Practice more!

| WB pp. 23–24 | LM p. 15 | vhlcentral.com |

Some adjectives of nationality

alemán, alemana	German	francés, francesa	French
argentino/a	Argentine	inglés, inglesa	English
canadiense	Canadian	japonés, japonesa	Japanese
cubano/a	Cuban	mexicano/a	Mexican
ecuatoriano/a	Ecuadorian	norteamericano/a	(North) American
español(a)	Spanish	puertorriqueño/a	Puerto Rican
estadounidense	from the United States		

The position of adjectives

▶ Adjectives generally follow the nouns they modify.

La mujer **rubia** es de España.
The blond woman is from Spain.

¿Cómo se llama la mujer **ecuatoriana**?
What is the Ecuadorian woman's name?

¡ojo! Unlike descriptive adjectives, adjectives of quantity such as **mucho/a** (*much; many; a lot*) are placed before the modified noun.

Muchos ingenieros trabajan aquí.
Many engineers work here.

Mucha gente viaja en el verano.
A lot of people travel in the summer.

▶ **Bueno/a** and **malo/a** can be placed before or after a noun. Before a masculine singular noun, the forms are shortened: **bueno → buen**; **malo → mal.**

José es un **buen** amigo.
José es un amigo **bueno**.
José is a good friend.

Hoy es un **mal** día.
Hoy es un día **malo**.
Today is a bad day.

▶ When **grande** appears before a singular noun, it is shortened to **gran.**

¡ojo! The adjective **grande** also changes its definition depending on its position: **gran** = *great*, but **grande** = *big, large.*

Manuel es un **gran** hombre.
Manuel is a great man.

La familia de Inés es **grande**.
Inés' family is large.

¡Manos a la obra!

Give the appropriate forms of the adjectives provided.

1. Eres _simpático/a_.
2. Yolanda es _simpática_.
3. Nosotros somos _simpáticos_.
4. Valeria y Marta son _simpáticas_.
5. Diego es _simpático_.
6. Tomás y yo somos _trabajadores_.
7. Ellas son _trabajadoras_.
8. La médica es _trabajadora_.
9. Los niños son _trabajadores_.
10. Él es _trabajador_.

1. Soy _español(a)_.
2. Ángela es _española_.
3. Los turistas son _españoles_.
4. Nosotros somos _españoles_.
5. El periodista es _español_.
6. Ellos son _norteamericanos_.
7. Clara y Bárbara son _norteamericanas_.
8. Ella es _norteamericana_.
9. Rafael y yo somos _norteamericanos_.
10. Juan Pablo es _norteamericano_.

3.2 Possessive adjectives

 S Tutorial · comparisons NATIONAL STANDARDS

▶ Possessive adjectives express ownership or possession.

Forms of possessive adjectives

Singular forms	Plural forms	
mi	mis	*my*
tu	tus	*your (fam.)*
su	sus	*his, her, its, your (form.)*
nuestro/a	nuestros/as	*our*
vuestro/a	vuestros/as	*your (fam.)*
su	sus	*their, its, your (form.)*

¡ojo! Spanish possessive adjectives show agreement in number with the nouns they modify. **Nuestro** and **vuestro** show agreement in gender and number.

mi primo	mis primos		mi tía	mis tías
nuestro tío	nuestros tíos		nuestra tía	nuestras tías

▶ Possessive adjectives are placed before the nouns they modify.

¿Dónde están mis primas?

Nuestra cuñada es muy simpática.

▶ **Su** and **sus** have multiple meanings (*your, his, her, their, its*). To avoid confusion, use this construction instead: [*article*] + [*noun*] + **de** + [*subject pronoun*].

sus parientes ◄
los parientes de él/ella	*his/her relatives*
los parientes de Ud./Uds.	*your relatives*
los parientes de ellos/ellas	*their relatives*

¡Manos a la obra!

Provide the appropriate form of each possessive adjective.

1. Es ____mi____ (*my*) perro.
2. ____Mi____ (*my*) familia es ecuatoriana.
3. ____Tu____ (*your, fam.*) tío Marcelo es cubano.
4. ____Nuestro____ (*our*) profesor es español.
5. Es ____su____ (*her*) reloj.
6. Es ____tu____ (*your, fam.*) mochila.
7. Es ____su____ (*your, form.*) maleta.
8. ____Su____ (*their*) sobrina es alemana.
9. ____Sus____ (*her*) primos son franceses.
10. ____Nuestros____ (*our*) hermanastros son canadienses.
11. Son ____sus____ (*their*) gatos.
12. ____Sus____ (*their*) nietos son japoneses.

Práctica

1 Completar Marta just took a photo of her family. Complete her description of the photo.

Ésta es una foto de (1) ___mi___ familia. Aquí están (2) ___mis___ abuelos. Son los padres de (3) ___mi___ papá. (4) ___Su___ casa (*home*) está en Valparaíso, Chile. ¡Es muy bonita!

Este (*This*) hombre es (5) ___mi___ papá. Se llama David y es doctor. (6) ___Mi___ mamá se llama Rebeca; es periodista. (7) ___Su___ hermana, (8) ___mi___ tía Silvia, es una gran artista.

Y aquí está (9) ___mi___ hermano Ramón. (10) ___Su___ esposa se llama Sonia. (11) ___Sus___ hijos Javier y Laura son (12) ___mis___ sobrinos. Son muy simpáticos.

2 ¿Dónde está? Imagine that you can't remember where you put some of your belongings (pictured below). Your partner will help you by reminding you where things are. Take turns playing each role. *Answers will vary.*

modelo

Estudiante 1: ¿Dónde está mi pluma?

Estudiante 2: Tu pluma está al lado de la computadora.

1.

2.

3.

4.

5.

6.

Conversación

3 **Describir** With a partner, take turns describing these people and places. *Answers will vary.*

modelo
La biblioteca de su universidad

La biblioteca de nuestra universidad es muy grande. Hay muchos libros en la biblioteca. Mis amigos y yo estudiamos allí (there).

1. Tus padres
2. Tus abuelos
3. Tu mejor (*best*) amigo/a
4. Tu novio/a ideal
5. Su universidad
6. La librería de su universidad
7. Tu profesor(a) favorito/a
8. Su clase de español

4 **Tres fotos** Choose one of the three family photos and describe the family as if it were your own. Your partner will guess which photo you are describing. Then switch roles. *Answers will vary.*

Familia 1

Familia 2

Familia 3

Practice more!

WB pp. 25–26

LM p. 16

S

vhlcentral.com

Español en vivo

Vida Láctea
Su crecimiento° es vital

¡La leche es nuestra bebida favorita!
A mi hijo le gusta Vida Láctea por su excelente sabor°. Su vaso° de leche diario tiene vitaminas y minerales esenciales para su crecimiento. Sus huesos° están cada vez más grandes y fuertes.

crecimiento *growth* **sabor** *flavor* **vaso** *glass* **huesos** *bones*

Identificar

Scan the advertisement, and identify the instances where possessive adjectives are used.

Preguntas

1. ¿Quiénes son las personas del anuncio (*advertisement*)?
2. ¿Cuál es su bebida (*drink*) favorita?
3. ¿Por qué bebe el niño un vaso de leche por (*per*) día?

S Tutorial

comparisons

3.3 Present tense of regular –er and –ir verbs

▶ In Lesson 2, you learned how to form the present tense of regular **–ar** verbs. The chart below contains the forms of the regular **–ar** verb **trabajar**, which is conjugated just like other **–ar** verbs you have learned. There are other regular verbs in Spanish: regular **–er** and **–ir** verbs. The chart also shows the forms of an **–er** verb and an **–ir** verb.

Present tense of –ar, –er, and –ir verbs		
trabajar	**comer**	**escribir**
to work	*to eat*	*to write*
yo	trabaj**o**	com**o**	escrib**o**
tú	trabaj**as**	com**es**	escrib**es**
Ud./él/ella	trabaj**a**	com**e**	escrib**e**
nosotros/as	trabaj**amos**	com**emos**	escrib**imos**
vosotros/as	trabaj**áis**	com**éis**	escrib**ís**
Uds./ellos/ellas	trabaj**an**	com**en**	escrib**en**

Felipe y su tío comen.

Jimena lee.

▶ **–Ar, –er,** and **–ir** verbs have very similar endings. Study the chart above to detect the patterns that make it easier for you to use the verb endings to communicate in Spanish.

▶ Like **–ar** verbs, the **yo** forms of **–er** and **–ir** verbs end in **–o**.

trabaj**o**   com**o**   escrib**o**

▶ The endings for **–ar** verbs begin with **–a**, except for the **yo** form.

habl**o**   habl**a**   habl**áis**
habl**as**   habl**amos**   habl**an**

▶ The endings for **–er** verbs begin with **–e**, except for the **yo** form.

com**o**   com**e**   com**éis**
com**es**   com**emos**   com**en**

▶ **–Er** and **–ir** verbs have the exact same endings, except in the **nosotros/as** and **vosotros/as** forms.

nosotros ◀ com**emos**   vosotros ◀ com**éis**
       escrib**imos**   escrib**ís**

Práctica

1 **Mi familia** Susana is describing her family. Complete each sentence with the correct verb form.

1. Mi familia y yo ___*vivimos*___ [vivir] en la ciudad de Montevideo, Uruguay.

2. Mi hermano Alfredo es muy inteligente. Él ___*asiste*___ [asistir] a clases de lunes a viernes.

3. Los martes Alfredo y yo ___*corremos*___ [correr] en el parque.

4. Mis padres ___*comen*___ [comer] mucho; son un poco gordos.

5. Yo ___*creo*___ [creer] que (*that*) mis padres ___*deben*___ [deber] comer menos (*less*).

2 **Completar** Juan is talking about what he and his friends do after school. Complete his sentences.

modelo

Yo ___*corro*___ por (*for*) una hora.

1. Nosotros ___*comemos*___ en el restaurante.

2. Elena ___*escribe*___ en su diario.

3. Juan Diego y Sofía ___*beben*___ café.

4. Ana y Lía ___*comparten*___ el almuerzo (*lunch*).

5. Carlos ___*lee*___ en la biblioteca.

Conversación

Entrevista Use these questions to interview a classmate. Then report the results of your interview to the class. *Answers will vary.*

1. ¿Dónde vives?
2. ¿Con quién vives? ¿Compartes tu cuarto?
3. ¿Dónde comes al mediodía?
4. ¿Bebes leche (*milk*) todos los días?
5. ¿Qué días asistes a clases?
6. ¿Qué cursos debes tomar el próximo (*next*) semestre?
7. ¿Lees el periódico (*newspaper*)? ¿Cuál?
8. ¿Recibes muchos mensajes de texto (*text messages*)? ¿De quién(es)?
9. ¿Escribes poemas o cuentos (*short stories*)?
10. ¿Crees en extraterrestres (*aliens*)?

Encuesta Walk around the class and ask your classmates if they do (or should do) the things mentioned on the survey. Try to find at least two people for each item. *Answers will vary.*

modelo

Estudiante 1: ¿Asistes siempre (*always*) a la clase de español?
Estudiante 2: No, no asisto siempre a la clase de español.
Estudiante 1: ¿Asistes siempre a la clase de español?
Estudiante 3: Sí, asisto siempre a la clase de español.

Actividades	Nombres
1. Asistir siempre (*always*) a la clase de español	_____
2. Correr todos los días (*every day*)	_____
3. Leer mucho (*a lot*) para los exámenes	_____
4. Compartir tus cosas con tus hermanos	_____
5. Abrir las ventanas en invierno (*winter*)	_____
6. Escribir en un blog	_____
7. Vivir en una residencia estudiantil	_____
8. Comer en la cafetería de la universidad	_____

Practice more!
WB pp. 27–28	LM p. 17	vhlcentral.com

Common –er and –ir verbs

–er verbs		–ir verbs	
aprender	*to learn*	abrir	*to open*
beber	*to drink*	asistir (a)	*to attend*
comer	*to eat*	compartir	*to share*
comprender	*to understand*	decidir	*to decide*
correr	*to run*	describir	*to describe*
creer (en)	*to believe (in)*	escribir	*to write*
deber (+ inf.)	*should, ought to; must*	recibir	*to receive*
leer	*to read*	vivir	*to live*

Lucía y Marcos **corren** en el parque.

Rosa vive en la residencia estudiantil.

¡Manos a la obra!

Provide the correct forms of these verbs.

correr

1. Graciela __corre__ en el parque.
2. Tú __corres__ en el campus.
3. Mi primo y yo __corremos__.
4. Yo __corro__ los domingos.
5. Mis hermanos __corren__.
6. Ud. __corre__ en la plaza.
7. Uds. __corren__ los lunes.
8. La familia __corre__.
9. Marcos y yo __corremos__.

abrir

1. Ellos __abren__ la puerta.
2. Carolina __abre__ la maleta.
3. Yo __abro__ las ventanas.
4. Nosotras __abrimos__ los libros.
5. Ud. __abre__ el cuaderno.
6. Tú __abres__ la ventana.
7. Uds. __abren__ las maletas.
8. Él __abre__ el libro.
9. Los muchachos __abren__ los cuadernos.

aprender

1. Él __aprende__ español.
2. Uds. __aprenden__ español.
3. Maribel y yo __aprendemos__ inglés.
4. Tú __aprendes__ japonés.
5. Uds. __aprenden__ francés.
6. Mi hijo __aprende__ alemán.
7. Yo __aprendo__ alemán.
8. Ud. __aprende__ inglés.
9. Nosotros __aprendemos__ lenguas extranjeras.

3.4 Present tense of **tener** and **venir** Ⓢ Tutorial

▶ The verbs **tener** (*to have*) and **venir** (*to come*) are frequently used. Since most of their forms are irregular, you will have to learn each one individually.

Present tense of *tener* and *venir*		
	tener	**venir**
	to have	*to come*
yo	ten**go**	ven**go**
tú	tien**es**	vien**es**
Ud./él/ella	tien**e**	vien**e**
nosotros/as	ten**emos**	ven**imos**
vosotros/as	ten**éis**	ven**ís**
Uds./ellos/ellas	tien**en**	vien**en**

¿Tienes una familia grande, Marissa?

No, tengo una familia pequeña.

▶ Note that the **yo** forms are irregular:

tengo   vengo

▶ The **nosotros** and **vosotros** forms are regular:

tenemos   venimos
tenéis   venís

▶ In the **tú, Ud./él/ella** and **Uds./ellos/ellas** forms, the **e** of the stem changes to **ie** as shown below.

INFINITIVE	VERB STEM		VERB FORM
tener	ten-	tú	tie**nes**
		Ud./él/ella	tie**ne**
		Uds./ellos/ellas	tie**nen**
venir	ven-	tú	vie**nes**
		Ud./él/ella	vie**ne**
		Uds./ellos/ellas	vie**nen**

Práctica

1 **Completar** Complete each sentence with the appropriate form of **tener** or **venir**.

1. Hoy nosotros ___tenemos___ una reunión familiar.

2. Todos (*all*) mis parientes ___vienen___, excepto mi tío Ricardo.

3. Él no ___viene___ porque vive lejos, en Guayaquil.

4. Mi prima Inés y su novio no ___vienen___ hasta (*until*) las ocho porque ella ___tiene___ que trabajar.

5. En las fiestas, mis sobrinos siempre (*always*) ___tienen___ ganas de cantar y bailar.

6. Mi madre cree que mis sobrinos son muy simpáticos. Creo que ella ___tiene___ razón.

2 **Describir** Describe these people using **tener** expressions.

1. ___Tiene (mucha) prisa.___

2. ___Tienen (mucha) hambre.___

3. ___Tiene (mucho) calor.___

4. ___Tienen (mucho) frío.___

5. ___Tiene veintiún años.___

6. ___Tiene (mucha) sed.___

Conversación

3 **¿Sí o no?** Decide if these statements apply to you. Then interview a classmate by transforming each statement into a question. Report your results to the class. *Answers will vary.*

modelo

Estudiante 1: ¿Tiene tu madre cincuenta años?
Estudiante 2: No, tiene cuarenta y dos años.

	Yo	Mi amigo/a
1. Mi madre tiene cincuenta años.	Sí	No
2. Mi padre siempre (*always*) tiene razón.	___	___
3. Mis padres vienen a la universidad con frecuencia (*frequently*).	___	___
4. Vengo a clase los jueves.	___	___
5. Tengo dos pruebas hoy.	___	___
6. Mis amigos vienen a mi casa (*house*) los sábados.	___	___
7. Hoy tengo ganas de comer en un restaurante.	___	___
8. Tengo sed.	___	___
9. Tengo miedo de vivir solo/a (*by myself*).	___	___
10. Tengo que estudiar los domingos.	___	___
11. Tengo una familia grande.	___	___
12. Siempre tengo prisa.	___	___

4 **Entrevista** Use these questions to interview a classmate. *Answers will vary.*

1. ¿Cuántos años tienes? ¿Y tus hermanos/as?
2. ¿Cuándo vienes a la universidad?
3. ¿Tienes que estudiar hoy? ¿Por qué?
4. Normalmente, ¿tienes hambre a la medianoche?
5. ¿Tienes sueño ahora (*now*)?
6. ¿Qué tienes ganas de hacer (*doing*) el sábado?
7. ¿De qué tienes miedo? ¿Por qué?
8. ¿Cuándo vienen tus amigos a tu casa, apartamento o residencia estudiantil?

Practice more!		
WB pp. 29–30	LM p. 18	vhlcentral.com

Expressions with tener

▶ In certain expressions, Spanish uses the construction **tener** + [*noun*] instead of **ser** or **estar** to express the English equivalent *to be* + [*adjective*].

Common expressions with *tener*

tener… años	*to be . . . years old*
tener (mucho) calor	*to be (very) hot*
tener (mucho) cuidado	*to be (very) careful*
tener (mucho) frío	*to be (very) cold*
tener (mucha) hambre	*to be (very) hungry*
tener (mucho) miedo	*to be (very) afraid/scared*
tener (mucha) prisa	*to be in a (big) hurry*
tener razón	*to be right*
no tener razón	*to be wrong*
tener (mucha) sed	*to be (very) thirsty*
tener (mucho) sueño	*to be (very) sleepy*
tener (mucha) suerte	*to be (very) lucky*

▶ To express an obligation, use **tener que** (*to have to*) + [*infinitive*].

—¿**Tienes que** estudiar hoy?   —Sí, **tengo que** estudiar física.
Do you have to study today?   *Yes, I have to study physics.*

▶ To ask people if they feel like doing something, use **tener ganas de** (*to feel like*) + [*infinitive*].

—¿**Tienes ganas de** comer?   —No, **tengo ganas de** dormir.
Do you feel like eating?   *No, I feel like sleeping.*

¡Manos a la obra!

Provide the appropriate forms of **tener** and **venir**.

tener
1. Ellos _tienen_ dos hermanos.
2. Yo _tengo_ una hermana.
3. El artista _tiene_ tres primos.
4. Nosotros _tenemos_ diez tíos.
5. Eva y Diana _tienen_ un sobrino.
6. Ud. _tiene_ cinco nietos.
7. Tú _tienes_ dos hermanastras.
8. Uds. _tienen_ cuatro hijos.
9. Ella _tiene_ una hija.

venir
1. Mis padres _vienen_ de México.
2. Tú _vienes_ de España.
3. Nosotras _venimos_ de Cuba.
4. Pepe _viene_ de Argentina.
5. Yo _vengo_ de Francia.
6. Uds. _vienen_ de Canadá.
7. Alfonso y yo _venimos_ de Puerto Rico.
8. Ellos _vienen_ de Alemania.
9. Ud. _viene_ de Japón.

A repasar

3.1 Descriptive adjectives

1 **Corregir** All of these statements are false. Change the adjectives of nationality to make them true.

1. Antonio Banderas y Penélope Cruz son norteamericanos.
   Antonio Banderas y Penélope Cruz son españoles.
2. Una persona de Ecuador es estadounidense.
   Una persona de Ecuador es ecuatoriana.
3. Celine Dion y Mike Myers son franceses.
   Celine Dion y Mike Myers son canadienses.
4. Salma Hayek es japonesa.
   Salma Hayek es mexicana.
5. Los habitantes de Puerto Rico son cubanos.
   Los habitantes de Puerto Rico son puertorriqueños.
6. David Beckham es alemán.
   David Beckham es inglés.

2 **Oraciones** Combine elements from each column to form complete sentences about yourself and the people you know. *Answers will vary.*

 modelo *Mi familia no es grande.*

A		B	C	
Yo	Mis hijos/as	(no) ser	alto/a	moreno/a
Mi abuelo/a	Mi padre/		bajo/a	pelirrojo/a
Mi novio/a	madre		bonito/a	rubio/a
Mi familia	Mis padres		grande	simpático/a
Mi familia y	Mis primos		inteligente	tonto/a
yo	Mis tíos		interesante	trabajador(a)
Mi hermano/a	Mi(s) ¿?		joven	¿?

3.2 Possessive adjectives

3 **Una familia** Complete each sentence with the correct possessive adjective.

1. Me llamo Carmen. __c__ hermano es Javier.
   a. Nuestros   b. Sus   c. Mi
2. __a__ madre es médica y trabaja en un hospital.
   a. Nuestra   b. Sus   c. Mis
3. __b__ padre es profesor y enseña biología.
   a. tu   b. Nuestro   c. Nuestros
4. Él admira mucho a __c__ estudiantes porque trabajan mucho.
   a. tu   b. su   c. sus
5. Yo estudio en la misma (*same*) universidad, pero no tomo clases con __b__ padre.
   a. nuestras   b. mi   c. tus
6. Y dime (*tell me*), ¿cómo es __a__ familia?
   a. tu   b. mis   c. nuestro

4 **Entrevista** Get together with a classmate and take turns asking each other these questions. *Answers will vary.*

1. ¿Cómo se llaman los miembros (*members*) de tu familia?
2. ¿Cómo es tu familia?
3. ¿Cómo son tus amigos/as?
4. ¿Cómo son tus profesores/as?

3.3 Present tense of regular –er and –ir verbs

5 **Oraciones** Form sentences using the cues provided.

1. Yo / asistir / la clase de arte
   Yo asisto a la clase de arte.
2. El médico / abrir / la puerta
   El médico abre la puerta.
3. Juan Manuel y yo / comer / la cafetería
   Juan Manuel y yo comemos en la cafetería.
4. Tomás y Mauricio / aprender / alemán
   Tomás y Mauricio aprenden alemán.
5. Tú / leer / la biblioteca
   Tú lees en la biblioteca.
6. Los perros / correr / el parque (*park*)
   Los perros corren en el parque.

6 **Describir** Look at the drawing and describe what these people are doing using –er and –ir verbs. *Answers will vary. Suggested answers below.*

Diego   *come un sándwich* _____.

Marta y Susana   *comen pizza* _____.

Yo   *escribo en mi cuaderno* _____

Sergio   *corre* _____

3.4 Present tense of **tener** and **venir**

7 **Completar** Complete Juan's e-mail to David with the appropriate forms of **tener** or **venir**.

Juan:

¿Qué (1) __tienes__ ganas de hacer (*doing*) el sábado? Mis hermanos César y Beatriz (2) __vienen__ a visitarme de Madrid. César (3) __tiene__ 15 años y Beatriz (4) __tiene__ 17 años. Yo (5) __tengo__ suerte porque ellos son muy simpáticos y (6) __vienen__ a visitarme a la universidad con mucha frecuencia (*frequently*). El sábado al mediodía vamos (*we go*) a un restaurante puertorriqueño. ¿(7) __Vienes__ (tú) con nosotros?

Bueno, hasta pronto. Ahora voy (*Now I go*) a la cafetería porque (8) __tengo__ mucha hambre.
David

8 **Tener** React to these statements logically using expressions with **tener**. *Answers will vary. Suggested answers below.*

modelo
Estamos en el Polo Norte.
Tenemos frío.

1. Mi hermana come dos sándwiches. *Tiene hambre.*
2. Estoy en una sauna. *Tengo calor.*
3. ¡Mis primos ganaron (*won*) la lotería! *Tienen suerte.*
4. Luisa y Marta terminan de estudiar a las dos de la mañana y están cansadas (*tired*). *Tienen sueño.*
5. Estás en *La casa del terror.* *Tienes miedo.*
6. Mi clase es en cinco minutos y todavía (*still*) estoy en mi apartamento. *Tengo prisa.*

Síntesis

9 **Describe a tu familia** In groups of three, describe your families. *Answers will vary.*

- Describe your family to your classmates in several sentences. (**Mi padre es alto y moreno. Mi madre es delgada y muy inteligente. Mis hermanos son...**)
- Your classmates will work together to try to repeat your description. (**Su padre es alto y moreno. Su madre...**)
- If they forget any details, they will ask you questions. (**¿Cuántos años tiene tu abuelo?**)
- Take turns until all of you have described your families.

Videoclip

1 **Preparación** Have you ever paid a different price than someone else for the same product or service? What happened?

2 **El clip** Watch the commercial for **Trivago** from Spain.

Vocabulario

buscar	*to look for*	**el dinero**	*money*
el/la desconocido/a	*stranger*	**el precio**	*price*

La misma° sensación.

Siempre el mejor° precio.

el/la mismo/a the same **el mejor** *the best*

3 **¿Cierto o falso?** Indicate whether these statements about the commercial are true (**cierto**) or false (**falso**).

1. El hombre y la mujer están en la misma residencia estudiantil. *Falso. Están en el mismo hotel.*
2. La mujer es gorda. *Falso. Es delgada.*
3. Ellos son desconocidos. *Cierto.*
4. El hombre y la mujer trabajan en el hotel. *Falso. Ellos no trabajan en el hotel.*
5. El hombre paga más (*more*) dinero. *Cierto.*

4 **Los personajes** Choose one of the characters and write a description of him or her. Use as many adjectives as you can and mention the person's likes and dislikes. Then, in pairs, read your description to a partner. *Answers will vary.*

Ampliación

1 Escuchar

A Listen to Cristina and Laura's conversation. Then indicate who would make each statement.

TIP **Ask for repetition.** During a conversation, you can ask someone to repeat by saying **¿Cómo?** (*What?*) or **¿Perdón?** (*Pardon me?*) In class, you can ask your teacher to repeat by saying **Repítalo, por favor** (*Repeat it, please*). If you don't understand a recorded activity, you can simply replay it.

	Cristina	Laura
1. Mi novio habla sólo (*only*) del fútbol y del béisbol.	☑	☐
2. Tengo un novio muy interesante y simpático.	☐	☑
3. Mi novio es alto y moreno.	☑	☐
4. Mi novio trabaja mucho.	☐	☑
5. Mi amiga no tiene buena suerte con los muchachos.	☐	☑
6. Mi novio es un poco (*little*) gordo, pero guapo.	☐	☑

B ¿Cómo son Laura y Cristina? ¿Cómo son sus novios? ¿Tienes novio/a? ¿Cómo es? *Answers will vary.*

2 Conversar

You are taking a friend to your annual family reunion. So that there will not be any surprises for your friend, you have a conversation with him or her to talk about your relatives. During the conversation, your friend should find out about the following: *Answers will vary.*

- Which family members are coming, including their names and their relationship to you
- What each family member is like
- How old each person is
- Where each person is from
- Where each person lives

1 SCRIPT
Laura: ¿Qué hay de nuevo, Cristina?
Cristina: No mucho… sólo problemas con mi novio.
Laura: ¿Perdón?
Cristina: No hay mucho de nuevo… sólo problemas con mi novio, Rafael.
Laura: ¿Qué les pasa?
Cristina: Bueno, Rafael es alto y moreno… Es muy guapo. Y es buena gente. Es inteligente también… pero es que no lo encuentro muy interesante.
Laura: ¿Cómo?
Cristina: No es muy interesante. Sólo habla del fútbol y béisbol. No me gusta hablar de fútbol las veinticuatro horas al día. No comprendo a los muchachos. ¿Cómo es tu novio, Laura?
Laura: Esteban es muy simpático. Es un poco gordo, pero creo que es muy guapo. También es muy trabajador.
Cristina: ¿Es interesante?
Laura: Sí. Hablamos dos o tres horas cada día. Hablamos de muchas cosas… las clases, los amigos… de todo.
Cristina: ¡Qué bien! Siempre tengo mala suerte con los novios.

2 SUGGESTION Before beginning the conversation, have students review descriptive adjectives and the present tense of regular verbs. You may also wish to have them brainstorm a list of words and ideas for each item.

2 TEACHING OPTION Ask for a few volunteers to present a summary of their conversation to the rest of the class.

Ampliación

3 Escribir

One of your online friends wants to know about your family. Write an e-mail describing your family or an imaginary family. *Answers will vary.*

TIP Use idea maps. Idea maps help you group your information.

Organízalo Use an idea map to help you list and organize information about your family. See the example.

Escríbelo Using the material you have compiled, write the first draft of your e-mail. Use an appropriate greeting, such as **Querido/a** (*Dear*), and an appropriate closing, such as **Un abrazo** (*A hug*).

Corrígelo Exchange papers with a classmate and comment on the organization, style, and grammatical accuracy of each other's work. Then revise your first draft, keeping your classmate's comments in mind.

Compártelo Read your e-mail aloud to a small group of classmates. Discuss how your families are similar (**semejantes**) and how they are different (**distintas**).

4 Un paso más

Create an illustrated family tree for your family and share it with the class. Your family tree might include these elements: *Answers will vary.*

- A simple title
- A format that clearly shows the relationships between family members
- Photos of family members and their names, following Hispanic naming conventions
- A few adjectives that describe each family member

CONEXIÓN INTERNET

Investiga estos temas en el sitio **vhlcentral.com**.

- Tradiciones relacionadas con los nombres en el mundo hispano
- Origen y significado (*meaning*) de los nombres en español

Antes de leer (S) Audio: Reading

You don't need to understand every word you read in Spanish. When you come across words you haven't learned, try to guess what they mean by looking at the context—the surrounding words and sentences. Look at this article about families and find a few words or phrases you don't know. Then guess what they mean, using the context as your guide.

Las familias

Me llamo Armando y tengo setenta años, pero no me considero viejo. Tengo seis nietas y un nieto. Vivo con mi hija y tengo la oportunidad de pasar mucho tiempo con ella y con mi nieto. Por las tardes salgo a pasear por el parque con él y por la noche le leo cuentos°.

Armando. Tiene seis nietas y un nieto.

Diana. Vive con su prima.

◄ Mi prima Victoria y yo nos llevamos muy bien. Estudiamos juntas° en la universidad y compartimos un apartamento. Ella es muy inteligente y me ayuda° con los estudios. Además, es muy simpática y generosa. Si necesito cualquier cosa, ¡ella me la compra!

Me llamo Ramona y soy paraguaya, aunque ahora vivo en los Estados Unidos. Tengo tres hijos, uno de nueve años, uno de doce y el mayor de quince. Es difícil a veces, pero mi esposo y yo tratamos° de ayudarlos y comprenderlos siempre.

Ramona. Sus hijos son muy importantes para ella.

Tengo mucha suerte. ▶ Aunque mis padres están divorciados, tengo una familia muy unida. Tengo dos hermanos y dos hermanas. Me gusta hablar y salir a fiestas con ellos. Ahora tengo novio en la universidad y él no conoce a mis hermanos. ¡Espero que se lleven bien!

Después de leer

¿Comprendiste?

Look at the magazine article and see how the words and phrases in the first column are used in context. Then find their meanings in the second column.

1. nos llevamos muy bien ___h___
2. me la compra ___d___
3. el mayor ___a___
4. no conoce ___g___
5. películas ___b___
6. mejor que ___c___

a. *the oldest*
b. *movies*
c. *better than*
d. *buys it for me*
e. *borrows it from me*
f. *we see each other*
g. *doesn't know*
h. *we get along very well*

Preguntas

Answer these questions using complete sentences.

1. ¿Cuántas personas hay en la familia de Ramona?
   Hay cinco personas en su familia.
2. ¿Con quién vive Diana?
   Diana vive con su prima Victoria.
3. ¿Cómo se llama el sobrino de Santiago?
   El sobrino de Santiago se llama Benjamín.
4. ¿Quién no tiene hermanos ni (*nor*) primos?
   Fernando no tiene hermanos ni primos.
5. ¿Quién tiene novio?
   Ana María tiene novio.
6. ¿Cuántos nietos tiene Armando?
   Armando tiene siete nietos.

Coméntalo

¿Es similar tu familia a las familias del artículo? En tu opinión, ¿son ideales las familias del artículo? ¿Cómo es la familia ideal? *Answers will vary.*

Ana María. Su familia es muy unida.

◀ Antes quería° tener hermanos, pero ya no es tan importante. Ser hijo único tiene muchas ventajas°: no tengo que compartir mis cosas con hermanos, no hay discusiones° y, como soy nieto único también, ¡mis abuelos piensan° que soy perfecto!

Fernando. Es hijo único.

◀ Como soy joven todavía, no tengo ni esposa ni hijos. Pero tengo un sobrino, el hijo de mi hermano, que es muy especial para mí. Se llama Benjamín y tiene diez años. Es un muchacho muy simpático. Siempre tiene hambre y por lo tanto vamos° frecuentemente a comer hamburguesas. Nos gusta también ir al cine° a ver películas de acción. Hablamos de todo. ¡Creo que ser tío es mejor que ser padre!

Santiago. Cree que ser tío es divertido.

cuentos *stories* juntas *together* me ayuda *she helps me* tratamos *we try* quería *I wanted* ventajas *advantages* discusiones *arguments* piensan *think* vamos *we go* ir al cine *to go to the movies*

Audio: Vocabulary Flashcards

La familia

el/la abuelo/a	grandfather/grandmother
el/la cuñado/a	brother-in-law/sister-in-law
el/la esposo/a	husband/wife; spouse
la familia	family
el/la hermanastro/a	stepbrother/stepsister
el/la hermano/a	brother/sister
el/la hijastro/a	stepson/stepdaughter
el/la hijo/a	son/daughter
los hijos	children; sons
la madrastra	stepmother
la madre	mother
el/la medio/a hermano/a	half-brother/half-sister
el/la nieto/a	grandson/granddaughter
la nuera	daughter-in-law
el padrastro	stepfather
el padre	father
los padres	parents
los parientes	relatives
el/la primo/a	cousin
el/la sobrino/a	nephew/niece
el/la suegro/a	father-in-law/mother-in-law
el/la tío/a	uncle/aunt
el yerno	son-in-law

Otras palabras

el/la amigo/a	friend
el/la gato/a	cat
la gente	people
el/la muchacho/a	boy/girl
el/la niño/a	child; boy/girl
el/la novio/a	boyfriend/girlfriend
la persona	person
el/la perro/a	dog

Adjetivos

alto/a	tall
antipático/a	unpleasant
bajo/a	short (in height)
bonito/a	pretty
buen, bueno/a	good
delgado/a	thin
difícil	difficult
fácil	easy
feo/a	ugly
gordo/a	fat
gran; grande	great; big
guapo/a	good-looking
importante	important
inteligente	intelligent
interesante	interesting
joven	young
mal, malo/a	bad
moreno/a	dark-haired
mucho/a	much; many; a lot
pelirrojo/a	red-haired
pequeño/a	small
rubio/a	blond
simpático/a	nice
tonto/a	foolish
trabajador(a)	hard-working
viejo/a	old

Las profesiones

el/la artista	artist
el/la doctor(a)	doctor
el/la ingeniero/a	engineer
el/la médico/a	doctor
el/la periodista	journalist
el/la programador(a)	computer programmer

As students finish the lesson, encourage them to explore the **Repaso** section on the Supersite. There they will find quizzes for practicing vocabulary, grammar, and oral language.

Verbos

abrir	to open
aprender	to learn
asistir (a)	to attend
beber	to drink
comer	to eat
compartir	to share
comprender	to understand
correr	to run
creer (en)	to believe (in)
deber (+ inf.)	to have to; should
decidir	to decide
describir	to describe
escribir	to write
leer	to read
recibir	to receive
tener	to have
venir	to come
vivir	to live

Expresiones con *tener*

tener… años	to be… years old
tener (mucho) calor	to be (very) hot
tener (mucho) cuidado	to be (very) careful
tener (mucho) frío	to be (very) cold
tener ganas de (+ inf.)	to feel like (doing something)
tener (mucha) hambre	to be (very) hungry
tener (mucho) miedo	to be (very) afraid/scared
tener (mucha) prisa	to be in a (big) hurry
tener que (+ inf.)	to have to (do something)
tener razón	to be right
no tener razón	to be wrong
tener (mucha) sed	to be (very) thirsty
tener (mucho) sueño	to be (very) sleepy
tener (mucha) suerte	to be (very) lucky

Nationalities	See page 69.
Possessive adjectives	See page 70.

Practice more at **vhlcentral.com**.

PARA EMPEZAR Here are some additional questions:
¿Trabajas los sábados y domingos? ¿Te gusta participar
en actividades físicas como correr o bailar cuando no
trabajas? ¿O te gusta descansar en casa?

Communicative Goals

You will learn how to:
- talk about pastimes, weekend activities, and sports
- make plans and invitations
- say what you are going to do

PREPARACIÓN

pages 84–89
- Words related to pastimes and sports
- Places in the city
- Word stress and accent marks

AVENTURAS

pages 90–91
- The friends spend the day exploring Mérida and the surrounding area. Maru, Jimena, and Miguel take Marissa to a cenote. Felipe and Juan Carlos join Felipe's cousins for soccer and lunch.

CULTURA

pages 92–93
- *Real Madrid y Barça: rivalidad total*
- Flash Cultura: *¡Fútbol en España!*

GRAMÁTICA

pages 94–105
- Present tense of **ir**
- Present tense of stem-changing verbs
- Verbs with irregular **yo** forms

LECTURA

pages 106–107
- Newspaper article: *Guía para el fin de semana*

PARA EMPEZAR

- ¿Cómo son estas personas? ¿Gordas o delgadas?
- ¿Son jóvenes o viejas?
- ¿En qué tienen interés: en el fútbol o en el ciclismo?
- ¿Tienen calor o frío?

Tutorials

EL FIN DE SEMANA

pasear en bicicleta
to ride a bicycle

LAS ACTIVIDADES Y LAS DISTRACCIONES

escalar montañas *to go mountain climbing*

escribir una carta *to write a letter*

escribir un mensaje electrónico
to write an e-mail

escribir una (tarjeta) postal
to write a postcard

ir de excursión (a las montañas)
to go on a hike (in the mountains)

leer el correo electrónico *to read e-mail*

leer el periódico *to read the newspaper*

leer una revista *to read a magazine*

nadar en la piscina *to swim in the pool*

pasear por la ciudad/el pueblo
to walk around the city/town

practicar deportes *to practice sports*

ver películas *to watch movies*

visitar un monumento *to visit a monument*

patinar (en línea)
to skate (in-line)

bucear
to scuba dive

tomar el sol
to sunbathe

esquiar
to ski

EXPANSION Describe some activities you want to do and have students guess where you will go. Ex: 1. **Deseo nadar. ¿Adónde voy?** (Write **voy** on the board and explain the meaning.) **(la piscina)** 2. **Deseo tomar café. ¿Adónde voy?** (el café)

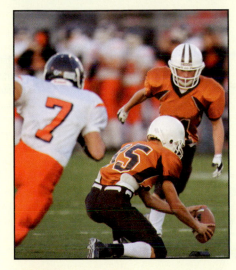

el fútbol americano
football

Variación léxica
la piscina ⟷ la pileta (*Arg.*), la alberca (*Méx.*)
el baloncesto ⟷ el básquetbol (*Amér. L.*)
el béisbol ⟷ la pelota (*P. Rico, Rep. Dom.*)

LOS DEPORTES

el baloncesto *basketball*
el ciclismo *cycling*
el esquí (acuático) *(water) skiing*
el golf *golf*
el hockey *hockey*
la natación *swimming*
el tenis *tennis*
el vóleibol *volleyball*

el equipo *team*
el/la excursionista *hiker*
el/la jugador(a) *player*
el partido *game*
la pelota *ball*

deportivo/a *sports-related*

ganar *to win*
ser aficionado/a (a) *to be a fan (of)*

el fútbol
soccer

el béisbol
baseball

LOS LUGARES

la casa *house*
el centro *downtown*
el cine *movie theater*
el gimnasio *gym, gymnasium*
el museo *museum*
el restaurante *restaurant*

la iglesia
church

el café
café

OTRAS PALABRAS

la diversión *entertainment; fun activity*
el fin de semana *weekend*
el lugar *place*
el pasatiempo *pastime, hobby*
los ratos libres *spare time*
el tiempo libre *free time*

favorito/a *favorite*

pasar el tiempo *to spend time*

el parque
park

A escuchar

1 Una estudiante muy activa Number the drawings in the order Laura mentions them.

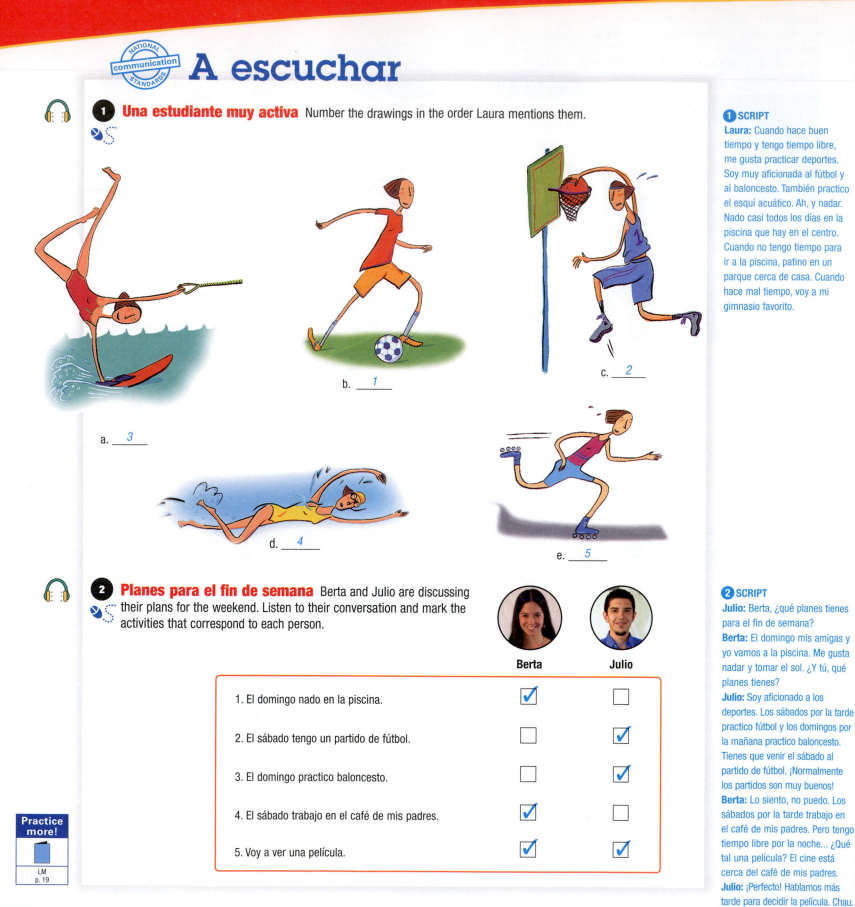

a. ___3___

b. ___1___

c. ___2___

d. ___4___

e. ___5___

1 SCRIPT
Laura: Cuando hace buen tiempo y tengo tiempo libre, me gusta practicar deportes. Soy muy aficionada al fútbol y al baloncesto. También practico el esquí acuático. Ah, y nadar. Nado casi todos los días en la piscina que hay en el centro. Cuando no tengo tiempo para ir a la piscina, patino en un parque cerca de casa. Cuando hace mal tiempo, voy a mi gimnasio favorito.

2 Planes para el fin de semana Berta and Julio are discussing their plans for the weekend. Listen to their conversation and mark the activities that correspond to each person.

	Berta	Julio
1. El domingo nado en la piscina.	✓	
2. El sábado tengo un partido de fútbol.		✓
3. El domingo practico baloncesto.		✓
4. El sábado trabajo en el café de mis padres.	✓	
5. Voy a ver una película.	✓	✓

2 SCRIPT
Julio: Berta, ¿qué planes tienes para el fin de semana?
Berta: El domingo mis amigas y yo vamos a la piscina. Me gusta nadar y tomar el sol. ¿Y tú, qué planes tienes?
Julio: Soy aficionado a los deportes. Los sábados por la tarde practico fútbol y los domingos por la mañana practico baloncesto. Tienes que venir el sábado al partido de fútbol. ¡Normalmente los partidos son muy buenos!
Berta: Lo siento, no puedo. Los sábados por la tarde trabajo en el café de mis padres. Pero tengo tiempo libre por la noche... ¿Qué tal una película? El cine está cerca del café de mis padres.
Julio: ¡Perfecto! Hablamos más tarde para decidir la película. Chau.

Practice more!
LM p. 19

A practicar

3 EXPANSION Ask students to provide sentences using the circled words or phrases.

3 El tiempo libre Indicate which word or phrase doesn't belong.

1. bucear • ir de excursión • leer una revista • esquiar
2. el baloncesto • el ciclismo • el vóleibol • el fútbol
3. la natación • el cine • el café • la iglesia
4. el golf • la aficionada • el jugador • el excursionista
5. el periódico • el pasatiempo • la revista • el correo
6. ver películas • ir al museo • practicar el hockey • leer un periódico

4 EXPANSION Have students correct the false statements.

4 EXPANSION For review, ask students to describe the people in the photos.

4 ¿Cierto o falso? Indicate whether each statement is **cierto** or **falso**.

Gustavo y Simón

los chicos

José

don Fernando

Maribel

doña Leonor

1. __Cierto__ Gustavo y Simón pasean por la ciudad en bicicleta.
2. __Cierto__ Los chicos practican fútbol.
3. __Falso__ José escala la montaña.
4. __Cierto__ Don Fernando lee el periódico en el parque.
5. __Falso__ Maribel patina en línea.
6. __Cierto__ Doña Leonor pasea por la ciudad.

5 EXPANSION Have students act out the conversation in pairs and tell them to continue the conversation by adding at least two lines.

5 EXPANSION Tell students to work in pairs and rewrite the conversation, substituting their own preferences.

5 Dos amigos Complete the conversation with the words given.

LUISA ¿Cómo te gusta (1) ___pasar___ los ratos libres, Manuel?

MANUEL Bueno, Luisa, no tengo mucho (2) ___tiempo___ libre, pero los fines de (3) ___semana___ me gusta ver películas. Y tú, Luisa, ¿cuáles son tus (4) ___pasatiempos___ favoritos?

LUISA Nadar en la (5) ___piscina___, practicar (6) ___vóleibol___, correr en el (7) ___parque___...

MANUEL ¡Uf! ¿Y qué haces (*do you do*) para descansar?

LUISA Me gusta ver películas también.

MANUEL ¡Excelente! Hay una buena película en un (8) ___cine___ del (9) ___centro___. ¿Quieres (*Do you want*) ir?

LUISA Sí, Manuel. Buena idea.

centro	pasar	semana
cine	pasatiempos	tiempo
parque	piscina	vóleibol

Practice more!

WB pp. 31–32

vhlcentral.com

A conversar

communication NATIONAL STANDARDS

6 **En el campus** With a partner, describe what the people in the illustration are doing. *Answers will vary.*

Laura

Miguel

equipo Saltillo

Patricia y Carlos

María Isabel

7 **¿Y tú?** Interview your partner. Use these questions. *Answers will vary.*

1. ¿Te gustan los deportes? ¿Qué deportes practicas?

2. ¿Eres aficionado a los deportes profesionales? ¿Cuáles son tus equipos favoritos?

3. ¿Te gusta ir al cine los fines de semana? ¿Cuáles son tus películas favoritas?

4. ¿Hay lugares para esquiar o ir de excursión cerca de tu ciudad o pueblo? ¿Cuáles?

5. ¿Qué lugares del centro de tu ciudad son interesantes para visitar?

6. ¿Cuántos mensajes electrónicos escribes aproximadamente durante el día? ¿Y cuántos lees?

8 **¿Quién soy?** Using **yo** forms, write a description of a famous athlete and read it to the class, mentioning the athlete's initials (**iniciales**). The class will guess who you described. *Answers will vary.*

modelo

Estudiante: Soy muy famosa. Vivo en la Florida con mi familia. Practico el tenis. Soy una jugadora profesional. Mi hermana practica el tenis también (too). Mis iniciales son V. W. ¿Quién soy?

Clase: ¿Eres Venus Williams?

Estudiante: ¡Sí!

6 EXPANSION Ask students additional questions related to the drawing. Ex: ¿Dónde están estas personas? ¿Cuántos chicos practican el fútbol? ¿Y el fútbol americano? ¿Debe la gente tomar mucho el sol?

TEACHING OPTION Play a game of continuous narration. One student begins: **Es sábado por la tarde y voy [al parque].** The next student then describes what he or she is doing there. **Estoy en el parque y patino en línea.** If necessary, students may change the location. You may want to write some phrases on the board to help them: **voy a/ al…, luego, después.**

7 SUGGESTION Before beginning the activity, review the forms **me gusta(n)** and **te gusta(n).**

7 EXPANSION Using the lesson vocabulary, have students add at least two of their own questions to the list.

🎧 Pronunciación Audio

Word stress and accent marks

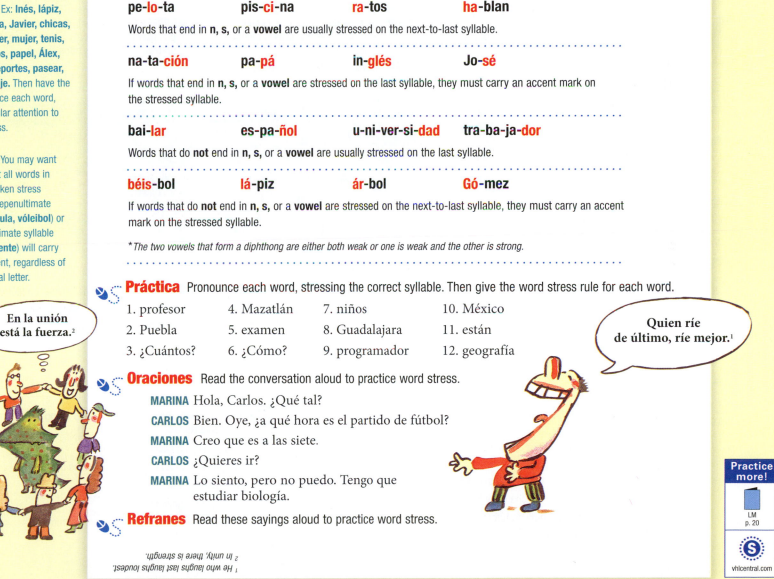

pe-lí-cu-la   **e-di-fi-cio**   **ver**   **yo**

Every Spanish syllable contains at least one vowel. When two vowels are joined in the same syllable, they form a **diphthong***. A **monosyllable** is a word formed by a single syllable.

bi-blio-te-ca   **vi-si-tar**   **par-que**   **fút-bol**

The syllable of a Spanish word that is pronounced most emphatically is the "stressed" syllable.

pe-lo-ta   **pis-ci-na**   **ra-tos**   **ha-blan**

Words that end in **n, s,** or a **vowel** are usually stressed on the next-to-last syllable.

na-ta-ción   **pa-pá**   **in-glés**   **Jo-sé**

If words that end in **n, s,** or a **vowel** are stressed on the last syllable, they must carry an accent mark on the stressed syllable.

bai-lar   **es-pa-ñol**   **u-ni-ver-si-dad**   **tra-ba-ja-dor**

Words that do **not** end in **n, s,** or a **vowel** are usually stressed on the last syllable.

béis-bol   **lá-piz**   **ár-bol**   **Gó-mez**

If words that do **not** end in **n, s,** or a **vowel** are stressed on the next-to-last syllable, they must carry an accent mark on the stressed syllable.

*The two vowels that form a diphthong are either both weak or one is weak and the other is strong.

Práctica Pronounce each word, stressing the correct syllable. Then give the word stress rule for each word.

1. profesor	4. Mazatlán	7. niños	10. México
2. Puebla	5. examen	8. Guadalajara	11. están
3. ¿Cuántos?	6. ¿Cómo?	9. programador	12. geografía

Oraciones Read the conversation aloud to practice word stress.

MARINA Hola, Carlos. ¿Qué tal?

CARLOS Bien. Oye, ¿a qué hora es el partido de fútbol?

MARINA Creo que es a las siete.

CARLOS ¿Quieres ir?

MARINA Lo siento, pero no puedo. Tengo que estudiar biología.

Refranes Read these sayings aloud to practice word stress.

> **En la unión está la fuerza.**[2]

> **Quien ríe de último, ríe mejor.**[1]

[1] He who laughs last laughs loudest.
[2] In unity, there is strength.

Practice more!

LM p. 20

🅢 vhlcentral.com

VIDEO SYNOPSIS The friends have arrived at Ana María's house in Mérida. Juan Carlos and Felipe head off to play soccer with Felipe's cousins, Eduardo and Pablo. Meanwhile, Maru, Miguel, and Jimena take Marissa to explore a cenote.

 Video

Fútbol, cenotes y mole

Maru, Miguel, Jimena y Marissa visitan un cenote, mientras Felipe y Juan Carlos van a un partido de fútbol.

PERSONAJES

MIGUEL

PABLO

ANA MARÍA

MARU

MARISSA

EDUARDO

FELIPE

JUAN CARLOS

JIMENA

DON GUILLERMO

1

2

3

MIGUEL Buenos días a todos.

TÍA ANA MARÍA Hola, Miguel... Maru, ¿qué van a hacer hoy?

MARU Miguel y yo vamos a llevar a Marissa a un cenote.

MARISSA ¿No vamos a nadar? ¿Qué es un cenote?

MIGUEL Sí, sí, vamos a nadar. Un cenote... difícil de explicar... es una piscina natural en un hueco profundo...

MARU ¡Ya vas a ver! Seguro que te va a gustar.

ANA MARÍA Marissa, ¿qué te gusta hacer? ¿Escalar montañas? ¿Ir de excursión?

MARISSA Sí, me gusta ir de excursión y practicar el esquí acuático. Y usted, ¿qué prefiere hacer en sus ratos libres?

6

7

8

FELIPE ¿Recuerdas el restaurante del mole?

EDUARDO ¿Qué restaurante?

JIMENA El mole de mi tía Ana María es mi favorito.

MARU Chicos, ya es hora, vamos.

(más tarde, en el parque)

PABLO ¡No puede ser! ¡Cinco a uno!

FELIPE Vamos a jugar. Si perdemos, compramos el almuerzo. Y si ganamos...

EDUARDO ¡Empezamos!

(mientras tanto, en el cenote)

MARISSA ¿Hay muchos cenotes en México?

MIGUEL Sólo en la península de Yucatán.

MARISSA ¡Vamos a nadar!

A C T I V I D A D E S

1 **Identificar** Identify the person who would make each statement.

1. Me gusta nadar, pero no sé (*I don't know*) qué es un cenote. _____Marissa_____

2. Me gustan las películas. ___tía Ana María___

3. Voy a pedir mucha comida. ____Felipe____

4. Nuestro equipo de fútbol juega en el parque. ___Pablo/Eduardo___

5. Me gusta salir los fines de semana. ___tía Ana María___

2 **Preguntas** Answer the questions using the information from **Aventuras**.

1. ¿Qué van a hacer Miguel y Maru?
   Miguel y Maru van a llevar a Marissa a un cenote.
2. ¿Adónde va Ana María en sus ratos libres?
   Ana María va al cine y a los museos.
3. ¿Quiénes van al parque?
   Eduardo, Pablo, Felipe y Juan Carlos van al parque.
4. ¿Quiénes ganan el partido?
   Felipe y Juan Carlos ganan el partido.
5. ¿Qué va a comer Felipe en el restaurante?
   Felipe va a comer mole.

VIDEO RECAP Before doing this **Aventuras** episode, review the previous episode in class:
1. Marta y Valentina son las _____ de Jimena. (primas) 2. Marissa tiene _____ hermanos. (tres) 3. _____ es hija única. (La Sra. Díaz) 4. Marissa tiene planes para visitar a _____ . (tía Ana María)

SUGGESTION Model the pronunciation of the **Expresiones útiles**, having students repeat after you. Then explain that **vas**, **vamos**, and **van** are forms of **ir**. Point out that **quiero**, **quieres**, and **siento** are forms of **querer** and **sentir**, which have a stem change from **e** to **ie** in certain forms. Tell students they will learn more about these verbs in **Gramática** sections 4.1 and 4.2.

PABLO Uy, pues, mi mamá tiene muchos pasatiempos y actividades.

EDUARDO Sí. Ella nada y juega al tenis y al golf...

PABLO ... va al cine y a los museos.

ANA MARÍA Sí, salgo mucho los fines de semana.

(unos minutos después)

EDUARDO Hay un partido de fútbol en el parque. ¿Quieren ir conmigo?

PABLO Y conmigo. Si no consigo más jugadores, nuestro equipo va a perder.

(Los chicos visitan a don Guillermo, un vendedor de paletas heladas.)

JUAN CARLOS Don Guillermo, ¿dónde podemos conseguir un buen mole?

FELIPE Eduardo y Pablo van a pagar el almuerzo. Y yo voy a pedir un montón de comida.

FELIPE Sí, éste es el restaurante. Recuerdo la comida.

EDUARDO Oye, Pablo... No tengo...

PABLO No te preocupes, hermanito.

FELIPE ¿Qué buscas? *(muestra la cartera de Pablo)* ¿Esto?

---

3 **Conversación** In pairs, talk about pastimes and plan an activity together. Use these expressions and the **Expresiones útiles** on this page. *Answers will vary.*

- ► ¿Eres aficionado/a a...?
- ► ¿Te gusta...?
- ► ¿Qué prefieres hacer en tus ratos libres?
- ► ¿Por qué no...?
- ► ¿Quieres... conmigo?
- ► Nos vemos a las siete.

Practice more!

VM
pp. 175–176

vhlcentral.com

Expresiones útiles

Making invitations

Hay un partido de fútbol en el parque. ¿Quieren ir conmigo?
There's a soccer game in the park today. Do you want to come with me?

Yo puedo jugar.
I can play.

Ummm... no quiero.
Hmmm… I don't want to.

Lo siento, pero no puedo.
I'm sorry, but I can't.

¡Vamos a nadar!
Let's go swimming!

Sí, vamos.
Yes, let's go.

Making plans

¿Qué van a hacer hoy?
What are you going to do today?

Vamos a llevar a Marissa a un cenote.
We are taking Marissa to a cenote.

Vamos a comprar unas paletas heladas.
We're going to buy some popsicles.

Vamos a jugar. Si perdemos, compramos el almuerzo.
Let's play. If we lose, we'll buy lunch.

Talking about pastimes

¿Qué te gusta hacer? ¿Escalar montañas? ¿Ir de excursión?
What do you like to do? Mountain climbing? Hiking?

Sí, me gusta ir de excursión y practicar esquí acuático.
Yes, I like hiking and water skiing.

Y usted, ¿qué prefiere hacer en sus ratos libres?
And you, what do you like to do in your free time?

Salgo mucho los fines de semana.
I go out a lot on the weekends.

Voy al cine y a los museos.
I go to the movies and to museums.

Additional vocabulary

la cartera *wallet*
el hueco *hole*
un montón de *a lot of*

Reading

Real Madrid y Barça:
rivalidad total

Soccer in Spain is a force to be reckoned with, and no two teams draw more attention than **Real Madrid Club de Fútbol** and the **Fútbol Club Barcelona.** Whether the venue is Madrid's **Santiago Bernabéu** stadium or Barcelona's **Camp Nou,** both cities shut down for the game, paralyzed by **fútbol** fever. A ticket to the game is always the hottest ticket in town.

Rivalidades del fútbol

Argentina: Boca Juniors vs. River Plate

México: Águilas del América vs. Chivas del Guadalajara

Chile: Colo Colo vs. Universidad de Chile

Guatemala: Comunicaciones vs. Municipal

Uruguay: Peñarol vs. Nacional

Colombia: Millonarios vs. Independiente Santa Fe

The rivalry between **Real Madrid** and **Barça** is about more than soccer. As the two biggest, most important cities in Spain, Barcelona and Madrid are constantly compared to each other and there is a natural rivalry. There is also a political component to the dynamic. Barcelona, with its distinct language and culture, has long struggled for increased political autonomy. Under Francisco Franco's rule (1939–1975), when the repression of Catalan identity was strongest, a game between **Real Madrid** and **FC Barcelona** also symbolized the regime versus the resistance, even though both teams and both regions suffered casualties in Spain's civil war and the subsequent dictatorship.

Although the dictatorship ended more than 30 years ago, the rivalry still transforms inhabitants of both cities into a state of tense panic in the hours leading up to the game. Once the final score is announced, one of those cities is transformed again, this time into the best party in the country.

ASÍ SE DICE

Los deportes

el/la árbitro/a *referee*	**empatar** *to draw; to tie*
el/la atleta *athlete*	**entrenar** *to train*
el campeón/la campeona *champion*	**el/la mejor** *the best*
la cancha (de fútbol) *soccer field*	**mundial** *worldwide*
la carrera *race*	**la rivalidad** *rivalry*
competir *to compete*	**el torneo** *tournament*

ACTIVIDADES

1 **¿Cierto o falso?** Indicate whether each statement is **cierto** or **falso**. Correct the false statements.

1. Soccer is not a popular sport in Spain.
   Falso. Soccer is very popular in Spain.
2. Madrid and Barcelona are the most important cities in Spain.
   Cierto.
3. Santiago Bernabéu is a stadium in Barcelona.
   Falso. It is a stadium in Madrid.
4. The rivalry between Real Madrid and FC Barcelona is restricted to athletic competition.
   Falso. The rivalry goes beyond soccer.
5. Barcelona has struggled for increased political autonomy.
   Cierto.
6. Only the FC Barcelona team was affected by the civil war.
   Falso. Both teams were affected by the civil war.
7. During Franco's regime, the Catalan culture thrived. *Falso. Catalan culture was repressed during Franco's regime.*
8. There are many famous rivalries between soccer teams in the Spanish-speaking world.
   Cierto.
9. River Plate is a popular team from Argentina.
   Cierto.
10. Comunicaciones and Peñarol are famous rivalries in Guatemala.
    Falso. Comunicaciones and Municipal are important rivalries.

2 **Comparación** In pairs, think about a popular sport where you live. What are some famous rivalries in that sport? What is the source of the rivalry? How would you describe the different sets of fans?

CONEXIÓN INTERNET

¿Qué otras actividades y deportes son populares en los países hispanos?

For more information about this **Cultura**, go to **vhlcentral.com**.

F/ash CULTURA   (S) Video

¡Fútbol en España!

1 **Preparación** What is the most popular sport at your school? What team is your rival? How do students celebrate winning?

2 **El video** Watch this **Flash Cultura** episode.

Vocabulario		
afición *fans*	**preferido** *favorite*
perder *to lose*	**se junta con** *it's tied up with*

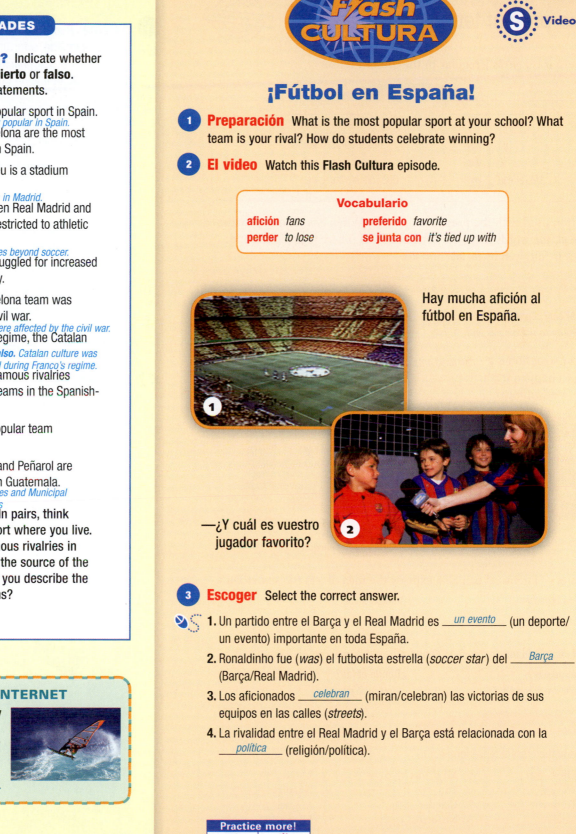

Hay mucha afición al fútbol en España.

—¿Y cuál es vuestro jugador favorito?

3 **Escoger** Select the correct answer.

1. Un partido entre el Barça y el Real Madrid es ___un evento___ (un deporte/ un evento) importante en toda España.
2. Ronaldinho fue (*was*) el futbolista estrella (*soccer star*) del ___Barça___ (Barça/Real Madrid).
3. Los aficionados ___celebran___ (miran/celebran) las victorias de sus equipos en las calles (*streets*).
4. La rivalidad entre el Real Madrid y el Barça está relacionada con la ___política___ (religión/política).

Practice more!

VM pp. 207–208   vhlcentral.com

4.1 The present tense of ir Tutorial · comparisons · NATIONAL STANDARDS

▸ The verb **ir** (*to go*) is irregular in the present tense.

ir (to go)

Singular forms		Plural forms	
yo	**voy**	nosotros/as	**vamos**
tú	**vas**	vosotros/as	**vais**
Ud./él/ella	**va**	Uds./ellos/ellas	**van**

▸ **Ir** is often used with the preposition **a** (*to*). When **a** is followed by the article **el,** the words form the contraction **al.** There is no contraction when **a** is followed by **la, las,** and **los.**

a + el = al

Voy al cine con María.
I'm going to the movies with María.

Ellos **van a** las montañas.
They are going to the mountains.

▸ The construction **ir a** + [*infinitive*] expresses actions that are going to happen in the future. It is equivalent to the English *to be going to* + [*infinitive*].

¡Voy a ir con ellos!

Vamos a jugar fútbol en el parque.

▸ **Vamos a** + [*infinitive*] can also express the idea of *let's (do something)*.

Vamos a pasear.
Let's take a walk.

¡Vamos a ver!
Let's see!

¡ojo! Use **adónde** instead of **dónde** when asking a question with **ir.**

¿Adónde vas?
Where are you going?

¿Dónde estás?
Where are you?

¡Manos a la obra!

Provide the present tense forms of **ir.**

1. Ellos __van__.
2. Yo __voy__.
3. Tu novio __va__.
4. Adela __va__.
5. Mi prima y yo __vamos__.
6. Tú __vas__.
7. Ustedes __van__.
8. Nosotros __vamos__.
9. Usted __va__.
10. Nosotras __vamos__.
11. Miguel __va__.
12. Ellas __van__.

Práctica

1 Adivina Roberto has gone to see Doña Imelda, a fortune teller. Using **ir a** + [*infinitive*], say what Doña Imelda predicts.

modelo

Tu hermano Gabriel __va a__ ir a Europa.

1. Tú __vas a__ correr en el Maratón de Boston.
2. Tú y tu familia __van a__ escalar el monte Everest.
3. Tu primo Pablo __va a__ visitar las ruinas mayas.
4. Tu hermana Tina __va a__ recibir una carta misteriosa.
5. Tu hermana Rosario __va a__ patinar en los Juegos Olímpicos.
6. Tus padres __van a__ tomar el sol en Acapulco.
7. Tú __vas a__ ver las pinturas (*paintings*) de tu amiga en el Museo Nacional de Arte.
8. ¡Y yo __voy a__ ser muy, muy rica!

2 ¿Adónde vas? You are visiting Madrid with some friends. Work with a partner and ask each other which sites you will visit today. *Answers will vary.*

modelo

Estudiante 1: ¿Adónde vamos nosotros?
Estudiante 2: Nosotros vamos a la plaza de Santo Domingo.

Conversación

3 Situaciones With a partner, say where you and your friends go in these situations. *Answers will vary.*

modelo Tienes ganas de tomar el sol.

Estudiante 1: Tienes ganas de tomar el sol. ¿Adónde vas?
Estudiante 2: Voy a la piscina.

1. Deseas descansar.
2. Tu novio/a tiene que estudiar.
3. Tus amigos/as necesitan practicar el español.
4. Tienes ganas de practicar deportes.
5. Tú y tus amigos/as tienen hambre.
6. Tienes tiempo libre.
7. Tus amigos/as desean esquiar.
8. Deseas leer.

4 Encuesta Walk around the room and ask your classmates if they will do these activities today. Try to find at least two people for each item and record their names. Report your findings to the class. *Answers will vary.*

Actividades	Nombres
1. comer en un restaurante	_____
2. mirar la televisión	_____
3. leer una revista	_____
4. escribir un mensaje electrónico	_____
5. correr	_____
6. ver una película	_____
7. pasear en bicicleta	_____
8. estudiar en la biblioteca	_____

5 Entrevista Talk with two classmates and find out what they are going to do this weekend. *Answers will vary.*

modelo

Estudiante 1: ¿Adónde vas este (*this*) fin de semana?
Estudiante 2: Voy a Guadalajara con mis amigos.
Estudiante 3: ¿Y qué van a hacer (*to do*) ustedes en Guadalajara?
Estudiante 2: Vamos a visitar unos monumentos y unos museos. ¿Y ustedes?...

Practice more! WB pp. 33–34 | LM p. 21 | vhlcentral.com

Español en vivo

Esta familia siempre va a estar unida,
porque el **Banco Nacional** siempre va a estar con ellos.

Luis va a trabajar lejos de su familia, pero ellos van a estar tranquilos. Luis va a depositar su sueldo en el Banco Nacional y así, él va a ayudar a su familia.

Banco Nacional
Estamos siempre con usted

Identificar
Scan the advertisement and identify where the **ir a** + [*infinitive*] construction is used.

va a estar unida; va a estar con ellos; va a trabajar; van a estar tranquilos; va a depositar su sueldo; va a ayudar a su familia

Preguntas *Answers will vary.*
1. ¿Quiénes son las personas de la familia?
2. ¿Cómo va a estar la familia?
3. ¿Qué va a hacer (*to do*) el hijo?
4. ¿Por qué el hijo escoge (*chooses*) el Banco Nacional?

4.2 Stem-changing verbs: e → ie, o → ue

Tutorial

▶ In stem-changing verbs, the stressed vowel of the stem has a change when the verb is conjugated.

INFINITIVE	VERB STEM	STEM CHANGE	CONJUGATED FORM
empezar	empez-	empiez-	empiezo
volver	volv-	vuelv-	vuelvo

▶ In many verbs, such as **empezar** (*to begin*), the stem vowel changes from **e** to **ie**. Note that the **nosotros/as** and **vosotros/as** forms don't have a stem change.

empezar (e:ie)

Singular forms		Plural forms	
yo	empiezo	nosotros/as	empezamos
tú	empiezas	vosotros/as	empezáis
Ud./él/ella	empieza	Uds./ellos/ellas	empiezan

Los chicos empiezan a hablar de su visita al cenote.

Ellos vuelven a comer en el restaurante.

▶ In many other verbs, such as **volver** (*to return*), the stem vowel changes from **o** to **ue**. The **nosotros/as** and **vosotros/as** forms do not have a stem change.

volver (o:ue)

Singular forms		Plural forms	
yo	vuelvo	nosotros/as	volvemos
tú	vuelves	vosotros/as	volvéis
Ud./él/ella	vuelve	Uds./ellos/ellas	vuelven

▶ **Jugar** (*to play* a sport or a game) is the only Spanish verb that has a **u:ue** stem change. **Jugar** is followed by **a** + [*definite article*] when the name of a sport or game is mentioned.

▶ Stem-changing verbs are identified like this throughout the text:

empezar (e:ie)   volver (o:ue)

Práctica

1 El día del partido Complete the conversation with the appropriate verb forms.

PABLO   Óscar, voy al centro ahora. ¿(1) _Quieres_ [querer] venir?

ÓSCAR   No, yo los fines de semana (2) _prefiero_ [preferir] descansar un poco y mirar la televisión.

PABLO   ¡Qué perezoso (*how lazy*) eres!

ÓSCAR   No, hombre. Es que yo no (3) _duermo_ [dormir] mucho de lunes a viernes. (4) _Vuelvo_ [volver] a casa a la medianoche.

PABLO   Lo siento. ¿Y (5) _piensas_ [pensar] ver el partido de fútbol hoy? (6) _Empieza_ [empezar] a las cuatro.

ÓSCAR   ¡Por supuesto! ¿Y tú?

PABLO   Yo también. ¿(7) _Piensas_ [pensar] que (*that*) que nuestro equipo (8) _puede_ [poder] ganar?

ÓSCAR   Claro que sí. ¡Los Pumas (9) _pierden_ [perder] hoy! Nuestro equipo (10) _juega_ [jugar] mucho mejor (*much better*).

2 Preferencias With a partner, take turns asking and answering questions about what these people want to do.

modelo
Guillermo: estudiar / pasear en bicicleta
Estudiante 1: **¿Quiere estudiar Guillermo?**
Estudiante 2: **No, prefiere pasear en bicicleta.**

1. **tú**: trabajar / dormir
   E1: ¿Quieres trabajar? E2: No, prefiero dormir.

2. **ustedes**: mirar la televisión / ir al cine
   E1: ¿Quieren ustedes mirar la televisión? E2: No, preferimos ir al cine.

3. **tus amigos**: ir de excursión / descansar
   E1: ¿Quieren ir de excursión tus amigos? E2: No, mis amigos prefieren descansar.

4. **tú**: comer en la cafetería / ir a un restaurante
   E1: ¿Quieres comer en la cafetería? E2: No, prefiero ir a un restaurante.

5. **Elisa**: ver una película / leer una revista
   E1: ¿Quiere ver una película Elisa? E2: No, (Elisa) prefiere leer una revista.

6. **María y su prima**: tomar el sol / esquiar
   E1: ¿Quieren tomar el sol María y su prima?
   E2: No, (María y su prima) prefieren esquiar.

Conversación

3 **En la televisión** In pairs, read this weekend's TV listing of sporting events. Discuss what sports you want to watch on TV and try to agree on one game you will watch together each day. *Answers will vary.*

modelo

E1: ¿Qué quieres ver el sábado?
E2: Quiero ver el partido de fútbol americano.
E1: ¿A qué hora empieza?
E2: Empieza a las 4:30 de la tarde. ¿Quieres ver el partido conmigo (*with me*)?
E1: No, yo prefiero ver el partido de fútbol nacional...

sábado

13:30 NATACIÓN
1 Copa Mundial (*World Cup*) de Natación
15:00 TENIS
8 Abierto (*Open*) Mexicano de Tenis: Cecilia Montero (México) vs. Sandra de la Paz (España) Semifinales
16:00 FÚTBOL NACIONAL
3 Chivas vs. Monterrey
16:30 FÚTBOL AMERICANO
21 Jaguares vs. Costeños
20:00 BALONCESTO PROFESIONAL
16 Knicks de Nueva York vs. Toros de Chicago

domingo

13:00 GOLF
40 Campeonato (*Championship*) ADT: Lorena Ochoa, Natalie Gulbis, Paula Creamer
14:30 VÓLEIBOL
1 Campeonato Nacional de México
16:00 BALONCESTO
3 Campeonato de Cimeba: Correcaminos de Tampico vs. Santos de San Luis Final
17:00 ESQUÍ ALPINO
19 Eslálom
18:30 FÚTBOL INTERNACIONAL
30 Copa América: México vs. Argentina. Ronda final
20:00 PATINAJE ARTÍSTICO
16 Exhibición mundial

4 **Encuesta** Ask five classmates about each of these topics. Then, count the number of classmates who answered affirmatively to each question and report the information to the class. *Answers will vary.*

1. Entender las reglas (*rules*) del fútbol americano.
2. Preferir descansar en casa en el tiempo libre.
3. Jugar al hockey.
4. Dormir más de ocho horas el fin de semana.
5. Perder las llaves frecuentemente.
6. Pensar ver una película este (*this*) fin de semana.
7. Jugar al baloncesto.
8. Volver a casa después (*after*) de las ocho de la noche.

Practice more!

WB pp. 35–36	LM p. 22	vhlcentral.com

Common stem-changing verbs

e:ie		o:ue	
cerrar	to close	dormir	to sleep
comenzar	to begin	encontrar	to find
empezar	to begin	jugar*	to play
entender	to understand	mostrar	to show
pensar	to think	poder	to be able to; can
perder	to lose; to miss	recordar	to remember
preferir	to prefer	volver	to return
querer	to want; to love		

*Jugar is grouped with the **o:ue** verbs because it follows a similar pattern to these verbs.

Ella juega al tenis y al golf.

Los chicos juegan al fútbol.

▶ **Comenzar** and **empezar** require the preposition **a** when they are followed by an infinitive.

Comenzamos a jugar a las siete.
We begin playing at seven.

Ana **empieza a** trabajar hoy.
Ana starts working today.

▶ **Pensar** + [*infinitive*] means *to plan* or *to intend to do something*. **Pensar en** means *to think about someone or something*.

—¿**Piensan** ir al gimnasio?
Are you planning to go to the gym?

—Sí, **pensamos** ir al mediodía.
Yes, we are planning to go at noon.

—¿**En** qué **piensas**?
What are you thinking about?

—**Pienso en** el examen final.
I'm thinking about the final exam.

¡Manos a la obra!

Provide the correct forms.

cerrar (e:ie)
1. Ustedes *cierran*.
2. Tú *cierras*.
3. Nosotras *cerramos*.
4. Mi hermano *cierra*.
5. Yo *cierro*.
6. Usted *cierra*.
7. Los chicos *cierran*.
8. Ella *cierra*.

dormir (o:ue)
1. Mi abuela no *duerme*.
2. Yo no *duermo*.
3. Tú no *duermes*.
4. Mis hijos no *duermen*.
5. Usted no *duerme*.
6. Nosotros no *dormimos*.
7. Él no *duerme*.
8. Ustedes no *duermen*.

4.3 Stem-changing verbs: e → i Tutorial

▶ In some verbs, such as **pedir** (*to ask for; to request*), the stressed vowel in the stem changes from **e** to **i**.

INFINITIVE	VERB STEM	STEM CHANGE	CONJUGATED FORM
pedir	ped-	pid-	pido

▶ As with other stem-changing verbs, there is no stem change in the **nosotros/as** or **vosotros/as** forms in the present tense.

pedir (e:i)

Singular forms		Plural forms	
yo	pido	nosotros/as	pedimos
tú	pides	vosotros/as	pedís
Ud./él/ella	pide	Uds./ellos/ellas	piden

▶ Stem-changing verbs with the **e:i** stem change appear like this throughout the text:

pedir (e:i)

▶ Here are the most common **e:i** stem-changing verbs:

conseguir (e:i)	repetir (e:i)	seguir (e:i)
to get; to obtain	*to repeat*	*to follow; to continue; to keep (doing something)*

Pide favores todo el tiempo.
He asks for favors all the time.

Consiguen ver buenas películas.
They get to see good movies.

Repito la pregunta.
I repeat the question.

Sigue una dieta especial.
He is on a special diet.

¡ojo! The **yo** forms of **seguir** and **conseguir** have a spelling change as well as a stem change.

Sigo su plan.
I'm following their plan.

Consigo revistas en la biblioteca.
I get magazines at the library.

¡Manos a la obra!

Provide the correct forms of the verbs.

repetir (e:i)	pedir (e:i)	seguir (e:i)
1. Arturo y Eva _repiten_.	1. Yo _pido_.	1. Yo _sigo_.
2. Yo _repito_.	2. Él _pide_.	2. Nosotros _seguimos_.
3. Nosotros _repetimos_.	3. Tú _pides_.	3. Tú _sigues_.
4. Julia _repite_.	4. Usted _pide_.	4. Los chicos _siguen_.
5. Sofía y yo _repetimos_.	5. Ellas _piden_.	5. Usted _sigue_.
6. Tú _repites_.	6. Nosotros _pedimos_.	6. Anita _sigue_.

Práctica

1 Por la ciudad Complete the sentences with the correct form of the verb.

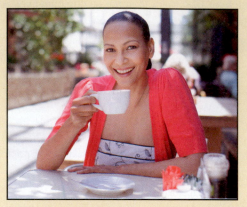

1. Mi madre va a un café y __pide__ [pedir] un capuchino.
2. Mi padre va a la biblioteca y _consigue_ [conseguir] buenas películas.
3. Mi hermano menor (*younger*) _sigue_ [seguir] mis instrucciones.
4. Mis padres _repiten_ [repetir] la misma pregunta: "¿Dónde está tu hermana?".
5. Mi hermana y yo _pedimos_ [pedir] permiso para volver a casa un poco más tarde (*a little later*).
6. ¿ _Sigues_ [seguir] tú la misma rutina todos los fines de semana?

2 Combinar Combine words from the columns to create sentences about yourself and people you know.
Answers will vary.

yo	pedir muchos favores
mi compañero/a de cuarto	nunca (*never*) pedir perdón
mi mejor (*best*) amigo/a	nunca seguir las instrucciones del profesor
mi familia	
mis amigos/as	siempre (*always*) seguir las instrucciones del profesor
mis amigos/as y yo	
mis padres	conseguir libros en Internet
mi hermano/a	repetir el vocabulario de la lección en voz alta (*out loud*)
mi profesor(a) de español	
	conseguir viajar a lugares exóticos
	nunca repetir los cursos

Conversación

3 ¿Quién? Talk to your classmates until you find one person who does each of these activities. Then, ask him/her a follow-up question. Use **e:ie**, **o:ue**, and **e:i** stem-changing verbs. *Answers will vary.*

modelo

Tú: ¿Pides consejos con frecuencia?
Maite: No, no pido consejos con frecuencia.
Tú: ¿Pides consejos con frecuencia?
Lucas: Sí, pido consejos con frecuencia.
Tú: ¿Sigues los consejos?
Lucas: Sí, sigo los consejos. (No, no sigo los consejos).

Actividades	¿Quién?
1. Conseguir entradas gratis (*free tickets*) para conciertos o partidos de la universidad. (Preferir ir a conciertos o [*or*] a partidos de la universidad).	
2. Pedir consejos (*advice*) con frecuencia. (Seguir los consejos).	
3. Volver a casa por la noche. (A qué hora volver).	
4. Seguir las instrucciones de los manuales. (Encontrar las intrucciones fáciles de seguir).	
5. Perder la tarea frecuentemente. (Recordar traer [*to bring*] la tarea la clase siguiente [*next*]).	
6. Repetir las actividades de la clase de español en casa. (Entender mejor [*better*] la lección).	

4 Las películas Use these questions to interview a classmate. *Answers will vary.*

1. ¿Dónde consigues información sobre (*about*) cine y televisión?
2. ¿Prefieres las películas románticas, las películas de acción o las películas de terror? ¿Por qué?
3. ¿Dónde consigues las entradas (*tickets*) para ver una película?
4. Para decidir qué películas vas a ver, ¿sigues las recomendaciones de los críticos de cine?
5. ¿Qué cines en tu comunidad muestran las mejores (*best*) películas?
6. ¿Vas a ver una película esta semana? ¿A qué hora empieza la película?

Practice more! WB pp. 37–38 · LM p. 23 · vhlcentral.com

Español en vivo

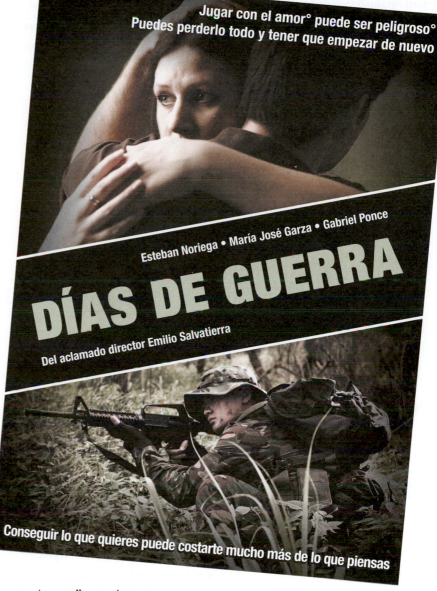

Jugar con el amor° puede ser peligroso°
Puedes perderlo todo y tener que empezar de nuevo

Esteban Noriega • María José Garza • Gabriel Ponce

DÍAS DE GUERRA

Del aclamado director Emilio Salvatierra

Conseguir lo que quieres puede costarte mucho más de lo que piensas

amor *love* **peligroso** *dangerous*

Identificar

Scan the movie poster above and identify the stem-changing verbs.
jugar, poder, perder, empezar, conseguir, querer, pensar, (costar)

Preguntas *Answers will vary.*

1. ¿Qué palabras indican que *Días de guerra* es una película dramática?
2. ¿Cuántas personas hay en el póster? ¿Cómo son? ¿Qué relación tienen?
3. ¿Cuál de los personajes (*characters*) juega con el amor? ¿Por qué piensas así (*so*)?
4. ¿Te gustan las películas como ésta (*this one*)? ¿Por qué?

4.4 Verbs with irregular **yo** forms

 Tutorial

▶ In Spanish, several verbs have irregular **yo** forms in the present tense.

▶ The verbs **hacer** (*to do, to make*), **poner** (*to put, to place*), **salir** (*to leave*), **suponer** (*to suppose*), and **traer** (*to bring*) have **yo** forms that end in **-go**. The other forms are regular.

Verbs with irregular yo forms

	hacer	poner	salir	suponer	traer
	to do; to make	to put; to place	to leave	to suppose	to bring
yo	hago	pongo	salgo	supongo	traigo
tú	haces	pones	sales	supones	traes
Ud./él/ella	hace	pone	sale	supone	trae
nosotros/as	hacemos	ponemos	salimos	suponemos	traemos
vosotros/as	hacéis	ponéis	salís	suponéis	traéis
Uds./ellos/ellas	hacen	ponen	salen	suponen	traen

Salgo mucho los fines de semana.

Yo hago la tarea por las noches.

▶ **Poner** can also mean *to turn on* a household appliance.

Carlos **pone** la radio.
Carlos turns on the radio.

María **pone** la televisión.
María turns on the television.

▶ **Salir de** is used to indicate that someone is leaving a particular place.

Salgo de casa muy temprano.
I leave home very early.

El tren **sale de** la estación a las dos.
The train leaves the station at two.

▶ **Salir para** is used to indicate someone's destination.

Mañana **salgo para** México.
Tomorrow I leave for Mexico.

Hoy **salen para** España.
Today they leave for Spain.

▶ **Salir con** means *to leave with someone or something,* or *to date someone.*

Alberto **sale con** su amigo.
Alberto is leaving with his friend.

Margarita **sale con** su mochila.
Margarita is leaving with her backpack.

Hoy voy a **salir con** mi hermana.
Today I'm going out with my sister.

Raúl **sale con** una chica muy bonita.
Raúl is going out with a very pretty girl.

Práctica

1 Completar Complete the conversation with the appropriate verb forms.

ERNESTO David, ¿qué (1) _haces_ [hacer] por la noche?

DAVID (2) _Salgo_ [salir] con Luisa. Vamos al cine. Queremos (3) _ver_ [ver] la nueva (*new*) película de Almodóvar.

ERNESTO ¿Y Diana? ¿Qué (4) _hace_ [hacer] ella?

DAVID (5) _Sale_ [salir] a comer con sus padres.

ERNESTO ¿Qué (6) _hacen_ [hacer] Andrés y Javier?

DAVID Tienen que (7) _hacer_ [hacer] las maletas. (8) _Salen_ [salir] para Monterrey mañana.

ERNESTO ¿Qué (9) _hago_ [hacer] yo entonces (*then*)?

DAVID (10) _Supongo_ [suponer] que puedes estudiar o (11) _ver_ [ver] la televisión.

ERNESTO No quiero estudiar. Prefiero (12) _poner_ [poner] la televisión.

2 Oraciones Form sentences with the cues given.

modelo
Tú / ? / los libros / debajo de / escritorio
Tú pones los libros debajo del escritorio.

1. Nosotros / ? / mucha / tarea *Nosotros hacemos/tenemos mucha tarea.*
2. ¿Tú / ? / la radio? *¿Tú oyes/pones la radio?*
3. Yo / no / ? / el problema *Yo no veo el problema.*
4. Marta / ? / una grabadora / clase *Marta trae una grabadora a clase.*
5. Los señores Marín / ? / su casa / siete *Los señores Marín vuelven a/salen de/para su casa a las siete.*
6. Yo / ? / que (*that*) / tú / ir / cine / ¿no? *Yo supongo que tú vas al cine, ¿no?*

3 Describir In pairs, say complete sentences with the cues provided. *Answers will vary.*

1. Fernán/poner

2. Yo/traer

3. Nosotras/salir

4. El estudiante/hacer

Conversación

4 **Preguntas** Ask and answer these questions with a classmate. *Answers will vary.*

1. ¿A qué hora sales de tu residencia o de tu casa por la mañana? ¿A qué hora llegas a la universidad?

2. ¿Traes un diccionario a la clase de español? ¿Por qué? ¿Qué más traes?

3. ¿A qué hora salimos de la clase de español?

4. Cuando vuelves a casa, ¿dónde pones tus libros? ¿Siempre (*always*) pones tus cosas en su lugar?

5. ¿Oyes la radio o prefieres ver la televisión?

6. ¿Pones la radio o la televisión en cuanto (*as soon as*) llegas a casa?

7. ¿Cuándo estudias? ¿Haces la tarea cada (*each*) noche o esperas hasta el último (*last*) día?

8. ¿Qué haces los fines de semana? ¿Adónde vas?

5 **Charadas** Play a game of charades. Each person should think of a phrase using **hacer, poner, salir, oír, traer,** or **ver** and act out the phrase. The first person to guess correctly acts out the next charade. *Answers will vary.*

6 **Típico fin de semana** Interview a classmate about what he or she does on a typical weekend.

• What time does he/she leave the house on the weekend?

• What does he/she do in the afternoon?

• What TV shows does he/she watch?

• Does he/she go out with friends?... *Answers will vary.*

Practice more!
WB pp. 39–40	LM p. 24	vhlcentral.com

The verbs ver and oír

▶ The verb **ver** (*to see*) has an irregular **yo** form. The other forms of **ver** are regular but note that the **vosotros/as** forms do not carry an accent.

ver (*to see*)

Singular forms		Plural forms	
yo	**ve**o	nosotros/as	**ve**mos
tú	**ve**s	vosotros/as	**ve**is
Ud./él/ella	**ve**	Uds./ellos/ellas	**ve**n

Ve a su abuela todos los domingos.
He sees his grandmother every Sunday.

No **veo** el problema.
I can´t see the problem.

▶ The verb **ver** also means *to watch.*

¿Cuando **vemos** la película?
When are we watching the movie?

Veo las noticias por la mañana.
I watch the news in the morning.

Quiero **ver** el partido de béisbol.
I want to watch the baseball game.

Veo a los niños jugar en el parque.
I'm watching the kids play in the park.

▶ The verb **oír** (*to hear*) has an irregular **yo** form and a spelling change in the **tú, usted, él, ella, ustedes, ellos,** and **ellas** forms. The **nosotros/as** and **vosotros/as** forms have an accent mark.

oír (*to hear*)

Singular forms		Plural forms	
yo	**oig**o	nosotros/as	**oí**mos
tú	**oy**es	vosotros/as	**oí**s
Ud./él/ella	**oy**e	Uds./ellos/ellas	**oy**en

Oigo a unas personas en la otra sala.
I hear some people in the other room.

¿**Oyes** la música?
Do you hear the music?

¡Manos a la obra!

Provide the correct forms of the verbs.

1. **salir**   Isabel _sale_.   Nosotros _salimos_.   Yo _salgo_.
2. **ver**   Yo _veo_.   Ustedes _ven_.   Tú _ves_.
3. **poner**   Rita y yo _ponemos_.   Yo _pongo_.   Los niños _ponen_.
4. **hacer**   Yo _hago_.   Tú _haces_.   Usted _hace_.
5. **oír**   Él _oye_.   Nosotros _oímos_.   Yo _oigo_.
6. **traer**   Ellas _traen_.   Yo _traigo_.   Tú _traes_.
7. **suponer**   Yo _supongo_.   Mi amigo _supone_.   Nosotras _suponemos_.

A repasar

NATIONAL comparisons STANDARDS

4.1 The present tense of ir

1 ¿Qué hacemos? You are bored today. With a partner, take turns suggesting various places to go or things to do.
Answers will vary.

modelo

Estudiante 1: Estoy aburrido/a (*bored*).
Estudiante 2: ¡Vamos al parque!
Estudiante 1: No, no tengo ganas de ir al parque ahora. Vamos . . .

2 Agenda para la semana Make a schedule listing your activities for this week. Write at least two activities for each day. Then in groups of three compare what you are going to do.
Answers will vary.

modelo

domingo: jugar al tenis, terminar la tarea
Estudiante 1: El domingo voy a jugar al tenis. ¿Van ustedes a jugar al tenis también (*too*)?
Estudiante 2: No, no voy a jugar al tenis el domingo. Voy a terminar la tarea.
Estudiante 3: Sí, voy a jugar al tenis también. . .

4.2 Stem-changing verbs: e → ie, o → ue

3 Describir It's Saturday afternoon. Describe what the Ramirez family is doing based on the cues provided.

1. papá / jugar / golf
   Papá juega al golf.

2. los niños / preferir / nadar / piscina
   Los niños prefieren nadar en la piscina.

3. yo / pensar / jugar / béisbol
   Yo pienso jugar al béisbol.

4. mamá / querer / leer / revista
   Mamá quiere leer una revista.

5. las gatas Lupe y Cleo / dormir / casa
   Las gatas Lupe y Cleo duermen en la casa.

6. el perro Kiko / encontrar / pelota
   El perro Kiko encuentra una/la pelota.

7. la abuela / volver / casa
   La abuela vuelve a casa.

4 Entrevista Use these questions to interview a classmate.
Answers will vary.

1. ¿A qué hora vuelves a casa o a la residencia hoy?
2. ¿Recuerdas la dirección de correo electrónico del/de la profesor(a)? ¿Cuál es?
3. ¿Prefieres escribir un mensaje al/a la profesor(a) o hablar con él/ella en persona?
4. ¿A qué hora empiezas a estudiar por la noche?
5. ¿Duermes mucho? ¿Cuántas horas duermes?
6. ¿Pierdes tus cosas constantemente (*constantly*)?

5 Mis pasatiempos Write a brief paragraph about one of your favorite pastimes. Use at least four of the verbs provided.

empezar	pensar	preferir
jugar	poder	querer

4.3 Stem-changing verbs: e → i

6 Completar Complete the sentences with the appropriate forms of the verbs provided.

1. Tú ___pides___ [pedir] dinero prestado (*borrowed money*) a tus padres.
2. Elena no ___consigue___ [conseguir] entradas (*tickets*) para el partido de mañana.
3. Los estudiantes ___repiten___ [repetir] las palabras que presenta el profesor.
4. Mis amigos y yo ___seguimos___ [seguir] todos los partidos de béisbol de los Rockies.
5. Yo ___sigo___ [seguir] el camino (*path*) para llegar a la cima (*summit*) de la montaña.
6. Mi hermana siempre ___pide___ [pedir] ayuda (*help*) para hacer su tarea.

7 Los videojuegos (*video games*) Use these questions to interview a classmate. *Answers will vary.*

1. ¿Te gusta jugar a los videojuegos? ¿Con qué frecuencia juegas?
2. ¿Qué piensas de los videojuegos en línea (*online*)? En tu opinión, ¿la gente pasa mucho tiempo en línea?
3. ¿Prefieres los videojuegos de deportes o los de acción?
4. ¿Sigues las aventuras de Super Mario, Sonic o los Sims?
5. ¿Cómo consigues videojuegos?
6. Antes de (*Before*) comprar un videojuego, ¿pides recomendaciones a tus amigos?

 Practice more at **vhlcentral.com**.

4.4 Verbs with irregular yo forms

8 **Las diversiones** Complete Jorge's description of what he and his friends do on Saturday nights.

Mi grupo de amigos es muy divertido. ¡Nosotros (1) _hacemos_ [hacer] cosas juntos (*together*) todo el tiempo! Por ejemplo, los sábados por la noche, yo generalmente (2) _salgo_ [salir] con ellos a la discoteca. A veces, también nos juntamos (*get together*) en una casa: (3) _traemos_ [traer] algo para comer y (4) _vemos_ [ver] una película, o yo (5) _pongo_ [poner] música y bailamos. Y tú, ¿qué (6) _haces_ [hacer] con tus amigos?

9 **Los ratos libres** You are doing some market research on lifestyles. Interview a classmate to find out when he/she goes out with his/her friends and what they do for fun. *Answers will vary.*

Estudiante 1: ¿Cuándo sales con tu familia?
Estudiante 2: Salgo con mi familia los domingos por la tarde.
Estudiante 1: ¿Qué hacen?
Estudiante 2: Vamos a comer a un restaurante.
Estudiante 1: ¿Cuándo sales con tus amigos/as (tu novio/a)?...

Síntesis

10 **Situación** With a partner, role-play a conversation between two roommates. *Answers will vary.*

Estudiante 1

1. Ask your partner what he or she is doing.
2. Ask what he or she is watching.
3. Say no, because you are going out with friends.
4. Say what you are going to do, and ask your partner whether he or she wants to come along.

Estudiante 2

1. Say that you are watching TV.
2. Say what show you are watching. Ask if he or she wants to join you.
3. Ask what your partner and his/her friends are going to do.
4. Say no and tell your partner what you prefer to do instead.

1 **Preparación** Does your family have high expectations of you? What are they? Do you think you will be able to meet those expectations? Why or why not?

2 **El clip** Watch the ad for **Totofútbol** from Peru.

Vocabulario

cracks *sports stars*	**patito feo** *ugly duckling*
jugaba *used to play*	**plata** *money (S. America)*

Mi hermano mayor jugaba desde la cuna°.

Por eso esperaban que yo fuera° el mejor de todos°.

cuna *crib* esperaban que yo fuera *they expected that I be* el mejor de todos *the best of all*

3 **Comprensión** Select the option that best summarizes the ad.

- Todos los miembros (*members*) de la familia juegan al fútbol profesionalmente. El padre tiene muchos trofeos (*trophies*) de fútbol.
- El padre y los hermanos del protagonista prefieren jugar al fútbol, pero él quiere dedicarse a la música. Por eso, lo llaman "patito feo". ✔

4 **Conversación** With a partner, discuss these questions:
¿Hay un patito feo en tu familia o entre tus amigos?
¿Quién es? ¿Qué actividades hacen tu familia o tus amigos?
¿Qué prefiere hacer él/ella?

Ampliación

1 Escuchar

A Read the sentences below and then listen as first José and then Anabela talk about themselves. Indicate who each statement describes.

TIP **Listen for gist.** When you listen for the gist, try to capture the general meaning of what you hear without focusing on individual words. You will be surprised at how much you can understand!

Descripción	José	Anabela
1. Es muy aficionado/a a los deportes.	☐	☑
2. Pasa el tiempo con sus amigos.	☑	☐
3. Va mucho al cine.	☑	☐
4. Es una persona muy activa.	☐	☑
5. Le gusta descansar por la tarde.	☑	☐
6. Es una persona estudiosa.	☐	☑
7. Su deporte favorito es el ciclismo.	☐	☑
8. A veces va a ver partidos de béisbol.	☑	☐

B ¿Tienes más cosas en común (*more in common*) con José o con Anabela? Explica tu respuesta.
Answers will vary.

2 Conversar

You and your friend, who lives in a different town, plan to meet in a nearby city. Role-play a phone conversation to discuss your plans. Include this information. *Answers will vary.*

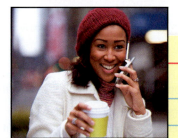

- *When you are planning to arrive and go home*
- *What places you want to visit*
- *A few activities you can do together*

1 SCRIPT

José: No me gusta practicar deportes, pero sí tengo muchos pasatiempos. Me gusta también ir con mis amigos a mi café favorito. Siempre duermo una siesta por la tarde. A veces voy a ver un partido de béisbol. Me gusta mucho ver películas de acción, pero mi novia prefiere las de romance… y por lo tanto veo muchas películas de romance.

Anabela: Todos mis parientes dicen que soy demasiado activa. Soy aficionada a los deportes, pero también estudio mucho y necesito diversión. Aunque prefiero practicar el ciclismo, me gustan mucho la natación, el tenis, el golf… bueno, en realidad todos los deportes. No, eso no es cierto; no juego al baloncesto porque no soy alta. Para mis vacaciones quiero esquiar o escalar la montaña, depende de si nieva. Suena divertido, ¿no?

1 EXPANSION Have students listen to the descriptions again and ask them to make a list of José's and Anabela's pastimes.

2 SUGGESTION Give pairs of students a few minutes to plan what they are going to say. Have them role-play the conversation. Then tell them to change partners and repeat the conversation. Ask a couple of pairs to share their conversations with the whole class.

Ampliación

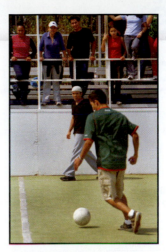

3 Escribir

Create a short article for your school's student website. Describe at least six leisure activities that students enjoy on campus. Include information about where and when these activities take place.
Answers will vary.

> **TIP** Use bilingual dictionaries carefully.
> Use a Spanish-English dictionary to look up words you don't know. Consider whether the first option given is really what you are trying to say.

Organízalo	List the activities you could include in the article. Use an idea map to organize them.
Escríbelo	Using your idea map, write the first draft of your article.
Corrígelo	Exchange drafts with a classmate and comment on the organization, style, and grammatical accuracy of each other's work. Then revise your first draft, keeping your classmate's comments in mind.
Compártelo	Exchange drafts with a different partner. Note any words that are new to you, so you can look them up later. Then turn your final draft in to your instructor.

4 Un paso más

You work for a radio station that caters to the Spanish-speaking community in your town. Prepare a radio spot that announces the sporting events taking place this week. Include the following information in your broadcast:

Answers will vary.

- An introduction of yourself and your program
- A list of local sports events
- The location and time of each event
- A brief sign-off

> **CONEXIÓN INTERNET**
> Investiga estos temas en el sitio **vhlcentral.com.**
> - Los deportes más (*most*) populares del mundo hispano
> - Los pasatiempos más populares del mundo hispano

Audio: Reading

Antes de leer

This article appeared in one of Mexico City's newspapers. Scan the article's headlines and visual elements. Based on what you see, what do you think it is about?

Can you guess the meaning of these cognates from the article?

baladas	*ballads*
concierto	*concert*
contemporáneo/a	*contemporary*
creativo/a	*creative*
festival	*festival*
fotógrafo/a	*photographer*
origen	*origin*
pasión	*passion*
recomendar	*to recommend*
romántico/a	*romantic*

SUGGESTION Discuss with students where foreign language films are shown in your community.

EXPANSION Have students correct the false statements in **¿Comprendiste?**

EXPANSION Have students work in groups to prepare a similar **Guía para el fin de semana** for their school or community.

GUÍA · para el fin

CINE

Festival de cine latinoamericano

Para los aficionados al cine, este fin de semana comienza el Festival de Cine Latinoamericano en el cine Plaza. Se muestran las últimas° producciones de Juan Pablo Reátegui, Lorena Suárez, Álvaro del Carpio y Diego Bianchi. Recomendamos especialmente *Un día sin° fútbol* del director Juan Pablo Reátegui. *Un día sin fútbol* cuenta la historia° de un grupo de aficionados al fútbol y su enorme pasión por este deporte.

Fechas: 10-14 de marzo
Hora: 8:00 p.m.
Lugar: Cine Plaza
Dirección: Calle Principal #152

CONCIERTO

Canta Maribel Puértolas

Si quiere escuchar buena música, la cantante° Maribel Puértolas va a ofrecer° un concierto en el café La Gloria. De origen puertorriqueño, esta joven cantante ha conquistado° a los románticos con *Cuando tú no estás*, su último CD de baladas. "Va a ser un concierto para recordar", dice Puértolas.

Fecha: 11 de marzo
Hora: 7:00 p.m.
Lugar: Café La Gloria
Dirección: Avenida Bolívar #345

de semana

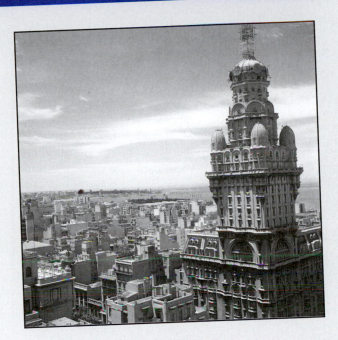

EXPOSICIÓN

Lucía Velasco: Cuarenta años de fotografía

Este fin de semana se va a inaugurar la exposición° de la fotógrafa uruguaya Lucía Velasco en el Museo de Arte Contemporáneo. Las cien fotografías que forman parte de la exposición muestran el desarrollo° creativo de Velasco durante sus 40 años de carrera.

Fechas: 10 de marzo – 8 de abril
Lugar: Museo de Arte Contemporáneo
Dirección: Avenida Juárez #248

Después de leer

¿Comprendiste?

Based on the reading, indicate whether each statement is **cierto** or **falso**.

Cierto	Falso	
	✓	1. La guía presenta noticias sobre eventos deportivos.
	✓	2. *Un día sin fútbol* cuenta la historia de un equipo de fútbol.
✓		3. Maribel Puértolas es una cantante de baladas.
	✓	4. Las fotografías de Juan Pablo Reátegui se exhiben en el cine Plaza.
✓		5. Lucía Velasco es una fotógrafa uruguaya.
	✓	6. En el café La Gloria hay una exposición de arte.

Preguntas

1. ¿De dónde es Maribel Puértolas?
   Es de Puerto Rico.

2. ¿Qué clase de canciones (*songs*) canta ella?
   Canta baladas.

3. ¿Cuántas fotografías de Lucía Velasco hay en la exposición?
   Hay cien.

4. ¿Dónde está la exposición de Lucía Velasco?
   Está en el Museo de Arte Contemporáneo, en la avenida Juárez #248.

5. ¿Qué película recomienda la guía?
   Recomienda Un día sin fútbol.

6. ¿Dónde es el festival de cine?
   Es en el cine Plaza, en la calle Principal #152.

Coméntalo

In small groups, discuss which of the activities in the article you would each prefer to do on a weekend and why.

últimas *latest* **sin** *without* **cuenta la historia** *tells the story*
cantante *singer* **ofrecer** *offer* **ha conquistado** *has won over*
inaugurar la exposición *to open the exhibit* **desarrollo** *development*

S Audio: Vocabulary Flashcards

Las actividades

bucear	to scuba dive
escalar montañas	to go mountain climbing
escribir una carta	to write a letter
escribir un mensaje electrónico	to write an e-mail
escribir una (tarjeta) postal	to write a postcard
esquiar	to ski
ir de excursión (a las montañas)	to go for a hike (in the mountains)
leer el correo electrónico	to read e-mail
leer el periódico	to read the newspaper
leer una revista	to read a magazine
nadar en la piscina	to swim in the pool
pasar el tiempo	to spend time
pasear en bicicleta	to ride a bicycle
pasear por la ciudad/el pueblo	to walk around the city/town
patinar (en línea)	to skate (in-line)
practicar deportes	to play sports
tomar el sol	to sunbathe
ver películas	to watch movies
visitar un monumento	to visit a monument
la diversión	entertainment; fun activity
el/la excursionista	hiker
el fin de semana	weekend
el pasatiempo	pastime; hobby
los ratos libres	spare time
el tiempo libre	free time

Los deportes

el baloncesto	basketball
el béisbol	baseball
el ciclismo	cycling
el equipo	team
el esquí (acuático)	(water) skiing
el fútbol	soccer
el fútbol americano	football
el golf	golf
el hockey	hockey
el/la jugador(a)	player
la natación	swimming
el partido	game
la pelota	ball
el tenis	tennis
el vóleibol	volleyball
ganar	to win
ser aficionado/a (a)	to be a fan (of)

Los lugares

el café	café
la casa	house
el centro	downtown
el cine	movie theater
el gimnasio	gym, gymnasium
la iglesia	church
el lugar	place
el museo	museum
el parque	park
el restaurante	restaurant

Adjetivos

deportivo/a	sports-related
favorito/a	favorite

Verbos

cerrar (e:ie)	to close
comenzar (e:ie)	to begin
conseguir (e:i)	to get; to obtain
dormir (o:ue)	to sleep
empezar (e:ie)	to begin
encontrar (o:ue)	to find
entender (e:ie)	to understand
hacer	to do; to make
ir	to go
ir a (+ inf.)	to be going to do something
jugar (u:ue)	to play
mostrar (o:ue)	to show
oír	to hear
pedir (e:i)	to ask for; to request
pensar (e:ie)	to think
pensar (+ inf.)	to intend; to plan
pensar en	to think about
perder (e:ie)	to lose; to miss
poder (o:ue)	to be able to, can
poner	to put; to place
preferir (e:ie)	to prefer
querer (e:ie)	to want; to love
recordar (o:ue)	to remember
repetir (e:i)	to repeat
salir	to leave
seguir (e:i)	to follow; to continue; to keep (doing something)
suponer	to suppose
traer	to bring
ver	to see; to watch
volver (o:ue)	to return

As students finish the lesson, encourage them to explore the **Repaso** section on the Supersite. There they will find quizzes for practicing vocabulary, grammar, and oral language.

S Practice more at **vhlcentral.com**.

En Acapulco, un clavadista *(diver)* salta desde un acantilado *(cliff)* frente al océano Pacífico. El lugar se llama La Quebrada y miles de turistas lo visitan cada *(each)* día. ¿Te gustaría *(would you like)* visitarlo algún *(some)* día?

MÉXICO

MÉXICO

Área: 1.972.550 km² (761.603 millas²)
Población: 110.645.000
Capital: México, D.F. – 19.460.000
Ciudades importantes: Guadalajara, Monterrey, Ciudad Juárez, Puebla
Moneda: peso mexicano

SOURCE: Population Division, UN Secretariat

Celebraciones

La independencia de México

El 16 de septiembre los mexicanos celebran la independencia de su país. En todas las ciudades se ponen decoraciones con los colores de la bandera *(flag)* mexicana y se hacen fiestas con mariachis, comida típica y bailes *(dances)* tradicionales. A estas celebraciones se les llaman las fiestas patrias.

ESTADOS UNIDOS

Ciudad Juárez

Baja California

Golfo de California

Río Bravo

MÉXICO

Océano Pacífico

Puerto Vallarta   Guadalajara

Historia

Los mayas

La civilización maya construyó *(built)* impresionantes ciudades con templos religiosos en forma de pirámide, que hoy en día visitan millones de turistas. Los descendientes de esta civilización siguen las tradiciones de su pasado y muchos aún *(still)* viven en esa misma área: el sur *(south)* de México y partes de Centroamérica.

El Castillo, Chichén Itzá

Arte

Diego Rivera y Frida Kahlo

Frida Kahlo y Diego Rivera son los pintores mexicanos más famosos. Se casaron *(They got married)* en 1929. Los dos se interesaron *(became interested)* en las condiciones sociales de la gente indígena y de los campesinos *(farmers)* de su país. Puedes ver algunas de sus obras *(works of art)* en el Museo de Arte Moderno de la Ciudad de México.

Detalle de un mural de Diego Rivera

Economía

La plata

México es el mayor *(largest)* productor de plata *(silver)* del mundo *(world)*. Estados como Zacatecas y Durango tienen ciudades fundadas cerca de los más grandes yacimientos *(deposits)* de plata del país. Estas ciudades fueron *(were)* en la época colonial unas de las más ricas e importantes. Hoy en día, aún *(still)* conservan mucho de su encanto *(charm)* y esplendor.

Río Grande

Monterrey

Golfo de México

Península de Yucatán

d de xico

Uxmal

Cancún

Bahía de Campeche

bla

Veracruz

BELICE

ulco

Istmo de Tehuantepec

GUATEMALA

Practice more!

| WB pp. 41–42 | VM pp. 235–236 | vhlcentral.com |

¿Qué aprendiste?

1 ¿Cierto o falso? Indicate whether each statement is **cierto** or **falso.**

Cierto	Falso	
	✓	1. La Quebrada está en México D.F.
✓		2. Frida Kahlo es una pintora.
	✓	3. El 16 de septiembre en México organizan una celebración religiosa.
	✓	4. La plata no es un mineral abundante en México.
✓		5. Los mexicanos celebran la independencia con las fiestas patrias.
	✓	6. En México no hay ciudades cerca de los yacimientos de plata.
✓		7. Diego Rivera fue *(was)* el esposo de Frida Kahlo.
	✓	8. Puebla es la capital de México.
	✓	9. Muchos turistas visitan los templos mayas en Sudamérica.
	✓	10. La moneda mexicana es el dólar mexicano.

2 Preguntas Answer the questions in complete sentences. *Answers will vary.*

1. ¿Qué elementos en común hay en las celebraciones de la independencia de tu país y las celebraciones en México? ¿Qué diferencias hay?

2. ¿Qué piensas del estilo artístico de Diego Rivera? ¿Prefieres el arte realista o el abstracto?

3. ¿Sigues alguna *(any)* tradición de tus antepasados? ¿Cuál(es)?

4. ¿Hay yacimientos de minerales cerca de donde vives?

5. ¿Cuál es la actividad económica más *(more)* importante de tu ciudad o estado: la agricultura, la minería, la industria, el turismo, los servicios o el comercio *(trade)*?

CONEXIÓN INTERNET

Investiga estos temas en el sitio **vhlcentral.com.**

• Lugares para visitar en México
• Pintores famosos de México

Las vacaciones

PARA EMPEZAR Here are some additional questions:
¿Dónde te gusta pasar las vacaciones? ¿Prefieres ir con tu familia o con amigos? ¿Qué te gusta hacer?

PARA EMPEZAR

- ¿Es vieja o joven la persona de la foto?
- ¿Es rubio o moreno?
- ¿Está en su casa o de vacaciones?
- ¿Dónde está él, en la playa o en la montaña?
- ¿Qué hace: nada, bucea o toma el sol?

S Tutorials

LAS VACACIONES

SUGGESTION Ask: ¿A quién le gusta mucho viajar? ¿Cómo prefieres viajar? ¿Te gusta viajar en tren? ¿En auto? ¿Cómo prefiere viajar _____? Y a ti, ¿adónde te gusta viajar? ¿Cómo puedes llegar a _____?

la estación del tren

¿QUÉ TIEMPO HACE?

¿Qué tiempo hace? *How's the weather?*
Está despejado. *It's clear.*
Está (muy) nublado. *It's (very) cloudy.*
Hace buen/mal tiempo. *The weather is nice/bad.*
Hace (mucho) calor. *It's (very) hot.*
Hace fresco. *It's cool.*
Hace (mucho) frío. *It's (very) cold.*
Hace (mucho) sol. *It's (very) sunny.*
Hace (mucho) viento. *It's (very) windy.*
Hay (mucha) niebla. *It's (very) foggy.*
Llueve. *It's raining.*
Nieva. *It's snowing.*

llover (o:ue) *to rain*
nevar (e:ie) *to snow*

LAS VACACIONES Y LOS VIAJES

el aeropuerto *airport*
la agencia de viajes *travel agency*
el/la agente de viajes *travel agent*
la cabaña *cabin*
el campo *countryside*
la estación de autobuses *bus station*
la estación del metro *subway station*
el/la inspector(a) de aduanas *customs officer*
la llegada *arrival*
el mar *ocean*
el pasaje (de ida y vuelta) *(round-trip) ticket*
la salida *departure; exit*
la tienda de campaña *tent*
el/la viajero/a *traveler*

el pasaporte

la llave

el botones

EN EL HOTEL

el alojamiento *lodging*
el ascensor *elevator*
la cama *bed*
el/la empleado/a *employee*
el equipaje *luggage*
la habitación individual *single room*
la habitación doble *double room*
el hotel *hotel*
el/la huésped *guest*
la pensión *boarding house*
el piso *floor (of a building)*
la planta baja *ground floor*

LAS ACTIVIDADES

acampar *to camp*

confirmar una reservación *to confirm a reservation*

estar de vacaciones *to be on vacation*

hacer turismo *to go sightseeing*

hacer un viaje *to take a trip*

hacer una excursión *to go on a hike; to go on a tour*

ir a la playa *to go to the beach*

ir de pesca *to go fishing*

ir de vacaciones *to go on vacation*

ir en autobús (m.) *to go by bus*

ir en auto(móvil) (m.) *to go by car*

ir en avión (m.) *to go by plane*

ir en barco *to go by boat*

ir en taxi (m.) *to go by taxi*

pasar por la aduana *to go through customs*

pescar *to fish*

ir en motocicleta

Variación léxica
el automóvil ⟷ el coche (*Esp., Arg.*), el carro (*Amér. L.*)
el autobús ⟷ el camión (*Méx.*), la guagua (*P. Rico*)
la motocicleta ⟷ la moto (*colloquial*)

hacer las maletas

sacar fotos (f. pl.)

montar a caballo

LAS ESTACIONES Y LOS MESES

el invierno *winter*

la primavera *spring*

el verano *summer*

el otoño *autumn*

el año *year*

la estación *season*

el mes *month*

EXPANSION Have students associate months with seasons and weather. Ask: **¿Cuáles son los meses de _____?**

LOS NÚMEROS ORDINALES

primer, primero/a *first*

segundo/a *second*

tercer, tercero/a *third*

cuarto/a *fourth*

quinto/a *fifth*

sexto/a *sixth*

séptimo/a *seventh*

octavo/a *eighth*

noveno/a *ninth*

décimo/a *tenth*

SUGGESTION Point out that Spanish speakers label the ground floor of buildings **la planta baja** (first floor in the United States).

enero
febrero
marzo
abril
mayo
junio
julio
agosto
septiembre
octubre
noviembre
diciembre

OTRAS PALABRAS Y EXPRESIONES

ahora mismo *right now*

todavía *yet; still*

SUGGESTION Point out the use of **primero** for the first day of the month.

¿Cuál es la fecha de hoy? *What is today's date?*

Hoy es el primero de marzo. *Today is March first.*

Hoy es el dos (tres, cuatro...) de marzo. *Today is March second (third, fourth...).*

NATIONAL communication STANDARDS

A escuchar

1 Escuchar Indicate who would probably make each statement you hear. Each answer is used twice.

El agente de viajes

1. ✓
2. ✓
3. _____
4. _____
5. _____
6. _____

La inspectora de aduanas

1. _____
2. _____
3. _____
4. ✓
5. _____
6. ✓

El empleado del hotel

1. _____
2. _____
3. ✓
4. _____
5. ✓
6. _____

1 SCRIPT
1. ¡Deben ir a Puerto Rico! Allí hay unas playas muy hermosas y pueden acampar.
2. Deben llamarme el lunes para confirmar la reservación.
3. Muy bien, señor… Aquí tiene la llave de su habitación.
4. Lo siento, pero tengo que abrir sus maletas.
5. Su habitación está en el piso once, señora.
6. Necesito ver su pasaporte y sus maletas, por favor.

1 EXPANSION Ask students to describe what different people do. Ex: **¿Qué hace un agente de viajes? Un agente de viajes confirma la reservación.**

2 ¿Cierto o falso? Listen to each sentence and indicate whether it is **cierto** or **falso**. Correct the false statements.

Suggested answers

Cierto	Falso	
	✓	1. *Abrimos la puerta con una llave.*
✓		2. _____
	✓	3. *Necesitas el pasaporte para pasar por la aduana.*
	✓	4. *Un turista/viajero es una persona que hace turismo.*
✓		5. _____
✓		6. _____
	✓	7. *Debes pasar por la aduana en el aeropuerto.*
✓		8. _____

2 SCRIPT
1. Abrimos la puerta con una cabaña.
2. Compramos los pasajes en la agencia de viajes.
3. Necesitas el pasaporte para ir a la playa.
4. Un botones es una persona que hace turismo.
5. Tomamos el avión en el aeropuerto.
6. En una habitación individual hay una cama.
7. Debes pasar por la aduana en la estación del metro.
8. Hacemos las maletas para ir de vacaciones.

Practice more!
LM p. 25

A practicar

3 SUGGESTION Present these items orally using this formula: *Primero* tiene la misma relación con *segundo* que *enero* tiene con... (*febrero*).

3 Analogías Complete the analogies using the words from the list.

equipaje	huésped	sacar
inspector	habitación	mar
febrero	llover	viajar
otoño	mayo	piso

1. primero ⟶ segundo ⊜ enero ⟶ _____*febrero*_____
2. aeropuerto ⟶ viajero ⊜ hotel ⟶ _____*huésped*_____
3. invierno ⟶ nevar ⊜ primavera ⟶ _____*llover*_____
4. mes ⟶ año ⊜ maleta ⟶ _____*equipaje*_____
5. hotel ⟶ botones ⊜ aduana ⟶ _____*inspector*_____
6. pasaje ⟶ avión ⊜ llave ⟶ _____*habitación*_____
7. acampar ⟶ campo ⊜ pescar ⟶ _____*mar*_____
8. agosto ⟶ verano ⊜ noviembre ⟶ _____*otoño*_____
9. llave ⟶ abrir ⊜ pasaje ⟶ _____*viajar*_____
10. maleta ⟶ hacer ⊜ foto ⟶ _____*sacar*_____

4 EXPANSION In pairs, have students take turns asking each other questions about the illustrations. Encourage them to invent details when specific information is not provided. Ex: 1. **¿Qué estación es? ¿Dónde están? ¿Qué tiempo hace? ¿Qué mes es? ¿Dónde trabajan cuando no están de vacaciones?**

4 EXPANSION Have pairs select one of the illustrations and create a story about it. Tell them to be creative and to include both narrative and monologue/dialogue. Ask pairs to present their stories to the class.

4 Describir With a partner, take turns describing what these people are doing.

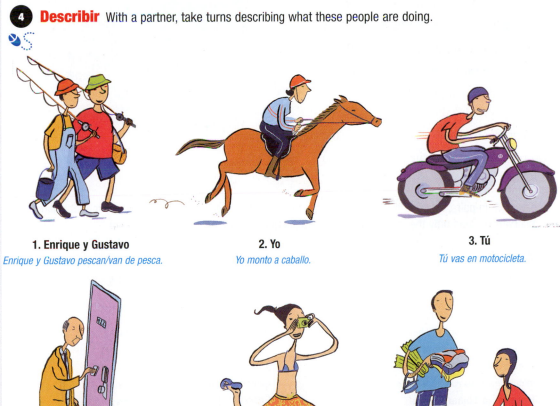

1. Enrique y Gustavo
Enrique y Gustavo pescan/van de pesca.

2. Yo
Yo monto a caballo.

3. Tú
Tú vas en motocicleta.

4. Don Luis
Don Luis va a su habitación.

5. Marcela
Marcela saca fotos.

6. Juan Martín y yo
Juan Martín y yo hacemos las maletas.

Practice more!

WB pp. 45–46

vhlcentral.com

A conversar

5 **Contestar** With a classmate, take turns asking each other these questions. *Answers will vary.*

modelo

¿Cuál es el primer mes de la primavera?
Estudiante 1: *¿Cuál es el primer mes de la primavera?*
Estudiante 2: *Es marzo.*

1. ¿Cuál es la fecha de hoy?
2. ¿Qué estación es? ¿Te gusta esta (*this*) estación?
3. ¿Cuál es el segundo mes del verano?
4. ¿Cuál es el primer mes del invierno?
5. ¿Cuál es la cuarta estación del año?
6. ¿Prefieres el otoño o la primavera? ¿Por qué?
7. ¿Prefieres el mar o las montañas? ¿Por qué?
8. ¿Te gusta más el campo o la ciudad? ¿Por qué?
9. Cuando vas de vacaciones, ¿qué haces?
10. ¿Piensas ir de vacaciones este año? ¿Adónde quieres ir? ¿Por qué?
11. ¿Cómo prefieres viajar: en barco, en motocicleta…?
12. ¿Prefieres comprar el pasaje en una agencia de viajes o en Internet?

FEBRERO

						1	2
3	4	5	6	7	8	9	
10	11	12	13	14	15	16	
17	18	19	20	21	22	23	
24	25	26	27	28			

6 **La reservación** In pairs, imagine that one of you is a receptionist at a hotel and the other is a tourist calling to make a reservation. Read only the information that pertains to you. Then role-play the situation.

Turista

Vas a viajar a la península de Yucatán con un amigo. Piensan llegar a Cancún el 23 de febrero y necesitan una habitación para cuatro noches. Ustedes quieren descansar en la playa, pero también quieren hacer una excursión a las ruinas mayas en Chichén Itzá. Llama (*Call*) al Hotel Oceanía y averigua (*find out*) toda la información que necesitas. Luego decide si (*if*) quieres hacer la reservación o no.

Empleado/a

Trabajas en la recepción del Hotel Oceanía en Cancún. Sólo quedan (*remain*) dos habitaciones en febrero: una habitación individual en el primer piso ($175 por noche) y una habitación doble en el quinto piso que tiene descuento (*discount*) porque no hay ascensor ($165 por noche). El hotel no ofrece excursiones a Chichén Itzá, pero hay una estación de autobuses cerca del hotel.

5 EXPANSION Ask individuals to share their answers for items 6–12. Ex: _____, **cuando vas de vacaciones, ¿qué haces?** Ask other students to report on the preferences of their classmates. Ex: _____, **¿qué hace _____ cuando va de vacaciones?** Students must use complete sentences.

6 EXPANSION Have students judge the conversations in categories such as most original, funniest, most realistic, etc.

SUGGESTION Emphasize that **b** and **v** are pronounced identically, but that, depending on the letter's position in a word, each letter can be pronounced two ways. Model both sounds and ask students to repeat after you. Take special care to model the soft **b** sound and note that it has no equivalent in English.

SUGGESTION Model the pronunciation of each word, sentence, and **refrán**, having students repeat after you.

EXTRA PRACTICE Write some additional proverbs for students to practice pronunciation. Ex: **Más vale que sobre y no que falte.** (*Better to have too much than too little.*) **No sólo de pan vive el hombre.** (*Man does not live by bread alone.*) **A caballo regalado no se le ve el colmillo.** (*Don't look a gift horse in the mouth.*)

🎧 Pronunciación 🅢 Audio

Spanish b and v

bueno	**vóleibol**	**biblioteca**	**vivir**

There is no difference in pronunciation between the Spanish letters **b** and **v**. However, each letter can be pronounced two different ways, depending on which letters appear next to them.

bonito	**viajar**	**también**	**investigar**

B and **v** are pronounced like the English hard *b* when they appear either as the first letter of a word, at the beginning of a phrase, or after **m** or **n**.

deber	**novio**	**abril**	**cerveza**

In all other positions, **b** and **v** have a softer pronunciation, which has no equivalent in English. Unlike the hard **b**, which is produced by tightly closing the lips and stopping the flow of air, the soft **b** is produced by keeping the lips slightly open.

bola	**vela**	**Caribe**	**declive**

In both pronunciations, there is no difference between **b** and **v**. The English *v* sound, produced by friction between the upper teeth and lower lip, does not exist in Spanish. Instead, the soft **b** comes from friction between the two lips.

Verónica y su esposo cantan boleros.

When **b** or **v** begins a word, its pronunciation depends on the previous word. At the beginning of a phrase or after a word that ends in **m** or **n**, it is pronounced as a hard **b**.

Benito es de Boquerón pero vive en Victoria.

Words that begin with **b** or **v** are pronounced with a soft **b** if they appear immediately after a word that ends in a vowel or any consonant other than **m** or **n**.

🔵 **Práctica** Read these words aloud to practice the **b** and the **v**.

1. hablamos
2. trabajar
3. botones
4. van
5. contabilidad
6. bien
7. doble
8. novia
9. béisbol
10. cabaña
11. llave
12. invierno

> **Hombre prevenido vale por dos.**[2]

> **No hay mal que por bien no venga.**[1]

🔵 **Oraciones** Read these sentences aloud to practice the **b** and the **v**.

1. Vamos a Guaynabo en autobús.
2. Voy de vacaciones a la Isla Culebra.
3. Tengo una habitación individual en el octavo piso.
4. Víctor y Eva van en avión al Caribe.
5. La planta baja es bonita también.

🔵 **Refranes** Read these sayings aloud to practice the **b** and the **v**.

[1] *Every cloud has a silver lining.*
[2] *Forewarned is forearmed.*

Practice more!

LM p. 26

🅢 vhlcentral.com

VIDEO SYNOPSIS The friends watch the weather report on TV and discuss weather and seasons in their hometowns. Felipe wakes up Miguel so they don't miss the bus to the beach. The group checks in to their hotel. At the beach, Maru and Miguel windsurf and Miguel gets back at Felipe.

Video

¡Vamos a la playa!

Los seis amigos hacen un viaje a la playa.

PERSONAJES

 FELIPE

 JUAN CARLOS

 MARISSA

 JIMENA

 MARU

 MIGUEL

 MAITE FUENTES

 ANA MARÍA

 EMPLEADO

TÍA ANA MARÍA ¿Están listos para su viaje a la playa?
TODOS Sí.
TÍA ANA MARÍA Excelente... ¡A la estación de autobuses!
MARU ¿Dónde está Miguel?
FELIPE Yo lo traigo.

(se escucha un grito de Miguel)
FELIPE Ya está listo. Y tal vez enojado. Ahorita vamos.

PREVIEW Have students look over the video stills and list words and phrases related to tourism.

EMPLEADO Bienvenidas. ¿En qué puedo servirles?
MARU Hola. Tenemos una reservación para seis personas para esta noche.
EMPLEADO ¿A nombre de quién?
JIMENA ¿Díaz? ¿López? No estoy segura.

EMPLEADO Aquí están las llaves de sus habitaciones.
MARU Gracias. Una cosa más. Mi novio y yo queremos hacer windsurf, pero no tenemos tablas.
EMPLEADO El botones las puede conseguir para ustedes.

JUAN CARLOS ¿Qué hace este libro aquí? ¿Estás estudiando en la playa?
JIMENA Sí, es que tengo un examen la próxima semana.

JUAN CARLOS Ay, Jimena. ¡No! ¿Vamos a nadar?
JIMENA Bueno, como estudiar es tan aburrido y el tiempo está tan bonito...

SUGGESTION Play the video segment without sound and have students create a plot summary based on visual clues. Then show the segment with sound and have students make corrections and fill in gaps.

ACTIVIDADES

1 Identificar Identify the person who would say the following.
1. No lo encuentro, ¿a nombre de quién está su reservación? *empleado*
2. ¿Por qué estás estudiando en la playa? ¡Mejor vamos a nadar! *Juan Carlos*
3. Nuestra reservación es para seis personas en dos habitaciones. *Maru*
4. Miguel está enojado conmigo. *Felipe*
5. No tengo ganas de nadar. Estoy cansada. *Marissa*

2 Ordenar Place these events in the correct order.
3 a. El empleado busca la reservación.
5 b. Marissa dice que (*says that*) está confundida.
1 c. Felipe, Juan Carlos, Marissa y Jimena están listos para ir a la playa.
4 d. El empleado da (*gives*) las llaves de las habitaciones a las chicas.
2 e. Miguel da un grito.

NATIONAL communication cultures STANDARDS

VIDEO RECAP Before doing this **Aventuras** episode, review the previous episode with these questions: **1. ¿Qué prefiere hacer tía Ana María en sus ratos libre? (Ella nada, juega al tenis y al golf y va al cine y a los museos.) 2. ¿Adónde van Miguel, Maru, Marissa y Jimena? (Van a un cenote.) 3. ¿Qué hacen Felipe y Juan Carlos? (Juegan al fútbol con Eduardo y Pablo.) 4. ¿Qué quieren comer los chicos después de jugar al fútbol? (Quieren comer mole.)**

EXTRA PRACTICE Have students review the **Expresiones útiles**. In groups of six, have each student select a role and read **¡Vamos a la playa!** (have one student read the role of both Ana María and the employee). Ask one or two groups to role-play the script for the class.

EMPLEADO No encuentro su nombre. Ah, no, ahora sí lo veo, aquí está. Díaz. Dos habitaciones en el primer piso para seis huéspedes.

FELIPE No está nada mal el hotel, ¿verdad? Limpio, cómodo... ¡Oye, Miguel! ¿Todavía estás enojado conmigo? (*a Juan Carlos*) Miguel está de mal humor. No me habla.

JUAN CARLOS ¿Todavía?

MARISSA Yo estoy un poco cansada. ¿Y tú? ¿Por qué no estás nadando?

FELIPE Es por causa de Miguel.

3 SUGGESTION Before preparing the conversation, have the groups re-read **¡Vamos a la playa!** together to review vocabulary and phrases.

MARISSA Hmm, estoy confundida.

FELIPE Esta mañana. ¡Sigue enojado conmigo!

MARISSA No puede seguir enojado tanto tiempo.

3 **Conversar** With a partner, use these cues to create a conversation between a hotel employee and a guest in Mexico.

Huésped

1. Greet the employee and ask for your reservation.
2. Tell the employee that the reservation is in your name.
3. Tell the employee that the hotel is very clean and comfortable.
4. Ask the employee to call the bellhop because you have a lot of luggage.

Empleado/a

1. Welcome the guest and ask him/her under whose name the reservation was made.
2. Tell him/her the reservation is for a double room and the room is on the fifth floor.
3. Say that you agree with the guest and give him/her the keys.
4. Call the bellhop to help the guest with his/her luggage.

Expresiones útiles

Talking with hotel personnel

¿En qué puedo servirles?
How can I help you?

Tenemos una reservación.
We have a reservation.

¿A nombre de quién?
In whose name?

¿Quizás López? ¿Tal vez Díaz?
Maybe López? Maybe Díaz?

Ahora lo veo, aquí está. Díaz.
Now I see it. Here it is. Díaz.

Dos habitaciones en el primer piso para seis huéspedes.
Two rooms on the first floor for six guests.

Aquí están las llaves.
Here are the keys.

Describing a hotel

No está nada mal el hotel.
The hotel isn't bad at all.

Todo está tan limpio y cómodo.
Everything is so clean and comfortable.

Es excelente/estupendo/fabuloso/ fenomenal/increíble/magnífico/ maravilloso/perfecto.
It's excellent/stupendous/fabulous/ phenomenal/incredible/magnificent/ marvelous/perfect.

Talking about how you feel

Yo estoy un poco cansado/a.
I am a little tired.

Estoy confundido/a. *I'm confused.*

Todavía estoy/Sigo enojado/a contigo.
I'm still angry with you.

Additional vocabulary

afuera *outside*
agradable *pleasant*
el balde *bucket*
la crema de afeitar *shaving cream*
entonces *so, then*
es igual *it's the same*
el frente (frío) *(cold) front*
el grito *scream*
la temporada *period of time*

Practice more!
VM pp. 177–178
vhlcentral.com

El Camino **Inca**

Early in the morning, Larry rises, packs up his campsite, fills his water bottle in a stream, eats a quick breakfast, and begins his day. Yesterday, Larry and his group hiked seven miles to a height of 9,700 feet. By tonight, that hike will seem easy. Today the hikers will cover seven miles to a height of 14,000 feet, all the while carrying fifty-pound backpacks.

Ruta de cuatro días

While not everyone is cut out for such a rigorous trip, Larry is on the journey of a lifetime: **el Camino Inca.** Between 1438 and 1533, when the vast and powerful **Imperio Incaico** (*Incan Empire*) was at its height, the Incas built an elaborate network of **caminos** (*trails*) that traversed the Andes Mountains and converged on the empire's capital, Cuzco. Today, hundreds of thousands of tourists come to Peru

Wiñay Wayna

Sitios en el Camino Inca

Highlights of a four-day hike along the Inca Trail:

Warmiwañusqua (*Dead Woman's Pass*), at 13,800 feet, a hiker's first taste of the Andes' extreme sun and wind

Sayacmarca (*Inaccessible Town*), fortress ruins set on a sheer cliff

Phuyupatamarca (*Town in the Clouds*), an ancient town with stone baths, probably used for water worship

Wiñay Wayna (*Forever Young*), a town named for the pink orchid native to the area, famous for its innovative agricultural terraces which transformed the mountainside into arable land

annually to walk the surviving **caminos** and enjoy the spectacular landscapes. The most popular trail, **el Camino Inca,** leads from Cuzco to the ancient mountain city of Machu Picchu. Many trekkers opt for a guided four-day itinerary, starting at a suspension bridge over the Urubamba River, and ending at **Intipunku** (*Sun Gate*), the entrance to Machu Picchu. Guides organize campsites and meals for travelers, as well as one night in a hostel en route.

To preserve **el Camino Inca,** the National Cultural Institute of Peru limits the number of hikers to five hundred per day. Those that make the trip must book in advance and should be in good physical condition in order to endure the high altitude and difficult terrain.

ASÍ SE DICE

Viajes y turismo

el albergue (juvenil)	*(youth) hostel*
alojarse	*to stay*
el asiento del medio, del pasillo, de la ventanilla	*center, aisle, window seat*
la media pensión	*breakfast and one meal included*
el/la mochilero/a	*backpacker*
la pensión completa	*all meals included*
el puente	*long weekend (lit., bridge)*

ACTIVIDADES

1 ¿Cierto o falso? Indicate whether each statement is **cierto** or **falso**. Correct the false statements.

1. **El Imperio Incaico** reached its height between 1438 and 1533. *Cierto.*

2. Lima was the capital of the Incan Empire. *Falso. Cuzco was the capital of the Incan Empire.*

3. Hikers on **el Camino Inca** must camp out every night. *Falso. Hikers camp out and also stay in hostels.*

4. The Incas invented a series of terraces to make the rough mountain landscape suitable for farming. *Cierto.*

5. Along **el Camino Inca**, one can see village ruins, native orchids, and agricultural terraces. *Cierto.*

6. High altitude is one of the challenges faced by hikers on **el Camino Inca**. *Cierto.*

7. At Sayacmarca, hikers can see Incan pyramids set on a sheer cliff. *Falso. Hikers can see fortress ruins set on a sheer cliff.*

8. Travelers can complete **el Camino Inca** on their own at any time. *Falso. Travelers hike with a guide and must reserve in advance.*

2 De vacaciones Spring break is coming up, and you want to hike **el Camino Inca** with some friends. In groups, decide how you will get there, where you prefer to stay and for how long, and what each of you will do during your free time. Present your trip to the class.

CONEXIÓN INTERNET

¿Qué otro lugar turístico es muy visitado en Cuzco?

For more information about this **Cultura**, go to **vhlcentral.com**.

   Video

¡Vacaciones en Perú!

1 Preparación Have you ever visited an archeological or historic site? Where? Why did you go there?

2 El video Watch this **Flash Cultura** episode.

Vocabulario			
ciudadela	*citadel*	**quechua**	*Quechua (indigenous Peruvian)*
el/la guía	*guide*	**sector (urbano)**	*(urban) sector*

Machu Picchu se salvó° de la invasión española […] se encuentra aislada sobre° esta montaña…

… siempre he querido° venir […] Me encantan° las civilizaciones antiguas°.

se salvó *was saved* **se encuentra aislada sobre** *it is isolated on*
siempre he querido *I have always wanted* **Me encantan** *I love* **antiguas** *ancient*

3 Completar Complete these sentences with the words from **Vocabulario**. Make any necessary changes.

1. Las ruinas de Machu Picchu son una antigua <u>ciudadela</u> inca.

2. La ciudadela estaba (*was*) dividida en tres sectores: <u>urbano</u>, religioso y de cultivo (*farming*).

3. Cada año los <u>guías</u> reciben a cientos (*hundreds*) de turistas de diferentes países.

4. Hoy en día, la cultura <u>quechua</u> está presente en las comunidades andinas (*Andean*) del Perú.

Practice more!

VM pp. 209–210

vhlcentral.com

Practice more at **vhlcentral.com**.

Tutorial

comparisons / NATIONAL STANDARDS

5.1 Estar with conditions and emotions

▶ In Spanish, the verb **estar** is used to talk about how people feel and to say where people, places, and things are located. (See page 42.)

Estoy bien, gracias.
I'm fine, thanks.

Juan **está** en la biblioteca.
Juan is at the library.

▶ **Estar** is used with adjectives to describe the physical condition of nouns.

La puerta **está** cerrada.
The door is closed.

Todo **está** muy limpio.
Everything is very clean.

▶ Use **estar** with adjectives to describe how people feel.

Yo estoy cansada.

¿Están listos para su viaje?

Adjectives that describe emotions and conditions

abierto/a	open	enojado/a	mad, angry
aburrido/a	bored	equivocado/a	wrong
alegre	happy	feliz	happy
amable	friendly	limpio/a	clean
avergonzado/a	embarrassed	nervioso/a	nervous
cansado/a	tired	ocupado/a	busy
cerrado/a	closed	ordenado/a	orderly
cómodo/a	comfortable	preocupado/a (por)	worried (about)
contento/a	happy, content	seguro/a	sure; safe; confident
desordenado/a	disorderly	sucio/a	dirty
enamorado/a (de)	in love (with)	triste	sad

¡ojo! Note that the plural of **feliz** is **felices**.

¡Manos a la obra!

Provide the correct forms of **estar**.

1. La biblioteca ___está___ cerrada los domingos por la noche.
2. Nosotros ___estamos___ muy ocupados todos los lunes.
3. Ellas ___están___ contentas porque tienen tiempo libre.
4. Javier ___está___ enamorado de Maribel.
5. La habitación del hotel ___está___ ordenada y limpia.
6. Ustedes ___están___ equivocados.

Práctica

1 Un viaje Claudia is going to take a trip. Say how she, her family, and her friends are feeling. In the first blank, fill in the correct form of **estar**. In the second blank, fill in the adjective that best fits the context. Make any necessary changes. *Some answers may vary.*

contento	nervioso	preocupado
enojado	ocupado	triste

Claudia

1. ¡Qué bueno! Hoy yo ___estoy___ muy ___contenta___ porque mañana voy a hacer un viaje a Chicago.
2. ¡Qué nervios! También ___estoy___ un poco ___nerviosa___ porque voy en avión y no me gusta mucho volar (*to fly*).
3. Mis papás ___están___ ___preocupados___ porque voy sola (*alone*).
4. Mi amiga Patricia y yo ___estamos___ muy ___tristes___ porque ella no puede ir. Ella tiene que estudiar para un examen.
5. Es que Patricia ___está___ muy ___ocupada___ porque este semestre toma muchas clases.
6. Mi novio César ___está___ muy ___enojado___ porque él piensa que yo voy a ir a bailar todas las noches.

2 ¿Cómo están? Describe these people and places.

La habitación de Teresa
1. ___Está ordenada/limpia.___

La habitación de César
2. ___Está desordenada/sucia.___

Yo
3. ___Yo estoy cansado/a.___

El profesor Olmos
4. ___El profesor Olmos está enojado.___

Conversación

3 **Situaciones** With a partner, use **estar** to talk about how you feel in these situations. *Answers will vary.*

1. Durante las vacaciones...
2. En un examen...
3. Con mi familia...
4. En la clase de español...
5. En días nublados...
6. En un funeral...
7. En una cita a ciegas (*blind date*)...
8. En el invierno...

4 **Describir** With a partner, say how these people are and explain why. Use your imagination.

1. María Laura

2. Juan y Luisa

3. Sebastián

4. Olivia y Marco

5 **Preguntas** Use these questions to interview your partner. *Answers will vary.*

1. ¿Estás ocupado/a este fin de semana? ¿Qué vas a hacer?
2. ¿Estás enamorado/a? ¿De quién?
3. ¿Qué haces cuando estás preocupado por algo (*something*)?
4. ¿Qué haces cuando estás aburrido/a?
5. ¿Cómo estás ahora? ¿Por qué?

Español en vivo

TÚ: En la ciudad, estás muy ocupado, cansado y nervioso.

Si crees que el invierno es así para todos, estás equivocado.

CURAÇAO

DONDE SIEMPRE ES VERANO

El paquete incluye: Pasaje de ida y vuelta • Cómoda estancia de 5 días en habitación doble • Excursiones en barco a los maravillosos lugares de la isla

OFERTA **$945** ESPECIAL

CONSULTE SU AGENCIA DE VIAJES

¿ESTÁS LISTO PARA HACER TUS MALETAS?

ELLOS: De vacaciones en Curaçao, están felices y relajados.

Identificar

Scan the advertisement and identify the adjectives that take the verb **estar**.

Preguntas

1. ¿Dónde están las personas del anuncio (*ad*)?
2. ¿Cómo están ellos?
3. ¿Te identificas (*do you identify*) con la descripción de la vida (*life*) en la ciudad? ¿Por qué?

5.2 The present progressive

 Tutorial · comparisons · NATIONAL STANDARDS

▸ Both Spanish and English use the present progressive, which consists of the present tense of the verb *to be* and the present participle (the *-ing* form in English).

Los chicos **están jugando.**
The kids are playing.

Los turistas **están acampando.**
The tourists are camping.

Estoy **haciendo** las maletas.
I am packing.

¿Estás **mirando** la televisión?
Are you watching TV?

Las chicas están hablando con el empleado del hotel.

¿Estás estudiando en la playa?

▸ Form the present progressive with the present tense of **estar** and a present participle.

ESTAR + PRESENT PARTICIPLE
Están cantando.
They are singing.

Estamos esperando.
We are waiting.

ESTAR + PRESENT PARTICIPLE
Estoy comiendo.
I am eating.

Ella **está trabajando.**
She is working.

▸ The present participle of regular verbs is formed as follows:

INFINITIVE	STEM	ENDING	PRESENT PARTICIPLE
hablar	habl-	-ando	hablando
comer	com-	-iendo	comiendo
escribir	escrib-	-iendo	escribiendo

▸ When the stem of an **–er** or **–ir** verb ends in a vowel, the present participle ends in **–yendo**.

INFINITIVE	STEM	ENDING	PRESENT PARTICIPLE
leer	le-	-yendo	leyendo
oír	o-	-yendo	oyendo
traer	tra-	-yendo	trayendo

Práctica

1 De vacaciones Mauricio and his family are vacationing in Mazatlán, Mexico. Complete his description of what everyone is doing right now.

1. Yo _estoy tomando el sol._   2. Mi mamá _está sacando fotos._

3. Mi hermana Elena _está nadando._   4. Mis hermanos _están jugando al vóleibol._

5. Mi papá _está montando a caballo._   6. Mi prima Paula _está patinando en línea._

2 Un amigo preguntón You are on summer vacation. A nosy friend calls you at all hours to see what you are doing. Look at the clocks and tell him. *Answers will vary.*

modelo

Estoy descansando.

1. _____   2. _____

3. _____   4. _____

Conversación

3 Describir With a partner, use the present progressive to describe what is going on in this beach scene. *Answers will vary.*

Andrea
María Teresa
Nicolás
Sra. Morales
Rodrigo
Isabel
José Luis

4 ¿Qué están haciendo? In pairs, take turns asking questions and giving answers about what these celebrities are doing right now. Be creative!

modelo

Estudiante 1: ¿Qué está haciendo Justin Bieber?
Estudiante 2: Justin Bieber está cantando ahora mismo.

1. LeBron James	4. Angelina Jolie
2. Hillary Clinton	5. Stephen King
3. Jay-Z	6. Venus y Serena Williams

5 Conversar You and a classmate are each babysitting a group of children. In pairs, prepare a telephone conversation using these cues. Be creative! *Answers will vary.*

Estudiante 1	Estudiante 2
1. Say hello and ask what the kids are doing.	2. Say hello and tell your partner that two of your kids are doing their homework. Then ask what the kids at his/her house are doing.
3. Tell your partner that two of your kids are running and dancing in the house.	4. Tell your partner that one of the kids is reading.
5. Tell your partner that you are tired and that two of your kids are watching TV and eating pizza.	6. Tell your partner that one of the kids is sleeping.
7. Tell your partner you have to go; the kids are playing soccer in the house.	8. Say goodbye and good luck (¡Buena suerte!).

Practice more!

WB p. 49 | LM p. 28 | vhlcentral.com

Irregular present participles

▶ The verbs **ir, poder,** and **venir** have irregular present participles (**yendo, pudiendo, viniendo**). Several other verbs have irregular present participles.

-ir stem-changing verbs

e:ie in the present tense		**PRESENT PARTICIPLE**
preferir	→	prefiriendo
sentir		sintiendo
e:i in the present tense		
conseguir		consiguiendo
pedir	→	pidiendo
seguir		siguiendo
o:ue in the present tense		
dormir	→	durmiendo

Using the present progressive

▶ The present progressive is used less in Spanish than in English. In Spanish, the present progressive emphasizes that an action is *in progress.*

Ella todavía **está escuchando** música.
She is still listening to music.

Javier **está estudiando** ahora mismo.
Javier is studying right now.

▶ In English, the present progressive is used with actions that occur over time or in the future. In Spanish, the simple present tense is used.

Tomo inglés este semestre.
I'm taking English this semester.

Salgo hoy a las tres.
I'm leaving today at three.

¡Manos a la obra!

Create complete sentences using the present progressive.

1. Mis amigos / descansar en la playa ___Mis amigos están descansando en la playa.___
2. Nosotros / practicar deportes ___Nosotros estamos practicando deportes.___
3. Carmen / comer en casa ___Carmen está comiendo en casa.___
4. Nuestro equipo / ganar el partido ___Nuestro equipo está ganando el partido.___
5. Yo / traer el periódico ___Yo estoy trayendo el periódico.___
6. Él / pensar en comprar una bicicleta ___Él está pensando en comprar una bicicleta.___
7. Ustedes / explicar la lección ___Ustedes están explicando la lección.___
8. José y Francisco / pedir café ___José y Francisco están pidiendo café.___
9. Marisa / leer el correo electrónico ___Marisa está leyendo el correo electrónico.___
10. Yo / preparar sándwiches ___Yo estoy preparando sándwiches.___
11. Carlos / sacar fotos ___Carlos está sacando fotos.___
12. ¿Tú / dormir? ___¿Estás durmiendo?___

5.3 Comparing ser and estar

 S Tutorial

▶ **Ser** and **estar** both mean *to be,* but are used for different purposes.

Uses of *ser*

Nationality and place of origin	Los Gómez **son** peruanos. Luisa **es** de Cuzco.
Profession or occupation	Liliana **es** ingeniera. Ana y yo **somos** agentes de viaje.
Characteristics of people and things	Sus padres **son** simpáticos. El hotel **es** muy grande.
Generalizations	**Es** necesario trabajar. ¡**Es** difícil estudiar en la playa!
Possession	Las maletas **son** de Silvia. El pasaporte **es** de mi amigo.
What something is made of	Las llaves **son** de metal. Esta botella **es** de plástico.
Time and date	¿Qué hora **es**? **Son** las tres. ¿Qué día **es** hoy? Hoy **es** lunes. Hoy **es** el dos de abril.
Where or when an event occurs	La fiesta **es** en mi casa. El concierto **es** a las ocho.

Jimena, Juan Carlos y Marissa son amables conmigo.

Miguel está enojado.

Uses of *estar*

Location or spatial relationships	El hotel no **está** lejos. Adrián **está** en el cine.
Health	¿Cómo **estás**? **Estoy** enfermo.
Physical states and conditions	El conductor **está** cansado. Las puertas **están** cerradas.
Emotional states	Ignacio **está** aburrido. **Estoy** contenta con el viaje.
Certain weather expressions	**Está** despejado. **Está** nublado.
Ongoing actions (progressive tenses)	**Estamos** buscando el museo. Catalina **está** durmiendo.

Práctica

1 Completar Complete this conversation with the correct forms of **ser** and **estar**.

CAMILA ¡Hola, Ricardo! ¿Cómo (1) _estás_ ?

RICARDO Bien, gracias. Oye... ¡Qué guapa (2) _estás_ hoy!

CAMILA Gracias. (3) _Eres_ muy amable. Oye, ¿qué (4) _estás_ haciendo? (5) ¿ _Estás_ ocupado?

RICARDO No, sólo (6) _estoy_ escribiendo un mensaje electrónico a mi amigo Daniel.

CAMILA ¿De dónde (7) _es_ él?

RICARDO Daniel (8) _es_ de Ponce, pero ahora él y su familia (9) _están_ de vacaciones en Miami.

CAMILA Y... ¿cómo (10) _es_ Daniel?

RICARDO (11) _Es_ moreno y un poco bajo. También (12) _es_ muy listo. ¿Lo quieres conocer?

2 En el aeropuerto Use **ser** and **estar** to describe this scene at an airport in Spain. Say what these people look like, how they are feeling, and what they are doing. *Answers will vary.*

modelo

Anita es una niña pequeña, delgada y morena. Ella está triste y ahora está llorando (*crying*).

Conversación

3 Describir With a partner, take turns describing the people in the drawing without saying their names. Use these questions to guide your descriptions. Your partner has to guess who the person is. *Answers will vary.*

- ¿Quiénes son las personas?
- ¿Dónde están?
- ¿Cómo son?
- ¿Cómo están?
- ¿Qué están haciendo?
- ¿Qué estación es?
- ¿Qué tiempo hace?

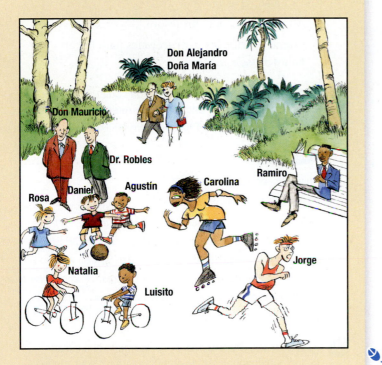

4 Adivinar Using these questions as a guide, describe one classmate and one celebrity to your partner. Don't mention their names. Your partner will guess whom you are describing. *Answers will vary.*

- ¿Cómo es?
- ¿Cómo está?
- ¿De dónde es?
- ¿Dónde está?
- ¿Qué está haciendo?

Practice more!

WB
pp. 50–51

LM
p. 29

vhlcentral.com

Ser and estar with adjectives

▶ With many adjectives, both **ser** and **estar** can be used, but the meaning changes. Statements with **ser** describe inherent qualities. **Estar** describes temporary and changeable conditions.

Juan **es** nervioso.
Juan is a nervous person.

Juan **está** nervioso hoy.
Juan is nervous today.

Ana **es** elegante.
Ana is an elegant person.

Ana **está** elegante hoy.
Ana looks elegant today.

▶ The meaning of some adjectives changes completely depending on whether they are used with **ser** or **estar**.

With *ser*	With *estar*
El chico **es listo.** *The boy is smart.*	El chico **está listo.** *The boy is ready.*
La profesora **es mala.** *The professor is bad.*	La profesora **está mala.** *The professor is sick.*
Jaime **es aburrido.** *Jaime is boring.*	Jaime **está aburrido.** *Jaime is bored.*
Las peras **son verdes.** *The pears are green.*	Las peras **están verdes.** *The pears are not ripe.*
El gato **es muy vivo.** *The cat is very clever.*	El gato **está vivo.** *The cat is alive.*
Él **es seguro.** *He's confident.*	Él no **está seguro.** *He's not sure.*

¡ojo! Note that when referring to an object, **ser seguro** means *to be safe*: **El ascensor es seguro.** (*The elevator is safe.*)

¡Manos a la obra!

Form sentences with **ser** or **estar.** Make any necessary changes.

1. Alejandra / cansado
   Alejandra está cansada.

2. ellos / guapo hoy
   Ellos están guapos hoy.

3. Carmen / alto
   Carmen es alta.

4. yo / la clase de español
   Yo estoy en la clase de español.

5. película / a las once
   La película es a las once.

6. hoy / viernes
   Hoy es viernes.

7. nosotras / enojado
   Nosotras estamos enojadas.

8. Antonio / médico
   Antonio es médico.

9. Romeo y Julieta / enamorado
   Romeo y Julieta están enamorados.

10. libros / de María Eugenia
    Los libros son de María Eugenia.

11. Marisa y Juan / estudiando
    Marisa y Juan están estudiando.

12. fiesta / gimnasio
    La fiesta es en el gimnasio.

5.4 Direct object nouns and pronouns

▶ A direct object noun receives the action of the verb directly and generally follows the verb. In the example below, the direct object noun answers the question *What is Jimena reading?*

SUBJECT	VERB	DIRECT OBJECT NOUN
Jimena	está leyendo	un libro.
Jimena	*is reading*	*a book.*

¿Dónde está Miguel?

Yo lo traigo.

No tenemos tablas de windsurf.

El botones las puede conseguir para ustedes.

▶ When a direct object noun is a person or a pet, it is preceded by the word **a**. This is called the "personal **a**" and it has no English equivalent.

Marta busca **a** su perro Lucas.　　Escucho **al** profesor.
Marta is looking for her dog, Lucas.　　*I am listening to the professor.*

▶ Direct object pronouns replace direct object nouns. Like English, Spanish sometimes uses a direct object pronoun to avoid repetition.

DIRECT OBJECT	DIRECT OBJECT PRONOUN
Maribel hace **las maletas.**	Maribel **las** hace. *Maribel packs them.*
Felipe compra **el pasaje.**	Felipe **lo** compra. *Felipe buys it.*
Vicky tiene **la llave.**	Vicky **la** tiene. *Vicky has it.*

Direct object pronouns

Singular forms		Plural forms	
me	*me*	nos	*us*
te	*you (fam.)*	os	*you (fam.)*
lo	*you (m., form.);*	los	*you (m.);*
	him; it (m.)		*them (m.)*
la	*you (f., form.);*	las	*you (f.);*
	her; it (f.)		*them (f.)*

Práctica

1 **Sustitución** Professor Vega's class is planning a trip to Costa Rica. Describe their preparations by changing the direct object nouns to direct object pronouns.

modelo

La profesora Vega tiene su pasaporte.
La profesora Vega lo tiene.

1. Gustavo y Héctor confirman las reservaciones. *Gustavo y Héctor las confirman.*
2. Nosotros leemos los folletos (*brochures*). *Nosotros los leemos.*
3. Ana María estudia el mapa. *Ana María lo estudia.*
4. Yo aprendo los nombres de los monumentos de San José. *Yo los aprendo.*
5. Alicia escucha a la profesora. *Alicia la escucha.*
6. Miguel escribe las instrucciones para llegar al hotel. *Miguel las escribe.*

2 **Vacaciones** Ramón is going to San Juan, Puerto Rico, with his friends, Javier and Marcos. Express his thoughts more succinctly using direct object pronouns.

modelo

Quiero hacer una excursión.
Quiero hacerla./La quiero hacer.

1. Voy a hacer mi maleta. *Voy a hacerla./La voy a hacer.*
2. No necesitamos llevar los pasaportes. *No necesitamos llevarlos./No los necesitamos llevar.*
3. Marcos está pidiendo el folleto turístico. *Marcos está pidiéndolo./Marcos lo está pidiendo.*
4. Javier debe llamar (*call*) a sus padres. *Javier debe llamarlos./Javier los debe llamar.*
5. Ellos esperan visitar las playas. *Ellos esperan visitarlas./Ellos las esperan visitar.*
6. No puedo llamar a Javier ahora mismo. *No puedo llamarlo./No lo puedo llamar.*

3 **¿Qué estás haciendo?** A classmate has called to find out what you are doing to prepare for your trip to Cancún. Answer your partner's questions. Follow the model.

modelo

preparar el itinerario de viaje

Estudiante 1: ¿Estás preparando el itinerario de viaje?
Estudiante 2: No, no lo estoy preparando.
Estudiante 1: ¿Cuándo lo vas a preparar?
Estudiante 2: Voy a prepararlo mañana (el lunes, a las dos, etc.).

1. preparar los documentos de viaje
2. buscar información de hoteles en Internet
3. practicar español
4. pensar en actividades para hacer
5. hacer las maletas

Conversación

4 **En un café** Get together with a partner and take turns asking each other questions about the drawing. *Answers will vary.*

modelo

Estudiante 1: ¿Quién está leyendo el mapa?
Estudiante 2: El Sr. Torres está leyéndolo.

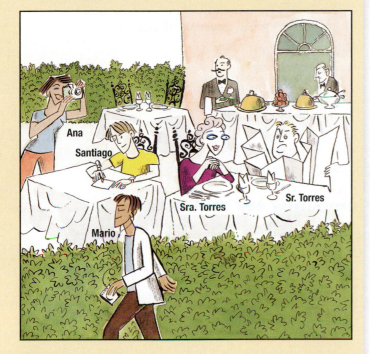

Ana
Santiago
Sra. Torres
Sr. Torres
Mario

5 **Entrevista** Use these questions to interview a classmate. Your partner should respond using direct object pronouns. *Answers will vary.*

1. ¿Quién prepara la comida (*food*) en tu casa?
2. ¿Visitas a tus parientes con frecuencia (*frequently*)?
3. ¿Cuándo ves a tus amigos/as?
4. ¿Estudias español todos los días?
5. ¿Traes tu libro a clase? ¿Y tu cuaderno?
6. ¿Cuándo vas a hacer la tarea de la clase de español?
7. ¿Ves mucho la televisión? ¿Cuándo vas a ver tu programa favorito?
8. ¿Piensas hacer un viaje pronto (*soon*)? ¿Necesitas tu pasaporte?

► It is common to use the direct object pronoun when the direct object noun has been mentioned before.

—¿Quieres a tu madre?   —Sí, la quiero mucho.
Do you love your mother?   *Yes, I love her very much.*

► In affirmative sentences and affirmative questions, direct object pronouns generally appear before the conjugated verb. In negative sentences and negative questions, the pronoun is placed between the word **no** and the verb.

Armando **me** escucha.	Armando **no me** escucha.
Katia **las** tiene.	Katia **no las** tiene.
¿**Lo** quieres?	¿**No lo** quieres?

► In the present progressive and in infinitive constructions, such as **ir a** + [*infinitive*], the direct object pronoun can be placed before the conjugated form, or attached to the present participle or infinitive.

Laura **las** está escribiendo.	Laura está escribiéndo**las**.
Lo vamos a hacer.	Vamos a hacer**lo**.
Las va a confirmar.	Va a confirmar**las**.

¡ojo! When a pronoun is attached to the present participle, an accent mark is added to maintain the proper stress: **Laura está escribiéndolas. José está escuchándote.**

¡Manos a la obra!

Choose the correct response.

1. ¿Me puedes llevar al partido de fútbol?
   a. Sí, los puedo llevar.   (b.) Sí, te puedo llevar.

2. ¿Quién tiene los pasajes?
   a. Yo lo tengo.   (b.) Mónica los tiene.

3. ¿Vas a llevar a tu hermana a la playa?
   (a.) No, no voy a llevarla.   b. No, no voy a llevarte.

4. ¿Vas a hacer las maletas?
   a. Sí, voy a hacerla.   (b.) Sí, voy a hacerlas.

5. ¿Quién tiene la llave de nuestra habitación?
   (a.) Yo no la tengo.   b. Yo lo tengo.

6. ¿Quién revisa los documentos?
   a. El inspector de aduana te revisa. (b.) El inspector de aduana los revisa.

7. ¿Vamos a confirmar los pasajes en la agencia de viajes?
   a. Sí, la vamos a confirmar.   (b.) No, no los vamos a confirmar.

Practice more!

WB p. 52	LM p. 30	vhlcentral.com

A repasar

5.1 Estar with conditions and emotions

 1 **Cuando...** Describe how you feel in these situations.
Answers will vary.

1. Hace sol.
2. Tienes mucho trabajo.
3. Viajas en avión.
4. Vas al partido de tu equipo favorito.
5. Tu habitación está desordenada.
6. Pierdes las llaves de tu auto.

2 **Describir** In pairs, take turns describing these people. Say where they are from, what they are like, and how they are feeling. *Answers will vary.*

1. tu mejor (*best*) amigo/a
2. tus padres
3. tu profesor(a) favorito/a
4. tu compañero/a de cuarto
5. tu primo/a favorito/a
6. tus abuelos

5.2 The present progressive

3 **De vacaciones** Gabriela and her family are on a Caribbean cruise and the ship has stopped in San Juan. Complete her e-mail with the correct forms of the present progressive.

Nora:

Por fin (*Finally*), tengo unos minutos libres.
Mateo (1) __está comprando__ [comprar] tarjetas
postales y Elenita (2) __está durmiendo__ [dormir]
una siesta. Nuestros amigos César y Ángela
(3) __están comiendo__ [comer] en el café Aromas.
Los señores Villalobos (4) __están paseando__ [pasear]
por el centro. Nosotros (5) __estamos pensando__ [pensar]
hacer una excursión con ellos mañana a El Yunque
o el Viejo San Juan. Y tú, ¿cómo (6) __estás pasando__
[pasar] las vacaciones?
Gabriela

---

4 **Situaciones** With a partner, describe what these people are doing in these situations. Write at least two activities for each item. Then get together with another pair and compare your ideas. *Answers will vary.*

modelo

yo / en las montañas
Yo estoy acampando en las montañas. Yo estoy durmiendo en una tienda de campaña.

1. el agente de viajes / en la agencia de viajes
2. mi familia / en el parque
3. los turistas / en el hotel
4. los pasajeros / en un crucero (*cruise ship*)
5. mis padres / en la agencia de viajes
6. yo / en la playa
7. mis amigos y yo / en el campo
8. mi compañero/a de cuarto / en la habitación

5.3 Comparing ser and estar

5 **Completar** Complete each sentence with the correct form of **ser** o **estar**.

1. Carolina __es__ mala. Ella no me quiere ayudar con la tarea.
2. El ascensor __es__ seguro.
3. Nosotros __estamos__ listos para ir de pesca.
4. Las bananas __están__ verdes. Necesitan dos días para madurar (*to ripen*).
5. Ellos __están__ aburridos porque el programa __es__ aburrido.
6. Ernesto __es__ muy listo. Él saca buenas notas (*grades*) en los exámenes.

6 **Combinar** Combine elements from each column to form sentences about a hotel and the people there. *Answers will vary.*

modelo   Mi amiga es simpática.

A	B	C
yo	(no) ser	bonito/a
tú	(no) estar	grande
mi amigo/a		norteamericano/a
el hotel		ocupado/a
el botones		trabajador(a)
nosotros/as		de vacaciones
los huéspedes		en el tercer piso
las habitaciones		en la habitación
el equipaje		cómodo/a
		simpático/a

Practice more at **vhlcentral.com**.

5.4 Direct object nouns and pronouns

7 **Emparejar** Match the video characters with the direct object pronouns in the sentences. Then form the questions that correspond to these answers.

A	B	C	D
MARISSA Y JIMENA	**EMPLEADO**	**MIGUEL Y MARU**	**ANA MARÍA**

1. Sí, la veo. ___d___ *¿Ves a Ana María?*
2. Sí, los vemos. ___c___ *¿Ven ustedes a Miguel y a Maru?*
3. Sí, las vemos. ___a___ *¿Ven ustedes a Marissa y a Jimena?*
4. Sí, lo veo. ___b___ *¿Ves al empleado?*

Entrevista Use these questions to interview a classmate. Your partner should respond using direct object pronouns. *Answers will vary.*

1. ¿Te vienen a visitar tus padres este fin de semana?
2. ¿Ves a tus abuelos con frecuencia?
3. ¿Ahora mismo te están esperando tus amigos/as? ¿Dónde?
4. ¿Sigues los consejos (*advice*) de tu mejor amigo/a?
5. ¿Por qué estudias español?
6. Cuando vienes a la universidad, ¿dónde llevas los libros?
7. ¿Traes tu computadora a clase?
8. ¿Nos está mirando el/la profesor(a)?
9. ¿Me estás escuchando?
10. ¿Me puedes llevar al aeropuerto el sábado?

Síntesis

9 **Nuestras vacaciones** Imagine that you are spending your vacation at one of these places: **un centro turístico** (*resort*) **en las montañas o cerca del mar, un campamento** (*campground*) or **una ciudad.** Describe your vacation to two classmates. *Answers will vary.*

• Describe the location and who is with you.
• Describe the weather.
• Describe your accommodations.
• Describe what activities you are doing during your vacation, using the present progressive.

Videoclip

Video

1 **Preparación** Some areas attract tourists because of their unusual sports and activities. Do you know of any such destinations? Where?

2 **El clip** Watch the news clip *Down Taxco* for **Univisión** from Mexico.

Vocabulario

carrera de bicicleta *bicycle race*	**descender (escaleras)** *to descend (stairs)*
competidores *competitors*	**reto, desafío** *challenge*

El reto es descender en el menor° tiempo posible…

El principal desafío es el diseño° de la ciudad…

menor *least*   *diseño* *layout*

3 **Preguntas** Answer these questions in complete sentences.

1. ¿Por qué viajan ciclistas (*cyclists*) a Taxco? *Porque hay una carrera de bicicleta.*
2. ¿Es Taxco una ciudad turística moderna o colonial? *Es una ciudad turística colonial.*
3. ¿Hay competidores de otros (*other*) países en la carrera de bicicleta? *Sí, hay competidores de otros países.*
4. ¿Cómo está el reportero (*reporter*) después (*after*) de descender las escaleras, aburrido o cansado? *Está cansado.*

4 **Deportes extremos** In pairs, discuss these questions: ¿Cómo son las personas que hacen deportes extremos? ¿Por qué crees que los practican? ¿Viajarías (*Would you travel*) a un destino para practicarlos?

Ampliación

❶ Escuchar

A Listen to the weather report by Hernán Jiménez and indicate which of these phrases are correct.

> **TIP** **Listen for key words.** Listening for key words and phrases will help you identify the subject and main ideas of what you hear, as well as some of the details.

Santo Domingo

- ✓ 1. hace sol
- ___ 2. va a hacer frío
- ___ 3. una mañana de mal tiempo
- ✓ 4. va a estar nublado
- ___ 5. buena tarde para tomar el sol
- ✓ 6. buena mañana para ir a la playa

San Francisco de Macorís

- ✓ 1. hace frío
- ___ 2. hace sol
- ___ 3. va a nevar
- ✓ 4. va a llover
- ✓ 5. hay niebla
- ___ 6. buen día para excursiones

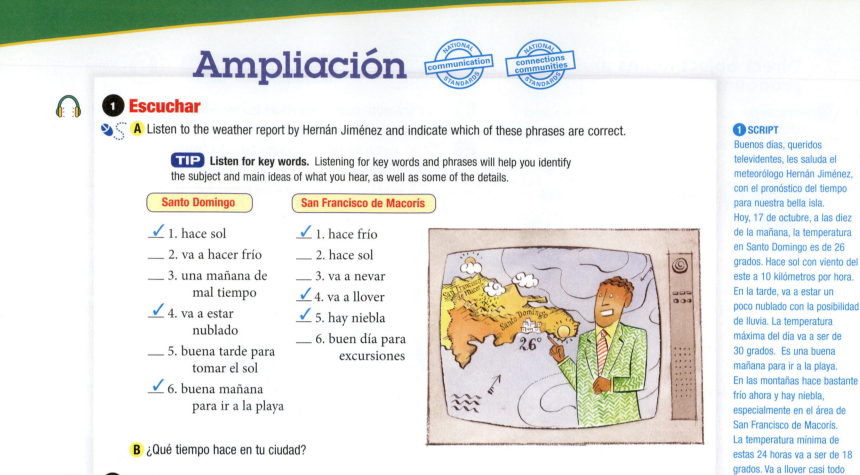

B ¿Qué tiempo hace en tu ciudad?

❷ Conversar

While you're on summer vacation, you run into a classmate from last year. With a partner, role-play a conversation that includes these topics. *Answers will vary.*

- • Las clases
- • La familia
- • Los amigos
- • Los pasatiempos
- • Las vacaciones
- • Los deportes
- • El tiempo
- • Los compañeros de clase

❶ **SCRIPT**
Buenos días, queridos televidentes, les saluda el meteorólogo Hernán Jiménez, con el pronóstico del tiempo para nuestra bella isla. Hoy, 17 de octubre, a las diez de la mañana, la temperatura en Santo Domingo es de 26 grados. Hace sol con viento del este a 10 kilómetros por hora. En la tarde, va a estar un poco nublado con la posibilidad de lluvia. La temperatura máxima del día va a ser de 30 grados. Es una buena mañana para ir a la playa. En las montañas hace bastante frío ahora y hay niebla, especialmente en el área de San Francisco de Macorís. La temperatura mínima de estas 24 horas va a ser de 18 grados. Va a llover casi todo el día. ¡No es buen día para excursiones a las montañas! Hasta el noticiero del mediodía, me despido de ustedes. ¡Qué les vaya bien!

❷ **SUGGESTION** Have students list the interrogative words they will use. Then have them list the uses of **ser** and **estar** they could use with each interrogative word.

Ampliación

3 Escribir

Write a tourist brochure for a hotel or resort. *Answers will vary.*

TIP **Make an outline.** Identify topics and subtopics in order to provide a framework for the information you want to present.

Organízalo — Jot down the most attractive aspects of your hotel or resort. Then, organize your ideas into an outline.

Escríbelo — Using your outline, write the first draft of your brochure.

Corrígelo — Exchange papers with a classmate and comment on the brochure's completeness, organization, grammatical accuracy, and level of interest. Then revise your first draft, keeping your classmate's comments in mind.

Compártelo — Swap brochures with a classmate. After you have read the brochure, name the three aspects of the hotel or resort that appeal to you most or least.

Descripción del sitio (con foto)
A. Playa Grande
1. Playas seguras y limpias
2. Ideal para tomar el sol y descansar
B. El hotel
1. Abierto los 365 días del año
2. Piscina grande

4 Un paso más

Create a real or simulated website to promote a travel package to a resort in a Spanish-speaking country. Include images whenever possible. Your website should include these pages: *Answers will vary.*

- A home page with a general description of the tour and links to the other pages
- A page describing the means of transportation
- A page describing hotels and accommodations
- A page about the nearby sites to visit
- A page detailing activities available to travelers

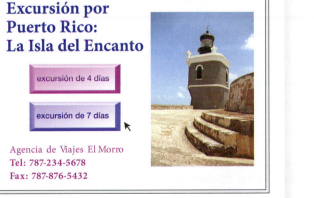

CONEXIÓN INTERNET

Investiga estos temas en el sitio **vhlcentral.com**.

- Balnearios (*resorts*) de España
- Balnearios de Latinoamérica

Audio: Reading

Antes de leer

By scanning for specific information, you can learn a great deal about a text without reading it word for word. For example, you can scan a document to identify its format, to find cognates, or to find specific facts.

Examinar el texto

Scan the reading selection for cognates and write a few of them down. *Answers will vary.*

1. _____
2. _____
3. _____
4. _____
5. _____

Based on the cognates you found, what do you think this document is about?

_____

_____

Preguntas

Read these questions. Then scan the document again to look for answers to the questions. *Answers will vary.*

1. What is the format of the reading?

_____

2. What place is the document about?

_____

3. What are some of the visual cues this document provides? What do they tell you about the content of the document?

_____

_____

4. Who produced the document, and what do you think it is for?

_____

_____

SUGGESTION Explain to students that a good way to get an idea of what an article or other text is about is to scan it before reading.

Turismo ecológico en Puerto Rico

Hotel Vistahermosa ~ Lajas, Puerto Rico

- 40 habitaciones individuales
- 15 habitaciones dobles
- Teléfono/TV por cable/Internet
- Aire acondicionado

- Restaurante (Bar)
- Piscina
- Área de juegos
- Cajero automático°

El hotel está situado en Playa Grande, un pequeño pueblo de pescadores del mar Caribe. Es el lugar perfecto para el viajero que viene de vacaciones. Las playas son seguras y limpias, ideales para tomar el sol, descansar, tomar fotografías y nadar. Está abierto los 365 días del año. Hay una rebaja° especial para estudiantes universitarios.

DIRECCIÓN: Playa Grande 406, Lajas, PR 00667, cerca del Parque Nacional Foresta.

Atracciones cercanas

Playa Grande
¿Busca la playa perfecta? Playa Grande es la playa que está buscando. Usted puede pescar, sacar fotos, nadar y pasear en bicicleta. Playa Grande es un paraíso para el turista que quiere practicar deportes acuáticos. El lugar es bonito e interesante y usted va a tener muchas oportunidades para descansar y disfrutar en familia.

Valle Niebla
Ir de excursión, tomar café, montar a caballo, caminar, hacer picnics. Más de cien lugares para acampar.

Bahía Fosforescente
Sacar fotos, salidas de noche, excursión en barco. Una maravillosa experiencia llena de luz°.

Arrecifes de Coral
Sacar fotos, bucear, explorar. Es un lugar único en el Caribe.

Playa Vieja
Tomar el sol, pasear en bicicleta, jugar a las cartas, escuchar música. Ideal para la familia.

Parque Nacional Foresta
Sacar fotos, visitar el Museo de Arte Nativo. Reserva Mundial de la Biosfera.

Santuario de las Aves
Sacar fotos, observar aves°, seguir rutas de excursión.

Después de leer

¿Comprendiste? ✎S

Indicate whether each statement is **cierto** or **falso**.

Cierto	Falso	
✔		1. El hotel Vistahermosa tiene 55 habitaciones.
	✔	2. Playa Grande es un lugar ideal para montar a caballo.
✔		3. Hay muchos lugares para acampar en Valle Niebla.
	✔	4. El hotel Vistahermosa está cerrado en invierno.
✔		5. Es posible sacar fotos de las aves en el Santuario de las aves.
	✔	6. No hay museos cerca del hotel.

Preguntas ✎S

Answer these questions.

1. ¿Dónde está el hotel Vistahermosa?
El hotel Vistahermosa está en Lajas, Puerto Rico.

2. ¿Cómo son las playas cerca del hotel?
Las playas son seguras y limpias.

3. ¿Dónde podemos hacer picnics?
Podemos hacer picnics en Valle Niebla.

4. ¿Qué lugar es único en el Caribe?
Arrecifes de Coral es un lugar único en el Caribe.

5. ¿Dónde podemos ir de pesca?
Podemos ir de pesca a Playa Grande.

Coméntalo ✎S

Imagina que vas de vacaciones a Lajas. ¿En qué mes del año deseas ir? ¿Por qué? ¿Cómo prefieres viajar, en avión o en barco? ¿Quieres visitar los lugares mencionados aquí? ¿Por qué? *Answers will vary.*

Cajero automático *ATM*   **rebaja** *discount*   **llena de luz** *full of light*   **aves** *birds*

Audio: Vocabulary Flashcards

Las vacaciones y los viajes

el aeropuerto	airport
la agencia de viajes	travel agency
el/la agente de viajes	travel agent
la cabaña	cabin
el campo	countryside
la estación de autobuses	bus station
la estación del metro	subway station
la estación del tren	train station
el/la inspector(a) de aduanas	customs inspector
la llegada	arrival
el mar	ocean
el pasaje (de ida y vuelta)	(round-trip) ticket
el pasaporte	passport
la salida	departure; exit
la tienda de campaña	tent
el/la viajero/a	traveler
acampar	to camp
confirmar una reservación	to confirm a reservation
estar de vacaciones	to be on vacation
hacer las maletas	to pack (one's suitcases)
hacer turismo	to go sightseeing
hacer un viaje	to take a trip
hacer una excursión	to go on a hike; to go on a tour
ir a la playa	to go to the beach
ir de pesca	to go fishing
ir de vacaciones	to go on vacation
ir en autobús (m.)	to go by bus
ir en auto(móvil) (m.)	to go by car
ir en avión (m.)	to go by plane
ir en barco	to go by boat
ir en motocicleta	to go by motorcycle
ir en taxi (m.)	to go by taxi
montar a caballo	to ride a horse
pasar por la aduana	to go through customs
pescar	to fish
sacar fotos (f. pl.)	to take pictures

En el hotel

el alojamiento	lodging
el ascensor	elevator
el/la botones	bellhop
la cama	bed
el/la empleado/a	employee
el equipaje	luggage
la habitación individual	single room
la habitación doble	double room
el hotel	hotel
el/la huésped	guest
la llave	key
la pensión	boarding house
el piso	floor (of a building)
la planta baja	ground floor

Adjetivos

abierto/a	open
aburrido/a	bored; boring
alegre	happy
amable	friendly
avergonzado/a	embarrassed
cansado/a	tired
cerrado/a	closed
cómodo/a	comfortable
contento/a	happy, content
desordenado/a	disorderly
enamorado/a (de)	in love (with)
enojado/a	mad, angry
equivocado/a	wrong
feliz	happy
limpio/a	clean
listo/a	ready; smart
malo/a	bad; sick
nervioso/a	nervous
ocupado/a	busy
ordenado/a	orderly
preocupado/a (por)	worried (about)
seguro/a	sure; safe; confident
sucio/a	dirty
triste	sad
verde	green; not ripe
vivo/a	clever; alive

¿Qué tiempo hace?

¿Qué tiempo hace?	How's the weather?
Está despejado.	It's clear.
Está (muy) nublado.	It's (very) cloudy.
Hace buen/mal tiempo.	The weather is nice/bad.
Hace (mucho) calor.	It's (very) hot.
Hace fresco.	It's cool.
Hace (mucho) frío.	It's (very) cold.
Hace (mucho) sol.	It's (very) sunny.
Hace (mucho) viento.	It's (very) windy.
Hay (mucha) niebla.	It's (very) foggy.
llover (o:ue)	to rain
Llueve.	It's raining.
nevar (e:ie)	to snow
Nieva.	It's snowing.

Palabras y expresiones adicionales

ahora mismo	right now
todavía	yet; still
¿Cuál es la fecha de hoy?	What is today's date?
Hoy es el primero (dos, tres,...) de marzo.	Today is March first (second, third,...).

Las estaciones y los meses	See page 115.
Los números ordinales	See page 115.
Direct object pronouns	See page 130.

As students finish the lesson, encourage them to explore the **Repaso** section on the Supersite. There they will find quizzes for practicing vocabulary, grammar, and oral language.

¡De compras!

PARA EMPEZAR Here are some additional questions:
¿Te gusta ir de compras? ¿Por qué? ¿Estás pensando
ir de compras este fin de semana? ¿Qué compras
cuando estás de vacaciones?

Communicative Goals

You will learn how to:
- talk about clothing
- negotiate and pay for items
- express preferences while shopping

PARA EMPEZAR
- ¿Quiénes son las tres personas de la foto?
- ¿Cómo son ellas?
- ¿Dónde están, en un restaurante o en una tienda?
- ¿Qué están haciendo, comprando o trabajando?

S Tutorials

¡DE COMPRAS!

DE COMPRAS

el almacén department store

la caja cash register

el centro comercial shopping mall

el/la cliente/a client

el/la dependiente/a clerk

el mercado (al aire libre) (open-air) market

la rebaja sale

el regalo gift

la tienda store

el/la vendedor(a) salesperson

costar (o:ue) to cost

gastar to spend (money)

hacer juego (con) to match

ir de compras to go shopping

llevar to wear; to take

pagar (con) to pay (with)

prestar to lend

regatear to bargain

usar to wear; to use

vender to sell

15 €

el precio (fijo)
(fixed) price

el dinero

la tarjeta de crédito
credit card

la corbata

Variación léxica

los calcetines ⟷ las medias (*Amér. L.*)
el cinturón ⟷ la correa (*Col., Venez.*)
las gafas de sol ⟷ los lentes oscuros, los lentes negros (*Amér. L.*)
los zapatos de tenis ⟷ las zapatillas de deporte (*Esp.*), las zapatillas (*Arg., Perú*)
los bluejeans ⟷ los pantalones de mezclilla (*Méx.*), los vaqueros, los tejanos (*Esp.*)

LA ROPA Y LOS ACCESORIOS

el abrigo *coat*
los bluejeans *jeans*
la blusa *blouse*
la bolsa *bag; purse*
las botas *boots*
los calcetines *socks*
la camisa *shirt*
la camiseta *t-shirt*
la cartera *wallet*
la chaqueta *jacket*
el cinturón *belt*
la falda *skirt*
los guantes *gloves*
el impermeable *raincoat*

las medias *pantyhose; stockings*
los pantalones *pants*
los pantalones cortos *shorts*
la ropa *clothing*
la ropa interior *underwear*
las sandalias *sandals*
el sombrero *hat*
el suéter *sweater*
el traje *suit*
el traje de baño *bathing suit*
el vestido *dress*
los zapatos de tenis *sneakers*

las gafas (de sol)

el par de zapatos
pair of shoes

LOS COLORES

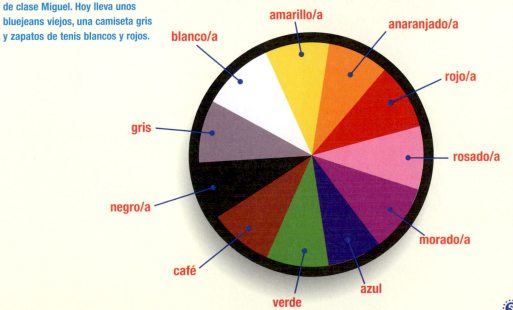

amarillo/a
anaranjado/a
blanco/a
rojo/a
gris
rosado/a
negro/a
morado/a
café
azul
verde

ADJETIVOS

barato/a *cheap*
bueno/a *good*
cada *each*
caro/a *expensive*
corto/a *short (in length)*
elegante *elegant*
hermoso/a *beautiful*
largo/a *long*
loco/a *crazy*
nuevo/a *new*
otro/a *other; another*
pobre *poor*
rico/a *rich*

A escuchar

 1 **Escuchar** Listen to Juanita and Vicente talk about what they're packing for their vacations. Indicate who is packing each item. If neither is packing an item, write an **X**.

Juanita

Vicente

	Juanita	Vicente		Juanita	Vicente
1. abrigo		✓	7. gafas de sol		✓
2. zapatos de tenis	✓	✓	8. camisetas	✓	✓
3. impermeable	X	X	9. traje de baño	✓	
4. chaqueta		✓	10. botas		✓
5. sandalias	✓		11. pantalones cortos	✓	
6. bluejeans	✓	✓	12. suéter		✓

2 **¿Cierto o falso?** Look at the drawing and indicate whether each statement you hear is **cierto** or **falso**.

	Cierto	Falso
1.	✓	
2.	✓	
3.		✓
4.		✓
5.		✓
6.	✓	
7.		✓
8.	✓	

 1 SCRIPT
Juanita: Hola. Me llamo Juanita. Mi familia y yo salimos de vacaciones mañana y estoy haciendo mis maletas. Para nuestra excursión al campo ya tengo bluejeans, camisetas y zapatos de tenis. También vamos a la playa… Para ir a la playa necesito un traje de baño, pantalones cortos y sandalias. ¿Qué más necesito? Creo que es todo.
Vicente: Buenos días. Soy Vicente. Estoy haciendo mis maletas porque mi familia y yo vamos a las montañas a esquiar. Los primeros dos días vamos a hacer una excursión por las montañas. Necesito zapatos de tenis, camisetas, una chaqueta y bluejeans. El tercer día vamos a esquiar. Necesito un abrigo, un suéter y botas… y gafas de sol.

2 SCRIPT
1. El dependiente lleva una corbata verde.
2. La clienta mira un suéter.
3. La clienta no tiene dinero.
4. El dependiente lleva gafas de sol.
5. El dependiente lleva un traje de baño.
6. La clienta lleva una bolsa.
7. La clienta lleva sandalias.
8. La clienta lleva una blusa y una falda.

2 EXPANSION Have students correct the false statements.

2 EXPANSION Have students create two new true/false statements to share with a partner.

A practicar

③ EXPANSION Go over the answers quickly in class. After each answer, indicate why a particular item does not belong. Ex: 1. **La bolsa: La bolsa no se lleva en el cuerpo.**

③ Escoger Indicate the item in each group that does not belong.

1. bolsa • camiseta • blusa • suéter
2. medias • calcetines • sombrero • zapatos de tenis
3. chaqueta • falda • abrigo • impermeable
4. almacén • vendedora • tienda • mercado
5. regatear • gastar • llevar • costar
6. vestido • dinero • caja • tarjeta de crédito

④ EXPANSION Have students bring in pictures with people in different types of clothing. In pairs, have students take turns making false statements about the clothing. The other student should correct the statements.

④ Anita la contraria Your friend Anita always contradicts you. Indicate how she would respond to each sentence.

modelo
El suéter nuevo de Liliana es muy grande.
No, su suéter es muy pequeño.

1. El cinturón de Natalia es caro. _No, su cinturón es barato._
2. El impermeable de don José es muy feo. _No, su impermeable es hermoso._
3. La corbata del señor Ramos es larga. _No, su corbata es corta._
4. Los zapatos de tenis de Noelia son viejos. _No, sus zapatos de tenis son nuevos._
5. Los trajes de Mauricio son baratos. _No, sus trajes son caros._
6. Las botas de Marta están sucias. _No, sus botas están limpias._

⑤ EXPANSION Have pairs spend a few minutes creating a description of a well-known TV or cartoon character, and then read it aloud as the class guesses the identity. Ex: **Soy bajo. Llevo pantalones cortos rojos, zapatos amarillos y guantes blancos. ¿Quién soy?** (El ratón Mickey)

⑤ Preguntas Answer these questions with a classmate.

1. ¿De qué color es el suéter? _Es gris._

2. ¿De qué color es la corbata? _Es roja y azul._

3. ¿De qué color es la planta? _Es verde._

4. ¿De qué color es la rosa de Texas? _Es amarilla._

5. ¿De qué color es la casa donde vive el presidente de EE.UU.? _Es blanca._

6. ¿De qué color es una cebra? _Es blanca y negra._

Practice more! WB pp. 53–54 · vhlcentral.com

A conversar

6 **Marta y el señor Vega** With a classmate, answer the questions about the drawing.

Marta   El señor Vega

1. ¿Qué lleva Marta? *Marta lleva un vestido, un sombrero, unas gafas de sol, una bolsa, un par de zapatos y unos guantes.*

2. ¿De qué color es su vestido? *Su vestido es rojo.*

3. ¿De qué color son sus zapatos? *Sus zapatos son negros.*

4. ¿De qué color son su sombrero, su bolsa y sus guantes? *Su sombrero, su bolsa y sus guantes son blancos.*

5. ¿Qué lleva el señor Vega? *Él lleva una chaqueta, una camisa, una corbata, un cinturón, unos pantalones, calcetines y zapatos de tenis.*

6. ¿De qué color es su camisa? *Su camisa es anaranjada.*

7. ¿De qué color son sus pantalones? *Sus pantalones son rosados.*

8. ¿Hacen juego la chaqueta, la camisa y los pantalones del señor Vega? *Answers will vary.*

7 **Entrevista** Use these questions to interview a classmate. Then report your findings to the class. *Answers will vary.*

1. ¿Cuál es tu artículo de ropa preferido? ¿Cuándo lo usas?

2. ¿Con qué colores de ropa te gusta hacer juego?

3. ¿Qué ropa llevas en los días de sol? ¿Y en los días de frío?

4. ¿Cuál es tu marca (*brand*) de ropa preferida? ¿Es cara o barata?

5. ¿Adónde vas para (*in order to*) comprar ropa? ¿Por qué?

6. ¿Cuánto dinero gastas en ropa cada mes? ¿Cada año?

7. Cuando vas de compras, ¿buscas rebajas? ¿Regateas?

8. ¿Cómo pagas tu ropa nueva, con dinero o con tarjeta de crédito?

6 SUGGESTION Remind students to answer the questions in complete sentences.

6 EXPANSION Have volunteers describe in detail one article of clothing or a complete outfit worn by a classmate without identifying who it is. The class should guess the identity of the person.

7 EXPANSION As students are reporting, have the class jot down preferences and any other important information. After all presentations are finished, have students discuss and prepare a summary of the class preferences.

🎧 Pronunciación Ⓢ Audio

The consonants **d** and **t**

¿Dónde?   **vender**   **nadar**   **verdad**

Like **b** and **v**, the Spanish **d** can also have a hard sound or a soft sound, depending on which letters appear next to it.

Don   **dinero**   **tienda**   **falda**

At the beginning of a phrase and after **n** or **l**, the letter **d** is pronounced with a hard sound. This sound is similar to the English *d* in *dog*, but a little softer and duller. The tongue should touch the back of the upper teeth, not the roof of the mouth.

medias   **verde**   **vestido**   **huésped**

In all other positions, **d** has a soft sound. It is similar to the English *th* in *there,* but a little softer.

Don Diego no tiene el diccionario.

When **d** begins a word, its pronunciation depends on the previous word. At the beginning of a phrase or after a word that ends in **n** or **l,** it is pronounced as a hard **d**.

Doña Dolores es de la capital.

Words that begin with **d** are pronounced with a soft **d** if they appear immediately after a word that ends in a vowel or any consonant other than **n** or **l**.

traje   **pantalones**   **tarjeta**   **tienda**

When pronouncing the Spanish **t,** the tongue should touch the back of the upper teeth, not the roof of the mouth. Unlike the English *t*, no air is expelled from the mouth.

Práctica Read these phrases aloud to practice the **d** and the **t**.

1. Hasta pronto.
2. De nada.
3. Mucho gusto.
4. Lo siento.
5. No hay de qué.
6. ¿De dónde es usted?
7. ¡Todos a bordo!
8. No puedo.
9. Es estupendo.
10. No tengo computadora.
11. ¿Cuándo vienen?
12. Son las tres y media.

Oraciones Read these sentences aloud to practice the **d** and the **t**.

1. Don Teodoro tiene una tienda en un almacén en La Habana.
2. Don Teodoro vende muchos trajes, vestidos y zapatos todos los días.
3. Un día un turista, Federico Machado, entra en la tienda para comprar un par de botas.
4. Federico regatea con don Teodoro y compra las botas y también un par de sandalias.

Refranes Read these sayings aloud to practice the **d** and the **t**.

En la variedad está el gusto.[1]

Aunque la mona se vista de seda, mona se queda.[2]

[1] Variety is the spice of life.
[2] You can't make a silk purse out of a sow's ear.

Practice more!

LM p. 32

Ⓢ vhlcentral.com

S Video

En el mercado

Los chicos van de compras al mercado. ¿Quién hizo la mejor compra?

VIDEO SYNOPSIS The friends are back in Mérida where they go to the market to do some shopping. They split into two teams, the boys versus the girls, to see who is better at bargaining. Who will get the best deal?

PERSONAJES

FELIPE

JUAN CARLOS

MARISSA

JIMENA

MARU

MIGUEL

DON GUILLERMO

VENDEDORA

VENDEDOR

MARISSA Oigan, vamos al mercado.

JUAN CARLOS ¡Sí! Los chicos en un equipo y las chicas en otro.

FELIPE Tenemos dos horas para ir de compras.

MARU Y don Guillermo decide quién gana.

JIMENA Esta falda azul es muy elegante.

MARISSA ¡Sí! Además, este color está de moda.

MARU Éste rojo es de algodón.

MARISSA ¿Me das aquella blusa rosada? Me parece que hace juego con esta falda, ¿no? ¿No tienen otras tallas?

JIMENA Sí, aquí. ¿Qué talla usas?

MARISSA Uso talla 4.

JIMENA La encontré. ¡Qué ropa más bonita!

VENDEDOR Son 530 por las tres bolsas. Pero como ustedes son tan bonitas, son 500 pesos.

MARU Señor, no somos turistas ricas. Somos estudiantes pobres.

VENDEDOR Bueno, son 480 pesos.

JUAN CARLOS Miren, mi nueva camisa. Elegante, ¿verdad?

FELIPE A ver, Juan Carlos... te queda bien.

1 SUGGESTION Have students change the six statements in this activity to yes-no questions.

MARU ¿Qué compraste?

MIGUEL Sólo esto.

MARU ¡Qué bonitos aretes! Gracias, mi amor.

ACTIVIDADES

1 ¿Cierto o falso? Indicate whether each sentence is **cierto** or **falso**. Correct the false statements.

1. Jimena dice que la falda azul no es elegante. *Falso. Jimena dice que la falda azul es muy elegante.*

2. Juan Carlos compra una camisa. *Cierto.*

3. Marissa dice que el azul es un color que está de moda. *Cierto.*

4. Miguel compra unas sandalias para Maru. *Falso. Miguel compra unos aretes para Maru.*

5. Miguel es el ganador. *Cierto.*

2 Identificar Provide the name of the person who would make each statement.

1. ¿Te gusta cómo se me ven mis nuevos aretes? *Maru*

2. Juan Carlos compró una camisa de muy buena calidad. *Felipe*

3. No podemos pagar 500, señor, eso es muy caro. *Maru*

4. Aquí tienen ropa de muchas tallas. *Jimena*

5. Esta falda me gusta mucho, el color azul es muy elegante. *Jimena*

6. Hay que darnos prisa, sólo tenemos dos horas para ir de compras. *Felipe*

VIDEO RECAP Before doing this **Aventuras** episode, review the previous episode with these questions:
1. ¿Qué problema hay cuando hablan con el empleado? (El empleado no encuentra la reservación.)
2. Qué piensa Felipe del hotel? (Piensa que no está nada mal; es limpio y cómodo) 3. ¿Qué deporte quieren hacer Miguel y Maru en la playa? (Quieren hacer windsurf.) 4. ¿Quién consigue las tablas de windsurf para Maru y Miguel? (El botones las consigue.) 5. ¿Quiénes nadan? (Juan Carlos y Jimena nadan.)

SUGGESTION Photocopy the **Aventuras** episode and white out 7–10 words in order to create a master for a cloze activity. Hand out copies and have students fill in the missing words as they watch the video segment.

(*En otra parte del mercado*)

FELIPE Juan Carlos compró una camisa de muy buena calidad.

MIGUEL (*a la vendedora*) ¿Puedo ver ésos, por favor?

VENDEDORA Sí, señor. Le doy un muy buen precio.

(*Las chicas encuentran unas bolsas.*)

VENDEDOR Ésta de rayas cuesta 190 pesos, ésta 120 pesos y ésta 220 pesos.

PREVIEW Have students scan the captions for vocabulary related to clothing or colors, and study the **Aventuras** and **Expresiones útiles** as homework.

JUAN CARLOS Y ustedes, ¿qué compraron?
JIMENA Bolsas.
MARU Acabamos de comprar tres bolsas por sólo 480 pesos. ¡Una ganga!

FELIPE Don Guillermo, usted tiene que decidir quién gana. ¿Los chicos o las chicas?
DON GUILLERMO El ganador es... Miguel. ¡Porque no compró nada para él, sino para su novia!

3 **Conversar** With a partner, use the cues to role-play a conversation between a customer and a salesperson in an open-air market. Use the expressions below and also look at **Expresiones útiles** on this page.

¿Qué desea?	Estoy buscando...	Prefiero el/la rojo/a.
What would you like?	*I'm looking for...*	*I prefer the red one.*

Cliente/a
1. Say good afternoon and explain that you are looking for a particular item of clothing.
2. Discuss colors and sizes.
3. Ask for the price and begin bargaining.
4. Settle on a price and purchase the item.

Vendedor(a)
1. Greet the customer and show him/her some items.
2. Discuss colors and sizes.
3. Tell him/her a price. Negotiate a price.
4. Accept a price and say thank you.

Expresiones útiles

Talking about clothing
¡Qué ropa más bonita!
What nice clothing!
Esta falda azul es muy elegante.
This blue skirt is very elegant.
Está de moda.
It's in style.
Éste rojo es de algodón/lana.
This red one is cotton/wool.
Ésta de rayas/lunares/cuadros es de seda.
This striped/polka-dotted/plaid one is silk.
Es de muy buena calidad.
It's very good quality.
¿Qué talla usas/llevas?
What size do you wear?
Uso/Llevo talla 4.
I wear a size 4.
¿Qué número calza?
What size shoe do you wear?
Yo calzo siete.
I wear a size seven.

Negotiating a price
¿Cuánto cuesta?
How much does it cost?
Demasiado caro/a.
Too expensive.
Es una ganga.
It's a bargain.

Saying what you bought
¿Qué compraste?/¿Qué compró usted?
What did you buy?
Sólo compré esto.
I only bought this.
¡Qué bonitos aretes!
What beautiful earrings!
Y ustedes, ¿qué compraron?
And you guys, what did you buy?

Additional vocabulary
híjole *wow*

Practice more!

VM
pp. 179–180

vhlcentral.com

communities NATIONAL STANDARDS · comparisons cultures NATIONAL STANDARDS · **S** Reading

Los mercados al aire libre

Mercados al aire libre are an integral part of commerce and culture in the Spanish-speaking world. Whether they take place daily or weekly, these markets are an important forum where tourists, locals, and vendors interact. People come to the marketplace to shop, socialize, taste local foods, and watch street performers. Wandering from one **puesto** (*stand*) to the next, one can browse fresh fruits and vegetables, clothing, CDs and DVDs, **artesanías** (*crafts*), and more. Some markets offer a mix of products, while others specialize in food, fashion, or used merchandise, such as antiques and books.

Mercado de Otavalo

Otros mercados famosos

Mercado	Lugar	Productos
Feria Artesanal de Recoleta	Buenos Aires, Argentina	artesanías
Mercado Central	Santiago, Chile	mariscos°, pescado°, frutas, verduras°
Tianguis Cultural del Chopo	Ciudad de México, México	ropa, música, revistas, libros, arte, artesanías
El mercado de Chichicastenango	Chichicastenango, Guatemala	frutas y verduras, flores°, cerámica, textiles

every Saturday since pre-Incan times. This market is well-known for the colorful textiles woven by the **otavaleños**, the indigenous people of the area. One can also find leather goods and wood carvings from nearby towns. Another popular market is **El Rastro,** held every Sunday in Madrid, Spain. Sellers set up **puestos** along the streets to display their wares, which range from local artwork and antiques to inexpensive clothing and electronics.

mariscos *seafood* pescado *fish* verduras *vegetables* flores *flowers*

When shoppers see an item they like, they can bargain with the vendor. Friendly bargaining is an expected ritual and may result in a significantly lower price. When selling food, vendors may give the customer a little extra of what they purchase; this free addition is known as **la ñapa**.

Many open-air markets are also tourist attractions. The market in Otavalo, Ecuador, is world-famous and has taken place

El Rastro

ASÍ SE DICE

La ropa

la chamarra (Méx.)	la chaqueta
de manga corta/larga	*short/long-sleeved*
los mahones (P. Rico); el pantalón de mezclilla (Méx.); los tejanos (Esp.); los vaqueros (Arg., Cuba, Esp., Uru.)	los bluejeans
la marca	*brand*
la playera (Méx.); la remera (Arg.)	la camiseta
la sudadera	*sweatshirt*

ACTIVIDADES

1 **¿Cierto o falso?** Indicate whether each statement is **cierto** or **falso**. Correct the false statements.

1. In the Hispanic world, markets are vital centers of commerce and culture. *Cierto.*

2. Generally, open-air markets specialize in one type of goods. *Falso. A variety of goods are sold at open-air markets.*

3. Bargaining is commonplace at outdoor markets. *Cierto.*

4. Only new goods can be found at open-air markets. *Falso. They sell both new and used goods.*

5. A **ñapa** is a tax on open-air market goods. *Falso. A ñapa is a free addition sometimes given to customers.*

6. The **otavaleños** weave colorful textiles to sell on Saturdays. *Cierto.*

7. The market in Otavalo opened recently. *Falso. It has taken place since pre-Incan times.*

8. A Spaniard in search of antiques could search at **El Rastro**. *Cierto.*

9. Santiago's **Mercado Central** is known for books and music. *Falso. It's known for seafood, fish, fruits, and vegetables.*

10. If you are in Guatemala and want to buy ceramics, you can go to Chichicastenango. *Cierto.*

2 **Comparación** Compare a market in the Hispanic world with a market where you live. How popular are markets? What items can you typically find there? How do customers negotiate prices?

CONEXIÓN INTERNET

¿Qué marcas de ropa son populares en el mundo hispano?

For more information about this **Cultura,** go to **vhlcentral.com.**

Flash CULTURA

Video

Comprar en los mercados

1 **Preparación** Have you ever been to an open-air market? What did you buy? Have you ever negotiated a price? What did you say?

2 **El video** Watch this **Flash Cultura** episode.

> **Vocabulario**
>
> **colones (pl.)** *currency from Costa Rica* **descuento** *discount*
> **¿Cuánto vale?** *¿Cuánto cuesta?* **el regateo** *bargaining*

… pero me hace un buen descuento.

¿Qué compran en el Mercado Central?

3 **Comprensión** Select the option that best summarizes this episode.

A. Randy Cruz va al mercado al aire libre para comprar papayas. Luego va al Mercado Central. Él les pregunta a clientes qué compran, prueba (*tastes*) platos típicos y busca la heladería.

B. Randy Cruz va al mercado al aire libre para comprar papayas y pedir un descuento. Luego va al Mercado Central para preguntarles a los clientes qué compran en los mercados.

Practice more!
VM pp. 211–212 | vhlcentral.com

6.1 Numbers 101 and higher

 Tutorial · comparisons · NATIONAL STANDARDS

▶ Spanish uses a period, rather than a comma, to indicate thousands and millions.

Numbers 101 and higher

101	ciento uno	1.000	mil	
200	doscientos/as	1.100	mil cien	
300	trescientos/as	2.000	dos mil	
400	cuatrocientos/as	5.000	cinco mil	
500	quinientos/as	100.000	cien mil	
600	seiscientos/as	200.000	doscientos mil	
700	setecientos/as	550.000	quinientos cincuenta mil	
800	ochocientos/as	1.000.000	un millón (de)	
900	novecientos/as	8.000.000	ocho millones (de)	

Costaron sólo doscientos pesos.

Son cuatrocientos ochenta por las tres bolsas en efectivo.

▶ Use **ciento uno** if used for counting. Use **ciento un(a)** when describing quantity.

cien, ciento uno, ciento dos...   **ciento una noches**

▶ The numbers **200** through **999** agree in gender with the nouns they modify.

324 tiendas
trescient**as** veinticuatro tiendas

605 clientes
seiscient**os** cinco clientes

873 habitaciones
ochocient**as** setenta y tres habitaciones

990 euros
novecient**os** noventa euros

500 mujeres
quinient**as** mujeres

257 estudiantes
doscient**os** cincuenta y siete estudiantes

▶ **Mil** can mean *a thousand* or *one thousand*. The plural form of **un millón** (*a million* or *one million*) is **millones**, which has no accent.

1.000 dólares
mil dólares

2.000.000 de pesos
dos millones de pesos

5.000 bicicletas
cinco mil bicicletas

1.000.000 de aficionados
un millón de aficionados

Práctica

1 Completar Complete these sequences in Spanish.

1. 100, 120, 140, … 200
   cien, ciento veinte, ciento cuarenta, ciento sesenta, ciento ochenta, doscientos

2. 5.000, 10.000, 15.000, … 30.000
   cinco mil, diez mil, quince mil, veinte mil, veinticinco mil, treinta mil

3. 50.000, 100.000, 150.000, … 300.000
   cincuenta mil, cien mil, ciento cincuenta mil, doscientos mil, doscientos cincuenta mil, trescientos mil

4. 100.000.000, 200.000.000, 300.000.000, … 900.000.000
   cien millones, doscientos millones, trescientos millones, cuatrocientos millones, quinientos millones, seiscientos millones, setecientos millones, ochocientos millones, novecientos millones

2 Resolver Read these math problems aloud and solve them.

> **modelo**
> 300
> +400
> 700
>
> **Trescientos más cuatrocientos son setecientos.**

+ más – menos = es (singular)/son (plural)

1. 150
   +150
   Ciento cincuenta más ciento cincuenta son trescientos.

2. 3.000
   + 753
   Tres mil más setecientos cincuenta y tres son tres mil setecientos cincuenta y tres.

3. 43.000
   −10.000
   Cuarenta y tres mil menos diez mil son treinta y tres mil.

4. 200.000
   +350.000
   Doscientos mil más trescientos cincuenta mil son quinientos cincuenta mil.

5. 20.000
   + 555
   Veinte mil más quinientos cincuenta y cinco son veinte mil quinientos cincuenta y cinco.

6. 1.000.000
   − 75.000
   Un millón menos setenta y cinco mil son novecientos veinticinco mil.

7. 32.000
   −30.000
   Treinta y dos mil menos treinta mil son dos mil.

8. 800.000
   + 175.000
   Ochocientos mil más ciento setenta y cinco mil son novecientos setenta y cinco mil.

Conversación

3 **¿Cuánto cuesta?** Ask your partner how much each item costs.

modelo

> 40.000 pesos
>
> **Estudiante 1:** ¿Cuánto cuestan las gafas de sol?
> **Estudiante 2:** Cuarenta mil pesos.

1. 210.000 pesos
   E1: ¿Cuánto cuesta el vestido?
   E2: Doscientos diez mil pesos.

2. 61.500 pesos
   E1: ¿Cuánto cuestan los pantalones cortos?
   E2: Sesenta y un mil quinientos pesos.

3. 160.150 pesos
   E1: ¿Cuánto cuesta el traje de baño?
   E2: Ciento sesenta mil ciento cincuenta pesos.

4. 84.450 pesos
   E1: ¿Cuánto cuestan los bluejeans?
   E2: Ochenta y cuatro mil cuatrocientos cincuenta pesos.

5. 48.200 pesos
   E1: ¿Cuánto cuesta la camiseta?
   E2: Cuarenta y ocho mil doscientos pesos.

6. 22.790 pesos
   E1: ¿Cuánto cuestan los calcetines?
   E2: Veintidós mil setecientos noventa pesos.

4 **¿En qué año?** Take turns with a classmate asking and answering these questions. Follow the model.

modelo

Estudiante 1: ¿En qué año terminaste (did you finish) la escuela secundaria?
Estudiante 2: En el año 2012.

1. ¿En qué año llegó (arrived) tu familia a los Estados Unidos?
2. ¿Cuál es el año de tu nacimiento (birth)?
3. ¿En qué año empezaste (started) a estudiar en la universidad?
4. ¿En qué año te vas a graduar?
5. ¿Cuándo te quieres jubilar (retire)?
6. ¿Cuál es hasta ahora (so far) el año en que has sido (you have been) más feliz?

▶ The plural forms **cientos** and **miles (de)** refer to *hundreds* or *thousands of (people or things)*.

Cientos de personas	**Miles de** dólares
Hundreds of people	*Thousands of dollars*

▶ In Spanish, years are never expressed as pairs of 2-digit numbers as they sometimes are in English (*1979, nineteen seventy-nine*).

1945	**2005**
mil novecientos cuarenta y cinco	dos mil cinco
1898	**1220**
mil ochocientos noventa y ocho	mil doscientos veinte

▶ In Spanish, street numbers follow the same pattern.

¿Cuál es tu dirección?   Mi dirección es Balcarce mil doscientos ochenta y tres.
What's your address?   *My address is Balcarce twelve hundred eighty-three.*

▶ When **millón** or **millones** are used before a noun, place **de** between the two.

1.000.000 **de** hombres = un **millón de** hombres
12.000.000 **de** aviones = doce **millones de** aviones
15.000.000 **de** personas = quince **millones de** personas

¡ojo! Note this difference between Spanish and English:

mil millones	**un billón**
a billion (1.000.000.000)	*a trillion (1.000.000.000.000)*

Hay **mil millones** de personas en China.   Hay un **billón** de planetas en el universo.
There are a billion people in China.   *There are a trillion planets in the universe.*

¡Manos a la obra!

Give the Spanish equivalent of each number.

a. 102 _ciento dos_
b. 935 _novecientos treinta y cinco_
c. 5.000.000 _cinco millones_
d. 2001 _dos mil uno_
e. 1776 _mil setecientos setenta y seis_
f. 345 _trescientos cuarenta y cinco_
g. 550.300 _quinientos cincuenta mil trescientos_
h. 232 _doscientos treinta y dos_
i. 1999 _mil novecientos noventa y nueve_
j. 113 _ciento trece_
k. 204 _doscientos cuatro_
l. 2.108 _dos mil ciento ocho_
m. 17.123 _diecisiete mil ciento veintitrés_
n. 497 _cuatrocientos noventa y siete_
o. 30.201 _treinta mil doscientos uno_
p. 57.507 _cincuenta y siete mil quinientos siete_

Practice more!

WB pp. 55–56   LM p. 33   vhlcentral.com

6.2 The preterite tense of regular verbs

▶ In order to talk about events in the past, Spanish uses two simple tenses: the preterite and the imperfect. In this lesson, you will learn about the preterite tense.

▶ The preterite is used to talk about actions or states completed in the past.

Preterite of regular –ar, –er, and –ir verbs

	comprar	**vender**	**escribir**
yo	compré / *I bought*	vendí / *I sold*	escribí / *I wrote*
tú	compraste	vendiste	escribiste
Ud./él/ella	compró	vendió	escribió
nosotros/as	compramos	vendimos	escribimos
vosotros/as	comprasteis	vendisteis	escribisteis
Uds./ellos/ellas	compraron	vendieron	escribieron

▶ The preterite endings for regular **–er** and **–ir** verbs are identical. Also, note that the **yo** and **Ud./él/ella** forms of all three conjugations have written accents on the last syllable.

¿Qué compraste?

Compré estos aretes.

▶ Note that the **nosotros/as** forms of regular **–ar** and **–ir** verbs in the preterite are identical to the present-tense forms. Context will help you determine which tense is being used.

En invierno **compramos** suéteres.
In the winter we buy sweaters.

Anoche **compramos** unas sandalias.
Last night we bought some sandals.

Escribimos poemas en clase.
We write poems in class.

Ya **escribimos** dos veces al presidente.
We already wrote to the president twice.

▶ **–Ar** and **–er** verbs that have a stem change in the present tense do *not* have a stem change in the preterite.

INFINITIVE	PRESENT	PRETERITE
cerrar (e:ie)	Ana cierra la puerta.	Ana cerró la puerta.
volver (o:ue)	Juan vuelve a las dos.	Juan volvió a las dos.
jugar (u:ue)	Él juega al fútbol.	Él jugó al fútbol.
pensar (e:ie)	Pienso mucho.	Pensé mucho.

Práctica

1 **Fin de semana** Complete what Isabel says about her weekend with the appropriate verb forms.

(1) __Pasé__ [Pasar] un fin de semana fantástico. El sábado (2) __estudié__ [estudiar] por la mañana y luego (3) __salí__ [salir] de compras con mis amigas al nuevo centro comercial. (4) __Compré__ [Comprar] un vestido y un suéter muy baratos porque el vendedor me hizo un buen descuento. ¡(5) __Gasté__ [Gastar] sólo 40 dólares! Más tarde, nosotras (6) __comimos__ [comer] en un restaurante mexicano. Mi amiga Estela (7) __gastó__ [gastar] mucho dinero porque pidió platos (*dishes*) muy caros. Por la noche, nosotras (8) __salimos__ [salir] a bailar a una discoteca y (9) __regresamos__ [regresar] muy tarde. Hoy me levanté (*I got up*) muy temprano porque tengo que estudiar para la clase de español. ¡Uy! ¡Qué cansada (*tired*) estoy!

2 **¿Qué hicieron?** Combine words from each list to talk about things you and others did. *Answers will vary.*

modelo

Yo leí un buen libro la semana pasada.

¿Quién?	¿Qué?	¿Cuándo?
yo	ver la televisión	anoche
mi compañero/a de cuarto	hablar con un(a) chico/a guapo/a	anteayer
mis amigos/as y yo	estudiar español	ayer
mis padres	comprar ropa nueva	la semana pasada
mi abuelo/a	leer un buen libro	el año pasado
el/la profesor(a) de español	bailar en una discoteca latina	una vez
el presidente de los Estados Unidos	viajar a la Luna (*moon*)	dos veces
mi perro	llegar tarde a clase	
	viajar a Europa	
	escribir una carta	
	llevar ropa muy fea	
	comer siete hamburguesas	

Conversación

3 **Encuesta** Find out if your partner just did these activities today before coming to class. Report the results to the class. *Answers will vary.*

modelo

tomar el desayuno (*breakfast*)
Estudiante 1: ¿*Tomaste el desayuno?*
Estudiante 2: *Sí, acabo de tomar el desayuno./*
No, no tomé el desayuno.

Actividades	Sí/No
1. Ver la televisión	_____
2. Escuchar la radio	_____
3. Hablar con un(a) compañero/a de clase	_____
4. Leer para una clase	_____
5. Comprar un café	_____
6. Recibir una buena noticia (*news*)	_____

4 **Nuestras vacaciones** Imagine that you took these photos on a vacation with friends. Use the pictures to tell your partner about the trip. *Answers will vary.*

1.

2.

3.

4.

5 **¿Qué hiciste?** Get together with a partner and take turns asking each other what you did yesterday, the day before yesterday, and last week. *Answers will vary.*

Practice more!

WB pp. 57–58 · LM p. 34 · vhlcentral.com

Verbs with spelling changes

▶ Verbs that end in **–car**, **–gar**, and **–zar** have a spelling change in the **yo** form of the preterite. All the other forms are regular.

bus**car** → bus**qué**   lle**gar** → lle**gué**   empe**zar** → empe**cé**

▶ **Creer**, **leer**, and **oír** have spelling changes in the preterite.

creer ▶ creí, creíste, creyó, creímos, creísteis, creyeron
leer ▶ leí, leíste, leyó, leímos, leísteis, leyeron
oír ▶ oí, oíste, oyó, oímos, oísteis, oyeron

▶ **Ver** is regular in the preterite, but none of its forms has an accent.

ver → vi, viste, vio, vimos, visteis, vieron

Words commonly used with the preterite

anoche	*last night*	desde... hasta...	*from... until...*
anteayer	*the day before yesterday*	pasado/a	*(adj.) last; past*
el año pasado	*last year*	la semana pasada	*last week*
ayer	*yesterday*	una vez	*once; one time*
de repente	*suddenly*	dos veces	*twice; two times*
		ya	*already*

Ayer compré una camisa.   Miré la televisión **anoche**.
Yesterday I bought a shirt.   *I watched TV last night.*

Useful phrases

¿Qué hiciste?	*What did you (fam., sing.) do?*
¿Qué hizo usted?	*What did you (form., sing.) do?*
¿Qué hicieron ustedes?	*What did you (form., pl.) do?*
¿Qué hizo él/ella?	*What did he/she do?*
¿Qué hicieron ellos/ellas?	*What did they do?*

¡ojo! Use **acabar de** + [*infinitive*] to say that something *has just occurred*. Note that **acabar** is in the present tense in this construction.

Acabo de comprar un suéter.   **Acabas de ir** de compras.
I just bought a sweater.   *You just went shopping.*

¡Manos a la obra!

Give the preterite form of each verb.

1. Elena *celebró* [celebrar].
2. Ellos *oyeron* [oír].
3. Emilio y yo *compramos* [comprar].
4. Los niños *comieron* [comer].
5. Usted *salió* [salir].
6. Yo *llegué* [llegar].
7. Yo *empecé* [empezar].
8. Tú *vendiste* [vender].
9. Ustedes *escribieron* [escribir].
10. Juan *vio* [ver].

6.3 Indirect object pronouns

 Tutorial

 comparisons NATIONAL STANDARDS

▶ An indirect object is the noun or pronoun that answers the question *to whom* or *for whom* an action is done. In this example, the indirect object answers this question: **¿A quién le prestó Roberto cien pesos?** *To whom did Roberto loan 100 pesos?*

SUBJECT	INDIRECT OBJECT PRONOUN	VERB	DIRECT OBJECT	INDIRECT OBJECT
Roberto	**le**	prestó	cien pesos	**a Luisa.**
Roberto		*loaned*	*100 pesos*	*to Luisa.*

Indirect object pronouns

Singular forms		Plural forms	
me	*(to, for) me*	nos	*(to, for) us*
te	*(to, for) you (fam.)*	os	*(to, for) you (fam.)*
le	*(to, for) you (form.);*	les	*(to, for) you (form.);*
	(to, for) him; (to, for) her		*(to, for) them*

Bueno, le doy un descuento.

Acabo de mostrarles que sí sabemos regatear.

▶ Spanish speakers often use the object pronoun and the noun to which it refers in the same sentence to emphasize or clarify *to whom* the pronoun refers. The indirect object pronoun is often used without the indirect object noun when the person for whom the action is being done is known.

Iván **le** prestó un lápiz **a Juan**.
Iván loaned a pencil to Juan.

También **le** prestó papel.
He also loaned him paper.

Sabrina **le** compró un café **a Valeria**.
Sabrina bought Valeria a coffee.

También **le** compró un sándwich.
She also bought her a sandwich.

¡ojo! Since **le** and **les** have multiple meanings, **a** + [*noun*] or **a** + [*pronoun*] is often used to clarify to whom the pronouns refer.

Unclear	Clearer
Ella **les** vendió ropa.	Ella **les** vendió ropa **a ellos**.
She sold clothing (to them or to you all).	*She sold clothing to them.*
Yo **le** presté una camisa.	Yo **le** presté una camisa **a Luis**.
I loaned a shirt (to you or to him or to her).	*I loaned a shirt to Luis.*

Práctica

1 **Completar** Fill in the correct indirect object pronouns to complete Emilio's description of his family's holiday shopping.

1. Yo ___le___ compré una cartera a mi padre.
2. Mi tía ___me___ compró una corbata muy fea (a mí).
3. Mis dos hermanos ___les___ compraron a mis padres dos pares de pantalones.
4. Yo ___le___ compré un suéter azul a mi mamá.
5. Mi abuelo ___nos___ compró muchos regalos a nosotros.
6. Y yo ___le___ compré una camiseta bonita a mi novia.

2 **Describir** Describe what happened in these photos based on the cues provided. Use indirect object pronouns and the preterite tense.

modelo mostrar/falda

Marissa les mostró la falda a Jimena y a Maru.

1. describir/bolso azul
Marissa les describió el bolso azul a Jimena y a Maru.

2. vender/bolsos
El vendedor les vendió los bolsos a las chicas.

3. preguntar/precio de los aretes
Miguel le preguntó el precio de los aretes a la vendedora.

4. comprar/aretes
Miguel le compró aretes a Maru.

Conversación

3 **Entrevista** Take turns with a classmate asking and answering questions using the cues provided. *Answers will vary.*

modelo

escribir mensajes electrónicos

Estudiante 1: ¿A quién le escribes mensajes electrónicos?
Estudiante 2: Le escribo mensajes electrónicos a mi hermano.

1. Cantar canciones de amor (*love songs*)

2. Dar besos

3. Decir mentiras

4. Escribir mensajes electrónicos

5. Hablar por teléfono

6. Mostrar fotos de un viaje

4 **Entrevista** Use these questions to interview a classmate. *Answers will vary.*

1. Cuando vas de compras, ¿te dan tus padres su tarjeta de crédito?

2. Si tu amigo te pide dinero para ir de compras, ¿cuánto dinero le prestas?

3. ¿Pagas el dinero que les debes (*money you owe*) a tus amigos?

4. ¿A quiénes les compras regalos?

5. ¿Qué vas a darles a tus padres este año?

6. ¿Les dices mentiras a tus padres o a tus amigos? ¿Cuándo?

5 **¡Somos ricos!** You and your classmates won the lottery! Now you want to spend money on your loved ones. In groups of three, discuss what each person is buying. *Answers will vary.*

modelo

Estudiante 1: *Quiero comprarle un vestido nuevo a mi mamá y una camiseta a mi novio.*

Estudiante 2: *Y yo voy a darles un auto nuevo a mis padres. A mis compañeras de cuarto les voy a comprar blusas y faldas nuevas.*

Estudiante 3: *Voy a comprarles una casa a mis padres, pero a mis amigos no les voy a dar nada (nothing).*

Practice more!

WB pp. 59–60	LM p. 35	vhlcentral.com

Using indirect object pronouns

▸ Indirect object pronouns usually precede the conjugated verb. In negative sentences, place the pronoun between **no** and the conjugated verb.

Te compré un abrigo.
I bought you a coat.

No te compré nada.
I didn't buy you anything.

▸ When an infinitive or present participle is used, there are two options for indirect object pronoun placement: before the conjugated verb, or attached to the infinitive or present participle. When a pronoun is attached to a present participle, an accent mark is added.

¿Vas a comprar**le** un regalo a Carla?
¿**Le** vas a comprar un regalo a Carla?
Are you going to buy a gift for Carla?

Estoy mostrándo**les** las fotos a ellos.
Les estoy mostrando las fotos a ellos.
I'm showing them the photos.

▸ The irregular verbs **dar** (*to give*) and **decir** (*to say; to tell*) are often used with indirect object pronouns.

Dar and decir

	dar	decir
yo	doy	digo
tú	das	dices
Ud./él/ella	da	dice
nosotros/as	damos	decimos
vosotros/as	dais	decís
Uds./ellos/ellas	dan	dicen
Present participle	dando	diciendo

Mi abuela **me da** muchos regalos.
My grandmother gives me lots of gifts.

Voy a **darle** un beso.
I'm going to give her a kiss.

Te digo la verdad.
I'm telling you the truth.

No **les estoy diciendo** mentiras a mis padres.
I am not telling lies to my parents.

▸ You will learn how to use these pronouns with direct object pronouns in Lesson 8.

¡Manos a la obra!

Use the cues in parentheses to provide the indirect object pronoun for the sentence. The first item has been done for you.

1. Martha __le__ quiere dar un regalo. (*to Elena*)

2. Alfonso __nos__ prepara un café. (*for us*)

3. Guillermo y Alejandra __me__ escriben desde Cuba. (*to me*)

4. Francisco y yo __les__ compramos unos guantes. (*for them*)

5. Los vendedores __te__ venden ropa. (*to you, fam. sing.*)

Tutorial **comparisons** NATIONAL STANDARDS

6.4 Demonstrative adjectives and pronouns

Demonstrative adjectives

▶ Demonstrative adjectives demonstrate or point out nouns. They precede the nouns they modify and agree with them in gender and number.

este vestido	**esos** zapatos	**aquella** tienda
this dress	*those shoes*	*that store (over there)*

Demonstrative adjectives

Singular forms		**Plural forms**		
MASCULINE	FEMININE	MASCULINE	FEMININE	
este	esta	estos	estas	*this; these*
ese	esa	esos	esas	*that; those*
aquel	aquella	aquellos	aquellas	*that; those (over there)*

▶ The demonstrative adjectives **este**, **esta**, **estos**, and **estas** are used to point out nouns that are close to the speaker and the listener.

Me gustan estos zapatos.

▶ The demonstrative adjectives **ese**, **esa**, **esos**, and **esas** are used to point out nouns that are not close in space and time to the speaker. They may, however, be close to the listener.

Prefiero esos zapatos.

▶ The demonstrative adjectives **aquel**, **aquella**, **aquellos**, and **aquellas** are used to point out nouns that are far away from the speaker and the listener.

Aquel auto es de mi hermana.

Práctica

1 **En un almacén** Gabriel and María are shopping. Complete their conversation with the appropriate demonstrative adjectives and pronouns.

MARÍA No me gustan (1) _____esos_____ (*those*) pantalones. Voy a comprar (2) _____éstos_____ (*these*).

GABRIEL Yo prefiero (3) _____aquéllos_____ (*those over there*).

MARÍA Sí, a mí también me gustan. ¿Qué piensas de (4) _____estos_____ (*these*) cinturones?

GABRIEL (5) _____Éstos_____ (*These*) cuestan demasiado.

MARÍA También busco un vestido elegante. ¿Te gusta (6) _____éste_____ (*this one*)?

GABRIEL No, es muy feo. ¿Necesitas una falda nueva? (7) _____Ésta_____ (*This one*) es bonita.

MARÍA No, no necesito una falda. Vamos, Gabriel. Me gusta (8) _____este_____ (*this*) almacén, pero (9) _____aquél_____ (*that one over there*) es mejor (*better*).

2 **Oraciones** Form sentences using the words provided and the appropriate forms of the preterite. Make all the necessary changes. *Answers will vary slightly.*

modelo

Este / clientes / gastar / mucho dinero
Estos clientes gastaron mucho dinero.

1. aquel / mujer / comprar / chaqueta *Aquella mujer compró una chaqueta.*
2. cliente / pagar / muy caro / ese / abrigos *El cliente pagó muy caro esos abrigos.*
3. tú / salir/ de compras / ese / centro comercial *Tú saliste de compras a ese centro comercial.*
4. yo / buscar / aquel / sombreros / por mucho tiempo *Yo busqué aquellos sombreros por mucho tiempo.*
5. empleados / vender / este / corbatas / en rebaja *Los empleados vendieron estas corbatas en rebaja.*

Conversación

3 **¿De qué color es?** In pairs, use demonstrative adjectives and pronouns to discuss the colors of items in your classroom. *Answers will vary.*

modelo

Estudiante 1: ¿Esos zapatos son azules?
Estudiante 2: No, ésos son verdes. Aquéllos son azules.
Estudiante 1: Y esa mochila, ¿es roja?
Estudiante 2: No, ésa es blanca. Aquélla es roja.

rojo/a · amarillo/a · azul · verde
anaranjado/a · blanco/a · café · negro/a

4 **En una tienda** Imagine that you and a classmate are in a small clothing store. Look at the illustration, then talk about what you see around you. *Answers will vary.*

modelo

Estudiante 1: ¿Te gusta esa chaqueta de mujer que está debajo de las camisas?
Estudiante 2: No, prefiero aquélla que está al lado de los pantalones. ¿Dónde están los zapatos?
Estudiante 1: Están en el centro de la tienda.

Practice more!
WB pp. 61–62 · LM p. 36 · vhlcentral.com

Demonstrative pronouns

SUGGESTION Point out that in 2010 the **Real Academia** recommended omitting the accent mark on demonstrative pronouns. However, most Spanish speakers continue to use the accent mark to avoid ambiguity.

▶ Demonstrative pronouns are identical to demonstrative adjectives, except that they traditionally carry an accent mark on the stressed vowel. They agree in number and gender with the corresponding noun.

No me gusta **este** suéter. Prefiero **ése**.
I don't like this sweater. I prefer that one.

Ella quiere comprar **esa** bolsa, no **aquélla**.
She wants to buy that purse, not that one over there.

No voy a comprar **estos** zapatos. Quiero **aquéllos**.
I'm not going to buy these shoes. I want those ones over there.

¿Qué precio tienen **esos** pantalones? **Ésos** cuestan quince dólares.
How much do those pants cost? Those cost fifteen dollars.

Demonstrative pronouns

Singular forms		Plural forms		
MASCULINE	FEMININE	MASCULINE	FEMININE	
éste	ésta	éstos	éstas	this one; these
ése	ésa	ésos	ésas	that one; those
aquél	aquélla	aquéllos	aquéllas	that one; those (over there)

▶ There are three neuter forms: **esto**, **eso**, and **aquello**. These forms refer to unidentified or unspecified nouns, situations, and ideas. They do not change in gender or number and never carry an accent mark.

¿Qué es **esto**? *What's this?*
Eso es interesante. *That's interesting.*
Aquello es bonito. *That's pretty.*

¡Manos a la obra!

Provide the correct form of the demonstrative adjective and demonstrative pronoun for these nouns.

1. la falda / este — *esta falda; ésta*
2. los estudiantes / este — *estos estudiantes; éstos*
3. los países / aquel — *aquellos países; aquéllos*
4. la ventana / ese — *esa ventana; ésa*
5. los periodistas / ese — *esos periodistas; ésos*
6. las empleadas / ese — *esas empleadas; ésas*
7. el chico / aquel — *aquel chico; aquél*
8. las sandalias / este — *estas sandalias; éstas*
9. el autobús / ese — *ese autobús; ése*
10. las chicas / aquel — *aquellas chicas; aquéllas*
11. el abrigo / aquel — *aquel abrigo; aquél*
12. los pantalones / este — *estos pantalones; éstos*
13. las medias / ese — *esas medias; ésas*
14. la bolsa / aquel — *aquella bolsa; aquélla*

A repasar

6.1 Numbers 101 and higher

1 La tienda In pairs, imagine that you are store employees taking inventory. Take turns asking and telling how many items there are.

modelo   cinturones: 274

Estudiante 1: ¿Cuántos cinturones hay?
Estudiante 2: Hay doscientos setenta y cuatro cinturones.

1. abrigos: 190
E2: Hay ciento noventa abrigos.
2. chaquetas: 351
E2: Hay trescientas cincuenta y una chaquetas.
3. pares de botas: 436
E2: Hay cuatrocientos treinta y seis pares de botas.
4. camisas: 912
E2: Hay novecientas doce camisas.

5. faldas: 685
E2: Hay seiscientas ochenta y cinco faldas.
6. vestidos: 562
E2: Hay quinientos sesenta y dos vestidos.
7. suéteres: 829
E2: Hay ochocientos veintinueve suéteres.
8. corbatas: 743
E2: Hay setecientas cuarenta y tres corbatas.

2 Estadísticas With a partner, take turns asking each other what the populations of these countries are.

modelo   Colombia: 45.239.000

Estudiante 1: ¿Cuál es la población (population) de Colombia?
Estudiante 2: Colombia tiene cuarenta y cinco millones doscientos treinta y nueve mil habitantes (inhabitants).

Poblaciones

1. México: 114.975.000
E2: México tiene ciento catorce millones novecientos setenta y cinco mil habitantes.
2. España: 47.043.000
E2: España tiene cuarenta y siete millones cuarenta y tres mil habitantes.
3. Venezuela: 28.048.000
E2: Venezuela tiene veintiocho millones cuarenta y ocho mil habitantes.
4. Cuba: 11.075.000
E2: Cuba tiene once millones setenta y cinco mil habitantes.
5. República Dominicana: 10.089.000
E2: La República Dominicana tiene diez millones ochenta y nueve mil habitantes.
6. Puerto Rico: 3.999.000
E2: Puerto Rico tiene tres millones novecientos noventa y nueve mil habitantes.

6.2 The preterite tense of regular verbs

3 Completar Fill in each blank with the appropriate preterite form of the verb provided.

OMAR Pedro, ¿(1) _____asististe_____ [asistir] al partido de fútbol anoche? Yo te (2) _____llamé_____ [llamar], pero tú no (3) _____contestaste_____ [contestar].

PEDRO Dora y yo (4) _____decidimos_____ [decidir] no ir. (Nosotros) (5) _____Miramos_____ [mirar] un video.

OMAR Entonces, (6) ¿_____oíste_____ [oír] (tú) que (that) los Dorados (7) _____ganaron_____ [ganar]? (Tú) Te (8) _____perdiste_____ [perder] un partido fenomenal. Todos (9) _____jugaron_____ [jugar] muy bien y Álvarez hizo dos goles (goals). Después (After), nosotros (10) _____celebramos_____ [celebrar] en El Reloj hasta la medianoche.

4 Entrevista Interview a partner about the last time he or she went out. Then switch roles. *Answers will vary.*

- Find out when and where your partner went out, with whom, and at what time.
- Ask what he/she wore.
- Find out what your partner did and what time he/she returned home.

6.3 Indirect object pronouns

5 Combinar Create sentences by combining elements from each column. Add indirect object pronouns and make any necessary changes. *Answers will vary.*

modelo   El profesor les explicó la tarea a ellos.

Yo	(no) explicar la tarea	mí
Tú	(no) pedir ayuda (help)	ti
Mi amigo/a	(no) contestar un email	el/la novio/a
Mi hermano/a	(no) enseñar español	mi compañero/a
El/La profesor(a)	(no) buscar un libro	nosotros/as
Él/Ella	(no) explicar el problema	los padres
Nosotros/as	(no) vender la motocicleta	ellos/as
Mis padres	(no) prestar 20 dólares	el/la profesor(a)
Los/Las chicos/as	(no) comprar un abrigo	tu primo/a

6 Encuesta Find out to or for whom your partner usually does these things. Use indirect object pronouns. *Answers will vary.*

modelo   abrir la puerta

Estudiante 1: ¿A quién le abres la puerta?
Estudiante 2: Les abro la puerta a mis abuelos.

Actividades	¿A quiénes?
1. Dar regalos	_____
2. Mostrar las compras	_____
3. Prestar ropa	_____
4. Pedir un descuento	_____
5. Dar un beso	_____
6. Decir mentiras	_____
7. Hablar en español	_____

Practice more at **vhlcentral.com**.

6.4 Demonstrative adjectives and pronouns

7 **¿De quién es?** In pairs, imagine that you are on a tour bus and some passengers left these items behind. Take turns asking each other what belongs to whom, using the cues provided.

modelo Daniel

Estudiante 1: ¿De quién es esta chaqueta?
Estudiante 2: ¿Ésa? Es de Daniel.

1. Raquel

E1: ¿De quién es este sombrero?
E2: ¿Ése? Es de Raquel.

2. Miguel

E1: ¿De quién son estas sandalias?
E2: ¿Ésas? Son de Miguel.

3. Señor Romero

E1: ¿De quién es este suéter?
E2: ¿Ése? Es del señor Romero.

4. Señora Espinosa

E1: ¿De quién es esta bolsa?
E2: ¿Ésa? Es de la señora Espinosa.

5. yo

E1: ¿De quién son estas gafas (de sol)?
E2: ¿Ésas? Son mis gafas (de sol).

6. Señora Domínguez

E1: ¿De quién es esta cartera?
E2: ¿Ésa? Es de la señora Domínguez.

Síntesis

8 **Las compras en Internet** In groups of three, discuss online shopping. *Answers will vary.*

- Explain why you like or don't like to shop on the Internet.
- Describe the items you bought on the Internet in the past year, for whom you bought each item, how much each item cost, and where you bought it. If you have one or more of the items with you, show it to the group as you talk about it.
- Explain how you paid for your purchases.

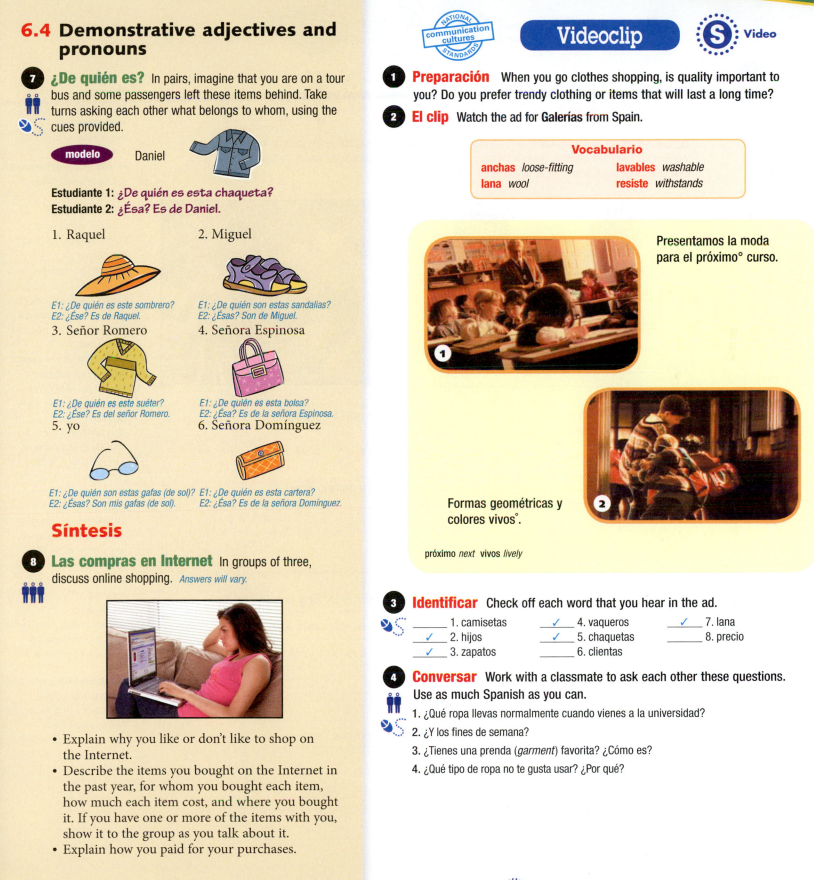

Videoclip **S** Video

1 **Preparación** When you go clothes shopping, is quality important to you? Do you prefer trendy clothing or items that will last a long time?

2 **El clip** Watch the ad for **Galerías** from Spain.

Vocabulario		
anchas *loose-fitting*	**lavables** *washable*	
lana *wool*	**resiste** *withstands*	

Presentamos la moda para el próximo° curso.

Formas geométricas y colores vivos°.

próximo *next* vivos *lively*

3 **Identificar** Check off each word that you hear in the ad.

_____ 1. camisetas   ✓ 4. vaqueros   ✓ 7. lana
✓ 2. hijos   ✓ 5. chaquetas   _____ 8. precio
✓ 3. zapatos   _____ 6. clientas

4 **Conversar** Work with a classmate to ask each other these questions. Use as much Spanish as you can.

1. ¿Qué ropa llevas normalmente cuando vienes a la universidad?
2. ¿Y los fines de semana?
3. ¿Tienes una prenda (*garment*) favorita? ¿Cómo es?
4. ¿Qué tipo de ropa no te gusta usar? ¿Por qué?

Ampliación

1 Escuchar

A Listen to Marisol and Alicia's conversation. Make a list of the clothing items that each person mentions, then note if she actually purchased it.

TIP **Listen for linguistic cues.** By listening for the endings of conjugated verbs, you can identify whether an event already took place, is taking place now, or will take place in the future. Verb endings also give clues about who is participating in the action.

Marisol		Alicia
1. _pantalones_ ✔		1. _zapatos_
2. _blusa_ ✔		2. _cinturón_
3. _____		3. _____
4. _____		4. _____

B ¿Crees que la moda es importante para Alicia? ¿Y para Marisol? ¿Por qué? En tu opinión, ¿es importante estar a la moda? *Answers will vary.*

2 Conversar

With a classmate, take turns playing the roles of a shopper and a clerk in a clothing store. Use these guidelines. *Answers will vary.*

- The shopper talks about the clothing he/she is looking for as a gift, mentions for whom the clothes are intended, and says what he/she bought for the same person last year

- The clerk recommends items, based on the shopper's descriptions

- The shopper asks how much items cost, and the clerk answers

1 SCRIPT

Marisol: Oye, Alicia, ¿qué estás haciendo?

Alicia: Estudiando no más. Y tú, ¿qué haces?

Marisol: Acabo de comprarme estos pantalones. Mira, ¿te gustan?

Alicia: ¡Qué bonitos! ¿Los encontraste en el centro comercial? ¿Y cuánto te costaron?

Marisol: Los compré en la Tienda Melo. Como estaban baratos me compré una blusa también. Es roja y creo que hace juego con los pantalones. ¿Qué piensas?

Alicia: La verdad es que te ves muy bien con esos colores. ¿No encontraste unos zapatos y un cinturón para hacer juego?

Marisol: Mi tarjeta de crédito está que no aguanta más. Y trabajé poco la semana pasada. ¡Acabo de gastar todo el dinero para la semana!

Alicia: ¡Ay, chica! Fui al centro comercial el mes pasado y encontré unos zapatos muy, pero muy de moda. Muy caros… pero buenos. No me los compré porque bueno… soy estudiante y no tengo mucho dinero.

Marisol: Puedes ir a la Tienda Melo. ¡En esa tienda hay muchas rebajas todo el año!

2 SUGGESTION Review the vocabulary for clothing, colors, and adjectives, and the **Expresiones útiles**.

Ampliación

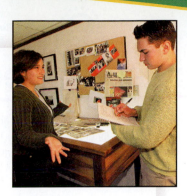

3 Escribir

Write a report for the school newspaper about an interview you conducted with a student concerning his or her opinion on the latest fashion trends at your school. *Answers will vary.*

TIP **Reporting an interview.** You may transcribe the interview verbatim, or simply summarize it with occasional quotes from the speaker. Your report should begin with an interesting title and a brief introduction, include some examples or a brief quote, and end with a conclusion.

Organízalo | Use an idea map to organize the interview questions and develop an outline for your report. Then brainstorm a title for the report.

Escríbelo | Using your outline as a guide, write the first draft of your report.

Corrígelo | Exchange papers with a classmate and comment on the report's title, introduction, organization, level of interest, grammatical accuracy, and conclusion. Then revise your first draft, with your classmate's comments in mind.

Compártelo | Exchange reports in groups of four. Give a superlative title to each report on the basis of its strongest points, for example, "best use of Spanish" or "most interesting questions."

4 Un paso más

Develop a business plan to open a clothing store in a Spanish-speaking country. *Answers will vary.*

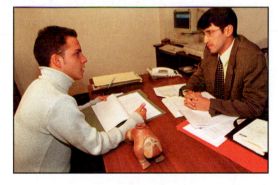

- Choose a location for your store
- Decide which products you are going to sell and select an appealing name for your store
- Include a visual presentation of your products
- Itemize your prices and your expected profits
- Explain why you think your store will be successful **(va a tener éxito)**

CONEXIÓN INTERNET

Investiga estos temas en el sitio **vhlcentral.com**.

- Tiendas y almacenes famosos
- Las monedas de los países hispanos

S Audio: Reading

Antes de leer

Skimming involves quickly reading through a document to absorb its general meaning. This strategy allows you to understand the main ideas without having to read word for word.

Examinar el texto

Look at the format of the reading selection. How is it organized? What does the organization of the document tell you about its content?

Buscar cognados

Scan the reading selection to locate at least five cognates. Based on the cognates, what do you think the reading selection is about? *Answers will vary. Suggested answers for 1-5: elegancia, blusas, accesorios, pantalones, precios.*

1. _____
2. _____
3. _____
4. _____
5. _____
6. The reading selection is about _a sale in a store_.

Impresiones generales

Now skim the reading selection to understand its general meaning. Jot down your impressions. What new information did you learn about the document by skimming it? Based on all the information you now have, answer these question in Spanish.

1. Who created this document? *una tienda/un almacén*
2. What is its purpose? *vender ropa*
3. Who is its intended audience? *gente que quiere comprar ropa*

GAME Write items of clothing on slips of paper. Divide the class into two teams. Have a member of one team draw a slip from a hat. That team member mimes putting on the item of clothing while the other team guesses what it is. The team with the most correct answers wins.

Corona

¡Corona tiene las ofertas más locas del verano!

La tienda más elegante de la ciudad con precios increíbles

Carteras
ELEGANCIA
Colores anaranjado, blanco, rosado y amarillo
Ahora: 15.000 pesos
50% de rebaja

Sandalias de playa
GINO
Números del 35 al 38
A sólo 12.000 pesos
50% de descuento

Faldas largas
ROPA BONITA
Algodón. De distintos colores
Talla mediana
Precio especial: 8.000 pesos

Blusas de seda
BAMBÚ
De cuadros y de lunares
Ahora: 21.000 pesos
40% de rebaja

Vestido de algodón
PANAMÁ
Colores blanco, azul y verde
Ahora: 18.000 pesos
30% de rebaja

Accesorios
BELLEZA
Cinturones, gafas de sol, sombreros, medias
Diversos estilos
Todos con un 40% de rebaja

Lunes a sábado de 9 a 21 horas.
Domingo de 10 a 14 horas.

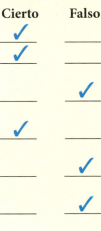

¡Grandes rebajas!

Real° Liquidación°

¡La rebaja está de moda en Corona!

y con la tarjeta de crédito más conveniente del mercado.

Chaquetas
CASINO
Microfibra. Colores negro,
café y gris
Tallas: P, M, G, XG
Ahora: 22.500 pesos

Zapatos
COLOR
Italianos y franceses
Números del 40 al 45
A sólo 20.000 pesos

Pantalones
OCÉANO
Colores negro, gris y café
Ahora: 11.500 pesos
30% de rebaja

Ropa interior
ATLÁNTICO
Tallas: P, M, G
Colores blanco,
negro y gris
40% de rebaja

Traje inglés
GALES
Modelos originales
Ahora: 105.000 pesos
30% de rebaja

Accesorios
GUAPO
Gafas de sol, corbatas,
cinturones, calcetines
Diversos estilos
**Todos con un 40%
de rebaja**

Real *Royal* *Liquidación* *Clearance sale*

Por la compra de 40.000 pesos, puede llevar un regalo gratis.
- Un hermoso cinturón de señora
- Un par de calcetines
- Una corbata de seda
- Una bolsa para la playa
- Una mochila
- Unas medias

Después de leer

¿Comprendiste? 🔵

Indicate whether each statement is **cierto** or **falso**. Correct the false statements.

Cierto	Falso	
✓		1. Hay sandalias de playa.
✓		2. El almacén Corona tiene un departamento de zapatos.
	✓	3. Corona abre a las nueve de la mañana los domingos. *Abre a las diez de la mañana.*
✓		4. Una elegante chaqueta café cuesta 22.500 pesos.
	✓	5. Las corbatas para hombre tienen una rebaja del 25%. *Tienen una rebaja del 40%.*
	✓	6. Normalmente las sandalias cuestan 22.000 pesos. *Normalmente cuestan 24.000 pesos.*
✓		7. El almacén Corona acepta tarjetas de crédito.
	✓	8. Cuando gastas 30.000 pesos en la tienda, llevas un regalo gratis. *Cuando gastas 40.000 pesos en la tienda, llevas un regalo gratis.*

Preguntas 🔵

1. ¿Cuánto cuestan los zapatos de hombre?
   Los zapatos de hombre cuestan 20.000 pesos.

2. ¿Hay rebaja de blusas de algodón (*cotton*)?
   No, hay rebaja de blusas de seda.

3. ¿Hay rebaja de ropa para niños en Corona?
   No, no hay rebaja de ropa para niños.

4. ¿Hay rebaja de minifaldas? *No, hay rebaja de faldas largas.*

Coméntalo 🔵

Imagina que vas a ir a Corona. ¿Qué ropa vas a comprar? ¿Hay tiendas similares a Corona en tu comunidad? ¿Cómo se llaman? ¿Tienen muchas rebajas? *Answers will vary.*

S Audio: Vocabulary Flashcards

La ropa y los accesorios

el abrigo	coat
los bluejeans	jeans
la blusa	blouse
la bolsa	bag; purse
las botas	boots
los calcetines	socks
la camisa	shirt
la camiseta	t-shirt
la cartera	wallet
la chaqueta	jacket
el cinturón	belt
la corbata	tie
la falda	skirt
las gafas (de sol)	(sun)glasses
los guantes	gloves
el impermeable	raincoat
las medias	pantyhose; stockings
los pantalones	pants
los pantalones cortos	shorts
el par de zapatos	pair of shoes
la ropa	clothing
la ropa interior	underwear
las sandalias	sandals
el sombrero	hat
el suéter	sweater
el traje	suit
el traje de baño	bathing suit
el vestido	dress
los zapatos de tenis	sneakers

As students finish the lesson, encourage them to explore the **Repaso** section on the Supersite. There they will find quizzes for practicing vocabulary, grammar, and oral language.

Adjetivos

barato/a	cheap
bueno/a	good
cada	each
caro/a	expensive
corto/a	short (in length)
elegante	elegant
hermoso/a	beautiful
largo/a	long
loco/a	crazy
nuevo/a	new
otro/a	other; another
pobre	poor
rico/a	rich

De compras

el almacén	department store
la caja	cash register
el centro comercial	shopping mall
el/la cliente/a	client
el/la dependiente/a	clerk
el dinero	money
el mercado (al aire libre)	(open-air) market
el precio (fijo)	(fixed) price
la rebaja	sale
el regalo	gift
la tarjeta de crédito	credit card
la tienda	store
el/la vendedor(a)	salesperson

costar (o:ue)	to cost
gastar	to spend (money)
hacer juego (con)	to match
ir de compras	to go shopping
llevar	to wear; to take
pagar (con)	to pay (with)
prestar	to lend
regatear	to bargain
usar	to wear; to use
vender	to sell

Palabras y expresiones

anoche	last night
anteayer	the day before yesterday
el año pasado	last year
ayer	yesterday
de repente	suddenly
desde	from
hasta	until
pasado/a	(adj.) last; past
la semana pasada	last week
una vez	once; one time
dos veces	twice; two times
ya	already

el beso	kiss
la mentira	lie
la verdad	truth

¿Qué hicieron ellos/ ellas?	What did they do?
¿Qué hicieron ustedes?	What did you (form., pl.) do?
¿Qué hiciste?	What did you (fam., sing.) do?
¿Qué hizo él/ella?	What did he/she do?
¿Qué hizo usted?	What did you (form., sing.) do?

acabar de (+ inf.)	to have just done something
dar	to give
decir	to say; to tell

Los colores	See page 141.
Numbers 101 and higher	See page 150.
Indirect object pronouns	See page 154.
Demonstrative adjectives and pronouns	See pages 156–157.

Practice more at **vhlcentral.com**.

AVENTURAS EN LOS PAÍSES HISPANOS

Cada año miles de personas de todo el mundo *(world)* llegan al Caribe para disfrutar *(to enjoy)* de sus encantos. De aguas cálidas *(warm)* y transparentes, el mar caribeño rodea *(surrounds)* las costas *(coasts)* de Cuba, Puerto Rico y la República Dominicana. Además de sus increíbles playas, el Caribe goza de *(enjoys)* un clima tropical todo el año y posee una enorme variedad de plantas y animales exóticos. ¿Te gustaría *(Would you like)* ir al Caribe algún *(some)* día?

EL CARIBE

 Puerto Rico

Área: 8.870 km^2 (3.425 millas^2)
Población: 3.999.000
Capital: San Juan – 2.730.000
Ciudades principales: Caguas, Mayagüez, Ponce
Moneda: dólar estadounidense

SOURCE: Population Division, UN Secretariat & CIA World Factbook

 Cuba

Área: 109.890 km^2 (42.429 millas^2)
Población: 11.075.000
Capital: La Habana – 2.140.000
Ciudades principales: Santiago de Cuba, Camagüey, Holguín, Guantánamo
Moneda: peso cubano

SOURCE: Population Division, UN Secretariat & CIA World Factbook

 República Dominicana

Área: 48.670 km^2 (18.790 millas^2)
Población: 10.089.000
Capital: Santo Domingo – 2.138.000
Ciudades principales: Santiago de los Caballeros, La Vega
Moneda: peso dominicano

SOURCE: Population Division, UN Secretariat & CIA World Factbook

ESTADOS UNIDOS

Lugares

La Habana Vieja

La Habana Vieja es uno de los lugares más maravillosos de Cuba. Este distrito fue declarado *(was declared)* Patrimonio *(Heritage)* Cultural de la Humanidad por la UNESCO en 1982. En la Plaza de Armas, se puede visitar el majestuoso Palacio de Capitanes Generales, que ahora es un museo. En la calle *(street)* Obispo, frecuentada por el escritor Ernest Hemingway, hay hermosos cafés, clubes nocturnos y tiendas elegantes.

Plaza de la Catedral en La Habana

Estrecho de la Florida

ISLAS BAHAMAS

★ **La Habana**

Cordillera de los Órganos

Isla de la Juventud

CUBA

Mar de las Antillas

Camagüey •

Holguín •

Sierra Maestra

Santiago de Cuba •

Guantánamo

Deportes

El béisbol

Para algunos latinoamericanos, el béisbol es más que un deporte. Los primeros países hispanos en tener una liga fueron Cuba y México, donde se empezó a jugar al béisbol en el siglo *(century)* XIX. Hoy día este deporte es una afición nacional en la República Dominicana. Pedro Martínez y David Ortiz son sólo dos de los muchísimos beisbolistas dominicanos que han alcanzado *(have reached)* gran éxito e inmensa popularidad entre los aficionados.

JAMAICA

Océano
Atlántico

La salsa y el merengue

Hoy día Puerto Rico es el centro internacional de la salsa. El Gran Combo de Puerto Rico, por ejemplo, es una de las orquestas de salsa más famosas del mundo. Sin embargo *(Nevertheless)*, este género musical, que comúnmente *(commonly)* se asocia con el Caribe, nació *(was born)* en barrios latinos de Nueva York como resultado de una mezcla *(mix)* de influencias puertorriqueñas, cubanas, africanas, españolas y de Estados Unidos.

El merengue, un ritmo de la República Dominicana, tiene sus raíces *(roots)* en el campo. Tradicionalmente las canciones hablaban de los problemas sociales de los campesinos *(farmers)*. Entre 1930 y 1960, el merengue se popularizó en las ciudades y adoptó un tono más urbano. Uno de los cantantes y compositores de merengue más famosos es Juan Luis Guerra.

El Morro

El Morro, el gran tesoro *(treasure)* de Puerto Rico, es un fuerte *(fort)* que está en la bahía *(bay)* de San Juan. Lo construyeron *(built)* los españoles en el siglo *(century)* XVI para defenderse de los piratas. Desde mil novecientos sesenta y uno, El Morro es un museo que atrae *(attracts)* a miles de turistas. También es el sitio más fotografiado de Puerto Rico. La arquitectura del fuerte es impresionante: Tiene túneles misteriosos, mazmorras *(dungeons)* y vistas *(views)* fabulosas de la bahía.

Puerto Plata

Santiago

Río Yuna

HAITÍ

LA REPÚBLICA DOMINICANA

Sierra de Neiba

Sierra de Baoruco

San Pedro
de Macorís

Santo
Domingo

Arecibo

San
Juan

Fajardo

Mayagüez

Isla
Culebra

Ponce

Isla de Vieques

PUERTO RICO

ciento sesenta y siete

¿Qué aprendiste?

communication · connections communities

1 ¿Cierto o falso? Indicate whether each statement is **cierto** or **falso**.

	Cierto	Falso
1. El mar Caribe está al oeste de América Central.		✓
2. El área de Cuba es más grande que el área de Puerto Rico.	✓	
3. San Juan es la capital de Puerto Rico.	✓	
4. La Habana Vieja es Patrimonio Cultural de la Humanidad.	✓	
5. La Habana Vieja es la parte nueva de la capital de Cuba.		✓
6. Los primeros países hispanos en tener una liga de béisbol fueron Cuba y Puerto Rico.		✓
7. El béisbol es el deporte de afición nacional de la República Dominicana.	✓	
8. La salsa nació en Nueva York.	✓	
9. El merengue tiene sus raíces en la ciudad.		✓
10. Juan Luis Guerra es un cantante de merengue.	✓	
11. El Morro fue construido (*was built*) por piratas en el siglo XVI.		✓
12. El Morro es actualmente un museo.	✓	

2 Preguntas Answer the questions in complete sentences. *Answers will vary.*

1. ¿Cuál de los países del Caribe te parece interesante visitar? ¿Por qué?

2. ¿Por qué crees que la Habana Vieja fue declarada Patrimonio Cultural de la Humanidad?

3. ¿Practicas béisbol? ¿Qué equipos de béisbol conoces? ¿Cuál es tu equipo favorito?

4. ¿Te gustan la salsa y el merengue? ¿Conoces (*Do you know*) grupos o artistas famosos de estos géneros musicales?

5. ¿Qué país del Caribe quieres visitar en tus próximas vacaciones? ¿Por qué?

CONEXIÓN INTERNET

Investiga estos temas en el sitio **vhlcentral.com**.

- Cubanos y puertorriqueños célebres
- Ecoturismo y lugares para visitar en el Caribe

La vida diaria

Communicative Goals

You will learn how to:
- talk about daily routines and personal hygiene
- reassure someone
- tell where you went

PARA EMPEZAR Here are some additional question: **¿Con quién vives?**
¿Qué actividades diarias compartes con él o ella? ¿Organizan
planes para los fines de semana? ¿Te gusta esa persona? ¿Por
qué?

PARA EMPEZAR

- ¿Dónde están ellas: en el patio o en el baño?
- ¿Crees que es de día o de noche? ¿Por qué?
- ¿Van a salir o acaban de llegar?
- ¿Crees que a ellas les gusta estar a la moda? ¿Por qué?

Tutorials

LA VIDA DIARIA

LA HIGIENE PERSONAL

afeitarse *to shave*

bañarse *to bathe; to take a bath*

cepillarse el pelo *to brush one's hair*

cepillarse los dientes *to brush one's teeth*

ducharse *to shower*

lavarse la cara *to wash one's face*

lavarse las manos *to wash one's hands*

maquillarse *to put on makeup*

peinarse *to comb one's hair*

---

el baño *bathroom*

el champú *shampoo*

la crema de afeitar *shaving cream*

el maquillaje *makeup*

la toalla *towel*

Raúl se ducha.

Isabel se lava las manos.

Paula se cepilla los dientes.

el jabón

Daniel se afeita.

SUGGESTION Use the Digital Image Bank to present the new vocabulary. Create two columns on the board and write **Por la mañana** and **Por la noche** at the top of each. Discuss your own morning and evening routines and write the infinitive form of each activity in the appropriate column. Ex: **Por la mañana me despierto a las 7:00.** You write **despertarse** under **Por la mañana.** Then ask students to fill in the columns with other infinitive forms.

Adriana se baña.

SUGGESTION Point out the pronoun **se** that accompanies the infinitives on this spread. Explain that the **se** indicates that these are reflexive verbs, which students will learn more about in 7.1. For now, show them the correlation between the infinitive and the third-person conjugation. **Acostarse: Él/Ella se acuesta.**

Jorge se levanta.

POR LA MAÑANA Y POR LA NOCHE

acostarse (o:ue) *to lie down; to go to bed*
despertarse (e:ie) *to wake up*
dormirse *to go to sleep; to fall asleep*
levantarse *to get up*
vestirse (e:i) *to get dressed*

EXPANSION Divide the class into small groups. Have students take turns miming actions associated with daily routines. The other group members should guess the verb or verb phrase. You may want to have students use only infinitive forms at this point. Ex: A student mimes washing his or her hands (**lavarse las manos**).

Sofía se duerme.

OTRAS PALABRAS Y EXPRESIONES

la rutina diaria *daily routine*

antes (de) *before*
después *afterward; then*
después de *after*
durante *during*
entonces *then*
luego *afterward; then*
más tarde *later (on)*
por la mañana *in the morning*
por la noche *at night*
por la tarde *in the afternoon; in the (early) evening*
por último *finally*
siempre *always*
también *also; too*

el despertador

el espejo

TEACHING OPTION Have students write out the most important four daily routine activities. With a partner, have them organize those activities in the most logical order using adverbs of time. Go over answers as a class. Ex: **Ducharse después de levantarse.**

Variación léxica
afeitarse ⟷ rasurarse (*Méx., Amér. C.*)
la ducha ⟷ la regadera (*Col., Méx., Venez.*)
ducharse ⟷ bañarse (*Amér. L.*)

A escuchar

1 **¿Cierto o falso?** Escucha las oraciones, mira las fotos e indica si cada oración es **cierta** o **falsa**.

	Cierto	Falso
1.	✓	
2.	✓	
3.		✓
4.	✓	
5.	✓	
6.		✓
7.	✓	
8.		✓

1 SCRIPT
1. Mauricio se lava el pelo.
2. Luisa se cepilla los dientes.
3. Luisa se lava las manos.
4. Mauricio se ducha.
5. Luisa se maquilla.
6. Mauricio se lava la cara.
7. Luisa se peina.
8. Mauricio se afeita.

2 **Escuchar** Escucha las oraciones e indica si cada oración es **lógica** o **ilógica**.

	Lógico	Ilógico
1.		✓
2.	✓	
3.		✓
4.	✓	
5.	✓	
6.		✓

2 SCRIPT
1. Alberto se baña por la mañana y entonces se despierta.
2. Lola se despierta antes de levantarse.
3. Andrés se lava las manos y después se baña.
4. Marina se ducha antes de vestirse.
5. Pablo se despierta y entonces se afeita.
6. Jaime se levanta, se peina y por último se despierta.

2 SUGGESTION Have students rephrase the illogical sentences so that they are logical.

Practice more!

LM p. 37

A practicar

3 EXPANSION Ask students if Francisco's schedule is typical for a student at their school. Ask: **¿Se despierta un estudiante típico a las seis y media de la mañana?**

3 Ordenar Ordena la rutina de Francisco de manera lógica.

3	a.	Después de afeitarse, cepillarse los dientes y vestirse, sale para las clases.
6	b.	Por último, se acuesta a las once y media de la noche.
2	c.	Se ducha y luego se afeita.
5	d.	Por la noche come un poco. Luego estudia antes de acostarse.
4	e.	Asiste a todas sus clases y vuelve a casa por la tarde.
1	f.	Por la mañana, Francisco se despierta a las seis y media.

4 EXPANSION Ask follow-up questions about each item. Ex: **¿Qué más necesita Manuel para vestirse? (zapatos de tenis) ¿Qué hace Daniel antes de acostarse? (Se cepilla los dientes.)**

4 Identificar Con un(a) compañero/a, indica qué necesitan estas personas para realizar (*to perform*) estas acciones.

TEACHING OPTION Name daily routine activities and have students make a list of the words that they associate with each one. Ex: **lavarse las manos: el jabón, el baño, el agua, la toalla**.

modelo

Manuel / vestirse
Estudiante 1: ¿Qué necesita Manuel para (*in order to*) vestirse?
Estudiante 2: Necesita una camiseta y unos pantalones.

1. Daniel / acostarse
E1: ¿Qué necesita Daniel para acostarse?
E2: Necesita una cama.

2. Raúl / despertarse
E1: ¿Qué necesita Raúl para despertarse?
E2: Necesita un despertador.

3. Mercedes / lavarse la cara
E1: ¿Qué necesita Mercedes para lavarse la cara?
E2: Necesita jabón y una toalla.

4. Leonardo / afeitarse
E1: ¿Qué necesita Leonardo para afeitarse?
E2: Necesita crema de afeitar.

5. Sofía / lavarse el pelo
E1: ¿Qué necesita Sofía para lavarse el pelo?
E2: Necesita champú.

6. Yolanda / maquillarse
E1: ¿Qué necesita Yolanda para maquillarse?
E2: Necesita un espejo y maquillaje.

Practice more!

WB
pp. 65–66

vhlcentral.com

A conversar

5 **La rutina diaria** Con un(a) compañero/a, mira las fotos y describe qué hace cada persona.

modelo

Estudiante 1: ¿Qué hace Alejandro?
Estudiante 2: Se afeita.

Alejandro

1.

Rosa
E1: ¿Qué hace Rosa?
E2: Se maquilla.

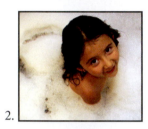

2.

Natalia
E1: ¿Qué hace Natalia?
E2: Se baña.

3.

Carlos
E1: ¿Qué hace Carlos?
E2: Se lava las manos.

4.

Julia
E1: ¿Qué hace Julia?
E2: Se cepilla el pelo.

5.

María Elena
E1: ¿Qué hace María Elena?
E2: Se cepilla los dientes.

6.

Nicolás
E1: ¿Qué hace Nicolás
E2: Se ducha.

6 **Describir** Trabajen en parejas (*pairs*) para describir la rutina diaria de dos o tres de estas personas. Usen las palabras de la lista. *Answers will vary.*

1. mi mejor (*best*) amigo/a
2. nuestro/a profesor(a) de español
3. mi padre/madre
4. mi compañero/a de cuarto

primero	durante el día	después
luego	antes	después de
entonces	antes de	por último

Pronunciación 🎧 Ⓢ Audio

The consonant r

ropa   **r**utina   **r**ico   **R**amón

In Spanish, **r** has a strong trilled sound at the beginning of a word. No English words have a trill, but English speakers often produce a trill when they imitate the sound of a motor.

gusta**r**   du**r**ante   p**r**ime**r**o   c**r**ema

In any other position, **r** has a weak sound similar to the English *tt* in *better* or the English *dd* in *ladder*. In contrast to English, the tongue touches the roof of the mouth behind the teeth.

piza**rr**a   co**rr**o   ma**rr**ón   abu**rr**ido

The letter combination **rr**, which only appears between vowels, always has a strong trilled sound.

ca**r**o   ca**rr**o   pe**r**o   pe**rr**o

Between vowels, the difference between the strong trilled **rr** and the weak **r** is very important, as a mispronunciation could lead to confusion between two different words.

Ⓢ **Práctica** Lee las palabras en voz alta, prestando (*paying*) atención a la pronunciación de la **r** y la **rr**.

1. Perú
2. Rosa
3. borrador
4. madre
5. comprar
6. favor
7. rubio
8. reloj
9. Arequipa
10. tarde
11. cerrar
12. despertador

Ⓢ **Oraciones** Lee las oraciones en voz alta, prestando atención a la pronunciación de la **r** y la **rr**.

1. Ramón Robles Ruiz es programador. Su esposa Rosaura es artista.
2. A Rosaura Robles le encanta regatear en el mercado.
3. Ramón nunca regatea… le aburre regatear.
4. Rosaura siempre compra cosas baratas.
5. Ramón no es rico, pero prefiere comprar cosas muy caras.
6. ¡El martes Ramón compró un carro nuevo!

Ⓢ **Refranes** Lee en voz alta los refranes, prestando atención a la **r** y a la **rr**.

No se ganó Zamora en una hora.[2]

Perro que ladra no muerde.[1]

[1] The dog's bark is worse than its bite.
[2] Rome wasn't built in a day.

SUGGESTION Model the pronunciation of each word or sentence, having students repeat after you.

EXPANSION Have students close their books. To help students discriminate between **r** and **rr**, pronounce the pairs **caro/carro** and **pero/perro**. Write each word on the board as you pronounce it. Then say them in random order and have students identify which word you said.

EXPANSION To practice the **r** and **rr** sounds, give students this sentence: **El carro corre por la carretera, pero el tren corre por el ferrocarril.**

Practice more!

LM p. 38

Ⓢ vhlcentral.com

Video ¡Necesito arreglarme!

VIDEO SYNOPSIS Marissa, Felipe, and Jimena all have plans to go out on a Friday night, but must compete for space in front of the mirror as they get ready. Felipe wins and manages to shave. Marissa convinces Jimena to skip the library and go with her to the movies.

Es viernes por la tarde y Marissa, Jimena y Felipe se preparan para salir.

PERSONAJES

MARISSA

JIMENA

FELIPE

MARISSA ¿Hola? ¿Está ocupado?
JIMENA Sí. Me estoy lavando la cara.
MARISSA Necesito usar el baño.

MARISSA Tengo que terminar de arreglarme. Voy al cine esta noche.
JIMENA Yo también tengo que salir. ¿Te importa si me maquillo primero? Me voy a encontrar con mi amiga Elena en una hora.

JIMENA ¡Felipe! ¿Qué estás haciendo?
FELIPE Me estoy afeitando. ¿Hay algún problema?
JIMENA ¡Siempre haces lo mismo!
FELIPE Pues, yo no vi a nadie aquí.

MARISSA Tú ganas. ¿Adónde vas a ir esta noche, Felipe?
FELIPE Juan Carlos y yo vamos a ir a un café en el centro. Siempre hay música en vivo. (*Se despide.*) Me siento guapísimo. Todavía me falta cambiarme la camisa.

MARISSA ¿Adónde vas esta noche?
JIMENA A la biblioteca.
MARISSA ¡Es viernes! ¡Nadie debe estudiar los viernes! Voy a ver una película de Pedro Almodóvar con unas amigas.

MARISSA ¿Por qué no vienen tú y Elena al cine con nosotras? Después, podemos ir a ese café y molestar a Felipe.

PREVIEW Have students skim the **Fotonovela** to get the gist.
Ask a few volunteers to share their impressions with the class.

ACTIVIDADES

1 **¿Cierto o falso?** Indica si lo que dicen estas oraciones es **cierto** o **falso.** Corrige las oraciones falsas.

1. Marissa va a ver una película de Pedro Almodóvar con unas amigas. *Cierto.*
2. Jimena se va a encontrar con Elena en dos horas. *Falso. Jimena se va a encontrar con Elena en una hora.*
3. Felipe se siente muy feo después de afeitarse. *Falso. Felipe se siente guapísimo después de afeitarse.*
4. Jimena quiere maquillarse. *Cierto.*
5. Marissa quiere ir al café para molestar a Juan Carlos. *Falso. Marissa quiere ir al café para molestar a Felipe.*

2 **Ordenar** Ordena correctamente los planes que tiene Marissa.

___5___ a. Voy al café.
___2___ b. Me arreglo el pelo.
___6___ c. Molesto a Felipe.
___3___ d. Me encuentro con unas amigas.
___1___ e. Entro al baño.
___4___ f. Voy al cine.

VIDEO RECAP Before doing this Aventuras episode, review the previous episode in class:
1. Marissa, Jimena y Maru compraron tres _____ en el mercado. (bolsas) 2. Juan Carlos se compró una _____ elegante. (camisa) 3. Miguel le compró unos _____ a Maru. (aretes) 4. Don Guillermo dijo que el ganador del día de compras fue _____. (Miguel)

SUGGESTION Point out that **me levanto, me despierto, me ducho, me cepillo, me afeito,** and **no te preocupes** are examples of reflexive verbs. Tell students that they will learn more about these verbs in **Gramática** 7.1.

JIMENA ¿Por qué no te afeitaste por la mañana?

FELIPE Porque cada vez que quiero usar el baño, una de ustedes está aquí. O bañándose o maquillándose.

JIMENA No te preocupes, Marissa. Llegaste primero. Entonces, te arreglas el pelo y después me maquillo.

FELIPE ¿Y yo? Tengo crema de afeitar en la cara. No me voy a ir. Estoy aquí y aquí me quedo.

JIMENA No sé.

MARISSA ¿Cuándo fue la última vez que viste a Juan Carlos?

JIMENA Cuando fuimos a Mérida.

MARISSA A ti te gusta ese chico.

JIMENA No tengo idea de qué estás hablando. Si no te importa, nos vemos en el cine.

SUGGESTION Draw attention to the verb forms **fui, fuiste, fue,** and **fuimos.** Explain that these are forms of the verbs **ir** and **ser** in the preterite tense. The context clarifies which verb is used. Tell students that they will learn more about these verbs in **Gramática** 7.3.

3 **En el baño** Trabajen en parejas para representar el conflicto entre dos compañeros/as de cuarto que deben usar el baño al mismo tiempo por motivos diferentes. Usen las instrucciones como guía.

Estudiante 1
1. Di (Say) que quieres arreglarte porque vas a ir al cine.
2. Pregunta si puedes secarte el pelo.
3. Di que puede lavarse la cara, pero que después necesitas secarte el pelo.

Estudiante 2
1. Di (Say) que necesitas arreglarte porque te vas a encontrar con tus amigos/as.
2. Responde que no porque necesitas lavarte la cara.
3. Di que puede secarse el pelo, pero que después necesitas peinarte.

Expresiones útiles

Talking about getting ready
Necesito arreglarme.
I need to get ready.
Me estoy lavando la cara.
I'm washing my face.
¿Te importa si me maquillo primero?
Is it OK with you if I put on my makeup first?
Tú te arreglas el pelo y después yo me maquillo.
You fix your hair and then I'll put on my makeup.
Todavía me falta cambiarme la camisa.
I still have to change my shirt.

Reassuring someone
Tranquilo/a.
Relax.
No te preocupes.
Don't worry.

Talking about past actions
¿Cuándo fue la última vez que viste a Juan Carlos?
When was the last time you saw Juan Carlos?
Cuando fuimos a Mérida.
When we went to Mérida.

Talking about likes and dislikes
Me fascinan las películas de Almodóvar.
I love Almodóvar's movies.
Me encanta la música en vivo.
I love live music.
Me molesta compartir el baño.
It bothers me to share the bathroom.

Additional vocabulary
encontrarse con to meet up with
molestar to bother
nadie no one

Practice more!

VM pp. 181–182 vhlcentral.com

Reading

La siesta

¿Sientes cansancio° después de comer?

¿Te cuesta° volver al trabajo° o a clase después del almuerzo? Estas sensaciones son normales. A muchas personas les gusta relajarse° después de almorzar. Este momento de descanso es **la siesta**. La siesta es popular en los países hispanos y viene de una antigua costumbre° del área del Mediterráneo. La palabra *siesta* viene del latín, es una forma corta de decir "sexta hora". La sexta hora del día es después del mediodía, el momento de más calor. Debido al° calor y al cansancio, los habitantes de España, Italia, Grecia e incluso Portugal, tienen la costumbre de dormir la siesta desde hace° más de° dos mil años. Los españoles y los portugueses llevaron la costumbre a los países americanos.

debe durar° sólo entre veinte y cuarenta minutos. Si dormimos más, entramos en la fase de sueño profundo y es difícil despertarse.

Hoy, algunas empresas° de los EE.UU., Canadá, Japón, Inglaterra y Alemania tienen salas° especiales donde los empleados pueden dormir la siesta.

Sientes cansancio *Do you feel tired* Te cuesta *Is it hard for you* trabajo *work* relajarse *to relax* antigua costumbre *old custom* Debido al *Because of the* desde hace *for* más de *more than* Aunque *Although* está desapareciendo *is disappearing* oficinas *offices* ayuda *helps* mejor *better* durar *last* algunas empresas *some businesses* salas *rooms*

¿Dónde duermen la siesta?

En los lugares donde la siesta es una costumbre antigua, las personas la duermen en su casa. En los países donde la siesta es una costumbre nueva, la gente duerme en sus lugares de trabajo o en centros de siesta.

■ Costumbre antigua
■ Costumbre nueva

Aunque° hoy día esta costumbre está desapareciendo° en las grandes ciudades, la siesta todavía es importante en la cultura hispana. En pueblos pequeños, por ejemplo, muchas oficinas° y tiendas tienen la costumbre de cerrar por dos o tres horas después del mediodía. Los empleados van a su casa, almuerzan con sus familias, duermen la siesta o hacen actividades, como ir al gimnasio, y luego regresan al trabajo entre las 2:30 y las 4:30 de la tarde.

Los estudios científicos explican que una siesta corta después de almorzar ayuda° a trabajar más y mejor° durante la tarde. Pero ¡cuidado! Esta siesta

ASÍ SE DICE

El cuidado personal

el acondicionador; **la crema de enjuage**	*conditioner*
el aseo; el excusado; el **servicio; el váter (Esp.)**	**el baño**
la crema humectante	*moisturizer*
el cortaúñas	*nail clippers*
el desodorante	*deodorant*
el enjuague bucal	*mouthwash*
el hilo dental; **la seda dental**	*dental floss*
la máquina de afeitar; **la máquina de rasurar (Méx.)**	*electric razor*

ACTIVIDADES

1 **¿Cierto o falso?** Indica si lo que dicen las oraciones es **cierto** o **falso**. Corrige la información falsa.

1. La costumbre de la siesta empezó en Asia. *Falso. La costumbre de la siesta empezó en el área del Mediterráneo.*
2. La palabra *siesta* está relacionada con la sexta hora del día. *Cierto.*
3. Los españoles y los portugueses llevaron la costumbre de la siesta a Latinoamérica. *Cierto.*
4. La siesta ayuda a trabajar más y mejor durante la tarde. *Cierto.*
5. Los horarios de trabajo de las grandes ciudades hispanas son los mismos que los pueblos pequeños. *Falso. En las grandes ciudades hispanas la costumbre de la siesta está desapareciendo.*
6. Una siesta larga siempre es mejor que una siesta corta. *Falso. La siesta debe durar entre veinte y cuarenta minutos.*
7. En los Estados Unidos, los empleados de algunas empresas pueden dormir la siesta en el trabajo. *Cierto.*
8. Es fácil despertar de un sueño profundo. *Falso. Es difícil despertar de un sueño profundo.*

2 **Una nueva costumbre** En parejas, imaginen que las tiendas y comercios en donde viven deciden adoptar la costumbre de la hora de la siesta. ¿Es una buena idea? ¿Cómo va a afectar esta nueva costumbre a su vida diaria? ¿Qué deben hacer ustedes para adaptarse?

CONEXIÓN INTERNET

¿Qué costumbres son populares en los países hispanos?

For more information about this **Cultura,** go to **vhlcentral.com.**

Video

Tapas para todos los días

1 **Preparación** En el área donde vives, ¿qué hacen las personas normalmente después del trabajo (*work*)? ¿Van a sus casas? ¿Salen con amigos? ¿Comen?

2 **El video** Mira el episodio de **Flash Cultura.**

> **Vocabulario**
> **económicas** *inexpensive*
> **montaditos** *bread slices with assorted toppings*
> **pagar propinas** *to tip*
> **tapar el hambre** *to take the edge off (lit. putting the lid on one's hunger)*

— ¿Cuándo suelesº venir a tomar tapas?
— Generalmente después del trabajo.

— Estos son los montaditos, o también llamados pinchos. ¿Te gustan?

ºsueles *do you tend*

3 **Ordenar** Ordena estos eventos de manera lógica.

___5___ 1. El empleado cuenta los palillos (*counts the toothpicks*) de los montaditos que Mari Carmen comió.

___2___ 2. Mari Carmen va al barrio de la Ribera.

___1___ 3. Un hombre en un bar explica cuándo sale a tomar tapas.

___3___ 4. Un hombre explica la tradición de los montaditos o pinchos.

___4___ 5. Mari Carmen le pregunta a la chica si los montaditos son buenos para la salud.

Practice more!
VM pp. 213–214 | vhlcentral.com

7.1 Reflexive verbs Tutorial

▶ A reflexive verb is used to indicate that the subject does something to or for himself or herself. Reflexive verbs always use reflexive pronouns.

SUBJECT	REFLEXIVE VERB
Carlos	**se afeita** todos los días.

Reflexive verbs

lavarse

yo	**me lavo**	*I wash (myself)*
tú	**te lavas**	*you wash (yourself)*
usted	**se lava**	*you wash (yourself)*
él/ella	**se lava**	*he/she washes (himself/herself)*
nosotros/as	**nos lavamos**	*we wash (ourselves)*
vosotros/as	**os laváis**	*you wash (yourselves)*
ustedes	**se lavan**	*you wash (yourselves)*
ellos/ellas	**se lavan**	*they wash (themselves)*

▶ When a reflexive verb is conjugated, the reflexive pronoun agrees with the subject: **Me peino**.

¿Te importa si me maquillo primero?

A las chicas les encanta maquillarse durante horas y horas.

▶ Reflexive pronouns follow the same rules for placement as object pronouns. They are placed before the conjugated verb, or attached to the infinitive or present participle. When a pronoun is attached to the participle, an accent mark is added.

José **se** levanta temprano.	José **se** va a levantar temprano.
José gets up early.	José va a levantar**se** temprano.
	José is going to get up early.
Carlos **se** afeita.	Carlos está afeitándo**se**.
Carlos shaves.	Carlos **se** está afeitando.
	Carlos is shaving.

¡ojo! Unlike English, Spanish uses the definite article, not a possessive adjective, when referring to clothing or parts of the body.

La niña se quitó **los** zapatos.	Me cepillé **los** dientes.
*The girl took **her** shoes off.*	*I brushed **my** teeth.*

Práctica

1 Conversaciones Completa las conversaciones.

MARIO Tú (1) __lavaste__ [lavar / lavarse] los platos ayer, ¿no?

TOMÁS Sí, los (2) __lavé__ [lavar / lavarse] después de las clases.

• • •

BEATRIZ ¿Normalmente (tú) (3) __te duchas__ [duchar / ducharse] antes de ir a clase?

DAVID Sí, (4) __me ducho__ [duchar / ducharse] por la mañana después de despertarme.

• • •

MAMÁ Niños, ¿a qué hora (5) __se acostaron__ [acostar / acostarse] ustedes anoche?

PABLO Daniela (6) __se acostó__ [acostar / acostarse] a las nueve, pero nosotros (7) __nos acostamos__ [acostar / acostarse] a las ocho.

• • •

ANA Yo (8) __me siento__ [sentir / sentirse] nerviosa hoy.

PATRICIA Bueno… tú siempre (9) __te sientes__ [sentir / sentirse] nerviosa antes de un examen.

2 Emparejar Empareja cada foto con la oración correspondiente. Luego, indica qué oraciones tienen verbos reflexivos.

1.
2.
3.
4.
5.
6.

		¿Reflexivo?
__2__	a. Julia se enoja.	✓
__6__	b. Verónica se maquilla.	✓
__1__	c. Manuela baña a su hija.	
__4__	d. Estela se pone los calcetines.	✓
__5__	e. El abuelo despierta a sus nietas.	
__3__	f. Ramón se cepilla los dientes.	✓

Conversación

3 Preguntas En parejas, túrnense para hacerse estas preguntas. *Answers will vary.*

1. ¿Cuándo te enojas?
2. ¿Cuándo te sientes feliz?
3. ¿A qué hora te despertaste ayer?
4. ¿A qué hora te levantaste hoy?
5. ¿Te cepillaste los dientes esta mañana?
6. ¿Te lavas las manos antes de comer?
7. ¿Te duermes antes o después de la medianoche?
8. ¿A qué hora te vas a acostar esta noche?

4 Charadas En grupos, jueguen a las charadas. Cada persona debe pensar en dos oraciones con verbos reflexivos. La primera persona que adivina la charada dramatiza la siguiente (*next one*). *Answers will vary.*

5 Entrevista Primero, prepara una lista con las actividades que hiciste (*you did*) anoche. Luego, compara con un(a) compañero/a las actividades y toma apuntes (*notes*) de lo que hizo él/ella (*what he/she did*). Sigue el modelo para el primer paso (*step*). *Answers will vary.*

6:00 p.m.	En el Centro Comercial. Me probé un vestido.
7:30 p.m.	Cine con Javier. Muy aburrido. Casi (*Almost*) me dormí.
9:00 p.m.	En el restaurante Cangrejo. Me enojé con Ana.
11:00 p.m.	Fiesta en casa de Antonio. Me acosté tarde.

Practice more!

| WB pp. 67–68 | LM p. 39 | vhlcentral.com |

Common reflexive verbs

Common reflexive verbs			
acordarse (de) (o:ue)	to remember	levantarse	to get up
acostarse (o:ue)	to go to bed	llamarse	to be named
afeitarse	to shave	maquillarse	to put on makeup
bañarse	to bathe;	peinarse	to comb one's hair
	to take a bath	ponerse	to put on
cepillarse	to brush	ponerse (+ adj.)	to become (+ adj.)
despertarse (e:ie)	to wake up	preocuparse (por)	to worry (about)
dormirse (o:ue)	to go to sleep	probarse (o:ue)	to try on
ducharse	to shower	quedarse	to stay; to remain
enojarse	to get angry	quitarse	to take off
irse	to go away;	sentarse (e:ie)	to sit down
	to leave	sentirse (e:ie)	to feel
lavarse	to wash oneself	vestirse (e:i)	to get dressed

▶ Many Spanish verbs can be reflexive. If the verb acts upon the subject, use the reflexive form. If the verb acts upon something else, use the non-reflexive form.

Lola **lava** los platos.

Lola **se lava** la cara.

¡ojo! Reflexive verbs and their non-reflexive counterparts sometimes have different meanings.

acordar *to agree* **acordarse** *to remember*
levantar *to lift* **levantarse** *to get up*

¡Manos a la obra!

Indica el presente de estos verbos reflexivos.

despertarse

1. Ellos ___se despiertan___ tarde.
2. Tú ___te despiertas___ tarde.
3. Nosotros ___nos despertamos___ tarde.
4. Antonio ___se despierta___ tarde.
5. Yo ___me despierto___ tarde.
6. Ustedes ___se despiertan___ tarde.

ponerse

1. Ella ___se pone___ los pantalones.
2. Yo ___me pongo___ los pantalones.
3. Usted ___se pone___ los pantalones.
4. Nosotros ___nos ponemos___ los pantalones.
5. Las niñas ___se ponen___ los pantalones.
6. Tú ___te pones___ los pantalones.

7.2 Indefinite and negative words Tutorial

▶ Indefinite words, such as *someone* or *something*, refer to people and things that are not specific. Negative words, like *no one* or *nothing*, deny the existence of people and things or contradict statements.

Indefinite and negative words

Indefinite words		Negative words	
algo	something; anything	nada	nothing; not anything
alguien	someone; somebody; anyone	nadie	no one; nobody; not anyone
alguno/a(s), algún	some; any	ninguno/a, ningún	no; none; not any
o… o	either… or	ni… ni	neither… nor
		nunca, jamás	never, not ever
		tampoco	neither; not either

▶ There are two ways to form negative sentences in Spanish. You can place the negative word before the verb, or you can place **no** before the verb and the negative word after the verb.

Nadie piensa en mí.
No piensa **nadie** en mí.
Nobody thinks of me.

Ninguno me gusta.
No me gusta **ninguno**.
I don't like any.

Ellos **nunca** se enojan.
Ellos **no** se enojan **nunca**.
They never get angry.

Nada me despierta.
No me despierta **nada**.
Nothing wakes me up.

▶ In Spanish, sentences frequently contain two or more negative words. Once a sentence is negative, all indefinite ideas must be expressed in the negative.

Ella **no** tiene **ninguna** idea.
She doesn't have any idea.

Jamás me preocupo por **nada**.
I never worry about anything.

Nunca te pido **nada**.
I never ask you for anything.

Tampoco me acuerdo de **nadie**.
I don't remember anyone either.

Práctica

1 La familia de Claudia Completa las oraciones con **pero** o **sino**.

> **modelo**
>
> Mi abuela es aburrida, ____pero____ amable.

1. No me ducho por la mañana, ____sino____ por la noche.
2. A mí no me gusta nadar, ____sino____ correr.
3. Mi hermana María Luisa es alta, ____pero____ delgada.
4. Mi hermano Emilio no es moreno, ____sino____ rubio.
5. Mis padres no se acuestan temprano, ____sino____ tarde.
6. Mi primo Manuel es inteligente, ____pero____ no es interesante.
7. Mi madre y yo siempre nos despertamos temprano, ____pero____ nunca estamos cansadas.
8. Mi amiga Mariana es pequeña, ____pero____ fuerte (*strong*).

2 Completar Completa esta conversación con oraciones que tengan (*have*) palabras negativas.

ALFONSO Ana María, ¿encontraste algún regalo para Elena?
ANA MARÍA (1) No, no encontré ningún regalo/nada para Elena.

ALFONSO ¿Viste a alguna amiga en el centro comercial?
ANA MARÍA (2) No, no vi a ninguna amiga/nadie en el centro comercial.

ALFONSO Ana María, ¿quieres ir al teatro o al cine esta noche?
ANA MARÍA (3) No, no quiero ir ni al teatro ni al cine.

ALFONSO ¿Quieres salir a comer?
ANA MARÍA (4) No, no quiero salir a comer (tampoco).

ALFONSO ¿Hay algo interesante en la televisión esta noche?
ANA MARÍA (5) No, no hay nada interesante en la televisión.

ALFONSO ¿Tienes algún problema?
ANA MARÍA (6) No, no tengo ningún problema/ninguno.

ALFONSO ¿Eres siempre antipática?
ANA MARÍA (7) No, nunca soy antipática.

Conversación

3 Quejas Con un(a) compañero/a, prepara una lista de cinco quejas (*complaints*) comunes que tienen los estudiantes universitarios. Usen expresiones negativas.
Answers will vary.

 modelo
Nadie me entiende.
¡Jamás puedo levantarme tarde!

Ahora preparen una lista de cinco quejas que los padres tienen de sus hijos.

 modelo
Nunca limpian sus habitaciones.
¡No se lavan las manos tampoco!

4 Anuncios En parejas, lean el anuncio (*ad*) y preparen otro anuncio similar, sobre algún producto de higiene personal, usando expresiones afirmativas y negativas.
Answers will vary.

¿Buscas algún producto especial?

¡No vas a poder resistirte jamás a las ofertas de las tiendas García!

Practice more!
WB pp. 69–70
LM p. 40
vhlcentral.com

Using indefinite words

▶ **Alguien** and **nadie** are often used with the personal **a**. The personal **a** is also used before **alguno/a**, **algunos/as**, and **ninguno/a** when these words refer to people and are the direct object of a verb.

—Carlos, ¿ves **a alguien** allí?   —¿Oyes **a alguno** de los chicos?
—No, no veo **a nadie**.   —No, no oigo **a ninguno**.

¡ojo! Before a masculine singular noun, **alguno** and **ninguno** are shortened to **algún** and **ningún**. Note that the personal **a** is not used with these words when they function as adjectives.

—¿Tienen ustedes **algún** amigo peruano?   —No, no tenemos **ningún** amigo peruano.
—¿Visitaste **algún** museo?   —No, no visité **ningún** museo.

Pero and sino

▶ Although the conjunctions **pero** and **sino** both mean *but*, they are not interchangeable. **Sino** is used when the first part of a sentence is negative and the second part contradicts it. In this context, **sino** means *but rather* or *on the contrary*. In all other cases, **pero** is used to mean *but*.

No se acuesta temprano, **sino** tarde.
He doesn't go to bed early, but rather late.

Canto, **pero** nunca en público.
I sing, but never in public.

No queremos irnos, **sino** quedarnos.
We don't want to leave, but rather stay.

Me desperté a las once, **pero** estoy cansada.
I woke up at eleven, but I'm tired.

¡Manos a la obra!

Cambia las oraciones para que sean (*they are*) negativas. Sigue el modelo.

1. Siempre se viste bien. <u>Nunca</u> se viste bien.
2. Alguien se ducha. <u>No</u> se ducha <u>nadie</u>.
3. Ellas van también. Ellas <u>tampoco</u> van.
4. Juan también se afeita. Juan <u>tampoco</u> se afeita.
5. Alguien se pone nervioso. <u>No</u> se pone nervioso <u>nadie</u>.
6. Tú siempre te lavas las manos. Tú <u>nunca /jamás</u> te lavas las manos.
7. Voy a traer algo. <u>No</u> voy a traer <u>nada</u>.
8. La profesora hace algo en su escritorio. La profesora <u>no</u> hace <u>nada</u> en su escritorio.
9. Mis amigos viven en una residencia o en una casa. Mis amigos <u>no</u> viven <u>ni</u> en una residencia <u>ni</u> en una casa.
10. Tú y yo vamos al mercado. <u>Ni</u> tú <u>ni</u> yo vamos al mercado.
11. Tienen un espejo en su casa. <u>No</u> tienen <u>ningún</u> espejo en su casa.
12. Algunos niños se ponen el abrigo. <u>Ningún</u> niño se pone el abrigo.

7.3 Preterite of **ser** and **ir**

 Tutorial

▶ The preterite forms of **ser** (*to be*) and **ir** (*to go*) are irregular, so you will need to memorize them. None of these forms has an accent mark.

Preterite of *ser* and *ir*

	ser	ir
	to be	*to go*
yo	fui	fui
tú	fuiste	fuiste
Ud./él/ella	fue	fue
nosotros/as	fuimos	fuimos
vosotros/as	fuisteis	fuisteis
Uds./ellos/ellas	fueron	fueron

▶ Since the preterite forms of **ser** and **ir** are identical, the context clarifies which verb is being used.

Lucía **fue** a ver una película.
Lucía went to see a film.

La película **fue** muy interesante.
The film was very interesting.

Fui a Barcelona el año pasado.
I went to Barcelona last year.

Fue un viaje maravilloso.
It was a wonderful trip.

¿Cuándo fue la última vez que viste a Juan Carlos?

Cuando fuimos a Mérida.

¡Manos a la obra!

 Completa las siguientes oraciones usando el pretérito de **ir** y **ser**.

ir	ser
1. Los viajeros __fueron__ a Perú.	1. Usted __fue__ muy amable.
2. Patricia __fue__ a Cuzco.	2. Yo __fui__ muy cordial.
3. Tú __fuiste__ a Iquitos.	3. Ellos __fueron__ muy buenos.
4. Gregorio y yo __fuimos__ a Lima.	4. Nosotros __fuimos__ muy impacientes.
5. Yo __fui__ a Trujillo.	5. Ella __fue__ muy antipática.
6. Ustedes __fueron__ a Arequipa.	6. Tú __fuiste__ muy listo.
7. Mi padre __fue__ a Lima.	7. Ustedes __fueron__ muy cordiales.
8. Nosotras __fuimos__ a Cuzco.	8. La gente __fue__ muy paciente.

EXPANSION To challenge students, have them identify which verb (**ser** or **ir**) they are using for each blank.

Práctica

1 **Conversación** Completa esta conversación con la forma correcta del pretérito de **ser** o **ir**.

ANDRÉS Cristina y Vicente (1) __fueron__ novios, ¿no?

LAURA Sí, pero ahora Cristina sale con Luis. Anoche ella (2) __fue__ a comer con él y la semana pasada ellos (3) __fueron__ al partido de fútbol.

ANDRÉS ¿Ah, sí? Mercedes y yo (4) __fuimos__ al partido y no los vimos.

LAURA ¿(5) __Fuiste__ tú con Mercedes? Y, ¿cómo (6) __fue__ el partido?

ANDRÉS (7) __Fue__ muy divertido. ¡Lo pasamos genial! Pero... ¡qué extraño! Nosotros (8) __fuimos__ al café Paraíso y vimos a Vicente con la hermana de Cristina.

LAURA ¿Él (9) __fue__ al café Paraíso con su hermana? ¡Qué horror!

2 **Oraciones** Forma oraciones con los siguientes elementos. Usa el pretérito. *Answers will vary.*

Sujetos	Verbos	Actividades
yo	(no) ir	a un restaurante
tú	(no) ser	en autobús a Nueva York
mis amigos/as		estudiante(s)
nosotros/as		a una discoteca en Buenos Aires
ustedes		muy amable
Antonio Banderas		a casa muy tarde
Gloria Estefan		a la playa con su novio/a
		dependiente/a en una tienda

Conversación

3 Preguntas En parejas, túrnense para hacerse las siguientes preguntas. *Answers will vary.*

1. ¿Adónde fuiste de vacaciones el año pasado?
2. ¿Con quién fuiste?
3. ¿Cómo fueron tus vacaciones?
4. ¿Fuiste de compras esta semana? ¿Qué compraste?
5. ¿Cómo se llama la última película que viste?
6. ¿Cuándo fuiste a ver la película?
7. ¿Cómo fue la película?
8. ¿Adónde fuiste durante el fin de semana? ¿Por qué?

4 El fin de semana pasado En parejas, hablen de lo que hicieron (*what you did*) ustedes el fin de semana pasado por la mañana, por la tarde y por la noche. Luego compartan la información con la clase. *Answers will vary.*

	Yo	Mi compañero/a
Por la mañana		
Por la tarde		
Por la noche		

5 Veinte preguntas En grupos pequeños, jueguen a las veinte preguntas. Una persona elige un personaje (*personality*) famoso. El resto del grupo hace preguntas hasta adivinar quién es. Los estudiantes deben hacer preguntas afirmativas o negativas con los verbos en el pretérito que conocen. *Answers will vary.*

- Barack Obama
- Oprah Winfrey
- Donald Trump
- Jennifer Aniston
- Alex Rodriguez

Practice more!
WB p. 71 — LM p. 41 — vhlcentral.com

Español en vivo

Solario
Siempre te estamos esperando

Fue una experiencia increíble

> "Cuando fui a Solario, me olvidé° de todo. Fui para despedirme de° todas mis preocupaciones y descubrir° los efectos calmantes del agua° de las lagunas. Después de bañarme en las aguas termales, se me fueron el cansancio° y el estrés. Fueron unas vacaciones extraordinarias."

30% de descuento sobre precios de nuestra página web

Hurtado 316 ◆ Teléfono: (506) 2327-3410 ◆ info@solario.com ◆ www.solario.com

olvidé *I forgot* **despedirme de** *to say goodbye to* **descubrir** *to discover* **agua** *water* **cansancio** *fatigue*

Identificar

Lee el anuncio (*advertisement*) y busca ejemplos del pretérito de los verbos **ser** e **ir**.

Preguntas

1. ¿Cómo se siente el hombre del anuncio?
2. ¿Por qué fue a Solario? ¿Cómo fue su visita?
3. En tu opinión, ¿se acuerda este hombre de sus responsabilidades diarias mientras (*while*) está en Solario?
4. En tu opinión, ¿va a volver a Solario este hombre? ¿Por qué?

7.4 Gustar and verbs like gustar

Tutorial

▶ **Me gusta(n)** and **te gusta(n)** express the concepts of *I like* and *you* (fam.) *like*. The literal meaning of **gustar** is *to be pleasing to (someone)*.

Me gusta ese champú.
That shampoo is pleasing to me.
I like that shampoo.

¿**Te gustan** los deportes?
Are sports pleasing to you?
Do you like sports?

▶ **Me gusta(n)** and similar constructions require an indirect object pronoun. In Spanish, the object or thing being liked (**el champú**) is the subject of the sentence. The person who likes the object is an indirect object that answers the question *to whom is the object pleasing?*

I.O. PRONOUN	SUBJECT		SUBJECT	DIRECT OBJECT
Me gusta	**ese champú.**		I	like that shampoo.

¿Te gusta Juan Carlos?

Me gustan los cafés que tienen música en vivo.

▶ **Gustar** and similar verbs are usually used in the third-person singular and plural. When the object or person liked is singular, the form **gusta** is used. When two or more objects or persons are liked, **gustan** is used.

Me gustan el mar y la montaña.
I like the ocean and the mountains.

¿**Les gusta** la ciudad?
Do they like the city?

SINGULAR	me, te, le	gusta / gustó	la película / el concierto
PLURAL	nos, os, les	gustan / gustaron	las computadoras / los libros

▶ To express what someone likes or does not like to do, the singular form **gusta** is used, followed by one or more infinitives.

Me gusta levantarme tarde.
I like to get up late.

Me gusta comer y **dormir.**
I like to eat and sleep.

▶ To express the English equivalent of *would like* (*something* or *to do something*), use the construction [*i.o. pronoun*] + **gustaría(n)**.

¿**Te gustaría** ver esa película?
Would you like to see that movie?

Me gustarían unos días sin clases.
I would like a few days without class.

Práctica

1 Completar Completa estas oraciones con los elementos necesarios.

1. __A__ Ana *le encantan* [encantar] las canciones (*songs*) de Enrique Iglesias.

2. A __mí__ me __gusta__ [gustar] más la música de Ricky Martin.

3. A mis amigos *les molesta* [molestar] la música de Gloria Estefan.

4. __A__ Juan y __a__ Rafael les __fascina__ [fascinar] la música de Shakira.

5. __A__ nosotros *nos importan* [importar] los grupos de pop latino.

6. Creo que al señor Gómez *le interesa* [interesar] más la música clásica.

7. A __mí__ me __aburre__ [aburrir] la música clásica.

8. ¿A __ti__ te __falta__ [faltar] dinero para el concierto de Jennifer López?

9. Sí. Sólo *me quedan* [quedar] cinco dólares.

10. ¿Cuánto dinero te __queda__ [quedar] a __ti__?

2 Describir Describe los dibujos con uno de los siguientes verbos.

aburrir	interesar
encantar	molestar
faltar	quedar

1. A Mauricio / libros
A Mauricio le interesan/encantan los libros.

2. A Lorena / despertador
A Lorena le molesta el despertador

3. A nosotros / bailar
A nosotros nos encanta bailar.

4. A ti / camisa
A ti te queda grande la camisa.

Conversación

3 **Preguntas** En parejas, túrnense para hacer y contestar estas preguntas. *Answers will vary.*

1. ¿Te gusta levantarte temprano o tarde? ¿Por qué?
2. ¿Te molesta cuando tu compañero/a de cuarto se levanta muy temprano?
3. ¿Te gustaría poder dormir la siesta todos los días? ¿Por qué?
4. ¿Te gusta ducharte por la mañana o por la noche?
5. ¿Te gustaría ir de tapas todos los días después de las clases?
6. ¿Te aburren los fines de semana que no sales con amigos?
7. ¿Qué te gusta de esta universidad? ¿Qué te molesta? ¿Hay algo que le falta a esta universidad?
8. ¿Te interesan más las ciencias o las humanidades? ¿Por qué?

4 **Conversar** En parejas, representen una conversación entre un(a) cliente/a y un(a) dependiente/a en una tienda de ropa. Sigan las instrucciones. *Answers will vary.*

Dependiente/a	Cliente/a
1. Saluda al/a la cliente/a y pregúntale en qué le puedes servir.	2. Saluda al/a la dependiente/a y dile (*tell him/her*) qué quieres comprar.
3. Pregúntale qué estilos le interesan y empieza a mostrarle la ropa.	4. Explícale que te interesan los estilos modernos. Escoge las cosas que te interesan.
5. Habla de las preferencias de la temporada (*trends*).	6. Habla de la ropa (me queda(n) bien/mal, me encanta(n)…).
7. Da opiniones favorables al/a la cliente/a (las botas te quedan fantásticas…).	8. Decide qué cosas te gustan y qué vas a comprar.

Practice more!

WB pp. 72–74 | LM p. 42 | vhlcentral.com

Using the verb gustar

▶ The construction **a** + [*personal pronoun*] (**a mí, a ti, a usted, a él, a ella, a nosotros/as, a vosotros/as, a ellos, a ellas, a ustedes**) clarifies or emphasizes the people who are pleased. **A** + [*noun*] can also be used.

A mí me gusta levantarme temprano. ¿Y **a ti**?
I like to get up early. How about you?

Al profesor le gustó el libro.
The teacher liked the book.

▶ Here is a list of common verbs used in the same way as **gustar**.

Verbs like *gustar*

aburrir	to bore	importar	to be important to; to matter
encantar	to like very much; to love (objects)		
		interesar	to be interesting to; to interest
faltar	to lack; to need		
fascinar	to fascinate; to like very much	molestar	to bother; to annoy
		quedar	to be left over; to fit (clothing)

▶ **Faltar** expresses what is lacking or missing. **Quedar** expresses how much of something is left. Also, **quedar** is used to talk about how clothing fits or looks on someone.

Le falta dinero.
He/she is short of money.

Me faltan dos pesos.
I need two pesos.

Nos quedan cinco libros.
We have five books left.

La falda **te queda** bien.
The skirt looks good on you.

¡Manos a la obra!

Indica el pronombre de objeto indirecto y la forma del tiempo presente adecuados en cada oración.

gustar

1. A él _le gusta_ la música pop.
2. A mí _me gusta_ bailar.
3. A nosotras _nos gusta_ cantar.
4. A ustedes _les gusta_ el dibujo.
5. A ti _te gusta_ correr, ¿no?
6. A Elena _le gusta_ bucear.
7. A mis padres _les gustan_ los chocolates.
8. A usted _le gusta_ jugar al tenis.
9. A mi esposo y a mí _nos gustan_ las novelas de terror.
10. A Pedro _le gusta_ estudiar.
11. A nosotros _nos gusta_ la clase.
12. A Paula no _le gustan_ los exámenes.

aburrir

1. A ellos _les aburren_ los deportes.
2. A ti _te aburren_ las películas, ¿no?
3. A usted _le aburren_ los viajes.
4. A mí _me aburren_ las revistas de celebridades de Hollywood.
5. A ellas _les aburren_ los deportes.
6. A nosotros _nos aburren_ las clases.
7. A ustedes _les aburren_ las fiestas.
8. A Marcela _le aburre_ leer y correr.
9. A ellos _les aburren_ los museos.
10. A ella _le aburre_ la televisión.
11. A Pedro _le aburre_ ir de compras.
12. A ti y a mí _nos aburre_ bailar.

A repasar

7.1 Reflexive verbs

De vacaciones Imagina que estás de vacaciones con tus amigos en la playa. Forma oraciones en tiempo presente con estos elementos.

1. Martín y Mónica / sentarse / en la cafetería del hotel
   Martín y Mónica se sientan en la cafetería del hotel.

2. yo / ponerse / bloqueador *(sun block)* / antes de tomar el sol *Yo me pongo bloqueador antes de tomar el sol.*

3. ustedes / quedarse / en el cuarto del hotel / durante la noche *Ustedes se quedan en el cuarto del hotel durante la noche.*

4. Josefina y yo / probarse / trajes de baño / en la tienda
   Josefina y yo nos probamos trajes de baño en la tienda.

5. tú / ducharse / después / nadar en el mar
   Tú te duchas después de nadar en el mar./Te duchas y después nadas en el mar.

6. Lucía / quitarse / las sandalias / antes / entrar en la piscina *Lucía se quita las sandalias antes de entrar en la piscina.*

2 **Una pareja singular** Angélica y Mauricio son una pareja muy estructurada *(methodical)* que siempre sigue la misma rutina antes de ir al trabajo. Lee el horario de cada uno y contesta las preguntas.

modelo
¿Qué hace Mauricio a las seis de la mañana?
Mauricio se afeita a las seis de la mañana.

Hora	Angélica	Mauricio
5:50 a.m.	levantarse	levantarse
6:00 a.m.	bañarse	afeitarse
6:30 a.m.	peinarse	ducharse
7:00 a.m.	maquillarse	peinarse
7:30 a.m.	vestirse	vestirse
8:00 a.m.	irse al trabajo	irse al trabajo

1. ¿A qué hora se levantan Angélica y Mauricio?
   Angélica y Mauricio se levantan a las 5:50 de la mañana.
2. ¿Qué hace Mauricio después de levantarse?
   Mauricio se afeita después de levantarse.
3. ¿Qué hace Angélica antes de maquillarse?
   Angélica se peina antes de maquillarse.
4. ¿Qué hacen Angélica y Mauricio a las siete de la mañana?
   A las siete de la mañana, Angélica se maquilla y Mauricio se peina.
5. ¿Qué hace Mauricio después de afeitarse?
   Mauricio se ducha después de afeitarse.
6. ¿Qué hace Angélica antes de peinarse?
   Angélica se baña antes de peinarse.
7. ¿Qué hacen Mauricio y Angélica a las siete y media?
   Mauricio y Angélica se visten a las siete y media.
8. ¿Qué hacen Angélica y Mauricio a las ocho de la mañana?
   Angélica y Mauricio se van al trabajo a las ocho de la mañana.

7.2 Indefinite and negative words

3 **La rutina diaria** Cambia las oraciones para que sean negativas.

modelo
Algunas personas se duchan por la noche.
Ninguna persona se ducha por la noche.

1. Siempre nos acostamos a las diez en punto.
   Nunca/Jamás nos acostamos a las diez en punto./No nos acostamos a las diez en punto nunca/jamás.
2. Mis padres se levantan a las seis o a las seis y media.
   Mis padres no se levantan ni a las seis ni a las seis y media.
3. Alguien se baña antes de ir a la escuela.
   Nadie se baña antes de ir a la escuela./No se baña nadie antes de ir a la escuela.
4. Yo también trabajo por la tarde.
   Yo tampoco trabajo por la tarde./Yo no trabajo por la tarde tampoco.
5. Ustedes comen algo. *Ustedes no comen nada.*
6. Tú te lavas el pelo con algún champú caro.
   Tú no te lavas el pelo con ningún champú caro.

4 **Tu novio/a ideal** En parejas, describan a su novio/a ideal usando expresiones indefinidas o negativas. *Answers will vary.*

modelo   **Es alguien que siempre dice la verdad.**

7.3 Preterite of ser and ir

5 **Un mensaje** Completa el mensaje con el pretérito de **ser** o **ir**.

✉

Hola, Laura:

Perdón porque no te escribí antes pero ayer (1) __*fue*__ un día con muchas cosas. Mi hermano y yo nos levantamos muy temprano y (2) __*fuimos*__ a correr al parque. Después me duché y (3) __*fui*__ a trabajar. Por la tarde, mis primos (4) __*fueron*__ a buscarme al trabajo *(work)* para ir a comer unas tapas. Quiero decirte que tú (5) __*fuiste*__ muy amable en contestar mi mensaje rápidamente y que tu familia y tú (6) __*fueron*__ muy cordiales conmigo cuando los visité en Chile.

A propósito, ¿cuándo vienes a España?
Esteban

6 **Ayer** En parejas, describan las actividades que hicieron *(you did)* ayer, usando el pretérito de **ir** y **ser**. *Answers will vary.*

modelo   **Por la mañana, yo fui a hacer ejercicio.**

1. Por la mañana, . . .   3. Por la noche, . . .
2. Por la tarde, . . .   4. Antes de acostarme, . . .

Practice more at **vhlcentral.com**.

7.4 **Gustar** and verbs like **gustar**

7 Combinar Combina elementos de cada columna para formar oraciones lógicas. *Answers will vary.*

A	B	C
Al empleado del hotel	aburrir	ducharse con agua fría
A mí	encantar	despertarse temprano
A nosotros	faltar	ponerse ropa de invierno
A Elena y a ti	fascinar	escuchar el despertador por la mañana
A ti	importar	la ropa de marca (*brand-name*)
A los estudiantes	molestar	mirarse al espejo con mucha frecuencia

8 Encuesta Pregúntales a dos o tres compañeros/as qué cosas o actividades les encantan, les aburren o les molestan. *Answers will vary.*

Nombre	Le encanta(n)	Le aburre(n)	Le molesta(n)

Síntesis

9 Un día típico En parejas, describan la rutina diaria de dos o tres de estas personas. Usen como mínimo tres verbos reflexivos, una expresión negativa y dos expresiones con verbos como **gustar**. *Answers will vary.*

- Shakira
- Kobe Bryant
- Ashton Kutcher
- Dos de tus profesores
- Lionel Messi

  Videoclip Video

1 Preparación Piensa en lugares insólitos (*unusual*) donde la gente trabaja o hace tareas. Comparte anécdotas personales o de tus amigos/as con la clase.

2 El clip Mira el anuncio de Internet móvil de Argentina.

Vocabulario

me banco	*I put up with (Arg., Urug.)*	**no soporto**	*I can't stand*
la comida	*food*	**me cambió la vida**	*changed my life*
dejar	*to leave*		

Vivimos en una casa rodante°…

Yo… él… ¡Arcoíris°!

casa rodante *recreational vehicle*   Arcoíris *Rainbow*

3 Escoger Escoge la opción correcta para cada oración.

1. Yoel se banca _____ (la comida macrobiótica / la comida vegetariana).
2. Él no soporta _____ (levantarse en Mar del Plata / abandonar todo).
3. Yoel recibió _____ (un libro / un regalo) que le cambió la vida.
4. Él tiene _____ (un blog / una página web) donde se conecta con todos sus amigos.

4 El viaje Imaginen que la familia de Yoel viaja por los Estados Unidos en su casa rodante. En parejas, escriban una conversación por blog entre Yoel y un amigo. Su amigo le hace preguntas sobre su rutina diaria y sobre lo que le encanta y le molesta del viaje.

Ampliación

① Escuchar

A Escucha la entrevista entre Carolina y Julián, teniendo en cuenta (*taking into account*) tus conocimientos sobre este tipo de situación. Elige la opción que completa correctamente cada oración. *Answers will vary.*

TIP **Use background information.** Use what you already know about a topic to help you guess the meaning of unknown words or linguistic structures.

1. Julián es...
   a. político.   b. deportista profesional.
   (c.) artista de cine.

2. El público (*audience*) de Julián quiere saber de...
   a. sus películas.   (b.) su vida (*life*).
   c. su novia.

3. Julián habla de...
   (a.) sus viajes y sus rutinas.   b. sus parientes y amigos.
   c. sus comidas (*foods*) favoritas.

4. Julián...
   a. se levanta y se acuesta a horas diferentes todos los días.
   (b.) tiene una rutina diaria.   c. no quiere hablar de su vida.

B ¿Crees que Julián siempre fue rico? ¿Por qué? ¿Qué piensas de Julián como persona?

② Conversar

En parejas, conversen sobre lo que hicieron ayer, siguiendo estas preguntas. *Answers will vary.*

- ¿A qué hora te levantaste ayer? ¿Usaste un despertador?
- ¿Te bañaste o te duchaste? ¿Cuánto tiempo te tomó?
- ¿Qué ropa te pusiste?
- ¿Cuántas veces te cepillaste los dientes ayer?
- ¿Adónde fuiste ayer después de las clases?
- ¿A qué hora te acostaste anoche?
- ¿Te gusta mirar la televisión antes de acostarte?

① **SCRIPT**

Carolina: Buenas tardes, queridos televidentes, y bienvenidos a "Carolina al mediodía". Tenemos el gran placer de conversar hoy con Julián Larrea, un joven actor de extraordinario talento. Bienvenido, Julián. Ya sabes que tienes muchas admiradoras entre nuestro público y más que todo quieren saber los detalles de tu vida.

Julián: Buenas, Carolina, y saludos a todos. No sé qué decirles; en realidad en mi vida hay rutina, como en la vida de todos.

C: No puede ser. Me imagino que tu vida es mucho más exótica que la mía. Bueno, para comenzar, ¿a qué hora te levantas?

J: Normalmente me levanto todos los días a la misma hora, también cuando estoy de viaje filmando una película. Siempre me despierto a las cinco y treinta. Antes de ducharme y vestirme, siempre me gusta tomar un café mientras escucho un poco de música clásica. Así medito, escribo un poco y pienso sobre el día.

C: Cuando no estás filmando, ¿te quedas en casa durante el día?

J: Pues, en esos momentos, uso el tiempo libre para sentarme en casa a escribir. Pero sí tengo una rutina diaria de ejercicio. Corro unas cinco millas diarias y si hace mal tiempo voy al gimnasio.

C: Veo que eres una persona activa. Te mantienes en muy buena forma. ¿Qué más nos puedes decir de tu vida?

J: Bueno, no puedo negar que me encanta viajar. ¡Y la elegancia de algunos hoteles es increíble! Estuve en un hotel en Londres que tiene una ducha del tamaño de un cuarto normal.

C: Ya vemos que tu vida no es nada aburrida. Qué gusto hablar contigo hoy.

J: El placer es mío. Gracias por la invitación, Carolina.

Ampliación

❸ Escribir

Escribe una composición en la que describes tu rutina diaria en algún lugar interesante (una isla desierta, el Polo Norte, el desierto, etc.). Considera cómo pueden cambiar los elementos básicos de tu rutina: ¿Dónde te acuestas? ¿Cómo te bañas? *Answers will vary.*

> **TIP** **Use adverbs to sequence events.** You can use adverbs and adverbial phrases as transitions between the introduction, the body, and the conclusion of a narrative.

Organízalo	Utiliza estos adverbios para organizar la secuencia de tu composición: **primero, después, luego, más tarde** y **al final.** Anota ideas que respondan a estas preguntas: **¿qué?, ¿quién?, ¿cuándo?, ¿dónde?, ¿cómo?** y **¿por qué?**
Escríbelo	Utiliza tus notas para escribir el primer borrador (*draft*) de la composición.
Corrígelo	Intercambia tu composición con un(a) compañero/a. Comenta sobre la introducción, la secuencia de eventos, el nivel (*level*) de interés y los errores de gramática o de ortografía. Revisa el primer borrador según las indicaciones de tu compañero/a.
Compártelo	Intercambia tu composición con otro/a compañero/a. Lee su trabajo y comparte con la clase tres ideas que te gustaron (*you liked*) de su composición.

❹ Un paso más

Planea un viaje a un lugar famoso del mundo hispano. Haz un folleto (*brochure*) con elementos visuales y esta información: *Answers will vary.*

- Presenta el itinerario de cada día del viaje e indica la hora para cada actividad.
- Describe el país, una breve (*brief*) historia del lugar y también las actividades programadas para el viaje.
- Comenta sobre los restaurantes, el transporte y los hoteles.
- Describe la rutina diaria de un viajero típico.

> **CONEXIÓN INTERNET**
>
> Investiga estos temas en el sitio **vhlcentral.com.**
>
> - Lugares de interés en España
> - Lugares de interés en Latinoamérica

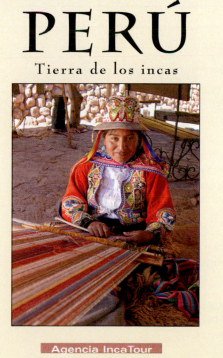

PERÚ
Tierra de los incas

Agencia IncaTour
Cuzco, Perú

Audio: Reading

Antes de leer

Predicting content from the title will help you increase your reading comprehension in Spanish. In English, for example, readers can usually predict the content of a newspaper article from its headline.

Examinar el texto

Lee el título de la lectura y haz tres predicciones sobre el contenido. Escribe tus predicciones en una hoja de papel. *Answers will vary.*

Compartir

Comparte tus ideas con un(a) compañero/a. *Answers will vary.*

Cognados

Escribe una lista de cuatro cognados que encuentres en la lectura. *Answers will vary.*

1. _____
2. _____
3. _____
4. _____

¿Qué te dicen los cognados sobre el tema de la lectura?

SUGGESTION Possible cognates: **desastrosa, autobús, televisión, cereales, sándwiches, botas, teléfono, automóvil, clases**. Discuss how scanning a text for cognates can help predict the content.

EXPANSION In groups, have students rewrite the story from the perspective of Yolanda and Dolores.

SUGGESTION In pairs, have students write their own version of **¡Una mañana desastrosa!** based on their own experiences.

---

15 de octubre
¡Una mañana desastrosa!

—Me levanté de la cama a las seis y media.

Esta mañana me levanté de la cama a las seis y media y corrí a despertar a mis dos hijas. —Yolanda, Dolores, van a perder el autobús de la escuela, —les grité°. Pero ellas no se despertaron. Jamás se despiertan temprano. Siempre se sientan a ver la televisión por la noche y se acuestan muy tarde.

—Corrimos para llegar a la parada del autobús.

Yolanda y Dolores salieron de la casa sin° cepillarse los dientes, pero eso no importa. Por lo menos se acordaron de ponerse las botas y el abrigo antes de irse. Corrimos para llegar a la parada° del autobús de la escuela, que pasa a las siete de la mañana.

—Nunca llegó el autobús.

Esperamos media hora, pero nunca llegó el autobús. Regresamos a casa. Llamamos por teléfono° a la escuela, pero nadie contestó. Tomamos el automóvil y salimos de casa.

—¡Por fin se despertaron mis hijas!

¡Por fin se despertaron! Medio dormidas y medio enojadas°, ellas entraron al baño para lavarse la cara y peinarse. Luego volvieron a su habitación para vestirse. Yo fui a la cocina para prepararles el desayuno°. A mis hijas les encanta comer un buen desayuno, pero hoy les di° cereales y les preparé dos sándwiches para el almuerzo°.

—¡Hoy es sábado!

Llegamos a la escuela antes de las ocho y entonces me di cuenta de que° hoy es sábado. ¡Y los sábados no hay clases!

grité *I shouted* **medio dormidas y medio enojadas** *half asleep and half mad* **desayuno** *breakfast* **di** *I gave* **almuerzo** *lunch* **sin** *without* **parada** *stop* **llamamos por teléfono** *we called on the phone* **me di cuenta de que** *I realized that*

Después de leer

¿Comprendiste?

Selecciona la respuesta correcta.

1. ¿Quién es el/la narrador(a)?
   a. el padre de las chicas   b. Yolanda
   c. Dolores

2. ¿A qué hora se despertó el papá?
   a. a las seis de la mañana   b. a las seis y media
   c. a las siete y media

3. ¿Qué comieron las chicas antes de salir de la casa?
   a. un sándwich   b. cereales
   c. dos sándwiches

4. ¿Cómo fueron las chicas a la escuela?
   a. Corrieron.   b. Fueron en autobús.
   c. Fueron en automóvil.

Preguntas

Responde a estas preguntas con oraciones completas.

1. ¿Por qué nunca se despiertan temprano las chicas?
   Las chicas nunca se despiertan temprano porque siempre se acuestan muy tarde.

2. ¿Se bañaron las chicas esta mañana?
   No, no se bañaron.

3. ¿A qué hora llega generalmente el autobús?
   Llega a las siete de la mañana.

4. ¿A qué hora llegó el autobús hoy?
   El autobús nunca llegó.

5. ¿Por qué no contestó nadie cuando llamaron a la escuela?
   No contestó nadie porque no hay clases los sábados.

Coméntalo

¿Qué crees que le dicen Yolanda y Dolores a su papá después de volver de la escuela? Imagina que eres el papá, ¿cómo responderías (*would you respond*) a lo que te dicen las chicas? *Answers will vary.*

Practice more at **vhlcentral.com**.

La higiene personal

el baño	bathroom
el champú	shampoo
la crema de afeitar	shaving cream
el espejo	mirror
el jabón	soap
el maquillaje	makeup
la toalla	towel

Los verbos reflexivos

acordarse (de) (o:ue)	to remember
acostarse (o:ue)	to lie down; to go to bed
afeitarse	to shave
bañarse	to bathe; to take a bath
cepillarse el pelo	to brush one's hair
cepillarse los dientes	to brush one's teeth
despertarse (e:ie)	to wake up
dormirse (o:ue)	to go to sleep; to fall asleep
ducharse	to shower
enojarse	to get angry
irse	to go away; to leave
lavarse la cara	to wash one's face
lavarse las manos	to wash one's hands
levantarse	to get up
llamarse	to be named
maquillarse	to put on makeup
peinarse	to comb one's hair
ponerse	to put on
ponerse (+ adj.)	to become (+ adj.)
preocuparse (por)	to worry (about)
probarse (o:ue)	to try on
quedarse	to stay, to remain
quitarse	to take off
sentarse (e:ie)	to sit down
sentirse (e:ie)	to feel
vestirse (e:i)	to get dressed

Otras palabras y expresiones

el despertador	alarm clock
la rutina diaria	daily routine
antes (de)	before
después	afterward; then
después de	after
durante	during
entonces	then
luego	afterward; then
más tarde	later (on)
por la mañana	in the morning
por la noche	at night
por la tarde	in the afternoon; in the (early) evening
por último	finally
siempre	always
también	also; too

Verbos como gustar

aburrir	to bore
encantar	to like very much; to love (objects)
faltar	to lack; to need
fascinar	to fascinate; to like very much
gustar	to be pleasing to; to like
importar	to be important to; to matter
interesar	to be interesting to; to interest
me gustaría(n)…	I would like…
molestar	to bother; to annoy
quedar	to be left over; to fit (clothing)

Indefinite and negative words	See page 182.
Pero and sino	See page 183.

As students finish the lesson, encourage them to explore the **Repaso** section on the Supersite. There they will find quizzes for practicing vocabulary, grammar, and oral language.

¡A comer!

PARA EMPEZAR Here are some additional questions: **¿Siempre comes algo cuando te despiertas por la mañana? ¿Comes generalmente solo o con tu familia? ¿Sales a comer a restaurantes con frecuencia? ¿Por qué?**

Communicative Goals

You will learn how to:
- talk about food
- order at a restaurant
- discuss familiar people and places

PREPARACIÓN

pages 196–201
- Words related to restaurants and meals
- Adjectives that describe food
- The letters **ll, ñ, c,** and **z**

AVENTURAS

pages 202–203
- Miguel and Maru are at one of Mexico City's best restaurants enjoying a romantic dinner... until Felipe and Juan Carlos show up.

CULTURA

pages 204–205
- *Frutas y verduras de América*
- Flash Cultura: *La comida latina*

GRAMÁTICA

pages 206–217
- Preterite of stem-changing verbs
- Double object pronouns
- **Saber** and **conocer**
- Comparatives and superlatives

LECTURA

pages 218–219
- Newspaper restaurant review: *Cinco estrellas para El Palmito*

PARA EMPEZAR
- ¿Quiénes son los muchachos?
- ¿Dónde están?
- ¿Qué están haciendo?
- ¿Crees que están contentos?

Tutorials

¡A COMER!

SUGGESTION Mention some well-known dishes and have students list the necessary ingredients. Ex: **una ensalada verde, una ensalada de fruta, un sándwich, una hamburguesa.**

el camarero

el menú

EN UN RESTAURANTE

el/la dueño/a *owner*
el plato (principal) *(main) dish*
la sección de (no) fumadores *(non)smoking section*

el almuerzo *lunch*
la cena *dinner*
la comida *food; meal*
el desayuno *breakfast*

almorzar (o:ue) *to have lunch*
cenar *to have dinner*
desayunar *to have breakfast*
pedir (e:i) *to order (food)*
probar (o:ue) *to taste; to try*
recomendar (e:ie) *to recommend*
servir (e:i) *to serve*

los entremeses
hors d'oeuvres

LOS SABORES

agrio/a *sour*
delicioso/a *delicious*
dulce *sweet*
picante *hot, spicy*
rico/a *tasty; delicious*
sabroso/a *tasty; delicious*
salado/a *salty*

LAS CARNES, LOS PESCADOS Y LOS MARISCOS

el atún *tuna*
los camarones *shrimp*
la carne *meat*
la carne de res *beef*
la chuleta de cerdo *pork chop*
la hamburguesa *hamburger*
el jamón *ham*
la langosta *lobster*
el pavo *turkey*
el pescado *fish*
la salchicha *sausage*
el salmón *salmon*

el bistec

el pollo (asado)
(roast) chicken

los mariscos
seafood

LAS FRUTAS

la banana *banana*

el limón *lemon*

la manzana *apple*

la naranja *orange*

las uvas *grapes*

Variación léxica

los camarones ⟷ las gambas (*Esp.*)
el refresco ⟷ la gaseosa (*Amér. L.*)
el sándwich ⟷ el bocadillo (*Esp.*), la torta (*Méx.*)
la arveja ⟷ el guisante (*Esp.*), el chícharo (*Méx.*)
la papa ⟷ la patata (*Esp.*)

las frutas

LOS GRANOS Y LAS VERDURAS

el ajo *garlic*

el arroz *rice*

las arvejas *peas*

la cebolla *onion*

los cereales *cereal; grain*

los frijoles *beans*

la lechuga *lettuce*

el maíz *corn*

la papa/patata *potato*

el tomate *tomato*

las verduras *vegetables*

la zanahoria *carrot*

los champiñones

la ensalada

LOS CONDIMENTOS Y OTRAS COMIDAS

el aceite *oil*

el azúcar *sugar*

el huevo *egg*

la mantequilla *butter*

la margarina *margarine*

la mayonesa *mayonnaise*

el pan (tostado) *(toasted) bread*

las papas/patatas fritas *French fries*

el queso *cheese*

la sal *salt*

la sopa *soup*

el vinagre *vinegar*

la pimienta

el agua (f.) (mineral)

LAS BEBIDAS

la bebida *drink*

la cerveza *beer*

el jugo (de fruta) *(fruit) juice*

la leche *milk*

el refresco *soft drink*

el té (helado) *(iced) tea*

el vino (blanco/tinto) *(white/red) wine*

el café

el sándwich
sandwich

A escuchar

1 **¿Lógico o ilógico?** Escucha las oraciones e indica si son **lógicas** o **ilógicas**.

	Lógico	Ilógico
1.	✔	
2.		✔
3.	✔	
4.		✔
5.	✔	
6.	✔	
7.		✔
8.		✔

2 **¿Qué pide Nora?** Escucha la conversación entre Nora y el camarero en un restaurante. Luego indica las comidas y las bebidas que Nora pide.

ENTREMESES
___ papas fritas
✔ cóctel de frutas con queso
___ sopa de verduras
___ sopa de pollo
✔ pan con mantequilla

PLATOS PRINCIPALES
___ sándwich de jamón y queso
___ pollo asado
___ hamburguesa
___ hamburguesa con queso
✔ enchiladas de res
___ enchiladas de queso

BEBIDAS
✔ agua mineral
___ té helado
___ leche
___ café
___ jugo de naranja

Restaurante Las Fuentes

Avenida Las Lomas 22

Practice more!

LM
p. 43

1 SCRIPT

1. Tengo mucho frío. ¿Me puedes traer un café?

2. El almuerzo va a ser sabroso. La mayonesa va a ser el plato principal.

3. Tengo mucho calor. ¿Puede usted traerme un refresco?

4. Me encantan las frutas. Los camarones son mi fruta favorita.

5. Las bebidas favoritas de Ernesto son el jugo de naranja y el agua mineral.

6. Juana no desayuna porque se levanta muy tarde.

7. Alberto es camarero. Trabaja en una librería.

8. El pollo es la verdura favorita de Teresa.

2 SCRIPT
CAMARERO: Buenas tardes, señorita.
NORA: Muy buenas.
C: ¿En qué le puedo servir?
N: Bueno, ¿qué me recomienda usted?
C: Le recomiendo la sopa de verduras. Es muy sabrosa. También le recomiendo el pollo asado. Es la especialidad de la casa. Nuestras enchiladas de res y de queso son excelentes también.
N: Mmm… no quiero sopa. ¿Me puede traer el cóctel de frutas con queso y un poco de pan con mantequilla?
C: Sí, señorita.
N: No me gusta el pollo asado, pero me gustaría probar las enchiladas de res.
C: Nuestras enchiladas son muy ricas. ¿Y para tomar? ¿Le puedo traer un café, té helado…?
N: Café, no. Hace mucho calor. Pero me puede traer agua mineral.
C: Sí, señorita. Gracias.

A practicar

3 **La comida** Indica la palabra que no está relacionada.

1. (sabroso) • manzana • banana • naranja
2. salmón • (cereales) • camarones • mariscos
3. frijoles • champiñón • (naranja) • cebolla
4. (mantequilla) • salchicha • carne de res • jamón
5. arvejas • lechuga • zanahoria • (dulce)
6. refresco • (sopa) • agua mineral • leche

4 **Completar** Completa las oraciones con las palabras correctas.

1. La persona que sirve la comida en un restaurante es el _camarero_.
2. Camarero, ¿puedo ver el _menú_, por favor?
3. El bistec y el jamón son dos tipos de_carne_.
4. El té helado, el café y los refrescos son _bebidas_.
5. Algo de color blanco que pongo en el café es el _azúcar_.
6. Las tres comidas principales del día son el _desayuno_, el almuerzo y la cena.

5 **¿Qué es?** Describe cada uno de estos alimentos con alguna característica. Puedes decir de qué color es, qué sabor tiene o cuándo lo comes o lo tomas. *Answers will vary.*

modelo

El limón es una fruta de color amarillo./Es una fruta agria./Le pongo limón a la ensalada.

1. *El pollo es una carne blanca/sabrosa./ Lo como en el almuerzo o en la cena.*

2. *La papa es una verdura marrón/salada./ La como en la cena.*

3. *La lechuga es una verdura verde/ amarga./La como en las ensaladas.*

4. *La sal es un condimento blanco, y la pimienta es un condimento negro y picante./ Se las pongo a todas las comidas.*

5. *El jugo de naranja es una bebida anaranjada/ dulce. /Tomo jugo de naranja en el desayuno.*

6. *El bistec es salado/una carne roja./ Lo como en la cena.*

7. *La zanahoria es una verdura anaranjada/ deliciosa./La como en las ensaladas.*

8. *Las uvas son dulces/frutas moradas./ Las como en los entremeses.*

Practice more!

WB
pp. 75–76

S

vhlcentral.com

A conversar

6 **¿Te gusta?** Lee la lista e indica si te gusta o no cada comida o bebida. *Answers will vary.*

¿Te gusta(n)?	Me gusta(n)	No me gusta(n)
1. la langosta	_____	_____
2. la chuleta de cerdo	_____	_____
3. el queso	_____	_____
4. los camarones	_____	_____
5. el tomate	_____	_____
6. los champiñones	_____	_____
7. los huevos	_____	_____
8. los limones	_____	_____

Ahora compara tus opiniones con las de un(a) compañero/a.

modelo

la carne de res
Estudiante 1: A mí me gusta mucho la carne de res.
Estudiante 2: A mí no. Prefiero el pollo./A mí me encanta la carne de res.

7 **Conversación** En parejas, contesten las preguntas. *Answers will vary.*

1. ¿Desayunas? ¿Qué comes y bebes por la mañana?
2. ¿Qué comes generalmente a la hora del almuerzo?
3. ¿Qué comidas prefieres para la cena?
4. ¿Qué tipos de comidas te gustan más: las dulces o las saladas?
5. ¿Te gustan las comidas picantes? ¿Cuáles?
6. ¿Te importa pagar más dinero por comer alimentos orgánicos?
7. ¿Te gusta cocinar (*to cook*)? ¿Qué comidas preparas para tus amigos? ¿Y para tu familia?
8. ¿Qué comida les recomiendas a tus amigos? ¿Por qué?
9. ¿Qué comidas te gustaría probar?
10. ¿Eres vegetariano/a? ¿Crees que ser vegetariano/a es una buena idea? ¿Por qué?

6 EXPANSION Take a class survey and determine how many students like and don't like the foods on this list. Then survey the class for their favorite and least favorite foods.

7 SUGGESTION Have pairs report on their eating habits to the rest of the class.

7 SUGGESTION Point out to students that in addition to **beber**, the verb **tomar** is also used to express *to drink*.

7 SUGGESTION Mention that the midday meal is the largest one in many Spanish-speaking countries.

Pronunciación 🎧 Ⓢ Audio

ll, ñ, c, and z

pollo   **llave**   **ella**   **cebolla**

Most Spanish speakers pronounce the letter **ll** like the *y* in *yes.*

mañana   **señor**   **baño**   **niña**

The letter **ñ** is pronounced much like the *ny* in *canyon.*

café   **colombiano**   **cuando**   **rico**

Before **a, o,** or **u,** the Spanish **c** is pronounced like the *c* in *car.*

cereales   **delicioso**   **conducir**   **conocer**

Before **e** or **i,** the Spanish **c** is pronounced like the *s* in *sit.* (In parts of Spain, **c** before **e** or **i** is pronounced like the *th* in *think.*)

zeta   **zanahoria**   **almuerzo**   **cerveza**

The Spanish **z** is pronounced like the *s* in *sit.* (In parts of Spain, **z** is pronounced like the *th* in *think.*)

Práctica Lee las palabras en voz alta.

1. mantequilla
2. cuñado
3. aceite
4. manzana
5. español
6. cepillo
7. zapato
8. azúcar
9. quince
10. compañera
11. almorzar
12. calle

Oraciones Lee las oraciones en voz alta.

1. Mi compañero de cuarto se llama Toño Núñez. Su familia es de la Ciudad de Guatemala y de Quetzaltenango.

2. Dice que la comida de su mamá es deliciosa, especialmente su pollo al champiñón y sus tortillas de maíz.

3. Creo que Toño tiene razón porque hoy cené en su casa y quiero volver mañana para cenar allí otra vez.

Refranes Lee los refranes en voz alta.

Panza llena, corazón contento.[2]

Las apariencias engañan.[1]

[1] Looks can be deceiving.
[2] The way to a man's heart is through his stomach.

Practice more!

LM p. 44

Ⓢ vhlcentral.com

S Video # Una cena... romántica

Maru y Miguel quieren tener una cena romántica, pero les espera una sorpresa.

VIDEO SYNOPSIS Miguel and Maru are at one of Mexico City's best restaurants enjoying a romantic dinner to celebrate their second anniversary. Felipe and Juan Carlos show up and, while Juan Carlos distracts the waiter, Felipe serves the couple their food, making a mess of the table. To set things right with the manager, they must pay for dinner and wash the dishes.

PERSONAJES

MARU

MIGUEL

CAMARERO

JUAN CARLOS

FELIPE

GERENTE

1

MARU No sé qué pedir. ¿Qué me recomiendas?

MIGUEL No estoy seguro. Las chuletas de cerdo se ven muy buenas.

MARU ¿Vas a pedirlas?

MIGUEL No sé.

2

MIGUEL ¡Qué bonitos! ¿Quién te los dio?

MARU Me los compró un chico muy guapo e inteligente.

MIGUEL ¿Es tan guapo como yo?

MARU Sí, como tú, guapísimo.

3

(El camarero llega a la mesa.)

CAMARERO ¿Les gustaría saber nuestras especialidades del día?

MARU Sí, por favor.

CAMARERO Para el entremés, tenemos ceviche de camarón. De plato principal ofrecemos bistec con verduras a la plancha.

6

7

8

(en otra parte del restaurante)

JUAN CARLOS Disculpe. ¿Qué me puede contar del pollo? ¿Dónde lo consiguió el chef?

CAMARERO ¡Oiga! ¿Qué está haciendo?

FELIPE Los espárragos están sabrosísimos esta noche. Usted pidió el pollo, señor. Estos champiñones saben a mantequilla.

PREVIEW Have the class predict the content of the **Aventuras** based on its title and the video stills.

GERENTE ¿Qué pasa aquí, Esteban?

CAMARERO Lo siento señor. Me quitaron la comida.

GERENTE *(a Felipe)* Señor, ¿quién es usted? ¿Qué cree que está haciendo?

ACTIVIDADES

1 **Escoger** Escoge la respuesta que completa mejor cada oración.

1. Miguel lleva a Maru a un restaurante para ___c___.
   a. almorzar   b. desayunar   c. cenar

2. El camarero les ofrece ___b___ como plato principal.
   a. ceviche de camarón   b. bistec con verduras a la plancha
   c. pescado, arroz y ensalada

3. Miguel va a pedir ___a___.
   a. pollo asado con champiñones y papas   b. langosta al horno
   c. pescado con verduras a la mantequilla

4. Felipe les lleva la comida a sus amigos y prueba ___c___.
   a. el jamón y los vinos   b. el atún y la lechuga
   c. los espárragos y los champiñones

2 **Identificar** Indica quién puede decir estas oraciones.

1. Qué desastre. Soy un camarero muy malo. *Felipe*

2. Les recomiendo el bistec con verduras a la plancha. *camarero*

3. Tal vez escoja las chuletas de cerdo, creo que son muy sabrosas. *Miguel*

4. ¿Qué pasa aquí? *gerente*

5. Dígame las especialidades del día, por favor. *Maru/Miguel*

6. No fue mi idea. Felipe es más responsable que yo. *Juan Carlos*

VIDEO RECAP Before doing this **Aventuras** episode, review the previous episode with these questions: 1. ¿Adónde va a ir Marissa? (Va al cine.) 2. ¿Qué necesita hacer antes de salir? (Necesita arreglarse el pelo.) 3. ¿Qué está haciendo Felipe en el baño? (Está afeitándose.) 4. ¿Qué planes tiene Jimena? ¿Adónde decide ir al final? (Tiene que estudiar en la biblioteca. Decide ir al cine con Marissa.)

SUGGESTION Have students work in pairs to create original mini-dialogues, using phrases from **Expresiones útiles** with other words and expressions they know. Ex: —¿Qué tal el jamón? —Perdón, pero no sabe a nada. ¿Me puede recomendar otro plato? —Por supuesto. ¿Le gustaría un bistec con cebolla?

MARU Voy a probar el jamón.

CAMARERO Perfecto. ¿Y para usted, caballero?

MIGUEL Pollo asado con champiñones y papas, por favor.

CAMARERO Excelente.

MIGUEL Por nosotros.

MARU Dos años.

JUAN CARLOS Felipe y yo les servimos la comida a nuestros amigos. Pero desafortunadamente, salió todo mal.

FELIPE Soy el peor camarero del mundo. ¡Lo siento! Nosotros vamos a pagar la comida.

JUAN CARLOS ¿Nosotros?

FELIPE Todo esto fue idea tuya, Juan Carlos.

JUAN CARLOS ¿Mi idea? ¡Felipe! (*al gerente*) Señor, él es más responsable que yo.

GERENTE Tú y tú, vamos.

SUGGESTION Point out that meal times in Spanish-speaking countries differ from country to country.

Expresiones útiles

Ordering food

¿Qué me recomiendas?
What do you recommend?

Las chuletas de cerdo se ven muy buenas.
The pork chops look good.

¿Les gustaría saber nuestras especialidades del día?
Would you like to hear our specials?

Para el entremés, tenemos ceviche de camarón.
For an appetizer, we have shrimp ceviche.

De plato principal ofrecemos bistec con verduras a la plancha.
For a main course, we have beef with grilled vegetables.

Voy a probar el jamón. *I am going to try the ham.*

Describing people and things

¡Qué bonitos! ¿Quién te los dio?
How pretty! Who gave them to you?

Me los compró un chico muy guapo e inteligente.
A really handsome, intelligent guy bought them for me.

¿Es tan guapo como yo?
Is he as handsome as I am?

Sí, como tú, guapísimo. *Yes, like you, gorgeous.*

Soy el peor camarero del mundo.
I am the worst waiter in the world.

Él es más responsable que yo.
He is more responsible than I am.

Additional vocabulary

el/la gerente *manager*
caballero *gentleman, sir*

---

3 **Al restaurante** En parejas, preparen uno de estos diálogos. *Answers will vary.*

Situación A

• Un(a) cliente/a llega a un restaurante.

• El/La camarero/a le pregunta qué le puede servir.

• El/La cliente/a pregunta cuál es la especialidad del restaurante.

• El/La camarero/a dice la especialidad y recomienda algunos platos del menú.

• El/La cliente/a pide entremeses, un plato principal y una bebida.

• El/La camarero/a le sirve la comida.

Situación B

• Tú preguntas a tu compañero/a si conoce un buen restaurante cerca.

• Él/Ella responde que sí conoce un restaurante fantástico y da el nombre.

• Tú lo/la invitas a cenar y él/ella acepta.

• Entre los/las dos, determinan la hora para verse en el restaurante y se despiden.

Practice more!

VM pp. 183–184 | vhlcentral.com

communities STANDARDS NATIONAL · comparisons cultures STANDARDS NATIONAL · **S** Reading

Frutas y verduras de América

Mole

**Imagínate una pizza sin salsa°
de tomate** o una hamburguesa
sin papas fritas. Ahora piensa que
quieres ver una película, pero las
palomitas de maíz° y el chocolate
no existen. ¡Qué mundo° tan
insípido°! Muchas de las comidas
más populares del mundo tienen
ingredientes esenciales que son
originarios del continente llamado
Nuevo Mundo. Estas frutas y
verduras no fueron introducidas en
Europa sino hasta° el siglo° XVI.

usaban sus semillas° como
moneda° y como ingrediente
de diversas salsas. También las
molían° para preparar una bebida,
mezclándolas° con agua ¡y con chile!

El aguacate°, la guayaba°, la papaya, la piña y el
maracuyá (o fruta de la pasión) son otros ejemplos
de frutas originarias de América que son hoy día
conocidas en todo el mundo.

salsa *sauce* **palomitas de maíz** *popcorn* **mundo** *world* **insípido** *flavorless* **hasta** *until*
siglo *century* **era** *was* **venenoso** *poisonous* **alimento** *food* **almacenarla** *to store it*
semillas *seeds* **moneda** *currency* **las molían** *they used to grind them* **mezclándolas**
mixing them **aguacate** *avocado* **guayaba** *guava* **frituras de papa** *chips* **puré de papas**
mashed potatoes **chocolatinas** *chocolate bars* **helados** *ice cream* **tartas** *cakes*

¿En qué alimentos encontramos estas frutas y verduras?

Tomate: pizza, ketchup, salsa de tomate, sopa de tomate

Maíz: palomitas de maíz, tamales, tortillas, arepas
(Colombia y Venezuela), pan

Papa: papas fritas, frituras de papa°, puré de papas°, sopa
de papas, tortilla de patatas (España)

Cacao: mole (México), chocolatinas°, cereales, helados°,
tartas°

Aguacate: guacamole (México), coctel de camarones,
sopa de aguacate, nachos, enchiladas hondureñas

El tomate, por ejemplo, era° usado como planta
ornamental cuando llegó por primera vez a Europa
porque pensaron que era venenoso°. El maíz, por su
parte, era ya la base de la comida de muchas culturas
latinoamericanas muchos siglos antes de la llegada
de los españoles.

La papa fue un alimento° básico para los
incas. Incluso consiguieron deshidratarla para
almacenarla° por largos períodos de tiempo. El
cacao (planta con la que se hace el chocolate) fue
muy importante para los aztecas y los mayas. Ellos

ASÍ SE DICE

La comida

el banano (Col.), el cambur (Ven.), el guineo (Nic.), el plátano (Amér. L., Esp.)	la banana
el choclo (Amér. S.), el elote (Méx.), el jojoto (Ven.), la mazorca (Esp.)	corncob
las caraotas (Ven.), los porotos (Amér. S.), las habichuelas	los frijoles
el jitomate (Méx.)	el tomate

ACTIVIDADES

1 **¿Cierto o falso?** Indica si lo que dicen las oraciones es **cierto** o **falso**. Corrige la información falsa.

1. El tomate se introdujo a Europa como planta ornamental. *Cierto.*

2. Los incas sólo consiguieron almacenar las papas por poco tiempo. *Falso. Los incas pudieron almacenar las papas por largo tiempo.*

3. Los aztecas y los mayas usaron las papas como moneda. *Falso. Los aztecas y los mayas usaron las semillas de cacao como moneda.*

4. El maíz era una comida poco popular en Latinoamérica. *Falso. El maíz era muy popular en Latinoamérica.*

5. El aguacate era el alimento básico de los incas. *Falso. La papa era el alimento básico de los incas.*

6. El mole se hace con chocolate. *Cierto.*

7. El aguacate, la guayaba, la papaya, la piña y el maracuyá son originarios de América. *Cierto.*

8. Las arepas se hacen con cacao. *Falso. Las arepas se hacen con maíz.*

9. El aguacate es un ingrediente del cóctel de camarones. *Cierto.*

10. En España hacen una tortilla con papas. *Cierto.*

2 **¿Qué te gusta?** Describe tres de tus comidas favoritas que tengan como ingredientes alguna fruta o verdura de América. ¿Qué ingredientes tiene? ¿Cuándo la comes? ¿Cómo se sirve?

CONEXIÓN INTERNET

¿Qué otros platos típicos puedes encontrar en los países hispanos?

For more information about this **Cultura,** go to **vhlcentral.com.**

Video

La comida latina

1 **Preparación** ¿Probaste alguna vez comida latina? ¿Qué plato? ¿La compraste en un supermercado o fuiste a un restaurante? ¿Te gustó?

2 **El video** Mira el episodio de **Flash Cultura.**

Vocabulario

cocinar *to cook*	**el plato** *dish (in a meal)*
¿Está lista para ordenar? *Are you ready to order?*	**pruébala** *try it, taste it*

Marta nos mostrará° algunos de los platos de la comida mexicana.

… hay más lugares donde podemos comprar productos hispanos.

°**mostrará** *will show*

3 **¿Cierto o falso?** Indica si las oraciones son **ciertas** o **falsas.**

1. En Los Ángeles hay comida de países latinoamericanos y de España. *Cierto.*

2. Leticia explica que la tortilla del taco americano es blanda *(soft)* y la del taco mexicano es dura *(hard)*. *Falso.*

3. Las ventas *(sales)* de salsa son bajas en los Estados Unidos. *Falso.*

4. Leticia fue a un restaurante ecuatoriano. *Falso.*

5. Leticia probó Inca Kola en un supermercado. *Cierto.*

Practice more!

VM
pp. 215–216   vhlcentral.com

8.1 Preterite of stem-changing verbs

 Tutorial

▶ As you know, **–ar** and **–er** stem-changing verbs have no stem change in the preterite. **–Ir** stem-changing verbs, however, do have a stem change.

Preterite of *–ir* stem-changing verbs

	servir	morir (*to die*)
	e→i	**o→u**
yo	serví *I served*	morí *I died*
tú	serviste	moriste
Ud./él/ella	sirvió	murió
nosotros/as	servimos	morimos
vosotros/as	servisteis	moristeis
Uds./ellos/ellas	sirvieron	murieron

▶ In the preterite, stem-changing **–ir** verbs have an **e** to **i** or **o** to **u** stem change in the **Ud./él/ella** and **Uds./ellos/ellas** forms.

INFINITIVE	VERB STEM	STEM CHANGE	PRETERITE
pedir	ped-	pid-	pidió, pidieron
dormir	dor-	dur-	durmió, durmieron

¿Quién pidió el jamón?

Yo lo pedí.

¡Manos a la obra!

Cambia los infinitivos al pretérito.

1. yo [servir, dormir, pedir, preferir, repetir, seguir]
   serví, dormí, pedí, preferí, repetí, seguí

2. usted [morir, conseguir, pedir, sentirse, vestirse]
   murió, consiguió, pidió, se sintió, se vistió

3. tú [conseguir, servir, morir, pedir, dormir, repetir]
   conseguiste, serviste, moriste, pediste, dormiste, repetiste

4. ellas [repetir, dormir, seguir, preferir, morir, servir]
   repitieron, durmieron, siguieron, prefirieron, murieron, sirvieron

5. nosotros [seguir, preferir, servir, vestirse, dormirse]
   seguimos, preferimos, servimos, nos vestimos, nos dormimos

6. ustedes [sentirse, vestirse, conseguir, pedir, dormirse]
   se sintieron, se vistieron, consiguieron, pidieron, se durmieron

Práctica

1 **¡Pobre señor Suárez!** Completa las oraciones.

1. Los señores Suárez llegaron al restaurante a las ocho y __siguieron__ [seguir] al camarero a una mesa.

2. El señor Suárez __pidió__ [pedir] una chuleta de cerdo. La señora Suárez decidió probar los camarones.

3. Para tomar, los dos __pidieron__ [pedir] vino.

4. El camarero __repitió__ [repetir] el pedido (*the order*) para confirmarlo.

5. La comida tardó mucho (*took a long time*) en llegar y los señores Suárez casi (*almost*) __se durmieron__ [dormirse] esperándola.

6. A las nueve, el camarero les __sirvió__ [servir] la comida.

7. Después de comer la chuleta de cerdo, el señor Suárez __se sintió__ [sentirse] muy mal.

8. ¡Pobre señor Suárez! ¿Por qué no __pidió__ [pedir] los camarones?

2 **El camarero distraído** Indica lo que los clientes pidieron y lo que un camarero distraído (*distracted*) les sirvió.

modelo

Claudia / hamburguesa

Claudia pidió una hamburguesa, pero el camarero le sirvió zanahorias.

1. Juan y Rafael / té helado
Juan y Rafael pidieron té helado, pero el camarero les sirvió vino tinto.

2. Laura / arroz
Laura pidió arroz, pero el camarero le sirvió camarones.

3. Nosotros / papas fritas
Nosotros pedimos papas fritas, pero el camarero nos sirvió maíz.

4. Tú / salmón
Tú pediste salmón, pero el camarero te sirvió uvas.

Conversación

3 **Preguntas** Averigua *(find out)* si tu compañero/a hizo estas actividades la semana pasada. Comparte los resultados con la clase. *Answers will vary.*

¿Pediste una pizza con salami?

No, pedí una pizza con carne.

Actividades	Respuestas
1. pedir una pizza con salami	_____
2. dormir más de diez horas	_____
3. quedarse dormido en clase	_____
4. pedir un plato muy caro en un restaurante elegante	_____
5. preferir quedarse en casa en lugar de *(instead of)* salir con amigos	_____
6. ir a una fiesta y vestirse con ropa muy formal	_____

4 **Una cena romántica** En grupos, describan la cena de Eduardo y Rosa. Usen la foto y las preguntas como guía *(as a guide)*. *Answers will vary.*

- ¿Adónde salieron a cenar?
- ¿Qué pidieron?
- ¿Les sirvieron la comida rápidamente *(quickly)*?
- ¿Les gustó la comida? ¿Qué comida prefirieron?
- ¿Cuánto costó? ¿Quién pagó?
- ¿Van a volver a ese restaurante en el futuro? ¿Van a salir juntos otra vez? ¿Por qué?

Practice more!

WB
pp. 77–78

LM
p. 45

vhlcentral.com

Español en vivo

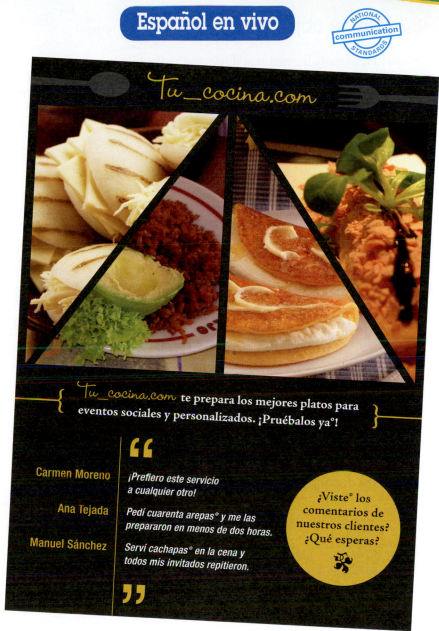

Tu_cocina.com

Tu_cocina.com te prepara los mejores platos para eventos sociales y personalizados. ¡Pruébalos ya°!

Carmen Moreno — ¡Prefiero este servicio a cualquier otro!

Ana Tejada — Pedí cuarenta arepas° y me las prepararon en menos de dos horas.

Manuel Sánchez — Serví cachapas° en la cena y todos mis invitados repitieron.

¿Viste° los comentarios de nuestros clientes? ¿Qué esperas?

ya *now* **arepas** *a dish made of ground corn dough* **cachapas** *grilled pancakes made from fresh corn dough* **Viste** *Did you see*

Identificar

Lee el anuncio *(advertisement)* e identifica los verbos que tienen cambios en la raíz *(stem)* en el pretérito.

Preguntas

1. ¿Qué promociona *(promotes)* el anuncio?
2. ¿Cuáles son algunos de los platos que prepara Tu_cocina.com?
3. ¿Cómo son los comentarios de los clientes?

8.2 Double object pronouns (S) Tutorial

NATIONAL STANDARDS comparisons

▶ You have already learned that direct and indirect object pronouns replace nouns. You'll now learn how to use these pronouns together.

INDIRECT OBJECT PRONOUNS

me   te   le (se)   nos   os   les (se)

+

DIRECT OBJECT PRONOUNS

lo   la   los   las

▶ When object pronouns are used together, the indirect object pronoun precedes the direct object pronoun.

I.O.	D.O.		**DOUBLE OBJECT PRONOUNS**

El camarero **me** muestra **el menú**.
The waiter shows me the menu.
▶ El camarero **me lo** muestra.
The waiter shows it to me.

Nos sirven **los platos**.
They serve us the dishes.
▶ **Nos los** sirven.
They serve them to us.

Maribel **te** pidió **una hamburguesa**.
Maribel ordered a hamburger for you.
▶ Maribel **te la** pidió.
Maribel ordered it for you.

¿Quién te los dio?

Me los compró un chico muy guapo.

▶ The indirect object pronouns **le** and **les** always change to **se** when they precede **lo, los, la,** and **las**.

I.O.	D.O.		**DOUBLE OBJECT PRONOUNS**

Le escribí **la carta**.
I wrote him/her the letter.
▶ **Se la** escribí.
I wrote it to him/her.

Les sirvió **los entremeses**.
He served them the hors d'oeuvres.
▶ **Se los** sirvió.
He served them to them.

Le pedimos **un café**.
We ordered him/her a coffee.
▶ **Se lo** pedimos.
We ordered it for him/her.

Práctica

1 **¿Quién?** Cambia los sustantivos subrayados (*underlined nouns*) por pronombres de objeto directo.

modelo
¿Quién va a traerme <u>la carne</u> del supermercado? [Mi esposo]
Mi esposo va a traérmela./Mi esposo me la va a traer.

1. ¿Quién les mandó <u>las invitaciones</u> a los invitados (*guests*)? [Mi hija] *Mi hija se las mandó.*

2. ¿Quién me puede comprar <u>el pan</u>? [Mi hijo]
Mi hijo puede comprármelo./Mi hijo me lo puede comprar.

3. ¿Quién puede prestarme <u>los platos</u> que necesito? [Mi mamá] *Mi mamá puede prestármelos./Mi mamá me los puede prestar.*

4. Nos falta mantequilla. ¿Quién nos trae <u>la mantequilla</u>? [Mi cuñada] *Mi cuñada nos la trae.*

5. ¡Los postres (*desserts*)! ¿Quién está preparándonos <u>los postres</u>? [Silvia y Renata] *Silvia y Renata están preparándonoslos./Silvia y Renata nos los están preparando.*

6. ¿Quién puede pedirle <u>el azúcar</u> a Mónica? [Mi hijo] *Mi hijo puede pedírselo./Mi hijo se lo puede pedir.*

2 **En un restaurante** En parejas, representen las conversaciones entre un(a) camarero/a y unos clientes. *Answers will vary.*

modelo

señora Guzmán

señora Guzmán:
Una hamburguesa, por favor.
camarero/a:
Enseguida (*right away*) se la traigo.

1. tus compañeros/as de cuarto

2. tus padres

3. tu profesor(a) de español

4. señorita Salas

5. tú

6. doctor Cifuentes

Conversación

3 **Contestar** En parejas, háganse preguntas usando las palabras interrogativas **¿Quién?** o **¿Cuándo?** *Answers will vary.*

modelo

nos enseña español
Estudiante 1: ¿Quién nos enseña español?
Estudiante 2: La profesora Castro nos lo enseña.

Preguntas	Respuestas
1. te escribe mensajes electrónicos	_____
2. me vas a prestar tu computadora	_____
3. les vende los libros de texto a los estudiantes	_____
4. le enseñó español al/a la profesor(a)	_____
5. te compró esa camiseta	_____
6. me vas a mostrar tu casa o apartamento	_____

4 **Preguntas** En parejas, háganse estas preguntas. Usen pronombres de objeto directo e indirecto en cada respuesta. *Answers will vary.*

modelo

Estudiante 1: ¿Quién te va a preparar el desayuno esta mañana?
Estudiante 2: Yo me lo voy a preparar.

1. ¿Me prestas tu coche (*car*)? ¿Ya le prestaste tu coche a otro amigo?
2. ¿Me puedes comprar un auto nuevo?
3. ¿Quién te presta dinero cuando lo necesitas?
4. ¿Les prestas dinero a tus amigos? ¿Por qué?
5. ¿Les prestas tu casa o apartamento a tus amigos? ¿Por qué?
6. ¿Nos compras el almuerzo a mí y a los otros compañeros de clase?
7. ¿Me describes tu ropa?
8. ¿Quién te va a preparar la cena esta noche?

Practice more!

WB pp. 79–80 | LM p. 46 | vhlcentral.com

▶ Because **se** has multiple meanings, you can clarify to whom the pronoun refers by adding **a usted, a él, a ella, a ustedes, a ellos,** or **a ellas.**

¿El sombrero? Carlos **se** lo vendió **a ella.**
The hat? Carlos sold it to her.

¿Las llaves? Ya **se** las di **a ella.**
The keys? I gave them to her.

▶ Double object pronouns are placed before a conjugated verb. With infinitives and present participles, double object pronouns may be placed before the conjugated verb or attached to the end of the infinitive or present participle.

▶ When double object pronouns are attached to an infinitive or a present participle, an accent mark is added to maintain the original stress.

DOUBLE OBJECT PRONOUNS	DOUBLE OBJECT PRONOUNS
Te lo voy a mostrar.	Voy a mostrár**telo.**
Nos las están sirviendo.	Están sirviéndo**noslas.**

Me lo estoy poniendo
Estoy poniéndo**melo.**
I am putting it on.

Se las van a traer.
Van a traér**selas.**
They are going to bring them to you.

El camarero está sirviéndoselas.

Lo siento señor, ¡no me dejaron traérsela!

¡Manos a la obra!

Escribe el pronombre que falta en cada oración.

Objeto directo

1. ¿La ensalada? El camarero nos __la__ sirvió.
2. ¿El salmón? La dueña me __lo__ recomienda.
3. ¿La comida? Voy a preparárte__la__.
4. ¿Las bebidas? Estamos pidiéndose __las__.
5. ¿Los refrescos? Te __los__ puedo traer ahora.
6. ¿Los platos de arroz? Van a servírnos__los__ después.

Objeto indirecto

1. ¿Puedes traerme tu plato? No, no __te__ lo puedo traer.
2. ¿Quieres mostrarle la carta? Sí, voy a mostrár__se__ la ahora.
3. ¿Les serviste la carne? No, no __se__ la serví.
4. ¿Vas a leerle el menú? No, no __se__ lo voy a leer.
5. ¿Me recomiendas la langosta? Sí, __te__ la recomiendo.
6. ¿Cuándo vas a prepararnos la cena? __Se__ la voy a preparar en una hora.

8.3 Saber and conocer

 Tutorial

▶ Spanish has two verbs that mean *to know*, **saber** and **conocer**, but they are used differently. Note that only the **yo** forms of **saber** and **conocer** are irregular in the present tense.

Saber and conocer		
	saber	**conocer**
yo	**sé**	cono**zco**
tú	sabes	conoces
Ud./él/ella	sabe	conoce
nosotros/as	sabemos	conocemos
vosotros/as	sabéis	conocéis
Uds./ellos/ellas	saben	conocen

▶ **Saber** means *to know a fact or piece(s) of information* or *to know how to do something.*

No **sé** tu número de teléfono.
I don't know your telephone number.

Mi hermana **sabe** hablar francés.
My sister knows how to speak French.

▶ **Conocer** means *to know or be familiar/acquainted with a person, place, or thing.*

¿**Conoces** la ciudad de Nueva York?
Do you know New York City?

No **conozco** a tu amigo Esteban.
I don't know your friend Esteban.

▶ As you learned in 5.4, when the direct object of **conocer** is a person or pet, the personal **a** is used. Compare these sentences.

¿**Conoces a** Rigoberta Menchú?

¿**Conoces** ese restaurante?

¡ojo! These verbs are conjugated like **conocer** in the **yo** form in the present. You will learn how to use **saber**, **conocer**, and related verbs in the preterite in Lesson 9.

ofrecer (*to offer*)	ofre**zco**, ofreces, ofrece, etc.
parecer (*to seem*)	pare**zco**, pareces, parece, etc.
conducir (*to drive*)	condu**zco**, conduces, conduce, condu**cimos**, condu**cís**, conducen.
traducir (*to translate*)	tradu**zco**, traduces, traduce, tradu**cimos**, tradu**cís**, traducen.

¡ojo! **Conducir** and **traducir** are –**ir** verbs, so they differ from **conocer** in their **nosotros/as** and **vosotros/as** forms.

¡Manos a la obra!

Escribe las formas apropiadas de **saber** y **conocer**.

saber
1. José no _____ **sabe** _____ la hora.
2. Mis padres _____ **saben** _____ hablar japonés.
3. ¿Por qué no _____ **sabes** _____ tú estos verbos?
4. Yo _____ **sé** _____ qué hora es.

conocer
5. Usted y yo _____ **conocemos** _____ bien Miami.
6. Nadie me _____ **conoce** _____ bien.
7. ¿ _____ **Conoces** _____ tú a la tía de Eduardo?
8. ¿ _____ **Conoce** _____ usted a Sara?

Práctica

1 **Completar** Completa las oraciones con la forma apropiada de **saber** o **conocer**.

1. —Nosotros no _____ **conocemos** _____ Guatemala.
—Ah, ¿no? Pues yo _____ **conozco** _____ bien las ciudades de Escuintla, Quetzaltenango y Antigua.
2. —¿ _____ **Saben** _____ ustedes dónde vive Pilar?
—No, nosotras no _____ **sabemos** _____ .
3. Mi amiga Carla _____ **sabe** _____ conducir, pero yo no _____ **sé** _____ .
4. —¿ _____ **Conoces** _____ tú a Mateo, mi hermano mayor?
—No, no lo _____ **conozco** _____ .
5. —Yo todavía no _____ **conozco** _____ a tu novio.
—Sí, ya lo _____ **conoces** _____ .
6. Tú _____ **sabes** _____ esquiar, pero Tino y Luis son pequeños y no _____ **saben** _____ .
7. Roberto _____ **conoce** _____ bien el *Popol Vuh*, el libro sagrado de los mayas; también _____ **sabe** _____ leer los jeroglíficos de los templos mayas.

2 **Oraciones** Combina las palabras de las tres columnas para formar oraciones. *Answers will vary.*

modelo

No conozco a Cameron Díaz. Yo conozco a Angelina Jolie.

Sujetos	Verbos	Objetos directos
Jessica Sánchez		Cameron Díaz
Lady Gaga		Angelina Jolie
Ozzy Osbourne		cantar
Brad Pitt		la ciudad de Montreal en Canadá
Enrique Iglesias	(no) conocer	hablar dos lenguas extranjeras
Miguel Cabrera	(no) saber	hacer reír (*laugh*) a la gente
yo		actuar (*perform*) muy bien
tú		escribir novelas de terror
tu compañero/a		programar computadoras
tu profesor(a)		muchas personas importantes

Conversación

3 Deportes Pregúntale a un(a) compañero/a qué deportes practica y por qué. Usen los verbos **saber** y **conocer**. *Answers will vary.*

modelo

Estudiante 1: ¿Sabes esquiar?
Estudiante 2: Sí, sé esquiar./
No, no sé esquiar.
Estudiante 1: ¿Por qué?
Estudiante 2: Porque me interesa
el esquí./Porque no me gusta
el invierno.

1.   2.   3.

4.   5.   6.

4 Preguntas Con un(a) compañero/a, contesten las siguientes preguntas. *Answers will vary.*

1. ¿Qué restaurantes buenos conoces? ¿Cenas en los restaurantes frecuentemente (*frequently*)?

2. En tu familia, ¿quién sabe cocinar mejor (*best*)? ¿Por qué?

3. ¿Conoces algún mercado cerca que tenga productos orgánicos? ¿Vas allí con frecuencia?

4. ¿Sabes recetas de comidas latinas? ¿Cuáles?

5. ¿Conoces a algún/alguna chef famoso/a? ¿Qué tipo de comida prepara?

6. ¿Sabes preparar algún plato especial? ¿Cuál es?

7. ¿Sabes que el ajo es bueno para la salud (*health*)? ¿Qué otras comidas o condimentos saludables conoces?

8. ¿Conoces a alguna persona que coma solamente hamburguesas y papas fritas?

Practice more!

WB p. 81	LM p. 47	vhlcentral.com

Español en vivo

Él sabe dónde **comer** lo que más le gusta.

Él sabe cómo **jugar** cuatro horas seguidas.

Él sabe dónde está su **regalo** de cumpleaños°.

Él sabe dónde **divertirse°**...

... y usted sabe dónde puede encontrar un poco de todo°.
¿Conoce algún otro lugar como éste?

CENTRO COMERCIAL
MÁLAGA
SABE LO QUE TE GUSTA.

cumpleaños *birthday* **divertirse** *to have fun* **un poco de todo** *a little bit of everything*

Identificar

Lee el anuncio (*advertisement*) y busca ejemplos de los verbos **saber** y **conocer.**

Preguntas

1. Después de leer el anuncio, ¿qué sabes del Centro Comercial Málaga?

2. ¿Qué puedes hacer en el Centro Comercial Málaga?

3. ¿A quién está dirigido el anuncio?

4. ¿Conoces un centro comercial como éste? ¿Cómo se llama? ¿En qué ciudad está?

8.4 Comparatives and superlatives

Tutorial

Comparisons of inequality

▶ Comparisons of inequality are formed by placing **más** (*more*) or **menos** (*less*) before adjectives, adverbs, and nouns and **que** (*than*) after them. When the comparison involves a numerical expression, use **de** before the number.

La ensalada es menos cara que la sopa.

¿El pollo es más rico que el jamón?

El té es **más caro que** el jugo.
Tea is more expensive than juice.

Luis se despierta **más temprano que** yo.
Luis gets up earlier than I (do).

Susana es **menos generosa que** su prima.
Susana is less generous than her cousin.

Tomo **más clases que** Enrique.
I take more classes than Enrique.

▶ With verbs, use this construction to make comparisons of inequality: [*verb*] + **más/menos que**.

Mis hermanos **comen más que** yo.
My brothers eat more than I (do).

Arturo **duerme menos que** su padre.
Arturo sleeps less than his father (does).

Antonio **viaja más que** tú.
Antonio travels more than you (do).

Ana **habla menos que** yo.
Ana talks less than I (do).

Comparisons of equality

▶ The constructions **tan** + [*adverb, adjective*] + **como** and **tanto/a(s)** + [*singular noun, plural noun*] + **como** are used to make comparisons of equality.

Este plato es **tan delicioso como** aquél.
This dish is as delicious as that one.

Tu amigo es **tan simpático como** tú.
Your friend is as nice as you (are).

Yo comí **tanta comida como** tú.
I ate as much food as you (did).

Ustedes probaron **tantos platos como** ellos.
You tried as many dishes as they (did).

▶ Comparisons of equality with verbs are formed by placing **tanto como** after the verb. Note that **tanto** does not change in number or gender.

No **duermo tanto como** mi tía.
I don't sleep as much as my aunt (does).

Estudiamos tanto como ustedes.
We study as much as you (do).

Práctica

1 **Lucila y Teresa** Escoge (*choose*) la palabra correcta para comparar a dos hermanas muy diferentes.

Lucila   Teresa

1. Lucila es más alta y más atractiva ____que____ [de, más, menos, que] Teresa.

2. Teresa es más delgada porque practica ____más____ [de, más, menos, que] deportes que su hermana.

3. Lucila es ____más____ [más, menos de, más que] simpática que Teresa porque es alegre.

4. A Teresa le gusta quedarse en casa. Va a ____menos____ [de, más, menos, que] fiestas que su hermana.

5. Teresa estudia más que Lucila. Ahora está tomando cinco clases más ____que____ [más, menos, que, más de] su hermana.

6. Lucila se preocupa ____menos____ [de, más, menos, que] que Teresa por estudiar. ¡Son ____tan____ [como, tan, tanto] diferentes!

2 **Mario y Luis** Completa las oraciones para formar comparaciones de igualdad sobre Mario y Luis, los novios de Lucila y Teresa.

tan
tanto(s)
tanta(s)

Mario   **Luis**

1. Mario es ____tan____ interesante como Luis.

2. Mario viaja ____tanto____ como Luis.

3. Luis habla ____tantas____ lenguas extranjeras como Mario.

4. Luis cocina carnes ____tan____ bien como Mario.

5. Mario tiene ____tantos____ amigos como Luis.

6. ¡Qué casualidad (*coincidence*)! Mario y Luis también son hermanos, pero no hay ____tanta____ diferencia entre ellos como entre Lucila y Teresa.

Conversación

3 **La familia García** En grupos, túrnense (*take turns*) para hacer comparaciones entre Rafael, Eva, Esteban y Lourdes García. *Answers will vary.*

modelo

Estudiante 1: Esteban es el más activo de la familia.
Estudiante 2: Pues yo creo que Rafael es tan activo como Esteban.
Estudiante 1: Mmm, pero Esteban es mucho más delgado.

4 **Comparaciones** En parejas, conversen sobre estos temas y luego compartan tres datos interesantes con la clase. *Answers will vary.*

modelo artistas de moda

Estudiante 1: Creo que Adele es la mejor artista de estos tiempos.
Estudiante 2: ¡Pero qué dices! Esa artista es malísima. Rihanna y Snoop son los mejores. Además, Adele no se viste tan bien como Rihanna.
Estudiante 1: Estás loco. Adele siempre está a la moda. Además, te repito que es la mejor. Por ejemplo, ya tiene más de veinte millones de copias vendidas (*sold copies*).

cafés y restaurantes	personas famosas
comidas favoritas	los profesores
los cursos que toman	música de moda
libros favoritos	ropa favorita
periódicos	tiendas en tu comunidad

Practice more!

WB pp. 82–84	LM p. 48	vhlcentral.com

Superlatives

▸ Use this construction to form the superlative. Note that the noun is preceded by a definite article. **De** is equivalent to the English *in* or *of*.

> el/la/los/las + [*noun*] + más/menos + [*adjective*] + de

Es **el café más rico del** país.
It's the most delicious coffee in the country.

Son **las tiendas menos caras de** la ciudad.
They are the least expensive stores in the city.

▸ The noun in a superlative construction can be omitted if it is clear to whom or what the superlative refers.

¿El restaurante El Cráter?
Es **el más elegante de** la ciudad.
The El Cráter restaurant?
It's the most elegant (one) in the city.

Recomiendo la ensalada de papa.
Es **la más sabrosa del** menú.
I recommend the potato salad.
It's the most delicious item on the menu.

¡ojo! The absolute superlative, which ends in **–ísimo/a(s)**, is equivalent to the English *extremely/very* + [*adjective/adverb*]. For example: **muchísimo/a(s)** (*very much*), **malísimo/a(s)** (*very bad*), **facilísimo/a(s)** (*extremely easy*).

▸ Note these spelling changes.

rico ⟶ riquísimo	largo ⟶ larguísimo	fácil ⟶ facilísimo
joven ⟶ jovencísimo	trabajador ⟶ trabajadorcísimo	feliz ⟶ felicísimo

Irregular comparatives and superlatives

Irregular comparative and superlative forms					
Adjective		**Comparative form**		**Superlative form**	
bueno/a	good	mejor	better	el/la mejor	(the) best
malo/a	bad	peor	worse	el/la peor	(the) worst
grande	big; old	mayor	older	el/la mayor	(the) oldest
pequeño/a	small; young	menor	younger	el/la menor	(the) youngest
joven	young	menor	younger	el/la menor	(the) youngest
viejo/a	old	mayor	older	el/la mayor	(the) oldest

▸ When **grande** and **pequeño/a** refer to age, use the irregular comparative and superlative forms, **mayor/menor**. However, when **grande** and **pequeño/a** refer to size, use the regular forms, **más grande/más pequeño/a**.

Isabel es **la mayor**.
Isabel is the oldest.

Tu ensalada es **más grande que** ésa.
Your salad is bigger than that one.

▸ **Bien** and **mal** have the same comparative forms as **bueno/a** and **malo/a**.

Julio nada **mejor que** los otros chicos.
Julio swims better than the other boys.

Ellas cantan **peor que** las otras chicas.
They sing worse than the other girls.

A repasar

8.1 Preterite of stem-changing verbs

 Manuel y sus tíos Manuel y sus tíos fueron a cenar a un restaurante. Indica las diferencias entre las acciones de Manuel y las de sus tíos. Sigue el modelo.

modelo

vestirse con ropa informal / ropa elegante

Manuel se vistió con ropa informal. Sus tíos se vistieron con ropa elegante.

1. pedir dos refrescos / vino tinto
   Manuel pidió dos refrescos. Sus tíos pidieron vino tinto.
2. preferir la carne de res con papas / el pescado con ajo
   Manuel prefirió la carne de res con papas. Sus tíos prefirieron el pescado con ajo.
3. servirse entremeses picantes / ensalada de verduras
   Manuel se sirvió entremeses picantes. Sus tíos se sirvieron ensalada de verduras.
4. repetir el plato principal / (no) repetir el plato principal.
   Manuel repitió el plato principal. Sus tíos no repitieron el plato principal.
5. sentirse mal en la noche / bien en la noche
   Manuel se sintió mal en la noche. Sus tíos se sintieron bien en la noche.
6. dormirse tarde / temprano
   Manuel se durmió tarde. Sus tíos se durmieron temprano.

¿Qué desayunaron? En parejas, describan el desayuno de las personas de los dibujos. Usen el pretérito de los verbos **pedir, servir, repetir** y **sentirse.** *Answers will vary.*

  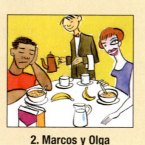

1. Elisa y Ana   2. Marcos y Olga

8.2 Double object pronouns

 En la cafetería Cambia los sustantivos (*nouns*) por pronombres de objeto directo e indirecto. Sigue el modelo.

modelo

Me están sirviendo café.
Me lo están sirviendo. Están sirviéndomelo.

1. Nos van a dar las patatas fritas. *Nos las van a dar. Van a dárnoslas.*
2. Te van a servir los refrescos. *Te los van a servir. Van a servírtelos.*
3. Le están preparando la ensalada. *Se la están preparando. Están preparándosela.*
4. Les voy a recomendar unos postres. *Se los voy a recomendar. Voy a recomendárselos.*
5. Te están pidiendo las bebidas. *Te las están pidiendo. Están pidiéndotelas.*
6. Me voy a comer los champiñones. *Me los voy a comer. Voy a comérmelos.*

---

4 **Camareros** Gabriel y Valeria son camareros en un restaurante. Completa la conversación que tienen con su jefe usando pronombres.

JEFE Valeria, ¿le ofreciste agua fría al cliente de la mesa 22?

VALERIA Sí, (1) ___ *se la ofrecí* ___ de inmediato.

JEFE Gabriel, ¿los clientes de la mesa 5 te pidieron ensaladas?

GABRIEL Sí, (2) ___ *me las pidieron* ___.

JEFE Valeria, ¿le llevaste el pan a la señora de la mesa 10?

VALERIA Sí, (3) ___ *se lo llevé* ___ hace cinco minutos.

VALERIA Gabriel, ¿recuerdas si ya me mostraste los vinos nuevos?

GABRIEL Sí, ya (4) ___ *te los mostré* ___.

JEFE Gabriel, ¿van a pagarte la cuenta (*bill*) los clientes de la mesa 5?

GABRIEL Sí, (5) ___ *van a pagármela/* ___ ahora mismo.
___ *me la van a pagar* ___

JEFE ¿Les pagaron los clientes buenas propinas (*tips*)?

VALERIA Sí, (6) ___ *nos las pagaron* ___. ¡Estamos muy contentos!

8.3 Saber and conocer

5 **Completar** Completa las oraciones con la forma correcta de los verbos.

1. Mis amigos y yo vamos a ir a Perú porque no ___ *conocemos* ___ [conocer] ese país.

2. En Lima, tengo un amigo que ___ *conduce* ___ [conducir] un taxi y él nos ___ *ofrece* ___ [ofrecer] llevarnos a pasear por toda la ciudad.

3. Antonio y yo no ___ *sabemos* ___ [saber] dónde vive nuestro amigo taxista Carlos.

4. Mis amigos ___ *parecen* ___ [parecer] preocupados porque no hablan bien español.

5. Yo no estoy preocupado porque yo sí ___ *sé* ___ [saber] hablar español.

6 **¿Quién soy?** Imagina que eres una persona famosa. Escribe tres oraciones con los verbos **saber** y **conocer** para dar pistas (*clues*) sobre quién eres. Luego, en grupos de tres, cada persona lee sus oraciones y los demás miembros del grupo adivinan (*guess*) quién es. *Answers will vary.*

modelo

Estudiante 1: *Sé cantar canciones románticas en inglés y en español. Sé bailar muy bien. Conozco a Julio Iglesias porque es mi padre.*

Estudiante 2: *¡Enrique Iglesias!*

 Practice more at **vhlcentral.com**.

8.4 Comparatives and superlatives

En el restaurante del señor Chávez Cambia las oraciones omitiendo *(omitting)* el sujeto y usando los superlativos.

modelo

Jorge es mal camarero. (el restaurante)
Es el peor camarero del restaurante.

1. La leche es nutritiva. (las bebidas)
Es la más nutritiva de las bebidas.
2. El restaurante del señor Chávez no es elegante.
(la ciudad) *Es el menos elegante de la ciudad.*
3. Esta taquería es muy cara. (las taquerías)
Es la más cara de las taquerías.
4. El arroz con pollo es un buen plato. (el menú)
Es el mejor plato del menú.
5. Juliana es una camarera muy joven. (las camareras)
Es la más joven de las camareras.
6. El arroz con leche es sabroso. (los postres)
Es el más sabroso de los postres.

El almuerzo familiar La familia Solís está almorzando. En parejas, escriban comparaciones usando las formas superlativas y comparativas. *Answers will vary.*

Sandra · Roberto · Abuela Beatriz · Julian

modelo

El sándwich de Sandra es grandísimo. La abuela Beatriz es la mayor de la familia.

Síntesis

9 **¡Su restaurante es malísimo!** Fueron a comer a un restaurante y la comida resultó no ser muy rica. En parejas, escriban una carta al dueño del restaurante. Sigan la guía. *Answers will vary.*

- Mencionen lo que ustedes pidieron y lo que les sirvieron.
- Expliquen que ustedes saben cocinar muy bien y que la comida fue muy mala.
- Digan que conocen otros restaurantes mejores.
- Comparen el restaurante con otros restaurantes.
- Despídanse *(say goodbye)*.

 Videoclip Video

1 **Preparación** Si te gustan los dulces, ¿qué postres no puedes resistir? Y si en cambio *(instead)* te gustan muchísimo las comidas saladas, ¿cuáles no puedes resistir? Haz una lista y compárala con la de un compañero/a.

2 **El clip** Mira el anuncio *(ad)* de **Sopas Roa** de Colombia.

Vocabulario

resistirse *to resist*	**nutritivas** *nutricious*
está servida *it is served*	**hacer lo que yo quiera** *do whatever I want to do*

¡Me voy de esta casa!

¡Ya está servida la sopa de arroz Roa…!

3 **¿Cierto o falso?** Indica si las oraciones son **ciertas** o **falsas**.

1. El niño decidió irse de la casa porque estaba alegre. *Falso.*
2. La madre sirvió la sopa a la hora de la cena. *Falso.*
3. El niño no sabía cuál *(didn't know which)* era la comida para el almuerzo. *Cierto.*
4. El niño puede resistirse a la comida que prepara su madre. *Falso.*

4 **Una cena especial** En parejas, dramaticen una conversación en la que uno/a de ustedes está enojado/a con su compañero/a porque éste/a hizo algo malo. Esta persona decide preparar una cena especial para convencer al/a la otro/a de que lo/la perdone *(forgive him/her)*. *Answers will vary.*

Ampliación

1 Escuchar

A Rosa y Roberto están en un restaurante. Escucha la conversación entre ellos y la camarera y toma nota de cuáles son los especiales del día.

TIP **Jot down notes as you listen.** Jotting down notes while you listen can help you keep track of the important points or details. Focus actively on comprehension rather than on remembering what you have heard.

> **Los especiales del día**
>
> arroz con pollo   cerdo con salsa de champiñones y papas   bistec a la criolla

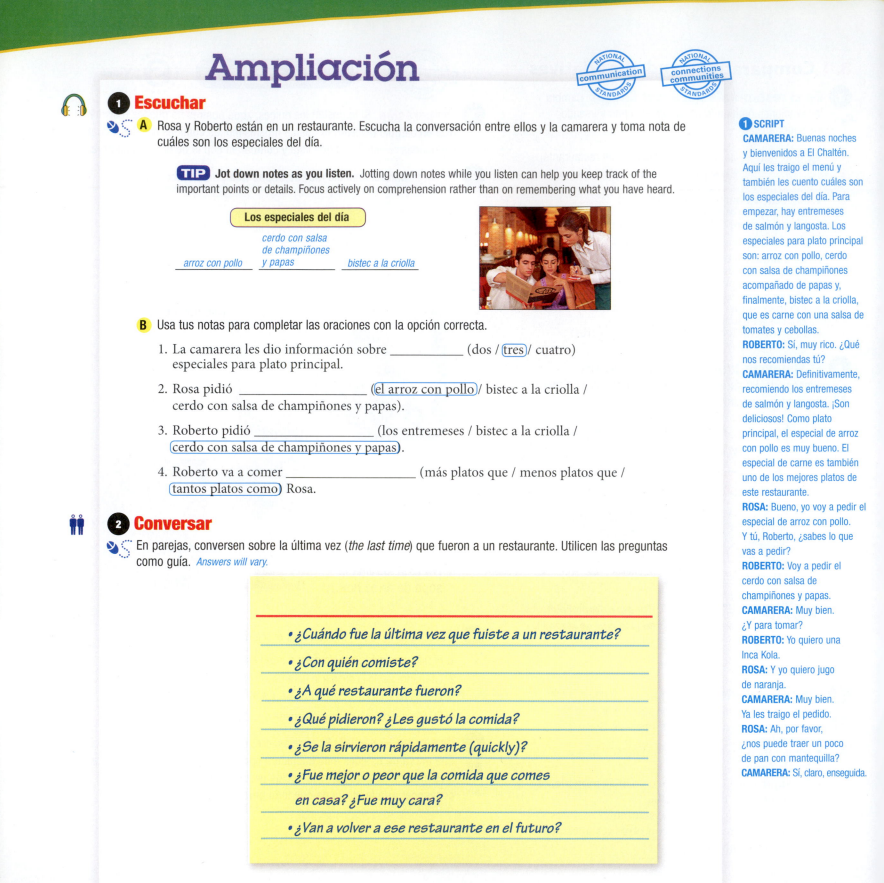

B Usa tus notas para completar las oraciones con la opción correcta.

1. La camarera les dio información sobre _____ (dos / (tres) / cuatro) especiales para plato principal.

2. Rosa pidió _____ ((el arroz con pollo) / bistec a la criolla / cerdo con salsa de champiñones y papas).

3. Roberto pidió _____ (los entremeses / bistec a la criolla / (cerdo con salsa de champiñones y papas)).

4. Roberto va a comer _____ (más platos que / menos platos que / (tantos platos como)) Rosa.

2 Conversar

En parejas, conversen sobre la última vez (*the last time*) que fueron a un restaurante. Utilicen las preguntas como guía. *Answers will vary.*

> • ¿Cuándo fue la última vez que fuiste a un restaurante?
>
> • ¿Con quién comiste?
>
> • ¿A qué restaurante fueron?
>
> • ¿Qué pidieron? ¿Les gustó la comida?
>
> • ¿Se la sirvieron rápidamente (*quickly*)?
>
> • ¿Fue mejor o peor que la comida que comes en casa? ¿Fue muy cara?
>
> • ¿Van a volver a ese restaurante en el futuro?

1 SCRIPT

CAMARERA: Buenas noches y bienvenidos a El Chaltén. Aquí les traigo el menú y también les cuento cuáles son los especiales del día. Para empezar, hay entremeses de salmón y langosta. Los especiales para plato principal son: arroz con pollo, cerdo con salsa de champiñones acompañado de papas y, finalmente, bistec a la criolla, que es carne con una salsa de tomates y cebollas.

ROBERTO: Sí, muy rico. ¿Qué nos recomiendas tú?

CAMARERA: Definitivamente, recomiendo los entremeses de salmón y langosta. ¡Son deliciosos! Como plato principal, el especial de arroz con pollo es muy bueno. El especial de carne es también uno de los mejores platos de este restaurante.

ROSA: Bueno, yo voy a pedir el especial de arroz con pollo. Y tú, Roberto, ¿sabes lo que vas a pedir?

ROBERTO: Voy a pedir el cerdo con salsa de champiñones y papas.

CAMARERA: Muy bien. ¿Y para tomar?

ROBERTO: Yo quiero una Inca Kola.

ROSA: Y yo quiero jugo de naranja.

CAMARERA: Muy bien. Ya les traigo el pedido.

ROSA: Ah, por favor, ¿nos puede traer un poco de pan con mantequilla?

CAMARERA: Sí, claro, enseguida.

Ampliación

3 Escribir

Escribe una crítica sobre un restaurante local. *Answers will vary.*

TIP **Expressing and supporting opinions** Use details, facts, examples, and other forms of evidence to convince your readers to take your opinions seriously.

Organízalo | Usa un mapa de ideas para organizar comentarios sobre la comida, el servicio, el ambiente (*atmosphere*) y otros datos sobre el restaurante.

Escríbelo | Utiliza tus notas para escribir el primer borrador de la crítica.

Corrígelo | Intercambia (*exchange*) tu composición con la de un(a) compañero/a. Comenta sobre el título, la organización, los detalles específicos y los errores de gramática o de ortografía.

Compártelo | Revisa el primer borrador teniendo en cuenta los comentarios de tu compañero/a. Incorpora nuevas ideas o más información para reforzar (*support*) tu opinión. Luego entrégale (*hand in*) la crítica a tu profesor(a).

4 Un paso más

Diseña el menú de un nuevo restaurante en la capital de un país hispano. *Answers will vary.*

- Decide en qué país y ciudad vas a abrir el restaurante.
- Investiga cuáles son las comidas típicas y los platos más populares del país.
- Elige el nombre del restaurante.
- Diseña el menú, incluyendo entremeses, platos principales, ensaladas, postres y bebidas.
- Indica los precios de los platos en la moneda del país.
- Intercambia tu menú con los de tres o cuatro compañeros/as y comparen los platos que escogieron.

CONEXIÓN INTERNET

Investiga estos temas en el sitio **vhlcentral.com.**

- Capitales de los países hispanos
- Comidas del mundo hispano

El Tamalito

Especialidades guatemaltecas

5.ª calle (Los Próceres)
Zona 4, Guatemala
Tel: (502) 345 89 76
Fax: (502) 243 56 34

Antes de leer

S Audio: Reading

Reading for the main idea is a useful strategy. Locate the topic sentences of each paragraph to determine the author's purpose for writing. In particular, the first sentence in each paragraph usually provides clues about its content, as well as impressions of how the entire reading selection is organized.

Examinar el texto

Aquí se presentan dos textos distintos. ¿Qué estrategias puedes usar para leer la crítica? ¿Cuáles son las estrategias apropiadas para familiarizarte con el menú? Utiliza las más eficaces para cada texto. Luego, identifica las estrategias similares que se aplican en los dos textos.

Identificar la idea principal

Lee la primera oración de cada párrafo de la crítica del restaurante **El Palmito**. Apunta el tema principal de cada párrafo. Luego lee el primer párrafo. ¿Crees que el restaurante le gustó a la autora? ¿Por qué? Ahora lee la crítica entera. En tu opinión, ¿cuál es la idea principal de la crítica? ¿Por qué la escribió la autora? Compara tus opiniones con las de un(a) compañero/a.

SUGGESTION Ask students to scan the menu and give the English equivalents of **Entremeses** (Hors d'oeuvres), **Sopas** (Soups), **Entradas** (Entrees), **Postres** (Desserts), and **Bebidas** (Beverages).

EXPANSION To further check comprehension, ask **¿Cómo es el servicio en el restaurante? ¿Cuál fue la opinión de la crítica respecto a la comida? ¿Cómo son los precios en El Palmito? ¿Cuándo está abierto El Palmito?** You may want to discuss the classification of 1 star (*) to 5 stars (*****).

TEACHING OPTION Divide the class into small groups and have them take turns ordering from the El Palmito menu. They should take turns being the server and the customers.

El Tiempo de Guatemala

37E

Restaurantes

Domingo 9 de mayo, Boston, Massachusetts

Cinco estrellas para El Palmito

Margarita Galán, crítica de restaurantes

El viernes pasado me sorprendí° cuando encontré un restaurante fantástico en el barrio donde vivo. Cené en el restaurante **El Palmito,** donde se mezclan° de una manera extraordinaria la comida tradicional de Centroamérica y la belleza arquitectónica de nuestra ciudad. Su propietario, Héctor Suárez, es uno de los chefs más respetados de Guatemala.

El exterior del restaurante refleja el estilo colonial de Nueva Inglaterra. Por dentro°, la decoración rústica crea un ambiente cálido°. Hay que° mencionar también el hermoso patio, lleno° de plantas y flores, donde muchas personas se reúnen para tomar un café en un ambiente° relajado° y cordial.

Uno no se puede quejar° del servicio de **El Palmito.** El personal del restaurante es muy amable y atento, desde los cocineros que preparan la comida hasta los camareros que la sirven.

La comida del restaurante es exquisita. Las tortillas, que se sirven con ajiaceite, son deliciosas. La sopa de pollo y huevo es excelente, y los frijoles enchilados, ricos. También recomiendo el tomaticán, cocinado con una gran variedad de verduras muy ricas. De postre°, don Héctor me preparó su especialidad, un rico pastel de yogur.

Les recomiendo que visiten **El Palmito** cuando tengan ocasión°.

El Palmito, Boston
de lunes a sábado 10:00a.m.-11:00p.m.
domingo 11:00a.m.-10:00p.m.

Comida *****
Servicio *****
Ambiente *****
Precio ****

MENÚ

Entremeses

Pan tostado con
- Queso frito
- Huevos revueltos°

Tortillas con
- Ajicomino (chile, comino°)
- Ajiaceite (chile, aceite)

Sopas
- Cebolla
- Verduras
- Pollo y huevo
- Mariscos

Platos Principales

Chilaquil
(tortilla de maíz, queso y chile)

Tomaticán
(tomate, papas, maíz, chile, arvejas y zanahorias)

Tamales
(maíz, azúcar, ajo, cebolla)

Frijoles enchilados
(frijoles negros, carne de cerdo o de res, arroz, chile)

Postres
- Helado° de limón
- Plátanos° caribeños
- Uvate (uvas, azúcar y ron°)
- Pastel de yogur

Bebidas
- Té helado
- Vino tinto
- Vino blanco
- Agua mineral
- Jugos
- Chilate (maíz, chile y cacao)

sorprendí *was surprised* mezclan *mix* por dentro *inside* cálido *warm* Hay que *One must* lleno *full* ambiente *atmosphere* relajado *relaxed* Uno no se puede quejar *One can't complain* postre *dessert* cuando tengan ocasión *when you have the opportunity* huevos revueltos *scrambled eggs* comino *cumin* helado *ice cream* plátanos *plantains* ron *rum*

Después de leer

¿Comprendiste?

Completa cada oración con la opción correcta.

1. La arquitectura del restaurante es ___colonial___ [moderna, colonial, fea].

2. A muchos clientes les gusta tomar el café en ___el patio___ [las mesas, el bar, el patio].

3. El dueño del restaurante es uno de los ___mejores___ [peores, menores, mejores] chefs de Guatemala.

4. La comida en este restaurante, según la autora, es ___muy buena___ [muy buena, mala, regular].

5. La crítica ___habla bien___ [no da información, habla bien, se queja] del restaurante.

Preguntas

Responde a estas preguntas con oraciones completas.

1. ¿Cómo se llama el dueño del restaurante?
   Se llama Héctor Suárez.

2. ¿Qué tipo de comida se sirve en El Palmito?
   Se sirve comida tradicional de Centroamérica.

3. ¿Cómo es el ambiente del restaurante?
   El ambiente del restaurante es cálido, relajado y cordial.

4. ¿Quién escribió este artículo?
   Margarita Galán escribió este artículo.

5. ¿Cuál es la profesión de la autora del artículo?
   Ella es crítica de restaurantes.

6. ¿Cuántos platos probó la autora del artículo?
   La autora probó cinco platos.

Coméntalo

¿Te interesan las comidas y bebidas que sirven en El Palmito? ¿Cuáles te parecen más interesantes? ¿Por qué? ¿Se sirven platos y bebidas similares a éstos en donde vives? *Answers will vary.*

Audio: Vocabulary Flashcards

En un restaurante

el/la camarero/a	waiter
el/la dueño/a	owner
el menú	menu
la sección de (no) fumadores	(non)smoking section
el almuerzo	lunch
la cena	dinner
la comida	food; meal
el desayuno	breakfast
los entremeses	hors d'oeuvres
el plato (principal)	(main) dish
agrio/a	sour
delicioso/a	delicious
dulce	sweet
picante	hot, spicy
rico/a	tasty; delicious
sabroso/a	tasty; delicious
salado/a	salty
almorzar (o:ue)	to have lunch
cenar	to have dinner
desayunar	to have breakfast
pedir (e:i)	to order (food)
probar (o:ue)	to taste; to try
recomendar (e:ie)	to recommend
servir (e:i)	to serve

Las bebidas

el agua (f.) (mineral)	(mineral) water
la bebida	drink
el café	coffee
la cerveza	beer
el jugo (de fruta)	(fruit) juice
la leche	milk
el refresco	soft drink
el té (helado)	(iced) tea
el vino (blanco/tinto)	(white/red) wine

Los granos y las verduras

el ajo	garlic
el arroz	rice
las arvejas	peas
la cebolla	onion
los cereales	cereals; grains
el champiñón	mushroom
la ensalada	salad
los frijoles	beans
la lechuga	lettuce
el maíz	corn
la papa/patata	potato
el tomate	tomato
las verduras	vegetables
la zanahoria	carrot

Las carnes, los pescados y los mariscos

el atún	tuna
el bistec	steak
los camarones	shrimp
la carne	meat
la carne de res	beef
la chuleta de cerdo	pork chop
la hamburguesa	hamburger
el jamón	ham
la langosta	lobster
los mariscos	seafood
el pavo	turkey
el pescado	fish
el pollo (asado)	(roast) chicken
la salchicha	sausage
el salmón	salmon

Las frutas

la banana	banana
las frutas	fruit
el limón	lemon
la manzana	apple
la naranja	orange
las uvas	grapes

Los condimentos y otras comidas

el aceite	oil
el azúcar	sugar
el huevo	egg
la mantequilla	butter
la margarina	margarine
la mayonesa	mayonnaise
el pan (tostado)	(toasted) bread
las papas/ patatas fritas	French fries
la pimienta	pepper
el queso	cheese
la sal	salt
el sándwich	sandwich
la sopa	soup
el vinagre	vinegar

Verbos

conducir	to drive
conocer	to know; to be acquainted with
morir (o:ue)	to die
ofrecer	to offer
parecer	to seem
saber	to know; to know how
traducir	to translate

Comparatives and superlatives	See pages 212–213.

As students finish the lesson, encourage them to explore the **Repaso** section on the Supersite. There they will find quizzes for practicing vocabulary, grammar, and oral language.

Practice more at **vhlcentral.com**.

El Amazonas es el río más caudaloso *(the most vast)* del mundo. Por ser muy profundo *(deep)* y ancho *(wide)*, tiene otro nombre: "río océano". Desde barcos muy grandes hasta barcos pequeños, como la canoa que vemos en la foto, navegan en él. Alrededor *(around)* del río Amazonas hay una gran selva *(jungle)* y muy poca gente vive allí.

SURAMÉRICA I

Venezuela

Área: 912.050 km^2 (352.144 millas^2)
Población: 28.048.000
Capital: Caracas–3.051.000
Ciudades principales: Maracaibo, Valencia, Maracay, Barquisimeto
Moneda: bolívar
SOURCE: Population Division, UN Secretariat & CIA World Factbook

Colombia

Área: 1.138.910 km^2 (439.734 millas^2)
Población: 45.239.000
Capital: Bogotá–8.262.000
Ciudades principales: Cali, Medellín, Barranquilla, Cartagena
Moneda: peso colombiano
SOURCE: Population Division, UN Secretariat & CIA World Factbook

Ecuador

Área: 283.560 km^2 (109.483 millas^2)
Población: 15.224.000
Capital: Quito–1.801.000
Ciudades principales: Guayaquil, Cuenca, Machala, Portoviejo
Moneda: dólar estadounidense
SOURCE: Population Division, UN Secretariat & CIA World Factbook

Perú

Área: 1.285.220 km^2 (496.224 millas^2)
Población: 29.550.000
Capital: Lima–8.769.000
Ciudades principales: Arequipa, Trujillo, Chiclayo, Iquitos
Moneda: nuevo sol
SOURCE: Population Division, UN Secretariat & CIA World Factbook

Gente

Indígenas de Ecuador

Ecuador tiene una gran población indígena *(native)*. La lengua oficial de Ecuador es el español, pero hoy día también se hablan *(are spoken)* otras lenguas. Aproximadamente unos 4.000.000 de ecuatorianos hablan lenguas indígenas; la mayoría de ellos habla quechua. Las comunidades indígenas de Ecuador son excelentes tejedores *(weavers)*; sus tejidos son famosos en todo el mundo por sus colores vivos y sus hermosos diseños *(designs)*. En el mercado de Otavalo se venden mantas *(blankets)*, ropas tradicionales y tapices *(tapestries)* hechos por estas comunidades.

Lugares

El Salto Ángel

El Salto Ángel, en el sureste de Venezuela, es la catarata *(waterfall)* más alta del mundo. Tiene 979 m (3.212 pies) de altura *(height)*. Es diecisiete veces más alta que las cataratas del Niágara. James C. Angel "descubrió" esta catarata en 1937 y por eso lleva su nombre. Está en el Parque Nacional Canaima y los indígenas la llaman *Kerepakupai Merú*, que significa catarata.

Mar Caribe

Barranquilla

Maracaibo

Medellín

⭐ Bogotá

Cali

R. Magdalena

COLOMBIA

Pasto

Quito

⭐

ECUADOR

Guayaquil

Iquitos

PERÚ

Cordillera de los Andes

Lima ⭐

Cuzco

Océano Pacífico

Lago Titicaca

Arequipa

Puerto España
TRINIDAD

Caracas

VENEZUELA

R. Orinoco

GUAYANA

BRASIL

PARAGUAY

Practice more!

WB pp. 85–86 | VM pp. 241–244 | vhlcentral.com

Literatura

Gabriel García Márquez

Gabriel García Márquez es uno de los escritores contemporáneos más importantes del mundo. Publicó su primer cuento *(short story)* en 1947, cuando era estudiante universitario. Su libro más conocido, *Cien años de soledad*, está escrito en el estilo *(style)* literario llamado "realismo mágico", un estilo que mezcla *(mixes)* la realidad con lo irreal y lo mítico *(mythical)*. García Márquez recibió el Premio Nobel de Literatura en 1982.

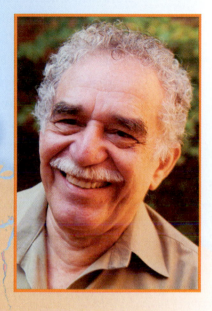

Economía

Las alpacas del Perú

La alpaca es un animal sudamericano de la familia de la llama y la vicuña. Vive en rebaños *(herds)* en los Andes. Es un animal muy importante para la economía del país, ya que da una lana muy buena que los peruanos utilizan para hacer ropa, mantas y bolsas de alta calidad *(quality)*. Pero cuidado: ¡Las alpacas escupen *(spit)* para defenderse!

Familia peruana esquilando *(shearing)* una alpaca

1 **¿Cierto o falso?** Indica si las oraciones son **ciertas** o **falsas**.

	Cierto	Falso
1. El río Amazonas es el más caudaloso del mundo.	✔	
2. Alrededor del río Amazonas hay una gran playa.		✔
3. La moneda de Ecuador es el dólar estadounidense.	✔	
4. Arequipa es una de las ciudades principales de Venezuela.		✔
5. La lengua oficial de Ecuador es el quechua.		✔
6. Los tejidos de Ecuador son famosos en todo el mundo.	✔	
7. Las cataratas del Niágara son más altas que el Salto Ángel.		✔
8. Los indígenas llaman *Kerepakupai Merú* al Salto Ángel.	✔	
9. García Márquez ganó el Premio Nobel en 1982.	✔	
10. García Márquez publicó su primer cuento en 1999.		✔
11. La alpaca es de la familia de la llama y la vicuña.	✔	
12. La alpaca escupe para defenderse.	✔	

2 **Preguntas** Contesta las siguientes preguntas.

1. ¿Te gustaría navegar en el río Amazonas? ¿Por qué?

2. ¿Qué te gustaría comprar en el mercado de Otavalo?

3. ¿Conoces alguna catarata similar a la de Salto Ángel? ¿Dónde está? ¿Cómo es comparada con la de Salto Ángel?

4. ¿Leíste alguna obra de García Márquez? ¿Cuál? Si no, ¿crees que te gustaría leer algo de él?

5. ¿Tienes ropa, mantas o bolsos de alpaca? ¿Te gusta la calidad de la alpaca?

CONEXIÓN INTERNET

Investiga estos temas en el sitio **vhlcentral.com**.

- La cultura inca y personajes importantes de Perú, Venezuela y Colombia
- Ecoturismo en el Orinoco y lugares para visitar en Colombia y Ecuador

Las celebraciones

PARA EMPEZAR Here are some additional questions:
¿Fuiste a una fiesta importante el año pasado?
¿Cuál fue la ocasión? ¿Sirvieron buena comida?
En tu opinión, ¿qué fiestas son las más divertidas?

Communicative Goals

You will learn how to:

- talk about celebrations and personal relationships
- express congratulations
- ask for the bill in a restaurant
- express gratitude

PREPARACIÓN

pages 226–231

- Words related to celebrations and desserts
- Personal relationships and stages of life
- The letters **h**, **j**, and **g**

AVENTURAS

pages 232–233

- The Díaz family gets ready for their annual **Día de Muertos** celebration. The whole family participates in the preparations, and even friends are invited to the main event.

CULTURA

pages 234–235

- *Semana Santa: vacaciones y tradición*
- Flash Cultura: *Las fiestas*

GRAMÁTICA

pages 236–247

- Irregular preterites
- Verbs that change meaning in the preterite
- Relative pronouns
- **¿Qué?** and **¿cuál?**

LECTURA

pages 248–249

- Newspaper article: *Vida Social: Matrimonio, Bautismo, Fiesta de quince años, Expresión de gracias*

PARA EMPEZAR

- ¿Cómo se sienten estas personas, alegres o tristes?
- ¿Qué hay en la mesa?
- ¿Qué crees que está celebrando la familia?

Tutorials

SUGGESTION Write **divertirse** and **pasarlo bien** on the board and explain their meanings. Then ask students about a recent party they attended. Ex: **¿Te divertiste? ¿Lo pasaste bien?**

SUGGESTION Point out to students that while **quinceañera** is used to refer only to the woman, in the U.S., **quinceañera** means both the woman and the event. In Spanish, the event is called **Fiesta de quince años**.

LAS CELEBRACIONES

la boda
wedding

LAS FIESTAS

el aniversario (de bodas) *(wedding) anniversary*
el día de fiesta *holiday*
la fiesta *party*
el/la invitado/a *guest*
la Navidad *Christmas*
la quinceañera *young woman celebrating her fifteenth birthday*
la sorpresa *surprise*

celebrar *to celebrate*
cumplir años *to have a birthday*
dejar una propina *to leave a tip*
divertirse (e:ie) *to have fun*
invitar *to invite; to treat*
pagar la cuenta *to pay the bill*
pasarlo bien/mal *to have a good/bad time*
regalar *to give (a gift)*
reírse (e:i) *to laugh*
relajarse *to relax*
sonreír (e:i) *to smile*
sorprender *to surprise*

el cumpleaños
birthday

brindar
to toast

graduarse (de)
to graduate (from)

LOS POSTRES Y OTRAS COMIDAS

la botella de vino *bottle of wine*
los dulces *sweets; candy*
el helado *ice cream*
el pastel *cake*
el pastel de cumpleaños *birthday cake*
los postres *desserts*

el flan

el champán

las galletas

SUGGESTION Introduce vocabulary by asking students if they went to a party recently. Ex: **¿Quiénes fueron a una fiesta el fin de semana pasado? ¿Qué tipo de fiesta? ¿Qué comiste y qué tomaste? ¿Bailaste?**

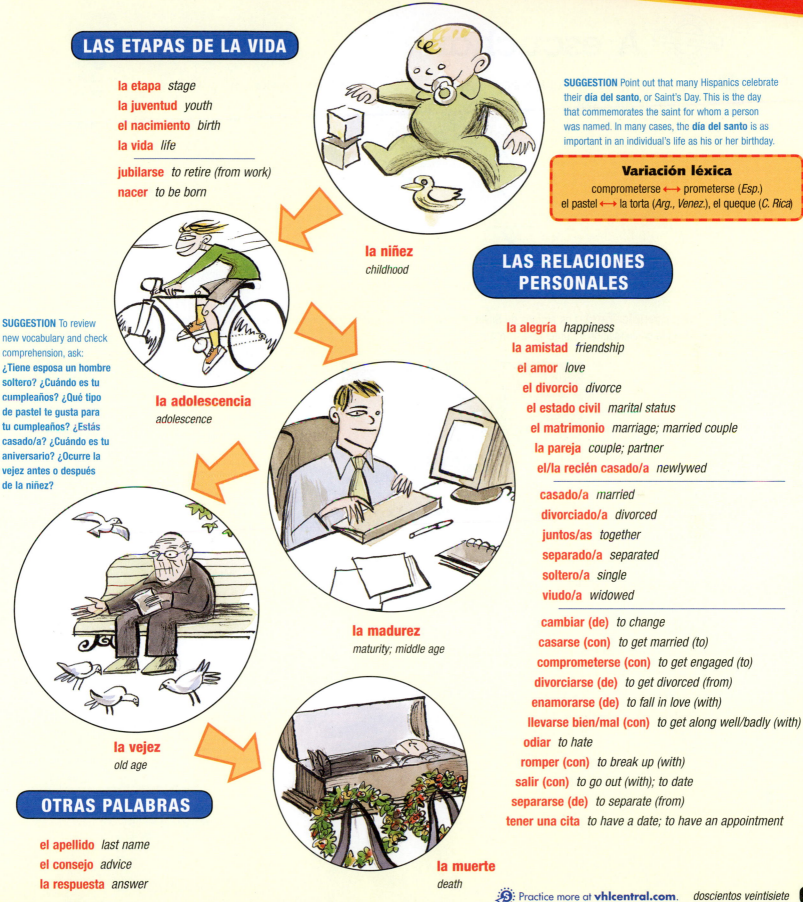

LAS ETAPAS DE LA VIDA

la etapa *stage*
la juventud *youth*
el nacimiento *birth*
la vida *life*

jubilarse *to retire (from work)*
nacer *to be born*

la niñez
childhood

SUGGESTION Point out that many Hispanics celebrate their **día del santo**, or Saint's Day. This is the day that commemorates the saint for whom a person was named. In many cases, the **día del santo** is as important in an individual's life as his or her birthday.

> **Variación léxica**
> comprometerse ⟷ prometerse (*Esp.*)
> el pastel ⟷ la torta (*Arg., Venez.*), el queque (*C. Rica*)

la adolescencia
adolescence

SUGGESTION To review new vocabulary and check comprehension, ask: **¿Tiene esposa un hombre soltero? ¿Cuándo es tu cumpleaños? ¿Qué tipo de pastel te gusta para tu cumpleaños? ¿Estás casado/a? ¿Cuándo es tu aniversario? ¿Ocurre la vejez antes o después de la niñez?**

LAS RELACIONES PERSONALES

la alegría *happiness*
la amistad *friendship*
el amor *love*
el divorcio *divorce*
el estado civil *marital status*
el matrimonio *marriage; married couple*
la pareja *couple; partner*
el/la recién casado/a *newlywed*

casado/a *married*
divorciado/a *divorced*
juntos/as *together*
separado/a *separated*
soltero/a *single*
viudo/a *widowed*

cambiar (de) *to change*
casarse (con) *to get married (to)*
comprometerse (con) *to get engaged (to)*
divorciarse (de) *to get divorced (from)*
enamorarse (de) *to fall in love (with)*
llevarse bien/mal (con) *to get along well/badly (with)*
odiar *to hate*
romper (con) *to break up (with)*
salir (con) *to go out (with); to date*
separarse (de) *to separate (from)*
tener una cita *to have a date; to have an appointment*

la madurez
maturity; middle age

la vejez
old age

OTRAS PALABRAS

el apellido *last name*
el consejo *advice*
la respuesta *answer*

la muerte
death

A escuchar

1 **¿Lógico o ilógico?** Escucha las oraciones e indica si cada oración es **lógica** o **ilógica**.

	Lógico	Ilógico
1.	✔	
2.		✔
3.	✔	
4.		✔
5.	✔	
6.	✔	

1 SCRIPT

1. El flan y el helado son postres.

2. Después de divorciarse, una persona está casada.

3. En una fiesta los invitados se ríen y se relajan.

4. Alicia acaba de romper con su novio. Va a casarse con él.

5. Después de cenar en un restaurante es importante pagar la cuenta.

6. Amalia Ferrero y su esposo no se llevan bien. Van a separarse.

2 **¡Feliz cumpleaños!** Los amigos de Silvia están preparándole una fiesta de cumpleaños. Escucha la conversación y contesta las preguntas.

1. ¿Sabe Silvia que sus amigos le van a organizar una fiesta? *No, es una sorpresa.*

2. ¿Qué van a comer los amigos en la fiesta? *Van a comer pastel de chocolate y helado.*

3. ¿A Silvia le gusta el chocolate? *Sí, le encanta el chocolate.*

4. ¿Dónde compraron el helado? *Compraron el helado en la tienda que está al lado de la residencia estudiantil.*

5. ¿Por qué no quieren comer el helado de la cafetería? *Porque el helado de la tienda es mejor.*

6. ¿Cuántos años cumple Silvia? *Silvia cumple dieciocho años.*

7. ¿Con qué brindan los amigos? *Los amigos brindan con champán.*

8. ¿Silvia es mayor o menor que sus amigos? *Silvia es menor que sus amigos.*

2 SCRIPT

A1: ¿Estamos listos, amigos?
A2: Creo que sí. Aquí tenemos el pastel y el helado…
A3: De chocolate, espero. Ustedes saben cómo le encanta a Silvia el chocolate…
A2: Por supuesto, el chocolate para Silvia. Bueno, un pastel de chocolate, el helado…
A3: ¿El helado es de la cafetería o lo compraste cerca de la residencia estudiantil?
A2: Lo compré en la tienda que está al lado de nuestra residencia. Es mejor que el helado de la cafetería.
A1: Psstt… aquí viene Silvia…
A1, A2, A3: ¡Sorpresa! ¡Sorpesa, Silvia! ¡Felicidades!
SILVIA: ¡Qué sorpresa!
A3: ¿Y cuántos años cumples?
SILVIA: Dieciocho. ¡Gracias, amigos, muchas gracias!
A1: Y ahora, ¡brindamos por nuestra amiga!
A2: ¿Con qué brindamos? ¿Con el champán?
A1: ¡Cómo no! ¡Por nuestra amiga Silvia, la más joven de todos nosotros!

Practice more!
LM p. 49

A practicar

3 SUGGESTION If the activity was assigned as homework, quickly go over the answers in class.

3 Completar Completa las oraciones.

dejó una propina	se jubiló
nació	se llevan bien
nos divertimos	sonrió
lo pasaron mal	tenemos una cita
se casaron	pagaron la cuenta

1. Nelson y Mónica _se casaron_ en septiembre. La boda fue maravillosa.
2. Mi tía le _dejó una propina_ muy grande al camarero.
3. Mi padrastro _se jubiló_ hace un año.
4. A Alejandra le gustan las galletas. Ella se puso contenta y _sonrió_ después de comérselas todas.
5. Luis y yo _nos divertimos_ en la fiesta. Bailamos y comimos mucho.
6. ¡Tengo una nueva sobrina! Ella _nació_ ayer por la mañana y se llama Sofía.
7. Irene y su esposo _se llevan bien_. Ellos casi nunca se pelean y disfrutan haciendo actividades juntos.
8. Isabel y yo _tenemos una cita_ esta noche. Vamos a ir a un restaurante muy elegante.

4 EXPANSION In pairs, have students tell each other about celebrations in their own families. Remind them to use as many expressions as possible from the lesson vocabulary. Follow up by having volunteers describe the celebrations in their partner's families.

4 La fiesta de Susana Completa las oraciones de manera lógica.

1. Susana siempre _celebra_ su cumpleaños con su familia y sus amigos.
2. Su mamá invitó a mucha gente; todos los _invitados_ llegaron tarde.
3. Su papá contó chistes (*told jokes*) y todos _se rieron_ porque eran (*were*) muy graciosos.
4. A Susana le _regalaron_ muchos regalos.
5. Su amiga Anabela trajo una botella de _champán_ para brindar después de comer el pastel.
6. El hermano de Susana comió muchos trozos (*pieces*) de _pastel_ de chocolate.
7. Susana está un poco triste porque ayer _rompió con_ su novio y él no vino a su fiesta de cumpleaños ni la llamó por teléfono.
8. Pero Susana _tiene una cita_ el próximo viernes con Jorge.

5 Cambiar En parejas, túrnense para decir que las afirmaciones son falsas y corríjanlas (*correct them*) cambiando las expresiones subrayadas. *Answers will vary.*

modelo

Nuestros amigos <u>lo pasaron mal</u> en la playa.
Estudiante 1: Nuestros amigos lo pasaron mal en la playa.
Estudiante 2: No, te equivocas (*you're wrong*). Ellos lo pasaron bien.

1. <u>El nacimiento</u> es el fin de la vida.
   E1: El nacimiento es el fin de la vida. E2: No, te equivocas. La muerte es el fin de la vida.
2. A los sesenta y cinco años muchas personas <u>comienzan a trabajar.</u>
   E1: A los sesenta y cinco años muchas personas comienzan a trabajar. E2: No, te equivocas. A los sesenta y cinco años muchas personas se jubilan.
3. Francisco y Gloria <u>se divorcian</u> mañana.
   E1: Francisco y Gloria se divorcian mañana. E2: No, te equivocas. Ellos se casan mañana.
4. Pancho <u>se comprometió</u> con Yolanda.
   E1: Pancho se comprometió con Yolanda. E2: No, te equivocas. Pancho rompió con Yolanda.
5. Marcela <u>lo pasa bien con</u> Ramón.
   E1: Marcela lo pasa bien con Ramón. E2: No, te equivocas. Marcela odia a Ramón.
6. El abuelo murió, por eso, la abuela es <u>separada</u>.
   E1: El abuelo murió, por eso, la abuela es separada. E2: No, te equivocas. El abuelo murió, por eso, la abuela es viuda.

Practice more!

WB pp. 89–90

vhlcentral.com

A conversar

6 **Planes para una fiesta** Trabaja con dos compañeros/as para planear una fiesta. Recuerda incluir la siguiente información. *Answers will vary.*

1. ¿Qué tipo de fiesta es?
2. ¿Dónde va a ser? ¿Cuándo va a ser?
3. ¿A quiénes van a invitar?
4. ¿Qué van a comer? ¿Quiénes van a llevar o a preparar la comida?
5. ¿Qué van a beber? ¿Quiénes van a traer las bebidas?
6. ¿Cómo planean entretener a los invitados? ¿Van a bailar o a jugar algún juego?
7. Después de la fiesta, ¿quiénes van a limpiar (*clean*)?

6 SUGGESTION Give students five to seven minutes to plan the party. Ask volunteers to describe their party plans to the class.

6 EXPANSION Have students make invitations for their party. They may also make a shopping list and a "to do" list.

7 **Encuesta** Entrevista a dos o tres compañeros/as para saber qué actitudes (*attitudes*) tienen en sus relaciones personales. Comparte los resultados con la clase. *Answers will vary.*

7 EXPANSION Take a class survey of the attitudes toward friendship and relationships. Write the questions on the board and ask for a show of hands. Then tally the results.

Preguntas	Nombres	Actitudes
1. ¿Te importa la amistad? ¿Por qué?	_____	_____
2. ¿Es mejor tener un(a) buen(a) amigo/a o muchos amigos?	_____	_____
3. ¿Cuáles son las características que buscas en tus amigos/as?	_____	_____
4. ¿Tienes novio/a? ¿A qué edad (*age*) es posible enamorarse?	_____	_____
5. ¿Deben las parejas hacer todo juntos?	_____	_____
6. ¿Deben las parejas compartir las mismas opiniones? ¿Por qué?	_____	_____

8 **Una fiesta inolvidable** Cuéntale a un(a) compañero/a cómo fue la fiesta más divertida a la que fuiste. Usa estas preguntas como guía. *Answers will vary.*

1. ¿Quién organizó la fiesta?
2. ¿Qué se celebró?
3. ¿Qué día se celebró? ¿Y a qué hora?
4. ¿Dónde fue?
5. ¿Quiénes fueron los invitados? ¿Cuántas personas había?
6. ¿Qué hicieron durante la fiesta?
7. ¿Por qué fue la fiesta más divertida?

8 EXPANSION Ask volunteers to talk about their unforgettable party experiences. Ask others comprehension questions about what was said.

Pronunciación 🎧 Ⓢ Audio

The letters h, j, and g

helado	hombre	hola	hermosa

The Spanish **h** is always silent.

José	jubilarse	dejar	pareja

The letter **j** is pronounced much like the English *h* in *his*.

agencia	general	Gil	Gisela

The letter **g** can be pronounced three different ways. Before **e** or **i**, the letter **g** is pronounced much like the English *h*.

Gustavo, gracias por llamar el domingo.

At the beginning of a phrase or after the letter **n**, the Spanish **g** is pronounced like the English *g* in *girl*.

Me gradué en agosto.

In any other position, the Spanish **g** has a somewhat softer sound.

Guerra	conseguir	guantes	agua

In the combinations **gue** and **gui**, the **g** has a hard sound and the **u** is silent. In the combination **gua**, the **g** has a hard sound and the **u** is pronounced like the English *w*.

Práctica Lee las palabras en voz alta, prestando atención a la **h**, la **j** y la **g**.

1. hamburguesa
2. jugar
3. oreja
4. guapa
5. geografía
6. magnífico
7. espejo
8. hago
9. seguir
10. gracias
11. hijo
12. galleta
13. Jorge
14. tengo
15. ahora
16. guantes

Oraciones Lee las oraciones en voz alta, prestando atención a la **h**, la **j** y la **g**.

1. Hola. Me llamo Gustavo Hinojosa Lugones y vivo en Santiago de Chile.
2. Tengo una familia grande; somos tres hermanos y tres hermanas.
3. Voy a graduarme en mayo.
4. Para celebrar mi graduación mis padres van a regalarme un viaje a Egipto.
5. ¡Qué generosos son!

Refranes Lee los refranes en voz alta, prestando atención a la **h**, la **j** y la **g**.

A la larga, lo más dulce amarga.[1]

El hábito no hace al monje.[2]

[1] *Too much of a good thing.*
[2] *The clothes don't make the man.*

El Día de Muertos

La familia Díaz conmemora el Día de Muertos.

VIDEO SYNOPSIS The Díaz family gets ready for their annual Día de Muertos celebration. The whole family participates in the preparations, and Ana María shows Marissa and Jimena how to make mole. Juan Carlos is invited to accompany the family to the cemetery, where Ana María, Ramón, and Roberto remember their parents.

PERSONAJES

MARISSA

JIMENA

FELIPE

JUAN CARLOS

SRA. DÍAZ

SR. DÍAZ

TÍA ANA MARÍA

TÍO RAMÓN

TÍA NAYELI

DON DIEGO

MARTA

VALENTINA

MAITE FUENTES

1

MAITE FUENTES El Día de Muertos se celebra en México el primero y el segundo de noviembre. Como pueden ver, hay calaveras de azúcar, flores, música y comida por todas partes. Ésta es una fiesta única que todos deben ver por lo menos una vez en la vida.

2

MARISSA *Holy moley!* ¡Está delicioso!
TÍA ANA MARÍA Mi mamá me enseñó a prepararlo. El mole siempre fue el plato favorito de mi papá. Mi hijo Eduardo nació el día de su cumpleaños. Por eso le pusimos su nombre.

3

TÍO RAMÓN ¿Dónde están mis hermanos?
JIMENA Mi papá y Felipe están en el otro cuarto. Esos dos antipáticos no quieren decirnos qué están haciendo. Y la tía Ana María...
TÍO RAMÓN ... está en la cocina.

6

TÍA ANA MARÍA Ramón, ¿cómo estás?
TÍO RAMÓN Bien, gracias. ¿Y Mateo? ¿No vino contigo?
TÍA ANA MARÍA No. Ya sabes que me casé con un doctor y, pues, trabaja muchísimo.

7

SR. DÍAZ Familia Díaz, deben prepararse...
FELIPE ... ¡para la sorpresa de sus vidas!

8

JUAN CARLOS Gracias por invitarme.
SR. DÍAZ Juan Carlos, como eres nuestro amigo, ya eres parte de la familia.

PREVIEW Have students read the first line of dialogue in each caption and guess what happens in this episode.

ACTIVIDADES

1 **Identificar** Identifica quién puede decir estas oraciones. Vas a usar un nombre dos veces.

1. Mis padres se conocieron en la fiesta de un amigo. *tía Ana María*
2. El Día de Muertos se celebra con flores, calaveras de azúcar, música y comida. *Maite Fuentes*
3. Gracias por invitarme a celebrar este Día de Muertos. *Juan Carlos*
4. Los de la foto son mis padres el día de su boda. *tía Ana María*
5. A mí me gustan mucho las galletas. *Valentina*
6. ¡Qué bueno que estás aquí, Juan Carlos! Eres uno más de la familia. *Sr. Díaz*

2 **Completar** Completa las oraciones con la información correcta.

1. El Día de Muertos es una ____*fiesta*____ única que todos deben ver.
2. La tía Ana María preparó ____*mole*____ para celebrar.
3. Marissa lleva la ____*foto*____ al altar.
4. Jimena hizo las ____*galletas*____ y el ____*pastel*____.
5. Marta no sabe qué ____*postre*____ prefiere.
6. El Sr. Díaz y Felipe prepararon una ____*sorpresa*____ para la familia.

VIDEO RECAP Before doing this **Aventuras** episode, review the previous episode with these questions: **1. ¿Cuáles son los especiales del día en el restaurante?** (El ceviche de camarón y el bistec con verduras a la plancha.) **2. ¿Qué pidió de plato principal Maru? ¿Y Miguel?** (Maru pidió el jamón y Miguel pidió el pollo asado con champiñones y papas.) **3. ¿Quiénes le quitaron la comida al camarero?** (Juan Carlos y Felipe se la quitaron.) **4. ¿Quiénes pagaron la comida de Maru y Miguel?** (Felipe y Juan Carlos la pagaron.)

Draw attention to **pusimos** and explain that it is an irregular preterite form of the verb **poner**. Then point out the forms **vino** (video still 6) and **hice** and **puse** (video still 9) and tell students that these are irregular preterite forms of the verbs **venir, hacer,** and **poner**. Finally, draw attention to the phrase **Cómo se conocieron** and explain that **conocer** in the preterite means *to meet*.

TÍA ANA MARÍA Marissa, ¿le puedes llevar esa foto que está ahí a Carolina? La necesita para el altar.

MARISSA Sí. ¿Son sus padres?

TÍA ANA MARÍA Sí, el día de su boda.

MARISSA ¿Cómo se conocieron?

TÍA ANA MARÍA En la fiesta de un amigo. Fue amor a primera vista.

MARISSA (*Señala la foto.*) La voy a llevar al altar.

(En el cementerio)

JIMENA Yo hice las galletas y el pastel. ¿Dónde los puse?

MARTA Postres... ¿Cuál prefiero? ¿Galletas? ¿Pastel? ¡Dulces!

VALENTINA Me gustan las galletas.

SR. DÍAZ Brindamos por ustedes, mamá y papá.

TÍO RAMÓN Todas las otras noches estamos separados. Pero esta noche estamos juntos.

TÍA ANA MARÍA Con gratitud y amor.

③ SUGGESTION Have students review the vocabulary before doing this activity.

③

👤👤👤

Una cena Trabajen en grupos para representar una conversación en una cena de Año Nuevo. Usen la guía para representar la situación.

▶ Una persona brinda por el año que está por comenzar y por estar con su familia y amigos.

▶ Cada persona del grupo habla de cuál es su comida favorita en Año Nuevo.

▶ Después de la cena, una persona del grupo dice que es hora de *(it's time to)* comer las uvas.

▶ Cada persona del grupo dice qué desea para el año que empieza.

▶ Después, cada persona del grupo debe desear Feliz Año Nuevo a los demás.

Expresiones útiles

Discussing family history
El mole siempre fue el plato favorito de mi papá.
Mole was always my dad's favorite dish.
Mi hijo Eduardo nació el día de su cumpleaños.
My son Eduardo was born on his birthday.
Por eso le pusimos su nombre.
That's why we named him after him (after my father).
¿Cómo se conocieron sus padres?
How did your parents meet?
En la fiesta de un amigo. Fue amor a primera vista.
At a friend's party. It was love at first sight.

Talking about a party/celebration
Ésta es una fiesta única que todos deben ver por lo menos una vez.
This is a unique celebration that everyone should see at least once.
Gracias por invitarme.
Thanks for inviting me.
Brindamos por ustedes.
A toast to you.

Additional vocabulary
alma *soul*
altar *altar*
ángel *angel*
calavera de azúcar *skull made out of sugar*
cementerio *cemetery*
cocina *kitchen*
disfraz *costume*

Practice more!

VM
pp. 185–186

vhlcentral.com

Semana Santa: vacaciones y tradición

¿Te imaginas pasar veinticuatro horas tocando un tambor° entre miles de personas? Así es como mucha gente celebra el Viernes Santo° en el pequeño pueblo de **Calanda**, España. De todas las celebraciones hispanas, la **Semana Santa°** es una de las más espectaculares y únicas.

Otras celebraciones famosas

Ayacucho, Perú: Además de alfombras de flores y procesiones, aquí hay una antigua tradición llamada "quema de la chamiza"°.

Iztapalapa, Ciudad de México: Es famoso el Vía Crucis del cerro° de la Estrella. Es una representación del recorrido° de Jesucristo con la cruz°.

Popayán, Colombia: En las procesiones "chiquitas" los niños llevan imágenes que son copias pequeñas de las que llevan los mayores.

Semana Santa es la semana antes de Pascua°, una celebración religiosa que conmemora la Pasión de Jesucristo. Generalmente, la gente tiene unos días de vacaciones en esta semana. Algunas personas aprovechan° estos días para viajar, pero otras prefieren participar en las tradicionales celebraciones religiosas en las calles°. En **Antigua**, Guatemala, hacen alfombras°

de flores° y altares; también organizan Vía Crucis° y danzas. En las famosas procesiones y desfiles° religiosos de **Sevilla**, España, los fieles° sacan a las calles imágenes religiosas. Las imágenes van encima de plataformas ricamente decoradas con abundantes flores y velas°. En la procesión, los penitentes llevan túnicas y unos sombreros cónicos que les cubren° la cara°. En sus manos llevan faroles° o velas encendidas.

Alfombra de flores en Antigua, Guatemala

Si visitas algún país hispano durante la Semana Santa, debes asistir a un desfile. Las playas y las discotecas pueden esperar hasta la semana siguiente.

tocando un tambor *playing a drum* **Viernes Santo** *Good Friday* **Semana Santa** *Holy Week* **Pascua** *Easter Sunday* **aprovechan** *take advantage of* **calles** *streets* **alfombras** *carpets* **flores** *flowers* **Vía Crucis** *Stations of the Cross* **desfiles** *parades* **fieles** *faithful* **velas** *candles* **cubren** *cover* **cara** *face* **faroles** *lamps* **quema de la chamiza** *burning of brushwood* **cerro** *hill* **recorrido** *route* **cruz** *cross*

Procesión en Sevilla, España

ASÍ SE DICE
Fiestas y celebraciones

la despedida de soltero/a	*bachelor(ette) party*
el día feriado/festivo	**el día de fiesta**
disfrutar	*to enjoy*
festejar	**celebrar**
los fuegos artificiales	*fireworks*
pasarlo en grande	**divertirse mucho**
salir de parranda, rumbear (Ven.), (Col.)	*to go out and have fun*

ACTIVIDADES

1 **¿Cierto o falso?** Indica si lo que dicen las oraciones sobre Semana Santa en países hispanos es **cierto** o **falso**. Corrige las falsas.

1. La Semana Santa se celebra después de Pascua. *Falso. La Semana Santa es la semana antes de Pascua.*
2. Las personas tienen días libres durante la Semana Santa. *Cierto.*
3. Todas las personas asisten a las celebraciones religiosas. *Falso. Algunas personas aprovechan estos días para viajar.*
4. En los países hispanos, las celebraciones se hacen en las calles. *Cierto.*
5. En Antigua y en Ayacucho es típico hacer alfombras de flores. *Cierto.*
6. En Sevilla, sacan imágenes religiosas a las calles. *Cierto.*
7. En Sevilla, las túnicas cubren la cara. *Falso. Los sombreros cónicos cubren la cara.*
8. En la procesión en Sevilla algunas personas llevan flores en sus manos. *Falso. En sus manos llevan faroles o velas encendidas.*
9. El Vía Crucis de Iztapalapa es en el interior de una iglesia. *Falso. Es en el cerro de la Estrella.*
10. Las procesiones "chiquitas" son famosas en Sevilla, España. *Falso. Son famosas en Popayán, Colombia.*

2 **Comparación** Compara una celebración del mundo hispano con una celebración importante de tu país. ¿Cómo celebra la gente? ¿Cuáles son actividades típicas? ¿En qué se parecen? ¿En qué se diferencian? Comparte tus ideas con la clase.

CONEXIÓN INTERNET

¿Qué celebraciones hispanas hay en los Estados Unidos?

For more information about this **Cultura**, go to **vhlcentral.com**.

  Video

Las fiestas

1 **Preparación** ¿Se celebra la Navidad en tu país? ¿Qué otras fiestas importantes se celebran? En cada caso, ¿cuánto tiempo dura? ¿Cuáles son las tradiciones y actividades típicas?

2 **El video** Mira el episodio de **Flash Cultura**.

Vocabulario

las artesanías	*handicrafts*
los cabezudos	*carnival figures with large heads*
los carteles	*posters*
fiesta de pueblo	*small town celebration*
máscaras	*masks*
santos de palo	*wooden sculptures of saints*

Los cabezudos son una tradición […] de España.

Es una fiesta de pueblo… una tradición. Vengo todos los años.

3 **Elegir** Indica cuál de las dos opciones resume mejor este episodio.

- Las Navidades puertorriqueñas son las más largas y terminan después de las fiestas de la calle San Sebastián. Esta fiesta de pueblo se celebra con baile, música y distintas expresiones artísticas típicas. ✓

- En la celebración de las Navidades puertorriqueñas, los cabezudos son una tradición de España y son el elemento más importante de la fiesta. A la gente le gusta bailar y hacer procesiones por la noche.

Practice more!

VM pp. 217–218	vhlcentral.com

9.1 Irregular preterites · Tutorial · comparisons · NATIONAL STANDARDS

▶ You already know that **ir** and **ser** are irregular in the preterite. Here are some other verbs that are irregular in the preterite.

Preterite of *tener*, *venir*, and *decir*

	tener (u-stem)	venir (i-stem)	decir (j-stem)
yo	tuve	vine	dije
tú	tuviste	viniste	dijiste
Ud./él/ella	tuvo	vino	dijo
nosotros/as	tuvimos	vinimos	dijimos
vosotros/as	tuvisteis	vinisteis	dijisteis
Uds./ellos/ellas	tuvieron	vinieron	dijeron

▶ Observe the stem changes in the chart: the **e** in **tener** changes to **u**, and the **e** in **venir** and **decir** changes to **i**. Note also that the **c** in **decir** changes to **j**. None of these verbs have written accents in the **yo** or **usted/él/ella** forms.

▶ These verbs have similar stem changes to **tener**, **venir**, and **decir**.

INFINITIVE	U-STEM	PRETERITE FORMS
poder	pud-	pude, pudiste, pudo, pudimos, pudisteis, pudieron
poner	pus-	puse, pusiste, puso, pusimos, pusisteis, pusieron
saber	sup-	supe, supiste, supo, supimos, supisteis, supieron
estar	estuv-	estuve, estuviste, estuvo, estuvimos, estuvisteis, estuvieron

INFINITIVE	I-STEM	PRETERITE FORMS
querer	quis-	quise, quisiste, quiso, quisimos, quisisteis, quisieron
hacer	hic-	hice, hiciste, hizo, hicimos, hicisteis, hicieron

INFINITIVE	J-STEM	PRETERITE FORMS
traer	traj-	traje, trajiste, trajo, trajimos, trajisteis, trajeron
conducir	conduj-	conduje, condujiste, condujo, condujimos, condujisteis, condujeron
traducir	traduj-	traduje, tradujiste, tradujo, tradujimos, tradujisteis, tradujeron

¡ojo! Verbs with **j**-stems omit the letter **i** in the **ustedes/ellos/ellas** endings. For example, **tener → tuvieron**, but **decir → dijeron**.

▶ Most verbs that end in **–cir** are **j**-stem verbs in the preterite. For example, **producir → produje, produjiste**, etc.

¿Dijiste larga distancia? Con Convercel, habla más minutos y paga menos.

Práctica

1 Una fiesta sorpresa Completa estas oraciones con el pretérito de los verbos indicados.

1. El sábado ___hubo___ [haber] una fiesta sorpresa para Elsa en mi casa.
2. Sofía ___hizo___ [hacer] un pastel para la fiesta y Miguel ___trajo___ [traer] un flan.
3. Los amigos y parientes de Elsa ___vinieron___ [venir] y ___trajeron___ [traer] regalos.
4. El hermano de Elsa no ___vino___ [venir] porque ___tuvo___ [tener] que trabajar.
5. Su tía María tampoco ___pudo___ [poder] venir.
6. Cuando Elsa abrió la puerta, todos gritaron (*shouted*): "¡Feliz cumpleaños!" y su esposo le ___dio___ [dar] un beso.
7. Al final de la fiesta, todos ___dijeron___ [decir] que se divirtieron mucho.
8. La fiesta le ___dio___ [dar] a Elsa tanta alegría que no ___pudo___ [poder] dormir esa noche.

2 ¿Qué hicieron? Usa los verbos de la lista para describir lo que hicieron estas personas. *Answers may vary.*

dar	poner	traer
estar	tener	venir

1. El señor López/dinero
El señor López le dio/ trajo dinero a su hijo.

2. Nosotros/fiesta
Nosotros tuvimos/dimos una fiesta./ Nosotros estuvimos en una fiesta.

3. Norma/pavo
Norma puso el pavo en la mesa./ Norma trajo el pavo a la mesa.

4. Roberto y Elena/regalo
Roberto y Elena le trajeron/ dieron un regalo a su amigo.

Conversación

3 Preguntas En parejas, túrnense para contestar estas preguntas. *Answers will vary.*

1. ¿Qué hiciste anoche?
2. ¿Quiénes no estuvieron en clase la semana pasada?
3. ¿Hiciste la tarea esta mañana? ¿Cuándo? ¿Se la diste al/a la profesor(a)?
4. ¿Qué trajiste a clase hoy?
5. ¿Pudiste leer tus mensajes electrónicos esta mañana?
6. ¿Tuviste que asistir a alguna boda el año pasado? ¿De quién?
7. ¿Hubo una fiesta en tu casa o residencia el sábado pasado?
8. ¿Alguien dio una fiesta por tu cumpleaños el año pasado? ¿Quién?
9. ¿Cuándo fue la última (*last*) vez que tus parientes vinieron a visitarte? ¿Te trajeron algo? ¿Qué te trajeron?
10. ¿Les diste a tus padres un regalo para su aniversario de bodas? ¿Qué les regalaste?

4 Encuesta Averigua (*Find out*) quién de tus compañeros/as hizo cada una de estas actividades. Luego, comparte los resultados con la clase. *Answers will vary.*

modelo

Fue a una fiesta la semana pasada

Estudiante 1: ¿Fuiste a una fiesta la semana pasada?
Estudiante 2: No, no fui a ninguna fiesta.
Estudiante 1: ¿Fuiste a una fiesta la semana pasada?
Estudiante 3: Sí, fui a una fiesta muy buena.

Descripciones	Nombres
1. Tuvo un examen ayer.	_____
2. Trajo dulces a clase.	_____
3. Condujo su auto a clase.	_____
4. Estuvo en la biblioteca ayer.	_____
5. Le dio consejos a alguien ayer.	_____
6. Tuvo que levantarse temprano ayer.	_____
7. Hizo un viaje por más de dos semanas el verano pasado.	_____
8. Tuvo una cita anoche.	_____
9. Dijo una mentira ayer.	_____
10. Tuvo que trabajar el sábado pasado.	_____

Practice more!

WB pp. 91–92 | LM p. 51 | vhlcentral.com

The preterite of *dar*

The preterite of *dar*			
yo	di	nosotros/as	dimos
tú	diste	vosotros/as	disteis
Ud./él/ella	dio	Uds./ellos/ellas	dieron

▶ The endings for **dar** are the same as the regular preterite endings for **–er** and **–ir** verbs, but there are no written accent marks.

La camarera me **dio** el menú.
The waitress gave me the menu.

Los invitados le **dieron** un regalo.
The guests gave him/her a gift.

Le **di** a Juan algunos consejos.
I gave Juan some advice.

Nosotros **dimos** una gran fiesta.
We gave a great party.

▶ The preterite of **hay** (*inf.* **haber**) is **hubo** (*there was/were*).

Hubo una fiesta el sábado pasado.
There was a party last Saturday.

Hubo una sorpresa especial para mi hermana.
There was a special surprise for my sister.

Hubo muchos invitados.
There were a lot of guests.

También **hubo** muchos regalos y champán.
There were also a lot of gifts and champagne.

Marissa le dio la foto a la Sra. Díaz.

Hubo una celebración en casa de los Díaz.

¡Manos a la obra!

Escribe la forma correcta del pretérito de cada verbo.

1. Tú ___quisiste___ [querer].
2. Usted ___dijo___ [decir].
3. Nosotras ___hicimos___ [hacer].
4. Yo ___traje___ [traer].
5. Ellas ___condujeron___ [conducir].
6. Ella ___estuvo___ [estar].
7. Tú ___tuviste___ [tener].
8. Ella y yo ___dimos___ [dar].
9. Yo ___traduje___ [traducir].
10. ___Hubo___ [haber] muchos invitados.
11. Usted ___supo___ [saber].
12. Ellos ___pusieron___ [poner].
13. Yo ___vine___ [venir].
14. Tú ___pudiste___ [poder].
15. Ustedes ___quisieron___ [querer].
16. Nosotras ___estuvimos___ [estar].
17. Tú ___dijiste___ [decir].
18. Ellos ___supieron___ [saber].
19. Él ___hizo___ [hacer].
20. Yo ___puse___ [poner].
21. Nosotras ___trajimos___ [traer].
22. Yo ___tuve___ [tener].
23. Tú ___diste___ [dar].
24. Usted ___condujo___ [conducir].

9.2 Verbs that change meaning in the preterite

▶ **Conocer, saber, poder,** and **querer** change meanings in the preterite.

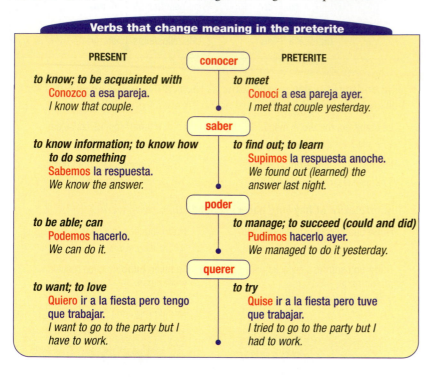

Verbs that change meaning in the preterite

PRESENT	conocer	PRETERITE
to know; to be acquainted with		**to meet**
Conozco a esa pareja.		Conocí a esa pareja ayer.
I know that couple.		*I met that couple yesterday.*

saber

to know information; to know how to do something		**to find out; to learn**
Sabemos la respuesta.		Supimos la respuesta anoche.
We know the answer.		*We found out (learned) the answer last night.*

poder

to be able; can		**to manage; to succeed (could and did)**
Podemos hacerlo.		Pudimos hacerlo ayer.
We can do it.		*We managed to do it yesterday.*

querer

to want; to love		**to try**
Quiero ir a la fiesta pero tengo que trabajar.		Quise ir a la fiesta pero tuve que trabajar.
I want to go to the party but I have to work.		*I tried to go to the party but I had to work.*

▶ In the preterite, **poder** and **querer** have different meanings, depending on whether they are used in affirmative or negative sentences.

Affirmative

pude	*I was able (to)/succeeded*
quise	*I tried (to)*

Negative

no pude	*I failed (to)*
no quise	*I refused (to)*

¡Manos a la obra!

Cambia los verbos del presente al pretérito.

1. No quiero hacerlo. No ____quise____ hacerlo.
2. ¿Sabes la respuesta? ¿ ____Supiste____ la respuesta?
3. Las chicas pueden divertirse. Las chicas ____pudieron____ divertirse.
4. ¿Conoces a los recién casados? ¿ ____Conociste____ a los recién casados?
5. No puedo encontrar a Patricia. No ____pude____ encontrar a Patricia.
6. Josefina quiere descansar. Josefina ____quiso____ descansar.
7. Conocemos a Julio. ____Conocimos____ a Julio el año pasado.
8. Ella no puede venir a la fiesta. Ella no ____pudo____ venir a la fiesta.
9. Queremos pasarlo bien. ____Quisimos____ pasarlo bien.
10. Ustedes saben del problema, ¿verdad? Ustedes ____supieron____ del problema, ¿verdad?
11. No queremos ir a la fiesta. No ____quisimos____ ir a la fiesta.
12. Puedes venir conmigo. ____Pudiste____ venir conmigo.

Práctica

1 Oraciones Forma oraciones con estos elementos. Usa el pretérito.

modelo

Mis padres / no querer / venir / fiesta
Mis padres no quisieron venir a la fiesta.

1. Anoche / nosotros / saber / del divorcio / Carlos y Eva *Anoche supimos del divorcio de Carlos y Eva.*

2. Tú / conocer / Nora / clase / historia / ¿no?
Tú conociste a Nora en la clase de historia, ¿no?

3. ¿Poder / ustedes / visitar / la Isla de Pascua?
¿Pudieron ustedes visitar la Isla de Pascua?

4. Pedro / querer / romper / Olivia
Pedro quiso romper con Olivia.

5. Irma / saber / de la fiesta sorpresa
Irma supo de la fiesta sorpresa.

6. Gustavo y Elena / conocer / mi esposo / fiesta de Ana *Gustavo y Elena conocieron a mi esposo en la fiesta de Ana.*

7. Yolanda / no poder / dormir / anoche
Yolanda no pudo dormir anoche.

8. El señor Navarro / querer / jubilarse / pero / no poder *El señor Navarro quiso jubilarse pero no pudo.*

9. Ayer / yo / no poder / llamar / tú
Ayer no pude llamarte.

10. Nosotros / querer / pagar la cuenta
Nosotros quisimos pagar la cuenta.

2 Completar Completa estas oraciones de manera lógica.
Answers will vary.

1. La semana pasada yo supe…
2. Ayer mi compañero/a de cuarto supo…
3. Esta mañana no pude…
4. El fin de semana pasado mis amigos/as y yo no pudimos…
5. Conocí a mi mejor amigo/a en…
6. Mis padres no quisieron…
7. Mi mejor amigo/a no pudo…
8. Mi novio/a y yo nos conocimos en…
9. El mes pasado quise…
10. Ayer mis amigos/as quisieron…
11. Mis abuelos pudieron…

Conversación

3 **El fin de semana** Prepara dos listas: una con las actividades que hiciste el fin de semana pasado y la otra lista con las actividades que quisiste hacer, pero no pudiste hacer. Luego, compara tu lista con la de un(a) compañero/a, y expliquen por qué no pudieron hacer esas cosas. *Answers will vary.*

Cosas que hice	Cosas que quise hacer
1. _____	1. _____
2. _____	2. _____
3. _____	3. _____
4. _____	4. _____
5. _____	5. _____
6. _____	6. _____
7. _____	7. _____
8. _____	8. _____
9. _____	9. _____
10. _____	10. _____

4 **Telenovela** En grupos de tres, escriban el guión (*script*) de una escena amorosa entre los tres personajes de la telenovela (*soap opera*) llamada **La mujer doble**. Usen el pretérito de **conocer, poder, querer** y **saber**. ¡Sean creativos! *Answers will vary.*

Daniel

Mirta

Raúl

PASIÓN   AVENTURA
HECHICERÍA   VENGANZA

LA MUJER DOBLE

Practice more!

| WB
p. 93 | LM
p. 52 | vhlcentral.com |

Español en vivo

Hubo un día en el que la humanidad quiso ir más allá de sus límites.
Pudo conocer un mundo° increíble.
Supo asegurar° su futuro.

BANCO COLÓN
El banco de Puerto Rico

Ahora todos lo pueden hacer.

mundo *world*   **asegurar** *to ensure*

Identificar

Lee el anuncio e identifica los verbos en el pretérito.

Preguntas

1. ¿Qué quiso hacer la humanidad? ¿Qué pudo conocer?
2. ¿Cuándo llegó Cristóbal Colón a América?
3. ¿Qué tipo de compañía es la del anuncio?
4. ¿Es eficaz (*effective*) la conexión entre el viaje de Colón y los servicios bancarios?

9.3 Relative pronouns

 Tutorial · NATIONAL comparisons STANDARDS

▶ Relative pronouns are used to combine two sentences or clauses that share a common element, such as a noun or pronoun. Study these diagrams.

Éste es el flan.
This is the flan.

Manuela preparó el flan.
Manuela made the flan.

Éste es el flan que Manuela preparó.
This is the flan that Manuela made.

Lourdes es muy inteligente.
Lourdes is very intelligent.

Lourdes estudia español.
Lourdes studies Spanish.

Lourdes, quien estudia español, es muy inteligente.
Lourdes, who studies Spanish, is very intelligent.

La comida que prepararon fue muy rica.

La Sra. Díaz, quien tiene las flores, preparó la comida.

▶ Spanish has three commonly used relative pronouns. Note that relative pronouns never carry an accent, unlike interrogative words (**qué, quién,** etc.).

Common relative pronouns

que	*that; which; who*
quien(es)	*who; whom; that*
lo que	*that which; what*

▶ **Que,** the most frequently used relative pronoun, can refer to things or to people. Unlike the English *that*, **que** is never omitted.

¿Dónde está el pastel **que** pedí?
Where is the cake (that) I ordered?

El hombre **que** sirve la comida se llama Diego.
The man who serves the food is named Diego.

Práctica

1 Una fiesta de aniversario Amparo está hablando de la fiesta de aniversario de sus abuelos. Completa las oraciones con las expresiones de la lista.

a quien conozco muy bien	que se graduó
de quienes te hablé	quien es la novia
que saqué	quien se jubiló

1. El sábado fui a la fiesta de aniversario de mis abuelos, __de quienes te hablé__ la semana pasada.
2. Éstas son las fotos __que saqué__ durante la fiesta.
3. Éste es Ramón, mi primo. Es el chico __que se graduó__ de la universidad en junio.
4. Éste es mi abuelo, __quien se jubiló__ el año pasado.
5. Esta mujer, __a quien conozco muy bien__, se llama Ana.
6. Y ésta es Lucía, __quien es la novia__ de Ramón.

2 Una fiesta de cumpleaños Describe la fiesta sorpresa que van a dar Jaime y Tina, usando los pronombres relativos **que, quien, quienes** y **lo que**.

1. Manuela, __quien__ cumple veintiún años mañana, no sabe que sus amigos están planeando una fiesta.
2. Jaime y Laura son los amigos __que__ planean la fiesta.
3. Éstas son las personas __que__ van a invitar.
4. Juan y Luz, __quienes__ son los hermanos de Manuela, van a venir.
5. Marco, __quien__ es el novio de Manuela, va a venir también.
6. __Lo que__ Jaime y Laura van a servir de postre es un pastel.
7. Todos van a bailar salsa y rock hasta la una de la mañana, __lo que__ va a ser muy divertido.

Conversación

3 **Entrevista** En parejas, túrnense para hacerse las siguientes preguntas. *Answers will vary.*

1. ¿Qué es lo que más te gusta de las fiestas familiares? ¿Por qué?

2. ¿Qué es lo que menos te gusta de las fiestas familiares? ¿Por qué?

3. ¿Quiénes son las personas con quienes celebras tu cumpleaños?

4. ¿Quién es el/la pariente o amigo/a a quien más le gustan los cumpleaños? ¿Por qué le gustan tanto?

5. ¿Dónde compras los regalos que le regalas a tu mejor amigo/a?

6. ¿Tienes hermanos/as o amigos/as que están casados/as? ¿Dónde viven?

7. ¿Quién es la persona que más te importa?

8. ¿Quiénes son las personas con quienes te diviertes más? ¿Por qué lo pasas bien con ellos/ellas?

4 **Definiciones** En parejas, túrnense para definir estas palabras, usando **que, quien(es)** y **lo que.** Luego compartan sus definiciones con la clase. *Answers will vary.*

modelo

un pastel de cumpleaños

Estudiante 1: ¿Qué es un pastel de cumpleaños?
Estudiante 2: Es un postre que comes en tu cumpleaños./Es lo que comes en tu cumpleaños.

1. el helado
2. el champán
3. una propina
4. una boda
5. un invitado
6. la Navidad
7. una recién casada
8. los dulces
9. la camarera
10. la leche
11. una viuda
12. una fiesta de quince años

Practice more!

| WB pp. 94–95 | LM p. 53 | vhlcentral.com |

Uses of **quien(es)** and **lo que**

▶ **Quien** (singular) and **quienes** (plural) refer only to people and are often used after a preposition or the personal **a.**

Eva, **a quien** vi anoche, cumple veinticinco años hoy.
Eva, whom I saw last night, turns twenty-five today.

¿Son ésas las chicas **de quienes** me hablaste la semana pasada?
Are those the girls you told me about last week?

▶ **Quien(es)** is occasionally used instead of **que** in clauses set off by commas.

Lola, **quien** es cubana, es médica.
Lola, who is Cuban, is a doctor.

Su tía, **que** es alemana, ya llegó.
Her aunt, who is German, already arrived.

Mi hermana, **quien** vive en Madrid, me llamó por teléfono.
My sister, who lives in Madrid, called me on the phone.

Juan, **que** estuvo muy contento, brindó conmigo.
Juan, who was very happy, toasted with me.

▶ **Lo que** refers to an idea, a situation, or a past event and means *what* or *the thing that.*

Juana tiene todo **lo que** necesitamos.
Juana has everything we need.

Lo que me molesta es el calor.
The thing that bothers me is the heat.

Lo que quiero es verte.
What I want is to see you.

Lo que más te gusta es divertirte.
What you like most is to have fun.

Marissa, a quien le dan un poco de mole, dice: Holy moley!

Lo que le gusta a la tía Ana María es cocinar.

¡Manos a la obra!

Completa las siguientes oraciones con pronombres relativos.

1. La chica ___*que*___ me invitó a la fiesta se llama Anabel.
2. Ese mercado tiene todo ___*lo que*___ necesitamos.
3. Úrsula, ___*quien*___ es la dueña del restaurante, es de Uruguay.
4. Donaldo, a ___*quien*___ viste en la fiesta, es chileno.
5. A Cecilia no le gusta el regalo ___*que*___ le compré.
6. No me gusta hablar con personas a ___*quienes*___ no conozco.
7. Rosana es la chica de ___*quien*___ te hablé.
8. El chico ___*que*___ está a la izquierda es mi primo.
9. Ana, con ___*quien*___ voy a la fiesta, es muy simpática.
10. ___*Lo que*___ me sorprendió fue ver a tantos invitados.

9.4 ¿Qué? and ¿cuál?

 Tutorial

- As you know, **¿qué?** and **¿cuál?** or **¿cuáles?** mean *what?* or *which?* However, they are not interchangeable.

- **¿Qué?** is used to ask for a definition or explanation.

¿Qué es el flan?	**¿Qué** estudias?
What is flan?	*What do you study?*

- **¿Cuál(es)?** is used when there is a choice between two or more possibilities.

¿Cuáles quieres, éstos o ésos?	**¿Cuál** es tu apellido, Martínez o Vásquez?
Which (ones) do you want, these ones or those ones?	*What is your last name, Martínez or Vásquez?*

- **¿Cuál(es)?** cannot be used before a noun; **¿qué?** is used instead.

¿Cuál es tu color favorito?	**¿Qué colores** te gustan?
What is your favorite color?	*What colors do you like?*

- **¿Qué?** used before a noun has the same meaning as **¿cuál?**

Qué + noun	Cuál + verb
¿**Qué regalo** te gusta?	¿**Cuál** te gusta?
¿**Qué dulces** quieren ustedes?	¿**Cuáles** quieren ustedes?

Review of interrogative words and phrases

¿a qué hora?	*at what time?*	**¿cuántos/as?**	*how many?*
¿adónde?	*(to) where?*	**¿de dónde?**	*from where?*
¿cómo?	*how?*	**¿dónde?**	*where?*
¿cuál(es)?	*what?; which?*	**¿por qué?**	*why?*
¿cuándo?	*when?*	**¿qué?**	*what?; which?*
¿cuánto/a?	*how much?*	**¿quién(es)?**	*who?*

¡Manos a la obra!

Completa las preguntas con **¿qué?** o **¿cuál(es)?**, según el contexto.

1. ¿ **Cuál** te gusta más?
2. ¿ *Cuál* es tu teléfono?
3. ¿ *Qué* tipo de pastel pediste?
4. ¿ *Qué* es una boda?
5. ¿ *Qué* haces ahora?
6. ¿ *Cuáles* son tus platos favoritos?
7. ¿ *Qué* bebidas te gustan más?
8. ¿ *Qué* es esto?
9. ¿ *Cuál* es el mejor?
10. ¿ *Cuál* es tu opinión?
11. ¿ *Qué* fiestas celebras tú?
12. ¿ *Qué* vino prefieres?
13. ¿ *Cuál* es tu clase favorita?
14. ¿ *Qué* pones en la mesa?
15. ¿ *Qué* restaurante prefieres?
16. ¿ *Cuál* es tu dirección?
17. ¿ *Qué* quieres comer ahora?
18. ¿ *Cuál* es la tarea para mañana?
19. ¿ *Qué* color prefieres?
20. ¿ *Qué* opinas?

Práctica

1 Minidiálogos Completa los minidiálogos con las palabras interrogativas correctas.

SILVIA ¿ (1) ___*Cuándo*___ es la fiesta de aniversario de tus padres?
ERNESTO El sábado por la noche.

• • •

MARCELA ¿ (2) ___*Dónde*___ va a ser la fiesta de cumpleaños?
DIEGO En casa de mi primo.

• • •

CAMILA ¿ (3) ___*Cuál*___ es tu clase favorita?
CARLOS La clase de arte es mi favorita.

• • •

TOMÁS ¿ (4) ___*Cuánto*___ dinero te van a dar tus abuelos para tu graduación de la universidad?
MERCEDES Dicen que van a darme dos mil dólares.

• • •

LIDIA ¿ (5) ___*Qué*___ compraste para tu sobrino?
MARTA Una raqueta de tenis.

• • •

IGNACIO ¿ (6) ___*Adónde*___ vas después de la boda?
GABRIEL Mi novia y yo vamos al cine. ¿Quieres venir?

2 Completar Completa estas preguntas con una palabra interrogativa. En algunos casos se puede usar más de una palabra interrogativa.

1. ¿En ___*qué*___ país nacieron tus padres?
2. ¿ ___*Cuál*___ es la fecha de tu cumpleaños?
3. ¿ *A qué hora/Dónde/Cuándo* naciste?
4. ¿ ___*Cuál*___ es tu estado civil?
5. ¿ *Cuándo/Cómo/Dónde* te relajas?
6. ¿ *Cuáles/A qué hora* son tus programas de televisión favoritos?
7. ¿ *Quién/Cómo/De dónde* es tu mejor amigo?
8. ¿ *Adónde* van tus amigos para divertirse?
9. ¿ *Qué* postres te gustan? ¿ *Cuál* te gusta más?
10. ¿ *Qué/Cuántos* problemas tuviste el primer día de clase?
11. ¿ *Cuántos* primos tienes?

Conversación

 3 **Una invitación** En parejas, lean esta invitación. Luego, cada estudiante debe pensar en tres preguntas que su compañero/a debe responder sobre el texto. *Answers will vary.*

modelo

Estudiante 1: *¿Quiénes se casan?*
Estudiante 2: *María Luisa y José Antonio*

FERNANDO SANDOVAL VALERA   LORENZO VÁSQUEZ AMARAL

ISABEL ARZIPE DE SANDOVAL   ELENA SOTO DE VÁSQUEZ

TIENEN EL AGRADO DE INVITARLOS
A LA BODA DE SUS HIJOS

MARÍA LUISA Y JOSÉ ANTONIO

LA CEREMONIA RELIGIOSA TENDRÁ LUGAR
EL SÁBADO 10 DE JUNIO A LAS DOS DE LA TARDE
EN EL TEMPLO DE SANTO DOMINGO
(CALLE SANTO DOMINGO, 961).

DESPUÉS DE LA CEREMONIA, SÍRVANSE PASAR A LA RECEPCIÓN EN EL SALÓN
DE BAILE DEL HOTEL METRÓPOLI (SOTERO DEL RÍO, 465).

4 **Fotos** En parejas, túrnense para hacerse preguntas sobre estas personas. *Answers will vary.*

modelo

Estudiante 1: *¿Quién es esta mujer?*
Estudiante 2: *Es una estudiante.*
Estudiante 1: *¿Dónde está?*
Estudiante 2: *Está en la biblioteca.*
Estudiante 1: *¿Qué está haciendo?*
Estudiante 2: *Está estudiando para un examen.*

1.   2.

3.   4.

Practice more!

| WB pp. 96–97 | LM p. 54 | vhlcentral.com |

¿Con quién quieres compartir momentos mágicos?
¿Qué prioridades° tienes en la vida?
¿Qué es para ti la libertad?
Tú eliges° cómo vivir.

VIAJES LIBERTAD
¿Te gusta viajar en crucero?

prioridades *priorities*   **eliges** *choose*

Identificar

Lee el anuncio e identifica las palabras interrogativas. ¿Cuál de las tres preguntas puede escribirse con otra palabra interrogativa sin cambiar el significado de la pregunta? ¿Con qué palabra interrogativa se puede escribir?

Preguntas

1. ¿Te gustaría viajar en un crucero? ¿Adónde?
2. ¿Por qué te gustaría viajar a ese lugar?
3. ¿Con quién te gustaría viajar?
4. ¿Te gusta este anuncio? ¿Por qué?

A repasar

9.1 Irregular preterites

 La graduación El fin de semana pasado fue tu fiesta de graduación y tus parientes de Colombia vinieron a la celebración. Usa las oraciones de la lista para describir qué pasó en la fiesta. *Answers will vary.*

conducir el automóvil	traducir del inglés
decir el discurso (*speech*)	traer un regalo
producir un video	venir desde Colombia

2 **Una fiesta importante** En parejas, túrnense para describir una fiesta importante que celebraron el año pasado. Comenten qué regalos dieron y qué regalos les dieron a ustedes. También comenten qué hubo de cenar, de beber y de postre. *Answers will vary.*

modelo

Estudiante 1: ¿Cuál fue la fiesta más importante para ti el año pasado?
Estudiante 2: Para mí, fue la Navidad. Celebré esta fiesta con toda mi familia. Mis padres me dieron una computadora. De beber, hubo vino tinto, champán y refrescos...

9.2 Verbs that change meaning in the preterite

3 **¡Qué mala suerte!** Completa el párrafo del diario (*journal*) de Romeo con el pretérito de los verbos **conocer**, **saber**, **poder** y **querer**.

Querido diario:
Julieta y yo nos (1) __conocimos__ en una fiesta el año pasado. Al día siguiente, yo (2) __quise__ invitarla a salir. La llamé por teléfono, pero no (3) __pude__ encontrarla. Julieta (4) __supo__ que yo la llamé. Ella (5) __quiso__ escribirme un mensaje electrónico, ¡pero yo no tengo correo electrónico! Julieta y yo nunca (6) __pudimos__ tener una cita. ¡Qué mala suerte (*luck*)!
Romeo

4 **De joven...** En grupos de tres, imaginen que tienen ochenta años de edad. Escriban un párrafo diciendo las cosas que quisieron hacer de jóvenes, las cosas que no quisieron hacer, las actividades que pudieron hacer y las que no pudieron hacer. *Answers will vary.*

modelo
De joven, siempre quise tener una cita con una actriz de cine, pero no pude conocer a ninguna.

9.3 Relative pronouns

5 **Combinar** Combina las oraciones para formar una sola oración con los pronombres relativos **que**, **quien(es)** y **lo que**.

modelo
Mi hermano y mi novia se llevan bien. Ellos planearon una fiesta sorpresa para mí.
Mi hermano y mi novia, quienes se llevan bien, planearon una fiesta sorpresa para mí.

1. La fiesta fue en un restaurante peruano. Mi novia lo eligió (*chose*). *La fiesta fue en un restaurante peruano que mi novia eligió.*
2. Mi amigo Hernán es colombiano. Él vino desde Bogotá. *Mi amigo Hernán, quien/que es colombiano, vino desde Bogotá.*
3. Los camareros trajeron un pastel de cumpleaños. El pastel fue de chocolate. *Los camareros trajeron un pastel de cumpleaños que fue de chocolate.*
4. Mis tíos fueron a la fiesta. La situación fue incómoda (*uncomfortable*) porque están separados. *Mis tíos fueron a la fiesta, lo que fue incómodo porque están separados.*
5. Mis hermanos son mayores que yo. Ellos le dejaron una propina al camarero. *Mis hermanos, quienes/que son mayores que yo, le dejaron una propina al camarero.*
6. Los invitados bailaron mucho. Fue bueno porque se divirtieron. *Los invitados bailaron mucho, lo que fue bueno porque se divirtieron.*

6 **Anuncio** En parejas, escriban un anuncio de un salón para celebrar bodas. Usen pronombres relativos y los verbos **creer**, **pensar**, **decir** y **suponer**. *Answers will vary.*

modelo
¡Creemos que este salón es perfecto para su boda! Suponemos que usted quiere una boda divertidísima.

Practice more at **vhlcentral.com**.

9.4 ¿Qué? and ¿cuál?

7 **Las etapas de la vida** Completa las preguntas con **qué** o **cuál(es)**. Después responde a las preguntas.

1. ¿___Qué___ etapa de la vida ocurre después de la niñez? *La etapa de la vida que ocurre después de la niñez es la adolescencia.*

2. ¿___Cuál___ es la etapa en la que nos jubilamos? *La etapa en la que nos jubilamos es la vejez/madurez.*

3. ¿___Cuáles___ son las mejores etapas de la vida? *Answers will vary.*

4. ¿___Cuáles___ son las etapas que ocurren antes de la vejez? *Las etapas que ocurren antes de la vejez son la niñez, la adolescencia y la madurez.*

5. ¿___Cuál___ es la etapa de la vida después de la madurez? *La etapa de la vida después de la madurez es la vejez.*

6. ¿___Qué___ celebraciones son las favoritas de los niños? *Answers will vary.*

La quinceañera En parejas, escriban preguntas para entrevistar a Ana, quien celebró su fiesta de quince años. Usen todas las palabras interrogativas. Después, túrnense para hacer y responder a las preguntas. *Answers will vary.*

Síntesis

Conversar Tu amigo y tú están conversando sobre la vida de artistas famosos. En parejas, escriban una conversación donde comenten los últimos chismes (*pieces of gossip*) de estas celebridades. *Answers will vary.*

modelo

Estudiante 1: ¿Supiste que Mark Anthony rompió con Jennifer López?

Estudiante 2: Sí, lo supe. Creo que él se enamoró de una modelo.

Estudiante 1: ¿Quién te dijo eso?

Estudiante 2: Lo dijeron en el programa de entrevistas de las seis de la tarde. ¿No lo viste?

Estudiante 1: No. Quise mirar la televisión, pero no pude porque tuve que ir a la biblioteca.

  Videoclip **Video**

1 **Preparación** ¿Cuál es tu celebración familiar favorita? ¿Qué es lo que más te gusta de esta celebración?

2 **El clip** Mira el anuncio de un servicio de telefonía celular de Argentina. Fíjate que en Argentina se dice **mirá** en lugar de **mira**, y **pedí** en lugar de **pide**.

Vocabulario			
ahí	*there*	**¡Paren!**	*Stop!*
el deseo	*wish*	**el peinado**	*hairstyle*

¡Mirá el peinado que tenía mamá!

Pedí tres deseos, amor.

3 **Seleccionar** Selecciona la opción correcta para cada oración.

1. Los tres niños miran (un programa de televisión / **un video de sus padres**).

2. La madre celebraba su (matrimonio / **cumpleaños**).

3. La madre pide (**tres deseos** / tres regalos).

4. Se supone que los tres deseos fueron (amistad, dinero y amor / **sus tres hijos**).

4 **Tu cumpleaños** Escribe un párrafo sobre el último cumpleaños que celebraste: ¿Dónde lo celebraste? ¿Con quién? ¿Qué hicieron? ¿Qué comieron? ¿La pasaron bien? Luego, léele el párrafo a un(a) compañero/a. *Answers will vary.*

Ampliación

① Escuchar

A Escucha la conversación entre Josefina y Rosa. Cuando oigas una de las palabras de la **columna A**, usa el contexto para identificar un sinónimo en la **columna B**.

TIP Guess the meaning of the words through context. Listen to the words and phrases around an unfamiliar word to guess its meaning.

A	B
_d_ 1. festejar	a. conmemoración religiosa de una muerte
_e_ 2. te divertiste	b. tolera
_c_ 3. dicha	c. suerte
_h_ 4. bien parecido	d. celebrar
_g_ 5. finge (fingir)	e. lo pasaste bien
_b_ 6. soporta (soportar)	f. horror
	g. pretende ser algo que no es
	h. guapo

*Margarita Robles de García
y Roberto García Olmos*

*Piden su presencia en la celebración
del segundo aniversario de bodas
el día 13 de marzo de 2014
con una misa en la Iglesia Virgen del Coromoto
a las 6:30 p.m.*

❧

*Seguida por cena y baile
en el restaurante El Campanero,
Calle Principal, Las Mercedes
a las 8:30 p.m.*

B ¿Son solteras Rosa y Josefina? ¿Cómo lo sabes?
Answers will vary.

② Conversar

En parejas, conversen sobre cómo celebraron ustedes el Día de Acción de Gracias (*Thanksgiving*) el año pasado. Incluyan esta información. *Answers will vary.*

- ¿Dónde celebraron el día de fiesta? ¿A qué hora fue?
- ¿Cuántos invitados hubo? ¿Quiénes fueron los invitados? ¿Conocieron a alguien?
- ¿Cuál fue el menú? ¿Quiénes hicieron la comida?
- ¿Llevaron algo para comer? ¿Qué llevaron?
- ¿Qué bebida tomaron? ¿Brindaron?
- ¿Lo pasaron bien? ¿Qué fue lo que más (more) les gustó de la celebración?

① SCRIPT

Josefina: Rosa, ¿te divertiste anoche en la fiesta? **Rosa:** Sí, me divertí más en el aniversario que en la boda. ¡La fiesta estuvo fenomenal! Fue buena idea festejar el aniversario en un restaurante. Así todos pudieron relajarse. **J:** Qué dicha que estén tan enamorados después de dos años de matrimonio. Me gustaría tener una relación como la de ellos. Y también saberlo celebrar con tanta alegría. ¡Pero qué cantidad de comida y bebida! ¿Te imaginas cómo va a ser la fiesta de bautizo del primer hijo? **R:** Es verdad que Margarita y Roberto exageran un poco con sus fiestas, pero son de la clase de gente que le gusta celebrar los eventos de la vida. Y como tienen tantas amistades y dos familias tan grandes... **J:** Oye, Rosa, hablando de familia, ¿llegaste a conocer al cuñado de Magali? Es soltero, ¿no? Quise bailar con él, pero no me sacó a bailar. **R:** Hablas de Rafael. Es muy bien parecido; ¡ese pelo...! Estuve hablando con él después del brindis. Me dijo que no le gustan ni el champán ni el vino; él finge tomar cuando brindan porque no lo soporta. No te sacó a bailar porque él y Susana estaban juntos en la fiesta. **J:** De todos modos, aun sin Rafael, bailé toda la noche. Lo pasé muy, pero muy bien.

Ampliación

3 Escribir

En una composición, compara dos celebraciones a las que tú asististe recientemente. *Answers will vary.*

> **TIP** **Use Venn diagrams.** Use Venn diagrams to organize your ideas visually before comparing and contrasting people, places, objects, events, or issues. Differences are listed in the outer rings of the two circles; similarities appear where the circles overlap.

Organízalo	Utiliza un diagrama de Venn para anotar las similitudes y las diferencias entre las dos celebraciones.
Escríbelo	Utiliza tus notas para escribir el primer borrador de la composición.
Corrígelo	Intercambia tu composición con la de un(a) compañero/a. Dale sugerencias para mejorar su borrador y si ves errores gramaticales u ortográficos, coméntaselos.
Compártelo	Revisa el primer borrador según las indicaciones de tu compañero/a. Incorpora nuevas ideas o más información para ampliar la comparación. Luego comparte tu composición con otro/a compañero/a.

4 Un paso más

Imagina que eres periodista en un país hispano. Escribe un artículo sobre un día de fiesta o una celebración que viste. *Answers will vary.*

- Investiga las fiestas, las celebraciones y los festivales de ese país. Elige (*Choose*) la celebración que más te interese.
- Explica el nombre de la celebración, cuándo fue y cómo la celebraron.
- Incluye información sobre la ropa especial que llevaron, la comida, la música y el baile.
- Indica qué hiciste tú durante la celebración.
- Presenta el artículo a la clase. Es importante explicar los detalles y mostrar fotos.

> **CONEXIÓN INTERNET**
> Investiga estos temas en el sitio **vhlcentral.com**.
> - Festivales nacionales del mundo hispano
> - Fiestas religiosas del mundo hispano

Audio: Reading

Antes de leer

Recognizing root words and word families can help you guess the meaning of words in context, ensuring better comprehension of a reading selection. Using this strategy will enrich your Spanish vocabulary as well.

Examinar el texto

Familiarízate con el texto usando las estrategias de lectura más efectivas para ti. ¿Qué tipo de documento es? ¿De qué tratan las cuatro secciones del documento? Explica tus respuestas.

Raíces

Completa el siguiente cuadro para ampliar tu vocabulario. Usa palabras de la lectura de esta lección y vocabulario de las lecciones anteriores. ¿Qué significan las palabras que escribiste en el cuadro? *Answers may vary. Suggested answers:*

Verbs	Nouns	Other forms
1. agradecer **to thank, to be grateful for**	**agradecimiento/ gracias** **gratitude/thanks**	**agradecido** **grateful, thankful**
2. estudiar	*estudiante* *student*	*estudiado* *studied*
3. *celebrar* *to celebrate*	*celebración* *celebration*	celebrado
4. *bailar* *to dance*	baile	*bailable* *danceable*
5. bautizar	*bautismo* *baptism*	*bautizado* *baptized*

Vida social

Matrimonio
Espinoza Álvarez- Reyes Salazar

El día sábado 17 de junio a las 19 horas, se celebró el matrimonio de Silvia Reyes y Carlos Espinoza en la catedral de Santiago. La ceremonia fue oficiada por el pastor Federico Salas y participaron los padres de los novios, el señor Jorge Espinoza y señora y el señor José Alfredo Reyes y señora. Después de la ceremonia, los padres de los recién casados ofrecieron una fiesta bailable en el restaurante La Misión.

Bautismo
José María recibió el bautismo el 26 de junio.

Sus padres, don Roberto Lagos Moreno y doña María Angélica Sánchez, compartieron la alegría de la fiesta con todos sus parientes y amigos. La ceremonia religiosa tuvo lugar° en la catedral de Aguas Blancas. Después de la ceremonia, padres, parientes y amigos celebraron una fiesta en la residencia de la familia Lagos.

32B

Fiesta de quince años

El doctor don Amador Larenas Fernández y la señora Felisa Vera de Larenas celebraron los quince años de su hija Ana Ester junto a sus parientes y amigos. La quinceañera reside en la ciudad de Valparaíso y es estudiante del Colegio Francés. La fiesta de presentación en sociedad de la señorita Ana Ester fue el día viernes 2 de mayo a las 19 horas en el Club Español. Entre los invitados especiales asistieron el alcalde° de la ciudad, don Pedro Castedo, y su esposa. La música estuvo a cargo de la Orquesta Americana. ¡Feliz cumpleaños, le deseamos a la señorita Ana Ester en su fiesta bailable!

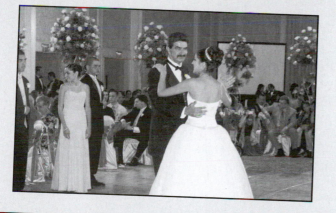

Expresión de gracias
Carmen Godoy Tapia

Agradecemos° sinceramente a todas las personas que nos acompañaron en el último adiós a nuestra apreciada esposa, madre, abuela y tía, la señora Carmen Godoy Tapia. El funeral tuvo lugar el día 28 de junio en la ciudad de Viña del Mar. La vida de Carmen Godoy fue un ejemplo de trabajo, amistad, alegría y amor para todos nosotros. Su esposo, hijos y familia agradecen de todo corazón° su asistencia° al funeral a todos los parientes y amigos.

tuvo lugar *took place* alcalde *mayor* Agradecemos *We thank* de todo corazón *sincerely*
asistencia *attendance*

Después de leer

¿Comprendiste?

Indica si lo que se dice en cada oración es **cierto** o **falso**. Corrige las oraciones falsas.

Cierto	Falso	
	✓	1. El alcalde y su esposa asistieron a la boda de Silvia y Carlos. *Ellos asistieron a la fiesta de quince años de Ana Ester.*
	✓	2. Todos los anuncios (*announcements*) describen eventos felices. *Tres describen eventos felices y uno trata de la muerte.*
✓		3. Ana Ester Larenas cumple quince años.
	✓	4. Roberto Lagos y María Angélica Sánchez son hermanos. *Ellos están casados.*
✓		5. La familia de Carmen Godoy Tapia les dio las gracias a las personas que asistieron al funeral.

Preguntas

Responde a estas preguntas con oraciones completas.

1. ¿Quién murió el 28 de junio?
   Carmen Godoy Tapia murió el 28 de junio.

2. ¿Dónde tuvo lugar el funeral?
   El funeral tuvo lugar en la ciudad de Viña del Mar.

3. ¿Dónde fue la fiesta de bautismo de José María?
   La fiesta fue en la residencia de la familia Lagos.

4. ¿Qué hicieron los recién casados y sus invitados después de la ceremonia?
   Fueron a la fiesta bailable en el restaurante La Misión.

5. ¿Quién estuvo a cargo de la música en la fiesta de quince años de Ana Ester?
   La música estuvo a cargo de la Orquesta Americana.

Coméntalo

¿Hay una sección de notas sociales en el periódico de tu universidad, comunidad o región? ¿Qué tipo de información encuentras en la sección de notas sociales? ¿La lees normalmente? ¿Por qué? *Answers will vary.*

Audio: Vocabulary Flashcards

Las celebraciones

el aniversario (de bodas)	(wedding) anniversary
la boda	wedding
el cumpleaños	birthday
el día de fiesta	holiday
la fiesta	party
el/la invitado/a	guest
la Navidad	Christmas
la quinceañera	young woman celebrating her fifteenth birthday
la sorpresa	surprise
brindar	to toast (drink)
celebrar	to celebrate
cumplir años	to have a birthday
dejar una propina	to leave a tip
divertirse (e:ie)	to have fun
graduarse (de)	to graduate (from)
invitar	to invite; to treat
pagar la cuenta	to pay the bill
pasarlo bien/mal	to have a good/bad time
regalar	to give (a gift)
reírse (e:i)	to laugh
relajarse	to relax
sonreír (e:i)	to smile
sorprender	to surprise

Los postres y otras comidas

la botella de vino	bottle of wine
el champán	champagne
los dulces	sweets; candy
el flan	baked custard
las galletas	cookies
el helado	ice cream
el pastel	cake
el pastel de cumpleaños	birthday cake
los postres	desserts

Las relaciones personales

la alegría	happiness
la amistad	friendship
el amor	love
el divorcio	divorce
el estado civil	marital status
el matrimonio	marriage; married couple
la pareja	couple; partner
el/la recién casado/a	newlywed
casado/a	married
divorciado/a	divorced
juntos/as	together
separado/a	separated
soltero/a	single
viudo/a	widowed
cambiar (de)	to change
casarse (con)	to get married (to)
comprometerse (con)	to get engaged (to)
divorciarse (de)	to get divorced (from)
enamorarse (de)	to fall in love (with)
llevarse bien/mal (con)	to get along well/badly (with)
odiar	to hate
romper (con)	to break up (with)
salir (con)	to go out (with); to date
separarse (de)	to separate (from)
tener una cita	to have a date; to have an appointment

Otras palabras

el apellido	last name
el consejo	advice
la respuesta	answer

Las etapas de la vida

la adolescencia	adolescence
la etapa	stage
la juventud	youth
la madurez	maturity; middle age
la muerte	death
el nacimiento	birth
la niñez	childhood
la vejez	old age
la vida	life
jubilarse	to retire (from work)
nacer	to be born

Relative pronouns	See page 240.
Interrogative words and phrases	See page 242.

As students finish the lesson, encourage them to explore the **Repaso** section on the Supersite. There they will find quizzes for practicing vocabulary, grammar, and oral language.

Practice more at **vhlcentral.com.**

PARA EMPEZAR Here are some additional questions: **¿Tienes un(a) médico/a general? ¿Vas mucho a verlo/la? ¿Lo/La viste la semana pasada? ¿El mes pasado? ¿El año pasado?**

Communicative Goals

You will learn how to:
- discuss medical conditions
- talk about parts of the body
- talk about health and medical visits

PREPARACIÓN

pages 252–257
- Words related to sickness, symptoms, medicine, and the doctor's office
- Parts of the body
- Written accent marks and word stress

AVENTURAS

pages 258–259
- While out with a friend, Jimena comes down with a bug. Despite medical remedies from friends and family, she still needs to see a doctor.

CULTURA

pages 260–261
- *Servicios de salud*
- Flash Cultura: *La salud*

GRAMÁTICA

pages 262–271
- The imperfect tense
- Constructions with **se**
- Adverbs

LECTURA

pages 272–273
- Newspaper column: *El consultorio: Dra. Fernanda Jiménez Ocaña*

PARA EMPEZAR
- ¿Están en una farmacia o en un hospital?
- ¿El hombre es médico o dentista?
- ¿Qué hace él, una operación o un examen médico?
- ¿Cómo se siente la paciente?

S Tutorials

EN EL CONSULTORIO

EL CUERPO

el corazón *heart*
el cuerpo *body*
el estómago *stomach*
el hueso *bone*
la rodilla *knee*
el tobillo *ankle*

el ojo
la oreja
la nariz
la boca

la cabeza
head

el cuello
neck

la garganta
throat

el brazo
arm

el dedo
finger

el pie
foot

la pierna
leg

LA SALUD

el accidente *accident*
la clínica *clinic*
el consultorio *doctor's office*
el/la doctor(a) *doctor*
el/la enfermero/a *nurse*
el examen médico *physical exam*
el hospital *hospital*
la operación *operation*
el/la paciente *patient*
la radiografía *X-ray*
la sala de emergencia(s) *emergency room*
la salud *health*

la farmacia

el dentista

tomar(le) la temperatura (a alguien)
to take (someone's) temperature

VERBOS

caerse *to fall*
doler (o:ue) *to hurt*
enfermarse *to get sick*
estar enfermo/a *to be sick*
lastimarse (el pie) *to injure (one's foot)*
poner una inyección *to give an injection*
recetar *to prescribe*
romperse (la pierna) *to break (one's leg)*
sacar(se) una muela *to have a tooth pulled*
ser alérgico/a (a) *to be allergic (to)*
tener fiebre (f.) *to have a fever*
torcerse (el tobillo) *to sprain (one's ankle)*
toser *to cough*

SUGGESTION To check comprehension, ask: **¿Cuáles son los síntomas de un resfriado? ¿De la gripe? ¿Qué necesita hacer una persona cuando tiene un resfriado? ¿Y gripe? ¿Y el tobillo torcido? ¿Y fiebre?**

Variación léxica

el resfriado ←→ el resfrío (*Cono Sur*), el catarro (*Méx.*)
la sala de emergencia(s) ←→ la sala de urgencias (*Amér. L.*)
romperse ←→ quebrarse (*Amér. L.*)

LAS ENFERMEDADES Y LOS SÍNTOMAS

el dolor (de cabeza) *(head)ache; pain*
la enfermedad *illness*
la gripe *flu*
la infección *infection*
el resfriado *cold*
el síntoma *symptom*
la tos *cough*

congestionado/a *congested; stuffed-up*
mareado/a *dizzy; nauseated*

SUGGESTION Point out that **embarazada** means *pregnant*, not *embarrassed*. Also, explain that in Spain **constipado/a** means *congested* or *stuffed up*, not *constipated*.

---

estornudar
to sneeze

LOS MEDICAMENTOS

el antibiótico *antibiotic*
el medicamento *medication*
la medicina *medicine*
las pastillas *pills*
la receta *prescription*

la aspirina

ADJETIVOS

embarazada *pregnant*
grave *grave; serious*
médico/a *medical*
saludable *healthy*
sano/a *healthy*

A escuchar

1 Escuchar Escucha las preguntas y selecciona la respuesta más adecuada.

1. ___c___
2. ___e___
3. ___g___
4. ___d___
5. ___f___
6. ___h___
7. ___a___
8. ___b___

a. Tengo dolor de cabeza y fiebre.
b. No fui a la clase porque estaba (*I was*) enfermo.
c. Me caí ayer jugando al tenis.
d. Debes ir a la farmacia.
e. Porque tengo gripe.
f. Sí, tengo mucha tos por las noches.
g. Lo llevaron directamente a la sala de emergencia.
h. No sé. Todavía tienen que tomarme la temperatura.

2 Me duele Escucha la conversación entre Virginia Castillo y el doctor Dávila. Luego indica si (*if*) las oraciones que resumen (*sum up*) la conversación son correctas.

1. Virginia le dice a la enfermera que le duelen las rodillas.
✔ 2. Virginia dice que tomó una aspirina anoche.
✔ 3. El médico le pregunta a Virginia si se cayó o tuvo un accidente.
___ 4. Virginia dice que ayer corrió cinco kilómetros con un amigo.
___ 5. El doctor Dávila le receta un antibiótico a Virginia.
___ 6. El médico le dice a Virginia que puede correr mañana si se toma las pastillas.
✔ 7. El médico le recomienda tomar dos pastillas al día.
✔ 8. El doctor Dávila le dice a Virginia que no debe correr por siete días.

Practice more!
LM
p. 55

1 SCRIPT
1. ¿Cuándo te caíste?
2. ¿Por qué vas al médico?
3. ¿Adónde llevaron a Juan después del accidente?
4. ¿Adónde debo ir para conseguir estas pastillas?
5. ¿Tienes mucha tos?
6. ¿Tienes fiebre?
7. ¿Cuáles son sus síntomas, señor?
8. Ayer no te vi en la clase de biología. ¿Por qué?

2 SCRIPT
Doctor: Hola. Soy el doctor Dávila.
Virginia: Buenas tardes, doctor. Me llamo Virginia.
Doctor: ¿Cuál es el problema, señorita?
Virginia: Es que me duelen las rodillas. Tomé una aspirina anoche, pero todavía me duelen muchísimo.
Doctor: ¿Se cayó o tuvo algún accidente?
Virginia: No, pero el lunes corrí cinco kilómetros con mi compañera de cuarto.
Doctor: ¿Corre usted mucho?
Virginia: Yo no, pero mi compañera, sí.
Doctor: Ah, ahora veo el problema. Es que usted puso mucho estrés en las rodillas corriendo. Su compañera corre mucho pero usted no… y las rodillas no estaban listas. Ahora están un poco inflamadas. Voy a recetarle unas pastillas. Tome dos pastillas al día. Y no debe correr durante una semana, ¿eh?
Virginia: Sí, doctor. Muchísimas gracias.

A practicar

3 EXPANSION Give the class these additional items: **bailar, hacer la tarea, trabajar como camarero/a, ir de compras, hacer un examen médico, visitar al dentista.**

3 EXPANSION Reverse this activity by naming body parts and having students supply the activities that they associate with each one.

4 SUGGESTION Give students ten minutes to complete the survey and then tally the class results.

4 EXPANSION Ask for a show of hands for those who fall into the different groups, then analyze the trends of the class. Are your students healthy or unhealthy?

3 **Actividades** En parejas, identifiquen las partes del cuerpo que asocian con estas actividades. *Answers will vary.*

modelo
nadar
Estudiante 1: Usamos los brazos para nadar.
Estudiante 2: También usamos las piernas.

1. conducir
2. caminar
3. toser
4. comer arroz con pollo

5. comprar un perfume
6. ver una película
7. hablar por teléfono
8. correr en el parque

9. tocar el piano
10. escuchar música
11. levantar pesas (*weights*)
12. tomar unas pastillas

4 **Cuestionario** Selecciona las respuestas que mejor reflejen tu estado de salud. Suma (*add*) los puntos de cada respuesta y anota el resultado. Después, compara los resultados con el resto de la clase. *Answers will vary.*

¿Tienes buena salud?

27-30 puntos   Salud y hábitos excelentes
23-26 puntos   Salud y hábitos buenos
22 puntos o menos   Salud y hábitos problemáticos

1. ¿Con qué frecuencia te enfermas (resfriados, gripe, etc.)?
- Cuatro veces por año o más. (1 punto)
- Dos o tres veces por año. (2 puntos)
- Casi nunca. (3 puntos)

2. ¿Con qué frecuencia tienes dolor de estómago o problemas digestivos?
- Con mucha frecuencia. (1 punto)
- A veces. (2 puntos)
- Casi nunca. (3 puntos)

3. ¿Con qué frecuencia tienes dolor de cabeza?
- Frecuentemente. (1 punto)
- A veces. (2 puntos)
- Casi nunca. (3 puntos)

4. ¿Comes verduras y frutas?
- No, casi nunca. (1 punto)
- Sí, a veces. (2 puntos)
- Sí, todos los días. (3 puntos)

5. ¿Eres alérgico/a a algo?
- Sí, a muchas cosas. (1 punto)
- Sí, a algunas cosas. (2 puntos)
- No. (3 puntos)

6. ¿Haces ejercicios aeróbicos?
- No, casi nunca hago ejercicios aeróbicos. (1 punto)
- Sí, a veces. (2 puntos)
- Sí, con frecuencia. (3 puntos)

7. ¿Con qué frecuencia te haces un examen médico?
- Nunca o casi nunca. (1 punto)
- Cada dos años. (2 puntos)
- Cada año o antes de practicar un deporte. (3 puntos)

8. ¿Con qué frecuencia vas al dentista?
- Nunca voy al dentista. (1 punto)
- Sólo cuando me duele una muela. (2 puntos)
- Por lo menos una vez por año. (3 puntos)

9. ¿Qué desayunas normalmente por la mañana?
- No como nada. (1 punto)
- Tomo una bebida dietética. (2 puntos)
- Como cereales y fruta. (3 puntos)

10. ¿Con qué frecuencia te sientes mareado/a?
- Frecuentemente. (1 punto)
- A veces. (2 puntos)
- Casi nunca. (3 puntos)

Practice more!

WB
pp. 99–100

vhlcentral.com

A conversar

5 **¿Qué le pasó?** En un grupo de dos o tres, hablen de lo que les pasó y de cómo se sienten estas personas. *Answers will vary.*

1. Víctor

2. La señora Núñez

3. Gabriela

4. El señor Álvarez

6 **¿Cuáles son sus síntomas?** En parejas, túrnense para representar los papeles (*roles*) de un(a) médico/a y su paciente. *Answers will vary.*

> **modelo**
> Estudiante 1: ¿Cuáles son sus síntomas?
> Estudiante 2: Me duele la garganta y toso.
> Estudiante 1: Creo que usted tiene una infección en la garganta. Voy a recetarle un antibiótico.

7 **Un accidente** En parejas, conversen sobre un accidente que ustedes, un(a) amigo/a o un miembro de la familia tuvo. Usen estas preguntas de guía. *Answers will vary.*

- ¿Qué ocurrió?
- ¿Dónde y cuándo ocurrió?
- ¿Te lastimaste?
- ¿Fuiste al médico?
- ¿Cómo ocurrió?
- ¿Quién te ayudó y cómo?
- ¿Tomaste medicamentos para sentirte mejor?
- ¿Fuiste a trabajar?

5 EXPANSION Have students bring in magazine pictures related to illness, injury, or medicine. Have students describe what is happening in each picture.

6 SUGGESTION Point out that the doctor/patient relationship calls for the **usted** form.

6 SUGGESTION Before doing the activity, have students brainstorm a list of symptoms they might have.

7 SUGGESTION Model this activity by describing an accident you or a friend of yours had.

7 SUGGESTION After students complete the oral activity, you may want to assign this as written homework.

Ortografía S Audio

El acento y las sílabas fuertes

In Spanish, written accent marks are used on many words. Here is a review of some of the principles governing word stress and the use of written accents.

as-pi-ri-na   **gri-pe**   **to-man**   **an-tes**

In Spanish, when a word ends in a vowel, **-n**, or **-s**, the spoken stress usually falls on the next-to-last syllable. Words of this type are very common and do not need a written accent.

a-sí   **in-glés**   **in-fec-ción**   **hé-ro-e**

When a word ends in a vowel, **-n**, or **-s**, and the spoken stress does *not* fall on the next-to-last syllable, then a written accent is needed.

hos-pi-tal   **na-riz**   **re-ce-tar**   **to-ser**

When a word ends in any consonant *other* than **-n** or **-s**, the spoken stress usually falls on the last syllable. Words of this type are very common and do not need a written accent.

lá-piz   **fút-bol**   **hués-ped**   **sué-ter**

When a word ends in any consonant *other* than **-n** or **-s,** and the spoken stress does *not* fall on the last syllable, then a written accent is needed.

far-ma-cia   **bio-lo-gí-a**   **su-cio**   **frí-o**

Diphthongs (two weak vowels or a strong and weak vowel together) are normally pronounced as a single syllable. A written accent is needed when a diphthong is broken into two syllables.

sol   **pan**   **mar**   **tos**

Spanish words of only one syllable do not usually carry a written accent.

Práctica Busca las palabras que necesitan acento y escribe su forma correcta.

1. sal-mon *salmón*
2. ins-pec-tor
3. nu-me-ro *número*
4. fa-cil *fácil*
5. ju-go
6. a-bri-go
7. ra-pi-do *rápido*
8. sa-ba-do *sábado*
9. vez
10. me-nu *menú*
11. o-pe-ra-cion *operación*
12. im-per-me-a-ble
13. a-de-mas *además*
14. re-ga-te-ar
15. an-ti-pa-ti-co *antipático*
16. far-ma-cia
17. es-qui *esquí*
18. pen-sion *pensión*
19. pa-is *país*
20. per-don *perdón*

El ahorcado Juega al ahorcado (*hangman*) para adivinar las palabras.

1. __ l __ __ __ __ a   Vas allí cuando estás enfermo. *clínica*
2. __ __ __ __ e __ c __ __ n   Se usa para poner una vacuna (*vaccination*). *inyección*
3. __ __ d __ o __ __ __ __ __ a   Se usa para ver los huesos. *radiografía*
4. __ __ __ i __ o   Trabaja en un hospital. *médico*
5. a __ __ __ __ b __ __ __ __ __ __   Es una medicina. *antibiótico*

SUGGESTION Other words from the lesson's vocabulary that require written accents include: **corazón, estómago, antibiótico, clínica, médico,** and **radiografía.**

SUGGESTION Work through the **Práctica** activities with the class. In pairs, have students explain why each word does or does not have a written accent mark.

SUGGESTION In pairs, have students explain why each word in the **El ahorcado** activity does or does not have a written accent mark.

SUGGESTION Point out that **Ortografía** replaces **Pronunciación** in the Student Edition for **Lecciones 10–16**, but not in the Lab Program. The **Practice more!** box references the **Pronunciación** sections found in all lessons of the Lab Program.

Practice more!

LM p. 56

vhlcentral.com

ELENA

JIMENA

DON DIEGO

SRA. DÍAZ

DR. MELÉNDEZ

S Video

¡Qué dolor!

Jimena no se siente bien y tiene que ir al doctor.

PERSONAJES

VIDEO SYNOPSIS While out with her friend Elena, Jimena's cold symptoms start bothering her. Despite taking don Diego's and Elena's home remedies, the cold symptoms persist. At her mother's insistence, Jimena goes to the doctor, who prescribes some medicine.

1

2

3

ELENA ¿Cómo te sientes?

JIMENA Me duele un poco la garganta. Pero no tengo fiebre.

ELENA Creo que tienes un resfriado. Te voy a llevar a casa.

ELENA ¿Don Diego ya fue a la farmacia? ¿Cuánto tiempo hace que lo llamaste?

JIMENA Hace media hora. Ay, qué cosas, de niña apenas me enfermaba. No perdí ni un solo día de clases.

ELENA Yo tampoco.

ELENA Nunca tenía resfriados, pero me rompí el brazo dos veces. Mi hermana y yo estábamos paseando en bicicleta y casi me di con un señor que caminaba por la calle. Me caí y me rompí el brazo.

6

7

8

(La Sra. Díaz llama a Jimena.)

JIMENA Hola, mamá. Don Diego me trajo los medicamentos... ¿Al doctor? ¿Estás segura? Allá nos vemos. *(A Elena)* Mi mamá ya hizo una cita para mí con el Dr. Meléndez.

❸ SUGGESTION Give students several minutes to prepare their conversations with their partner. Then ask several pairs to role-play their skits for the class.

SRA. DÍAZ ¿Te pusiste un suéter anoche?

JIMENA No, mamá. Se me olvidó.

SRA. DÍAZ Doctor, esta jovencita salió anoche, se le olvidó ponerse un suéter y parece que le dio un resfriado.

DR. MELÉNDEZ Jimena, ¿cuáles son tus síntomas?

JIMENA Toso con frecuencia y me duele la garganta.

DR. MELÉNDEZ ¿Cuánto tiempo hace que tienes estos síntomas?

JIMENA Hace dos días que me duele la garganta.

A C T I V I D A D E S

❶ ¿Cierto o falso? Decide si lo que dicen estas oraciones sobre Jimena es **cierto** o **falso**. Corrige las oraciones falsas.

1. Dice que de niña apenas se enfermaba. *Cierto.*
2. Tiene dolor de garganta y fiebre. *Falso. Tiene dolor de garganta y tos.*
3. Olvidó ponerse un suéter anoche. *Cierto.*
4. Hace tres días que le duele la garganta. *Falso. Hace dos días que le duele la garganta.*
5. El doctor le dice que tiene una infección. *Falso. El doctor le dice que no tiene infección.*

❷ Ordenar Pon estos sucesos en el orden correcto.

a. Jimena va a ver al doctor. ___4___
b. El doctor le dice a la Sra. Díaz que no es nada serio. ___6___
c. Elena le habla a Jimena de cuando se rompió el brazo. ___2___
d. El doctor le receta medicamentos. ___5___
e. Jimena le dice a Elena que le duele la garganta. ___1___
f. Don Diego le trae a Jimena las pastillas para el resfriado. ___3___

NATIONAL communication cultures STANDARDS

VIDEO RECAP Before doing this **Aventuras** episode, review the previous episode with these questions: **1.** ¿Qué les enseñó a hacer la tía Ana María a Jimena y a Marissa? **(Les enseñó a hacer mole.) 2.** ¿Quiénes prepararon una sorpresa para llevar al cementerio? **(El Sr. Díaz y Felipe la prepararon.) 3.** ¿Qué postres hizo Jimena? **(Ella hizo galletas y pastel.) 4.** ¿Por quiénes brindaron Ana María, Roberto y Ramón? **(Ellos brindaron por sus padres.)**

EXPANSION Have students make a list of their own allergies or medical needs and learn how to say them in Spanish.

JIMENA ¿Qué es esto?

ELENA Es té de jengibre. Cuando me dolía el estómago, mi mamá siempre me hacía tomarlo. Se dice que es bueno para el dolor de estómago.

JIMENA Pero no me duele el estómago.

JIMENA Hola, don Diego. Gracias por venir.

DON DIEGO Fui a la farmacia. Aquí están las pastillas para el resfriado. Se debe tomar una cada seis horas con las comidas. Y no se deben tomar más de seis pastillas al día.

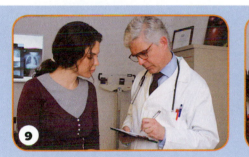

DR. MELÉNDEZ Muy bien. Aquí no tienes infección. No tienes fiebre. Te voy a mandar algo para la garganta. Puedes ir por los medicamentos inmediatamente a la farmacia.

3 EXPANSION Have students create a conversation for the follow-up visit between the same doctor and patient. Encourage them to be creative with the ending.

SRA. DÍAZ Doctor, ¿cómo está? ¿Es grave?

DR. MELÉNDEZ No, no es nada grave. Jimena, la próxima vez, escucha a tu mamá. ¡Tienes que usar suéter!

SUGGESTION After reading the **Expresiones útiles** aloud, ask students a few questions. Ex: **¿Te duele la cabeza? ¿Eres alérgico/a a algún medicamento?**

3 En el consultorio En parejas, preparen una conversación entre un(a) médico/a y su paciente. Sigan la guía.

▶ El médico le pregunta al/a la paciente qué le pasó.
▶ El/La paciente se cayó en su casa y piensa que se rompió un dedo.
▶ El/La médico/a le pregunta al/a la paciente si le duele y cuánto tiempo hace que se cayó.
▶ El/La paciente describe el dolor.
▶ El/la médico/a le recomienda un tratamiento (*treatment*).

Practice more!
VM pp. 187–188 vhlcentral.com

Expresiones útiles

Discussing medical conditions
¿Cómo te sientes?
How do you feel?
Me duele un poco la garganta.
My throat hurts a little.
No me duele el estómago.
My stomach doesn't hurt.
De niño/a apenas me enfermaba.
As a child, I rarely got sick.
¡Soy alérgico/a al chile!
I'm allergic to chili powder!

Discussing remedies
Se dice que el té de jengibre es bueno para el dolor de estómago.
They say ginger tea is good for stomach aches.
Aquí están las pastillas para el resfriado.
Here are the pills for your cold.
Se debe tomar una cada seis horas.
You should take one every six hours.

Expressions with hacer
Hace + [*period of time*] **que** + [*present/preterite*]
¿Cuánto tiempo hace que tienes estos síntomas?
How long have you had these symptoms?
Hace dos días que me duele la garganta.
My throat has been hurting for two days.
¿Cuánto tiempo hace que lo llamaste?
How long has it been since you called him?
Hace media hora.
It's been a half hour (since I called).

Additional vocabulary
canela *cinnamon*
miel *honey*
terco *stubborn*

communities
NATIONAL STANDARDS

comparisons cultures
NATIONAL STANDARDS

S Reading

Servicios de **salud**

¿Sabías que en algunos países hispanos no necesitas pagar por los servicios de salud?

Ésta es una de las diferencias que hay entre países como los Estados Unidos y los países hispanos.

En la mayor parte de estos países, el gobierno ofrece servicios médicos muy baratos o gratuitos° a sus ciudadanos°. Los turistas y extranjeros también pueden tener acceso a los servicios médicos a bajo° costo. La Seguridad Social y organizaciones similares son las responsables de gestionar° estos servicios.

Cruz verde de farmacia en Madrid, España

Las farmacias

Farmacia de guardia: Las farmacias generalmente tienen un horario comercial. Sin embargo°, en cada barrio° hay una farmacia de guardia que abre las veinticuatro horas del día.

Productos farmacéuticos: Todavía hay muchas farmacias tradicionales que están más especializadas en medicinas y productos farmacéuticos. No venden productos de otro tipo.

Recetas: Muchos medicamentos se venden sin receta. Los farmacéuticos aconsejan° a las personas sobre problemas de salud y les dan las medicinas.

Cruz° verde: En muchos países, las farmacias tienen el signo de una cruz verde. Cuando la cruz verde está encendida°, la farmacia está abierta.

acceso a ellos y en muchos casos son completamente gratuitos. Según un informe de la Organización Mundial de la Salud, el sistema de salud español ocupa el séptimo° lugar del mundo. Esto se debe no sólo al buen funcionamiento° del sistema, sino también al nivel de salud general de la población. Impresionante, ¿no?

gratuitos *free (of charge)* ciudadanos *citizens* bajo *low* gestionar *to manage* igual *in the same way* cuentan con *have* desarrollados *developed* séptimo *seventh* funcionamiento *operation* Sin embargo *However* barrio *neighborhood* aconsejan *advise* Cruz *Cross* encendida *lit (up)*

Consulta médica en la República Dominicana

Naturalmente, esto no funciona igual° en todos los países. En Ecuador, México y Perú, la situación varía según las regiones. Los habitantes de las ciudades y pueblos grandes tienen acceso a más servicios médicos, mientras que quienes viven en pueblos remotos sólo cuentan con° pequeñas clínicas.

Por su parte, Costa Rica, Colombia, Cuba y España tienen sistemas de salud muy desarrollados°. En España, por ejemplo, todas las personas tienen

ASÍ SE DICE

La salud

la ambulancia	*ambulance*
el chequeo (Esp., Méx.)	el examen médico
la cirugía	*surgery*
la droguería (Col.)	la farmacia
la herida	*injury; wound*
el jarabe para la tos	*cough syrup*
los primeros auxilios	*first aid*
la sala de espera	*waiting room*
la sangre	*blood*

ACTIVIDADES

1 **¿Cierto o falso?** Indica si lo que dicen las oraciones es **cierto** o **falso.** Corrige la información falsa.

1. En los países hispanos los gobiernos ofrecen servicios de salud accesibles a sus ciudadanos. *Cierto.*

2. En los países hispanos los extranjeros tienen que pagar mucho dinero por los servicios médicos. *Falso. Los extranjeros tienen acceso a los servicios médicos a bajo costo.*

3. El sistema de salud español es uno de los mejores del mundo. *Cierto.*

4. Las farmacias de guardia abren sólo los sábados y domingos. *Falso. Las farmacias de guardia abren las 24 horas del día.*

5. En los países hispanos las farmacias venden una gran variedad de productos. *Falso. En los países latinoamericanos las farmacias están más especializadas en medicinas y productos farmacéuticos.*

6. Los farmacéuticos de los países hispanos aconsejan a los enfermos y venden algunas medicinas sin necesidad de receta. *Cierto.*

7. En México y otros países, los pueblos remotos cuentan con grandes centros médicos. *Falso. Cuentan con pequeñas clínicas.*

8. Muchas farmacias usan una cruz verde como símbolo. *Cierto.*

2 **Comparación** En parejas, comparen el sistema de salud de los países hispanos con el de su país. ¿En qué se parecen? ¿En qué se diferencian? ¿Cuál prefieren ustedes? ¿Por qué?

CONEXIÓN INTERNET

¿Qué otra forma de servicio de atención médica se ofrece en los países hispanos?

For more information about this **Cultura**, go to **vhlcentral.com**.

 Video

La salud

1 **Preparación** ¿Qué haces si tienes un pequeño accidente o quieres hacer una consulta? ¿Visitas a tu médico general o vas al hospital? ¿Debes pedir un turno (*appointment*)?

2 **El video** Mira el episodio de **Flash Cultura.**

Vocabulario

la cita previa *previous appointment*
la guardia *emergency room*
Me di un golpe. *I got bumped.*
la práctica *rotation (hands-on medical experience)*

¿Le podría° pedir que me explique qué es la guardia?

Nuestro hospital público es gratuito para todas las personas.

podría *could*

3 **¿Cierto o falso?** Indica si las oraciones son **ciertas** o **falsas.**

1. Silvina tuvo un accidente en su automóvil. *Falso.*
2. Silvina fue a la guardia del hospital. *Cierto.*
3. La guardia del hospital está abierta sólo durante el día y es necesario tener cita previa. *Falso.*
4. Los entrevistados (*interviewees*) tienen enfermedades graves. *Falso.*
5. En Argentina, los médicos reciben la certificación cuando terminan la práctica. *Cierto.*

Practice more!
VM pp. 219–220 / vhlcentral.com

10.1 The imperfect tense

 Tutorial · comparisons NATIONAL STANDARDS

▶ In Lessons 6–9, you learned the preterite tense. Now you will learn the imperfect tense, which describes past activities in a different way.

The imperfect of regular verbs

	cantar	beber	escribir
yo	cantaba	bebía	escribía
tú	cantabas	bebías	escribías
Ud./él/ella	cantaba	bebía	escribía
nosotros/as	cantábamos	bebíamos	escribíamos
vosotros/as	cantabais	bebíais	escribíais
Uds./ellos/ellas	cantaban	bebían	escribían

¡ojo! The imperfect endings of –er and –ir verbs are the same. The **nosotros** form of –ar verbs has an accent on the first **a** of the ending. –Er and –ir verb forms carry an accent on the first **i** of the ending.

De niña apenas me enfermaba.

Cuando me dolía el estómago, mi mamá me daba té de jengibre.

▶ There are no stem changes in the imperfect tense.

Me **duelen** los pies.
My feet hurt.

Me **dolían** los pies.
My feet were hurting.

▶ The imperfect form of **hay** is **había** (*there was/were/used to be*).

Había sólo un médico.
There was only one doctor.

Había dos pacientes allí.
There were two patients there.

¡ojo! **Ir, ser,** and **ver** are the only irregular verbs in the imperfect.

Irregular verbs in the imperfect

	ir	ser	ver
yo	iba	era	veía
tú	ibas	eras	veías
Ud./él/ella	iba	era	veía
nosotros/as	íbamos	éramos	veíamos
vosotros/as	ibais	erais	veíais
Uds./ellos/ellas	iban	eran	veían

Práctica

1 **La salud** Completa las oraciones con el imperfecto. Algunos verbos se repiten.

caerse	esperar	mirar	sentirse
doler	estar	poder	tener
enfermarse	estornudar	querer	toser

1. Después de correr, a Dora le ___dolían___ los pies.
2. Ana ___miraba___ el termómetro; con tanta fiebre no ___podía___ leerlo.
3. El paciente ___esperaba___, mientras la enfermera ___estaba___ muy ocupada atendiendo a otros pacientes.
4. Lorenzo ___tenía___ dolor de muelas, pero no ___quería___ ir al dentista porque tenía miedo.
5. Paco y Luis ___tenían___ dolor de estómago y ___querían___ unas pastillas para el dolor.
6. Le ___dolía___ la cabeza y ___estaba/se sentía___ mareado.
7. Luisa ___estornudaba___ siempre porque era alérgica al polen.
8. Antes de la operación, le ___dolía___ todo el cuerpo y se sentía muy débil (*weak*).
9. Juan Carlos siempre ___se caía___ de la bicicleta cuando era pequeño.
10. De niño, Julio ___se enfermaba___ todos los inviernos. Siempre ___tenía___ resfriados y fiebre. ___Tosía___ muchas veces por la noche. ¡Pobre su garganta!

2 **¡Pobre Miguelito!** Completa las oraciones con el imperfecto. Luego, ponlas en orden lógico.

___7___ a. Finalmente, Miguelito no tenía ganas de jugar más. Ahora ___quería___ [querer] ir a casa a descansar.

___6___ b. El doctor dijo que la inflamación no ___era___ [ser] nada grave.

___4___ c. El niño le dijo a la enfermera que ___le dolía___ [dolerle] la nariz.

___1___ d. ___Eran___ [ser] las dos de la tarde y los niños ___jugaban___ [jugar] en el patio.

___2___ e. Su mamá ___estaba___ [estar] dibujando cuando Miguelito entró llorando.

___3___ f. Miguelito ___tenía___ [tener] mucho dolor. Fueron a la sala de emergencias.

___5___ g. El doctor examinó la nariz del niño y le dijo que ___veía___ [ver] una pequeña inflamación (*swelling*).

Conversación

3 **Entrevista** En parejas, un(a) estudiante debe entrevistar a su compañero/a. Luego compartan los resultados con la clase. *Answers will vary.*

1. ¿Cuántos años tenías en 1998? ¿Y en 2007?
2. ¿Veías mucha televisión cuando eras niño/a?
3. Cuando eras niño/a, ¿qué hacías durante las vacaciones?
4. Cuando eras estudiante de primaria, ¿te gustaban tus maestros/as?
5. Cuando tenías diez años, ¿cuál era tu programa de televisión favorito?
6. Cuando tenías quince años, ¿cuál era tu grupo musical favorito?
7. Cuando eras estudiante de secundaria, ¿qué hacías con tus amigos/as después de la escuela?
8. Antes de tomar esta clase, ¿sabías hablar español?

4 **Describir** En parejas, túrnense para describir lo que hacían de niños. Elijan una de estas preguntas guía y compartan la anécdota con su compañero/a. *Answers will vary.*

modelo

De niña, mi familia y yo siempre íbamos a Tortuguero. Tomábamos un barco desde Limón, y por las noches mirábamos las tortugas (*turtles*) en la playa. Algunas veces teníamos suerte, porque las tortugas venían a poner (*lay*) huevos. Otras veces, volvíamos al hotel sin ver ninguna tortuga.

- ¿Qué hacías durante las vacaciones cuando eras niño/a?
- ¿Qué hacían en ocasiones especiales?
- ¿Cómo eran las celebraciones con tus amigos/as o familia?
- ¿Cómo era tu escuela? ¿Te gustaban tus maestros/as y compañeros/as?
- ¿Cómo eran tus amigos/as? ¿A qué jugabas con ellos/as?
- ¿Cuáles eran sus comidas favoritas?
- ¿Qué deportes practicaban? ¿Con qué frecuencia?

Practice more!

WB pp. 101–102	LM p. 57	vhlcentral.com

Uses of the imperfect

▶ The imperfect is used to describe past events in a different way than the preterite. Generally, the imperfect describes actions which are seen by the speaker as incomplete or continuing, while the preterite describes actions which have been completed. The imperfect expresses what was happening at a certain time or how things used to be.

—¿Qué te **pasó**?
What happened to you?

—Me **torcí** el tobillo.
I sprained my ankle.

—¿Dónde **vivías** de niño?
Where did you live as a child?

—**Vivía** en San José.
I lived in San José.

▶ Use these expressions with the imperfect to express habitual or repeated actions: **de niño/a** (*as a child*), **todos los días** (*every day*), **mientras** (*while*).

Uses of the imperfect

Habitual or repeated actions	**Íbamos** al parque los domingos. *We used to go to the park on Sundays.*
Events or actions that were in progress	Yo **leía** mientras él **estudiaba**. *I was reading while he was studying.*
Telling time	**Eran** las tres y media. *It was 3:30.*
Age	Los niños **tenían** seis años. *The children were six years old.*
Physical characteristics	**Era** alto y guapo. *He was tall and handsome.*
Mental or emotional states	**Quería** mucho a su familia. *He loved his family very much.*

¡Manos a la obra!

Indica la forma correcta de cada verbo en el imperfecto.

1. Yo [hablar, bailar, descansar, correr, comer, decidir, vivir]
   hablaba, bailaba, descansaba, corría, comía, decidía, vivía

2. Tú [nadar, encontrar, comprender, venir, ir, ser, ver]
   nadabas, encontrabas, comprendías, venías, ibas, eras, veías

3. Usted [hacer, regatear, asistir, ser, pasear, poder, ir]
   hacía, regateaba, asistía, era, paseaba, podía, iba

4. Nosotras [ser, tomar, ir, poner, seguir, ver, pensar]
   éramos, tomábamos, íbamos, poníamos, seguíamos, veíamos, pensábamos

5. Ellos [salir, viajar, ir, querer, ser, pedir, empezar]
   salían, viajaban, iban, querían, eran, pedían, empezaban

6. Yo [ver, estornudar, sufrir, ir, dar, ser, toser]
   veía, estornudaba, sufría, iba, daba, era, tosía

10.2 Constructions with se

 Tutorial comparisons cultures NATIONAL STANDARDS

Impersonal constructions with se

▶ As you know, **se** can be used as a reflexive pronoun (**Él se despierta.**). **Se** is also used in other ways.

▶ Non-reflexive verbs can be used with **se** to form impersonal constructions. In impersonal constructions, the person performing the action is not defined. In English, the passive voice or indefinite subjects (*you, they, one*) are used.

Se habla español en Costa Rica.
Spanish is spoken in Costa Rica.

Se puede leer en la sala de espera.
You can read in the waiting room.

¡ojo! The third person singular verb form is used with singular nouns and the third person plural form is used with plural nouns.

Se vende ropa.   **Se venden camisas.**

▶ You often see the impersonal **se** in signs and advertisements.

SE PROHÍBE NADAR

Se necesitan programadores GRUPO TECNO Tel. 778-34-34

ENTRADA
Se entra por la izquierda

Se for unplanned events

▶ **Se** can also be used to de-emphasize the person who performs an action, implying that the accident or event is not his or her direct responsibility. Use this construction:

se	+	INDIRECT OBJECT PRONOUN	+	VERB	+	SUBJECT
Se		**me**		**cayó**		**la pluma.**

I dropped the pen.

▶ In this construction, what would normally be the direct object of the sentence becomes the subject and agrees with the verb.

	I.O. PRONOUN	VERB	SUBJECT
Se	me te le nos os les	perdieron cayó dañó rompieron olvidaron	las llaves. la taza. el radio. las botellas. las pastillas.

Práctica

1 **¿Cierto o falso?** Lee estas oraciones sobre la vida en 1901. Indica si lo que dice cada oración es **cierto** o **falso**. Luego corrige las oraciones falsas.

Cierto	Falso	
	✓	1. Se veía mucha televisión. *No se veía la televisión.*
✓		2. Se escribían muchos libros.
✓		3. Se viajaba mucho en tren.
✓		4. Se montaba a caballo.
	✓	5. Se mandaban mensajes electrónicos. *No se mandaban mensajes electrónicos. Se mandaban cartas y postales.*
✓		6. Se preparaban comidas en casa.
	✓	7. Se llevaban minifaldas. *No se llevaban minifaldas. Se llevaban faldas largas.*
✓		8. Se pasaba mucho tiempo con la familia.

2 **Letreros** Traduce estos letreros (*signs*) al español con el **se** impersonal.

ENGINEERS NEEDED
1. *Se necesitan ingenieros.*

NO TALKING
2. *Se prohíbe hablar.*

EATING AND DRINKING PROHIBITED
3. *Se prohíbe comer y beber.*

TEACHER NEEDED
4. *Se necesita profesor(a).*

PROGRAMMERS SOUGHT
5. *Se buscan programadores.*

WE SELL BOOKS
6. *Se venden libros.*

WE SPEAK ENGLISH
7. *Se habla inglés.*

DO NOT ENTER
8. *Se prohíbe entrar.*

WE SELL COMPUTERS
9. *Se venden computadoras.*

SPANISH SPOKEN
10. *Se habla español.*

Conversación

3 Preguntas Trabajen en parejas y usen estas preguntas para entrevistarse. *Answers will vary.*

1. ¿Qué comidas se sirven en tu restaurante favorito?
2. ¿Se te olvidó invitar a alguien a tu última fiesta o cena? ¿A quién?
3. ¿A qué hora se abre la cafetería de tu universidad?
4. ¿Alguna vez se te quedó algo importante en casa?
5. ¿Alguna vez se te perdió algo importante durante un viaje? ¿Qué?
6. ¿Qué se vende en la librería de la universidad?
7. ¿Sabes si en la librería se aceptan cheques?
8. ¿Alguna vez se te rompió un plato o un vaso (*glass*)? ¿Dónde?

Minidiálogos En parejas, preparen estos minidiálogos. Luego preséntenlos a la clase. *Answers will vary.*

1. Un(a) profesor(a) de español le pide a un(a) estudiante su cuaderno de práctica (*workbook*). El/La estudiante le explica por qué él/ella no lo tiene.
2. Un(a) turista le pregunta al/a la botones dónde se sirve la mejor comida en la ciudad. El/La botones hace varias sugerencias.
3. Un(a) paciente le dice al/a la doctor(a) que él/ella no puede caminar. El/La doctor(a) examina al/a la paciente y le explica el problema.
4. Un padre/una madre le pregunta a su hijo/a qué le pasó al plato que está roto (*broken*) en el piso. El/La hijo/a se disculpa y le explica lo que sucedió.

Anuncios En grupos, preparen dos anuncios (*ads*) de televisión para presentar a la clase. Deben usar el imperfecto y dos construcciones con **se.**

modelo

Se me cayeron unos libros sobre el pie. Me dolía mucho. Pero ahora no, gracias a Superaspirina 500. ¡Tomé dos pastillas y se me fue el dolor! Se puede comprar Superaspirina 500 en todas las farmacias Recetamax.

Practice more!
WB pp. 103–104
LM p. 58
vhlcentral.com

▸ These verbs are often used with **se** to describe unplanned events.

caer	to fall; to drop	perder (e:ie)	to lose
dañar	to damage; to break down	quedar	to be left behind
olvidar	to forget	romper	to break

¡ojo! **Dejar caer** (*to let fall*) is often used to mean *to drop.*

Elena **dejó caer** el libro.
Elena dropped the book.

El médico **dejó caer** la aspirina.
The doctor dropped the aspirin.

¿Se te perdió el suéter anoche?

No, mamá. Se me olvidó.

▸ **A** + [*noun*] or **a** + [*prepositional pronoun*] is frequently used to clarify or emphasize who is involved in the action.

Al estudiante se le perdió la tarea.
The student lost his homework.

A mí se me olvidó ir a clase ayer.
I forgot to go to class yesterday.

¡Manos a la obra!

Completa las oraciones de la primera columna con **se** impersonal y verbos en presente. Completa las oraciones de la segunda columna con **se** para sucesos imprevistos (*unplanned events*) y verbos en pretérito.

Presente
1. __Se enseñan__ [enseñar] cinco lenguas en esta universidad.
2. __Se come__ [comer] muy bien en El Cráter.
3. __Se venden__ [vender] muchas camisetas allí.
4. __Se sirven__ [servir] platos exquisitos cada noche.
5. __Se necesita__ [necesitar] mucho dinero.
6. __Se busca__ [buscar] secretaria.

Pretérito
1. __Se me rompieron__ [*I broke*] las gafas.
2. __Se te cayeron__ [*you (fam.) dropped*] las pastillas.
3. __Se les perdió__ [*they lost*] la receta.
4. __Se le quedó__ [*you (form.) left*] aquí la radiografía.
5. __Se nos olvidó__ [*we forgot*] pagar la medicina.
6. __Se les quedaron__ [*they left*] los cuadernos en casa.

10.3 Adverbs

 Tutorial | comparisons NATIONAL STANDARDS

▶ Adverbs describe how, when, and where actions take place. They modify verbs, adjectives, and even other adverbs. The list below contains some adverbs you have already learned.

bien	**nunca**	**temprano**
mal	**hoy**	**ayer**
muy	**siempre**	**aquí**

▶ Most adverbs end in **–mente**. These are equivalent to the English adverbs which end in -ly.

lentamente	*slowly*	**generalmente**	*generally*
verdaderamente	*truly, really*	**simplemente**	*simply*

▶ To form adverbs which end in **–mente**, add **–mente** to the feminine form of the adjective. If the adjective does not have a feminine form, just add **–mente** to the standard form.

ADJECTIVE	FEMININE FORM	SUFFIX	ADVERB
lento	**lenta**	**-mente**	**lentamente**
fabuloso	**fabulosa**	**-mente**	**fabulosamente**
enorme		**-mente**	**enormemente**
feliz		**-mente**	**felizmente**

▶ Adverbs that end in **–mente** generally follow the verb, while adverbs that modify an adjective or another adverb precede the word they modify.

Javier dibuja **maravillosamente**.
Javier draws wonderfully.

Inés está **casi siempre** ocupada.
Inés is almost always busy.

Common adverbs and adverbial expressions

a menudo	*often*	**así**	*like this; so*	**menos**	*less*
a tiempo	*on time*	**bastante**	*enough; quite*	**muchas veces**	*a lot; many times*
a veces	*sometimes*	**casi**	*almost*	**poco**	*little*
además (de)	*furthermore; besides*	**con frecuencia**	*frequently*	**por lo menos**	*at least*
apenas	*hardly; scarcely*	**de vez en cuando**	*from time to time*	**pronto**	*soon*

¡Manos a la obra!

Transforma los adjetivos en adverbios.

1. alegre ___alegremente___
2. constante ___constantemente___
3. gradual ___gradualmente___
4. perfecto ___perfectamente___
5. real ___realmente___
6. frecuente ___frecuentemente___
7. tranquilo ___tranquilamente___
8. regular ___regularmente___
9. maravilloso ___maravillosamente___
10. normal ___normalmente___
11. básico ___básicamente___
12. afortunado ___afortunadamente___

Práctica

1 En la clínica Completa las oraciones con los adverbios adecuados.

1. La cita era a las nueve, pero llegamos ___tarde___ [aquí, nunca, tarde].

2. El problema fue que ___ayer___ [aquí, ayer, así] se nos rompió el despertador.

3. La recepcionista no se enojó porque sabía que normalmente llegamos ___a tiempo___ [a veces, a tiempo, poco].

4. ___Por lo menos___ [Por lo menos, Muchas veces, Poco] el doctor estaba listo.

5. ___Apenas___ [Lentamente, Además, Apenas] tuvimos que esperar cinco minutos.

6. El doctor dijo que nuestra hija Irene necesitaba una operación ___inmediatamente___ [casi, a veces, inmediatamente].

7. Cuando Irene salió de la operación, le preguntamos ___nerviosamente___ [con frecuencia, nerviosamente, muchas veces] al doctor cómo estaba nuestra hija.

8. ___Afortunadamente___ [Bastante, Afortunadamente, A menudo], el médico nos contestó que Irene estaba bien.

2 Oraciones Combina palabras de las tres columnas para formar oraciones completas. *Answers will vary.*

modelo

Mi mejor amigo se enferma frecuentemente.

Sujetos	Verbos	Adverbios
mi mejor amigo/a	caerse	bien
mi(s) padre(s)	casarse	fabulosamente
el/la profesor(a) de español	conducir	felizmente
yo	divertirse	mal
los jóvenes	enfermarse	frecuentemente
Charlie Sheen	estornudar	muchas veces
Jennifer López	ir	poco
las celebridades	levantarse	rápidamente
todos nosotros	llevarse	pronto
	vestirse	tarde
		temprano
		tranquilamente

Conversación

Preguntas Usa estas preguntas para entrevistar a un(a) compañero/a. *Answers will vary.*

1. ¿Qué sabes hacer muy bien?
2. ¿Qué estudias además de español?
3. ¿Hay compañeros/as de clase a quienes apenas conoces?
4. ¿Qué gustos (*treats*) te das de vez en cuando?
5. ¿Cenas bastante en restaurantes?
6. ¿Te enfermas a menudo?
7. ¿Con qué frecuencia vas al doctor?
8. ¿Qué haces si te sientes congestionado/a y estornudas muchas veces?

¿Con qué frecuencia? Averigua (*Find out*) con qué frecuencia tus compañeros/as hacen estas actividades. Comparte los resultados con la clase. *Answers will vary.*

modelo

pasear en bicicleta

Estudiante 1: ¿Paseas en bicicleta con mucha frecuencia?
Estudiante 2: Sí, paseo en bicicleta con mucha frecuencia./No, casi nunca paseo en bicicleta.

Actividades	con mucha frecuencia	de vez en cuando	casi nunca	nunca
1. Nadar	_____	_____	_____	_____
2. Jugar al tenis	_____	_____	_____	_____
3. Hacer la tarea	_____	_____	_____	_____
4. Salir a bailar	_____	_____	_____	_____
5. Mirar la televisión	_____	_____	_____	_____
6. Dormir en clase	_____	_____	_____	_____
7. Perder las gafas	_____	_____	_____	_____
8. Tomar medicina	_____	_____	_____	_____
9. Ir al dentista	_____	_____	_____	_____

Practice more!
WB pp. 105–106 — LM p. 59 — vhlcentral.com

Español en vivo

No hay tiempo para el dolor de cabeza.

Si tienes prisa, o simplemente quieres que tu dolor de cabeza se vaya muy pronto, piensa en Capalivia. Se asimila mejor y actúa rápidamente. Ya no se puede perder tiempo por un dolor de cabeza.

ASPIRINA *masticable*

Identificar

Lee el anuncio e identifica los adverbios.

Preguntas

1. ¿Cuáles son las ventajas (*advantages*) de este tipo de aspirina?
2. ¿Qué tan a menudo te duele la cabeza? ¿Tomas aspirina cuando te duele la cabeza?
3. ¿Necesitas una receta del médico para comprar aspirina?
4. ¿Qué otros medicamentos ves con frecuencia en los anuncios de televisión?

A repasar

10.1 The imperfect tense

1 **Cuando éramos niños...** Usa estas oraciones para contar los sucesos que le ocurrían a ti y a tus amigos cuando eran niños. Sigue el modelo.

> **modelo**
> Rosalinda (estar enferma) / su mamá (llevarla al doctor)
> **Cuando Rosalinda estaba enferma, su mamá la llevaba al doctor.**

1. Rosalinda (ir a la clínica) / ella (llorar (*cry*) mucho)
   Cuando Rosalinda iba a la clínica, (ella) lloraba mucho.
2. Gustavito (tener dolor de cabeza) / su abuela (no darle una aspirina) *Cuando Gustavito tenía dolor de cabeza, su abuela no le daba una aspirina.*
3. Gustavito (tener temperatura alta) / él (sentirse mareado)
   Cuando Gustavito tenía temperatura alta, (él) se sentía mareado.
4. la enfermera (ponerle una inyección a Rosalinda) / ella (sentir mucho dolor) *Cuando la enfermera le ponía una inyección a Rosalinda, ella sentía mucho dolor.*
5. Rosalinda y Gustavito (no tomarse las medicinas) / sus padres (enojarse) *Cuando Rosalinda y Gustavito no se tomaban las medicinas, sus padres se enojaban.*
6. nosotros (no hacer la tarea) / nuestros padres (no dejarnos ver la televisión) *Cuando nosotros no hacíamos la tarea, nuestros padres no nos dejaban ver la televisión.*

2 **El doctor Rodríguez** Completa el párrafo con el imperfecto de los verbos **ir**, **ver** y **ser**.

Cuando nosotros (1) __éramos__ niños, mi hermano y yo (2) __veíamos__ al doctor Rodríguez. Nosotros (3) __íbamos__ a su consultorio después de las clases. Mi madre (4) __iba__ con nosotros. El doctor Rodríguez (5) __era__ muy simpático. El doctor y la enfermera (6) __eran__ muy amables con nosotros. ¿Ustedes (7) __iban__ al consultorio del doctor Rodríguez?

3 **El dentista** En parejas, describan sus visitas al dentista cuando eran niños, usando el imperfecto. *Answers will vary.*

> **modelo**
> **Iba al dentista cuando me dolía alguna muela. Siempre había muchos pacientes en el consultorio del dentista.**

10.2 Constructions with se

4 **Oraciones** Forma oraciones con estos elementos. Usa **se** para sucesos imprevistos (*unplanned events*) y los verbos en pretérito.

> **modelo**
> A Cecilia / olvidar / la medicina en la farmacia.
> **A Cecilia se le olvidó la medicina en la farmacia.**

1. A ti / romper / el brazo y la pierna
   A ti se te rompieron el brazo y la pierna.
2. A los enfermeros / dañar / las radiografías
   A los enfermeros se les dañaron las radiografías.
3. Al paciente / perder / los antibióticos
   Al paciente se le perdieron los antibióticos.
4. A mí / quedar / la receta en el consultorio
   A mí se me quedó la receta en el consultorio.
5. A Hugo y a ti / caer / la bicicleta en los pies
   A Hugo y a ti se les cayó la bicicleta en los pies.
6. A nosotros / olvidar / el teléfono del doctor Gómez
   A nosotros se nos olvidó el teléfono del doctor Gómez.

5 **El enfermero** La doctora Suárez tiene un enfermero nuevo. Escribe las preguntas que el enfermero le hace. Usa **se** y **cómo**, **dónde**, **cuándo**. *Answers will vary. Sample answers.*

> **modelo**
> Vamos a tomar la temperatura del paciente.
> **¿Cómo se toma la temperatura del paciente?**

1. Vamos a poner una inyección.
   ¿Dónde se pone una inyección?
2. Vamos a llevar a un enfermo a la sala de emergencia.
   ¿Cómo se lleva a un enfermo a la sala de emergencia?
3. Vamos a sacar las radiografías.
   ¿Cuándo se sacan las radiografías?
4. Vamos a recetar dos medicamentos.
   ¿Cómo se recetan dos medicamentos?
5. Vamos a hacer un examen médico.
   ¿Cuándo se hace un examen médico?
6. Vamos a buscar un antibiótico nuevo.
   ¿Dónde se busca un antibiótico nuevo?

6 **¿Qué se debe hacer?** En parejas, escriban qué se debe hacer en estas situaciones. Después compartan sus respuestas con la clase. *Answers will vary.*

> **modelo**
> Para estar sanos
> **Se debe hacer ejercicio. No se debe fumar.**

1. Para curarse de un resfriado
2. Para estar delgado/a
3. Para curarse de la gripe
4. Para tener dientes sanos
5. Para ser saludable
6. Para ser médico/a

Practice more at **vhlcentral.com**.

10.3 Adverbs

7 **¡Tristemente!** Usando los adverbios necesarios, escribe seis oraciones describiendo lo que le pasó a Héctor.
Answers will vary.

modelo
Héctor paseaba felizmente en su bicicleta.

1.   2.

3.

8 **Consejos** Tu amiga Elsa está embarazada y no sabe cómo cuidarse (*to take care of herself*). En grupos de tres, escriban consejos para Elsa usando los adverbios adecuados.
Answers will vary.

además (de)	a veces	poco
a menudo	con frecuencia	por lo menos
así	muchas veces	pronto

modelo
Debes caminar por lo menos durante media hora cada día.
Si te sientes mal, debes ir pronto al doctor.

Síntesis

9 **La primera vez** En parejas, cuéntense cómo fue la primera vez que les pusieron una inyección, se rompieron un hueso, pasaron la noche en un hospital, estuvieron mareados/as, etc. Incluyan estos puntos en su conversación.
Answers will vary.
- una descripción del tiempo que hacía
- sus edades
- qué pasó
- cómo se sentían

  Videoclip **Video**

1 **Preparación** ¿Cuándo fue la última vez que te dolió la garganta? ¿Qué hiciste para aliviar el dolor?

2 **El clip** Mira el anuncio de **Strepsils** de España.

Vocabulario	
el alivio *relief*	**irritadas** *irritated*
calma *relieves*	**suaviza** *soothes*

Los problemas de garganta comienzan con un pinchazo°.

Es una nota de alivio en su garganta.

el **pinchazo** *sharp pain (lit. puncture)*

3 **Ordenar** Ordena las palabras o expresiones según aparecen en el anuncio. Tres de estas palabras no están en el videoclip.

_4_ a. gargantas irritadas   ____ e. pastillas
____ b. receta   _5_ f. alivio
_2_ c. comienzan   _1_ g. a menudo
_3_ d. calma   ____ h. dolor

4 **Tu música** En el anuncio se escucha un tango muy emotivo como música de fondo (*background*). Escribe el título de una canción que refleje cómo te sientes en cada una de estas situaciones. Después comparte tus ideas con tres compañeros/as.
- tienes un dolor de cabeza muy fuerte
- terminaron las clases
- estás enamorado/a
- te sientes mareado/a

Ampliación

1 Escuchar

A Escucha la conversación de la señorita Méndez y Carlos Peña. Marca las oraciones donde se mencionan los síntomas de Carlos.

> **TIP** **Listen for specific information.** Identify the subject of a conversation and use your background knowledge to predict what kinds of information you might hear. For example, what would you expect to hear in a conversation between a sick person and a doctor's receptionist?

_____ 1. Tiene infección en los ojos.

_____ 2. Se lastimó el dedo.

✓ 3. Tiene tos.

✓ 4. Está congestionado.

_____ 5. Está mareado.

✓ 6. Le duele la cabeza.

_____ 7. Le duele el estómago.

✓ 8. No puede dormir.

_____ 9. Es alérgico a la aspirina.

✓ 10. Le duele la garganta.

✓ 11. Tiene frío.

_____ 12. Se rompió la pierna.

_____ 13. Le duele la rodilla.

✓ 14. Siente dolor en los huesos.

B En tu opinión, ¿qué tiene Carlos? ¿Gripe? ¿Un resfriado? ¿Alergia? Explica tu opinión. *Answers will vary.*

2 Conversar

En parejas, preparen una conversación entre un(a) estudiante hipocondríaco/a y un(a) enfermero/a. Presenten la conversación a la clase. *Answers will vary.*

- *Decidan qué síntomas tiene el/la estudiante y con qué frecuencia los tiene.*
- *Decidan qué preguntas le va a hacer el/la enfermero/a. Por ejemplo: ¿Cuánto tiempo hace que comenzaron los síntomas? ¿Tenía el mismo problema cuando era niño/a? ¿Lo tenía la semana pasada?*
- *Decidan qué consejos le va a dar el/la enfermero/a.*

1 SCRIPT

Srta. Méndez: Consultorio del doctor Aguilar. Buenos días.

Carlos Peña: Buenos días, señorita. Habla Carlos Peña. Mire, no me siento nada bien.

S: ¿Qué tiene?

C: Tengo mucha tos. Apenas me deja dormir. Estoy muy congestionado y tengo un tremendo dolor de cabeza.

S: ¿Cuánto tiempo hace que se siente así?

C: Bueno, hace cinco días que me empezó a doler la garganta. Fue de mal en peor.

S: ¿Tiene fiebre?

C: Pues, en realidad, no lo sé. No me tomé la temperatura, pero creo que sí tengo fiebre porque tengo mucho frío y me duelen los huesos.

S: Pienso que usted tiene la gripe. Primero hay que verificar que no tiene una infección, pero creo que el doctor le va a recetar algo que va a ayudarlo. Le puedo dar una cita con el médico hoy a las tres de la tarde.

C: Excelente.

S: ¿Cómo me dijo que se llama?

C: Carlos Peña, señorita.

S: ¿Y su fecha de nacimiento y su teléfono, por favor?

C: 4 de octubre de 1983, y mi teléfono... seis cuarenta y tres, veinticinco, cincuenta y dos.

S: Muy bien. Hasta las tres.

C: Sí. Muchas gracias, señorita, y hasta luego.

Ampliación

3 Escribir

Imagina que eres enfermero/a en la sala de emergencias de un hospital. Tienes que escribir cada día un parte (*report*) médico para tu supervisor(a). *Answers will vary.*

> **TIP** **Avoid redundancies.** To avoid repetition of verbs and nouns, consult a Spanish-language thesaurus. You can also use direct object pronouns, possessive adjectives, demonstrative adjectives and pronouns, and prepositional pronouns to streamline your writing.

Organízalo | Utiliza un mapa de ideas para organizar tu parte médico. Incluye información sobre los pacientes, sus síntomas y el resultado de los tratamientos.

Escríbelo | Utiliza tus apuntes para escribir el primer borrador del parte médico.

Corrígelo | Intercambia tu composición con un(a) compañero/a. Lee su borrador y anota los aspectos mejor escritos (*written*). Ofrécele sugerencias para evitar (*avoid*) redundancias, y si ves algunos errores gramaticales u ortográficos, coméntaselos.

Compártelo | Revisa el primer borrador según las indicaciones de tu compañero/a. Incorpora nuevas ideas o más información si es necesario antes de escribir la versión final del parte médico.

Susana se lastimó la rodilla ayer. ~~Susana~~ Ella estaba corriendo por el parque cuando se cayó y se ^la lastimó ~~la rodilla.~~

4 Un paso más

Prepara una presentación sobre el sistema de servicios médicos de un país hispano. Tu presentación debe contestar estas preguntas. *Answers will vary.*

- ¿Qué servicios médicos públicos hay en el país?
- ¿Cuál es el papel (*role*) de las clínicas y los hospitales privados?
- ¿Cómo son los servicios médicos en las ciudades y en las áreas rurales?
- ¿Son populares los tratamientos alternativos?
- ¿Hay personas reconocidas por sus contribuciones a la medicina?

> **CONEXIÓN INTERNET**
>
> Investiga estos temas en el sitio **vhlcentral.com**.
>
> - Hospitales y clínicas en el mundo hispano
> - Facultades de medicina en el mundo hispano
> - Médicos famosos del mundo hispano

Audio: Reading

Antes de leer

Using what you already know about a particular subject will often help you better understand a reading selection. For example, if you read an article about a recent medical discovery, you might think about what you already know about health in order to understand unfamiliar words or concepts.

A primera vista, ¿cuál es el tema de esta lectura?
Answers will vary.

_____

_____

¿Qué tipo de documento es? ¿Cómo lo sabes?
Answers will vary.

_____

_____

Basándote en documentos similares que conoces, ¿qué tipo de información esperas encontrar en esta lectura?
Answers will vary.

_____

_____

SUGGESTION Have students share their observations about the text. Then ask: **¿Qué tipo de texto es?** (una columna de consejos médicos) **¿Dónde se publicó?** (en un periódico o revista) **¿Quién es la doctora Fernanda Jiménez Ocaña?** (la doctora que da los consejos) **¿Qué significan la "P" y la "R"?** (pregunta y respuesta)

SUGGESTION To check comprehension, ask students to summarize the medical problems in each entry.

EXPANSION Bring in samples of health advice columns from local newspapers. Have students compare the format, the questions, and the style of the responses.

El consultorio

Dra. Fernanda Jiménez Ocaña

P: Soy una madre española y le escribo para hacerle una consulta sobre mi hijo. Tiene ocho años y hace una semana que ni come ni duerme bien. Además, desde hace cuatro días° tose constantemente. Al no consumir la cantidad de alimentos° necesarios ni dormir lo suficiente, mi hijo no tiene energía para realizar sus actividades diarias. Estoy un poco preocupada porque es la primera vez que el niño presenta este tipo de síntomas. Todavía no hemos ido° al médico porque me interesa conocer primero su punto de vista°. Muchísimas gracias por su ayuda.

R: Querida° madre española: Gracias por escribir en mi columna. Cuando un niño de la edad de su hijo presenta este tipo de síntomas, puede ser señal° de que tiene una pequeña infección en las vías° respiratorias, producida por una bacteria o por un virus. Creo que debe llevar pronto a su hijo al consultorio de su médico, para evitar° la aparición de una enfermedad crónica como la bronquitis. Si tiene alguna pregunta más o si desea contarme cómo evoluciona su hijo, ya sabe que puede escribirme otra vez.

P: Hola, doctora. Soy un ciclista profesional de Colombia. Hace dos semanas tuve un accidente con mi bicicleta y me lastimé la rodilla. Fui a la sala de emergencias y el médico me hizo una radiografía para ver si tenía un hueso roto. Afortunadamente, los resultados de la radiografía fueron muy buenos y sólo me recetaron unas pastillas y mucho reposo. Le escribo porque, después de este tiempo, sigo sintiendo dolor en la zona de la rodilla. ¿Qué puedo hacer?

R: Querido amigo ciclista: Creo que, en su caso, necesita tener más paciencia. Hay que° comprender que algunas veces el cuerpo requiere más tiempo para recuperarse. Creo que tiene que esperar dos semanas más para ver si el dolor va desapareciendo o no. Si sigue las indicaciones de su médico y no nota ningún cambio, debe volver al hospital. En mi opinión, no debe hacer ningún movimiento con la pierna y debe seguir tomándose las pastillas que le recetaron.

P: Le escribo desde Puerto Rico para pedirle su opinión. Durante este mes y el anterior°, tengo los síntomas de un resfriado que no desaparece nunca. Toso, estoy congestionado y tengo la garganta y los ojos irritados. Mi novia opina que puedo ser alérgico a algo. ¿Cree usted que eso es posible?

R: Estimado° amigo puertorriqueño: Debe empezar por observar dónde y cuándo aparecen sus síntomas. El otoño y la primavera son las épocas del año en que suele haber° más reacciones alérgicas del tipo que usted presenta. Creo que debe ir al médico y esperar los resultados de las pruebas. Si le diagnostican un tipo de alergia, no debe preocuparse. En la actualidad, existen tratamientos excelentes, incluyendo antihistamínicos e inyecciones, que calman los efectos de las reacciones alérgicas y lo ayudan a llevar una vida normal.

¡Salud! *Dra. Fernanda Jiménez Ocaña*

desde hace cuatro días *for four days* alimentos *foods* hemos ido *have been* punto de vista *point of view*
Querido/a *Dear* señal *sign* vías *passages* evitar *avoid* Hay que *It is necessary to* el anterior *the previous one*
Estimado/a *Dear* suele haber *there are customarily*

Después de leer

¿Comprendiste?

Indica si cada oración es **cierta** o **falsa**. Corrige las oraciones falsas.

Cierto	Falso	
	✓	1. La madre española no come bien. *Su hijo no come bien.*
✓		2. La doctora piensa que el hijo de la española puede tener una infección.
	✓	3. La doctora piensa que el ciclista debe practicar más el ciclismo. *La doctora piensa que él no debe hacer ningún movimiento con la pierna.*
	✓	4. La radiografía indica que el ciclista colombiano tiene algunos huesos rotos. *Los resultados de la radiografía fueron buenos.*
✓		5. La doctora cree que el chico puertorriqueño puede tener alergias.
✓		6. Hace dos meses que el puertorriqueño tiene los síntomas de un resfriado.

Preguntas

Responde a estas preguntas con oraciones completas.

1. ¿Con qué frecuencia tose el hijo de la madre española? *Tose constantemente.*
2. ¿Cuánto tiempo hace que el colombiano se lastimó la rodilla? *Hace dos semanas que se lastimó la rodilla.*
3. ¿Qué debe hacer la madre española? *Debe llevar pronto a su hijo al consultorio de su médico.*
4. ¿Qué hizo el médico cuando el ciclista fue a la sala de emergencias? *El médico le hizo una radiografía para ver si tenía un hueso roto.*
5. ¿Por qué debe ser paciente el ciclista? *Debe ser paciente porque el cuerpo necesita tiempo para recuperarse.*
6. Según (*According to*) la doctora, ¿cuándo ocurren más frecuentemente las reacciones alérgicas? *Según la doctora, las reacciones alérgicas ocurren más frecuentemente durante el otoño y la primavera.*

Coméntalo

¿Hay una columna de consejos médicos en el periódico de tu ciudad? ¿La lees frecuentemente? ¿Por qué sí o por qué no? Imagina que tú escribes las respuestas de esta columna, ¿qué deben hacer las tres personas que pidieron consejos? *Answers will vary.*

Audio: Vocabulary Flashcards

El cuerpo

la boca	mouth
el brazo	arm
la cabeza	head
el corazón	heart
el cuello	neck
el cuerpo	body
el dedo	finger
el estómago	stomach
la garganta	throat
el hueso	bone
la nariz	nose
el ojo	eye
la oreja	(outer) ear
el pie	foot
la pierna	leg
la rodilla	knee
el tobillo	ankle

Verbos

caer	to fall, to drop
caerse	to fall
dañar	to damage; to break down
doler (o:ue)	to hurt
enfermarse	to get sick
estar enfermo/a	to be sick
estornudar	to sneeze
lastimarse (el pie)	to injure (one's foot)
olvidar	to forget
perder (e:ie)	to lose
poner una inyección	to give an injection
prohibir	to prohibit
quedar	to be left behind
recetar	to prescribe
romper	to break
romperse (la pierna)	to break (one's leg)
sacar(se) una muela	to have a tooth pulled
ser alérgico/a (a)	to be allergic (to)
tener fiebre (f.)	to have a fever
tomar(le) la temperatura (a alguien)	to take (someone's) temperature
torcerse (el tobillo)	to sprain (one's ankle)
toser	to cough

La salud

el accidente	accident
el antibiótico	antibiotic
la aspirina	aspirin
la clínica	clinic
el consultorio	doctor's office
el/la dentista	dentist
el/la doctor(a)	doctor
el dolor (de cabeza)	(head)ache; pain
la enfermedad	illness
el/la enfermero/a	nurse
el examen médico	physical exam
la farmacia	pharmacy
la gripe	flu
el hospital	hospital
la infección	infection
el medicamento	medication
la medicina	medicine
la operación	operation
el/la paciente	patient
las pastillas	pills
la radiografía	X-ray
la receta	prescription
el resfriado	cold
la sala de emergencia(s)	emergency room
la salud	health
el síntoma	symptom
la tos	cough

Adjetivos

congestionado/a	congested; stuffed-up
embarazada	pregnant
grave	grave; serious
mareado/a	dizzy; nauseated
médico/a	medical
saludable	healthy
sano/a	healthy

Otras palabras y expresiones

de niño/a	as a child
mientras	while
todos los días	every day

Adverbs	See page 266.

As students finish the lesson, encourage them to explore the **Repaso** section on the Supersite. There they will find quizzes for practicing vocabulary, grammar, and oral language.

Practice more at **vhlcentral.com**.

AVENTURAS EN LOS PAÍSES HISPANOS

Un *snowboarder* salta *(jumps)* en el centro de esquí Portillo, uno de los más famosos y antiguos *(old)* de Chile. El esquí y el *snowboard* se pueden practicar en las montañas nevadas *(snow-capped)* de la cordillera de los Andes, que se extiende por todo el país. Gente de todo el mundo va a Chile a practicar los deportes de invierno. ¿Te gustaría esquiar en Chile?

SURAMÉRICA II

Argentina
Área: 2.780.400 km^2 (1.074.000 millas^2)
Población: 42.193.000
Capital: Buenos Aires – 12.990.000
Ciudades principales: Córdoba, Rosario, Mendoza
Moneda: peso argentino

SOURCE: Population Division, UN Secretariat & CIA World Factbook

Chile
Área: 756.100 km^2 (292.000 millas^2)
Población: 17.067.000
Capital: Santiago de Chile – 5.883.000
Ciudades principales: Concepción, Viña del Mar, Valparaíso, Temuco
Moneda: peso chileno

SOURCE: Population Division, UN Secretariat & CIA World Factbook

Uruguay
Área: 176.220 km^2 (68.039 millas^2)
Población: 3.316.000
Capital: Montevideo – 1.633.000
Ciudades principales: Salto, Paysandú, Las Piedras, Rivera
Moneda: peso uruguayo

SOURCE: Population Division, UN Secretariat & CIA World Factbook

Paraguay
Área: 406.750 km^2 (157.046 millas^2)
Población: 6.542.000
Capital: Asunción – 1.977.000
Ciudades principales: Ciudad del Este, San Lorenzo, Lambaré, Fernando de la Mora
Moneda: guaraní

SOURCE: Population Division, UN Secretariat & CIA World Factbook

Bolivia
Área: 1.098.580 km^2 (424.171 millas^2)
Población: 10.290.000
Capital: La Paz, sede del gobierno *(seat of government)*, capital administrativa – 1.642.000;
Sucre, capital constitucional y judicial
Ciudades principales: Santa Cruz de la Sierra, Cochabamba, Oruro, Potosí
Moneda: peso boliviano

SOURCE: Population Division, UN Secretariat & CIA World Factbook

El tango argentino

El tango es un símbolo cultural muy importante de Argentina. Este género *(genre)* musical es una mezcla de ritmos de origen africano, italiano y español, y surgió a finales del siglo XIX entre los porteños *(people of Buenos Aires)*. Poco después se hizo popular entre el resto de los argentinos y su fama llegó hasta París. Como baile, el tango en un principio *(at first)* era provocativo y violento, pero se hizo más romántico durante los años 30. Hoy día, este estilo musical es popular en muchas partes del mundo *(world)*.

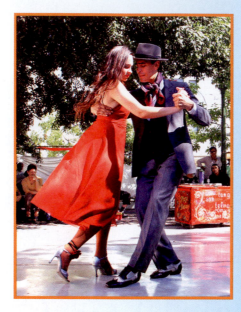

El lago Titicaca

Situado en los Andes de Bolivia y Perú, éste es el lago navegable más alto del mundo, a una altitud de 3.815 metros (12.500 pies). Con un área de más de 8.000 kilómetros² (3.000 millas²), también es el segundo lago más grande de Suramérica, después del lago de Maracaibo en Venezuela. La mitología inca cuenta que los hijos del dios *(god)* Sol emergieron de las profundas aguas del lago Titicaca para fundar su imperio *(empire)*.

PERÚ

Océano Pacífico

BOLIVIA

La Paz

Arica

Sucre

Iquique

Antofagasta

Salta

CHILE

ARGENTINA

Córdoba

Valparaíso

Mendoza

Santiago

Concepción

Bahía Blanca

Cordillera de los Andes

Puerto Montt

Punta Arenas

Estrecho de Magallanes

Tierra del Fuego

BRASIL

PARAGUAY

⭐ **Asunción**

● Rosario   **URUGUAY**

⭐ **Montevideo**

⭐

Buenos Aires

Islas
Malvinas

Practice more!

| WB pp. 107–108 | VM pp. 245–250 | vhlcentral.com |

La carne y el mate

En Chile, Uruguay y Argentina, la carne de res es un elemento esencial de la dieta diaria. Los platos más representativos de estas naciones son el asado *(barbecue)*, la parrillada *(grilled meat)* y el chivito *(goat)*.

El mate, una infusión similar al té, también es típico de la región. Esta bebida de origen indígena se bebe a diario y reemplaza al café. Tradicionalmente se toma en una calabaza *(gourd)* con una bombilla *(straw)* de metal.

Naturaleza

Los ríos Paraguay y Paraná

Los ríos Paraguay y Paraná sirven de frontera *(border)* natural entre Argentina y Paraguay, y son las principales rutas de transporte de este último *(last)* país. El río Paraguay divide el Gran Chaco de la meseta *(plateau)* Paraná, donde vive la mayoría de los paraguayos. El Paraná tiene unos 3.200 kilómetros navegables, y por esta ruta pasan barcos de más de 5.000 toneladas, los cuales viajan desde el estuario *(estuary)* del Río de la Plata hasta la ciudad de Asunción. El río Paraná confluye *(meets)* con el río Iguazú en la frontera entre Brasil, Argentina y Paraguay. Allí forman las cataratas *(waterfalls)* del Iguazú, uno de los sitios turísticos más visitados en Suramérica. Estas extensas cataratas miden unos 70 metros (230 pies) de altura *(height)*.

¿Qué aprendiste?

1 **¿Cierto o falso?** Decide si lo que dicen las siguientes oraciones es **cierto** o **falso**.

	Cierto	Falso
1. Portillo es un centro de esquí en Argentina.		✓
2. Viña del Mar y Concepción son dos de las ciudades principales de Chile.	✓	
3. Asunción es la capital de Uruguay.		✓
4. En un principio, el tango era un baile tranquilo.		✓
5. El tango es uno de los símbolos culturales más importantes de Argentina.	✓	
6. El lago Titicaca es el más bajo del mundo.		✓
7. El lago Titicaca es el lago más grande de Suramérica después del lago de Maracaibo.	✓	
8. La carne de res forma parte de la dieta diaria de Argentina y Uruguay.	✓	
9. El mate es una bebida similar al té.	✓	
10. El río Paraguay pasa entre Argentina y Chile.		✓
11. En la meseta Paraná vive muy poca gente.		✓
12. Las cataratas del Iguazú están en la frontera entre Brasil, Paraguay y Argentina.	✓	

2 **Preguntas** Contesta las siguientes preguntas. *Answers will vary.*

1. ¿En qué lugares de los Estados Unidos se puede practicar esquí y *snowboard*? ¿Te gustaría practicarlos en las montañas nevadas de la cordillera de Los Andes?

2. ¿Sabes bailar tango? ¿Te gusta ese tipo de baile? ¿Por qué?

3. ¿Qué otros lagos navegables conoces? ¿Cuál te gustaría visitar?

4. ¿Probaste alguna vez el mate? ¿Te gustaría probarlo? ¿Qué otras comidas típicas de estos países conoces?

5. ¿Qué otras cataratas conoces? ¿Qué río(s) afecta(n)?

CONEXIÓN INTERNET

Investiga estos temas en el sitio **vhlcentral.com**.

- El tango en Argentina
- Deportes de invierno en Chile
- Preferencias gastronómicas en Uruguay
- La historia de Paraguay
- El sitio arqueológico Tiahuanaco en Bolivia

El carro y la tecnología

PARA EMPEZAR Here are some additional questions: **¿Te gustan las computadoras? ¿Para qué usas el correo electrónico? ¿Cómo se escribían tus abuelos cuando no existía el correo electrónico? ¿Cuánto tiempo hace que sabes conducir? ¿Tienes auto?**

Communicative Goals

You will learn how to:
- talk about using technology and electronics
- talk about car trouble
- use common expressions on the telephone
- say how far away things are

PARA EMPEZAR
- ¿Quiénes son las personas de la foto?
- ¿Dónde están: en un consultorio o en un taller mecánico?
- ¿Qué están haciendo?
- ¿Cómo crees que se sienten estas personas? ¿Por qué?

SUGGESTION Draw a picture of a car on the board that includes identifiable parts from the active vocabulary. Make cards with the Spanish names for the parts and place tape on the back. Have students place the cards on the relevant parts of the drawing.

S Tutorials

EL CARRO Y LA TECNOLOGÍA

SUGGESTION Ask pairs of students to role-play these situations. 1. A driver takes his car to the mechanic. 2. One driver crashes into another. 3. A police officer gives a driver a ticket for going through a light and/or speeding (**exceder la velocidad máxima**).

EN LA CALLE

la calle *street*

el camino *route*

el garaje *garage; (mechanic's) repair shop*

la gasolina *gasoline*

la gasolinera *gas station*

el kilómetro *kilometer*

el/la mecánico/a *mechanic*

la milla *mile*

la multa *fine; ticket*

el policía/la mujer policía *police officer*

la policía *police (force)*

el taller (mecánico) *(mechanic's) repair shop*

el tráfico *traffic*

la velocidad máxima *speed limit*

arrancar *to start*

arreglar *to fix; to arrange*

bajar *to go down*

bajar(se) de *to get out of (a vehicle)*

chocar (con) *to run into; to crash into*

conducir *to drive*

estacionar *to park*

manejar *to drive*

parar *to stop*

revisar (el aceite) *to check (the oil)*

subir *to go up*

subir(se) a *to get into (a vehicle)*

el semáforo

LAS PARTES DEL CARRO

el carro *car*

el coche *car*

los frenos *brakes*

el capó

el parabrisas

el motor

el volante

el baúl

la llanta

la licencia de conducir

llenar (el tanque)
to fill (the tank)

el televisor

EXPANSION Have students list six electronic items that they use. Have them circulate around the room to ask other students if they also use those items. When someone answers affirmatively, the student asks for his or her signature (**Firma aquí, por favor.**). Students should try to get a different signature for each item.

la calculadora

LA TECNOLOGÍA

el buzón de voz *voicemail*
la cámara digital *digital camera*
el control remoto *remote control*
el disco compacto *compact disc*
el estéreo *stereo*
el fax *fax (machine)*
el mensaje de texto *text message*
el navegador GPS *GPS*
el radio *radio (set)*
el reproductor de CD *CD player*
el reproductor de DVD *DVD player*
el reproductor de MP3 *MP3 player*
el teléfono celular *cell phone*
la televisión por cable *cable TV*

apagar *to turn off*
funcionar *to work*
llamar *to call*
poner *to turn on*
prender *to turn on*
sonar (o:ue) *to ring*

la cámara (de video)

Variación léxica
el baúl ⟷ la cajuela (*Méx.*), la maletera (*Perú*)
la computadora ⟷ el ordenador (*Esp.*)
la gasolinera ⟷ la bencinera (*Chile*)
el radio ⟷ la radio (*Esp., Cono Sur.*)

ADJETIVOS

descompuesto/a *not working; out of order*
lento/a *slow*
lleno/a *full*

INTERNET Y LA COMPUTADORA

el archivo *file*
la computadora portátil *laptop*
la conexión inalámbrica *wireless (connection)*
el disco *disk*
Internet *Internet*
la página principal *home page*
la pantalla *screen*
el programa de computación *software*
la red *network; Web*
el sitio web *website*

guardar *to save*
imprimir *to print*
navegar en Internet *to surf the Internet*

SUGGESTION Mention that many English computer-related words, such as **software**, **antivirus**, **joystick,** and **Internet**, have become part of the Spanish language.

la computadora

el monitor

el ratón

la impresora

el teclado

A escuchar

National Communication Standards

1 ¿Qué necesitas? Identifica oralmente los dibujos. Luego escucha las oraciones e indica el objeto que necesitas para cada actividad.

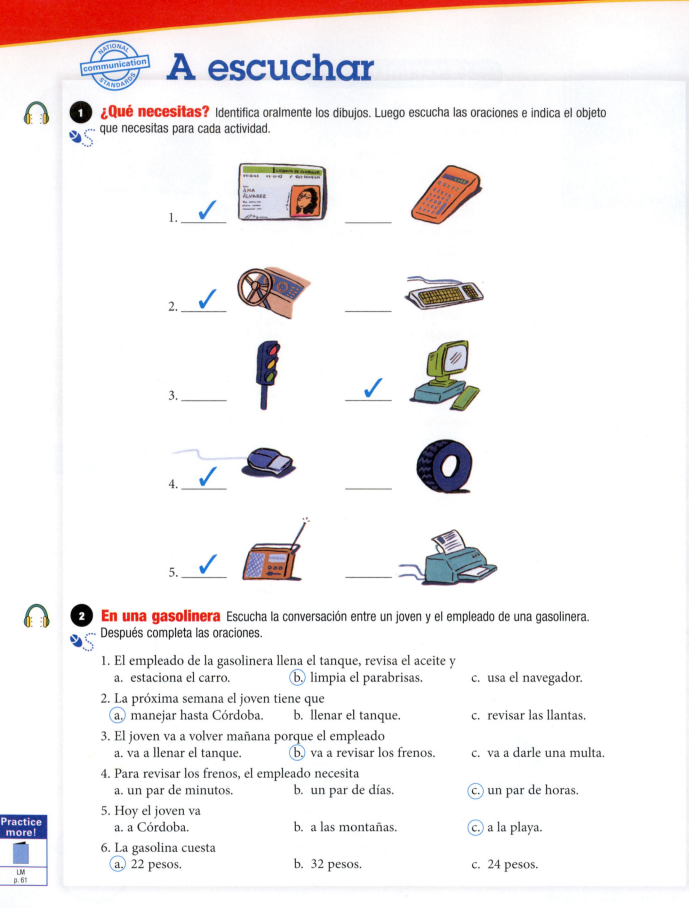

1. _✓_ _____

2. _✓_ _____

3. _____ _✓_

4. _✓_ _____

5. _✓_ _____

2 En una gasolinera Escucha la conversación entre un joven y el empleado de una gasolinera. Después completa las oraciones.

1. El empleado de la gasolinera llena el tanque, revisa el aceite y
   a. estaciona el carro. (b.) limpia el parabrisas. c. usa el navegador.

2. La próxima semana el joven tiene que
   (a.) manejar hasta Córdoba. b. llenar el tanque. c. revisar las llantas.

3. El joven va a volver mañana porque el empleado
   a. va a llenar el tanque. (b.) va a revisar los frenos. c. va a darle una multa.

4. Para revisar los frenos, el empleado necesita
   a. un par de minutos. b. un par de días. (c.) un par de horas.

5. Hoy el joven va
   a. a Córdoba. b. a las montañas. (c.) a la playa.

6. La gasolina cuesta
   (a.) 22 pesos. b. 32 pesos. c. 24 pesos.

Practice more!

LM p. 61

1 SCRIPT

1. La necesitas para conducir un coche.

2. Tienes que usarlo para no chocar con otros coches.

3. Es muy útil para hacer la tarea.

4. Es necesario si quieres usar la computadora.

5. Necesitas esto para escuchar música.

1 EXPANSION In pairs, have students describe five situations in which unused items in this activity are required. Then, in groups of four, have pairs take turns reading their situations and naming the items needed.

2 SCRIPT

Empleado: Buenos días. ¿En qué le puedo servir hoy?

Joven: Buenos días. Quiero llenar el tanque y revisar el aceite, por favor.

E: Con mucho gusto. Si quiere, también le limpio el parabrisas.

J: Sí, gracias. Ah, y la próxima semana tengo que manejar hasta Córdoba. ¿Puede revisar los frenos también?

E: Claro que sí, pero voy a tardar un par de horas.

J: Entonces, mejor regreso mañana. Ahora voy a la playa, y no quiero esperar. ¿Cuánto le debo por la gasolina?

E: Veintidós pesos, por favor.

J: Aquí tiene. Hasta mañana.

E: Gracias y hasta mañana.

A practicar

3 **Problemas con la computadora** Completa la conversación con las palabras de la lista.

arreglar	la impresora	la pantalla
descompuesto	imprimir	prendiste
el disco	llamar	el ratón
funciona	navegar	el teléfono celular

JUAN CARLOS Mariana, la computadora no (1) __*funciona*__. No veo nada en (2) __*la pantalla*__.

MARIANA Pues, ¿la (3) __*prendiste*__?

JUAN CARLOS Ah sí, tienes razón; no estaba prendida. Mariana, ahora no puedo conectarme a Internet. Parece que el sistema de conexión inalámbrica está (4) __*descompuesto*__. ¿Sabes cómo lo puedo (5) __*arreglar*__?

MARIANA ¡Ay, mi amor! Si (*If*) quieres, puedo (6) __*llamar*__ a la compañía de Internet para ver qué pasa. Mientras tanto, creo que es mejor que uses (7) __*el teléfono celular*__ para conectarte.

JUAN CARLOS Sí, gracias… Bueno, ahora sí estoy conectado. Voy a (8) __*navegar*__ en Internet un rato y después voy a (9) __*imprimir*__ el trabajo para mi clase de historia… Pero... ¡Mariana! ¿dónde está (10) __*la impresora*__?

MARIANA Lo siento, ésa sí que está descompuesta. Pablo la está arreglando. No sé cómo vas a imprimir tu trabajo ahora.

JUAN CARLOS No te preocupes. Puedo llevar (11) __*el disco*__ a la universidad e imprimirlo allá.

MARIANA ¡Qué buena idea!

4 **Oraciones** Escribe oraciones usando los siguientes elementos. Usa el pretérito y añade (*add*) las palabras necesarias.

1. Jaime / comprar / reproductor de DVD / nuevo
   Jaime compró un reproductor de DVD nuevo.
2. Yo / apagar / radio / diez / noche
   Yo apagué el radio a las diez de la noche.
3. teléfono / sonar / pero / yo / no contestar
   El teléfono sonó pero yo no contesté.
4. Sara y yo / ir / gasolinera / para / llenar / tanque
   Sara y yo fuimos a la gasolinera para llenar el tanque.
5. Sandra / perder / disco compacto
   Sandra perdió el disco compacto.
6. Marisa / poner / su / maletas / baúl
   Marisa puso sus maletas en el baúl.

Practice more!

WB
pp. 109–110

vhlcentral.com

A conversar

5 Preguntas Trabajen en parejas para contestar las siguientes preguntas. Después compartan sus respuestas con la clase. *Answers will vary.*

1. ¿Tienes carro? ¿Cómo es? ¿Para qué lo usas?

2. ¿Siempre paras cuando ves la luz amarilla del semáforo? ¿Manejas rápidamente? ¿A veces excedes la velocidad máxima?

3. ¿Cuáles de estas actividades haces tú normalmente: llenar el tanque, limpiar el parabrisas, lavar el coche, revisar el aceite, cambiar el aceite, revisar las llantas?

4. ¿Te pierdes con frecuencia cuando conduces? ¿Usas el navegador o los mapas interactivos en Internet?

5. ¿Cómo escuchas música: por radio, reproductor de MP3, por celular o en Internet?

6. ¿Cómo te comunicas más: llamas por teléfono, escribes mensajes electrónicos o hablas por *chat*? ¿Cuáles son las ventajas (*advantages*) y desventajas de los diferentes modos de comunicación?

7. ¿Cómo usas la tecnología para divertirte? ¿Y para comunicarte? ¿Y para trabajar?

6 En el taller En parejas, preparen una conversación entre un(a) mecánico/a y un(a) cliente/a cuyo (*whose*) coche se dañó en un accidente. El/La cliente/a le dice al/a la mecánico/a qué ocurrió en el accidente y los dos hablan de las partes dañadas. *Answers will vary.*

7 Situación Con un(a) compañero/a de clase, elige un(a) cliente/a de la lista y prepara una conversación entre el/la director(a) de ventas (*sales*) de una tienda de computadoras y esta persona. El/La director(a) de ventas pregunta lo que el/la cliente/a desea hacer con la computadora y le muestra la computadora que éste/a necesita. *Answers will vary.*

- El padre o la madre de un niño de seis años
- Una jubilada (retired woman) que quiere aprender a navegar en Internet
- Una mujer que va a crear una nueva empresa (business) en su casa
- Un estudiante que no sabe nada de computadoras
- Un hombre de negocios (businessman) que viaja mucho
- Un programador que necesita comprar una computadora buena y rápida

5 EXPANSION List electronic communication devices on the board. Then survey the class by a show of hands to find out how many people own or use these items. Analyze the trends to find out if the students are highly "connected" or not.

5 EXPANSION Stage a debate about the role of technology in today's world: **La tecnología: ¿beneficia o no?** Divide groups (or the whole class) in half, assigning each a position. Allow students time to plan their arguments before staging the debate.

6 EXPANSION Have students present their conversations to the class. Students can vote on the most original, the funniest, etc.

7 SUGGESTION Have students read the directions, and ask volunteers to read the list of clients aloud. Give pairs about five minutes to complete their conversations. As an alternative, assign the conversation preparation as homework.

7 SUGGESTION Point out that students may use this activity to rehearse language they might use in shopping situations.

7 EXPANSION Have students present their conversations to the class.

Ortografía S Audio

La acentuación de palabras similares

Although accent marks usually indicate which syllable in a word is stressed, they are also used to distinguish between words that have the same or similar spellings.

Él maneja **el** coche.   **Sí**, voy **si** quieres.

Although one-syllable words do not usually carry written accents, some *do* have accent marks to distinguish them from words that have the same spelling but different meanings.

Sé cocinar.   **Se** baña.   ¿Tomas **té**?   **Te** duermes.

Sé (*I know*) and **té** (*tea*) have accent marks to distinguish them from the pronouns **se** and **te**.

para **mí**   **mi** cámara   **Tú** lees.   **tu** estéreo

Mí (*me*) and **tú** (*you*) have accent marks to distinguish them from the possessive pronouns **mi** and **tu**.

¿**Por qué** vas?   Voy **porque** quiero.

Several words of more than one syllable also have accent marks to distinguish them from words that have the same or similar spellings.

Éste es rápido.   **Este** módem es rápido.

Demonstrative pronouns have accent marks to distinguish them from demonstrative adjectives.

¿**Cuándo** fuiste?   Fui **cuando** me llamó.

¿**Dónde** trabajas?   Voy al taller **donde** trabajo.

Adverbs have accent marks when they are used to convey a question.

Práctica Marca los acentos en las palabras que los necesitan.

ANA Hola, soy Ana. ¿Que tal? *¿Qué?*
JUAN Hola, pero… ¿por que me llamas tan tarde? *¿por qué?*
ANA Porque mañana tienes que llevarme a la universidad. Mi auto esta dañado. *está*
JUAN ¿Como se daño? *¿Cómo?/dañó*
ANA Se daño el sabado. Un vecino (*neighbor*) choco con el. *dañó/sábado/chocó/él*

Crucigrama Utiliza las siguientes pistas (*clues*) para completar el crucigrama. ¡Ojo con los acentos!

Horizontales

1. Él _____ levanta.
4. No voy _____ no puedo.
7. Tú _____ acuestas.
9. ¿ _____ es el examen?
10. Quiero este video y _____.

Verticales

2. ¿Cómo _____ usted?
3. Eres _____ mi hermano.
5. ¿ _____ tal?
6. Me gusta _____ suéter.
8. Navego _____ la red.

	¹S	²E			³C			
		S		⁴P	O	R	⁵Q	⁶E
		⁷T	⁸E		M		U	S
⁹C	U	Á	N	D	O		¹⁰É	S	E

SUGGESTION Read the examples aloud and have volunteers write them on the board.

SUGGESTION Model the pronunciation of each word, sentence, and **refrán**, and have students repeat after you.

EXPANSION Write these sentences on the board without accent marks. Have volunteers come to the board to correct them.

1. **¿Esta es tu camara?**
2. **Si, papa la trajo de Japon para mi.**
3. **¿Donde encontraste mi mochila?**
4. **¡Pues, donde la dejaste, claro!**
5. **¿Cuando visito Buenos Aires Mario?**
6. **Yo se que Lourdes fue alli el año pasado, pero ¿cuando fue el?**
7. **¿Me explicas por que llegas tarde?**
8. **Porque mi coche esta descompuesto.**

MIGUEL

JORGE

MARU

 Video

En el taller

El coche de Miguel está descompuesto y Maru tiene problemas con su computadora.

PREVIEW Have students make predictions based on the video stills. Record them and confirm the correct ones later.

VIDEO SYNOPSIS Miguel's car has broken down again, and he has to take it to his friend Jorge's repair shop. In the meantime, Maru has bad luck with her computer. Their friends do their best to help them with their technological problems. Miguel's car is saved one last time, but Maru may not be so lucky with her computer.

PERSONAJES

1

2

3

MIGUEL ¿Cómo lo ves?

JORGE Creo que puedo arreglarlo. ¿Me pasas la llave?

JORGE ¿Y dónde está Maru?

MIGUEL Acaba de enviarme un mensaje de texto: "Última noticia sobre la computadora portátil: todavía está descompuesta. Moni intenta arreglarla. Voy para allá".

JORGE ¿Está descompuesta tu computadora?

MIGUEL No, la mía no, la suya. Una amiga la está ayudando.

JORGE Un mal día para la tecnología, ¿no?

6

7

8

MARU Estamos en una triste situación. Yo necesito una computadora nueva, y Miguel necesita otro coche.

JORGE Y un televisor nuevo para mí, por favor.

MARU ¿Qué vamos a hacer, Miguel?

MIGUEL Tranquila, cariño. Por eso tenemos amigos como Jorge y Mónica. Nos ayudamos los unos a los otros.

JORGE ¿No te sientes afortunada, Maru? No te preocupes. Sube.

MIGUEL ¡Por fin!

MARU Gracias, Jorge. Eres el mejor mecánico de la ciudad.

1 SUGGESTION Mention that there are various ways to say that a car is broken down. Synonyms for **descompuesto** include **averiado** and **roto**.

A C T I V I D A D E S

1 **Seleccionar** Selecciona las respuestas que completan correctamente estas oraciones.

1. Jorge intenta arreglar _____.
   a. la computadora de Maru   (b.) el coche de Miguel   c. el teléfono celular de Felipe

2. Maru dice que se borraron muchos _____ de su computadora.
   (a.) archivos   b. sitios web   c. mensajes de texto

3. Jorge dice que necesita un _____.
   a. navegador GPS   b. reproductor de DVD   (c.) televisor

4. Maru dice que Jorge es el mejor _____.
   (a.) mecánico de la ciudad   b. amigo del mundo   c. compañero de la clase

2 **Identificar** Identifica quién puede decir estas oraciones.

1. Debes comprarte un coche nuevo y recomendarme con tus amigos. _Jorge_

2. El mensaje de texto de Maru dice que su computadora todavía está descompuesta. _Miguel_

3. Mi amiga Mónica me ayudó a recuperar muchos archivos, pero necesito una computadora nueva. _Maru_

4. No debes conducir con el cofre abierto y debes recordar que el tanque tiene que estar lleno. _Jorge_

5. Muchos de los archivos de mi computadora se borraron. _Maru_

VIDEO RECAP Before doing this **Aventuras** section, review the previous episode with these questions:
1. ¿Qué estaba haciendo Jimena cuando empezó a sentirse mal? (Estaba estudiando con Elena.)
2. ¿Quién llevó a Jimena al médico? (Elena la llevó.) 3. ¿Cuáles eran los síntomas de Jimena?
(Tosía, le dolía la garganta y estaba congestionada.) 4. ¿Qué le recetó el médico? (Algo/Una
medicina para la garganta.)

MIGUEL Ella está preparando un proyecto para ver si puede hacer sus prácticas profesionales en el Museo de Antropología.

JORGE ¿Y todo está en la computadora?

MIGUEL Y claro.

MARU Buenos días, Jorge.

JORGE ¡Qué gusto verte, Maru! ¿Cómo está la computadora?

MARU Mi amiga Mónica recuperó muchos archivos, pero muchos otros se borraron.

MIGUEL ¿Cuánto te debo por el trabajo?

JORGE Hombre, no es nada. Guárdalo para el coche nuevo. Eso sí, recomiéndame con tus amigos.

MIGUEL Gracias, Jorge.

3 SUGGESTION Explain that partners should sit back-to-back during this role-play to simulate a real phone conversation.

JORGE No manejes en carretera. Revisa el aceite cada 1.500 kilómetros y asegúrate de llenarle el tanque... No manejes con el cofre abierto. Nos vemos.

Expresiones útiles

Giving instructions to a friend

¿Me pasas la llave?
Can you pass me the wrench?
No lo manejes en carretera.
Don't drive it on the highway.
Revisa el aceite cada 1.500 kilómetros.
Check the oil every 1,500 kilometers.
Asegúrate de llenar el tanque.
Make sure to fill up the tank.
No manejes con el cofre abierto.
Don't drive with the hood open.
Recomiéndame con tus amigos.
Recommend me to your friends.

Taking a phone call

Aló./Bueno./Diga.
Hello.
¿Quién habla? / ¿De parte de quién?
Who is speaking/calling?
Con él/ella habla.
Speaking.
¿Puedo dejar un recado?
May I leave a message?

Reassuring someone

Tranquilo/a, cariño.
Relax, sweetie.
Nos ayudamos los unos a los otros.
We help each other out.
No te preocupes.
Don't worry.

Additional vocabulary

entregar *to hand in*
el intento *attempt*
la noticia *news*
el proyecto *project*
recuperar *to recover*

---

3 **Problema mecánico** En parejas, representen una conversación entre un(a) mecánico/a y un(a) cliente/a. Sigan la guía.

Mecánico/a

1. Contesta el teléfono con un saludo y el nombre del taller.
2. Pregunta qué tipo de problema tiene exactamente.
3. Di que debe traer el carro al taller.
4. Ofrece una hora para revisar el carro.
5. Da las gracias y despídete.

Cliente/a

1. Saluda y explica que tu carro está descompuesto.
2. Explica que tu carro no arranca cuando hace frío.
3. Pregunta cuándo puedes llevarlo.
4. Acepta la hora que ofrece el/la mecánico/a.
5. Despídete y cuelga (*hang up*) el teléfono.

Practice more!
VM
pp. 189–190
vhlcentral.com

Los cibercafés

¿Estás pensando pasar un semestre en Latinoamérica y no quieres llevar tu computadora portátil? ¡No te preocupes! En casi cualquier ciudad latinoamericana, grande o pequeña, te puedes encontrar con **el cibercafé**. Pagando una tarifa° muy barata (¡a veces menos de un dólar por hora!), uno puede disfrutar de° un refresco o un café mientras navega en Internet, escribe correo electrónico o chatea° en múltiples foros virtuales.

Mensajes de texto en español

Al igual que otros idiomas, el chateo está cambiando la forma en que la gente escribe el español. Ésta es una lista de expresiones comunes en el chat.

¿K TL?	¿Qué tal?	**CONT, XFA**	Contesta, por favor.
Toy cansada	Estoy cansada.	**TB**	también
TQ MXO.	Te quiero mucho.	**1 BSO**	Un beso.
A2	Adiós.	**¿Q T PARECE?**	¿Qué te parece?
¿XQ?	¿Por qué?	**T MANDO 1 MSG DSPS**	Te mando un mensaje después.
GNL	genial		

De hecho°, el negocio° del cibercafé está mucho más desarrollado° en Latinoamérica que en los Estados Unidos. En las grandes ciudades hispanas, es común ver varios cibercafés en una misma cuadra°. Muchos extranjeros piensan que no puede haber suficientes clientes para todos, pero los cibercafés ofrecen servicios especializados que permiten su coexistencia. Por ejemplo, algunos cibercafés informales atraen° a adolescentes y jóvenes con videojuegos en línea° o servicio de chat con

cámara. Otros centros de Internet, como los centros telefónicos, atraen a estudiantes o profesionales, ya que generalmente son más tranquilos para hacer las tareas de la escuela o del trabajo.

Sin embargo, para los fanáticos que no se pueden despegar° de las computadoras portátiles, también hay bares, restaurantes y librerías que ofrecen el servicio inalámbrico de Internet como lo hace Starbucks en los Estados Unidos y en Canadá. Como ves, Internet está en cada esquina°. ¿Qué esperas para hacer tus maletas y salir para Latinoamérica?

tarifa *fee* **disfrutar de** *enjoy* **chatea** *chat (from the English verb* to chat*)* **De hecho** *In fact* **negocio** *business* **desarrollado** *developed* **cuadra** *(city) block* **atraen** *attract* **en línea** *online* **despegar** *detach* **esquina** *corner*

ASÍ SE DICE

La tecnología

los audífonos (Méx., Col.), los auriculares (Arg.), los cascos (Esp.)	*headset; earphones*
el móvil (Esp.)	**el celular**
el (teléfono) deslizable	*slider (phone)*
inalámbrico/a	*cordless; wireless*
el manos libres (Amér. S.)	*hands-free system*
el (teléfono) plegable	*flip (phone)*

ACTIVIDADES

1 ¿Cierto o falso? Indica si estas oraciones son **ciertas** o **falsas**. Corrige las falsas.

1. Los cibercafés son más populares en las ciudades grandes que en las pequeñas. *Falso. Son populares en las ciudades grandes y pequeñas.*

2. El servicio de Internet es caro en los cibercafés. *Falso. El servicio es barato.*

3. Hay más cibercafés en Latinoamérica que en los Estados Unidos. *Cierto.*

4. Todos los cibercafés ofrecen servicios similares. *Falso. Los cibercafés ofrecen servicios especializados.*

5. Muchos turistas se quejan de que no hay suficientes cibercafés. *Falso. Piensan que no puede haber suficientes clientes para todos.*

6. Hay cibercafés con videojuegos en línea. *Cierto.*

7. Si eres estudiante, puedes hacer tus tareas en los centros de Internet. *Cierto.*

8. En los países hispanos, no hay servicio inalámbrico de Internet. *Falso. Este servicio se ofrece en bares, restaurantes y librerías.*

9. La primera palabra de la expresión **Toy cansada** viene del verbo **ser**. *Falso. Viene del verbo estar.*

10. TB significa "también". *Cierto.*

2 ¿Cómo te comunicas? Escribe un párrafo breve para explicar qué utilizas para comunicarte con tus amigos/as (correo electrónico, teléfono, chat, etc.) y de qué hablan cuando se comunican.

CONEXIÓN INTERNET

¿Qué sitios web son populares entre los jóvenes hispanos?

For more information about this **Cultura**, go to **vhlcentral.com**.

  Video

Maravillas de la tecnología

1 Preparación ¿Con qué frecuencia navegas en Internet? ¿Dónde lo haces, en tu casa o en un lugar público?

2 El video Mira el episodio de **Flash Cultura**.

> **Vocabulario**
>
> **chateando** *chatting* | **romper con la barrera de la distancia**
> **comunidad indígena** | *to break the distance barrier*
> *indigenous community* | **usuarios** *users*

… los cibercafés se conocen comúnmente como "cabinas de Internet" y están localizados° por todo el país.

… el primer *hotspot* de Cuzco, que permite a los usuarios navegar de manera inalámbrica…

localizados *located*

3 Elegir Indica cuál de las dos opciones resume mejor este episodio.

- En Cuzco, Internet es un elemento importante para las comunidades indígenas que quieren vender sus productos en otros países. Con Internet inalámbrico, estas comunidades chatean con clientes en otros países.

- En Cuzco, la comunidad y los turistas usan la tecnología de los celulares e Internet para comunicarse con sus familias o vender productos. Para navegar en Internet, se pueden visitar las cabinas de Internet o ir a la Plaza de Armas con una computadora portátil. ✔

Practice more!
VM pp. 221–222 | vhlcentral.com

11 GRAMÁTICA

11.1 The preterite and the imperfect Ⓢ Tutorial

▶ The preterite and the imperfect are not interchangeable. The choice between these two tenses depends on the context and on the point of view of the speaker.

¿Y revisaste el aceite?

Pensé que podía arreglar el coche, pero no puedo.

Uses of the preterite

To express actions that are viewed by the speaker as completed	Don Francisco estacionó el autobús. *Don Francisco parked the bus.* Fueron a Valparaíso ayer. *They went to Valparaíso yesterday.*
To express the beginning or end of a past action	La película empezó a las nueve. *The movie began at nine o'clock.* Ayer terminé el proyecto. *Yesterday I finished the project.*
To narrate a series of past actions or events	Don Francisco paró el autobús, abrió la ventanilla y saludó a doña Rita. *Don Francisco stopped the bus, opened the window, and greeted Doña Rita.*

Uses of the imperfect

To describe an ongoing past action with no reference to its beginning or end	Maite conducía muy rápido en Madrid. *Maite was driving very fast in Madrid.* Javier esperaba en el garaje. *Javier was waiting in the garage.*
To express habitual past actions and events	Cuando era joven, jugaba al tenis. *When I was young, I used to play tennis.* Álex siempre revisaba su correo electrónico a las tres. *Álex always checked his e-mail messages at three o'clock.*
To describe physical and emotional states or characteristics	La chica quería descansar. Se sentía mal y tenía dolor de cabeza. *The girl wanted to rest. She felt ill and had a headache.* Ellos eran altos y tenían ojos verdes. *They were tall and had green eyes.* Estábamos felices de ver a la familia. *We were happy to see the family.*

Práctica

1 **Un accidente** Completa este artículo de periódico con las formas correctas del pretérito o del imperfecto.

Un trágico accidente

Ayer temprano por la mañana (1) __hubo__ [haber] un trágico accidente en el centro de Lima, cuando un autobús (2) __chocó__ [chocar] con un carro. La mujer que (3) __manejaba__ [manejar] el carro (4) __murió__ [morir] al instante. Los paramédicos llevaron al conductor del autobús al hospital porque (5) __tenía__ [tener] varias fracturas. Su estado de salud es todavía muy grave. El conductor del autobús (6) __dijo__ [decir] que no (7) __vio__ [ver] el carro hasta el último momento porque (8) __había__ [haber] mucha niebla y (9) __llovía__ [llover]. Él (10) __intentó__ [intentar] (*to attempt*) dar un viraje brusco (*to swerve*), pero (11) __perdió__ [perder] el control del autobús y no (12) __pudo__ [poder] evitar (*to avoid*) el accidente. Según nos informaron, no (13) __se lastimó__ [lastimarse] ningún pasajero que (14) __viajaba__ [viajar] en el autobús.

2 **Combinar** Combina elementos de las tres columnas para hablar de lo que hicieron y lo que hacían las personas de la primera columna. *Answers will vary.*

Sujetos	Verbos	Adverbios
el mecánico	arreglar	ayer
Adrián González	caerse	bien
la mujer policía	chocar	con frecuencia
Maria Sharapova	conducir	de vez en cuando
mis padres	decir	fácilmente
mis amigos y yo	enamorarse	lentamente
John Mayer	lastimarse	por aquí
yo	llamar	por fin
	navegar (en)	todos los días
	olvidar	la semana pasada

Conversación

3 Oraciones En parejas, completen las oraciones usando el pretérito o el imperfecto. Luego comparen sus respuestas. *Answers will vary.*

modelo De niño/a, yo...

Estudiante 1: De niña, yo vivía con mis abuelos en un apartamento cerca de la escuela.

Estudiante 2: Pues mi mamá, mis hermanos y yo vivíamos en una casita con un jardín.

Estudiante 1: De niña, me lastimé una vez la rodilla. Mientras corría, me caí.

Estudiante 2: En cambio, yo nunca me lastimé la rodilla, pero me torcía constantemente el tobillo.

1. El verano pasado…
2. Yo manejaba el coche mientras…
3. Anoche mi novio/a…
4. Ayer el/la profesor(a)…
5. La semana pasada un(a) amigo/a…
6. A menudo mi madre…
7. Esta mañana en la cafetería…
8. Navegábamos en la red cuando…

4 Tu primer(a) novio/a Entrevista a un(a) compañero/a acerca de su primer(a) novio/a. Si quieres, puedes añadir (*add*) otras preguntas. *Answers will vary.*

1. ¿Quién fue tu primer(a) novio/a?
2. ¿Cuántos años tenías cuando lo/la conociste?
3. ¿Cómo era él/ella?
4. ¿Qué le gustaba hacer? ¿Tenían ustedes los mismos pasatiempos?
5. ¿Por cuánto tiempo salieron ustedes?
6. ¿Adónde iban ustedes cuando salían?
7. ¿Pensaban casarse?
8. ¿Cuándo y por qué rompieron ustedes?

5 Un robo misterioso Anoche alguien robó (*stole*) el examen de la Lección 11 de la oficina de tu profesor(a) y tú tienes que averiguar (*to find out*) quién lo hizo. Pregúntales a varios compañeros dónde estaban, con quién estaban y qué hicieron entre las ocho y las doce de la noche. Luego decide quién robó el examen. *Answers will vary.*

Practice more!

WB pp. 111–114

LM p. 63

vhlcentral.com

▶ When the preterite and the imperfect appear in the same sentence, the imperfect describes what was happening, while the preterite describes the action that "interrupted" the ongoing activity.

Navegaba en la red cuando **sonó** el teléfono.
I was surfing the Web when the phone rang.

Maite **leía** el periódico cuando **llegó** Álex.
Maite was reading the newspaper when Álex arrived.

▶ You will see the preterite and the imperfect together in narratives such as fiction, news, and retelling of events. The imperfect provides background information, such as time, weather, and location. The preterite indicates the specific events that occurred.

Eran las dos de la mañana y el detective ya no **podía** mantenerse despierto. **Se bajó** lentamente del coche, **estiró** las piernas y **levantó** los brazos hacia el cielo oscuro.

It was two in the morning, and the detective could no longer stay awake. He slowly stepped out of the car, stretched his legs, and raised his arms toward the dark sky.

La luna **estaba** llena y no **había** en el cielo ni una sola nube. De repente, el detective **escuchó** un grito espeluznante proveniente del parque.

The moon was full and there wasn't a single cloud in the sky. Suddenly, the detective heard a terrifying scream coming from the park.

NASA • La sonda se estrelló° antes de orbitar

Mars cayó en Marte

La agencia espacial estadounidense perdió la comunicación con la sonda *Mars Climate Orbiter*, justo en el momento en que se ponía en órbita alrededor° de Marte. La nave se estrelló por un error de navegación importante. Se habían invertido° 25 millones de dólares e iba a ser la primera estación meteorológica interplanetaria. PASE A LA A6

se estrelló *crashed* **alrededor** *around* **Se habían invertido** *had been invested*

¡Manos a la obra!

Escribe la forma correcta de los verbos.

Pretérito

1. Tomás y yo __fuimos__ [ir] al parque ayer.
2. __Nadamos__ [nadar] por la tarde.
3. Después __tomamos__ [tomar] el sol.
4. __Regresamos__ [regresar] a casa a las cinco.
5. Tomás preparó la cena. Yo __leí__ [leer] el periódico.
6. Mientras Tomás veía una película, yo __me dormí__ [dormirse].

Imperfecto

1. __Eran__ [ser] las doce.
2. __Había__ [haber] mucha gente en la calle.
3. Los novios __estaban__ [estar] en el café.
4. Todos los días ellos __almorzaban__ [almorzar] juntos.
5. El camarero siempre les __servía__ [servir] ensaladas.
6. Cuando los novios salieron del café, __llovía__ [llover].

11.2 Por and para

 Tutorial · comparisons NATIONAL STANDARDS

▶ Both **por** and **para** mean *for*, but they are not interchangeable. Study their uses in the charts.

Maru habla por teléfono.

¡Y un televisor nuevo para mí, por favor!

Uses of *por*

Motion or a general location (around, through, along, by)	La excursión nos llevó **por** el centro. *The tour took us through downtown.* Pasamos **por** el parque y **por** el río. *We passed by the park and along the river.*
Duration of an action (for, during, in)	Estuve en Montevideo **por** un mes. *I was in Montevideo for a month.* Miguel estudió **por** la noche. *Miguel studied during the night.*
Object of a search (for, in search of)	Vengo **por** ti a las ocho. *I'm coming for you at eight.* Maite fue **por** su cámara. *Maite went in search of her camera.*
Means by which something is done (by, by way of, by means of)	Ellos viajan **por** la autopista. *They travel by (by way of) the highway.* ¿Hablaste con la policía **por** teléfono? *Did you talk to the police by (on the) phone?*
Exchange or substitution (for, in exchange for)	Le di dinero **por** el estéreo. *I gave him money for the stereo.* Cambiamos este carro **por** uno nuevo. *We exchanged this car for a new one.*
Unit of measure (per, by)	José manejaba a 120 kilómetros **por** hora. *José was driving 120 kilometers per hour.*

▶ **Por** is used in several idiomatic expressions.

por aquí	*around here*	**por eso**	*that's why; therefore*
por ejemplo	*for example*	**por fin**	*finally*

¡ojo! When giving an exact time, **de** is used instead of **por** before **la mañana, la tarde,** and **la noche.**

Llegué a las diez **de la noche.**
I arrived at ten p.m.

Me gusta estudiar **por la noche.**
I like to study at night.

Práctica

1 **Un viaje a Buenos Aires** Completa este párrafo con las preposiciones **por** o **para**.

El mes pasado, mi esposo y yo hicimos un viaje a Buenos Aires y sólo pagamos dos mil dólares (1) _por_ los pasajes. Estuvimos en Buenos Aires (2) _por_ una semana y exploramos toda la ciudad. Durante el día caminamos (3) _por_ la plaza San Martín, el microcentro y el barrio de La Boca, donde viven muchos artistas. (4) _Por_ la noche fuimos a una tanguería, que es un tipo de teatro, (5) _para_ ver a la gente bailar tango. Dos días después decidimos hacer una excursión (6) _por_ las Pampas (7) _para_ ver el paisaje y un rodeo con gauchos. (8) _Por_ eso, alquilamos (*we rented*) un carro y pasamos unos días muy agradables. El último día fuimos a Galerías Pacífico (9) _para_ comprar recuerdos (*souvenirs*) (10) _para_ nuestros hijos y nietos. Compramos tantos regalos que, al regresar, tuvimos que pagar impuestos (*duties*) cuando pasamos (11) _por_ la aduana.

2 **¿Qué pasa aquí?** Usa **por** o **para** y el tiempo presente para describir estos dibujos. *Answers will vary. Suggested answers below.*

1. *Él trabaja para el Taller Juárez. / Él abre el taller por la mañana.*
2. *Él va al parque para leer. / Él camina por el parque.*

3. *Él va para el trabajo. / Él habla por su teléfono celular.*
4. *Ella tiene un regalo para su amiga. / Ella le da las gracias por el regalo.*

5. *Él va para su casa. / Él maneja a cien kilómetros por hora.*
6. *Ella va para Salamanca. / Ella viaja por tren.*

Conversación

3 Encuesta Averigua (*Find out*) a cuáles de tus compañeros/as corresponde cada descripción. Luego presenta los resultados a la clase. *Answers will vary.*

modelo

Estudiante 1: ¿Tienes televisión por cable?
Estudiante 2: No, no tengo televisión por cable.
Estudiante 1: ¿Tienes televisión por cable?
Estudiante 3: Sí, tengo televisión por cable.

	Nombres
1. En casa, tiene televisión por cable.	_____
2. Ayer no durmió por la noche.	_____
3. Viajó por Europa.	_____
4. Hoy pasó por la gasolinera.	_____
5. Se preocupa por sus amigos.	_____
6. Habla por teléfono celular.	_____
7. Quiere estudiar para médico/a.	_____
8. Las clases son fáciles para él/ella.	_____

4 Completar Habla con un(a) compañero/a para completar estas oraciones sobre él/ella. Usa **por** y **para** en las respuestas. *Answers will vary.*

1. El año pasado compró un regalo…
2. Ayer fue al taller…
3. Necesita hacer la tarea…
4. En casa, habla con sus amigos/as…
5. Los miércoles tiene clases…
6. A veces va a la biblioteca…
7. Necesita… dólares…
8. Su mejor amigo/a estudia…

5 Una subasta En grupos, dramaticen una subasta (*auction*). Cada estudiante debe traer a la clase un objeto o una foto del objeto para vender. Luego, un(a) estudiante es el/la vendedor(a) y los otros son los postores (*bidders*). *Answers will vary.*

modelo

Vendedor(a): Aquí tengo una cámara de video. ¿Quién ofrece $400,00 por ella?
Postor(a) 1: Te doy $175,00.

Practice more!
WB pp. 115–116   LM p. 64   vhlcentral.com

Uses of *para*

Destination (*toward, in the direction of*)	Salimos **para** Mérida el sábado. *We are leaving for Mérida on Saturday.* Voy **para** el banco. *I'm going to the bank.*
Deadline or a specific time in the future (*by, for*)	Él va a arreglar el carro **para** el viernes. *He will fix the car by Friday.*
Purpose or goal + [infinitive] (*in order to*)	Juan estudia **para** (ser) mecánico. *Juan is studying to be a mechanic.*
Purpose + [noun/verb] (*for, used for*)	Es una llanta **para** el carro. *It's a tire for the car.* Uso mi celular **para** ver mi correo electrónico. *I use my cell phone to read my e-mail.*
The recipient of something (*for*)	Compré una calculadora **para** mi hijo. *I bought a calculator for my son.*
Comparisons or opinions (*for, considering*)	**Para** ser joven, es demasiado serio. *For a young person, he is too serious.* **Para** mí, esta lección no es difícil. *For me, this lesson isn't difficult.*
Employment (*for*)	Sara trabaja **para** Telecom. *Sara works for Telecom.*

▸ Often, either **por** or **para** can be used in a sentence. The meaning of the sentence changes, depending on which one is used.

Caminé **por** el parque.
I walked through the park.

Caminé **para** el parque.
I walked to (toward) the park.

Trabajó **por** su padre.
He worked for (in place of) his father.

Trabajó **para** su padre.
He worked for his father('s business).

Se exhibió **por** todo el pueblo.
It was shown throughout (around) the whole town.

Se exhibió **para** todo el pueblo.
It was shown for the whole town.

¡Manos a la obra!

Completa las oraciones con **por** o **para**.

1. Dormimos _**por**_ la mañana.
2. Necesitas conexión inalámbrica _**para**_ navegar en la red.
3. Entraron _**por**_ la puerta.
4. Es un pasaje _**para**_ Buenos Aires.
5. _**Para**_ arrancar el carro, necesito la llave.
6. Arreglé el televisor _**para**_ ti.
7. Estuvieron nerviosos _**por**_ el examen.
8. ¿Hay una gasolinera _**por**_ aquí?
9. Esta computadora es _**para**_ usted.
10. Juan está enfermo. Tengo que trabajar _**por**_ él.
11. Estuvimos en Cancún _**por**_ dos meses.
12. _**Para**_ mí, el español es difícil.
13. Tengo que estudiar la lección _**para**_ el lunes.
14. Voy a ir _**por**_ ese camino.
15. Compré un radio _**para**_ mi novia.
16. Lo compró _**por**_ un buen precio.

11.3 Stressed possessive adjectives and pronouns

▶ Spanish has two types of possessive adjectives: the unstressed (short) forms you learned in Lesson 3 and the stressed (long) forms. The stressed possessive adjectives are used for emphasis or to express *(of) mine, (of) yours, (of) his,* and so on.

Stressed possessive adjectives

Singular forms		Plural forms		
MASCULINE	**FEMININE**	**MASCULINE**	**FEMININE**	
mío	mía	míos	mías	*my; (of) mine*
tuyo	tuya	tuyos	tuyas	*your; (of) yours (fam.)*
suyo	suya	suyos	suyas	*your; (of) yours (form.); his; (of) his; her; (of) hers; its*
nuestro	nuestra	nuestros	nuestras	*our; (of) ours*
vuestro	vuestra	vuestros	vuestras	*your; (of) yours*
suyo	suya	suyos	suyas	*your; (of) yours (form.); their; (of) theirs*

▶ Stressed possessive adjectives must agree in gender and number with the nouns they modify.

mi impresora	la impresora mía
my printer	*my printer*
nuestros televisores	los televisores nuestros
our television sets	*our television sets*

▶ Stressed possessive adjectives are placed after the nouns they modify. Unstressed possessive adjectives are placed before the noun.

Son **mis** llaves.   Son las llaves **mías**.
They are my keys.   *They are my keys.*

▶ A definite article, an indefinite article, or a demonstrative adjective usually precedes a noun modified by a stressed possessive adjective.

Alberto tenía
- **unos** discos **tuyos.**   *Alberto had some disks of yours.*
- **los** discos **tuyos.**   *Alberto had your disks.*
- **estos** discos **tuyos.**   *Alberto had these disks of yours.*

▶ Since **suyo, suya, suyos,** and **suyas** have more than one meaning, you can avoid confusion by using the construction: [*article*] + [*noun*] + **de** + [*subject pronoun or noun*].

el teclado **suyo**
- el teclado **de él/ella**   *his/her keyboard*
- el teclado **de Ud./Uds.**   *your keyboard*
- el teclado **de ellos/ellas**   *their keyboard*
- el teclado **de Ramón**   *Ramón's keyboard*

▶ **El** and **la** are usually omitted when a stressed possessive adjective follows the verb **ser**.

¿**Es suya** esta cámara?   No, no **es mía**.

Práctica

1 Oraciones Forma oraciones con estos elementos. Usa el presente y haz todos los cambios necesarios.

1. yo / necesitar / usar / impresora / de Miguel / porque / mío / no / funcionar
Yo necesito usar la impresora de Miguel porque la mía no funciona.
2. pero / él / no poder / ayudarme / porque / suyo / tampoco / funcionar
Pero él no puede ayudarme porque la suya tampoco funciona.
3. me gustaría / pedirle / a Juana / su ratón, / pero / suyo / estar / descompuesto
Me gustaría pedirle a Juana su ratón, pero el suyo está descompuesto.
4. yo / no poder / usar / teclado / de Valeria / porque / suyo / también / estar descompuesto
Yo no puedo usar el teclado de Valeria porque el suyo también está descompuesto.
5. si / yo / pedirte / computadora, / estar / seguro/a / de que / ir / decirme / que / no poder / usar / tuyo
Si yo te pido tu computadora, estoy seguro/a de que vas a decirme que no puedo usar la tuya.

2 ¿Es suyo? Un policía ha capturado (*has captured*) al hombre que robó (*robbed*) en tu casa. Ahora quiere saber qué cosas son tuyas. Túrnate con un(a) compañero/a para hacer el papel del policía y usa las pistas (*clues*) para contestar las preguntas.

modelo

No / pequeño
Policía: Esta computadora, ¿es suya?
Estudiante: No, no es mía. La mía es más pequeña.

1. Sí
E1: Esta calculadora, ¿es suya?
E2: Sí, es mía.

2. No / viejo
E1: Esta cámara de video, ¿es suya?
E2: No, no es mía. La mía es más vieja.

3. Sí
E1: Estos MP3s, ¿son suyos?
E2: Sí, son míos.

4. Sí
E1: Este estéreo, ¿es suyo?
E2: Sí, es mío.

5. No / nuevo
E1: Este televisor, ¿es suyo?
E2: No, no es mío. El mío es más nuevo.

6. No / caro
E1: Estos teléfonos celulares, ¿son suyos?
E2: No, no son míos. Los míos son más caros.

Conversación

3 **Identificar** Trabajen en grupos. Cada estudiante trae tres objetos. Pongan todos los objetos juntos. Luego, un(a) estudiante escoge uno o dos objetos y le pregunta a otro/a si esos objetos son suyos. Usen adjetivos posesivos. *Answers will vary.*

modelo

Estudiante 1: *José Luis, ¿son tuyos estos ratones?*
Estudiante 2: *Sí, son míos. / No, no son míos. Son los ratones de Felipe.*

4 **Anuncios** Lee este anuncio con un(a) compañero/a. Luego, preparen su propio (*own*) anuncio usando adjetivos o pronombres posesivos. Después, conviértanlo en un anuncio de televisión y preséntenlo a la clase. *Answers will vary.*

Esta computadora y esta impresora pueden ser suyas por sólo

$699

Características de la computadora

- Procesador: Intel Dual Core a 3000 Mhz
- 3GB DDR2 de memoria
- Disco duro de 250 GB
- Sistema operativo: Linux

Impresora

- Impresora, fotocopiadora y escáner
- Velocidad: 40 páginas por minuto a color

El precio incluye un año de servicio de Internet gratis. Para más información, llame al 3 62 19 90 o visite nuestro sitio web www.tecnolibre.com

Practice more!

| WB pp. 117–118 | LM p. 65 | vhlcentral.com |

Possessive pronouns

▶ Possessive pronouns are used to replace [*noun*] + [*possessive adjective*]. In Spanish, possessive pronouns have the same forms as stressed possessive adjectives, and they are preceded by a definite article.

la calculadora **nuestra**	**la nuestra**
el fax **tuyo**	**el tuyo**
los archivos **suyos**	**los suyos**

¿También está descompuesta tu computadora?

No, la mía no, la suya.

▶ Possessive pronouns agree in number and gender with the nouns they replace.

—Aquí está **mi coche.** ¿Dónde está **el tuyo**?
Here's my car. Where is yours?

—**El mío** está en el taller de mi hermano Armando.
Mine is at my brother Armando's garage.

—¿Tienes **los archivos** de Carlos?
Do you have Carlos's files?

—No, pero tengo **los nuestros**.
No, but I have ours.

¡Manos a la obra!

Indica las formas tónicas (*stressed*) de estos adjetivos posesivos y los pronombres posesivos correspondientes.

	adjetivos	**pronombres**
1. su navegador GPS	el navegador GPS suyo	el suyo
2. mi televisor	el televisor mío	el mío
3. nuestros discos	los discos nuestros	los nuestros
4. tus teléfonos	los teléfonos tuyos	los tuyos
5. su pantalla	la pantalla suya	la suya
6. mis videos	los videos míos	los míos
7. nuestra impresora	la impresora nuestra	la nuestra
8. tu estéreo	el estéreo tuyo	el tuyo
9. nuestro carro	el carro nuestro	el nuestro
10. mi computadora	la computadora mía	la mía

A repasar

11.1 The preterite and the imperfect

1 Seleccionar Utiliza el tiempo verbal adecuado, según el contexto.

1. La semana pasada, Manuel y Andrea _querían_ [querer] dar una fiesta. _Decidieron_ [Decidir] invitar a seis amigos y servirles mucha comida.

2. Manuel y Andrea _estaban_ [estar] preparando la comida cuando Elena _llamó_ [llamar]. Como siempre, _tenía_ [tener] que estudiar para un examen.

3. A las seis, _volvió_ [volver] a sonar el teléfono. Su amigo Francisco tampoco _podía_ [poder] ir a la fiesta, porque _tenía_ [tener] fiebre. Manuel y Andrea _se pusieron_ [ponerse] muy tristes.

4. Después de otros quince minutos _sonó_ [sonar] el teléfono. Sus amigos, los señores Vega, _estaban_ [estar] en camino (*en route*) al hospital: a su hijo le _dolía_ [doler] mucho el estómago. Sólo dos de los amigos _podían_ [poder] ir a la cena.

5. Por supuesto, _iban_ [ir] a tener demasiada comida. Finalmente, cinco minutos antes de las ocho, _llamaron_ [llamar] Ramón y Javier. Ellos _pensaban_ [pensar] que la fiesta _era_ [ser] la próxima semana.

6. Tristes, Manuel y Andrea _se sentaron_ [sentarse] a comer solos. Mientras _comían_ [comer], pronto _llegaron_ [llegar] a la conclusión de que _era_ [ser] mejor estar solos. ¡La comida _estaba_ [estar] feísima!

2 La sala de emergencia En parejas, miren la lista e inventen qué les pasó a estas personas que están en la sala de emergencia. *Answers will vary.*

modelo

Eran las tres de la tarde. Como todos los días, Pablo jugaba al fútbol con sus amigos. Estaba muy contento. De repente, se cayó y se rompió el brazo. Después fue a la sala de emergencia.

Paciente	Edad	Hora	Condición
1. Pablo	9 años	15:20	hueso roto (el brazo)
2. Estela	45 años	15:25	tobillo torcido
3. Lucía	29 años	15:37	embarazada, dolores
4. Marta	3 años	16:00	temperatura muy alta
5. Roberto	32 años	16:06	dolor de muelas
6. Ana	66 años	16:29	reacción alérgica

3 La multa Sergio Reyes tuvo un accidente y le dieron esta multa. En parejas, escriban un párrafo que explique cómo sucedió el accidente, usando el pretérito y el imperfecto. *Answers will vary.*

Multa

Fecha: 05/01/13   **Conductor:** Sergio Reyes
Hora: 8:25 p.m.   **Nº de licencia:** 483 699
Lugar: Calle Paz #12
Infracciones
- Pasar el semáforo en rojo
- Exceder la velocidad máxima
- Chocar con un carro estacionado

Multa: $120.00 pesos

11.2 Por and para

4 Para arreglar computadoras Gerardo está hablando de su trabajo. Completa las oraciones con las expresiones de la lista.

de la mañana	para mañana	por aquí	por eso
de la noche	para mi padre	por ejemplo	por la tarde

Yo trabajo (1) _para mi padre_. Él tiene un taller para arreglar computadoras. ¡Trabajamos mucho! (2) _Por ejemplo/Por eso_, entro a las siete (3) _de la mañana_ y salgo a las ocho (4) _de la noche_. (5) _Por la tarde_, tomo un descanso (*break*) de una hora. (6) _Por aquí_ no hay muchos talleres para arreglar computadoras. ¡(7) _Por eso_ tenemos tanto trabajo! (8) _Para mañana_ debemos tener listas once computadoras.

5 Oraciones Crea oraciones originales con los elementos de las columnas. Une los elementos usando **por** y **para**.

modelo

Fuimos a Mar del Plata por razones de salud, para visitar a una especialista en alergias.

(No) fuimos a la tienda	por/para	comprar un iPhone	por/para	¿?
(No) fuimos a las montañas	por/para	tres días	por/para	¿?
(No) fuiste a Medellín	por/para	razones de trabajo	por/para	¿?
(No) fueron a Buenos Aires	por/para	tomar el sol	por/para	¿?

6 Lista de regalos Imagina que es Navidad y quieres regalarles a tus amigos aparatos electrónicos. En parejas, escriban los nombres de cinco amigos y decidan qué regalo es el mejor para cada uno. Expliquen sus razones usando **por** y **para**. *Answers will vary.*

modelo

El mejor regalo para Olga es una cámara de video. Puede usarla en todas las celebraciones para grabar sus momentos favoritos.

 Practice more at **vhlcentral.com**.

11.3 Stressed possessive adjectives and pronouns

Computación Completa estas conversaciones con las formas adecuadas de los pronombres posesivos.

1.—Éste es mi sitio web. ¿Cómo es el de ustedes?
— _El nuestro_ tiene música y fotografías.

2.—Tu estéreo no funciona. ¿Necesitas uno nuevo?
—Sí, mi papá me va a prestar ___el suyo___.

3.—Grabé mis archivos en estos discos. Y tú, ¿dónde grabaste _los tuyos_ ?
— ___Los míos___ los grabé en un disco compacto.

4.—¿Cómo es la pantalla de tu computadora?
— ___La mía___ es pequeña y plana (*flat*).

5.—Las computadoras de nuestra escuela son lentísimas. ¿Y las de tu escuela?
— _Las nuestras_ son muy rápidas.

No es así Contesta cada oración diciendo que las cosas no son como te dicen. Sigue el modelo.

modelo
Mi impresora es lenta. (yo, rápida)
La impresora mía no es así.
La mía es rápida.

1. El reproductor de DVD de Julio es viejo.
(tú, nuevo) *El reproductor de DVD tuyo no es así.*
El tuyo es nuevo.

2. Nuestras cámaras son caras. (ellas, baratas)
Las cámaras suyas/de ellas no son así. Las suyas son baratas.

3. Su buzón de voz está descompuesto. (yo, no descompuesto) *El buzón de voz mío no está así.*
El mío no está descompuesto.

4. Tu control remoto es grande. (ustedes, pequeño)
El control remoto suyo/de ustedes no es así. El suyo es pequeño.

5. Sus discos compactos son de música clásica. (Ana, música tradicional) *Los discos compactos suyos/de Ana no son así.*
Los suyos son de música tradicional.

6. El fax de Antonio es fácil de usar. (nosotros, difícil de usar) *El fax nuestro no es así. El nuestro es difícil de usar.*

Síntesis

¡No puedo imprimir! Tu impresora está descompuesta. Vas a hablarle por teléfono a tu hermano/a para pedirle ayuda. En parejas, preparen una conversación. *Answers will vary.*

• Expliquen qué pasaba con su impresora.
• Expliquen cuántas veces rompió alguna hoja (*sheet*) o cuántas veces dejó de funcionar.
• Expliquen para qué clase es el trabajo que tienen que imprimir.
• Indiquen adónde pueden llevar la impresora a arreglar, dónde pueden imprimir el trabajo y cómo pueden llegar a esos lugares.

  Videoclip Video

1 **Preparación** ¿Alguna vez le pediste a alguien que hiciera algo y te malinterpretó (*misunderstood*) o se lo pediste a la persona equivocada?

2 **El clip** Mira el anuncio de **Davivienda** de Colombia.

Vocabulario

cuénteme *tell me*	**¿Cómo quedó?** *How does it look?*
la llama *flame; llama*	**veamos** *let's see*

Cuénteme. ¿Cómo quedó mi carro?

Quedó espectacular […] Llamas por arriba, por los lados…

3 **Ordenar** Ordena cronológicamente estas oraciones.

a. El dueño del taller malinterpretó el pedido. *2*

b. El cliente se sorprendió cuando lo vio y se le cayó el casco (*helmet*). *5*

c. El dueño pensó que el cliente no se refería (*didn't refer to*) a las llamas de fuego sino a los animales. *3*

d. El cliente pidió que pintaran (*painted*) su carro con llamas. *1*

e. El dueño estaba muy orgulloso (*proud*) cuando le mostró al cliente cómo quedó el carro. *4*

4 **¿Cómo terminó?** En parejas, imaginen el fin de la historia. ¿Cómo se sentían el cliente y el dueño del taller? ¿Qué ocurrió después? ¿Encontraron una solución? Usen el pretérito y el imperfecto. *Answers will vary.*

Ampliación

1 Escuchar

A Escucha a Ricardo Moreno y luego contesta las preguntas.

> **TIP** **Recognize the genre of spoken discourse.** Identifying the genre (for example: political speech, radio interview, news broadcast) of what you hear can help you figure out what kinds of things you are likely to hear. It will also help you identify the speaker's motives and intentions.

1. ¿Qué tipo de género es?
   a. noticias (*news*) por radio o televisión   b. un anuncio comercial
   c. una reseña (*review*) de una película
2. ¿De qué habla?
   a. de su vida   b. de un producto o servicio   c. de algo que oyó o vio
3. ¿Cuál es el propósito?
   a. relacionarse con alguien   b. informar   c. vender

B ¿Qué pistas (*clues*) te ayudaron a identificar el género de la grabación (*recording*)? *Answers will vary.*

2 Conversar

Con un(a) compañero/a, prepara una conversación sobre la primera vez que manejaste un carro o el día en que fuiste al Departamento de Tráfico para conseguir tu licencia de conducir. Incluye la siguiente información:
Answers will vary.

> • ¿Cuántos años tenías?
>
> • ¿A qué hora fue? ¿Te levantaste temprano para practicar?
>
> • ¿Cómo estaba el tiempo?
>
> • ¿Fuiste solo? ¿Quién fue contigo (*with you*)?
>
> • ¿Cómo te sentías antes de hacerlo? ¿Y cómo te sentiste después?
>
> • ¿Fue una experiencia agradable? ¿Te gustaría repetirla? ¿Por qué?

1 SCRIPT
¡Por fin! Un teléfono celular que sirve para todas sus necesidades. Basta con tener este modernísimo aparato y poder acceder a una conexión inalámbrica de Internet para tener al alcance el infinito mundo de la comunicación y el entretenimiento. Usted puede leer sus periódicos, revistas y libros preferidos, escuchar sus canciones favoritas, y además mirar las películas y series de televisión que tanto le gustan. Por el mismo precio, usted también recibe un teclado portátil. Esta gran oportunidad sólo se ofrece este mes. Venga inmediatamente a *Mundo de Computación* en Paseo Las Américas para aprovechar esta ganga, o visite el siguiente sitio web: www.mundodecom.ar.

2 SUGGESTION Before beginning the conversation, have students list information they plan to include, such as age, date, weather, time of day, and so forth. Next, have students review how they will place the events of the day in order, and which past tense will be used to express the various ideas in their conversation.

2 EXPANSION Ask volunteers to present their conversation to the class. Follow with a discussion on aspects of this life experience that students found they had in common, or during which they had something interesting or unusual happen.

Ampliación

3 Escribir

Escribe una historia acerca de una experiencia tuya con una máquina electrónica o con un carro. *Answers will vary.*

TIP **Master the simple past tenses.** To write about events that occurred in the past, you will need to know when to use the preterite and the imperfect. The box on this page contains a summary of their uses.

Organízalo	Prepara una lista de todos los detalles que quieres narrar (*narrate*). Identifica qué acciones fueron completadas (pretérito) y cuáles están incompletas o cuáles describen (imperfecto).
Escríbelo	Utiliza tu lista para escribir el primer borrador de tu historia.
Corrígelo	Intercambia tu historia con un(a) compañero/a. Lee su borrador y reflexiona sobre las partes mejor escritas. Da sugerencias sobre los detalles, la lógica de la secuencia de eventos y el uso del pretérito y del imperfecto.
Compártelo	Revisa el primer borrador según las indicaciones de tu compañero/a. Incorpora las nuevas ideas y prepara la versión final. Luego, comparte la historia con la clase.

Preterite
- Past actions viewed as completed
- Beginning or end of past actions
- Series of past actions

Imperfect
- Ongoing past actions
- Habitual past actions
- Physical and emotional states in the past

4 Un paso más

Busca información sobre los cibercafés en los países hispanos e inventa un cibercafé nuevo. Crea un anuncio de revista para promocionarlo. El anuncio debe incluir estos elementos: *Answers will vary.*

- Nombre del cibercafé
- Una descripción del lugar donde está ubicado (*located*)
- Una descripción de la tecnología y de los servicios que se ofrecen a los clientes
- Fotos o dibujos
- Por qué este cibercafé es mejor que otros
- Los precios

CONEXIÓN INTERNET

Investiga estos temas en el sitio **vhlcentral.com**.

- Cibercafés en el mundo hispano
- Internet en el mundo hispano
- La tecnología en el mundo hispano

Audio: Reading

Antes de leer

One way languages grow is by borrowing words from each other. English words that relate to technology are often borrowed by Spanish and other languages throughout the world. Sometimes the words are modified slightly to fit the sounds of the languages that borrow them. When reading in Spanish, you can often increase your understanding by looking for words borrowed from English or other languages you know.

Examinar el texto

Observa la tira cómica (*comic strip*). ¿De qué trata (*is it about*)? ¿Cómo lo sabes? *Answers will vary.*

Buscar

Esta lectura contiene una palabra tomada (*taken*) del inglés. Trabaja con un(a) compañero/a para encontrarla.

_____El celular_____

Repasa (*Review*) las nuevas palabras relacionadas con la tecnología que aprendiste en **Preparación** y expande la lista de palabras tomadas del inglés.

_____ _____

_____ _____

_____ _____

Juan Matías Loiseau (1974). Más conocido como *Tute*, este artista nació en Buenos Aires, Argentina. Estudió diseño gráfico, humorismo y cine. Sus tiras cómicas se publican en Estados Unidos, Francia y toda Latinoamérica.

SUGGESTION Have students skim the text briefly and guess if the comic will say something positive or negative about cell phones. They should support their guesses with specific visuals from the comic.

EXPANSION In groups, have students think of other technological devices and design a comic about one of them. Tell them to follow the reading as a model.

Después de leer

¿Comprendiste?

Indica si las oraciones son **ciertas** o **falsas**. Corrige las falsas.

Cierto	Falso	
✔		1. Hay tres personajes en la tira cómica: un usuario de teléfono, un amigo y un empleado de la empresa (*company*) telefónica.
	✔	2. El nuevo servicio de teléfono incluye las llamadas telefónicas únicamente. *También viene con un tipo que te sigue a todos lados.*
	✔	3. El empleado duerme en su casa. *Duerme al lado de la cama del usuario.*
✔		4. El contrato de teléfono dura (*lasts*) un año.
	✔	5. El usuario y el amigo están trabajando (*working*). *Están de vacaciones.*

Preguntas

Responde a estas preguntas con oraciones completas. Usa el pretérito y el imperfecto.

1. ¿Al usuario le gustaba usar el teléfono celular todo el tiempo?
   No, al usuario le molestaba usar el celular todo el tiempo.

2. ¿Por qué el usuario decidió tirar el teléfono al mar?
   Porque el celular y el tipo lo tenían harto.

3. Según el amigo, ¿para qué tenía el usuario que tirar el teléfono celular al mar?
   El usuario tenía que tirar el teléfono al mar para recuperar su libertad.

4. ¿Qué ocurrió cuando el usuario tiró el teléfono?
   El empleado fue a buscar el teléfono.

5. ¿Qué le dijo el empleado al usuario cuando salió del mar?
   El empleado le dijo que tenía una llamada perdida.

Coméntalo

¿Cuáles son los aspectos positivos y los negativos de tener teléfono celular? ¿Te sientes identificado/a con el usuario del teléfono? ¿Por qué? *Answers will vary.*

te viene *comes with* **tipo** *guy, dude* **te avisa** *alerts you* **escuchás** *hear (Arg.)* **distraídos** *careless* **piso** *floor*
bolsa de dormir *sleeping bag* **darle de baja** *to cancel* **harto** *fed up* **revolear** *throw away forcefully (S. America)*
bien hecho *well done* **llamada perdida** *missed call*

Audio: Vocabulary Flashcards

En la calle

el baúl	trunk
la calle	street
el camino	route
el capó	(car) hood
el carro	car
el coche	car
los frenos	brakes
el garaje	garage; (mechanic's) repair shop
la gasolina	gasoline
la gasolinera	gas station
el kilómetro	kilometer
la licencia de conducir	driver's license
la llanta	tire
el/la mecánico/a	mechanic
la milla	mile
el motor	motor
la multa	fine; ticket
el parabrisas	windshield
el policía/la mujer policía	police officer
la policía	police (force)
el semáforo	traffic light
el taller (mecánico)	(mechanic's) repair shop
el tráfico	traffic
la velocidad máxima	speed limit
el volante	steering wheel
arrancar	to start
arreglar	to fix; to arrange
bajar	to go down
bajar(se) de	to get out of (a vehicle)
chocar (con)	to run into; to crash
conducir	to drive
estacionar	to park
llenar (el tanque)	to fill (the tank)
manejar	to drive
parar	to stop
revisar (el aceite)	to check (the oil)
subir	to go up
subir(se) a	to get into (a vehicle)

La tecnología

la calculadora	calculator
la cámara (de video)	(video) camera
la cámara digital	digital camera
el buzón de voz	voicemail
el control remoto	remote control
el disco compacto	compact disc
el estéreo	stereo
el fax	fax (machine)
el mensaje de texto	text message
el navegador GPS	GPS
el radio	radio (set)
el reproductor de CD	CD player
el reproductor de DVD	DVD player
el reproductor de MP3	MP3 player
el teléfono celular	cell phone
la televisión por cable	cable TV
el televisor	television set
apagar	to turn off
funcionar	to work
llamar	to call
poner	to turn on
prender	to turn on
sonar (o:ue)	to ring
descompuesto/a	not working; out of order
lento/a	slow
lleno/a	full

Internet y la computadora

el archivo	file
la computadora	computer
la computadora portátil	laptop
la conexión inalámbrica	wireless (connection)
el disco	disk
la impresora	printer
Internet	Internet
el monitor	monitor
la página principal	home page
la pantalla	screen
el programa de computación	software
el ratón	mouse
la red	network, Web
el sitio web	website
el teclado	keyboard
guardar	to save
imprimir	to print
navegar en Internet	to surf the Internet

Otras palabras y expresiones

para	toward; in the direction of; by; for; in order to; used for; considering
por	around; through; along; by; for; during; in; in search of; by the way of; by means of; in exchange for; per
por aquí	around here
por ejemplo	for example
por eso	that's why; therefore
por fin	finally

Stressed possessive adjectives and pronouns	See pages 294–295.

As students finish the lesson, encourage them to explore the **Repaso** section on the Supersite. There they will find quizzes for practicing vocabulary, grammar, and oral language.

Practice more at **vhlcentral.com**.

PARA EMPEZAR Here are some additional questions:

¿Vives en una casa o en un apartamento? ¿Cómo es?

¿Tienes un cuarto para ti solo/a o lo compartes?

¿Es grande o pequeño?

Communicative Goals

You will learn how to:

- welcome people
- show people around the house
- give instructions

PARA EMPEZAR

- ¿En dónde están: en una oficina o en una casa?
- ¿Qué están haciendo?
- ¿Cómo es la decoración de la casa: moderna o tradicional?

S Tutorials

HOGAR, DULCE HOGAR

LA CASA Y SUS CUARTOS

la alcoba *bedroom*
el altillo *attic*
el balcón *balcony*
la cocina *kitchen*
el comedor *dining room*
la entrada *entrance*
el garaje *garage*
la oficina *office*
el pasillo *hallway*
el patio *patio; yard*
la sala *living room*
el sótano *basement*

la escalera
stairs; stairway

el jardín
garden; yard

LOS ELECTRODOMÉSTICOS

la estufa *stove*
el horno (de microondas) *(microwave) oven*
la lavadora *washing machine*
el lavaplatos *dishwasher*
el refrigerador *refrigerator*
la secadora *clothes dryer*

los electrodomésticos
electrical appliances

LA MESA

la copa *wineglass*
la taza *cup; mug*
el vaso *glass*

la cuchara
el cuchillo
la servilleta
el tenedor
el plato

LOS QUEHACERES DOMÉSTICOS

arreglar *to clean up*

cocinar *to cook*

hacer los quehaceres domésticos *to do household chores*

lavar (el suelo, los platos) *to wash (the floor, the dishes)*

limpiar la casa *to clean the house*

pasar la aspiradora *to vacuum*

poner la mesa *to set the table*

quitar la mesa *to clear the table*

sacar la basura *to take out the trash*

sacudir los muebles *to dust the furniture*

planchar la ropa
to iron clothes

barrer el suelo
to sweep the floor

hacer la cama
to make the bed

SUGGESTION Take a class survey on household chores. Have students raise their hands if they do these chores: **cocinar, lavar el suelo, poner la mesa**, and so forth.

LOS MUEBLES Y OTRAS COSAS

la alfombra *carpet; rug*

la almohada *pillow*

el armario *closet*

la cómoda *chest of drawers*

las cortinas *curtains*

el cuadro *picture*

el estante *bookcase; bookshelf*

la lámpara *lamp*

la luz *light; electricity*

la manta *blanket*

la mesita *end table*

la mesita de noche *nightstand*

la pared *wall*

la pintura *painting*

el sillón *armchair*

el sofá *sofa*

los muebles
furniture

Variación léxica

la alcoba ⟷ el aposento (*Rep. Dom.*), la recámara (*Méx.*),
la habitación, el dormitorio (*Esp.*), el cuarto (*Amér. L.*), la pieza (*Col., Arg.*)
el apartamento ⟷ el departamento (*Amér. L.*), el piso (*Esp.*)
lavar los platos ⟷ fregar los trastes (*Amér. C.*)

OTRAS PALABRAS

las afueras *suburbs; outskirts*

la agencia de bienes raíces *real estate agency*

el alquiler *rent (payment)*

el ama (f.) de casa *homemaker; housekeeper*

el barrio *neighborhood*

el edificio de apartamentos *apartment building*

el hogar *home*

el/la vecino/a *neighbor*

la vivienda *housing*

alquilar *to rent*

ensuciar *to get (something) dirty*

mudarse *to move (residences)*

A escuchar

NATIONAL communication STANDARDS

1 **Escoger** Escucha las preguntas e indica la respuesta correcta.

1. _____ Al pasillo.
   __✔__ Al balcón.

2. _____ En el lavaplatos.
   __✔__ En la mesita de noche.

3. _____ Al edificio.
   __✔__ A las afueras.

4. __✔__ En la secadora.
   _____ En la basura.

5. _____ El balcón.
   __✔__ Las escaleras.

6. __✔__ En las paredes.
   _____ En el horno.

7. __✔__ La estufa.
   _____ La aspiradora.

8. _____ En la alfombra.
   __✔__ En la alcoba.

2 **Escuchar** Escucha la conversación y completa las oraciones.

1. Paula va a comenzar por __la cocina__.
2. Pedro va a limpiar __la sala__ primero.
3. Pedro también va a limpiar __la oficina__.
4. Pedro le dice a Paula que debe __hacer la cama__ en la alcoba de huéspedes.
5. Pedro va a __planchar la ropa__ en el sótano.
6. Ellos están limpiando la casa porque __la madre de Pedro__ va a visitarlos.

Practice more!

LM
p. 67

1 SCRIPT

1. Cuando quieres salir al aire libre y estás en el tercer piso, ¿adónde vas?

2. Cuando quieres tener una lámpara y un despertador cerca de tu cama, ¿dónde los pones?

3. Si no quieres vivir en el centro de la ciudad, ¿adónde te mudas?

4. ¿Dónde pones la ropa después de lavarla?

5. ¿Qué usas para subir de la planta baja al primer piso?

6. Si tienes cuadros o pinturas, ¿dónde los pones?

7. Si vas a cocinar, ¿qué electrodoméstico necesitas?

8. Cuando haces la cama, ¿dónde estás?

2 SCRIPT

Pedro: Paula, tenemos que limpiar toda la casa esta mañana. ¿Por dónde podemos empezar?

Paula: Pienso empezar por la cocina. Voy a lavar los platos, sacar la basura y barrer el suelo.

PE: Pues, primero voy a limpiar la sala. Necesito pasar la aspiradora y sacudir los muebles.

PA: Después de la sala, ¿qué cuarto quieres limpiar?

PE: Después quiero limpiar la oficina.

PA: Entonces yo voy a limpiar la alcoba de huéspedes.

PE: Bueno. Debes hacer la cama en esa alcoba también.

PA: Ya lo sé. Ah, ¿puedes planchar la ropa en el sótano, Pedro?

PE: Sí… Espero que todo vaya bien durante la visita de mi madre.

PA: Sí. Pues yo espero que ella no venga hasta que todo esté limpio. ¡No nos queda mucho tiempo para terminar!

A practicar

3 EXPANSION Using magazine pictures, ask students what utensils are needed for various foods. Ex: **¿Con qué se come un taco? (con las manos) ¿Qué se necesita para comer espaguetis? (un tenedor y una cuchara)**

3 Emparejar Empareja cada dibujo con su descripción. Luego, nombra los dibujos.

___e___ 1. Lo usas para tomar agua.

___b___ 2. Lo necesitas para comer un bistec.

___f___ 3. Necesitas este objeto para la sopa.

___c___ 4. La necesitas para tomar café.

___a___ 5. La necesitas para tomar vino.

___d___ 6. Necesitas este objeto para limpiarte la boca después de comer.

a. _una copa_   b. _un tenedor_   c. _una taza_

d. _una servilleta_   e. _un vaso_   f. _una cuchara_

4 SUGGESTION Have students create their own descriptions for classmates to guess.

4 Definiciones En parejas, túrnense para identificar cada elemento que se describe. Luego, cada uno/a debe agregar dos descripciones propias de palabras y expresiones de **Preparación**.

modelo

Es lo que pagan cada mes las personas que viven en un apartamento.
Estudiante 1: Es lo que pagan cada mes las personas que viven en un apartamento.
Estudiante 2: el alquiler
Estudiante 1: Estacionas el carro en este lugar. Pones...

1. Pones la cabeza en este objeto cuando duermes. _la almohada_

2. Es el quehacer doméstico que haces después de comer. _quitar la mesa/lavar los platos_

3. Cubren (*they cover*) las ventanas y decoran la sala a la vez (*at the same time*). _las cortinas_

4. Algunos ejemplos son las cómodas, las mesitas y los sillones. _los muebles_

5. Son las personas que viven en tu barrio. _los vecinos_

5 SUGGESTION Before dividing the class into groups, model the activity by talking about your home. Ex: **En casa, mi esposo siempre pasa la aspiradora, pero yo sacudo los muebles. Mi hijo saca la basura y mi hija pone la mesa.**

5 Los quehaceres domésticos Trabajen en grupos para indicar quién hace los siguientes quehaceres domésticos en sus casas. Luego contesten las preguntas. _Answers will vary._

barrer el suelo	**lavar la ropa**	**planchar la ropa**
cocinar	**lavar los platos**	**sacar la basura**
hacer las camas	**pasar la aspiradora**	**sacudir los muebles**

- ¿Quién es la persona de mi grupo que hace más quehaceres?

- ¿Cúales son los quehaceres que más te molestan y los que más te gustan? ¿Por qué?

- ¿Piensas que debes hacer más quehaceres? ¿Por qué?

Practice more!

WB pp. 119–120

vhlcentral.com

A conversar

6 **Dos habitaciones** En parejas, describan las habitaciones que ven en las fotos. Identifiquen y describan cuatro muebles o adornos (*decorative items*) de cada foto y luego indiquen tres quehaceres que se pueden hacer en cada habitación. *Answers will vary.*

1.

2.

7 **¿Una casa o un apartamento?** En parejas, comparen las ventajas y desventajas de vivir en una casa o en un apartamento. Consideren el espacio, la comodidad, el precio del alquiler (*rent*), las reglas para las visitas, la organización de fiestas, etc. *Answers will vary.*

8 **Un(a) agente de bienes raíces** Trabajen en grupos para representar a un(a) agente de bienes raíces y a sus clientes. El/La agente tiene varias casas para vender; debe mostrarlas y hablar de los muebles y del barrio que más les convienen (*suit*) a estos clientes. *Answers will vary.*

> ✓ • Una pareja que está esperando su segundo hijo
>
> • Una pareja de jubilados (retirees) que
> quiere tranquilidad
>
> • Un grupo de estudiantes universitarios que quiere vivir
> fuera del campus (off-campus)
>
> • Una familia con cinco niños
>
> ✓ • Una pareja con tres mascotas (pets)
>
> ✓ • Un joven profesional dedicado (devoted) a la agricultura
> y a los deportes acuáticos

Ortografía Ⓢ Audio

Las mayúsculas y las minúsculas

Here are some of the rules that govern the use of capital letters (**mayúsculas**) and lowercase letters (**minúsculas**) in Spanish.

Los estudiantes llegaron al aeropuerto a las dos. **L**uego fueron al hotel.

In both Spanish and English, the first letter of every sentence is capitalized.

Rubén **B**lades   **P**anamá   **C**olón   los **A**ndes

The first letter of all proper nouns (names of people, countries, cities, geographical features, etc.) is capitalized.

***C**ien años de soledad*   ***D**on **Q**uijote de la **M**ancha*   ***E**l **P**aís*   ***M**uy **I**nteresante*

The first letter of the first word in titles of books, films, and works of art is generally capitalized, as well as the first letter of any proper names. In newspaper and magazine titles, as well as other short titles, the initial letter of each word is often capitalized.

la **s**eñora Ramos   **d**on Francisco   el **p**residente   **S**ra. Vives

Titles associated with people are *not* capitalized unless they appear as the first word in a sentence. Note, however, that the first letter of an abbreviated title is capitalized.

Último   **Á**lex   MEN**Ú**   PERD**Ó**N

Accent marks should be retained on capital letters. In practice, however, this rule is often ignored.

lunes   **v**iernes   **m**arzo   **p**rimavera

The first letter of days, months, and seasons is *not* capitalized.

español   **e**stadounidense   **j**aponés   **p**anameños

The first letter of nationalities and languages is *not* capitalized.

Ⓢ **Práctica** Corrige las mayúsculas y minúsculas incorrectas.

1. soy lourdes romero. Soy Colombiana.
   Soy Lourdes Romero. Soy colombiana.
2. éste Es mi Hermano álex.
   Éste es mi hermano Álex.
3. somos De panamá.
   Somos de Panamá.
4. ¿es ud. La sra. benavides?
   ¿Es Ud. la Sra. Benavides?
5. ud. Llegó el Lunes, ¿no?
   Ud. llegó el lunes, ¿no?

Ⓢ **Oraciones** Lee el diálogo de las serpientes. Ordena las letras para saber de qué palabras se trata. Después escribe las letras indicadas para descubrir por qué llora Pepito.

> **Profesor Herrera, ¿es cierto que somos venenosas°?**

> **Sí, Pepito. ¿Por qué lloras?**

m n a a P á   Ⓞ_ _ _ _ _ _   y a U r u g u   _ _ _ _ Ⓞ_ _ _

s t e m r a   Ⓞ_ _ _ _ _   r o ñ e s a   _ _ _ _ _ Ⓞ

i g s l é n   _ _ _ Ⓞ_ _

¡ _ orque _ e acabo de morder° la _ en _ u _ !

venenosas *venomous*
morder *to bite*

¹ *Respuestas: Panamá, martes, inglés, Uruguay, señora. ¡Porque me acabo de morder la lengua!*

Practice more!

LM p. 68

Ⓢ

vhlcentral.com

SUGGESTION Explain that if a city or a country has a definite article as part of its name, then the article is capitalized. Ex: **La Habana, La Coruña, La Haya, El Salvador.**

SUGGESTION Tell students that *El País* is a Spanish newspaper and *Muy Interesante* is a magazine.

EXPANSION Give this sentence to the class as a dictation: **El doctor Guzmán, el amigo panameño de la señorita Rivera, llegó a Quito el lunes doce de mayo.** Tell students to abbreviate all titles. Then write the sentence on the board so they can check their work.

VIDEO SYNOPSIS Felipe and Jimena have promised to clean the apartment in exchange for permission to take a trip to the Yucatán Peninsula. Marissa, Juan Carlos, and don Diego help them finish on time.

 Video

Los quehaceres

Jimena y Felipe deben limpiar el apartamento para poder ir de viaje con Marissa.

PREVIEW Have students predict what happens in this episode, based on its title and the video stills.

PERSONAJES

JIMENA

FELIPE

SRA. DÍAZ

SR. DÍAZ

MARISSA

JUAN CARLOS

DON DIEGO

1

SR. DÍAZ Quieren ir a Yucatán con Marissa, ¿verdad?

SRA. DÍAZ Entonces, les sugiero que arreglen este apartamento. Regresamos más tarde.

SR. DÍAZ Les aconsejo que preparen la cena para las 8:30.

2

MARISSA ¿Qué pasa?

JIMENA Nuestros papás quieren que Felipe y yo arreglemos toda la casa.

FELIPE Y que, además, preparemos la cena.

MARISSA ¡Pues, yo les ayudo!

3

MARISSA Mis padres siempre quieren que mis hermanos y yo ayudemos con los quehaceres. No me molesta ayudar. Pero odio limpiar el baño.

JIMENA Lo que más odio yo es sacar la basura.

6

MARISSA Yo lleno el lavaplatos... después de vaciarlo.

DON DIEGO Juan Carlos, ¿por qué no terminas de pasar la aspiradora? Y Felipe, tú limpia el polvo. ¡Ya casi acaban!

7

(Los chicos preparan la cena y ponen la mesa.)

JUAN CARLOS ¿Dónde están los tenedores?

JIMENA Allá.

JUAN CARLOS ¿Y las servilletas?

MARISSA Aquí están.

8

FELIPE La sala está tan limpia. Le pasamos la aspiradora al sillón y a las cortinas. ¡Y también a las almohadas!

JIMENA Yucatán, ¡ya casi llegamos!

ACTIVIDADES

1 **¿Cierto o falso?** Indica si lo que dicen estas oraciones es **cierto** o **falso**. Corrige las oraciones falsas.

1. Felipe y Jimena tienen que preparar el desayuno. *Falso. Felipe y Jimena tienen que preparar la cena.*
2. Don Diego ayuda a los chicos organizando los quehaceres domésticos. *Cierto.*
3. Jimena le dice a Juan Carlos dónde están los tenedores. *Cierto.*
4. A Marissa no le molesta limpiar el baño. *Falso. Marissa odia limpiar el baño.*
5. Juan Carlos termina de lavar los platos. *Falso. Juan Carlos termina de pasar la aspiradora.*

2 **Completar** Los chicos y don Diego están haciendo los quehaceres. Adivina en qué cuarto está cada uno de ellos.

1. Jimena limpia el congelador. Jimena está en _____ *la cocina* _____.
2. Don Diego limpia el escritorio. Don Diego está en _____ *la oficina* _____.
3. Felipe pasa la aspiradora debajo de la mesa y las sillas. Felipe está en _____ *el comedor* _____.
4. Juan Carlos sacude el sillón. Juan Carlos está en _____ *la sala* _____.
5. Marissa hace la cama. Marissa está en _____ *el dormitorio/la alcoba* _____.

VIDEO RECAP Before doing this **Aventuras** episode, review the previous episode with these questions: 1. ¿Qué se borró de la computadora de Maru? (Se borraron muchos archivos.) 2. ¿Quién intenta arreglar la computadora de Maru? (Mónica intenta arreglarla.) 3. ¿Dónde está Miguel? (Él está en el taller de Jorge.) 4. ¿Cuánto le pagó Miguel a Jorge para arreglar su coche? (No le pagó nada.)

SUGGESTION Draw attention to the sentences that begin with **Le(s) sugiero que...**, **Le(s) aconsejo que...**, and **Recomiendo que...** Explain that these sentences are examples of the present subjunctive with verbs of will or influence. Finally, point out the command **Vengan** next to video still 9. Explain that this is an example of an **ustedes** command. Tell students that they will learn more about these concepts in **Estructura**.

JUAN CARLOS Hola, Jimena. ¿Está Felipe?
(*a Felipe*) Te olvidaste del partido de fútbol.

FELIPE Juan Carlos, ¿verdad que mi papá te considera como de la familia?

JUAN CARLOS Sí.

(Don Diego llega a ayudar a los chicos.)

FELIPE Tenemos que limpiar la casa hoy.

JIMENA ¿Nos ayuda, don Diego?

DON DIEGO Claro. Recomiendo que se organicen en equipos para limpiar.

(Papá y mamá regresan a casa.)

SRA. DÍAZ ¡Qué bonita está la casa!

SR. DÍAZ Buen trabajo, muchachos. ¿Qué hay para cenar?

JIMENA Quesadillas. Vengan.

③ SUGGESTION Model this activity by drawing a floor plan on the board and describing it to the class. Label the rooms and say what activities you do in each one.

SRA. DÍAZ Don Diego, quédese a cenar con nosotros. Venga.

SR. DÍAZ Sí, don Diego. Pase.

DON DIEGO Gracias.

③ La casa En parejas, describan la casa de una celebridad o de alguien a quien conocen bien. Luego, compartan la descripción con la clase. Recuerden incluir:

▶ ¿Es una casa o apartamento? ¿De quién es?

▶ ¿Está ubicada/o (*located*) en la ciudad o en las afueras?

▶ ¿Cómo es la casa/el apartamento?

▶ ¿Cuántos cuartos tiene? ¿Son grandes o pequeños?

▶ ¿Qué hay en cada cuarto?

▶ ¿Qué parte de la casa es su preferida? ¿Por qué?

Expresiones útiles

Making recommendations

Le(s) sugiero que arregle(n) este apartamento.
I suggest you tidy up this apartment.

Le(s) aconsejo que prepare(n) la cena para las ocho y media.
I recommend that you have dinner ready for eight thirty.

Organizing work

Recomiendo que se organicen en equipos para limpiar.
I recommend that you divide yourselves into teams to clean.

Yo lleno el lavaplatos... después de vaciarlo.
I'll fill the dishwasher… after I empty it.

¿Por qué no terminas de pasar la aspiradora?
Why don't you finish vacuuming?

¡Ya casi acaban!
You're almost finished!

Felipe, tú quita el polvo.
Felipe, you dust.

Making polite requests

Don Diego, quédese a cenar con nosotros.
Don Diego, stay and have dinner with us.

Venga.
Come on.

Don Diego, pase.
Don Diego, come in.

Additional vocabulary

el plumero *duster*

Practice more!

VM
pp. 191–192

vhlcentral.com

communication STANDARDS · comparisons cultures STANDARDS · S Reading

El patio central

En las tardes cálidas° de Oaxaca, México; Córdoba, España, o Popayán, Colombia, es un placer sentarse en **el patio central** de una casa y tomar un refresco disfrutando de° una buena conversación. De influencia árabe, esta característica arquitectónica° fue traída° a las Américas por los españoles. En la época° colonial, se construyeron casas, palacios, monasterios, hospitales y escuelas con patio central. Éste es un espacio privado e íntimo en donde se puede disfrutar del sol y de la brisa° y se puede estar, al mismo tiempo, aislado° de la calle.

La distribución de los cuartos

Las casas con patio central eran usualmente las viviendas de familias adineradas°. Son casas de dos o tres pisos. Los cuartos de la planta baja son las áreas comunes: cocina, comedor, sala, etc., y tienen puertas al patio. En los pisos superiores están las habitaciones privadas de la familia.

El centro del patio es un espacio abierto. Alrededor de° él, separado por columnas, hay un pasillo cubierto°. Así, hay zonas de sol y de sombra°. El patio es una parte importante de la vivienda familiar y su decoración se cuida° mucho. En el centro del patio muchas veces hay una fuente°, plantas e incluso árboles°. El agua es un elemento muy importante en la ideología islámica porque simboliza la purificación del cuerpo y del alma°. Por esta razón y para disminuir° la temperatura, el agua en estas construcciones es muy importante. El agua y la vegetación ayudan a mantener la temperatura fresca y el patio proporciona° luz y ventilación a todas las habitaciones.

cálidas *hot* **disfrutando de** *enjoying* **arquitectónica** *architectural* **traída** *brought* **época** *era* **brisa** *breeze* **aislado** *isolated* **Alrededor de** *Surrounding* **cubierto** *covered* **sombra** *shade* **se cuida** *is looked after* **fuente** *fountain* **árboles** *trees* **alma** *soul* **disminuir** *lower* **proporciona** *provides* **adineradas** *wealthy*

ASÍ SE DICE

La vivienda

el ático, el desván	el altillo
la cobija (Méx.), la frazada (Arg., Cuba, Ven.)	la manta
el escaparate (Cuba, Ven.), el ropero (Méx.)	el armario
el fregadero	*kitchen sink*
el frigidaire (Perú), el frigorífico (Esp.), la heladera (Arg.), la nevera	el refrigerador
el lavavajillas (Arg., Esp., Méx.)	el lavaplatos

ACTIVIDADES

1 **¿Cierto o falso?** Indica si lo que dicen las oraciones es **cierto** o **falso**. Corrige las falsas.

1. Los patios centrales de Latinoamérica tienen su origen en la tradición indígena.
Falso. Los patios tienen su origen en la arquitectura árabe.
2. Los españoles llevaron a América el concepto del patio. *Cierto.*

3. En la época colonial las casas eran las únicas construcciones con patio central.
Falso. Se construyeron casas, palacios, monasterios, hospitales y escuelas.
4. El patio es una parte importante en estas construcciones, y es por ello que se le presta atención a su decoración. *Cierto.*

5. El patio central es un lugar de descanso que da luz y ventilación a las habitaciones. *Cierto.*
6. Las fuentes en los patios tienen importancia por razones ideológicas y porque bajan la temperatura. *Cierto.*

7. En la ideología española el agua simboliza salud y bienestar del cuerpo y del alma. *Falso. En la ideología islámica el agua simboliza la purificación del cuerpo y del alma.*
8. Las casas con patio central eran de personas con dinero. *Cierto.*

9. Los cuartos de la planta baja son privados.
Falso. Los cuartos de la planta baja son las áreas comunes.
10. Las alcobas están en los pisos superiores. *Cierto.*

2 **Viviendas tradicionales** Escribe cuatro oraciones sobre una vivienda tradicional que conoces. Explica su origen, en qué lugar se encuentra, qué materiales tiene y cómo es.

CONEXIÓN INTERNET

¿Cuáles son las características de la arquitectura moderna de los países hispanos?

For more information about this **Cultura**, go to **vhlcentral.com**.

Video

La casa de Frida

1 **Preparación** Imagina que eres un(a) artista, ¿cómo sería (*would be*) tu casa? ¿Sería muy diferente de la casa en donde vives ahora?

2 **El video** Mira el episodio de **Flash Cultura**.

Vocabulario			
jardinero *gardener*	**la silla de ruedas** *wheelchair*		
muros *walls*	**las valiosas obras** *valuable works*		

El hogar en que nació la pintora Frida Kahlo en 1907 se caracteriza por su arquitectura típicamente mexicana…

Uno de los espacios más atractivos de esta casa es este estudio que Diego instaló…

3 **¿Cierto o falso?** Indica si lo que dicen estas oraciones es cierto o falso.

1. La casa de Frida Kahlo está en el centro de México, D.F. *Falso.*

2. La casa de Frida se transformó en un museo en los años 50. *Cierto.*

3. Frida Kahlo vivió sola en su casa. *Falso.*

4. Entre las obras que se exhiben está el cuadro (*painting*) de *Las dos Fridas*. *Cierto.*

5. El jardinero actual (*current*) jamás conoció ni a Frida ni a Diego. *Falso.*

6. En el museo se exhiben la silla de ruedas y los aparatos ortopédicos de Frida. *Cierto.*

Practice more!

VM pp. 223–224	vhlcentral.com

12.1 Usted and ustedes commands Tutorial

▶ Command forms are used to give orders or advice. **Usted** and **ustedes** can be used to refer to a group of people or in formal situations.

Hable con ellos, don Francisco.
Talk to them, Don Francisco.

Coma frutas y verduras.
Eat fruits and vegetables.

Laven los platos ahora mismo.
Wash the dishes right now.

Beban menos té y café.
Drink less tea and coffee.

▶ The **usted** and **ustedes** commands (**mandatos**) are formed by dropping the final **–o** of the **yo** form of the present tense. For **–ar** verbs, add **–e** or **–en**. For **–er** and **–ir** verbs, add **–a** or **–an**.

Formal commands (*Ud.* and *Uds.*)			
Infinitive	Present tense *yo* form	Ud. command	Uds. command
limpiar	limpio	limpie	limpien
barrer	barro	barra	barran
sacudir	sacudo	sacuda	sacudan
decir (e:i)	digo	diga	digan
pensar (e:ie)	pienso	piense	piensen
volver (o:ue)	vuelvo	vuelva	vuelvan
servir (e:i)	sirvo	sirva	sirvan

Don Diego, quédese a cenar con nosotros.

No se preocupen, yo los ayudo.

▶ Verbs with irregular **yo** forms have the same irregularity in their formal commands. These verbs include **conducir, conocer, decir, hacer, ofrecer, oír, poner, salir, tener, traducir, traer, venir,** and **ver.**

Oiga, don Francisco…
Listen, Don Francisco…

¡Salga inmediatamente!
Leave immediately!

Pongan la mesa, por favor.
Set the table, please.

Hagan la cama antes de salir.
Make the bed before leaving.

▶ Stem-changing verbs maintain their stem changes in **usted** and **ustedes** commands.

e:ie
No **pierda** la llave.
Cierren la puerta.

o:ue
Vuelva temprano, joven.
Duerman bien, chicos.

e:i
Sirva la sopa, por favor.
Repitan las oraciones.

Práctica

1 **¡A mudarse!** La señora González quiere mudarse. Ayúdala a organizarse, indicando el mandato (*command*) formal de cada verbo.

1. ___*Lea*___ [leer] los anuncios (*ads*) del periódico y ___*guárdelos*___ [guardarlos].

2. ___*Vaya*___ [ir] personalmente y ___*vea*___ [ver] las casas usted misma.

3. Decida qué casa quiere y ___*llame*___ [llamar] al agente. ___*Pídale*___ [pedirle] un contrato de alquiler.

4. ___*Alquile*___ [alquilar] un camión (*truck*) para el día de la mudanza (*moving day*) y ___*pregúnteles*___ [preguntarles] a los empleados la hora exacta de llegada.

5. ___*Dígales*___ [decirles] a todos en casa que tienen que ayudar. No ___*les diga*___ [decirles] que usted va a hacerlo todo.

6. ___*Tómese*___ [tomarse] su tiempo para hacer las maletas tranquilamente. ___*Saque*___ [sacar] toda la ropa que no use y ___*désela*___ [dar] a alguien que la necesite.

7. El día de la mudanza no ___*esté*___ [estar] nerviosa.

8. No ___*se preocupe*___ [preocuparse]. ___*Sepa*___ [saber] que todo va a salir bien.

2 **¿Qué dicen?** Mira los dibujos y escribe un mandato lógico para cada uno. *Answers will vary. Suggested answers below.*

modelo

Arreglen estas cosas, por favor.

1. *Abran sus libros, por favor.*   2. *Cierre la puerta. ¡Hace frío!*

3. *Traiga usted la cuenta, por favor.*   4. *Barran, por favor.*

Conversación

3 Consejos En parejas, túrnense para representar a un(a) estudiante y a un(a) profesor(a). El/La estudiante cuenta sus problemas y el/la profesor(a) le da órdenes. Sigan el modelo. *Answers will vary.*

modelo
Me torcí el tobillo jugando al tenis.
Es la tercera vez.
Estudiante 1: Me torcí el tobillo jugando al tenis. Es la tercera vez.
Estudiante 2: No juegue más al tenis. / Vaya a ver a un médico.

1. Me enfermé después de volver de las vacaciones.
2. Mi compañero/a de cuarto y yo siempre llegamos tarde a la clase.
3. Nuestro cuarto es demasiado ruidoso para estudiar.
4. Me duele la cabeza y no puedo hacer la presentación para la clase hoy.
5. ¡Se me olvidó estudiar para el examen!

4 Un programa de consejos En parejas, túrnense para representar los papeles de una persona que da consejos en la radio y los radioyentes (*radio listeners*) que la llaman con estos problemas. *Answers will vary.*

- problemas sentimentales o familiares
- problemas académicos
- problemas con los amigos
- problemas financieros
- problemas médicos
- problemas con la casa o el apartamento
- problemas con el coche
- problemas con los vecinos
- problemas legales
- problemas para dormir

5 Un anuncio de televisión En grupos, presenten un anuncio de televisión a la clase. Debe tratar de (*be about*) un detergente, un electrodoméstico o una agencia de bienes raíces. Usen mandatos, los pronombres relativos (**que, quien(es)** o **lo que**) y el **se** impersonal. *Answers will vary.*

modelo
Compre el lavaplatos Cristal. Tiene todo lo que usted desea. Es el lavaplatos que mejor funciona. Venga a verlo ahora mismo… No pierda ni un minuto más. Se aceptan tarjetas de crédito.

Practice more!
WB pp. 121–122
LM p. 69
vhlcentral.com

Irregular commands

▶ Verbs ending in **-car**, **-gar**, and **-zar** have a spelling change in the command forms.

sacar	c	qu	sa**que**, sa**quen**
jugar	g	gu	jue**gue**, jue**guen**
almorzar	z	c	almuer**ce**, almuer**cen**

▶ These verbs have irregular formal commands.

INFINITIVE	Ud. COMMAND	Uds. COMMAND
dar	dé	den
estar	esté	estén
ir	vaya	vayan
saber	sepa	sepan
ser	sea	sean

▶ To make a command negative, place **no** before the verb.

No ponga las maletas en la cama.
Don't put the suitcases on the bed.

No ensucien los sillones.
Don't get the armchairs dirty.

▶ In affirmative commands, reflexive and object pronouns are always attached to the end of the verb. Note that when a pronoun is attached to a verb that has two or more syllables, an accent mark is added.

Siénten**se**, por favor.
Díga**melo**.

Acuésten**se** ahora.
Pongan**las** en el suelo, por favor.

▶ In negative commands, the pronouns precede the verb.

No **se** preocupe.
No **me lo** dé.

No **los** ensucien.
No **nos las** traigan.

▶ **Usted** and **ustedes** can be used after command forms for a more formal, polite tone.

Muéstrele usted la casa a su amigo.
Show the house to your friend.

Tomen ustedes esta alcoba.
Take this bedroom.

¡Manos a la obra!

Indica los mandatos (*commands*) afirmativos y negativos.

	Afirmativo	Negativo
1. escucharlo (Ud.)	Escúchelo	No lo escuche
2. decírmelo (Uds.)	Díganmelo	No me lo digan
3. salir (Ud.)	Salga	No salga
4. servírnoslo (Uds.)	Sírvannoslo	No nos lo sirvan
5. barrerla (Ud.)	Bárrala	No la barra
6. hacerlo (Ud.)	Hágalo	No lo haga
7. ir (Uds.)	Vayan	No vayan
8. sentarse (Uds.)	Siéntense	No se sienten

12.2 The present subjunctive Tutorial

▶ The subjunctive mood expresses the speaker's attitude toward events, actions, or states that the speaker views as uncertain or hypothetical.

Es bueno **que estudies** más.
It is good that you study more.

Es necesario **que** no **lleguemos** tarde.
It is necessary that we don't arrive late.

▶ The subjunctive is mainly used to express: 1) will and influence; 2) emotion; 3) doubt, disbelief, and denial; and 4) indefiniteness and nonexistence.

▶ The subjunctive is most often used in sentences that consist of a main clause and a subordinate clause. The main clause contains a verb or expression that triggers the use of the subjunctive in the subordinate clause. The word **que** connects the subordinate clause to the main clause.

▶ Some expressions are always followed by clauses in the subjunctive. These include:

Es bueno (malo, mejor) que…
It's good (bad, better) that…

Es importante (necesario, urgente) que…
It's important (necessary, urgent) that…

Es mejor que vayas con él.
It's better that you go with him.

Es urgente que sepa la verdad.
It's urgent that she know the truth.

▶ Note the following endings for the subjunctive.

Present subjunctive of regular verbs

	hablar	comer	escribir
yo	habl**e**	com**a**	escrib**a**
tú	habl**es**	com**as**	escrib**as**
Ud./él/ella	habl**e**	com**a**	escrib**a**
nosotros/as	habl**emos**	com**amos**	escrib**amos**
vosotros/as	habl**éis**	com**áis**	escrib**áis**
Uds./ellos/ellas	habl**en**	com**an**	escrib**an**

▶ To form the present subjunctive of regular verbs, drop the **-o** ending from the **yo** form of the indicative, and replace it with the subjunctive endings.

INFINITIVE	PRESENT INDICATIVE	PRESENT SUBJUNCTIVE
hablar	hablo	hable
comer	como	coma
escribir	escribo	escriba

▶ Verbs ending in **-car, -gar,** and **-zar** have a spelling change in all forms.

sacar	sa**que**, sa**ques**, sa**que**, sa**quemos**, sa**quéis**, sa**quen**
jugar	jue**gue**, jue**gues**, jue**gue**, ju**guemos**, ju**guéis**, jue**guen**
almorzar	almuer**ce**, almuer**ces**, almuer**ce**, almor**cemos**, almor**céis**, almuer**cen**

Práctica

1 **Emparejar** Completa las oraciones con el subjuntivo de los verbos. Luego empareja las oraciones del grupo **A** con las del grupo **B**.

A

1. Es mejor que ___cenemos___ [nosotros, cenar] en casa. *b*
2. Es importante que ___tome___ [yo, tomar] algo para el dolor de cabeza. *c*
3. Señora, es urgente que le ___saque___ [yo, sacar] la muela. Parece que tiene una infección. *e*
4. Es malo que Ana les ___dé___ [dar] tantos dulces a los niños. *a*
5. Es necesario que ___lleguen___ [Uds., llegar] a la una de la tarde. *f*
6. Es importante que ___nos acostemos___ [nosotros, acostarse] temprano. *d*

B

a. Es importante que ___coman___ [ellos, comer] más verduras.
b. No, es mejor que ___salgamos___ [nosotros, salir] a comer a un restaurante.
c. Y yo creo que es urgente que ___llames___ [tú, llamar] al médico.
d. En mi opinión, no es necesario que ___durmamos___ [nosotros, dormir] tanto.
e. ¿Ah, sí? ¿Es necesario que me ___tome___ [yo, tomar] un antibiótico también?
f. Para llegar a tiempo, es necesario que ___almorcemos___ [nosotros, almorzar] temprano.

2 **Oraciones** Combina los elementos de las tres columnas para formar oraciones. Usa el subjuntivo. *Answers will vary.*

Expresiones	Sujetos	Actividades
Es bueno que	yo	hacer la cama
Es mejor que	mi hermano	levantarse
Es malo que	los padres	sacar la basura
Es importante que	Sofía Vergara	mudarse
Es necesario que	mis amigos/as	lavar los platos
Es urgente que	Kevin Durant	cocinar
	el/la profesor(a)	barrer el suelo
		despertarse
		ensuciar la casa
		comer

Conversación

3 **Minidiálogos** En parejas, completen los minidiálogos de una manera lógica usando el subjuntivo. *Answers will vary.*

Miguelito: Mamá, no quiero arreglar mi cuarto.

Sra. Torres: *Es necesario que lo arregles.*
Y es importante que sacudas los
muebles también.

MIGUELITO Mamá, no quiero estudiar. Quiero salir a jugar con mis amigos.

SRA. TORRES (1) _____.

· · ·

MIGUELITO Mamá, es que no me gustan las verduras. Prefiero comer pasteles.

SRA. TORRES (2) _____.

· · ·

MIGUELITO ¿Tengo que poner la mesa, mamá?

SRA. TORRES (3) _____.

· · ·

MIGUELITO No me siento bien, mamá. Me duele todo el cuerpo y tengo fiebre.

SRA. TORRES (4) _____.

4 **Entrevista** En parejas, usen estas preguntas para entrevistarse. Expliquen sus respuestas. *Answers will vary.*

1. ¿Es importante que los niños ayuden con los quehaceres domésticos?

2. ¿Es urgente que los norteamericanos aprendan otras lenguas?

3. Si un(a) norteamericano/a quiere aprender francés, ¿es mejor que lo aprenda en Francia?

4. En tu universidad, ¿es necesario que los estudiantes vivan en residencias estudiantiles?

5. ¿Es bueno que todos los estudiantes practiquen algún deporte?

6. ¿Es importante que los estudiantes asistan a las clases?

Practice more!
WB pp. 123–124	LM p. 70	vhlcentral.com

▶ **-Ar** and **-er** stem-changing verbs have the same stem changes in the subjunctive as they do in the present indicative.

pensar (e:ie)	**pie**nse, **pie**nses, **pie**nse, pensemos, penséis, **pie**nsen
mostrar (o:ue)	**mue**stre, **mue**stres, **mue**stre, mostremos, mostréis, **mue**stren
entender (e:ie)	ent**ie**nda, ent**ie**ndas, ent**ie**nda, entendamos, entendáis, ent**ie**ndan
volver (o:ue)	v**ue**lva, v**ue**lvas, v**ue**lva, volvamos, volváis, v**ue**lvan

▶ **–Ir** stem-changing verbs have the same stem changes in the subjunctive as in the present indicative. In addition, the **nosotros/as** and **vosotros/as** forms also undergo a stem change. The unstressed **e** changes to **i** and the unstressed **o** changes to **u**.

pedir (e:i)	p**i**da, p**i**das, p**i**da, p**i**damos, p**i**dáis, p**i**dan
sentir (e:ie)	s**ie**nta, s**ie**ntas, s**ie**nta, s**i**ntamos, s**i**ntáis, s**ie**ntan
dormir (o:ue)	d**ue**rma, d**ue**rmas, d**ue**rma, d**u**rmamos, d**u**rmáis, d**ue**rman

▶ Verbs with irregular **yo** forms in the present indicative tense have the same irregularity in the present subjunctive.

INFINITIVE	PRESENT INDICATIVE	PRESENT SUBJUNCTIVE
conducir	condu**zco**	condu**zca**
conocer	cono**zco**	cono**zca**
decir	di**go**	di**ga**
hacer	ha**go**	ha**ga**
ofrecer	ofre**zco**	ofre**zca**
oír	oi**go**	oi**ga**
parecer	pare**zco**	pare**zca**
poner	pon**go**	pon**ga**
tener	ten**go**	ten**ga**
traducir	tradu**zco**	tradu**zca**
traer	trai**go**	trai**ga**
venir	ven**go**	ven**ga**
ver	ve**o**	ve**a**

▶ These five verbs are irregular in the present subjunctive.

Irregular verbs in the present subjunctive					
	dar	**estar**	**ir**	**saber**	**ser**
yo	dé	esté	vaya	sepa	sea
tú	des	estés	vayas	sepas	seas
Ud./él/ella	dé	esté	vaya	sepa	sea
nosotros/as	demos	estemos	vayamos	sepamos	seamos
vosotros/as	deis	estéis	vayáis	sepáis	seáis
Uds./ellos/ellas	den	estén	vayan	sepan	sean

¡ojo! The subjunctive form of **hay** (*there is, there are*) is **haya**.

12.3 Subjunctive with verbs of will and influence

 Tutorial

▸ The subjunctive is used with verbs and expressions of will and influence.

Quiero que tengas **dientes más blancos.**

▸ Verbs of will and influence are often used when someone wants to affect the actions or behavior of other people.

Enrique **quiere** que **salgamos** a cenar.
Enrique wants us to go out for dinner.

Paola **prefiere** que **cenemos** en casa.
Paola prefers that we have dinner at home.

Ana **insiste** en que la **llamemos.**
Ana insists that we call her.

Mi madre nos **ruega** que **vayamos** a verla.
My mother begs us to come see her.

▸ Here are some verbs of will and influence.

Verbs of will and influence

aconsejar	to advise	pedir (e:i)	to ask (for)
desear	to wish; to desire	preferir (e:ie)	to prefer
importar	to be important; to matter	prohibir	to prohibit
		querer (e:ie)	to want
insistir (en)	to insist (on)	recomendar (e:ie)	to recommend
mandar	to order	rogar (o:ue)	to beg; to plead
necesitar	to need	sugerir (e:ie)	to suggest

▸ Some impersonal expressions convey will or influence, such as **es necesario que, es importante que, es mejor que,** and **es urgente que.**

Es importante que duermas bien.
It's important that you sleep well.

Es urgente que él lo **haga** hoy.
It's urgent that he do it today.

▸ When the main clause contains an expression of will or influence and the subordinate clause has a different subject, the subjunctive is required.

Main clause	Connector	Subordinate clause
VERB OF WILL		SUBJUNCTIVE
Mi mamá prefiere	**que**	**yo saque** la basura.

Práctica

1 Entre amigas Completa el diálogo con las palabras de la lista.

cocina	mires	quiere	sea
diga	ponga	saber	ser
haga	prohíbe	sé	vaya

IRENE Tengo problemas con Vilma. ¿Qué me recomiendas que le (1) ___diga___?

JULIA Necesito (2) ___saber___ más para aconsejarte.

IRENE Me (3) ___prohíbe___ que mire televisión cuando llego de la escuela.

JULIA Tiene razón. Es mejor que tú no (4) ___mires___ tanta televisión.

IRENE Quiero que (5) ___sea___ más flexible, pero insiste en que yo (6) ___haga___ todo en la casa.

JULIA No es verdad. Yo (7) ___sé___ que Vilma (8) ___cocina___ y hace los quehaceres todos los días.

IRENE Sí, pero siempre me pide que (9) ___ponga___ los cubiertos en la mesa y que (10) ___vaya___ al sótano por las servilletas.

JULIA ¡Vilma sólo (11) ___quiere___ que ayudes en la casa!

2 Unos consejos Lee lo que dice cada persona. Luego da consejos lógicos usando verbos como **aconsejar, recomendar** y **prohibir.** Sigue el modelo. *Answers will vary.*

modelo
El presidente: Quiero comprar la Casa Blanca.
Le aconsejo que compre otra casa.

1. **Tu mamá:** Pienso poner la secadora en la entrada de la casa.
2. **Martha Stewart:** Voy a ir a la gasolinera para comprar unas elegantes copas de cristal.
3. **Tu profesor(a):** No voy a corregir los exámenes.
4. **Enrique Iglesias:** Pienso llevar todos mis muebles nuevos al altillo.
5. **Katy Perry:** Hay una fiesta en mi casa esta noche, pero no quiero arreglar la casa.
6. **Tu papá:** Hoy no tengo ganas de hacer las camas.

Conversación

Preguntas En parejas, túrnense para contestar las preguntas. Usen el subjuntivo. *Answers will vary.*

1. ¿Te dan consejos tus amigos/as? ¿Qué te aconsejan? ¿Aceptas sus consejos? ¿Por qué?

2. ¿Qué te sugieren tus profesores que hagas antes de terminar los cursos que tomas?

3. ¿Insisten tus amigos/as en que salgas mucho con ellos/as?

4. ¿Qué quieres que te regalen tu familia y tus amigos/as para tu cumpleaños?

5. ¿Qué le recomiendas tú a un(a) amigo/a que no quiere salir los sábados con su novio/a?

6. ¿Qué les aconsejas a los nuevos estudiantes de tu universidad?

Recomendaciones En parejas, preparen una lista de seis personas famosas. Un(a) estudiante da el nombre de una persona famosa y el/la otro/a le da un consejo. *Answers will vary.*

modelo

Estudiante 1: *Judge Judy.*
Estudiante 2: *Le recomiendo que sea más simpática con la gente.*
Estudiante 1: *Will Ferrell.*
Estudiante 2: *Le aconsejo que haga más películas.*

5 **El apartamento de Luisa** En parejas, miren la ilustración. Denle consejos a Luisa sobre cómo arreglar su apartamento. Usen expresiones impersonales y verbos como **aconsejar, sugerir** y **recomendar**. *Answers will vary.*

modelo

Es mejor que arregles el apartamento más a menudo. Te aconsejo que guardes (put away) la tabla de planchar (ironing board).

Practice more!

WB
pp. 125–126

LM
p. 71

Ⓢ

vhlcentral.com

> Les sugiero que arreglen este apartamento.

> Recomiendo que se organicen en equipos.

▶ Indirect object pronouns are often used with the verbs **aconsejar, mandar, pedir, recomendar, rogar,** and **sugerir.**

Te aconsejo que estudies.
I advise you to study.

Le sugiero que vaya a casa.
I suggest that he go home.

Les recomiendo que barran el suelo.
I recommend that you sweep the floor.

Les ruego que no vengan.
I beg you not to come.

▶ Note that all the forms of **prohibir** in the present tense carry a written accent, except for the **nosotros/as** form: **prohíbo, prohíbes, prohíbe, prohibimos, prohibís, prohíben.**

Ella les **prohíbe** que miren la televisión.
She prohibits them from watching television.

Nos **prohíben** que nademos en la piscina.
They prohibit us from swimming in the pool.

▶ The infinitive is used with expressions of will and influence if there is no change of subject.

No quiero **sacudir** los muebles.
I don't want to dust the furniture.

Paco prefiere **descansar.**
Paco prefers to rest.

Es importante **sacar** la basura.
It's important to take out the trash.

No es necesario **quitar** la mesa.
It's not necessary to clear the table.

¡Manos a la obra!

Completa cada oración con la forma correcta del verbo indicado.

1. Te sugiero que ___vayas___ [ir] con ella al supermercado.
2. Él necesita que yo le ___preste___ [prestar] dinero.
3. No queremos que tú ___hagas___ [hacer] nada especial para nosotros.
4. Mis papás quieren que yo ___limpie___ [limpiar] mi cuarto.
5. Nos piden que la ___ayudemos___ [ayudar] a preparar la comida.
6. Quieren que tú ___saques___ [sacar] la basura todos los días.
7. Quiero ___descansar___ [descansar] esta noche.
8. Es importante que ustedes ___limpien___ [limpiar] la casa.
9. Su tía les manda que ___pongan___ [poner] la mesa.
10. Te aconsejo que no ___salgas___ [salir] con él.
11. Mi tío insiste en que mi prima ___haga___ [hacer] la cama.
12. Prefiero ___ir___ [ir] al cine.
13. Es necesario ___estudiar___ [estudiar].
14. Recomiendo que ustedes ___pasen___ [pasar] la aspiradora.

A repasar

12.1 Usted and ustedes commands

1 **Los consejos de la abuela** La abuela les da muchos consejos a sus nietos. Completa los consejos con los mandatos de los verbos entre paréntesis.

> **modelo**
> Planchen su ropa. (planchar)

1. No _pongan_ el volumen del estéreo muy alto. (poner)
2. _Hagan_ sus camas después de levantarse. (hacer)
3. _Cepíllense_ los dientes después de comer. (cepillarse)
4. _Laven_ sus platos después de cenar. (lavar)
5. _Terminen_ la tarea antes de salir a la calle. (terminar)
6. No _vean_ la televisión hasta la medianoche. (ver)

2 **Órdenes** Don José se va de viaje y deja su casa al cuidado de su vecina, doña Lucía. Lee lo que dice doña Lucía y contesta dándole órdenes como si fueras (*as if you were*) don José. Usa la información entre paréntesis.

> **modelo**
> **DOÑA LUCÍA** Voy a descansar.
> **DON JOSÉ** (comenzar a preparar la cena)
> **No descanse. Comience a preparar la cena.**

DOÑA LUCÍA Voy a apagar la luz del garaje.
DON JOSÉ (Dejarla así) (1) _No apague la luz del garaje. Déjela así._

DOÑA LUCÍA Voy a barrer el suelo de toda la casa.
DON JOSÉ (Barrer sólo el suelo de la cocina)
(2) _No barra el suelo de toda la casa. Barra sólo el suelo de la cocina._

DOÑA LUCÍA Voy a lavar y secar los platos. _No lave ni seque los platos._
DON JOSÉ (Ponerlos en el lavaplatos) (3) _Póngalos en el lavaplatos._

DOÑA LUCÍA Voy a pasear el perro por la calle. _No pasee el perro por la_
DON JOSÉ (Dejarlo adentro de la casa) (4) _calle. Déjelo adentro de la casa._

DOÑA LUCÍA Voy a sacar la basura por la noche. _No saque la basura por la_
DON JOSÉ (Sacarla por la mañana) (5) _noche. Sáquela por la mañana._

DOÑA LUCÍA Voy a quitar los libros del estante. _No quite los libros del_
DON JOSÉ (No ser desordenada) (6) _estante. No sea desordenada._

3 **Josefina** Josefina se va de viaje y les deja una lista a sus hijos de lo que (no) tienen que hacer. En parejas, escriban cinco mandatos formales con los verbos **dar, estar, ir, saber** y **ser**.
Answers will vary.

> **modelo**
> **Miren solamente una hora de televisión por día.**

12.2 The present subjunctive

4 **Es importante que...** Forma oraciones con **es importante que...** y estos elementos.

> **modelo**
> tú / ir / pagar / el alquiler
> **Es importante que tú vayas a pagar el alquiler.**

1. nosotros / dormir / siesta / por la tarde
   Es importante que nosotros durmamos una/la siesta por la tarde.
2. los adolescentes / saber / hacer / los quehaceres domésticos
   Es importante que los adolescentes sepan hacer los quehaceres domésticos.
3. ustedes / conocer / sus vecinos
   Es importante que ustedes conozcan a sus vecinos.
4. yo / ser / ordenado / la cocina
   Es importante que yo sea ordenado en la cocina.
5. siempre / haber / comida / refrigerador
   Es importante que siempre haya comida en el refrigerador.
6. el vecino / estar / su apartamento / por la noche
   Es importante que el vecino esté en su apartamento por la noche.

5 **El apartamento ideal** En parejas, describan el apartamento ideal. Expliquen el número de habitaciones y los muebles que desean tener en cada habitación. Usen el subjuntivo con expresiones impersonales.
Answers will vary.

> **modelo**
> **Es necesario que mi apartamento tenga tres alcobas y una oficina. Es importante que... También es necesario que...**

12.3 Subjunctive with verbs of will and influence

6 **Los quehaceres domésticos** Di lo que estas personas quieren que se haga.

> **modelo**
> Los vecinos (pedir) / tú (barrer el patio)
> **Los vecinos piden que tú barras el patio. / Los vecinos te piden que barras el patio.**

1. El ama de casa (mandar) / los chicos (sacudir los estantes)
   El ama de casa manda que los chicos sacudan los estantes.
2. Yo (recomendar) / nosotros (usar el lavaplatos)
   Yo recomiendo que nosotros usemos el lavaplatos.
3. Raúl (insistir) / yo (apagar la luz del pasillo)
   Raúl insiste en que yo apague la luz del pasillo./Raúl me insiste que apague la luz del pasillo.
4. Tú (sugerir) / Sandra (cocinar la cena)
   Tú sugieres que Sandra cocine la cena./Tú le sugieres (a Sandra) que cocine la cena.
5. Nosotros (necesitar) / José y tú (poner las copas en la mesa)
   Nosotros necesitamos que José y tú pongan las copas en la mesa.
6. Ustedes (rogar) / Esteban (planchar la ropa)
   Ustedes ruegan que Esteban planche la ropa. / Ustedes le ruegan a Esteban que planche la ropa.

Practice more at **vhlcentral.com**.

7 **¿Dónde quieres que lo ponga?** Te estás mudando de casa y tus amigos deciden ayudarte. En parejas, túrnense para preguntarse dónde deben poner las cosas en la nueva casa. Usen el subjuntivo y los verbos **desear, preferir** y **querer** con los verbos **poner, colocar** (*to put*), **dejar** y **llevar**. *Answers will vary.*

modelo

Estudiante 1: ¿Dónde deseas que pongamos estas pinturas?

Estudiante 2: Deseo que pongan las pinturas en el sótano. / Deseo que las pongan en el sótano.

- alfombras
- platos
- vasos
- almohadas
- cortinas
- mesa
- cuadro
- lámparas
- mantas
- sillón
- cómoda
- mesita

8 **¡Por favor!** Tus padres van a visitar tu apartamento, por lo que necesitas ayuda para limpiarlo. En parejas, escriban qué les vas a pedir a tus compañeros/as de apartamento. Usen el subjuntivo y los verbos **necesitar, pedir** y **rogar**. *Answers will vary.*

modelo

Por favor, necesito que hagan sus camas y arreglen sus cuartos.

Síntesis

9 **Una fiesta en la cuadra** En parejas, imaginen que son vecinos/as y están organizando una fiesta en su cuadra (*street block*). Preparen una conversación sobre los preparativos (*arrangements*) que tienen que hacer. Usen los mandatos formales y el subjuntivo. *Answers will vary.*

modelo

Estudiante 1: Para la fiesta del domingo, necesito que usted arregle las mesas en la calle.

Estudiante 2: Así lo voy a hacer. Compre usted la comida y vaya por el pastel.

   Videoclip **S** **Video**

1 **Preparación** ¿Te gustan los quehaceres domésticos? ¿Cuál te parece el más fácil de hacer? ¿Por qué? ¿Qué electrodomésticos usas para hacerlo?

2 **El clip** Mira el anuncio de **Balay** de España.

Vocabulario			
aislante	*insulation*	**fabricar**	*to manufacture*
campana	*hood*	**lavavajillas**	**lavaplatos**

Sabemos lo mucho que se agradece° en algunos momentos…

… un poco de silencio°.

se agradece *it's appreciated*   silencio *silence*

3 **Identificar** Indica lo que se muestra en el anuncio.

1. ___✓___ llaves
2. _____ sofá
3. ___✓___ puerta
4. ___✓___ cocina
5. _____ bebé (*baby*)
6. ___✓___ calle
7. ___✓___ despertador
8. _____ altillo

4 **El apartamento** Trabajen en grupos pequeños. Imaginen que cada uno de ustedes consiguió el trabajo de sus sueños (*dream job*) y que comparten un apartamento en el centro de una ciudad. Describan el apartamento, los muebles y los electrodomésticos y digan qué quehaceres hace cada uno. *Answers will vary.*

 Practice more at **vhlcentral.com**.

Ampliación

1 Escuchar

A Mira los anuncios en esta página y escucha la conversación entre el señor Núñez, Adriana y Felipe. Luego indica si cada descripción se refiere a la casa del anuncio o al apartamento del anuncio.

TIP **Use visual cues.** Visual cues, like illustrations and headings, provide useful clues about what you will hear.

18G

Bienes raíces

Se vende.
4 alcobas, 3 baños, cocina moderna, jardín con árboles frutales.
B/. 225.000

Se alquila.
2 alcobas, 1 baño.
Balcón. Urbanización Las Brisas. 525

Descripciones	La casa del anuncio	El apartamento del anuncio
1. Es barato.		✓
2. Tiene cuatro alcobas.	✓	
3. Tiene oficina.		
4. Tiene balcón.		✓
5. Tiene una cocina moderna.	✓	
6. Tiene un jardín muy grande.	✓	
7. Tiene patio.		

B Vuelve a escuchar la conversación e indica cómo es la casa ideal de Adriana y Felipe.
Tiene un mínimo de dos alcobas, un baño, una sala grande, una oficina y un patio.

2 Conversar

En parejas, preparen una conversación entre un(a) psicólogo/a y un(a) paciente que le consulta sobre un problema personal (la familia, el/la novio/a, etc.). Luego presenten la conversación a la clase. Incluyan la siguiente información: *Answers will vary.*

- ¿Cómo se siente el/la paciente?
- ¿Cuál es el problema que tiene el/la paciente?
- ¿Por qué tiene este problema?
- ¿Desde cuándo lo tiene?
- ¿Qué soluciones le da el/la psicólogo/a?

1 SCRIPT

Adriana: Mira, papá, tienen una sección especial de bienes raíces en el periódico. Felipe, mira esta casa... tiene un jardín enorme.

Felipe: ¡Qué linda! ¡Uy, qué cara! ¿Qué piensa usted? ¿Debemos buscar una casa o un apartamento?

Sr. Núñez: Bueno, hijos, hay muchas cosas que deben considerar. Primero, ¿les gustaría vivir en las afueras o en el centro de la ciudad?

Felipe: Pues, señor Núñez, yo prefiero vivir en la ciudad. Así tenemos el teatro, los parques, los centros comerciales... todo cerca de casa. Sé que Adriana quiere vivir en las afueras porque es más tranquilo.

Sr. Núñez: De todos modos van a necesitar un mínimo de dos alcobas, un baño, una sala grande... ¿Qué más?

Adriana: Es importante que tengamos una oficina para mí y un patio para las plantas.

Sr. Núñez: Como no tienen mucho dinero ahorrado, es mejor que alquilen un apartamento pequeño por un tiempo. Así pueden ahorrar su dinero para comprar la casa ideal. Miren este apartamento. Tiene un balcón precioso y está en un barrio muy seguro y bonito. Y el alquiler es muy razonable.

Felipe: Adriana, me parece que tu padre tiene razón. Con un alquiler tan barato, podemos comprar muebles y también ahorrar dinero cada mes.

Adriana: ¡Ay!, quiero mi casa. Pero, bueno, ¡todo a su debido tiempo!

Ampliación

NATIONAL communication STANDARDS

3 Escribir

Eres el/la administrador(a) de un edificio de apartamentos. Prepara un contrato de arrendamiento (*lease*) para los nuevos inquilinos (*tenants*). *Answers will vary.*

> **TIP** **Use linking words.** To make your writing more cohesive, use linking words to connect simple sentences or ideas. Some common linking words are: **cuando, mientras, o, pero, porque, pues, que, quien(es), sino,** and **y.**

Organízalo | Utiliza un mapa de ideas para organizar la información sobre las fechas del contrato, el precio del alquiler y otros aspectos importantes.

Escríbelo | Escribe el primer borrador de tu contrato de arrendamiento.

Corrígelo | Intercambia el contrato con un(a) compañero/a. Anota los mejores aspectos, especialmente el uso de las palabras de enlace (*linking words*). Dale sugerencias y, si ves algunos errores, coméntaselos.

Compártelo | Revisa el primer borrador según las indicaciones de tu compañero/a. Incorpora nuevas ideas o más información si es necesario, antes de escribir la versión final.

> Here are some technical terms that might help you in writing your contract:
>
> **el/la arrendatario/a** *tenant*
>
> **el/la arrendador(a)** *landlord*
>
> **el/la propietario/a** *owner*
>
> **las estipulaciones** *stipulations*
>
> **la parte** *party*
>
> **de anticipación, de antelación** *in advance*

4 Un paso más

Imagina que quieres construir (*to build*) una casa de vacaciones en un país hispano. Prepara una presentación sobre la casa. Considera estas preguntas. *Answers will vary.*

- ¿Dónde quieres construir la casa? ¿Prefieres que esté en la selva (*jungle*), en una isla, en una montaña o en un lugar con vista al mar?

- ¿Cómo va a ser la casa? ¿Quieres que sea grande? ¿Cuántos pisos y cuántos cuartos va a tener?

- ¿Qué muebles quieres poner en cada cuarto?

- ¿Qué efectos visuales puedes usar para hacer más interesante la presentación? ¿Tienes mapas, fotos o planos (*blueprints*) de la casa?

CONEXIÓN INTERNET

Investiga estos temas en el sitio **vhlcentral.com**.

- Lugares turísticos del mundo hispano
- Agencias de bienes raíces en el mundo hispano
- Mueblerías (*furniture stores*) en el mundo hispano

Audio: Reading

Antes de leer

Did you know that a text written in Spanish is often longer than the same text written in English? Because the Spanish language often uses more words to express ideas, you will often encounter long sentences when reading in Spanish. Of course, sentence length varies with genre and with authors' individual styles. To help you understand long sentences, identify the main parts of the sentence before trying to read it in its entirety. First, locate the main verb of the sentence, along with its subject, ignoring any words or phrases set off by commas. Then re-read the sentence, adding details like direct and indirect objects, transitional words, and prepositional phrases. Practice this strategy on a few sentences from this reading selection.

For example, locate the main subject and verb in the first sentence of this reading: _____*La Casa Colorada es*_____

SUGGESTION Have students examine the layout and format of the reading. Ask them what kind of reading they think it is. Before reading it for comprehension, they should also scan for cognates, such as **estilo, colonial, espacio público,** and **exhibición permanente.**

SUGGESTION Practice the reading strategy with the first, second, and third sentences in the reading. Then have students work in pairs to look for long sentences. Have them point out the main verb and subject in each.

SUGGESTION Point out that the word **piso** has several meanings. It can mean *floor*, *flooring*; *apartment* (in Spain); or *story* (of a building).

EXPANSION Have students give a brief presentation on a historical building in the area that includes a physical description and some basic historical facts about the building. Ask volunteers to present their descriptions to the class.

¡Bienvenidos a la Casa Colorada!

La Casa Colorada es un atractivo edificio de estilo colonial, construido° en 1769. Está situado en el centro de Santiago de Chile, en la calle Merced. En sus orígenes fue la vivienda de Mateo de Toro y Zambrano, un aristócrata chileno conocido por sus actividades en el ejército°, los negocios° y la administración de la ciudad. En la actualidad°, la Casa Colorada no está habitada por nadie.

El edificio se convirtió en un espacio público en el siglo° XX y en su interior están el Museo de Santiago, la Oficina de Turismo y la Fundación de Vicente Huidobro, donde se encuentra abundante información sobre la vida y la obra° de este escritor chileno. El Museo de Santiago ofrece una exhibición permanente sobre la historia de la ciudad, desde la época precolombina hasta nuestros días.

La Casa Colorada es una obra del arquitecto portugués Joseph de la Vega. Los materiales fundamentales que se utilizaron en su construcción fueron el adobe, la madera° y la cal°. Desde el primer momento, esta casa se convirtió en el centro de atención de la sociedad santiaguina° por la elegancia de su diseño°. Además, una característica que la diferenciaba de otras viviendas del mismo estilo arquitectónico es que su fachada estaba recubierta de piedra° hasta el primer piso. El edificio empezó a llamarse Casa Colorada en 1888, año en que pintaron su fachada° de color rojo.

La composición exterior del edificio es simétrica. En el centro de la fachada hay una gran puerta que sirve de acceso principal a la vivienda; a los lados se ven unos arcos que forman puertas adicionales en el primer piso y ventanas con balcones de hierro forjado° en el segundo. Otra característica interesante del exterior de la casa es la elevación triangular del tejado° sobre la puerta principal.

Después de leer

¿Comprendiste? 🎾⒮

Completa las oraciones con las palabras adecuadas.

1. En el siglo XVIII, Mateo de Toro y Zambrano, un aristócrata de _____Chile_____, vivió en la Casa Colorada.

2. Ahora _____nadie_____ vive en la Casa Colorada.

3. El exterior de la casa es de color _____rojo_____.

4. La _____puerta_____ principal está en el centro de la fachada.

5. Los materiales que se utilizaron en su construcción fueron _____el adobe_____, la madera y la cal.

6. En el Museo de Santiago hay una exhibición sobre la _____historia_____ de la ciudad.

Preguntas 🎾⒮

Responde a estas preguntas con oraciones completas.

1. ¿Cuándo se construyó la Casa Colorada?
   La Casa Colorada se construyó en 1769.

2. ¿Cuándo se convirtió en lugar público?
   Se convirtió en lugar público en el siglo XX.

3. ¿Dónde están el Museo de Santiago, la Oficina de Turismo y la Fundación de Vicente Huidobro? *El Museo de Santiago, la Oficina de Turismo y la Fundación de Vicente Huidobro están en (el interior de) la Casa Colorada.*

4. ¿Cómo se llamaba el arquitecto de la Casa Colorada?
   El arquitecto se llamaba Joseph de la Vega.

5. ¿Por qué la Casa Colorada se diferenciaba de otras viviendas del mismo estilo arquitectónico?
   Porque su fachada estaba recubierta de piedra hasta el primer piso.

6. ¿Por qué este edificio se llama la Casa Colorada?
   Se llama la Casa Colorada porque pintaron de color rojo su fachada en 1888.

Coméntalo 🎾⒮

¿Te gustaría visitar la Casa Colorada? ¿Por qué? ¿Te gustaría vivir en una casa similar a ésta? Explica tu respuesta. ¿Hay edificios históricos en tu ciudad o comunidad? Descríbelos. *Answers will vary.*

---

construido *built*   **ejército** *army*   **negocios** *business*   **En la actualidad** *At the present time*
siglo *century*   **obra** *work*   **madera** *wood*   **cal** *lime*   **santiaguina** *of Santiago*   **diseño** *design*
recubierta de piedra *covered with stone*   **fachada** *façade*   **hierro forjado** *wrought iron*   **tejado** *roof*

S Audio: Vocabulary Flashcards

La casa y sus cuartos

la alcoba	bedroom
el altillo	attic
el balcón	balcony
la cocina	kitchen
el comedor	dining room
la entrada	entrance
la escalera	stairs; stairway
el garaje	garage
el jardín	garden; yard
la oficina	office
el pasillo	hallway
el patio	patio; yard
la sala	living room
el sótano	basement

Los quehaceres domésticos

arreglar	to clean up
barrer el suelo	to sweep the floor
cocinar	to cook
hacer la cama	to make the bed
hacer los quehaceres domésticos	to do household chores
lavar (el suelo, los platos)	to wash (the floor, the dishes)
limpiar la casa	to clean the house
pasar la aspiradora	to vacuum
planchar la ropa	to iron clothes
poner la mesa	to set the table
quitar la mesa	to clear the table
sacar la basura	to take out the trash
sacudir los muebles	to dust the furniture

Otras palabras

las afueras	suburbs; outskirts
la agencia de bienes raíces	real estate agency
el alquiler	rent (payment)
el ama (f.) de casa	homemaker; housekeeper
el barrio	neighborhood
el edificio de apartamentos	apartment building
el hogar	home
el/la vecino/a	neighbor
la vivienda	housing
———	
alquilar	to rent
ensuciar	to get (something) dirty
mudarse	to move (residences)

Verbs of will and influence	See page 318.

Los electrodomésticos

el electrodoméstico	electrical appliance
la estufa	stove
el horno (de microondas)	(microwave) oven
la lavadora	washing machine
el lavaplatos	dishwasher
el refrigerador	refrigerator
la secadora	clothes dryer

Los muebles y otras cosas

la alfombra	carpet; rug
la almohada	pillow
el armario	closet
la cómoda	chest of drawers
las cortinas	curtains
el cuadro	picture
el estante	bookcase; bookshelf
la lámpara	lamp
la luz	light; electricity
la manta	blanket
la mesita	end table
la mesita de noche	nightstand
los muebles	furniture
la pared	wall
la pintura	painting
el sillón	armchair
el sofá	sofa

La mesa

la copa	wineglass
la cuchara	spoon
el cuchillo	knife
el plato	plate
la servilleta	napkin
la taza	cup; mug
el tenedor	fork
el vaso	glass

As students finish the lesson, encourage them to explore the **Repaso** section on the Supersite. There they will find quizzes for practicing vocabulary, grammar, and oral language.

AVENTURAS EN LOS PAÍSES HISPANOS

La ropa tradicional de los guatemaltecos se llama *huipil* y en ella se puede observar el amor de la cultura maya por la naturaleza *(nature)*. El diseño *(design)* y los colores de cada *huipil* indican el pueblo de origen y a veces también el sexo y la edad *(age)* de la persona que lo lleva.

AMÉRICA CENTRAL I

Guatemala

Área: 108.890 km^2 (42.042 millas^2)
Población: 14.099.032
Capital: Ciudad de Guatemala – 1.075.000
Ciudades principales: Quetzaltenango, Escuintla, Mazatenango, Puerto Barrios
Moneda: quetzal

SOURCE: Population Division, UN Secretariat & CIA World Factbook

Honduras

Área: 112.492 km^2 (43.870 millas^2)
Población: 8.296.693
Capital: Tegucigalpa – 1.000.000
Ciudades principales: San Pedro Sula, El Progreso
Moneda: lempira

SOURCE: Population Division, UN Secretariat & CIA World Factbook

El Salvador

Área: 21.040 km^2 (8.124 millas^2)
Población: 6.090.646
Capital: San Salvador – 1.534.000
Ciudades principales: Soyapango, Santa Ana, San Miguel
Moneda: dólar estadounidense

SOURCE: Population Division, UN Secretariat & CIA World Factbook

Deportes

El surfing

El Salvador es uno de los destinos favoritos en Latinoamérica para la práctica del surfing. Cuenta con 300 kilómetros de costa a lo largo del océano Pacífico y sus olas *(waves)* altas son ideales para quienes practican este deporte. De sus playas, La Libertad es la más visitada por surfistas de todo el mundo, gracias a que está muy cerca de la capital salvadoreña.

Ciudades

Antigua Guatemala

Antigua Guatemala fue fundada en 1543. Fue una capital de gran importancia hasta 1773, cuando un terremoto *(earthquake)* la destruyó. Hoy día, conserva el carácter original de su arquitectura y es un gran centro turístico. Su celebración de la Semana Santa es, para muchas personas, la más importante del hemisferio.

MÉXICO

BELICE

Lago Petén Itza

Río de la Pasión

Golfo de Honduras

Lago de Izabal

Puerto Barrios

La Ceiba

GUATEMALA

San Pedro Sula

Río Motagua

El Progreso

Sierra Rijol

Sierra Espíritu Santo

Sierra Grita

Lago de Atitlán

Ciudad de Guatemala

Lago de Yojoa

Quetzaltenango

Lago de Guija

Tegucigalpa

Antigua Guatemala

Mazatenango

Río Lempa

Escuintla

Río de la Paz

Santa Ana

San Salvador

La Libertad

Río Lempa

San Miguel

Río Choluteca

La Unión

EL SALVADOR

Océano Pacífico

Mar Caribe

Islas de la Bahía

HONDURAS

Sierra de Payas

Río Patuca

Montañas de Colón

Río Coco

Laguna de Caratasca

NICARAGUA

COSTA RICA

Lugares

Copán

Copán es una zona arqueológica muy importante de Honduras. Fue construida por los mayas y se calcula que en el año 400 d. C. era una ciudad con más de 150 edificios y una gran cantidad de plazas, patios, templos y canchas *(courts)* para el juego de pelota *(ceremonial ball game)*. Las ruinas más famosas del lugar son los edificios adornados con esculturas pintadas a mano, los cetros *(scepters)* ceremoniales de piedra y el templo Rosalila. Una de las actividades más importantes de Copán era la astronomía. ¡Hasta se hacían congresos *(conventions)* de astrónomos!

Naturaleza

El Parque Nacional Montecristo

El Parque Nacional Montecristo se encuentra en la región norte de El Salvador. Se le conoce también como El Trifinio porque se ubica *(it is located)* en el punto donde se unen las fronteras de Guatemala, Honduras y El Salvador. Este bosque reúne muchas especies vegetales y animales, como orquídeas, monos araña *(spider monkeys)*, pumas, quetzales y tucanes. En este hermoso bosque, las copas de sus enormes árboles forman una bóveda que impide *(blocks)* el paso de la luz solar.

¿Qué aprendiste?

1 ¿Cierto o falso? Indica si lo que dicen estas oraciones es **cierto** o **falso**.

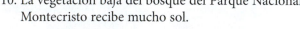

	Cierto	Falso
1. La ropa tradicional de los guatemaltecos se llama Quetzaltenango.		✓
2. Los diseños del *huipil* indican el origen de la persona que lo lleva.	✓	
3. Tegucigalpa es la capital de Honduras.	✓	
4. La lempira es la moneda de Guatemala.		✓
5. En Copán se hacían congresos de geografía.		✓
6. Los mayas eran muy buenos astrónomos.	✓	
7. Antigua Guatemala es la capital de Guatemala.		✓
8. Antigua Guatemala es muy famosa por su celebración de la Semana Santa.	✓	
9. El Parque Nacional Montecristo está en El Salvador, en el límite con Honduras y Guatemala.	✓	
10. La vegetación baja del bosque del Parque Nacional Montecristo recibe mucho sol.		✓

2 Preguntas Contesta estas preguntas. *Answers will vary.*

1. ¿Conoces la ropa tradicional de algún lugar en el mundo? ¿De dónde? ¿Tiene muchos colores como la ropa tradicional de Guatemala?

2. ¿En qué lugares de los Estados Unidos se puede practicar el surfing? ¿Te gustaría practicarlo en las playas de América Central?

3. ¿Conoces algún país donde se celebra la Semana Santa? ¿Cómo se celebra?

4. Además de Honduras, ¿qué otros países en el mundo son famosos por sus ruinas arqueológicas? ¿Sabes de qué época datan esas ruinas?

5. ¿Cuáles son algunos de los parques naturales más famosos en los Estados Unidos? ¿Has visitado alguno de ellos?

CONEXIÓN INTERNET

Investiga estos temas en el sitio **vhlcentral.com**.

- Rigoberta Menchú
- Lugares para visitar en América Central
- Base de la economía hondureña

Communicative Goals

You will learn how to:
- talk about nature
- discuss environmental conditions
- express wishes, desires, and doubts

PARA EMPEZAR Here are some additional questions: **¿Tienes algún pasatiempo? ¿Cuál? ¿Dónde lo practicas? ¿Puedes escalar montañas? ¿Te gusta acampar?**

PREPARACIÓN

pages 332–337
- Words related to nature and the environment
- Animals
- Spanish punctuation

AVENTURAS

pages 338–339
- Jimena, Felipe, Juan Carlos, and Marissa take a trip to the Yucatán Peninsula. While Marissa and Jimena visit a turtle sanctuary and the Mayan ruins of Tulum, the boys take a trip to the jungle.

CULTURA

pages 340–341
- *¡Los Andes se mueven!*
- Flash Cultura: *Naturaleza en Costa Rica*

GRAMÁTICA

pages 342–351
- The subjunctive with verbs of emotion
- The subjunctive with doubt, disbelief, and denial
- The subjunctive with conjunctions

LECTURA

pages 352–353
- Fables: *El perro y el cocodrilo* and *El pato y la serpiente*

PARA EMPEZAR
- ¿Dónde están estas personas?
- ¿Qué hacen?
- ¿Qué ropa y objetos llevan? ¿Por qué?
- ¿Crees que a ellos les importa la naturaleza?

Tutorials

LA NATURALEZA

SUGGESTION Invite students to share their thoughts about ecotourism. Does it serve to promote awareness and conservation? Or does it needlessly bring human traffic through natural locations?

el volcán

LA NATURALEZA

el árbol *tree*
el bosque (tropical) *(tropical; rain) forest*
el césped *grass*
el cielo *sky*
el cráter *crater*
el desierto *desert*
la estrella *star*
la hierba *grass*
el lago *lake*
la luna *moon*
el mundo *world*
la naturaleza *nature*
la nube *cloud*
el océano *ocean*
el paisaje *landscape*
la piedra *stone*
la planta *plant*
la región *region; area*
el río *river*
la selva *jungle*
el sendero *trail*
el sol *sun*
la tierra *land; soil*
el valle *valley*

la flor
flower

Variación léxica
césped/hierba ⟷ la grama (*Ec., Hond., Pan., Perú, P. Rico*), el pasto (*Arg., Col., Méx., Urug.*), el zacate (*Amér. C., Méx.*)

EL MEDIO AMBIENTE

el calentamiento global *global warming*
la caza *hunting*
la conservación *conservation*
la contaminación (del aire; del agua) *(air; water) pollution*
la ecología *ecology*
el ecoturismo *ecotourism*
la energía (nuclear; solar) *(nuclear; solar) energy*
la extinción *extinction*
la fábrica *factory*
el gobierno *government*
la ley *law*
el medio ambiente *environment*
el peligro *danger*
la población *population*
el reciclaje *recycling*
el recurso natural *natural resource*
la solución *solution*

ecologista *ecological; ecologist*
renovable *renewable*

la energía nuclear
nuclear energy

SUGGESTION Write **la naturaleza** and **la conservación** on the board and have students guess their meanings. Ask volunteers to write English words under those headings. Have the class look in their texts to see how many Spanish equivalents they find.

la deforestación
deforestation

la tortuga marina
sea turtle

LOS ANIMALES

el animal *animal*
la ballena *whale*
el pez *fish*

el mono

el pájaro
bird

VERBOS

conservar *to conserve*
contaminar *to pollute*
controlar *to control*
cuidar *to take care of*
dejar de (+ *inf.*) *to stop (doing something)*
desarrollar *to develop*
descubrir *to discover*
destruir *to destroy*
estar afectado/a (por) *to be affected (by)*
evitar *to avoid*
mejorar *to improve*
proteger *to protect*
reciclar *to recycle*
recoger *to pick up*
reducir *to reduce*
resolver (o:ue) *to resolve; to solve*
respirar *to breathe*

EXPANSION Play Pictionary. Give words to individual students to draw on the board. Then the class guesses the word and spells it aloud in Spanish.

EXPANSION Have students play Bingo using vocabulary words.

OTRAS PALABRAS Y EXPRESIONES

el envase de plástico *plastic container*
puro/a *pure*

la botella de vidrio
glass bottle

la lata de aluminio
aluminum can

estar contaminado/a
to be polluted

SUGGESTION Involve students in a discussion by asking: ¿Está contaminado el aire en tu ciudad? ¿De dónde viene la contaminación? ¿Tiene tu ciudad un programa de reciclaje? ¿Tenemos un programa aquí en la universidad? ¿Reciclas tú?

Practice more at **vhlcentral.com**.

A escuchar

1 **Escuchar** Escucha estas oraciones y anota los sustantivos (*nouns*) que se refieren a **las plantas**, **los animales**, **la tierra** y **el cielo**.

Plantas	Animales	Tierra	Cielo
flores	perro	desiertos	sol
hierba	tortugas marinas	volcán	nubes
árboles	peces	bosques tropicales	estrellas

2 **Seleccionar** Escucha las descripciones y escribe el número de la descripción que corresponda a cada foto.

a. _____2_____

b. _____3_____

c. _____4_____

d. _____1_____

Practice more!

LM p. 73

1 SCRIPT

1. Mi novio siempre me compra flores para nuestro aniversario.

2. Cuando era pequeño jugaba con mi perro todo el tiempo.

3. En los desiertos casi no hay hierba.

4. Algunos científicos dicen que la temperatura del sol va a aumentar en los próximos años.

5. Hoy día, en Latinoamérica hay seis especies de tortugas marinas en peligro de extinción.

6. Durante la tormenta, las nubes grises cubrían toda la ciudad.

7. En el mar Caribe hay muchos peces exóticos.

8. Algunas noches vamos al campo para ver las estrellas.

9. El Puracé es un volcán activo en los Andes colombianos.

10. Los árboles de los bosques tropicales contienen las curas para muchas enfermedades.

2 SCRIPT

1. Tomé la fotografía de este valle el verano pasado. No había animales y había muy pocas plantas. Sólo se veían montañas de piedra.

2. Ésta es una fotografía de la región donde nací. Es un área verde, con mucha hierba y árboles. Normalmente llueve mucho, aunque el día que tomé la foto el cielo estaba bastante despejado y hacía sol.

3. Esto que ven es una fotografía de la ciudad donde estudio. Hay muchos edificios altos y hay mucho tráfico que contamina el aire.

4. El invierno pasado fui a esquiar a esta montaña. Me fascinó la gran cantidad de recursos naturales de la región. El aire nunca está contaminado aquí.

A practicar

3 EXPANSION After students have answered, have them state a category for each group. Ex: **1. Cosas que están en el cielo.**

3 La naturaleza Selecciona la palabra que no pertenece al grupo.

1. sol • desierto • luna • estrella
2. océano • lluvia • sendero • río
3. naturaleza • paisaje • ecoturismo • mono
4. piedra • pájaro • pez • perro
5. volcán • ballena • cráter • piedra
6. recurso natural • caza • contaminación • deforestación
7. nube • aire • cielo • lago
8. solución • selva • bosque • desierto
9. lluvia • nube • peligro • cielo
10. tortuga • árbol • hierba • flor

4 EXPANSION Have students write five more original sentences, using different verb tenses. Ask volunteers to share their sentences with the rest of the class.

4 Completar Completa las oraciones.

contaminar	destruyen	reciclamos
controlan	están afectadas	recoger
cuidan	mejoramos	resolver
descubrir	proteger	se desarrollaron

1. Si vemos basura en las calles, la debemos _recoger_.
2. Los científicos trabajan para _descubrir_ nuevas soluciones.
3. Es necesario que todos trabajemos juntos para _resolver_ los problemas del medio ambiente.
4. Debemos _proteger_ el medio ambiente porque está en peligro.
5. Muchas leyes nuevas _controlan_ el número de árboles que se pueden cortar (*cut down*).
6. Las primeras civilizaciones _se desarrollaron_ cerca de los ríos, los lagos y los océanos.
7. Todas las personas del mundo _están afectadas_ por la contaminación.
8. Los turistas deben tener cuidado y no _contaminar_ las regiones que visitan.
9. Podemos conservar los recursos si _reciclamos_ el aluminio, el vidrio y el plástico.
10. La contaminación y la deforestación _destruyen_ el medio ambiente.

5 EXPANSION Have student pairs prepare definitions for five additional words. Call on a pair to write the words they have chosen on the board. Then have the pairs present their definitions to the class; after each definition the class identifies the word.

5 Definir En parejas, definan cada palabra. *Answers will vary.*

¿Qué es el calentamiento global?

El calentamiento global significa que la temperatura de la Tierra sube.

1. la población
2. una ballena
3. la lluvia
4. la naturaleza
5. un desierto
6. la caza
7. la ecología
8. un mono

Practice more!

WB pp. 131–132

vhlcentral.com

A conversar

6 **¿Es importante?** Lee el siguiente párrafo y, en parejas, contesten las preguntas. *Answers will vary.*

Los problemas del medio ambiente

importantísimo
muy importante
importante
poco importante
no es importante

la deforestación | los animales en peligro de extinción | la contaminación del aire | la contaminación del agua | la basura en las ciudades

Para celebrar El día de la Tierra, una estación de radio colombiana hizo una encuesta entre estudiantes universitarios sobre el medio ambiente. Se les preguntó cuáles creían que eran los cinco problemas más importantes del medio ambiente. Se les pidió decidir el orden de importancia de estos problemas, del uno al cinco. Los resultados probaron (*proved*) que la mayoría de los estudiantes están preocupados por la contaminación del aire. Muchos mencionaron que no hay aire puro en las ciudades. El segundo problema más importante para los estudiantes es la contaminación de los ríos y los lagos. El problema de la deforestación quedó en tercera posición; la basura en las ciudades, en cuarto lugar de importancia y el problema de los animales en peligro de extinción está en último lugar.

1. Según la encuesta, ¿qué problema consideran más grave? ¿Y menos grave?

2. ¿Cómo creen que se puede evitar o resolver el problema más importante?

3. ¿Consideran ustedes que existen los mismos problemas en su comunidad? Den algunos ejemplos.

7 **Un póster** En parejas, conversen sobre cuál es el problema ambiental de la actividad anterior que a ustedes les parece más importante y realicen un póster para presentar a la clase. Describan el problema, expliquen por qué es grave e indiquen qué es necesario hacer. Usen al menos ocho palabras de **Preparación**. *Answers will vary.*

8 **Situaciones** En grupos pequeños, representen estas situaciones. *Answers will vary.*

- Un(a) ecologista habla con un grupo de familias sobre qué se puede hacer en la casa para proteger el medio ambiente.
- Un(a) representante de una universidad habla con un grupo de estudiantes nuevos sobre la campaña (*campaign*) ambiental de la universidad.
- Un(a) candidato/a presidencial da un discurso (*speech*) sobre el problema de la deforestación.

6 EXPANSION Have volunteers tally responses on the board.

7 SUGGESTION Remind students that the expression **es necesario** triggers the subjunctive.

8 SUGGESTION Have groups of three choose a situation, making sure all situations are covered. Have students take turns playing each role. After groups have had time to prepare, invite some to present their situation to the class.

Ortografía · Audio

Los signos de puntuación

In Spanish, as in English, punctuation marks are important because they help you express your ideas in a clear, organized way.

No podía ver las llaves. Las buscó por los estantes, las mesas, las sillas, el suelo; minutos después, decidió mirar por la ventana. Allí estaban…

The **punto y coma (;)**, the **puntos suspensivos (…)**, and the **punto (.)** are used in very similar ways in Spanish and English.

Argentina, Brasil, Paraguay y Uruguay son miembros del Mercosur.

In Spanish, the **coma (,)** is not used in a series before **y** or **o**.

| **13,5%** | **29,2°** | **3.000.000** | **$2.999,99** |

In numbers, Spanish uses a **coma** where English uses a decimal point and a **punto** where English uses a comma.

¿Cómo te llamas?　　**¿Dónde está?**　　**¡Ven aquí!**　　**¡Hola!**

Questions in Spanish are preceded and followed by **signos de interrogación (¿ ?)**, and exclamations are preceded and followed by **signos de exclamación (¡ !)**.

Práctica Lee el párrafo e indica los signos de puntuación necesarios. Recuerda que la primera letra de una oración siempre debe estar en mayúscula.

Ayer recibí la invitación de boda de Marta mi amiga colombiana inmediatamente empecé a pensar en un posible regalo fui al almacén donde Marta y su novio tenían una lista de regalos había un montón de cosas para regalar finalmente decidí regalarles un perro ya sé que es un regalo extraño pero espero que les guste a los dos

¿Palabras de amor? El siguiente diálogo tiene diferentes significados (*meanings*), dependiendo de los signos de puntuación que utilizas y el lugar donde los pones. Intenta encontrar los diferentes significados. *Answers will vary.*

JULIÁN	me quieres
MARISOL	no puedo vivir sin ti
JULIÁN	me quieres dejar
MARISOL	no me parece mala idea
JULIÁN	no eres feliz conmigo
MARISOL	no soy feliz

Practice more!
LM p. 74
vhlcentral.com

PREVIEW Have students scan the video stills and list words related to nature and the environment. Then have them predict what will happen. Write down their predictions. After watching **Aventuras,** review the predictions and guide the class in summarizing the plot.

S Video

Aventuras en la naturaleza

Las chicas visitan un santuario de tortugas, mientras los chicos pasean por la selva.

VIDEO SYNOPSIS Jimena, Felipe, Juan Carlos, and Marissa take a trip to the Yucatán Peninsula. While Marissa and Jimena visit a turtle sanctuary and the Mayan ruins of Tulum, the boys take a guided tour of the jungle, where Felipe has a mishap.

PERSONAJES

MARISSA

JIMENA

JUAN CARLOS

FELIPE

GUÍA

MARISSA Querida tía Ana María, lo estoy pasando muy bien. Es maravilloso que México tenga tantos programas estupendos para proteger a las tortugas. Hoy estamos en Tulum, y ¡el paisaje es espectacular! Con cariño, Marissa.

MARISSA Estoy tan feliz de que estés aquí conmigo.
JIMENA Es mucho más divertido cuando se viaja con amigos.
(Llegan Felipe y Juan Carlos)
JIMENA ¿Qué pasó?
JUAN CARLOS No lo van a creer.

GUÍA A menos que protejamos a los animales de la contaminación y la deforestación, muchos van a estar en peligro de extinción. Por favor, síganme y eviten pisar las plantas.
SUGGESTION Use video captions 1, 2, and 4 to point out examples of the present subjunctive, which will be studied in this lesson's **Gramática** section.

FELIPE Decidí seguir un río y...
MARISSA No es posible que un guía continúe el recorrido cuando hay dos personas perdidas.
JIMENA Vamos a ver, chicos, ¿qué pasó? Díganos la verdad.

JUAN CARLOS Felipe se cayó. Él no quería contarles.
JIMENA ¡Lo sabía!

FELIPE Y ustedes, ¿qué hicieron hoy?
JIMENA Marissa y yo fuimos al santuario de las tortugas.

2 SUGGESTION Have students answer these questions in pairs.

ACTIVIDADES

1 Identificar Identifica quién puede decir estas oraciones. Puedes usar algunos nombres más de una vez.

1. Fue divertido ver a las tortugas y aprender las normas para protegerlas. _Marissa/Jimena_

2. Tenemos que evitar la contaminación y la deforestación. _guía_

3. Estoy feliz de estar aquí, Tulum es maravilloso. _Marissa_

4. Es una lástima que me pierda el recorrido. _Felipe_

5. No es posible que esa historia que nos dices sea verdad. _Jimena/Marissa_

2 Preguntas Responde a estas preguntas usando la información de Aventuras.

1. ¿Qué lugar visitan Marissa y Jimena? _Marissa y Jimena visitan un santuario de tortugas._

2. ¿Adónde fueron Juan Carlos y Felipe? _Juan Carlos y Felipe fueron a la selva._

3. Según la guía, ¿por qué muchos animales están en peligro de extinción? _Muchos animales están en peligro de extinción por la contaminación y la deforestación._

4. ¿Por qué Jimena y Marissa no creen la historia de Felipe? _Porque un guía no puede continuar el recorrido cuando hay dos personas perdidas._

5. ¿Qué esperaba Felipe cuando se perdió? _Felipe esperaba encontrar al grupo._

VIDEO RECAP Before doing this **Aventuras** episode, review the previous episode with these questions:
1. ¿Por qué tuvieron que arreglar la casa Felipe y Jimena? (Porque querían ir a Yucatán con Marissa.) 2. ¿Quiénes ayudaron a los hermanos a limpiar la casa? (Juan Carlos, Marissa y don Diego) 3. ¿Qué recomendación les hizo don Diego a los chicos para limpiar la casa más rápido? (organizarse en equipos) 4. ¿Pudieron terminar la cena a tiempo? (Sí, la terminaron a tiempo.)
5. ¿A quién invitaron a cenar? (Invitaron a don Diego.)

SUGGESTION Read the **Expresiones útiles** aloud and have the class repeat them. Then integrate them into a conversation about their daily life.

FELIPE Nos retrasamos sólo cinco minutos... Qué extraño. Estaban aquí hace unos minutos.
JUAN CARLOS ¿Adónde se fueron?
FELIPE No creo que puedan ir muy lejos.
(Se separan para buscar al grupo.)

FELIPE Juan Carlos encontró al grupo. ¡Yo esperaba encontrarlos también! ¡Pero nunca vinieron por mí! Yo estaba asustado. Regresé al lugar de donde salimos y esperé. Me perdí todo el recorrido.

MARISSA Aprendimos sobre las normas que existen para proteger a las tortugas marinas.
JIMENA Pero no cabe duda de que necesitamos aprobar más leyes para protegerlas.
MARISSA Fue muy divertido verlas tan cerca.

JUAN CARLOS Entonces se divirtieron. ¡Qué bien!
JIMENA Gracias, y tú, pobrecito, pasaste todo el día con mi hermano. Siempre te mete en problemas.

3 SUGGESTION Have students read through or watch the video episode again in preparation for this activity.

 3

Situación En grupos de tres o cuatro, imaginen que un(a) estudiante es un(a) guía y el resto son turistas que van a hacer una excursión a las montañas. Los/Las turistas preguntan al/a la guía lo que van a ver y lo que deben o no hacer durante la excursión. Usen las **Expresiones útiles**.

Expresiones útiles

Talking about the environment

Aprendimos sobre las normas que existen para proteger a las tortugas marinas.
We learned about the regulations that exist to protect sea turtles.

Afortunadamente, ahora la población está aumentando.
Fortunately, the population is now growing.

No cabe duda de que necesitamos aprobar más leyes para protegerlas.
There is no doubt that we need to pass more laws to protect them.

Es maravilloso que México tenga tantos programas estupendos para proteger a las tortugas.
It's marvelous that Mexico has so many wonderful programs to protect the turtles.

A menos que protejamos a los animales de la contaminación y la deforestación, muchos van a estar en peligro de extinción.
Unless we protect animals from pollution and deforestation, many of them will become endangered.

Additional vocabulary

aumentar *to grow; to get bigger*
meterse en problemas *to get into trouble*
perdido/a *lost*
el recorrido *tour*
sobre todo *above all*

Practice more!

VM pp. 193–194   vhlcentral.com

communities · STANDARDS · NATIONAL
comparisons cultures · STANDARDS · NATIONAL
S Reading

¡Los Andes se mueven!

Los Andes, la cadena° de montañas más extensa de América, son conocidos como "la espina dorsal° de Suramérica". Sus 7.240 kilómetros (4.500 millas) van desde el norte° de la región entre Venezuela y Colombia, hasta el extremo sur°, entre Argentina y Chile, y pasan por casi todos los países suramericanos. La cordillera° de los Andes, formada hace 27 millones de años, es la segunda más alta del mundo, después de la del Himalaya (aunque° esta

Arequipa, Perú

Los Andes en números

3 Cordilleras que forman los Andes: Las cordilleras Central, Occidental y Oriental

900 (a. C.°) Año aproximado en que empezó el desarrollo° de la cultura chavín, en los Andes peruanos

600 Número aproximado de volcanes que hay en los Andes

6.960 Metros (22.835 pies) de altura del Aconcagua (Argentina), el pico° más alto de los Andes

cadena *range* espina dorsal *spine* norte *north* sur *south* cordillera *mountain range* aunque *although* atravesar *to cross* puertos *passes* alturas *heights* estrechos *narrow* vías ferroviarias *railroad tracks* De acuerdo con *According to* se eleva *rises* angosta *narrow* se acerca *gets closer* ritmo *rate* se mantiene *keeps going* podrían unirse *could join together* ha transcurrido *has gone by* a. C. *Before Christ* desarrollo *development* pico *peak*

última es mucho más "joven", ya que se formó hace apenas cinco millones de años).

Para poder atravesar° de un lado a otro de los Andes, existen varios pasos o puertos° de montaña. Situados a grandes alturas°, son generalmente estrechos° y peligrosos. En algunos de ellos hay, también, vías ferroviarias°.

De acuerdo con° varias instituciones científicas, la cordillera de los Andes se eleva° y se hace más angosta° cada año. La capital de Chile se acerca° a la capital de Argentina a un ritmo° de 19,4 milímetros por año. Si ese ritmo se mantiene°, Santiago y Buenos Aires podrían unirse° en unos... 63 millones de años, ¡casi el mismo tiempo que ha transcurrido° desde la extinción de los dinosaurios!

ASÍ SE DICE

La naturaleza

el arco iris	*rainbow*
la cascada; la catarata	*waterfall*
el cerro; la colina; la loma	*hill, hillock*
la cima; la cumbre; el tope (Col.)	*summit; mountain top*
la maleza; los rastrojos (Col.); la yerba mala (Cuba); los hierbajos (Méx.); los yuyos (Arg.)	*weeds*
la niebla	*fog*

ACTIVIDADES

1 **Escoger** Escoge la opción que completa mejor cada oración.

1. Los Andes es la cadena montañosa más extensa del…
   a. mundo.   (b.) continente americano.
   c. hemisferio norte.

2. "La espina dorsal de Suramérica" es…
   (a.) los Andes.   b. el Himalaya.
   c. el Aconcagua.

3. La cordillera de los Andes se extiende…
   a. de este a oeste.   b. de sur a oeste.
   (c.) de norte a sur.

4. El Himalaya y los Andes tienen…
   (a.) diferente altura.   b. la misma altura.
   c. el mismo color.

5. Es posible atravesar los Andes por medio de…
   a. montañas   (b.) puertos
   c. aviones

6. En algunos de los puertos de montaña de los Andes hay…
   a. puertas.   (b.) vías ferroviarias.
   c. cordilleras.

7. En 63 millones de años, Buenos Aires y Santiago podrían…
   a. separarse.   b. desarrollarse.
   (c.) unirse.

8. El Aconcagua es…
   (a.) una montaña.   b. un grupo indígena.
   c. un volcán.

2 **Maravillas de la naturaleza** Escribe un párrafo breve donde describas alguna maravilla de la naturaleza que has (*you have*) visitado y que te impresionó. Puede ser cualquier (*any*) sitio natural: un río, una montaña, una selva, etc.

CONEXIÓN INTERNET

¿En qué otros lugares de Latinoamérica se puede hacer ecoturismo?

For more information about this **Cultura**, go to **vhlcentral.com**.

Video

Naturaleza en Costa Rica

1 **Preparación** ¿Qué sabes de los volcanes de Costa Rica? ¿Y de sus aguas termales? Si no sabes nada, escribe tres predicciones sobre cada tema.

2 **El video** Mira el episodio de **Flash Cultura**.

Vocabulario		
aguas termales *hot springs*	**los poderes curativos** *healing powers*
hace erupción *erupts*	**rocas incandescentes** *incandescent rocks*

Aquí existen más de cien volcanes. Hoy visitaremos el Parque Nacional Volcán Arenal.

En los alrededores del volcán […] nacen aguas termales de origen volcánico…

3 **¿Cierto o falso?** Indica si estas oraciones son **ciertas** o **falsas**.

1. Centroamérica es una zona de pocos volcanes. *Falso.*
2. El volcán Arenal está en un parque nacional. *Cierto.*
3. El volcán Arenal hace erupción pocas veces. *Falso.*
4. Las aguas termales cerca del volcán vienen del mar. *Falso.*
5. Cuando Alberto sale del agua, tiene calor. *Falso.*
6. Se pueden ver las rocas incandescentes desde algunos hoteles. *Cierto.*

Practice more!

VM pp. 225–226   vhlcentral.com

Tutorial

comparisons NATIONAL STANDARDS

13.1 The subjunctive with verbs of emotion

Main clause	Connector	Subordinate clause

Marta espera **que** **yo vaya al lago este fin de semana.**

▶ When the main clause of a sentence expresses an emotion or feeling, use the subjunctive in the subordinate clause.

Nos alegramos de que te **gusten** las flores.
We are happy that you like the flowers.

Siento que tú no **vengas** mañana.
I'm sorry that you're not coming tomorrow.

Temo que Ana no **pueda** ir mañana con nosotros.
I'm concerned that Ana won't be able to go with us tomorrow.

Le **sorprende** que Juan **sea** tan joven.
It surprises him that Juan is so young.

Es una lástima que ellos no estén aquí con nosotros.

Me alegra que te diviertas.

Common verbs and expressions of emotion

alegrarse (de)	to be happy	tener miedo (de)	to be afraid (of)
esperar	to hope; to wish	es extraño	it's strange
gustar	to be pleasing;	es una lástima	it's a shame
	to like	es ridículo	it's ridiculous
molestar	to bother	es terrible	it's terrible
sentir (e:ie)	to be sorry; to regret	es triste	it's sad
sorprender	to surprise	ojalá (que)	I hope (that);
temer	to be worried, concerned		I wish (that)

Me molesta que la gente no **recicle** el plástico.
It bothers me that people don't recycle plastic.

Es terrible que no **respiremos** aire puro.
It's terrible that we don't breathe clean air.

Es una lástima que no **controlemos** la deforestación.
It's a shame that we don't control deforestation.

Espera que el gobierno **proteja** el medio ambiente.
He hopes that the government protects the environment.

Práctica

1 Julia y Sara Completa la conversación. Hay dos palabras que no vas a usar.

alegro	molesta	temer
conozcan	ojalá	tengo miedo de
estén	puedan	vayan
lleguen	sorprender	visitar

JULIA Me alegro de que Adriana y Raquel (1) _____vayan_____ a Colombia.

SARA Sí... Es una lástima que (2) _____lleguen_____ cuando ya comenzaron las clases. Ojalá que la universidad las ayude a buscar casa. (3) _____Tengo miedo de_____ que no consigan dónde vivir.

JULIA Me (4) _____molesta_____ que seas tan pesimista. Yo espero que (5) _____conozcan_____ gente simpática.

SARA ¿Sabías que ellas van a estudiar la deforestación en las costas? Es triste que en tantos países los recursos naturales (6) _____estén_____ en peligro.

JULIA Me (7) _____alegro_____ de que no se queden en la capital por la contaminación, pero (8) _____ojalá_____ tengan tiempo de viajar por el país.

SARA Sí, espero que (9) _____puedan_____ ir al Museo del Oro. Sé que también esperan (10) _____visitar_____ la Catedral de Sal de Zipaquirá.

2 Oraciones Combina elementos de las tres columnas para formar oraciones. *Answers will vary.*

modelo
Es triste que algunas personas no cuiden la naturaleza.

Expresiones	Sujetos	Actividades
Me alegro de que	yo	desarrollar programas de reciclaje
Espero que	tú	proteger las ballenas
Es extraño que	el gobierno	destruir los bosques
Me gusta que	el/la profesor(a)	contaminar el aire
Tengo miedo de que	la universidad	poner en peligro las tortugas marinas
Es triste que	las fábricas	cuidar la naturaleza
Ojalá que	algunas personas	utilizar el transporte público para usar menos gasolina
	los centros comerciales	
	mis amigos y yo	

Conversación

3 **Diálogo** Usa los siguientes elementos para crear una conversación entre Juan y la madre de su novia. Añade palabras si es necesario. Luego, con un(a) compañero/a, preséntala a la clase.

1. Juan, / esperar / (tú) llamar / Raquel. / Ser / tu / novia. / Ojalá / no / sentirse / sola *Juan, espero que llames a Raquel. Es tu novia. Ojalá no se sienta sola.*
2. molestarme / (usted) decirme / lo que / tener / hacer. / Ahora / mismo / estarla / llamando *Me molesta que me diga lo que tengo que hacer. Ahora mismo la estoy llamando.*
3. alegrarme / oírte / decir / eso. / Ser / terrible / estar / lejos / cuando / nadie / recordarte *Me alegra oírte decir eso. Es terrible estar lejos cuando nadie te recuerda.*
4. señora, / ¡yo / tener / miedo / (ella) no recordarme / mí! / Ser / triste / estar / sin / novia *Señora, ¡yo tengo miedo de que no me recuerde a mí! Es triste estar sin novia.*
5. ser / ridículo / (tú) sentirte / así. / Mi hija / esperar / (tú) casarte / con ella *Es ridículo que te sientas así. Mi hija espera que tú te cases con ella.*
6. ridículo / o / no, / sorprenderme / todos preocuparse / ella / y / nadie acordarse / mí *Ridículo o no, me sorprende que todos se preocupen por ella y nadie se acuerde de mí.*

4 **Comentar** En parejas, compartan sus opiniones sobre las clases que más les gustan y las que menos les gustan. Usen expresiones como **me alegro de que, temo que** y **es extraño que.** *Answers will vary.*

modelo

Estudiante 1: Mi clase favorita es español. Me alegra que mi profesor nos ayude con la tarea.
Estudiante 2: Yo, en cambio, odio las matemáticas. Temo que mi profesor piense darnos más tarea.

5 **Problemas** Prepara una lista de tres o cuatro problemas ambientales en tu universidad. Luego, escribe una oración expresando tu reacción con el subjuntivo. Comparte la información con la clase. *Answers will vary.*

modelo la basura de la cafetería
Temo que la basura de la cafetería no se pueda reducir.

6 **Ecologistas** En grupos, praparen un pequeño anuncio de una campaña ecológica. Usen el subjuntivo o el indicativo con algunas de las siguientes expresiones: **alegrarse (de), tener miedo (de), esperar, sentir, sorprender, ojalá (que), temer.** Recuerden incluir:

- el nombre de la campaña ecológica
- un eslogan
- un mensaje para la comunidad
- una imagen que los identifique

Practice more!

WB pp. 133–134

LM p. 75

vhlcentral.com

Using the subjunctive

▸ Use the infinitive after an expression of emotion when there is no change of subject.

Temo **llegar** tarde.
I'm concerned I'll arrive late.

Temo que mi novio **llegue** tarde.
I'm afraid my boyfriend will arrive late.

Me molesta **ver** el bosque tropical en peligro.
It bothers me to see the rainforest in danger.

Me alegro de que algunas fábricas **se preocupen** por el medio ambiente.
I'm happy that some factories worry about the environment.

▸ The expression **ojalá (que)** is always followed by the subjunctive. The use of **que** is optional.

Ojalá (que) se conserven nuestros recursos naturales.
I hope (that) our natural resources will be conserved.

Ojalá (que) recojan la basura muy pronto.
I hope (that) they collect the garbage soon.

Esperamos que nuestros hijos vean el cielo azul y que naden en aguas limpias... Tenemos que enseñarles a conservar y a reciclar.

¡Manos a la obra!

Completa las oraciones con el subjuntivo o el infinitivo.

1. Ojalá que ellos ___descubran___ [descubrir] nuevas formas de energía.
2. Temo que la energía nuclear ___sea___ [ser] uno de los grandes peligros del futuro.
3. Es una lástima que la gente no ___recicle___ [reciclar] la basura orgánica.
4. Esperamos ___proteger___ [proteger] el aire de nuestra comunidad.
5. Me alegro de que mis amigos ___quieran___ [querer] hacer ecoturismo en el Amazonas.
6. A mis padres les gusta que nosotros ___participemos___ [participar] en programas de conservación.
7. Es terrible que ___haya___ [haber] tantos animales en peligro de extinción.
8. El gobierno siente no ___poder___ [poder] hacer nada para encontrar una solución.
9. Es triste que nuestras ciudades ___estén___ [estar] afectadas por la contaminación.
10. Ojalá yo ___pueda___ [poder] hacer algo para reducir la contaminación.

13.2 The subjunctive with doubt, disbelief, and denial

▸ The subjunctive is used with expressions of doubt, disbelief, and denial.

Main clause	Connector	Subordinate clause
Dudan	que	su hijo les **diga** la verdad.

▸ The subjunctive is used in a subordinate clause when there is a change of subject and the main clause implies negation or uncertainty.

> No creo que puedan ir muy lejos.

> No es posible que el guía continúe el recorrido sin ustedes.

Expressions of doubt, disbelief, or denial

dudar	to doubt	no es seguro	it's not certain
negar (e:ie)	to deny	no es verdad	it's not true
no creer	not to believe	es imposible	it's impossible
no estar seguro/a (de)	not to be sure (of)	es improbable	it's improbable
no es cierto	it's not true; it's not certain	(no) es posible	it's (not) possible
		(no) es probable	it's (not) probable

El gobierno **niega** que el agua **esté** contaminada.
The government denies that the water is polluted.

Dudo que el gobierno **resuelva** el problema.
I doubt that the government will solve the problem.

▸ In English, the expression *it is probable/possible* indicates a fairly high degree of certainty. In Spanish, however, **es probable/posible** implies inherent uncertainty and therefore triggers the subjunctive in the subordinate clause.

Es posible que **haya** menos bosques y selvas en el futuro.
It's possible that there will be fewer forests and jungles in the future.

Es muy probable que **contaminemos** el medio ambiente.
It's very probable that we're polluting the environment.

▸ Use the infinitive after an expression of uncertainty, doubt, disbelief, or denial when there is no change of subject.

Dudo **llegar** temprano.
I doubt I will arrive early.

Él duda **llegar** temprano.
He doubts he will arrive early.

Práctica

1 **Conversación** Completa el diálogo. Luego dramatízalo con un(a) compañero/a.

RAÚL Ustedes dudan que yo (1) ___estudie___ [estudio/estudie]. No niego que a veces me (2) ___divierto___ [divierto/divierta], pero no cabe duda de que (3) ___tomo___ [tomo/tome] mis estudios en serio. Creo que no (4) ___tienen___ [tienen/tengan] razón.

PAPÁ Es posible que tu mamá y yo no (5) ___tengamos___ [tenemos/tengamos] razón. Es cierto que a veces (6) ___dudamos___ [dudamos/dudemos] de ti. Pero no hay duda de que te (7) ___pasas___ [pasas/pases] toda la noche en Internet y escuchando música. No es seguro que (8) ___estés___ [estás/estés] estudiando.

RAÚL Es verdad que (9) ___uso___ [uso/use] Internet por las noches, pero ¿no es posible que (10) ___sea___ [es/sea] para buscar información para mis clases? ¡No hay duda de que Internet (11) ___es___ [es/sea] el mejor recurso del mundo! Es obvio que ustedes (12) ___piensan___ [piensan/piensen] que no hago nada.

PAPÁ Dudo que esta conversación nos (13) ___vaya___ [va/vaya] a ayudar. Pero tal vez (14) ___puedas___ [puedes/puedas] estudiar sin música.

2 **Dudas** Carolina siempre miente. Expresa tus dudas sobre lo que Carolina dice.

modelo
El próximo año mi familia y yo vamos a ir de vacaciones por diez meses. [dudar]
¡Ja! Dudo que vayan a ir de vacaciones por diez meses.

1. Estoy escribiendo una novela en español.
   [no creer] *No creo que estés escribiendo una novela en español.*

2. Mi tía es la directora del Sierra Club.
   [no ser verdad] *No es verdad que tu tía sea la directora del Sierra Club.*

3. Dos profesores míos juegan para los Osos (*Bears*) de Chicago. [ser imposible] *Es imposible que dos profesores tuyos jueguen para los Osos de Chicago.*

4. Mi mejor amiga conoce al chef Emeril.
   [no ser cierto] *No es cierto que tu mejor amiga conozca al chef Emeril.*

5. Mi padre es dueño del Rockefeller Center.
   [no ser posible] *No es posible que tu padre sea dueño del Rockefeller Center.*

6. Yo ya tengo un doctorado en lenguas.
   [ser improbable] *Es improbable que ya tengas un doctorado en lenguas.*

Conversación

3 **Hablando con un(a) burócrata** En parejas, preparen una conversación entre un(a) activista ambiental y un(a) funcionario/a público/a (*government official*). Usen el subjuntivo. Luego presenten la conversación a la clase.
Answers will vary.

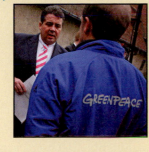

modelo

Activista: Queremos reducir la contaminación del aire, pero dudo que el gobierno nos ayude.

Funcionario: No es cierto. ¡Lea las noticias del periódico! Es obvio que el gobierno está haciendo muchas cosas para reducir la contaminación del aire.

4 **Adivinar** Escribe cinco oraciones sobre tu vida presente y futura. Cuatro deben ser falsas y sólo una debe ser cierta. Preséntalas al grupo. El grupo adivina (*guesses*) cuál es la oración cierta y expresa sus dudas sobre las falsas.
Answers will vary.

modelo

Estudiante 1: Quiero irme un año a trabajar en la selva.
Estudiante 2: Dudo que te guste vivir en la selva.
Estudiante 3: En cinco años voy a ser presidente de los Estados Unidos.
Estudiante 2: No creo que vayas a ser presidente de los Estados Unidos en cinco años. ¡Tal vez en treinta! Algún día pienso enseñar arte a los niños.
Estudiante 1: No dudo que vas a ser profesor. Te gustan mucho los niños.

5 **Debate** En parejas, conversen sobre sus dudas y miedos para cuando se gradúen de la universidad.

modelo

Estudiante 1: Es improbable que me case inmediatamente.
Estudiante 2: Dudo que nosotros podamos comprarnos una casa después de terminar la universidad.

Practice more!

WB pp. 135–136	LM p. 76	 vhlcentral.com

▶ **Quizás** and **tal vez** imply an uncertain possibility and are usually followed by the subjunctive.

Quizás haga sol mañana.
Perhaps it will be sunny tomorrow.

Tal vez veamos la luna esta noche.
Perhaps we will see the moon tonight.

▶ Use the indicative in a subordinate clause when the main clause expresses certainty.

Expressions of certainty

no dudar	*not to doubt*	estar seguro/a (de)	*to be sure (of)*
no cabe duda de	*there is no doubt*	es cierto	*it's true; it's certain*
no hay duda de	*there is no doubt*	es seguro	*it's certain*
no negar (e:ie)	*not to deny*	es verdad	*it's true*
		es obvio	*it's obvious*

No negamos que **hay** demasiados carros en las carreteras.
We don't deny that there are too many cars on the highways.

No hay duda de que el Amazonas **es** uno de los ríos más largos del mundo.
There is no doubt that the Amazon is one of the longest rivers in the world.

Es verdad que Colombia **es** un país bonito.
It's true that Colombia is a beautiful country.

Es cierto que los tigres **están** en peligro de extinción.
It's certain that tigers are in danger of extinction.

▶ The verb **creer** expresses belief or certainty, so it is followed by the indicative. **No creer** implies doubt and is followed by the subjunctive.

No creo que **haya** vida en el planeta Marte.
I don't believe that there is life on the planet Mars.

Creo que **debemos** usar exclusivamente la energía solar.
I believe we should exclusively use solar energy.

¡Manos a la obra!

Completa estas oraciones con la forma correcta de los verbos.

1. Dudo que ellos __trabajen__ [trabajar].
2. Es cierto que él __come__ [comer] mucho.
3. Es imposible que ellos __salgan__ [salir].
4. Es probable que ustedes __ganen__ [ganar].
5. No creo que ella __vuelva__ [volver].
6. Es posible que nosotros __vayamos__ [ir].
7. Dudamos que tú __recicles__ [reciclar].
8. Creo que ellos __juegan__ [jugar] al fútbol.
9. No niego que ustedes __estudian__ [estudiar].
10. Es probable que ellos __duerman__ [dormir].
11. Es posible que Marta te __llame__ [llamar].
12. Tal vez Juan no nos __oiga__ [oír].

Tutorial

NATIONAL STANDARDS comparisons

13.3 The subjunctive with conjunctions

Muchos animales van a estar en peligro de extinción, a menos que los protejamos.

Marissa habla con Jimena antes de que lleguen los chicos.

▶ Conjunctions are words or phrases that connect clauses in sentences. Certain conjunctions introduce adverbial clauses, which describe *how, why, when,* and *where* an action takes place. These conjunctions always require the subjunctive.

Conjunctions that require the subjunctive			
a menos que	unless	en caso (de) que	in case (that)
antes (de) que	before	para que	so that
con tal (de) que	provided that	sin que	without

Voy a dejar un recado **en caso de que** Gustavo me **llame**.
I'm going to leave a message in case Gustavo calls me.

Algunos animales van a morir **a menos que haya** leyes para protegerlos.
Some animals are going to die unless there are laws to protect them.

Voy al supermercado **para que tengas** algo de comer.
I'm going to the supermarket so that you'll have something to eat.

Voy a tomar esa clase **con tal de que** tú la **tomes** también.
I'm going to take that class provided that you take it too.

¡ojo! Use the infinitive after the prepositions **antes de, para,** and **sin** when there is no change of subject. Compare these sentences.

Te llamamos el viernes **antes de salir** de la casa.
We will call you on Friday before leaving the house.

Tus padres trabajan muchísimo **para vivir** bien.
Your parents work very hard in order to live well.

Te llamamos mañana **antes de que salgas.**
We will call you tomorrow before you leave.

Tus padres trabajan mucho **para que tú puedas** vivir bien.
Your parents work a lot so that you are able to live well.

Práctica

1 Una excursión Completa las oraciones.

1. Voy a llevar a mis hijos al parque para que __hagan__ [hacer] actividades al aire libre.

2. Vamos a pasar todo el día allí con tal de que ellos no __se aburran__ [aburrirse] en casa.

3. Vamos a alquilar bicicletas en cuanto __lleguemos__ [llegar] al parque.

4. En bicicleta, podemos explorar el parque sin __caminar__ [caminar] demasiado.

5. Siempre llevamos al perro cuando __vamos__ [ir] al parque.

6. En caso de que __llueva__ [llover], vamos a regresar temprano a la casa.

7. Queremos almorzar a la orilla (*shore*) del río cuando __tengamos__ [tener] hambre.

8. Mis hijos van a ver muchas cosas interesantes antes de __salir__ [salir] del parque.

2 Oraciones Completa las siguientes oraciones.
Answers will vary.

1. No podemos controlar la contaminación del aire a menos que…

2. Voy a reciclar los productos de papel en cuanto…

3. Protegemos los animales en peligro de extinción para que…

4. Mis amigos y yo vamos a recoger la basura de la universidad después de que…

5. Todos podemos conservar energía cuando…

6. No podemos desarrollar nuevas fuentes (*sources*) de energía sin…

7. Debemos comprar coches eléctricos tan pronto como…

8. Hay que eliminar la contaminación del agua para…

9. No podemos proteger los monos de Sudamérica sin que…

10. Los gobiernos deben alertar a la población de que las tortugas marinas están en peligro de extinción, antes de que…

Conversación

3 ¿Yo, ambientalista? En parejas, túrnense para hacerse preguntas sobre sus conductas (*behavior*) ambientales. Usen el subjuntivo para las acciones que todavía no han hecho y el indicativo para las acciones que hacen habitualmente. *Answers will vary.*

modelo   reciclar la basura

Estudiante 1: ¿Reciclas la basura?
Estudiante 2: Sí, siempre reciclo la basura después de comer. / No, no voy a reciclar la basura a menos que tenga recipientes para reciclar.

1. Venir en bicicleta a la universidad
2. Comer alimentos orgánicos
3. Usar excesiva calefacción en invierno
4. Comprar productos ecológicos
5. Interesarse por los animales en peligro de extinción
6. Pensar en las consecuencias del calentamiento global

4 Instrucciones Antes de salir de viaje, Javier le deja una lista de instrucciones a su compañero de cuarto. En parejas, túrnense para escribir las instrucciones con el subjuntivo y las conjunciones de la lista.

modelo   No dejes las luces prendidas cuando salgas de la casa.

a menos que
cuando
en caso de que
en cuanto
tan pronto como

Instrucciones
- Darles de comer a los peces
- Comprar productos ecológicos
- Reciclar la basura orgánica
- Usar sólo papel reciclado
- Llamarme por cualquier problema

5 Tres en línea Formen dos equipos. En la pizarra, una persona comienza a escribir una oración y otra persona de su equipo la termina, usando palabras de la gráfica. El primer equipo que forme tres oraciones seguidas (*in a row*) gana.

modelo
Estudiante 1: Dudo que podamos eliminar la deforestación…
Estudiante 2: … sin que nos ayude el gobierno.

cuando	con tal de que	para que
antes de que	para	sin que
hasta que	en caso de que	antes de

Practice more!

WB pp. 137–138

LM p. 77

vhlcentral.com

Conjunctions with subjunctive or indicative

Voy a formar un club de ecología tan pronto como vuelva al DF.

Cuando veo basura, la recojo.

Conjunctions used with subjunctive or indicative

cuando	when	hasta que	until
después (de) que	after	tan pronto como	as soon as
en cuanto	as soon as		

▸ With the conjunctions above, use the subjunctive in the subordinate clause if the main clause expresses a future action or command.

Vamos a resolver el problema **cuando desarrollemos** nuevas tecnologías.
We are going to solve the problem when we develop new technology.

Después de que ustedes **tomen** sus refrescos, reciclen las botellas.
After you drink your soft drinks, recycle the bottles.

▸ Use the indicative if the verb in the main clause expresses an action that habitually happens or that happened in the past.

Contaminan los ríos **cuando construyen** nuevos edificios.
They pollute the rivers when they build new buildings.

Contaminaron el río **cuando construyeron** ese edificio.
They polluted the river when they built that building.

Siempre vamos de excursión **tan pronto como llega** Rafael.
We always go hiking as soon as Rafael arrives.

Salimos **tan pronto como llegó** Rafael.
We left as soon as Rafael arrived.

¡Manos a la obra!

Completa las oraciones con las formas correctas de los verbos.

1. Voy a estudiar ecología cuando __vuelva__ [volver] a la universidad.
2. No podemos evitar el calentamiento global a menos que todos __trabajemos__ [trabajar] juntos.
3. No podemos conducir sin __contaminar__ [contaminar] el aire.
4. Siempre recogemos mucha basura cuando __vamos__ [ir] al parque.
5. Elisa habló con el presidente del club de ecología después de que __terminó__ [terminar] la reunión.
6. Vamos de excursión para __observar__ [observar] los animales y las plantas.
7. La contaminación va a ser un problema muy grave hasta que __cambiemos__ [cambiar] nuestros sistemas de producción y transporte.
8. El gobierno debe crear más parques nacionales antes de que los bosques y ríos __estén__ [estar] completamente contaminados.
9. Los ecologistas luchan (*struggle*) para que se __proteja__ [proteger] la naturaleza.

NATIONAL **comparisons** STANDARDS

A repasar

13.1 The subjunctive with verbs of emotion

1 **Agua contaminada** Completa estos comentarios sobre la contaminación del agua con el infinitivo o el subjuntivo.

1. Siento mucho que mi ciudad ___tenga___ [tener] un problema de contaminación del agua.

2. Me molesta ___ver___ [ver] fábricas contaminando ríos.

3. Es triste que muchísimos peces ___mueran___ [morir] cada día.

4. Temo _enfermarme_ [enfermarse] por beber agua contaminada.

5. Ojalá que el gobierno ___resuelva___ [resolver] esto pronto.

2 **¿Qué piensas?** En parejas, túrnense para expresar sus reacciones a estos problemas. Escriban tres oraciones y compártanlas con la clase. *Answers will vary.*

> **modelo**
> En mi ciudad nadie recicla envases.
> **Es terrible que nadie recicle envases.**
> **Es necesario que aprendamos a reciclar.**
> **Es importante que yo dé el ejemplo.**

1. Nadie protege a los animales en los bosques tropicales.
2. Millones de personas respiran aire contaminado.
3. Pocas leyes controlan la deforestación en las selvas.
4. Hay un aumento de la caza ilegal de ballenas.

3 **¡Es terrible!** En parejas, miren el dibujo y digan qué piensan sobre el comportamiento (*behavior*) de esta familia. Usen el subjuntivo y expresiones como **es una lástima que, es ridículo que** y **es terrible que**. *Answers will vary.*

13.2 The subjunctive with doubt, disbelief, and denial

4 **Opuestos** Escribe lo opuesto (*the opposite*) de cada oración. Sigue el modelo.

> **modelo**
> No es seguro que esta familia recicle las latas de aluminio.
> **Es seguro que esta familia recicla las latas de aluminio.**

1. Luisa y tú dudan que la deforestación dañe a los animales.
   Luisa y tú no dudan que la deforestación daña a los animales.

2. Algunos científicos están seguros de que el calentamiento global existe.
   Algunos científicos no están seguros de que el calentamiento global exista.

3. Es verdad que esas plantas están en peligro de extinción.
   No es verdad que esas plantas estén en peligro de extinción.

4. Negamos que nuestros océanos estén contaminados.
   No negamos que nuestros océanos están contaminados.

5. Es cierto que las leyes protegen a los animales.
   No es cierto que las leyes protejan a los animales.

6. Creo que la población cuida de los recursos naturales.
   No creo que la población cuide de los recursos naturales.

5 **Carta** En parejas, escriban una carta al/a la presidente/a de una compañía de su comunidad, pidiéndole su apoyo (*support*) para resolver un problema ambiental. Usen el subjuntivo o el indicativo y las expresiones de la lista. Después compartan su carta con la clase. *Answers will vary.*

Creemos	Es probable
Es obvio	No creemos
Estar seguros/as (de)	Quizás
No hay duda de	Tal vez

6 **Entrevista** En parejas, túrnense para hacerse estas preguntas. Usen las pistas para responder. *Answers will vary.*

1. ¿Es mejor la energía nuclear que la energía solar? (dudar)

2. ¿Es posible reducir la contaminación de los ríos? (ser improbable)

3. ¿Se deben reciclar todos los envases de plástico? (ser obvio)

4. ¿Están los monos en peligro de extinción? (no ser cierto)

5. ¿Están los pájaros afectados por la contaminación del agua? (creer)

6. ¿Son las piedras un recurso natural? (ser verdad)

 Practice more at **vhlcentral.com**.

13.3 The subjunctive with conjunctions

7 **Planes para el futuro** ¿Cuáles son tus planes para el futuro? Escríbelos usando las conjunciones **a menos que, antes (de) que, con tal (de) que, en caso (de) que, para que** y **sin que**. Incluye a tu familia y amigos en tus planes. *Answers will vary.*

> **modelo**
> Voy a aprender a nadar en caso de que vaya de vacaciones a la playa.

8 **Oraciones** En parejas, escriban una oración con el subjuntivo y una oración con el indicativo, con cada una de las siguientes conjunciones: **cuando, después (de) que, en cuanto, hasta que** y **tan pronto como**. Después, intercambien sus oraciones con otra pareja para que identifiquen el tiempo verbal usado en cada caso. *Answers will vary.*

> **modelo**
> Vamos a respirar aire contaminado hasta que el gobierno controle el número de automóviles en la ciudad. (*subjuntivo*)
> Los camiones pasaban por la ciudad hasta que construyeron la nueva carretera. (*indicativo*)

Síntesis

9 **¡Participa!** En parejas, imaginen que son dos celebridades que deciden organizar una campaña (*campaign*) para proteger una especie animal en peligro de extinción. Preparen un anuncio publicitario de 30 segundos y preséntenlo a la clase. *Answers will vary.*

> **modelo**
> Soy Bono y para mí es muy importante cuidar el medio ambiente. Hoy te quiero invitar a que participes en esta campaña para salvar el puma en Chile. Tan pronto como tú dones (*donate*) dinero, se podrá salvar de la extinción. ¡Ayúdalo antes de que sea demasiado tarde!

  Videoclip **Video**

1 **Preparación** ¿Conoces alguien a quien le ocurrió algo que parecía sobrenatural (*supernatural*)? Explica qué ocurrió (*happened*) y cuándo fue.

2 **El clip** Mira el anuncio de **Edenor** de Argentina.

> **Vocabulario**
> **derrochando** *wasting* **el más allá** *the afterlife*
> **energía eléctrica** *electric energy* **una luz blanca** *a white light*

Tenemos información de que usted fue al más allá y volvió. ¿Es correcto?

¿Qué me está pidiendo?

3 **Preguntas** Contesta estas preguntas con oraciones completas.
1. ¿Qué vio Víctor Sueiro cuando fue al más allá? Sueiro vio una luz blanca.
2. ¿Qué le piden que haga? ¿Por qué? Le piden que vuelva al más allá para que apague la luz y vuelva.
3. ¿Por qué es importante que apague la luz? Es importante que apague la luz para que no se gaste/derroche energía eléctrica.
4. ¿Qué hace Víctor Sueiro cuando despierta? Apaga la televisión y la luz.

4 **Creencias** Víctor Sueiro estuvo clínicamente muerto por 40 segundos. Luego escribió un libro que decía que no debíamos tener miedo del más allá porque hay una luz hermosa al final. ¿Qué opinas de su historia? Usa el subjuntivo en tus repuestas.

> **modelo**
> Dudo que estuviera muerto. No creo que recuerde lo que vio.

Ampliación

1 Escuchar

A Soledad Morales es una activista preocupada por el medio ambiente. Observa el dibujo y escribe tres predicciones sobre lo que piensas que va a decir. *Answers will vary.*

> **TIP** **Use your background knowledge. / Guess meaning from context.** Your background knowledge helps you anticipate the content. If you hear words or expressions you do not understand, you can often guess their meanings based on the surrounding words.

B Escucha lo que Soledad dice e indica si estas oraciones son **ciertas** o **falsas**.

¡Protejamos la Tierra!

	Cierto	Falso
1. Soledad conversa con unos compañeros de trabajo.		✓
2. Soledad teme que el futuro del medio ambiente no sea bueno.	✓	
3. Soledad cree que las distintas formas de vida —la naturaleza y los humanos— están relacionadas.	✓	
4. Soledad dice que la caza ilegal de animales es un problema grave.		✓
5. La contaminación del río afecta la ecología de las playas de Barranquilla.	✓	
6. Soledad dice que la comunidad debe dejar de cazar animales en peligro de extinción.		✓

C Compara tus predicciones con las respuestas correctas. ¿Fueron tus predicciones correctas? ¿Qué elementos te ayudaron a anticipar el discurso de Soledad? *Answers will vary.*

2 Conversar

Conversa con un(a) compañero/a sobre los animales en peligro de extinción. Usa las siguientes preguntas como guía: *Answers will vary.*

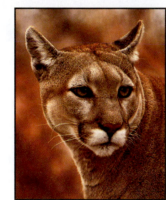

En América, el Puma del Este o de Montaña está en peligro de extinción debido a la caza excesiva y a la falta de hábitat.

- ¿Cuáles son las causas de la extinción de los animales?
- ¿Cuáles son sus consecuencias?
- ¿Cómo se puede controlar este problema?
- ¿Que medidas (measures) debería (should) tomar el gobierno?
- ¿Qué medidas debería tomar cada persona para que los animales no estén en peligro de extinción?

1 SCRIPT
Les vengo a hablar hoy porque aunque espero que el futuro sea color de rosa, temo que no sea así. Vivimos en esta tierra de preciosos recursos naturales: nuestros ríos, de los cuales dependemos para el agua que nos da vida, el aire que respiramos, los árboles que nos protegen, los animales cuyas vidas están entrelazadas con nuestras vidas. Es una lástima que no apreciemos lo mucho que tenemos.

Es terrible que haya días con tanta contaminación del aire que nuestros ancianos se enferman y nuestros hijos no pueden respirar. La tala de árboles es un problema grave… Hoy día cuando llueve, el río Cauca se llena de tierra porque no hay árboles que aguanten la tierra. La contaminación del río está afectando gravemente la ecología de las playas de Barranquilla, una de nuestras joyas.

Ojalá que me oigan y piensen bien en el futuro de nuestra comunidad. Espero que aprendamos a conservar la naturaleza y que podamos cuidar el patrimonio de nuestros hijos.

1 SUGGESTION Guide students to generate predictions based on the image. Have them describe in detail what they see: her body language, the poster and banner, possible location, etc.

2 SUGGESTION Before beginning the conversation, have students list additional vocabulary and expressions that they are likely to use.

2 EXPANSION Ask volunteers to present their conversation to the rest of the class.

Ampliación

3 Escribir

Escribe una carta a un periódico sobre una situación importante que afecta el medio ambiente en tu comunidad. *Answers will vary.*

- Are you going to comment on one topic or several?
- Do you intend to register a complaint or to inform others?
- Are you hoping to persuade others to adopt your point of view or to take specific action?

> **TIP** **Consider your audience and purpose.** Once you have defined both your audience and your purpose, you will be able to decide which tone, vocabulary, and grammatical structures will best serve your needs.

Organízalo	Decide cuál es el propósito de tu carta y planéala.
Escríbelo	Utiliza tus apuntes para escribir el primer borrador de la carta.
Corrígelo	Intercambia tu carta con un(a) compañero/a. Lee su carta y anota los mejores aspectos. Dale sugerencias para mejorarla. Si ves algunos errores, coméntaselos.
Compártelo	Revisa el primer borrador teniendo en cuenta las indicaciones de tu compañero/a. Si es necesario, incorpora nuevas ideas y/o más información.

4 Un paso más

Escribe una carta al/a la presidente/a de un país hispano para hablarle de tus dudas, deseos y preocupaciones sobre el futuro de una de las atracciones naturales del país. *Answers will vary.*

- Investiga algunas de las atracciones naturales del mundo hispano.
- Escoge una y piensa en lo que se puede hacer para protegerla.
- Explica lo que temes de los problemas ambientales, lo que esperas y tus dudas sobre el futuro.
- Presenta recomendaciones para proteger este lugar en el futuro.

Las tortugas marinas están en grave peligro de extinción.

CONEXIÓN INTERNET

Investiga estos temas en el sitio **vhlcentral.com**.

- Atracciones naturales de España
- Atracciones naturales de Latinoamérica

Audio: Reading

Antes de leer

Identifying the purpose of a text will help you anticipate the content of a reading selection. For example, if you are reading an advice column in a newspaper, you know to expect questions about people's problems and suggestions from the columnist. The reading selection for this lesson consists of two fables: "El perro y el cocodrilo" by Félix María Samaniego and "El pato y la serpiente" by Tomás de Iriarte. What's a fable? In general, what do the writers of fables attempt to accomplish? What kinds of characters do you expect to read about in fables? How do fables typically end?

_____

_____

_____

_____

Sobre los autores

Félix María Samaniego (1745–1801), nacido en España, escribió las *Fábulas morales*, que ilustran de manera humorística el carácter humano. Los protagonistas de muchas de sus fábulas son animales que hablan.

Tomás de Iriarte (1750–91), nacido en las Islas Canarias, tuvo gran éxito (*success*) con su libro *Fábulas literarias*. Su tendencia a representar la lógica a través de símbolos de la naturaleza fue de gran influencia para muchos autores de su época.

ANTES DE LEER Guide students to answer these questions based on their knowledge of fables.

SUGGESTION Some ideas that students should generate in **Antes de leer** include: the characters are animals; the story begins with the formulaic **había una vez**; it ends with an explanation of the story's purpose and a moral.

SUGGESTION Mention that one of the traditional purposes of a fable is to teach a lesson about life.

SUGGESTION Have students work in pairs to answer: **¿De dónde vienen los autores? ¿Cuándo vivieron? ¿Quiénes son los protagonistas de las fábulas? ¿Qué ilustran sus fábulas?** Ask volunteers to share their responses with the class.

El perro y el cocodrilo

Bebiendo un perro en el Nilo°,

al mismo tiempo corría.

"Bebe quieto°", le decía

un taimado° cocodrilo.

Díjole° el perro prudente:

"Dañoso° es beber y andar°;

pero ¿es sano el aguardar

a que me claves el diente?°"

¡Oh qué docto° perro viejo!

Yo venero° su sentir°

en esto de no seguir

del enemigo el consejo.

El pato y la serpiente

A orillas° de un estanque°,
diciendo estaba un pato°:
"¿A qué animal dio el cielo°
los dones que me ha dado°?

"Soy de agua, tierra y aire:
cuando de andar me canso°,
si se me antoja, vuelo°;
si se me antoja, nado".

Una serpiente astuta
que le estaba escuchando,
le llamó con un silbo°,
y le dijo "¡Seo° guapo!

"No hay que echar tantas plantas°;
pues ni anda como el gamo°,
ni vuela como el sacre°,
ni nada como el barbo°;

"y así tenga sabido
que lo importante y raro°
no es entender de todo,
sino ser diestro° en algo".

Nilo *Nile* **quieto** *in peace* **taimado** *sly* **Díjole** *Said to him* **Dañoso** *Harmful* **andar** *to walk* **¿es sano... diente?** *is it good for me to wait for you to sink your teeth into me?* **docto** *learned; wise* **venero** *revere* **sentir** *wisdom* **orillas** *banks* **estanque** *pond* **pato** *duck* **cielo** *heaven* **los dones... dado** *the gifts that it has given me* **me canso** *I get tired* **si se me antoja, vuelo** *If I feel like it, I fly* **silbo** *hiss* **Seo** *Señor* **No hay que... plantas** *There's no reason to boast* **gamo** *deer* **sacre** *falcon* **barbo** *barbel (a type of fish)* **lo... raro** *the important and rare thing* **diestro** *skillful*

Después de leer

¿Comprendiste?

Escoge la mejor opción para completar cada oración.

1. El cocodrilo _____ perro.
   a. está preocupado por el   (b.) quiere comerse al
   c. tiene miedo del

2. El perro _____ cocodrilo.
   (a.) le tiene miedo al   b. es amigo del
   c. quiere quedarse con el

3. El pato cree que es un animal _____.
   a. muy famoso   b. muy hermoso
   (c.) de muchos talentos

4. La serpiente cree que el pato es _____.
   a. muy inteligente   (b.) muy tonto
   c. muy feo

Preguntas *Answers will vary.*

1. ¿Qué representa el cocodrilo?

2. ¿Qué representa el pato?

3. ¿Cuál es la moraleja (*moral*) de "El perro y el cocodrilo"?

4. ¿Cuál es la moraleja de "El pato y la serpiente"?

Coméntalo

¿Estás de acuerdo (*do you agree*) con las moralejas de estas fábulas? ¿Por qué? ¿Cuál de estas fábulas te gusta más? ¿Por qué? ¿Conoces otras fábulas? ¿Cuál es su propósito (*purpose*)? *Answers will vary.*

EXPANSION Have students act out the fables. Ask a few groups to present the fable to the class.

EXPANSION Have small groups or pairs write their own short fable. Ask them to include the elements they have studied in these fables: animal protagonists, formulaic phrases, and a moral.

Audio: Vocabulary Flashcards

La naturaleza

el árbol	tree
el bosque (tropical)	(tropical; rain) forest
el césped	grass
el cielo	sky
el cráter	crater
el desierto	desert
la estrella	star
la flor	flower
la hierba	grass
el lago	lake
la luna	moon
el mundo	world
la naturaleza	nature
la nube	cloud
el océano	ocean
el paisaje	landscape
la piedra	stone
la planta	plant
la región	region; area
el río	river
la selva	jungle
el sendero	trail
el sol	sun
la tierra	land; soil
el valle	valley
el volcán	volcano

Conjunciones

a menos que	unless
antes (de) que	before
con tal (de) que	provided that
después (de) que	after
en caso (de) que	in case (that)
en cuanto	as soon as
hasta que	until
para que	so that
sin que	without
tan pronto como	as soon as

As students finish the lesson, encourage them to explore the **Repaso** section on the Supersite. There they will find quizzes for practicing vocabulary, grammar, and oral language.

El medio ambiente

el calentamiento global	global warming
la caza	hunting
la conservación	conservation
la contaminación (del aire; del agua)	(air; water) pollution
la deforestación	deforestation
la ecología	ecology
el ecoturismo	ecotourism
la energía (nuclear; solar)	(nuclear; solar) energy
la extinción	extinction
la fábrica	factory
el gobierno	government
la ley	law
el medio ambiente	environment
el peligro	danger
la población	population
el reciclaje	recycling
el recurso natural	natural resource
la solución	solution

conservar	to conserve
contaminar	to pollute
controlar	to control
cuidar	to take care of
dejar de (+ *inf.*)	to stop (doing something)
desarrollar	to develop
descubrir	to discover
destruir	to destroy
estar afectado/a (por)	to be affected (by)
estar contaminado/a	to be polluted
evitar	to avoid
mejorar	to improve
proteger	to protect
reciclar	to recycle
recoger	to pick up
reducir	to reduce
resolver (o:ue)	to resolve; to solve
respirar	to breathe

la botella de vidrio	glass bottle
el envase de plástico	plastic container
la lata de aluminio	aluminum can

ecologista	ecological; ecologist
puro/a	pure
renovable	renewable

Las emociones

alegrarse (de)	to be happy
esperar	to hope; to wish
sentir (e:ie)	to be sorry; to regret
temer	to be afraid/concerned; to fear

es extraño	it's strange
es una lástima	it's a shame
es ridículo	it's ridiculous
es terrible	it's terrible
es triste	it's sad
ojalá (que)	I hope (that); I wish (that)

Las dudas y las certezas

(no) creer	(not) to believe
(no) dudar	(not) to doubt
(no) estar seguro/a (de)	(not) to be sure (of)
(no) negar (e:ie)	(not) to deny

es imposible	it's impossible
es improbable	it's improbable
es obvio	it's obvious
no cabe duda de	there is no doubt
no hay duda de	there is no doubt
(no) es posible	it's (not) possible
(no) es probable	it's (not) probable
(no) es cierto	it's (not) true; it's (not) certain
(no) es verdad	it's (not) true
(no) es seguro	it's (not) certain

Los animales

el animal	animal
la ballena	whale
el mono	monkey
el pájaro	bird
el pez	fish
la tortuga marina	sea turtle

 Practice more at **vhlcentral.com**.

14 En la ciudad

PARA EMPEZAR Here are some additional questions: ¿Te gustan las ciudades grandes? ¿Por qué? ¿Hay más contaminación en esos lugares o en pueblos pequeños? ¿Cómo pueden proteger el medio ambiente las personas que viven en la ciudad?

Communicative Goals

You will learn how to:
- talk about errands
- ask for and give directions
- give advice

PARA EMPEZAR
- ¿Dónde están ellos, en una ciudad on en un pueblo?
- ¿Qué están haciendo?
- ¿Cómo crees que es la vida en esta ciudad?

SUGGESTION Using realia or pictures, ask students to identify **carne, zapato, pan**, etc. As students answer, write the names of the corresponding establishments on the board (**carnicería, zapatería, panadería**).

Tutorials

EN LA CIUDAD

EXPANSION Have each student list ten items from different kinds of stores. Have partners exchange lists and explain where to get each item. Ex: **(botas) Para comprar unas botas, tienes que ir a la zapatería.**

EN LA CIUDAD

la pescadería
fish market

el banco *bank*
la carnicería *butcher shop*
el correo *post office*
la heladería *ice cream shop*
la joyería *jewelry store*
la lavandería *laundromat*
la panadería *bakery*
la pastelería *pastry shop*
la peluquería *hairdressing salon*
el salón de belleza *beauty salon*
el supermercado *supermarket*
la zapatería *shoe store*

hacer cola *to stand in line*
hacer diligencias *to run errands*

la frutería
fruit shop

EN EL CORREO

el cartero
mail carrier

el correo *mail*
el paquete *package*
los sellos *stamps*
el sobre *envelope*

echar (una carta) al buzón *to put (a letter) in the mailbox; to mail (a letter)*
enviar *to send*
mandar *to send*

las estampillas

EN EL BANCO

el cheque de viajero *traveler's check*

la cuenta corriente *checking account*

la cuenta de ahorros *savings account*

ahorrar *to save (money)*

cobrar *to cash (a check); to charge (for a product or service)*

depositar *to deposit*

llenar (un formulario) *to fill out (a form)*

pagar al contado *to pay in cash*

pagar a plazos *to pay in installments*

pedir prestado *to borrow*

pedir un préstamo *to apply for a loan*

ser gratis *to be free of charge*

SUGGESTION Act out common banking transactions as you describe them. Say: **Cuando necesito dinero, voy al banco. Escribo un cheque y lo cobro.** Do the same with post office vocabulary. Say: **En el correo, compro unas estampillas, las pongo en el sobre y echo la carta al buzón.**

el cheque

(photo of man signing)

firmar
to sign

(photo of woman at ATM)

el cajero automático
automatic teller machine, ATM

EXPANSION Have students draw a schematic map of a few city blocks, labeling the establishments and naming the streets. Then have them write a description of the location of each establishment and exchange their description with a partner. The partner recreates the city map from the description. When finished, partners compare the maps.

el letrero
sign

CÓMO LLEGAR

la cuadra *(city) block*

la dirección *address*

la esquina *corner*

cruzar *to cross*

doblar *to turn*

estar perdido/a *to be lost*

quedar *to be located*

(al) este *(to the) east*

(al) norte *(to the) north*

(al) oeste *(to the) west*

(al) sur *(to the) south*

derecho *straight (ahead)*

enfrente de *opposite; facing*

hacia *toward*

indicar cómo llegar
to give directions

Variación léxica

el cheque de viajero ⟷ el cheque de viaje (*Esp.*)
la cuadra ⟷ la manzana (*Esp.*)
doblar ⟷ girar (*Esp.*), virar, voltear (*Amér. L.*)
hacer diligencias ⟷ hacer mandados (*Amér. L.*)

EXPANSION Play **Concentración**, using cards with establishment names and corresponding picture cards.

A escuchar

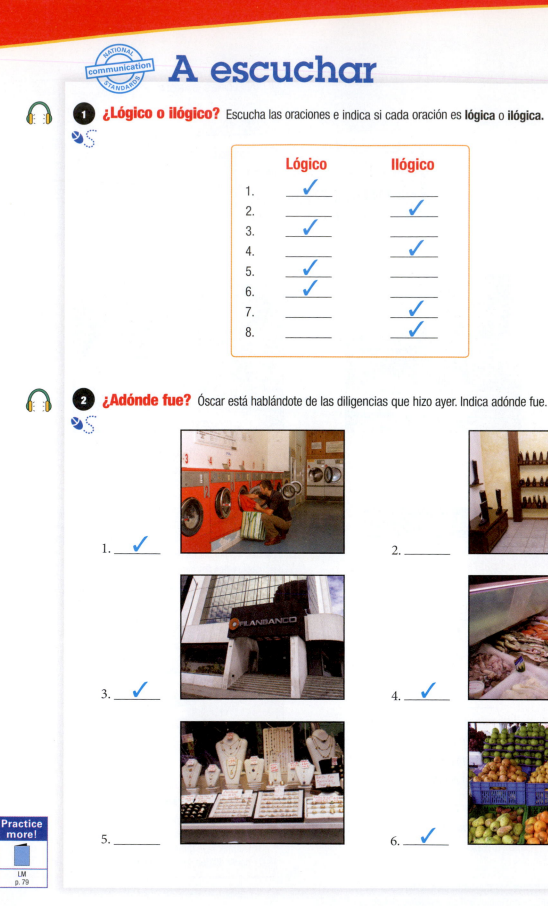

1 **¿Lógico o ilógico?** Escucha las oraciones e indica si cada oración es **lógica** o **ilógica**.

	Lógico	Ilógico
1.	✔	
2.		✔
3.	✔	
4.		✔
5.	✔	
6.	✔	
7.		✔
8.		✔

2 **¿Adónde fue?** Óscar está hablándote de las diligencias que hizo ayer. Indica adónde fue.

1. ___✔___

2. _____

3. ___✔___

4. ___✔___

5. _____

6. ___✔___

Practice more!

LM
p. 79

1 SCRIPT

1. Si quieres ahorrar dinero, debes ponerlo en tu cuenta de ahorros.

2. El mejor lugar para cobrar un cheque es una zapatería.

3. Si quieres lavar la ropa, puedes ir a la lavandería.

4. Cuando necesitamos un préstamo, vamos al salón de belleza.

5. Si compras algo y no tienes que pagarlo, es gratis.

6. Antes de echar la carta en el buzón, debes ponerle un sello.

7. En la joyería puedes conseguir pescado fresco.

8. Para comprar un champiñón es necesario pagar a plazos.

2 SCRIPT

Ayer no paré ni un minuto. Lo primero que hice fue levantarme temprano e irme a la lavandería de la esquina. Después fui al banco a depositar un cheque y a rellenar unos formularios para pedir un préstamo. Había tanta gente que tuve que hacer cola durante una hora. Como todavía tenía otras cosas que hacer, al principio pensé en irme y volver un poco más tarde, pero entonces vi a Eva y decidí quedarme. Eva es una gran amiga a la que no veía desde hacía cinco años. Mientras esperábamos juntos en la cola, le expliqué que estaba en el banco porque quería pedir un préstamo para abrir una zapatería. Eva pensó que era una idea fantástica y me deseó mucha suerte. Además, me dijo que era la dueña de una joyería y que estaba muy contenta con su trabajo. Al salir del banco, decidí comprar algo de comida en la pescadería y en la frutería que hay enfrente. Cuando llegué a casa, eran ya las tres y media de la tarde y tenía un hambre increíble.

A practicar

3 Emparejar Indica la actividad que se puede hacer en cada lugar.

Lugares	Actividades
1. carnicería ___g___	a. comprar galletas
2. pastelería ___a___	b. conseguir manzanas
3. frutería ___b___	c. comprar un collar (*necklace*)
4. joyería ___c___	d. cortarse (*to cut*) el pelo
5. lavandería ___e___	e. lavar la ropa
6. pescadería ___f___	f. comprar pescado
7. salón de belleza ___d___	g. comprar pollo
8. zapatería ___h___	h. probarse unas sandalias

4 Completar Completa las oraciones con las palabras de la lista.

1. El banco me regaló un reloj. Lo conseguí ___gratis___.
2. Me gusta ___ahorrar___ dinero, pero no me molesta gastarlo.
3. Tengo que ___firmar___ el cheque en el dorso (*on the back*) para cobrarlo.
4. Para pagar con un cheque, necesito tener dinero en mi ___cuenta corriente___.
5. Mi madre va a un ___cajero automático___ para obtener dinero.
6. Julio lleva su cheque al banco y lo ___cobra___ para tener dinero en efectivo.
7. Ana lleva su cheque al banco y lo ___deposita___ en su cuenta de ahorros.
8. Anoche en el restaurante, Marcos ___pagó al contado___ en vez de usar una tarjeta de crédito.
9. Cuando viajas, es buena idea llevar cheques ___de viajero___.
10. Para pedir un préstamo, Miguel y Susana tuvieron que ___llenar___ cuatro formularios.

ahorrar	de viajero
cajero automático	firmar
cobra	gratis
cuenta corriente	llenar
deposita	pagó al contado

5 Conversación Completa esta conversación entre Juanita y el cartero.

CARTERO Buenas tardes, ¿es usted la señorita Ramírez? Le traigo un (1) ___paquete___.

JUANITA Sí, soy yo. ¿Quién lo envía?

CARTERO La señora Ortega. Y también tiene usted dos (2) ___cartas___.

JUANITA Ay, pero ¡ninguna es de mi novio! ¿No llegó nada de Manuel Fuentes?

CARTERO Sí, pero él echó la carta al (3) ___buzón___ sin poner un (4) ___sello___ en el sobre.

JUANITA Entonces, ¿qué me recomienda usted que haga?

CARTERO Le sugiero que vaya al (5) ___correo___. Si usted paga el costo del sello, se le puede dar la carta.

Practice more!

WB
pp. 139–140

vhlcentral.com

A conversar

6 **Situaciones** En parejas, representen una conversación entre un(a) empleado/a de banco y uno/a de estos/as clientes/as. *Answers will vary.*

- un(a) estudiante universitario/a que quiere abrir una cuenta corriente

- una persona que quiere pedir un préstamo para comprar una casa

- una persona que quiere información de los servicios que ofrece el banco

- una persona que acaba de ganar 50 millones de dólares en la lotería y quiere saber cómo invertirlos (*invest them*).

7 **El Hatillo** En parejas, representen una conversación entre un(a) turista que está perdido/a en El Hatillo, Venezuela, y un(a) residente de la ciudad que quiere ayudarlo/la. *Answers will vary.*

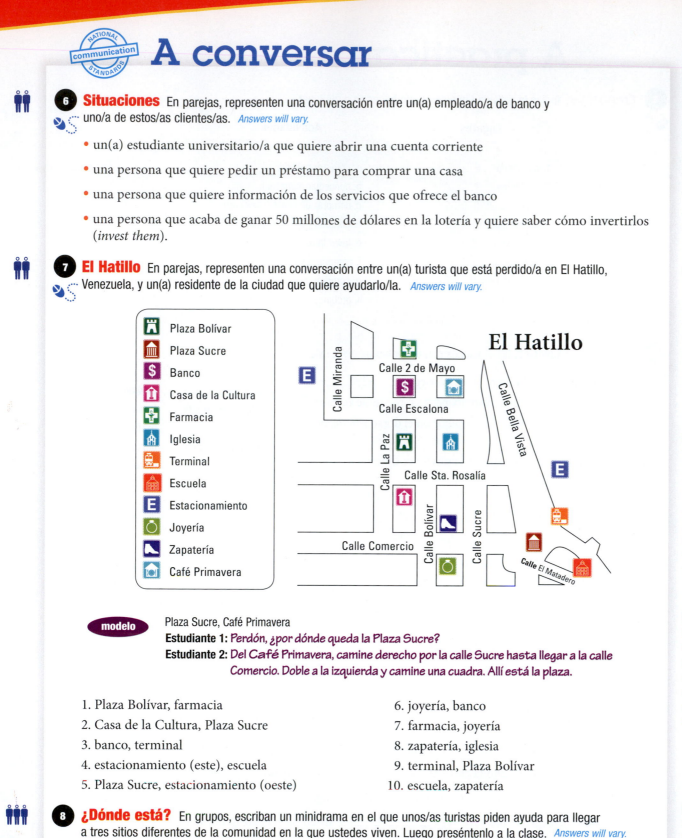

modelo
Plaza Sucre, Café Primavera
Estudiante 1: Perdón, ¿por dónde queda la Plaza Sucre?
Estudiante 2: Del Café Primavera, camine derecho por la calle Sucre hasta llegar a la calle Comercio. Doble a la izquierda y camine una cuadra. Allí está la plaza.

1. Plaza Bolívar, farmacia
2. Casa de la Cultura, Plaza Sucre
3. banco, terminal
4. estacionamiento (este), escuela
5. Plaza Sucre, estacionamiento (oeste)
6. joyería, banco
7. farmacia, joyería
8. zapatería, iglesia
9. terminal, Plaza Bolívar
10. escuela, zapatería

8 **¿Dónde está?** En grupos, escriban un minidrama en el que unos/as turistas piden ayuda para llegar a tres sitios diferentes de la comunidad en la que ustedes viven. Luego preséntenlo a la clase. *Answers will vary.*

Ortografía (S) Audio

Las abreviaturas

In Spanish, as in English, abbreviations are often used in order to save space and time while writing. Here are some of the most commonly used abbreviations in Spanish.

usted ⟶ **Ud.**		ustedes ⟶ **Uds.**	

As you have already learned, the subject pronouns **usted** and **ustedes** are often abbreviated.

don ⟶ **D.**	doña ⟶ **Dña.**	doctor(a) ⟶ **Dr(a).**
señor ⟶ **Sr.**	señora ⟶ **Sra.**	señorita ⟶ **Srta.**

These titles are frequently abbreviated.

centímetro ⟶ **cm**	metro ⟶ **m**	kilómetro ⟶ **km**
litro ⟶ **l**	gramo ⟶ **g; gr**	kilogramo ⟶ **kg**

The abbreviations for these units of measurement are often used, but without periods.

por ejemplo ⟶ **p. ej.**	página(s) ⟶ **pág(s).**

These abbreviations are often seen in books.

derecha ⟶ **dcha.**	izquierda ⟶ **izq. (izqda.)**
código postal ⟶ **C.P.**	número ⟶ **n.º**

These abbreviations are often used in mailing addresses.

Banco ⟶ **Bco.**	Compañía ⟶ **Cía.**
cuenta corriente ⟶ **c/c.**	Sociedad Anónima (*Inc.*) ⟶ **S.A.**

These abbreviations are frequently used in the business world.

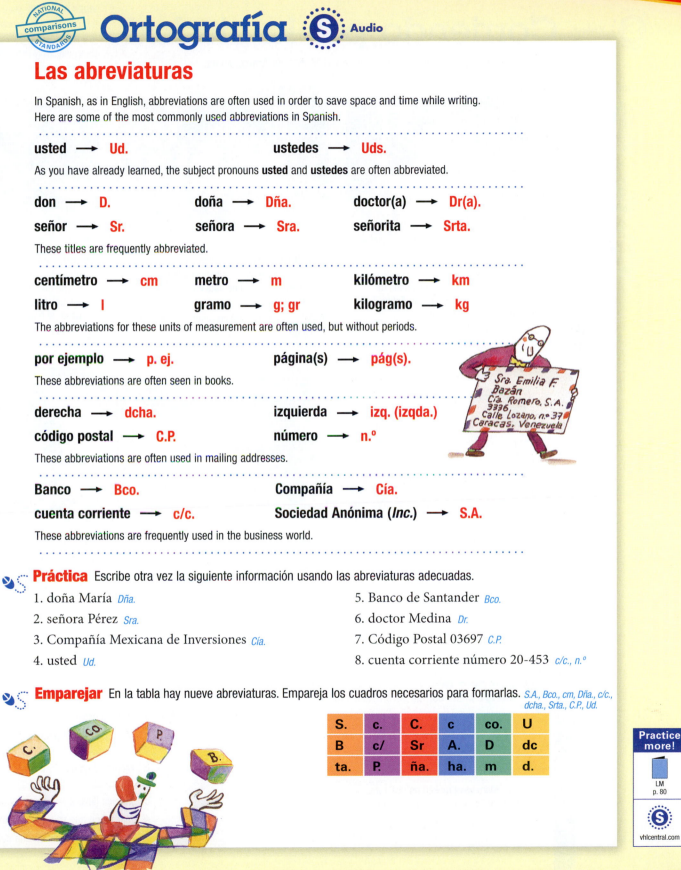

Sra. Emilia F. Bazán
Cía. Romero, S.A.
3336
Calle Lozano, n.º 37
Caracas, Venezuela

Práctica Escribe otra vez la siguiente información usando las abreviaturas adecuadas.

1. doña María *Dña.*
2. señora Pérez *Sra.*
3. Compañía Mexicana de Inversiones *Cía.*
4. usted *Ud.*
5. Banco de Santander *Bco.*
6. doctor Medina *Dr.*
7. Código Postal 03697 *C.P.*
8. cuenta corriente número 20-453 *c/c., n.º*

Emparejar En la tabla hay nueve abreviaturas. Empareja los cuadros necesarios para formarlas. *S.A., Bco., cm, Dña., c/c., dcha., Srta., C.P., Ud.*

S.	c.	C.	c	co.	U
B	c/	Sr	A.	D	dc
ta.	P.	ña.	ha.	m	d.

Practice more!

LM p. 80

(S) vhlcentral.com

S Video Corriendo por la ciudad

Maru necesita entregar unos documentos en el Museo de Antropología.

VIDEO SYNOPSIS Maru is racing against the clock to deliver her application for an internship at the Museo de Antropología. However, with Miguel's car broken down again, long lines at the bank, and heavy traffic, Maru needs her friend Monica's help to meet the deadline.

PERSONAJES

MARU

MIGUEL

MÓNICA

MARU Miguel, ¿estás seguro de que tu coche está estacionado en la calle Independencia? Estoy en la esquina de Zaragoza y Francisco Sosa. OK. Estoy enfrente del salón de belleza.

MIGUEL Dobla en la avenida Hidalgo. Luego cruza la calle Independencia y dobla a la derecha. El coche está enfrente de la pastelería.

MARU ¡Ahí está! Gracias, cariño. Hablamos luego.

MARU Vamos, arranca. Pensé que podías aguantar unos kilómetros más. Necesito un coche que funcione bien. (*en el teléfono*) Miguel, tu coche está descompuesto. Voy a pasar al banco porque necesito dinero, y luego me voy en taxi al museo.

MÓNICA ¿Estás bien? Te ves pálida. Sentémonos un minuto.

MARU ¡No tengo tiempo! Tengo que llegar al Museo de Antropología. Necesito entregar...

MÓNICA ¡Ah, sí, tu proyecto!

MÓNICA ¿Puedes mandarlo por correo? El correo está muy cerca de aquí.

MARU El plazo para mandarlo por correo se venció la semana pasada. Tengo que entregarlo personalmente.

MARU ¿Me podrías prestar tu coche?

MÓNICA Estás muy nerviosa para manejar con este tráfico. Te acompaño. ¡No!, mejor, yo te llevo. Mi coche está en el estacionamiento de la calle Constitución.

A C T I V I D A D E S

1 ¿Cierto o falso? Decide si lo que dicen estas oraciones es **cierto** o **falso**. Corrige las oraciones falsas.

1. Miguel dice que su coche está estacionado enfrente de la carnicería. *Falso. Miguel dice que su coche está estacionado enfrente de la pastelería.*
2. Maru necesita pasar al banco porque necesita dinero. *Cierto.*
3. Mónica gastó el efectivo en la joyería y el supermercado. *Falso. Mónica gastó el efectivo en la carnicería, la panadería y la frutería.*
4. Maru puede mandar el paquete por correo. *Falso. Maru no puede mandar el paquete por correo.*
5. Maru va al museo en taxi. *Falso. Mónica la lleva en su coche.*

2 Ordenar Pon los sucesos de la Fotonovela en el orden correcto.

a. Maru le pide dinero prestado a Mónica. ___3___

b. Maru entregó el paquete justo a tiempo (*just in time*). ___6___

c. Mónica dice que hay una cola súper larga en el banco. ___2___

d. Mónica lleva a Maru en su coche. ___4___

e. Maru dice que se va a ir en taxi al museo. ___1___

f. Maru le dice a Mónica que doble a la derecha en la esquina. ___5___

VIDEO RECAP Before doing this **Aventuras** section, review the previous one with these questions: **1. ¿Adónde fueron Marissa y Jimena? (Fueron al santuario de tortugas.) 2. ¿Qué aprendieron allí? (Aprendieron sobre las normas para proteger a las tortugas.) 3. ¿Qué le pasó a Felipe durante el recorrido por la selva? (Se cayó.) 4. ¿Qué mentira les dijo Felipe a las chicas? (Les dijo que se perdió todo el recorrido.)**

SUGGESTION Use video captions 2, 3, 6, and 9 to point out examples of commands, which will be studied in **Gramática 14.2** and **14.3.**

MARU Hola, Moni. Lo siento, tengo que ir a entregar un paquete y todavía tengo que ir a un cajero.

MÓNICA ¡Uf! Y la cola está súper larga.

MARU ¿Me puedes prestar algo de dinero?

MÓNICA Déjame ver cuánto tengo. Estoy haciendo diligencias, y me gasté casi todo el efectivo en la carnicería y en la panadería y en la frutería.

MARU En esta esquina dobla a la derecha. En el semáforo, a la izquierda y sigue derecho.

MÓNICA Hay demasiado tráfico. No sé si podemos...

MARU Hola, Miguel. No, no hubo más problemas. Lo entregué justo a tiempo. Nos vemos más tarde. (*a Mónica*) ¡Vamos a celebrar!

3 EXPANSION Have students prepare several sets of directions that explain how to get to well-known places on campus or in the community without mentioning the destinations by name. Have students read the directions aloud and have the class guess the destinations.

3 **Conversación** Un(a) compañero/a y tú son vecinos/as. Uno/a de ustedes acaba de mudarse y necesita ayuda porque no conoce la ciudad. Preparen una conversación que incluya instrucciones para ir a estos lugares. Usen las **Expresiones útiles.**

▶ un banco
▶ una lavandería
▶ un supermercado
▶ una heladería
▶ una panadería

Practice more!

VM pp. 195–196

vhlcentral.com

Expresiones útiles

Getting/giving directions

Estoy en la esquina de Zaragoza y Francisco Sosa.
I'm at the corner of Zaragoza and Francisco Sosa.
Dobla en la avenida Hidalgo.
Turn on Hidalgo Avenue.
Luego cruza la calle Independencia y dobla a la derecha.
Then cross Independencia Street and turn right.
El coche está enfrente de la pastelería.
The car is in front of the bakery.
En el semáforo, a la izquierda y sigue derecho.
Left at the light, then straight ahead.

Talking about errands

Voy a pasar al banco porque necesito dinero.
I'm going to the bank because I need money.
No tengo tiempo.
I don't have time.
Estoy haciendo diligencias, y me gasté casi todo el efectivo.
I'm running errands, and I spent most of my cash.

Asking for a favor

¿Me puedes prestar algo de dinero?
Could you lend me some money?
¿Me podrías prestar tu coche?
Could I borrow your car?

Talking about deadlines

Tengo que entregar mi proyecto.
I have to turn in my project.
El plazo para mandarlo por correo se venció la semana pasada.
The deadline to mail it in passed last week.

Additional vocabulary

acompañar *to accompany*
aguantar *to endure, to hold*
ándale *come on*
pálido/a *pale*
¿Qué onda? *What's up?*

SUGGESTION Read the **Expresiones útiles** aloud and have the class repeat them. Ask volunteers to read characters' lines aloud as the class follows along, paying special attention to the **Expresiones útiles.**

communities STANDARDS · comparisons cultures STANDARDS · **S** Reading

Paseando en metro

Hoy es el primer día de Teresa en la Ciudad de México. Debe tomar el metro para ir del centro de la ciudad a Coyoacán, en el sur. Llega a la estación Zócalo y compra un pasaje por el equivalente a veintitrés centavos° de dólar, ¡qué ganga! Con este pasaje puede ir a cualquier° parte de la ciudad o del área metropolitana.

El metro

El primer metro de Suramérica que se abrió al público fue el de Buenos Aires, Argentina (1° de diciembre de 1913); el último, el de Santo Domingo, República Dominicana (15 de noviembre del 2008).

Ciudad	Pasajeros/Día (aprox.)
México D.F., México	4.406.300
Madrid, España	2.400.000
Buenos Aires, Argentina	1.500.000
Santiago, Chile	1.500.000
Caracas, Venezuela	1.400.000
Medellín, Colombia	350.000
Guadalajara, México	161.910

No sólo en México, sino también en ciudades de Venezuela, Chile, Argentina y España, hay sistemas de transporte público eficientes y muy económicos. También suele haber° varios tipos de transporte: autobús, metro, tranvía°, microbús y tren. Generalmente se pueden comprar abonos° de uno o varios días para un determinado tipo de transporte. En algunas ciudades también existen abonos de transporte combinados que permiten usar, por ejemplo, el metro y el autobús o el autobús y el tren. En estas ciudades, los metros, autobuses y trenes pasan con mucha frecuencia. Las paradas° y estaciones están bien señalizadas°.

Vaya°, Teresa ya está llegando a Coyoacán. Con lo que ahorró en el pasaje del metro, puede comprarse un helado de mango y unos esquites° en el jardín Centenario.

centavos *cents* cualquier *any* suele haber *there usually are* tranvía *streetcar* abonos *passes* paradas *stops* señalizadas *labeled* Vaya *Well* esquites *toasted corn kernels*

ASÍ SE DICE

En la ciudad

el aparcamiento (Esp.); el parqueadero (Bol., Col.); el parqueo (Bol., Col., Cuba, El Salv., Nic.)	el estacionamiento
dar un aventón (Amér. C.); dar botella (Cuba)	to give (someone) a ride
el subterráneo, el subte (Arg.)	el metro

ACTIVIDADES

1 **¿Cierto o falso?** Indica si lo que dice cada oración es **cierto** o **falso**. Corrige la información falsa.

1. En la Ciudad de México, el pasaje de metro cuesta dieciocho dólares. *Falso. Cuesta veintitrés centavos de dólar.*

2. En México, un pasaje se puede usar sólo para ir al centro de la ciudad. *Falso. Se puede ir a cualquier parte de la ciudad o del área metropolitana.*

3. En Chile hay varios tipos de transporte público. *Cierto.*

4. Los abonos de transporte no sirven para más de un tipo de transporte. *Falso. Hay abonos combinados que permiten usar distintos tipos de transporte.*

5. Los trenes, autobuses y metros pasan con mucha frecuencia. *Cierto.*

6. Hay pocos letreros en las paradas y estaciones. *Falso. Las paradas y estaciones están bien señalizadas.*

7. Los servicios de metro de México y España son los que transportan mayor cantidad de viajeros por día. *Cierto.*

8. La ciudad de Buenos Aires tiene el sistema de metro más viejo de Suramérica. *Cierto.*

9. El metro que lleva menos tiempo en servicio es el de la ciudad de Medellín, Colombia. *Falso. Es el de Santo Domingo, República Dominicana.*

2 **Comparación** Compara el servicio de metro en México con el servicio de un transporte público en el área donde vives. Da información de la frecuencia, el precio del pasaje, cuántas personas lo usan y cuál prefieres tú.

CONEXIÓN INTERNET

¿Qué edificios están ubicados alrededor de las plazas (*squares*) en los países hispanos?

For more information about this **Cultura**, go to **vhlcentral.com**.

 Video

El Metro del D.F.

1 **Preparación** Imagina que estás en México, D.F., una de las ciudades más grandes del mundo. ¿Qué transporte usas para ir de un lugar a otro? ¿Por qué?

2 **El video** Mira el episodio de **Flash Cultura**.

Vocabulario			
concurrido	*busy, crowded*	**transbordo**	*transfer, change*
se esconde	*is hidden*	**el rincón**	*corner*

Viajando en el Metro… puedes conocer más acerca de la cultura de este país.

Para la gente… mayor de 60 años, es el transporte totalmente gratuito.

3 **Seleccionar** Selecciona la respuesta correcta.

1. El Parque de _____ (Chapultepec/Los Leones) es uno de los lugares más concurridos de la ciudad.

2. En las estaciones _____ (de transbordo/de una sola línea) los pasajeros pueden cambiar de trenes para llegar fácilmente a su destino.

3. Algunas líneas de metro son _____ (subterráneas/superficiales), es decir, circulan al nivel de la calle.

4. Dentro de algunas estaciones hay _____ (danzas indígenas/exposiciones de arte).

Practice more!

VM pp. 227–228 — vhlcentral.com

Tutorial · comparisons NATIONAL STANDARDS

14.1 The subjunctive in adjective clauses

▸ Adjective clauses modify nouns or pronouns. The subjunctive can be used in adjective clauses to indicate that the existence of someone or something is uncertain or indefinite.

¿Conoces una joyería que esté cerca?

No, no conozco ninguna joyería que esté cerca de aquí.

▸ The subjunctive is used in an adjective clause that refers to a person, place, thing, or idea that either does not exist or whose existence is uncertain or indefinite.

Busco **un profesor** que **enseñe japonés**.
I'm looking for a professor who teaches Japanese.

¿Conoces **un buen restaurante** que **esté** cerca de mi casa?
Do you know a good restaurant that is near my house?

▸ The indicative is used when the adjective clause refers to a person, place, thing, or idea that is clearly known, certain, or definite.

Quiero ir **al restaurante** que **está** enfrente de la biblioteca.
I want to go to the restaurant that's in front of the library.

Conozco a **alguien** que **va** a esa peluquería.
I know someone who goes to that beauty salon.

Adjective clauses

Indicative	Subjunctive
Necesito el libro que tiene información sobre Venezuela.	Necesito un libro que tenga información sobre Venezuela.
I need the book that has information about Venezuela.	*I need a book that has information about Venezuela.*
Quiero vivir en esta casa que tiene jardín.	Quiero vivir en una casa que tenga jardín.
I want to live in this house that has a garden.	*I want to live in a house that has a garden.*
En mi barrio, hay una heladería que vende helado de mango.	En mi barrio, no hay ninguna heladería que venda helado de mango.
In my neighborhood, there's an ice cream shop that sells mango ice cream.	*In my neighborhood, there is no ice cream shop that sells mango ice cream.*

Práctica

1 **Minidiálogos** Completa los minidiálogos con la forma correcta de los verbos indicados.

MARCELA Buscamos un hotel que (1) ___tenga___ [tener] piscina.

MARTÍN Hay tres o cuatro hoteles por aquí que (2) ___tienen___ [tener] piscina.

• • •

EDUARDO ¿Hay algún buzón por aquí donde yo (3) ___pueda___ [poder] echar una carta?

SUSANA Sí, hay uno en la esquina donde (4) ___puedes___ [poder] echar una carta.

• • •

ANA Queremos encontrar un restaurante que (5) ___sirva___ [servir] comida venezolana.

ROBERTO Creo que el restaurante en esta cuadra (6) ___sirve___ [servir] comida venezolana.

• • •

VICENTE Necesitas hablar con José, el empleado que (7) ___entiende___ [entender] este nuevo programa de computación.

MARISOL No hay nadie que (8) ___entienda___ [entender] este programa.

2 **Completar** Completa estas oraciones de manera lógica. Luego, compara tus respuestas con las de un(a) compañero/a. *Answers will vary.*

1. Tengo un(a) amigo/a que…
2. Algún día espero tener un apartamento o una casa que…
3. Quiero visitar un país que…
4. No tengo ningún/ninguna profesor(a) que…
5. Es importante conocer a alguien que…
6. Mi compañero/a de cuarto busca una lavandería que…
7. Un(a) consejero/a (*advisor*) debe ser una persona que…
8. Mi novio/a desea un perro que…
9. En esta clase no hay nadie que…
10. Mis padres buscan un carro que…

Conversación

3 Encuesta Averigua (*Find out*) cuál de tus compañeros/as conoce a alguien que haga estas actividades. Si responden que sí, pregunta quién es y anota sus respuestas. Comparte los resultados con la clase. *Answers will vary.*

¿Conoces una joyería que esté cerca?	**Nombres**	**Respuestas**
1. Conocer muy bien su ciudad	_____	_____
2. Hablar japonés	_____	_____
3. Comprender el subjuntivo	_____	_____
4. Odiar ir de compras	_____	_____
5. Estudiar música	_____	_____
6. Trabajar en una zapatería	_____	_____
7. No tener tarjeta de crédito	_____	_____
8. Graduarse este año	_____	_____
9. Ser cantante	_____	_____
10. Vivir en Venezuela	_____	_____
11. Jugar al béisbol	_____	_____

4 Anuncios clasificados En parejas, lean estos anuncios y describan el tipo de persona u objeto que se busca. Usen el subjuntivo. *Answers will vary.*

CLASIFICADOS

CLASES DE INGLÉS Profesor de Inglaterra con diez años de experiencia ofrece clases para grupos o instrucción privada para individuos. Llamar al 0416-933-4110 de 16:30 a 18:30.

SE BUSCA CONDOMINIO Se busca condominio en Sabana Grande con 3 alcobas, 2 baños, sala, comedor y aire acondicionado. Tel: 0412-977-2018.

EJECUTIVO DE CUENTAS Se requiere joven profesional con al menos dos años de experiencia en el sector financiero. Se ofrecen beneficios excelentes. Enviar currículum vitae al Banco Mercantil, Avda. Urdaneta 263, Caracas.

VENDEDOR(A) Se necesita persona dinámica y responsable con buena presencia. Experiencia mínima de un año. Horario de trabajo flexible. Llamar a Joyería Aurora de 10 a 13h y de 16 a 18h. Tel: 0212-263-7553.

PELUQUERÍA UNISEX Se busca persona con experiencia en peluquería y maquillaje para trabajar tiempo completo. Llamar de 9 a 13h. Tel: 0212-261-3548

COMPARTIR APARTAMENTO Se necesita compañera para compartir apartamento de 2 alcobas en Chacao. Alquiler 3.000 bolívares por mes. No fumar. Llamar al 0212-951-3642 entre 19 y 22h.

Practice more!

WB pp. 141–142	LM p. 81	vhlcentral.com

▶ The personal **a** is not used with direct objects that are hypothetical people. However, **alguien** and **nadie** are always preceded by the personal **a** when they function as direct objects.

Necesitamos **un empleado** que **sepa** usar computadoras.
We need an employee who knows how to use computers.

Necesitamos **al empleado** que **sabe** usar computadoras.
We need the employee who knows how to use computers.

Busco **a alguien** que **pueda** cocinar hoy.
I'm looking for someone who can cook today.

No conozco **a nadie** que **pueda** cocinar hoy.
I don't know anyone who can cook today.

▶ The subjunctive is commonly used in questions when the speaker is uncertain. However, if the person who responds to the question knows the information, the indicative is used.

—¿Hay un parque que **esté** cerca de nuestro hotel?
Is there a park that's close to our hotel?

—Sí, hay un parque que **está** muy cerca del hotel.
Yes, there's a park that's very close to the hotel.

PÁGINAS AMARILLAS

Busque cualquier información que necesite.

¡Manos a la obra!

Completa cada oración con el subjuntivo o el indicativo.

1. Necesito una persona que ___*pueda*___ [puede/pueda] cantar bien.
2. Buscamos a alguien que ___*tenga*___ [tiene/tenga] paciencia.
3. ¿Hay restaurantes aquí que ___*sirvan*___ [sirven/sirvan] comida japonesa?
4. Tengo una amiga que ___*saca*___ [saca/saque] fotografías muy bonitas.
5. Hay una carnicería que ___*está*___ [está/esté] cerca de aquí.
6. No vemos ningún apartamento que nos ___*interese*___ [interesa/interese].
7. Conozco a un estudiante que ___*come*___ [come/coma] hamburguesas todos los días.
8. ¿Hay alguien que ___*diga*___ [dice/diga] la verdad?

14.2 Familiar (tú) commands

 Tutorial

▸ Use familiar (**tú**) commands when you want to give an order or advice to someone you normally address with **tú**.

Llámame cuando termine tu clase.

Dobla en la avenida Hidalgo y luego cruza la calle Independencia.

▸ Affirmative **tú** commands usually have the same form as the **usted/él/ella** of the present indicative. The pronoun **tú** is used only for emphasis.

Paga al contado.
Pay in cash.

Pide un préstamo.
Ask for a loan.

Affirmative *tú* commands

Infinitive	Present indicative	Affirmative *tú* command
cuidar	Ud./él/ella cuida	cuida (tú)
tocar	Ud./él/ella toca	toca (tú)
temer	Ud./él/ella teme	teme (tú)
volver	Ud./él/ella vuelve	vuelve (tú)
insistir	Ud./él/ella insiste	insiste (tú)
pedir	Ud./él/ella pide	pide (tú)

▸ Negative **tú** commands have the same form as the **tú** form of the present subjunctive.

Carlos, **no eches** eso al buzón.
Carlos, don't put that in the mailbox.

Julia, **no cruces** la calle.
Julia, don't cross the street.

Negative *tú* commands

Infinitive	Present subjunctive	Negative *tú* command
cuidar	que tú cuides	no cuides (tú)
tocar	que tú toques	no toques (tú)
temer	que tú temas	no temas (tú)
volver	que tú vuelvas	no vuelvas (tú)
insistir	que tú insistas	no insistas (tú)
pedir	que tú pidas	no pidas (tú)

▸ The negative familiar commands keep the same stem changes as the indicative.

No p**ie**rdas el mapa.
Don't lose the map.

No v**ue**lvas a esa gasolinera.
Don't go back to that gas station.

Práctica

1 **Unas diligencias** Completa los pedidos que la señora Ramos le hace a su esposo. Usa las formas correctas de los mandatos informales.

1. Enrique, ___*ve*___ [ir] al banco, por favor.
2. Cuando llegues al banco, ___*deposita*___ [depositar] este cheque en nuestra cuenta corriente.
3. No ___*lo deposites*___ [depositarlo] en la cuenta de ahorros y, por favor, no ___*pidas*___ [pedir] un préstamo.
4. Luego ___*pasa*___ [pasar] por la zapatería y ___*recoge*___ [recoger] mis zapatos.
5. No ___*pagues*___ [pagar] al contado, sino con un cheque.
6. Luego ___*compra*___ [comprar] un pastel en la pastelería. Por favor, no ___*compres*___ [comprar] un pastel de chocolate. Mi tío Felipe viene a cenar y es alérgico al chocolate.

2 **Quehaceres** Pedro y Marina no se ponen de acuerdo (*agree*) cuando le dan órdenes a su hijo Miguel. Lee los quehaceres que Pedro le da a Miguel. Después, usa la información entre paréntesis para formar las contraórdenes que, a su vez, le da Marina. Sigue el modelo.

modelo
Recoge los libros. (poner la mesa)
No los recojas, Miguel. Pon la mesa.

1. Barre el suelo. (pasar la aspiradora)
   No lo barras. Pasa la aspiradora.
2. Plancha la ropa. (hacer las camas)
   No la planches. Haz las camas.
3. Saca la basura. (quitar la mesa)
   No la saques. Quita la mesa.
4. Ve a la joyería. (ir a la frutería)
   No vayas a la joyería. Ve a la frutería.
5. Dale los libros a Isabel. (dárselos a Juan)
   No se los des. Dáselos a Juan.
6. Prepara la cena. (limpiar el carro)
   No la prepares. Limpia el carro.
7. Echa las cartas al buzón. (dárselas al cartero)
   No las eches al buzón. Dáselas al cartero.
8. Corta el césped. (bañar al gato)
   No lo cortes. Baña al gato.

3 **Oraciones** Forma los mandatos que la señora Morales les da a su esposo y a sus hijos.

modelo
Pilar / sacar / basura
Pilar, saca la basura.

1. Gloria / poner / sello / este / sobre
   Gloria, pon un/el sello en este sobre.
2. Manolo / ir / banco / cobrar / este / cheques
   Manolo, ve al banco y cobra estos cheques.
3. Lidia / no poner / televisión
   Lidia, no pongas la televisión.
4. Esteban / hacer / camas
   Esteban, haz las camas.
5. Gloria / no lavar / platos
   Gloria, no laves los platos.
6. Manolo / firmar / este / formularios
   Manolo, firma estos formularios.

Conversación

4 **Estoy perdido/a** Con un(a) compañero/a, prepara una conversación breve entre un(a) estudiante nuevo/a en la universidad y otro/a estudiante que le indica cómo llegar a varios lugares. *Answers will vary.*

modelo

Estudiante 1: *Quiero ir al laboratorio de Ciencias, pero estoy perdido. ¿Me puedes ayudar?*

Estudiante 2: *Sí. Sigue derecho hasta llegar a la Facultad de Negocios. Dobla a la izquierda...*

5 **¡Te lo ordeno!** En parejas, preparen una conversación entre dos compañeros/as de cuarto quienes tenían que estar en una fiesta y todavía se están arreglando. Usen mandatos afirmativos y negativos. Luego presenten el diálogo a la clase. *Answers will vary.*

modelo

Luisa: *¡Te lo ordeno! ¡Sal del baño ya!*

Ramón: *¡No me des órdenes!*

Luisa: *Pero tengo que maquillarme.*

Ramón: *Y yo tengo que ducharme. Oye, ¿qué hora es?*

Luisa: *Son las siete menos veinte.*

Ramón: *¡Ay! ¡Tráeme una toalla!*

6 **Órdenes** En grupos, intercambien tres órdenes con cada uno. Luego, cada uno debe seguir las órdenes que el resto del grupo le da o reaccionar apropiadamente. *Answers will vary.*

modelo

Estudiante 1: *Dame todo tu dinero.*

Estudiante 2: *No, no quiero dártelo. Muéstrame tu cuaderno.*

Estudiante 1: *Aquí está.*

Estudiante 3: *Ve a la pizarra y escribe tu nombre.*

Estudiante 4: *No quiero. Hazlo tú.*

Practice more!
WB pp. 143–144 · LM p. 82 · vhlcentral.com

Irregular **tú** commands

▶ There are eight irregular affirmative **tú** commands.

decir	di
hacer	haz
ir	ve
poner	pon

salir	sal
ser	sé
tener	ten
venir	ven

¡Ten cuidado con el perro!
Be careful with the dog!

Pon la estampilla en el sobre.
Put the stamp on the envelope.

¡Sal de aquí ahora mismo!
Leave here at once!

Haz los ejercicios.
Do the exercises.

▶ **Ir** and **ver** have the same **tú** command. Context will determine the meaning.

Ve al supermercado con José.
Go to the supermarket with José.

Ve al banco esta tarde.
Go to the bank this afternoon.

Ve ese programa… es muy interesante.
Watch that program… it's very interesting.

Ve esa película con tu hermano.
See that movie with your brother.

▶ The placement of reflexive and object pronouns in **tú** commands follows the same rules as in formal commands. When a pronoun is attached to a command of more than two syllables, a written accent is used.

Informal

¡Alégrate!
Be happy!

No **te** sientas triste.
Don't feel sad.

Dí**me**.
Tell me.

No **me lo** digas.
Don't tell me (it).

Formal

¡Alégrense!
Be happy!

No **se** sientan tristes.
Don't feel sad.

Díga**me**.
Tell me.

No **me lo** diga.
Don't tell me (it).

¡Manos a la obra!

Indica los mandatos familiares de estos verbos.

		Mandato afirmativo	Mandato negativo
1.	cambiar	*Cambia* el aceite.	No *cambies* el aceite.
2.	correr	*Corre* más rápido.	No *corras* más rápido.
3.	salir	*Sal* ahora.	No *salgas* ahora.
4.	tocar	*Toca* las flores.	No *toques* las flores.
5.	venir	*Ven* aquí.	No *vengas* aquí.
6.	levantarse	*Levántate* temprano.	No *te levantes* temprano.
7.	volver	*Vuelve* pronto.	No *vuelvas* pronto.
8.	hacerlo	*Hazlo* ya.	No *lo hagas* ahora.

14.3 Nosotros/as commands

Tutorial | comparisons NATIONAL STANDARDS

▶ **Nosotros/as** commands, which correspond to the English *let's* + [*verb*], are used to give orders or suggestions that include yourself and other people.

Crucemos la calle.
Let's cross the street.

No crucemos la calle.
Let's not cross the street.

▶ Both affirmative and negative **nosotros/as** commands are generally formed by using the first-person plural form of the present subjunctive.

▶ The affirmative *let's* + [*verb*] may also be expressed with **vamos a** + [*infinitive*]. Remember, however, that **vamos a** + [*infinitive*] can also mean *we are going to (do something)*. Context and tone will determine which meaning is being expressed.

Vamos a caminar por la ciudad.
Let's walk around the city.

Vamos a ir a Chile este verano.
We're going to Chile this summer.

Pensemos, ¿adónde fuiste hoy?

¡Eso es! ¡El carro de Miguel! ¡Vamos!

▶ To express *let's go*, the present indicative form of **ir** (**vamos**) is used, not the subjunctive. For the negative command, however, the subjunctive is used.

Affirmative

Vamos a la pescadería.
Let's go to the fish market.

Vamos a tomar un café.
Let's go have a coffee.

Negative

No vayamos a la pescadería.
Let's not go to the fish market.

No vayamos a tomar un café.
Let's not go have a coffee.

¡Pidamos un préstamo!

¡Hagamos un viaje!

¡Compremos un caballo!

BANCOSUR. LLÁMANOS.

Práctica

1 **Conversación** Completa esta conversación con mandatos de **nosotros/as**.

MARÍA Sergio, ¿quieres hacer diligencias ahora o por la tarde?

SERGIO No (1) _las dejemos_ [dejarlas] para más tarde. (2) _Hagámoslas_ [Hacerlas] ahora.

MARÍA Necesito comprar sellos.

SERGIO Yo también. (3) _Vamos_ [Ir] al correo.

MARÍA Pues, antes de ir al correo, necesito sacar dinero de mi cuenta corriente.

SERGIO Bueno, (4) _busquemos_ [buscar] un cajero automático.

MARÍA ¿Tienes hambre?

SERGIO Sí. (5) _Crucemos_ [Cruzar] la calle y (6) _comamos_ [comer] algo en ese café.

MARÍA Buena idea.

SERGIO ¿Nos sentamos aquí?

MARÍA No, no (7) _nos sentemos_ [sentarse] aquí; (8) _sentémonos_ [sentarse] enfrente de la ventana.

SERGIO ¿Qué pedimos?

MARÍA (9) _Pidamos_ [Pedir] café y pan dulce.

2 **Hagámoslo** Responde a cada oración; sigue el modelo.

modelo
Vamos a vender el carro. (Sí)
Sí, vendámoslo.

1. Vamos a levantarnos a las seis. (Sí)
Sí, levantémonos a las seis.
2. Vamos a enviar los paquetes. (No)
No, no los enviemos.
3. Vamos al supermercado. (No)
No, no vayamos.
4. Vamos a mandar esta tarjeta postal a nuestros amigos. (No)
No, no se la mandemos.
5. Vamos a limpiar la habitación. (Sí)
Sí, limpiémosla.
6. Vamos a mirar la televisión. (No)
No, no la miremos.
7. Vamos a bailar. (Sí)
Sí, bailemos.
8. Vamos a arreglar la sala. (No)
No, no la arreglemos.
9. Vamos a comprar estampillas. (Sí)
Sí, comprémoslas.

Conversación

3 **Decisiones** Imagina que estás con un(a) amigo/a. Túrnense para hacerse estas preguntas. Usen mandatos de **nosotros/as** en sus respuestas. *Answers will vary.*

1. ¿Cruzamos la calle aquí o caminamos una cuadra más?
2. ¿Vamos a casa o comemos en un restaurante?
3. ¿Salimos para el cine a las seis o a las seis y media?
4. ¿Pagamos la cuenta al contado o con tarjeta de crédito?

Preguntar Tú y tu compañero/a están de vacaciones y se hacen sugerencias para resolver las situaciones. Usen mandatos de **nosotros/as**. *Answers will vary.*

modelo
Se nos olvidaron las tarjetas de crédito.
Paguemos en efectivo. /No compremos más regalos.

A
1. El museo está a sólo una cuadra de aquí.
2. Tenemos hambre.
3. Hay una cola larga en el cine.

B
1. Tenemos muchos cheques de viajero.
2. Tenemos prisa para llegar al cine.
3. Estamos cansados y queremos dormir.

Turistas Imaginen que están en Caracas. En grupos pequeños, lean esta guía turística y decidan qué van a hacer hoy por la mañana, por la tarde y por la noche. Usen mandatos de **nosotros/as**. *Answers will vary.*

modelo
Visitemos el Museo de Arte Contemporáneo Sofía Imber esta mañana. Quiero ver las esculturas de Jesús Rafael Soto.

Guía de Caracas

MUSEOS
- **Museo de Arte Colonial** Avenida Panteón
- **Museo de Arte Contemporáneo Sofía Imber** Parque Central. Esculturas de Jesús Rafael Soto y pinturas de Miró, Chagall y Picasso.
- **Galería de Arte Nacional** Parque Central. Colección de más de 4.000 obras de arte venezolano.

SITIOS DE INTERÉS
- **Plaza Bolívar**
- **Jardín Botánico** Avenida Interna UCV. De 8:00 a 5:00.
- **Parque del Este** Avenida Francisco de Miranda. Parque más grande de la ciudad con serpentario.
- **Casa Natal de Simón Bolívar** Esquinas San Jacinto y Traposos. Casa colonial donde nació Simón Bolívar.

RESTAURANTES
- **El Barquero** Avenida Luis Roche
- **Restaurante El Coyuco** Avenida Urdaneta
- **Restaurante Sorrento** Avenida Francisco Solano
- **Café Tonino** Avenida Andrés Bello

Practice more!

WB pp. 145–146

LM p. 83

S vhlcentral.com

Nosotros commands and object pronouns

▶ Object pronouns are attached to affirmative **nosotros/as** commands. A written accent is added to maintain the original stress.

Firmemos el cheque. — *Let's sign the check.*
Firmémoslo. — *Let's sign it.*

Escribamos a Ana y a Raúl. — *Let's write to Ana and Raúl.*
Escribámosles. — *Let's write to them.*

▶ When **nos** or **se** is attached to an affirmative **nosotros/as** command, the final **–s** of the command verb is dropped.

Démoselo a ella. — *Let's give it to her.*
Mandémoselo a ellos. — *Let's send it to them.*

Sentémonos allí. — *Let's sit down there.*
Levantémonos temprano. — *Let's get up early.*

▶ Object pronouns are placed in front of negative **nosotros/as** commands.

No **les paguemos** el préstamo. — *Let's not pay them the loan.*
No **se lo digamos** a ellos. — *Let's not tell them.*

No **lo compremos.** — *Let's not buy it.*
No **se la presentemos.** — *Let's not introduce her.*

▶ The **nosotros/as** command form of **irse** (*to go away*) is **vámonos.** Its negative form is **no nos vayamos.**

¡**Vámonos** de vacaciones! — *Let's go away on vacation!*
No **nos vayamos** de aquí. — *Let's not go away from here.*

¡Manos a la obra!

Indica los mandatos afirmativos y negativos de la primera persona del plural (**nosotros/as**) de estos verbos.

	Afirmativo	Negativo
1. estudiar	estudiemos	no estudiemos
2. cenar	cenemos	no cenemos
3. leer	leamos	no leamos
4. decidir	decidamos	no decidamos
5. perder	perdamos	no perdamos
6. seguir	sigamos	no sigamos
7. practicar	practiquemos	no practiquemos
8. conocer	conozcamos	no conozcamos
9. decir	digamos	no digamos
10. cerrar	cerremos	no cerremos
11. levantarse	levantémonos	no nos levantemos
12. irse	vámonos	no nos vayamos
13. dormir	durmamos	no durmamos
14. escribirle	escribámosle	no le escribamos
15. comprarlo	comprémoslo	no lo compremos
16. pedírselo	pidámoselo	no se lo pidamos

A repasar

14.1 The subjunctive in adjective clauses

Un nuevo barrio Acabas de mudarte y quieres saber qué puedes encontrar en tu nuevo barrio. En parejas, túrnense para formular las siguientes preguntas y contestarlas.

modelo

algún / banco / estar / abierto / domingos / (no)

Estudiante 1: ¿Hay algún banco que esté abierto los domingos?
Estudiante 2: No, no hay ningún banco que esté abierto los domingos.

1. alguna / frutería / vender / frutas frescas / (sí)
¿Hay alguna frutería que venda frutas frescas? Sí, hay una frutería que vende frutas frescas.
2. alguna / peluquería / no / ser / cara / (sí)
¿Hay alguna peluquería que no sea cara? Sí, hay una peluquería que no es cara.
3. alguna / joyería / vender / a plazos / (no)
¿Hay alguna joyería que venda a plazos? No, no hay ninguna joyería que venda a plazos.
4. alguna / zapatería / aceptar / cheques / (no)
¿Hay alguna zapatería que acepte cheques? No, no hay ninguna zapatería que acepte cheques.
5. alguna / lavandería / cerrar / diez de la noche / (sí) *¿Hay alguna lavandería que cierre a las diez de la noche? Sí, hay una lavandería que cierra a las diez de la noche.*
6. alguien / poder / llevar / este paquete / correo / (no) *¿Hay alguien que pueda llevar este paquete al correo? No, no hay nadie que pueda llevar este paquete al correo.*

¡Queremos vivir ahí! En grupos de tres, describan qué características buscan en una ciudad para vivir. Después compartan sus respuestas con la clase. *Answers will vary.*

modelo

Queremos vivir en un lugar que tenga restaurantes de todo tipo.

14.2 Familiar (tú) commands

En la ciudad Tu amigo/a y tú tienen que hacer muchas diligencias, pero ninguno de los dos quiere hacer nada. Túrnense para dar mandatos familiares. Sigan el modelo.

modelo

enviar los paquetes
Estudiante 1: Envía los paquetes.
Estudiante 2: ¡Envíalos tú!

1. pagar la renta
Paga la renta. ¡Págala tú!
2. comprar los sellos
Compra los sellos. ¡Cómpralos tú!
3. hacer la comida
Haz la comida. ¡Hazla tú!
4. firmar el cheque
Firma el cheque. ¡Fírmalo tú!
5. pedir un préstamo
Pide un préstamo. ¡Pídelo tú!
6. llenar estos formularios
Llena estos formularios. ¡Llénalos tú!

Consejos Tienes un sobrino que es un desastre. Dale por lo menos ocho consejos usando mandatos familiares de los verbos **decir, hacer, ir, poner, salir, ser, tener** y **venir**. *Answers will vary.*

modelo

No digas mentiras. Di la verdad.

_____
_____
_____
_____
_____
_____
_____
_____

¡Un día muy ocupado! Teresa hizo una lista de sus diligencias y de cuánto tiempo tarda en (*it takes her*) hacerlas. En parejas, escriban el horario ideal para Teresa. Usen mandatos familiares. *Answers will vary.*

modelo

Teresa, ve al banco a las nueve de la mañana y deposita tus cheques. A las nueve y media...

Diligencias	Tiempo	Lugares	Horarios
Cortarme el pelo	1 hr.	salón de belleza	12:00 p.m.–1:00 p.m.
Comprar un pastel para Eva	30 min.	pastelería	10:00 a.m.–2:00 p.m.
Visitar a Eva en el hospital	1 hr.	hospital	4:00 p.m.–5:00 p.m.
Depositar cheques	30 min.	banco	9:00 a.m.–12:00 p.m.
Lavar ropa	2 hrs.	lavandería	12:00 p.m.–2:00 p.m.
Enviar cartas	30 min.	correo	9:00 a.m.–1:00 p.m.

14.3 Nosotros/as commands

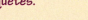

Planes En parejas, escriban las cosas que pueden hacer para realizar estos planes. Usen mandatos de **nosotros/as**. *Answers will vary.*

modelo

Divertirnos este fin de semana
Vamos al cine con nuestros amigos.
No nos quedemos en casa.

1. Graduarse con honores
2. Vivir hasta los cien años
3. Comprar una casa
4. Estar en forma (*in shape*)
5. Conseguir una licencia de conducir
6. Pedir un préstamo en el banco

 Practice more at **vhlcentral.com**.

7 **Aniversario** Es el aniversario de bodas de tus abuelos. Escribe lo que les dices a tus familiares, usando mandatos de **nosotros/as**.

modelo

hacerles una fiesta sorpresa /
no decirles nuestros planes
Hagámosles una fiesta sorpresa.
No les digamos nuestros planes.

1. sorprenderlos / preparar sus platos favoritos
Sorprendámoslos. Preparemos sus platos favoritos.
2. no alquilar un salón de fiestas / celebrar en casa
No alquilemos un salón de fiestas. Celebremos en casa.
3. invitar a sus amigos / llamarles por teléfono
Invitemos a sus amigos. Llamémosles por teléfono.
4. comprarles flores / no darles chocolates
Comprémosles flores. No les demos chocolates.
5. bailar toda la noche / no quedarse sentados
Bailemos toda la noche. No nos quedemos sentados.
6. llevar la cámara / tomarles muchas fotografías
Llevemos la cámara. Tomémosles muchas fotografías.

8 **¿Cómo llegamos?** En parejas, dibujen un mapa de una ciudad imaginaria. Escriban los nombres de las calles y marquen los lugares de la lista. No olviden marcar el norte, el sur, el este y el oeste. Después, túrnense para preguntarse cómo llegar de un lugar a otro. *Answers will vary.*

| banco | correo | lavandería | salón de belleza |
| carnicería | heladería | pescadería | supermercado |

modelo

Estudiante 1: *¿Cómo llegamos del banco a la heladería?*
Estudiante 2: *Caminemos hacia el este y lleguemos a la esquina de Colón y Morelos. Sigamos derecho por Morelos. Crucemos la calle...*

Síntesis

9 **Una tienda** Conversa con un(a) compañero/a sobre abrir una tienda (una lavandería, una zapatería, etc.) en tu ciudad. Decidan dónde va a estar ubicada (*located*), qué cosas harán juntos/as y qué cosas hará cada uno/a por separado. Usen mandatos de **tú** y de **nosotros/as**. *Answers will vary.*

modelo

Estudiante 1: *En nuestra ciudad no hay un supermercado que venda productos latinos. ¡Vamos a abrir uno!*
Estudiante 2: *¡Excelente! Busquemos un lugar que esté cerca del centro de la ciudad. Hagamos una lista de los productos que vamos a vender. ¿Qué más necesitamos?*
Estudiante 1: *Tú piensa en un nombre para el supermercado. Yo voy a averiguar cuánto dinero necesitamos. Y vamos a pedir un préstamo en el banco.*

 Videoclip Video

1 **Preparación** Imagina que vas a cruzar la avenida más ancha del mundo. ¿Qué instrucciones se necesitan?

2 **El clip** Mira el cortometraje **Cruzar 9 de Julio** de Argentina.

Vocabulario

detenerse *to stop*
hombrecito blanco/rojo *little white/red man*
peatón *pedestrian*
semáforos *traffic lights*

El hombrecito blanco significa: Vé tranquilo, caminante°.

¡Debemos detenernos!

caminante *walker*

3 **Ordenar** Ordena los pasos (*steps*) para cruzar la avenida.
a. Avancemos cuando el hombrecito blanco nos protege. *3*
b. Primero, detengámonos. Miremos las señales y los semáforos. *1*
c. Dejemos pasar a los autos. *2*
d. Detengámonos en el medio cuando el hombrecito blanco nos abandona. *4*
e. Ya llegamos, ¡corramos felices! *5*

4 **Instrucciones** En parejas, describan los pasos para hacer una de estas cuatro tareas. Utilicen mandatos con **tú**.
a. Preparar una ensalada
b. Ver una película en el cine
c. Dormirse
d. Llegar a la escuela

Ampliación

1 SCRIPT

Alberto: Demetrio me dijo que fue de compras con Carlos y Roberto a Macro. Y tú, Eduardo, ¿has ido?

Eduardo: ¡Claro que sí, Alberto! Tienen las últimas modas. Me compré estos zapatos allí. ¡Carísimos!, pero me fascinan y, de ñapa, son cómodos.

A: Pues, ya acabé de estudiar para el examen de psicología. Creo que voy a ir esta tarde porque me siento muy fuera de la onda. ¡Soy el único que no ha ido a Macro! ¿Dónde queda?

E: Es por Sabana Grande. ¿Vas a ir por metro o en carro?

A: Es mejor ir por metro. Es muy difícil estacionar el carro en Sabana Grande. No me gusta manejarlo tampoco porque los frenos están malos.

E: Bueno, súbete al metro en la línea amarilla hasta Plaza Venezuela. Cuando salgas de la estación de metro, dobla a la izquierda hacia Chacaíto. Sigue derecho por dos cuadras.

A: Ah, sí, enfrente de la joyería donde le compraste el anillo a Rebeca.

E: No, la joyería queda una cuadra hacia el sur. Pasa el Banco Mercantil y dobla a la derecha. Tan pronto como pases la pizzería Papagallo, vas a ver un letrero rojo grandísimo a mano izquierda que dice Macro.

A: Gracias, Eduardo. ¿No quieres ir? Así no me pierdo.

E: No, hoy no puedo. Tengo que estudiar y a las cuatro tengo una cita con Rebeca. Pero estoy seguro que vas a llegar lo más bien.

1 Escuchar

A Lee estas oraciones y luego escucha la conversación entre Alberto y Eduardo. Indica si cada verbo se refiere a algo en el pasado, en el presente o en el futuro.

> **TIP** **Listen for specific information and linguistic cues.** You can often get the facts you need by listening for specific pieces of information. You should also be aware of the linguistic structures you hear. By listening for verb endings, you can figure out whether the verbs describe past, present, or future actions. Verb endings also indicate who is performing the action.

1. Demetrio / comprar en Macro _____*pasado*_____
2. Alberto / comprar en Macro _____*futuro*_____
3. Alberto / estudiar psicología _____*pasado*_____
4. carro / tener frenos malos _____*presente*_____
5. Eduardo / comprar un anillo (*ring*) para Rebeca _____*pasado*_____
6. Eduardo / estudiar _____*futuro*_____

B ¿Crees que Alberto y Eduardo viven en una ciudad grande o en un pueblo? ¿Cómo lo sabes?
Viven en una ciudad grande. La ciudad es grande porque tiene metro.

2 Conversar

Imagina que tú y tu compañero/a de cuarto tienen problemas económicos. Preparen una conversación en la que hablen de cuatro problemas y propongan soluciones para cada uno. Usen mandatos de **nosotros**.
Answers will vary.

modelo

Estudiante 1: No sé qué hacer. Casi no tengo el dinero para el alquiler.

Estudiante 2: Debes ahorrar más dinero... y yo también. No comamos en restaurantes. Preparemos comida en casa.

Estudiante 1: Tal vez necesitemos mudarnos. Necesitamos un apartamento que sea más barato.

Estudiante 2: ¡Uy! No quiero mudarme. Pídele un préstamo a tu papá, mejor.

Estudiante 1: No lo puedo hacer cada mes. Pero tienes razón, podemos ahorrar dinero comiendo en casa.

Estudiante 2: Y no usemos más los cajeros automáticos. Paguemos todo al contado para saber mejor adónde va el dinero.

Ampliación

3 Escribir

Escribe una carta a un(a) amigo/a en la cual le explicas claramente cómo llegar a tu casa desde el aeropuerto. Incluye también un mapa detallado para que no se confunda.
Answers will vary.

> **TIP** **List key words.** When you give directions, you use prepositions that describe location, such as **enfrente de, al lado de**, and **detrás de**. Making a list of these expressions will help you write your directions more efficiently.

Organízalo	Planea la mejor ruta para llegar a tu casa. Apunta las expresiones útiles para dar direcciones, como los nombres de las calles y de los monumentos.
Escríbelo	Dibuja un mapa y utilízalo para escribir el primer borrador de tu carta.
Corrígelo	Intercambia tu carta con un(a) compañero/a. Anota los aspectos mejor escritos. Ofrécele sugerencias. ¿Hay suficientes detalles? ¿Está claro el mapa? Si ves algunos errores, coméntaselos.
Compártelo	Revisa el primer borrador de la carta y el mapa según las indicaciones de tu compañero/a. Incorpora nuevas ideas y prepara la versión final.

4 Un paso más

Imagina que eres miembro de un grupo que está promocionando una comunidad modelo en un país hispano. Diseña un folleto (*brochure*) informativo para dar a conocer la comunidad.
Answers will vary.

- Escoge el lugar ideal para el proyecto. Considera el acceso a las ciudades grandes, los eventos culturales y los recursos naturales.
- Incluye un mapa del país elegido que indique dónde está localizada la comunidad modelo.
- Crea un mapa de la zona que muestre las atracciones principales del centro de la comunidad.
- Explica las características de la comunidad.

> **CONEXIÓN INTERNET**
> Investiga estos temas en el sitio **vhlcentral.com.**
> - Ciudades de España
> - Ciudades de Latinoamérica

Side notes

3 SUGGESTION Have students brainstorm verbs, locations, and directions in a word map on the board. Remind them that they will be giving directions using **tú** commands.

3 SUGGESTION Have students work in pairs and practice giving directions to each other from their homes to the university.

3 EVALUATION

Criteria	Scale
Content	1 2 3 4
Organization	1 2 3 4
Use of vocabulary	1 2 3 4
Grammar	1 2 3 4
Accuracy of map	1 2 3 4

Scoring

Excellent	18–20 points
Good	14–17 points
Satisfactory	10–13 points
Unsatisfactory	< 10 points

4 SUGGESTION You may wish to have students work in pairs, with one partner focusing on the residential areas and the other on the commercial areas of the community. Suggest they interview local designers or developers to get first-hand information. Students may wish to produce an electronic brochure if they have access to multimedia or Web authoring software.

4 EXPANSION Have students present their brochures to the class. After the presentations, have students compare and contrast the different communities.

Audio: Reading

Antes de leer

You can understand a narrative more completely if you identify the point of view of the narrator. You can do this by simply asking yourself from whose perspective the story is being told. Some stories are narrated in the first person. That is, the narrator is a character in the story, and everything you read is filtered through that person's thoughts, emotions, and opinions. Other stories have an omniscient narrator who is not one of the story's characters, but reports the thoughts and actions of all the characters. This reading selection is a short story by Marco Denevi. Is this short story narrated in the first person or by an omniscient narrator? How can you tell?

_____

_____

Sobre el autor

Marco Denevi (1922–1998) fue un escritor y dramaturgo argentino. Estudió derecho y más tarde se convirtió en escritor. Algunas de sus obras, como _Rosaura a las diez_, han sido (_have been_) llevadas al cine. Denevi se caracteriza por su gran creatividad e ingenio que jamás dejan de sorprender al lector (_reader_).

SUGGESTION Write the following sentences from two narratives on the board and ask students to identify the point of view: **1. Cristóbal Colón vio por primera vez el territorio de Venezuela el 1 de agosto de 1498. (narrador omnisciente) 2. Muy pronto tuvimos que reconocer que no íbamos a solucionar el caso sin mucho trabajo. (El narrador es un personaje. Narra la historia en primera persona.)**

SUGGESTION Ask: **¿De dónde es el autor? ¿Cuándo nació? ¿Cómo es su estilo?** Ask volunteers to share their responses with the class.

EXPANSION To check comprehension, have pairs rewrite the selection from the first-person point of view. Talk about how the story changed.

Esquina peligrosa

Marco Denevi

El señor Epidídimus, el magnate de las finanzas°, uno de los hombres más ricos del mundo, sintió un día el vehemente deseo de visitar el barrio donde había vivido cuando era niño y trabajaba como dependiente de almacén.

Le ordenó a su chofer que lo condujese hasta aquel barrio humilde° y remoto. Pero el barrio estaba tan cambiado que el señor Epidídimus no lo reconoció. En lugar de calles de tierra había bulevares asfaltados°, y las míseras casitas de antaño° habían sido reemplazadas por torres de departamentos°.

Al doblar una esquina vio el almacén, el mismo viejo y sombrío° almacén donde él había trabajado como dependiente cuando tenía doce años.

—Deténgase aquí— le dijo al chofer. Descendió del automóvil y entró en el almacén. Todo se conservaba igual que en la época de su infancia: las estanterías, la anticuada caja registradora°, la balanza de pesas° y, alrededor, el mudo asedio° de la mercadería.

El señor Epidídimus percibió el mismo olor de sesenta años atrás: un olor picante y agridulce a jabón amarillo, a aserrín° húmedo, a vinagre, a aceitunas, a acaroína°. El recuerdo de su niñez lo puso nostálgico. Se le humedecieron los ojos. Le pareció que retrocedía en el tiempo.

Desde la penumbra del fondo° le llegó la voz ruda del patrón:

—¿Estas son horas de venir? Te quedaste dormido, como siempre.

El señor Epidídimus tomó la canasta de mimbre, fue llenándola con paquetes de azúcar, de yerba y de fideos, y salió a hacer el reparto°.

La noche anterior había llovido y las calles de tierra estaban convertidas en un lodazal°.

(1974)

🌿

© Denevi, Marco, Cartas peligrosas y otros cuentos. *Obras Completas,* Tomo 5, Buenos Aires, Corregidor, 1999, págs. 192–193.

Después de leer

¿Comprendiste? 🏐S

Indica si las oraciones son **ciertas** o **falsas**. Corrige las falsas.

Cierto	Falso	
____	✔	1. El señor Epidídimus tiene una tienda con la que gana poco dinero. *Es un magnate de las finanzas, uno de los hombres más ricos del mundo.*
✔	____	2. Epidídimus vivía en un barrio humilde cuando era pequeño.
✔	____	3. Epidídimus le ordenó al chofer que lo llevara a un barrio de gente con poco dinero.
✔	____	4. Cuando Epidídimus entró al almacén se acordó de experiencias pasadas.
____	✔	5. Epidídimus les dio órdenes a los empleados del almacén. *Su patrón le ordenó hacer el reparto.*

Preguntas 🏐S *Answers will vary.*

Responde a estas preguntas con oraciones completas.

1. ¿Qué deseo tuvo Epidídimus?

_____

2. ¿Por qué Epidídimus va al almacén?

_____

3. ¿De quién es la voz "ruda" que Epidídimus escucha? ¿Qué orden crees que le dio a Epidídimus?

_____

4. ¿Qué hace Epidídimus al final?

_____

Coméntalo 🏐S

¿Te sorprendió el final de este cuento? ¿Por qué? ¿Qué va a hacer Epidídimus el resto del día? ¿Crees que Epidídimus estaba soñando o recordando? ¿Por qué crees que el cuento se llama *Esquina peligrosa*? *Answers will vary.*

finanzas *finance*   **humilde** *humble, modest*   **asfaltados** *paved with asphalt*   **antaño** *yesteryear*   **torres de departamentos** *apartment buildings*   **sombrío** *somber*   **anticuada caja registradora** *old-fashioned cash register*   **balanza de pesas** *scale*   **mudo asedio** *silent siege*   **aserrín** *sawdust*   **acaroína** *pesticide*   **penumbra del fondo** *half-light from the back*   **reparto** *delivery*   **lodazal** *bog*

Audio: Vocabulary Flashcards

En la ciudad

el banco	bank
la carnicería	butcher shop
el correo	post office
la frutería	fruit shop
la heladería	ice cream shop
la joyería	jewelry store
la lavandería	laundromat
la panadería	bakery
la pastelería	pastry shop
la peluquería	hairdressing salon
la pescadería	fish market
el salón de belleza	beauty salon
el supermercado	supermarket
la zapatería	shoe store
hacer cola	to stand in line
hacer diligencias	to run errands

En el banco

el cajero automático	automatic teller machine, ATM
el cheque	check
el cheque de viajero	traveler's check
la cuenta corriente	checking account
la cuenta de ahorros	savings account
ahorrar	to save (money)
cobrar	to cash (a check); to charge (for a product or service)
depositar	to deposit
firmar	to sign
llenar (un formulario)	to fill out (a form)
pagar al contado	to pay in cash
pagar a plazos	to pay in installments
pedir prestado	to borrow
pedir un préstamo	to apply for a loan
ser gratis	to be free of charge

Cómo llegar

la cuadra	(city) block
la dirección	address
la esquina	corner
el letrero	sign
cruzar	to cross
doblar	to turn
estar perdido/a	to be lost
indicar cómo llegar	to give directions
quedar	to be located
(al) este	(to the) east
(al) norte	(to the) north
(al) oeste	(to the) west
(al) sur	(to the) south
derecho	straight (ahead)
enfrente de	opposite; facing
hacia	toward

En el correo

el cartero	mail carrier
el correo	mail
las estampillas	stamps
el paquete	package
los sellos	stamps
el sobre	envelope
echar (una carta) al buzón	to put (a letter) in the mailbox; to mail (a letter)
enviar	to send
mandar	to send

As students finish the lesson, encourage them to explore the **Repaso** section on the Supersite. There they will find quizzes for practicing vocabulary, grammar, and oral language.

 Practice more at **vhlcentral.com**.

AVENTURAS EN LOS PAÍSES HISPANOS

El Canal de Panamá conecta el océano Pacífico con el océano Atlántico. La construcción de este cauce *(channel)* artificial empezó en 1903 y concluyó diez años después. Es la fuente *(source)* principal de ingresos *(income)* del país, gracias al dinero que aportan los más de 12.000 buques *(ships)* que transitan anualmente por esta ruta.

AMÉRICA CENTRAL II

Nicaragua

Área: 130.370 km^2 (50.336 millas^2)
Población: 5.728.000
Capital: Managua – 934.000
Ciudades principales: León, Masaya, Granada
Moneda: córdoba
SOURCE: Population Division, UN Secretariat & CIA World Factbook

Costa Rica

Área: 51.100 km^2 (19.730 millas^2)
Población: 4.636.000
Capital: San José – 1.416.000
Ciudades principales: Alajuela, Cartago, Puntarenas, Heredia
Moneda: colón costarricense
SOURCE: Population Division, UN Secretariat & CIA World Factbook

Panamá

Área: 75.420 km^2 (29.119 millas^2)
Población: 3.510.000
Capital: Ciudad de Panamá – 1.346.000
Ciudades principales: Colón, David
Moneda: balboa (es equivalente al dólar estadounidense)
SOURCE: Population Division, UN Secretariat & CIA World Factbook

Sociedad

Costa Rica: una nación progresista

Costa Rica es un país progresista. Tiene un nivel de alfabetización del 95%, uno de los más altos de Latinoamérica. Además, en 1870, Costa Rica abolió la pena de muerte *(death penalty)* y, en 1948, disolvió el ejército *(army)* e hizo obligatoria y gratis la educación para todos los costarricenses.

Museo Nacional de Costa Rica, antiguo cuartel *(barracks)* del ejército *(army)*.

Indígenas

La mola

La mola es una forma de arte textil de los kunas, una tribu indígena que vive en las islas San Blas de Panamá. Las molas se hacen con fragmentos de tela *(material)* de colores vivos. Las molas tradicionales tienen diseños *(patterns)* geométricos. Antes se usaban como ropa, pero hoy día también sirven para decorar casas.

HONDURAS
Río Coco
NICARAGUA
Cordillera Isabella
Río Tuma
Sierra Madre
Cordillera de Yolaina
León
Lago de Managua
Managua
Masaya
Granada
Lago de Nicaragua
Isla Zapatera
Isla Ometepe
Río San Juan
Océano Pacífico
Cordillera de Guanacaste
Río Reventazón
Puntarenas
San José
Limón
COSTA RICA
Cartago
Cordillera de Talamanca

Escritores

Ernesto Cardenal

El nicaragüense Ernesto Cardenal es poeta, escultor y sacerdote *(priest)* católico. Es uno de los escritores más famosos de América Latina. Ha escrito *(He has written)* más de treinta y cinco libros. Desde joven creyó en el poder *(power)* de la poesía para mejorar la sociedad, y trabajó por establecer la igualdad y la justicia en su país.

Política

Óscar Arias

Óscar Arias es el ex presidente de Costa Rica.[1] Fue elegido presidente dos veces. Su primer período presidencial fue de 1986 a 1990 y su segundo período fue de 2006 a 2010. Arias tiene una amplia formación académica: estudió en Costa Rica, Estados Unidos e Inglaterra y fue profesor de Ciencias Políticas en la Universidad de Costa Rica. Durante su primer período como presidente, trabajó incansablemente *(tirelessly)* para establecer la paz *(peace)* en Centroamérica. Finalmente, logró *(he achieved)* un acuerdo *(agreement)* de paz con los presidentes de El Salvador, Nicaragua, Honduras y Guatemala. Por sus esfuerzos *(efforts)*, ganó el Premio Nobel de la Paz en 1987.

[1] A la fecha de publicación, la actual presidenta de Costa Rica es Laura Chinchilla Miranda, quien es la primera mujer costarricense que ocupa este puesto y la quinta presidenta de América Latina.

Mar Caribe

Bocas del Toro

Canal de Panamá

Islas San Blas

Cordillera de San Blas

Colón

Río Chepo

Serranía de Tabasará

Ciudad de Panamá

PANAMÁ

David

Isla del Rey

Isla de Coiba

Golfo de Panamá

Colombia

¿Qué aprendiste?

① ¿Cierto o falso? Indica si estas oraciones son **ciertas** o **falsas**.

	Cierto	Falso
1. El Canal de Panamá conecta los océanos Pacífico y Atlántico.	✓	
2. Por el Canal de Panamá pasan más de 12.000 barcos por día.		✓
3. La población de Nicaragua es mayor que la de Panamá.	✓	
4. San José es la capital de Panamá.		✓
5. En Costa Rica, la educación es gratis y obligatoria para todos los turistas.		✓
6. Costa Rica disolvió el ejército en 1948.	✓	
7. La mola es una tribu indígena que vive en Panamá.		✓
8. Las molas se usan hoy para decorar casas.	✓	
9. Ernesto Cardenal es uno de los escritores más famosos de América Latina.	✓	
10. Ernesto Cardenal escribió menos de veinte libros.		✓
11. Óscar Arias fue presidente de Panamá.		✓

② Preguntas Contesta estas preguntas. *Answers will vary.*

1. ¿Te gustaría visitar el Canal de Panamá? ¿Por qué crees que es importante para el comercio de los países del continente americano?

2. ¿Fuiste a Costa Rica o conoces a alguien que visitó alguna vez a Costa Rica? ¿Qué sabes sobre ese país?

3. ¿Te gusta la artesanía de Latinoamérica? ¿Te gusta su variedad de colores?

4. ¿Conoces a artistas o escritores de Latinoamérica? ¿A quién conoces?

5. ¿Conoces a alguna persona importante en el área de la política en Latinoamérica? ¿Y en los Estados Unidos?

CONEXIÓN INTERNET

Investiga estos temas en el sitio **vhlcentral.com**.

- Personajes importantes de Nicaragua, Costa Rica y Panamá
- Economía y derechos humanos en Nicaragua
- El Canal de Panamá

El bienestar

PARA EMPEZAR Here are some additional questions: ¿Tienes buena salud? ¿Vas al gimnasio regularmente? ¿Qué deben hacer las personas que quieren mejorar la salud?

Communicative Goals

You will learn how to:

- discuss health, well-being, and nutrition
- describe an action or event in the immediate past
- describe an event that occurred before another past event

PARA EMPEZAR

- ¿Qué están haciendo ellas?
- ¿Dónde están?
- ¿Tienen estrés?
- ¿Crees que tienen buena salud? ¿Por qué?

Tutorials

EL BIENESTAR

EL BIENESTAR

el bienestar *well-being*

aliviar el estrés/la tensión *to relieve stress/tension*
disfrutar (de) *to enjoy; to reap the benefits (of)*
llevar una vida sana *to lead a healthy lifestyle*
(no) fumar *(not) to smoke*

EN EL GIMNASIO

el músculo *muscle*

calentarse (e:ie) *to warm up*
entrenarse *to practice; to train*
estar en buena forma *to be in good shape*
hacer ejercicio *to exercise*
hacer ejercicios aeróbicos *to do aerobics*
hacer gimnasia *to work out*
mantenerse en forma *to stay in shape*
sudar *to sweat*

levantar pesas
to lift weights

el masaje
massage

hacer ejercicios de estiramiento
to do stretching exercises

SUGGESTION Write **hacer ejercicio** on the board and ask students questions. Ex: **¿Quiénes hacen ejercicio regularmente? ¿Hacen ejercicios aeróbicos? ¿Quiénes levantan pesas?**

la clase de ejercicios aeróbicos
aerobics class

> **Variación léxica**
> hacer ejercicios aeróbicos ⟷ hacer aeróbic (*Esp., Arg.*)

LA NUTRICIÓN

la caloría *calorie*
el colesterol *cholesterol*
la grasa *fat*
la merienda *(afternoon) snack*
los minerales *minerals*
la nutrición *nutrition*
la proteína *protein*

adelgazar *to lose weight; to slim down*
aumentar de peso *to gain weight*
consumir alcohol *to consume alcohol*
engordar *to gain weight*
estar a dieta *to be on a diet*
seguir una dieta equilibrada *to eat a balanced diet*

descafeinado/a *decaffeinated*

merendar (e:ie)
to have a(n) (afternoon) snack

las vitaminas

la bebida alcohólica
alcoholic beverage

ADJETIVOS

activo/a *active*
débil *weak*
flexible *flexible*
sedentario/a *sedentary*
tranquilo/a *calm; quiet*

fuerte
strong

OTRAS PALABRAS Y EXPRESIONES

la droga *drug*
el/la drogadicto/a *drug addict*
el/la teleadicto/a *couch potato*

apurarse *to hurry; to rush*
darse prisa *to hurry; to rush*
sufrir muchas presiones *to be under a lot of pressure*
tratar de (+ inf.) *to try (to do something)*

en exceso *in excess; too much*
sin *without*

A escuchar

1 **¿Lógico o ilógico?** Escucha las oraciones e indica si son **lógicas** o **ilógicas**.

	Lógico	Ilógico
1.	✓	
2.		✓
3.	✓	
4.	✓	
5.	✓	
6.		✓
7.		✓
8.	✓	

2 **Seleccionar** Escucha el anuncio del gimnasio Sucre. Marca los servicios que se ofrecen.

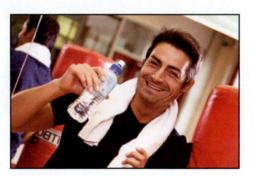

- ✓ 1. dietas para adelgazar
- ___ 2. programa para aumentar de peso
- ✓ 3. clases de gimnasia
- ✓ 4. entrenador personal
- ✓ 5. programas privados de pesas
- ___ 6. clases de estiramiento
- ✓ 7. masajes
- ___ 8. programa para dejar de fumar
- ___ 9. programas para teleadictos
- ✓ 10. clases de ejercicios aeróbicos

Practice more!

LM
p. 85

1 SCRIPT

1. Fernando tiene músculos muy grandes. Levanta pesas todos los días.

2. Ernesto es un teleadicto. Se queda todo el día en el gimnasio.

3. Gloria está a dieta. Quiere adelgazar.

4. María hace ejercicio para aliviar el estrés.

5. Emilia hace ejercicios de estiramiento para ser más flexible.

6. Víctor suda mucho porque bebe café descafeinado.

7. Se puede fumar dentro del gimnasio.

8. Pablo está en buena forma porque sigue una dieta equilibrada y corre los fines de semana.

2 SCRIPT Si quieres estar en buena forma, aliviar el estrés o adelgazar, el gimnasio Sucre te ofrece una serie de programas que se adaptarán a tus gustos. Tenemos un equipo de entrenadores que te pueden ayudar a mantenerte en forma con las clases de ejercicios aeróbicos y de gimnasia. Si sufres muchas presiones y lo que necesitas es un servicio más especial, puedes trabajar con un entrenador personal en nuestros programas privados de pesas, masajes y dietas para adelgazar.

A practicar

3 EXPANSION Give students these additional items:
9. muy poco (en exceso)
10. aliviar el estrés (sufrir muchas presiones)

3 EXPANSION Have students create sentences using the words from this activity. Call on volunteers to read their sentences for the class.

3 **Identificar** Identifica la palabra o expresión opuesta de la lista.

1. activo *sedentario*
2. adelgazar *aumentar de peso*
3. débil *fuerte*
4. rígido *flexible*

5. no tener prisa *apurarse*
6. estar sano *estar enfermo*
7. engordar *mantenerse en forma*
8. nervioso *tranquilo*

apurarse	mantenerse en forma
aumentar de peso	sedentario
en exceso	sin
estar enfermo	sudar
flexible	sufrir muchas presiones
fuerte	tranquilo

4 **Combinar** Combina las frases de las dos columnas para formar ocho oraciones lógicas.

_h_ 1. David levanta pesas…

_e_ 2. Estás en buena forma…

_f_ 3. Felipe se lastimó…

_a_ 4. Mi hermano…

_b_ 5. Sara hace ejercicios de…

_d_ 6. Mis primos están a dieta…

_g_ 7. Para llevar una vida sana,

_c_ 8. Los médicos sufren muchas…

a. aumentó de peso por sufrir estrés.

b. estiramiento.

c. presiones de sus pacientes.

d. porque quieren adelgazar.

e. porque haces ejercicio.

f. un músculo de la pierna.

g. no se debe fumar.

h. y corre mucho.

5 SUGGESTION Suggested answers include: **1. levantar pesas 2. hacer ejercicios de estiramiento 3. clase de ejercicios aeróbicos 4. hacer ejercicio, correr**

5 EXPANSION Call out commands based on lesson vocabulary. Ex: **¡Levanten pesas! ¡Hagan ejercicios aeróbicos! ¡Descansen!** Working with students, invent a gesture to mime each activity. Then carry out a TPR activity with the class, varying singular and plural commands.

5 **Describir** Describe lo que ocurre en los dibujos. *Answers will vary.*

1.

2.

3.

4.

A conversar

6 **La nutrición** En parejas, conversen sobre sus hábitos alimenticios (*eating habits*). *Answers will vary.*

1. ¿Cuántas comidas con mucha grasa consumes regularmente? ¿Piensas que debes comer menos comidas de este tipo? ¿Por qué?

2. ¿Compras comidas con muchos minerales y vitaminas? ¿Necesitas consumir más comidas que los contienen? ¿Por qué?

3. ¿Tiene algún miembro de tu familia problemas con el colesterol? ¿Hace algo para cuidarse?

4. ¿Qué piensas de la idea de no comer carne u otros productos animales? ¿Es posible tener una dieta equilibrada sin comer carne?

5. ¿Consumes cafeína en exceso? ¿Cuáles son los productos que contienen cafeína? ¿Qué ventajas (*advantages*) y desventajas tiene la cafeína?

6. ¿Crees que llevas una vida sana? ¿Y tus amigos/as? ¿Crees que, en general, los estudiantes llevan una vida sana? ¿Por qué?

7 **Comparaciones** En parejas, conversen sobre estos temas y luego compartan tres datos interesantes con la clase.

modelo

el yoga
Estudiante 1: *Creo que el yoga es muy bueno para la salud.*
Estudiante 2: *Sí, pero las clases de yoga son muy caras. Además son muy aburridas.*
Estudiante 1: *A mí las clases me relajan y me parecen saludables. Yo prefiero pagar y estar en buena forma física y mental.*

la meditación	los ejercicios aeróbicos	correr al aire libre
las pesas	pilates	el baile
la comida orgánica	la natación	

8 **Un anuncio** En grupos de cuatro, imaginen que son dueños/as de un gimnasio con un equipo (*equipment*) moderno, entrenadores cualificados y un(a) nutricionista. Preparen un anuncio para la televisión que atraiga (*attracts*) a nuevos clientes. Incluyan esta información. *Answers will vary.*

- Las ventajas de estar en buena forma

- El equipo que tienen y las características únicas del gimnasio

- Los servicios y las clases que ofrecen

- La dirección y el teléfono del gimnasio

- El precio para los socios (*members*) del gimnasio

9 **Recomendaciones** En parejas, imaginen que están preocupados por los malos hábitos de un(a) amigo/a suyo/a que no está bien últimamente (*lately*). Escriban y representen un diálogo en el cual hablan de lo que está pasando en la vida de su amigo/a y los cambios que necesitan hacer para llevar una vida sana.

10 **El teleadicto** Con un(a) compañero/a, representen una conversación entre un(a) nutricionista y un(a) teleadicto/a. La persona sedentaria habla de sus malos hábitos de salud. El/La nutricionista debe sugerir una dieta equilibrada y una rutina para mantenerse en forma. *Answers will vary.*

6 SUGGESTION Review the food vocabulary from **Lección 8.** Describe your own eating and exercise habits.

6 EXPANSION Have students share their partner's answers with the class.

7 SUGGESTION Have each pair research one of the topics and give a presentation to the class based on what they learned.

8 SUGGESTION Share some fitness magazine ads or local health club brochures with the class to prepare for this activity.

9 10 TEACHING OPTION Have half of the class do Activity 9 and the other half do Activity 10. Then have volunteers act out their situations for the class.

9 10 SUGGESTION Before doing these activities, review verbs and expressions of will and influence in **Lección 12.**

Ortografía (S) Audio

Las letras **b** y **v**

Since there is no difference in pronunciation between the Spanish letters **b** and **v**, spelling words that contain these letters can be tricky. Here are some tips.

nom**br**e	**bl**usa	a**bs**oluto	descu**br**ir

The letter **b** is always used before consonants.

bonita	**bot**ella	**bus**car	**bien**estar

At the beginning of words, the letter **b** is usually used when it is followed by the letter combinations **-on, -or, -ot, -u, -ur, -us, -ien,** and **-ene.**

adelgaza**ba**	disfruta**ban**	i**ba**s	í**ba**mos

The letter **b** is used in the verb endings of the imperfect tense for **–ar** verbs and **ir**.

voy	**v**amos	estu**v**o	tu**v**ieron

The letter **v** is used in the present tense forms of **ir** and in the preterite forms of **estar** and **tener**.

oct**av**o	hu**ev**o	act**iv**a	gra**v**e

The letter **v** is used in these noun and adjective endings: **-avo/a, -evo/a, -ivo/a, -ave, -eve.**

Práctica Completa las palabras con las letras **b** o **v**.

1. Una _v_ez me lastimé el _b_razo cuando esta_b_a _b_uceando.
2. Manuela ol_v_idó sus li_b_ros en el auto_b_ús.
3. Ernesto tomó el _b_orrador y se puso todo _b_lanco de tiza.
4. Para tener una _v_ida sana y saluda_b_le, necesitas tomar _v_itaminas.
5. En mi pue_b_lo hay un _b_ule_v_ar que tiene muchos ár_b_oles.

El ahorcado Juega al ahorcado (*hangman*) para adivinar las palabras.

1. _n_ _u_ _b_ _e_ _s_   Están en el cielo. *nubes*
2. _b_ _u_ _z_ _ó_ _n_   Relacionado con el correo. *buzón*
3. _b_ _o_ _t_ _e_ _l_ _l_ _a_   Está llena de líquido. *botella*
4. _n_ _i_ _e_ _v_ _e_   Fenómeno meteorológico. *nieve*
5. _v_ _e_ _n_ _t_ _a_ _n_ _a_ _s_   Los "ojos" de la casa. *ventanas*

Practice more!

LM
p. 86

(S)
vhlcentral.com

Video

Chichén Itzá

Los chicos exploran Chichén Itzá y se relajan en un spa.

PREVIEW Have students look at the video stills. Then have them predict the content of this episode.

VIDEO SYNOPSIS Marissa, Felipe, Jimena, and Juan Carlos visit the famous Mayan ruins of Chichén Itzá. After exploring the archeological site, they visit a spa to escape the sun and unwind. Juan Carlos and Jimena finally make an important decision.

PERSONAJES

MARISSA

FELIPE

JUAN CARLOS

JIMENA

EMPLEADA

MARISSA ¡Chichén Itzá es impresionante! Qué lástima que Maru y Miguel no hayan podido venir. Sobre todo Maru.

FELIPE Ha estado bajo mucha presión.

MARISSA ¿Ustedes ya habían venido antes?

FELIPE Sí. Nuestros papás nos trajeron cuando éramos niños.

(*en otro lugar de las ruinas*)

JUAN CARLOS ¡Hace calor!

JIMENA ¡Sí! Hay que estar en buena forma para recorrer las ruinas.

FELIPE ¡Gané!

JIMENA Qué calor. Tengo una idea. Vamos.

EMPLEADA Ofrecemos varios servicios para aliviar el estrés: masajes, saunas...

FELIPE Me gustaría un masaje.

MARISSA Yo prefiero un baño mineral.

SUGGESTION Have students read through the entire **Aventuras** section, with volunteers playing the various parts.

❶ EXPANSION In pairs, have students write a question that would elicit each statement.

ACTIVIDADES

❶ Seleccionar Selecciona la respuesta que completa mejor cada oración.

1. Felipe y Marissa piensan que Maru _____c_____.
   a. debe hacer ejercicio   b. aumentó de peso
   c. ha estado bajo mucha presión
2. Felipe y Jimena visitaron Chichén Itzá _____b_____.
   a. para aliviar el estrés   b. cuando eran niños
   c. para llevar una vida sana
3. Jimena dice que la universidad hace a los estudiantes _____b_____.
   a. comer una dieta equilibrada   b. ser sedentarios
   c. levantar pesas
4. En el spa ofrecen servicios para _____b_____.
   a. sudar   b. aliviar el estrés   c. ser flexibles

❷ Identificar Identifica quién puede decir estas oraciones.

1. No me di cuenta (*I didn't realize*) de que empezaste a correr antes, por eso ganaste. *Juan Carlos*
2. Miguel y Maru no visitaron Chichén Itzá, ¡qué lástima que no pudieron venir! *Marissa*
3. Se necesita estar en buena forma para visitar este tipo de lugares. *Jimena*
4. Los masajes, saunas y baños minerales que ofrecemos alivian la tensión. *empleada*
5. Salgamos sin mi hermano Felipe. *Jimena*
6. Yo corro más rápido que Juan Carlos. *Felipe*

Before doing this **Aventuras** section, review the previous episode with these questions:
1. ¿Por qué Maru no está en Yucatán con los otros chicos? (Tuvo que entregar su proyecto.)
2. ¿Por qué Maru dice que necesita un coche que funcione bien? (Porque el coche de Miguel está descompuesto.) 3. ¿Qué quiere Maru que Mónica le preste? (Quiere que Mónica le preste dinero para tomar un taxi.) 4. ¿Dónde dejó Maru el proyecto? (Lo dejó en el coche de Miguel.) 5. ¿Cómo llegó Maru al Museo de Antropología? (Mónica la llevó.)

Explain that **habían venido, había empezado,** and **había llevado** are examples of the past perfect, which combines an imperfect tense form of **haber** with a past participle. Tell students they will learn more about this structure in **Gramática 15.3.**

JUAN CARLOS Siempre había llevado una vida sana antes de entrar a la universidad.

JIMENA Tienes razón. La universidad hace que seamos muy sedentarios.

JUAN CARLOS ¡Busquemos a Felipe y a Marissa!

FELIPE El otro día le gané a Juan Carlos en el parque.

JUAN CARLOS Estaba mirando hacia otro lado, cuando me di cuenta, Felipe ya había empezado a correr.

JUAN CARLOS ¿Crees que tienes un poco de tiempo libre la semana que viene? Me gustaría invitarte a salir.

JIMENA ¿Sin Felipe?

JUAN CARLOS Sin Felipe.

EMPLEADA ¿Ya tomaron una decisión?

JIMENA Sí.

Expresiones útiles

Wishing a friend were with you
Qué lástima que no hayan podido venir.
What a shame that they were not able to come.
Sobre todo Maru.
Especially Maru.
Él/Ella ha estado bajo mucha presión.
He/She has been under a lot of pressure.
Creo que ellos ya habían venido antes.
I think they had already come (here) before.

Talking about trips
¿Ustedes ya habían venido antes?
Had you been (here) before?
Sí. He querido regresar desde que leí el *Chilam Balam.*
Yes. I have wanted to come back ever since I read the Chilam Balam.
¿Recuerdas cuando nos trajo papá?
Remember when Dad brought us?
Al llegar a la cima, comenzaste a llorar.
When we got to the top, you started to cry.

Talking about well-being
Siempre había llevado una vida sana antes de entrar a la universidad.
I had always maintained a healthy lifestyle before starting college.
Ofrecemos varios servicios para aliviar el estrés.
We offer many services to relieve stress.
Me gustaría un masaje.
I would like a massage.

Additional vocabulary
la cima *top, peak*
el escalón *step*
el muro *wall*
tomar una decisión *to make a decision*

SUGGESTION Have students look at the **Expresiones útiles.** Point out that **ha estado** and **he querido** are examples of the present perfect, which combines a present tense form of the verb **haber** with the past participle of another verb. Tell students they will learn more about this structure in **Gramática 15.2.**

3 **Inventar** En parejas, hagan descripciones de los personajes de Aventuras. Utilicen estas expresiones y otras que sepan:

aliviar el estrés	hacer ejercicios de estiramiento	masaje
bienestar	llevar una vida sana	teleadicto/a
grasa	mantenerse en forma	vitamina

modelo
Marissa siempre hace ejercicios de estiramiento. Está en buena forma y lleva una vida muy sana...

Practice more!

VM pp. 197–198 · vhlcentral.com

communities · comparisons cultures · **S** Reading

Spas naturales

¿Hay algo mejor que un buen baño° para descansar y aliviar la tensión? Y si el baño se toma en una terma°, el beneficio° es mayor. Los tratamientos con agua y lodo° para mejorar la salud y el bienestar son populares en Latinoamérica desde hace muchos siglos°. Las termas son manantiales° naturales de agua caliente. La temperatura facilita la absorción de minerales y otros elementos que el agua contiene y que son buenos para la salud. El agua de las termas se usa en piscinas, baños y duchas o en el sitio natural en el que surge° el agua: pozas°, estanques° o cuevas°.

Ecotermales en Arenal, Costa Rica

Otros balnearios°

Todos ofrecen piscinas, baños, pozas y duchas de aguas termales y además...

Lugar	Servicios
El Edén y Yanasara, Curgos (Perú)	cascadas° de aguas termales
Montbrió del Camp, Tarragona (España)	baños de algas°
Termas de Puyuhuapi (Chile)	duchas de agua de mar; baños de algas
Termas de Río Hondo, Santiago del Estero (Argentina)	baños de lodo
Tepoztlán, Morelos (México)	temazcales° aztecas
Uyuni, Potosí (Bolivia)	baños de sal

para la salud. El lodo también se usa para dar masajes. La lodoterapia es útil para tratar varias enfermedades; además, hace que la piel se vea radiante.

En Costa Rica, la actividad volcánica también ha dado° origen a fuentes° y pozas termales. Si te gusta cuidarte y amas la naturaleza, recuerda estos nombres: Las Hornillas y Las Pailas. Son pozas naturales de aguas termales que están cerca del volcán Rincón de la Vieja. ¡Un baño termal en medio de un paisaje tan hermoso es una experiencia única!

baño *bath* terma *hot spring* beneficio *benefit* lodo *mud* siglos *centuries* manantiales *springs* surge *springs forth* pozas *small pools* estanques *ponds* cuevas *caves* tratamientos *treatments* piel *skin* ha dado *has given* fuentes *springs* balnearios *spas* cascadas *waterfalls* algas *seaweed* temazcales *steam and medicinal herb baths*

En Baños de San Vicente, en Ecuador, son muy populares los tratamientos° con lodo volcánico. El lodo caliente se extiende por el cuerpo y, de esta manera, la piel° absorbe los minerales beneficiosos

Volcán de lodo El Totumo, Colombia

ASÍ SE DICE

El ejercicio

los abdominales	*sit-ups*
la bicicleta estática	*stationary bicycle*
el calambre muscular	*(muscular) cramp*
el (fisi)culturismo; la musculación (Esp.)	*bodybuilding*
las flexiones de pecho; las lagartijas (Méx.); las planchas (Esp.)	*push-ups*
la (cinta) trotadora (Arg.; Chile)	la cinta caminadora

ACTIVIDADES

1 ¿Cierto o falso? Indica si lo que dicen las oraciones es **cierto** o **falso**. Corrige la información falsa.

1. Las aguas termales son beneficiosas para algunas enfermedades, incluido el estrés. *Cierto.*

2. Los tratamientos con agua y lodo se conocen sólo desde hace pocos años. *Falso. Son populares desde hace muchos siglos.*

3. Las termas son manantiales naturales de agua caliente. *Cierto.*

4. La temperatura de las aguas termales no afecta la absorción de los minerales. *Falso. Facilita la absorción de minerales y otros elementos.*

5. La lodoterapia es un tratamiento con barro. *Cierto.*

6. Mucha gente va a Baños de San Vicente, Ecuador, por sus playas. *Falso. Mucha gente va por los tratamientos con lodo.*

7. Las Hornillas y Las Pailas son pozas de aguas termales en Costa Rica. *Cierto.*

8. Montbrió del Camp ofrece baños de sal. *Falso. Montbrió del Camp ofrece baños de algas.*

9. Es posible ver aguas termales en forma de cascadas. *Cierto.*

10. Tepoztlán ofrece temazcales aztecas. *Cierto.*

2 Para sentirte mejor Entrevista a un(a) compañero/a sobre sus hábitos de salud diarios y semanales y lo que le ayuda a sentirse mejor. Incluyan las actividades deportivas, la alimentación y lo que hacen en sus ratos libres.

CONEXIÓN INTERNET

¿Qué atletas hispanos conoces?

For more information about this **Cultura**, go to **vhlcentral.com**.

Flash CULTURA

S Video

¿Estrés? ¿Qué estrés?

1 Preparación ¿Sufres de estrés? ¿Qué situaciones te producen estrés? ¿Qué haces para combatirlo?

2 El video Mira el episodio de **Flash Cultura**.

Vocabulario

árabe *Moorish, Arab* | **combatir el estrés** *to fight against stress*
el bullicio *hustle and bustle* | **el ruido** *noise*

El tráfico, el ruido de las calles... Todos quieren llegar al trabajo a tiempo.

… es un lugar donde la gente viene a "retirarse", a escapar del estrés y el bullicio de la ciudad.

3 ¿Cierto o falso? Indica si las oraciones son **ciertas** o **falsas**.

1. Madrid es la segunda ciudad más grande de España, después de Barcelona. *Falso. Es la ciudad más grande.*

2. Madrid es una ciudad muy poco congestionada (*congested*) gracias a los policías de tráfico. *Falso. Es una ciudad muy congestionada.*

3. Un turista estadounidense intenta saltearse la cola (*cut the line*) para conseguir unos boletos para un espectáculo. *Cierto.*

4. En el Parque del Retiro, puedes descansar, hacer gimnasia, etc. *Cierto.*

5. Los baños termales Medina Mayrit son de influencia cristiana. *Falso. Son de influencia árabe.*

6. En Medina Mayrit es posible bañarse en aguas termales, tomar el té y hasta comer. *Cierto.*

Practice more!
VM pp. 229–230 | vhlcentral.com

S Tutorial comparisons NATIONAL STANDARDS

15.1 Past participles used as adjectives

Forming past participles

▶ The past participles of English verbs often end in **–ed** (*to turn* → *turned*), but many are irregular (*to buy* → *bought*; *to drive* → *driven*).

▶ In Spanish, regular **–ar** verbs form the past participle with **–ado**. Regular **–er** and **–ir** verbs form the past participle with **–ido**.

INFINITIVE	STEM	PAST PARTICIPLE
bailar	bail-	bailado
comer	com-	comido
vivir	viv-	vivido

▶ You already know several past participles used as adjectives: **aburrido, cansado, interesado, nublado, perdido**, etc.

Sólo tomo café descafeinado.

Estoy cansada.

▶ Note that all irregular past participles, except for those of **decir (dicho)** and **hacer (hecho)**, end in **–to**.

Irregular past participles

abrir	abierto		morir	muerto
decir	dicho		poner	puesto
describir	descrito		resolver	resuelto
descubrir	descubierto		romper	roto
escribir	escrito		ver	visto
hacer	hecho		volver	vuelto

¡ojo! The past participles of **–er** and **–ir** verbs whose stems end in **–a**, **–e**, or **–o** carry a written accent mark on the **i** of the **–ido** ending.

caer	caído		oír	oído		sonreír	sonreído
creer	creído		reír	reído		traer	traído
leer	leído						

Práctica

1 **Completar** Completa estas oraciones con la forma adecuada del participio pasado.

1. El hombre _____descrito_____ [describir] en ese panfleto es un entrenador personal de gimnasia.

2. Lindsey Vonn es una atleta muy _____conocida_____ [conocer].

3. ¿Está _____hecha_____ [hacer] la cena?

4. Los libros _____usados_____ [usar] son más baratos que los nuevos.

5. Los documentos están _____firmados_____ [firmar].

6. Creo que el gimnasio está _____abierto_____ [abrir] veinticuatro horas al día.

2 **Describir** Completa las oraciones con las palabras de la lista. Haz los cambios necesarios.

estar cerrado	estar aburrido
estar muerto	estar descrito
estar roto	estar firmado
estar abierto	no estar hecho

1. Los estudiantes _____están aburridos_____.

2. Los cheques _____están firmados_____.

3. La ventana _____está rota_____.

4. La cama _____no está hecha_____.

5. La puerta _____está cerrada_____.

6. El señor Vargas _____está muerto_____.

Conversación

Preguntas En parejas, túrnense para hacerse estas preguntas. *Answers will vary.*

1. ¿Qué haces cuando no estás preparado/a para una clase?
2. ¿Qué haces cuando estás perdido/a en una ciudad?
3. ¿Está ordenado tu cuarto?
4. ¿Dejas la luz prendida en tu cuarto?
5. ¿Prefieres comprar libros usados o nuevos? ¿Por qué?
6. ¿Tienes mucho dinero ahorrado?
7. ¿Necesitas pedirles dinero prestado a tus padres?
8. ¿Quiénes están aburridos en la clase?
9. ¿Hay alguien que esté dormido en la clase?
10. ¿Cuándo está abierto el gimnasio de la universidad?

Encuesta Averigua quién de tus compañeros/as se identifica con estas descripciones. Anota sus respuestas y comparte los resultados con la clase. *Answers will vary.*

Descripciones	Nombres	Respuesta
1. Tiene un electrodoméstico roto en casa. (¿Qué es?)	_____	_____
2. Lleva algo hecho en Europa o en un país hispano. (¿Qué es?)	_____	_____
3. Deja la puerta de su cuarto abierta por la noche. (¿Por qué?)	_____	_____
4. Toma café descafeinado. (¿Cuándo?)	_____	_____
5. Está interesado/a en trabajar en un banco. (¿Por qué?)	_____	_____
6. Le gusta comprar ropa usada (¿Dónde y por qué?)	_____	_____
7. Tiene un pariente o un(a) amigo/a muy conocido/a. (¿Quién?)	_____	_____
8. Es teleadicto/a. (¿Cuáles son sus programas favoritos?)	_____	_____

Practice more!

WB pp. 151–152 | LM p. 87 | vhlcentral.com

Past participles used as adjectives

La ventana está rota.

La puerta está abierta.

▶ In Spanish, as in English, past participles can be used as adjectives. They are often used with the verb **estar** to describe a condition or state that results from an action. Like other Spanish adjectives, past participles must agree in gender and number with the nouns they modify.

El gimnasio **está cerrado**.
The gym is closed.

El cheque ya **está firmado**.
The check is already signed.

En la entrada, hay algunos letreros **escritos** en español.
In the entrance, there are some signs written in Spanish.

Tenemos la mesa **puesta** y la cena **hecha**.
We have the table set and dinner made.

Revista Capital

Consejos financieros escritos por gente que sabe.

Inclusive si su negocio va mal, su compañía no está acabada. ¡Tenemos la solución y montones de ideas listas para poner en práctica!

¡Manos a la obra!

Indica la forma correcta del participio pasado de estos verbos.

1. hablar — *hablado*
2. beber — *bebido*
3. decidir — *decidido*
4. romper — *roto*
5. escribir — *escrito*
6. cantar — *cantado*
7. oír — *oído*
8. traer — *traído*
9. correr — *corrido*
10. leer — *leído*
11. ver — *visto*
12. hacer — *hecho*
13. morir — *muerto*
14. reír — *reído*
15. mirar — *mirado*
16. abrir — *abierto*
17. decir — *dicho*
18. volver — *vuelto*
19. poner — *puesto*
20. descubrir — *descubierto*

15.2 The present perfect Tutorial

▶ The present perfect indicative tense (**el pretérito perfecto de indicativo**) is used to talk about what someone *has done*. It is formed with the present tense of **haber** and a past participle.

> Maru ha estado bajo mucha presión.

> He querido regresar desde que leí el *Chilam Balam*.

Present indicative of *haber*

Singular forms		Plural forms	
yo	he	nosotros/as	hemos
tú	has	vosotros/as	habéis
Ud./él/ella	ha	Uds./ellos/ellas	han

Tú no **has cerrado** la puerta.
You haven't closed the door.

Yo ya **he leído** esos libros.
I've already read those books.

¿**Ha asistido** Juan a la clase?
Has Juan attended class?

Hemos presentado el proyecto.
We have presented the project.

▶ The past participle agrees with the noun when it functions as an adjective, but not when it is part of the present perfect tense.

Clara **ha abierto** las ventanas.
Clara has opened the windows.

Yo **he cerrado** la puerta.
I've closed the door.

Las ventanas están **abiertas**.
The windows are open.

La puerta está **cerrada**.
The door is closed.

▶ The present perfect is generally used just as in English: to talk about what *has occurred*. It usually refers to the recent past.

He trabajado cuarenta horas.
I have worked forty hours.

¿Cuál es el último libro que **has leído**?
What is the last book that you have read?

¡ojo! To say that someone has *just done something*, **acabar de** + [*infinitive*] is used.

Juan **acaba de llegar**.
Juan has just arrived.

Acabo de terminar mi tarea.
I have just finished my homework.

Ellos **acaban de salir**.
They have just left.

Acabamos de cenar.
We have just eaten dinner.

Práctica

1 Completar Completa estas oraciones sobre el estado de salud y bienestar de algunos estudiantes con el pretérito perfecto de indicativo de estos verbos.

adelgazar	llevar
aumentar	seguir
hacer	sufrir

1. Luisa ___ha sufrido___ muchas presiones este año.
2. Juan y Raúl ___han aumentado___ de peso porque no hacen ejercicio.
3. Pero María ___ha adelgazado___ porque trabaja demasiado y siempre se olvida de comer.
4. Hasta ahora, yo ___he llevado___ una vida muy sana.
5. Pero tú y yo no ___hemos hecho___ gimnasia este semestre.
6. Tú tampoco ___has seguido___ una dieta equilibrada recientemente.

2 Estilos de vida Indica si has hecho estas actividades. Sigue el modelo. *Answers will vary.*

modelo

Encontrar un buen gimnasio
He encontrado un buen gimnasio. / Yo no he encontrado un buen gimnasio.

1. Tratar de estar en forma
2. Estar a dieta los últimos dos meses
3. Dejar de tomar refrescos
4. Hacerse una prueba de colesterol
5. Entrenarse cinco días a la semana
6. Cambiar de una vida sedentaria a una vida activa
7. Tomar vitaminas por las noches y por las mañanas
8. Practicar yoga para relajarse
9. Consumir mucha proteína
10. Quedarse despierto/a toda una noche
11. Levantar pesas tres días a la semana
12. Aliviar el estrés

Conversación

3 **¿Qué han hecho?** En parejas, describan lo que han hecho y lo que no han hecho estas personas. Usen la imaginación. *Answers will vary.*

1. Jorge y Raúl

2. Natalia y Diego

3. Luisa

4. Ricardo

5. Jorge

6. Carmen

4 **Describir** En parejas, piensen en una persona que conozcan bien o en una celebridad que lleva una vida muy sana. Luego, describan en un párrafo lo que la persona ha hecho para llevar una vida sana. *Answers will vary.*

modelo

Michael Phelps ha llevado una vida muy sana. Ha hecho todo lo posible para mantenerse en forma. Para ganar las competencias de natación, él ha…

5 **Cosas en común** En parejas, traten de encontrar una película, un libro y un lugar que han visto, leído y visitado los/las dos. Luego, coméntenlo al resto de la clase.

modelo

Estudiante 1: ¿Has visto la película *La piel que habito*?

Estudiante 2: ¿*La piel que habito*?

Estudiante 1: Sí, la película de Pedro Almodóvar. Los actores principales son Antonio Banderas y Elena Anaya.

Estudiante 2: Ah. Sí, la he visto. Me gustó mucho.

Practice more!

WB pp. 153–154

LM p. 88

vhlcentral.com

Using the present perfect

▸ **Haber** and the past participle cannot be separated by any word.

Siempre **hemos vivido** en Bolivia.
We have always lived in Bolivia.

Usted nunca **ha venido** a mi oficina.
You have never come to my office.

¿Y Juan Carlos todavía no te ha invitado a salir?

Últimamente hemos sufrido muchas presiones en la universidad.

▸ The word **no** and any object or reflexive pronouns are placed immediately before **haber.**

Yo **no he cobrado** el cheque.
I have not cashed the check.

¿Por qué **no lo has cobrado**?
Why haven't you cashed it?

Susana ya **lo ha hecho**.
Susana has already done it.

Ellos **no lo han arreglado**.
They haven't fixed it.

▸ In English, *to have* can be either a main verb or an auxiliary verb. As a main verb, it corresponds to **tener**; as an auxiliary, it corresponds to **haber.**

Tengo muchos amigos.
I have a lot of friends.

No **he** visto el programa.
I have not seen the program.

Tengo un problema.
I have a problem.

He resuelto mi problema.
I have resolved my problem.

▸ The present perfect of **hay** is **ha habido.**

Ha habido muchos problemas con el nuevo profesor.
There have been a lot of problems with the new professor.

Ha habido un accidente en la calle Central.
There has been an accident on Central Street.

¡Manos a la obra!

Indica el pretérito perfecto de indicativo de los siguientes verbos.

1. yo _he disfrutado, he comido, he vivido_ [disfrutar, comer, vivir]
2. tú _has traído, has adelgazado, has compartido_ [traer, adelgazar, compartir]
3. usted _ha venido, ha estado, ha corrido_ [venir, estar, correr]
4. ella _ha leído, ha resuelto, ha puesto_ [leer, resolver, poner]
5. ellos _han dicho, han roto, han hecho_ [decir, romper, hacer]
6. nosotros _nos hemos mantenido, nos hemos dormido_ [mantenerse, dormirse]
7. yo _he estado, he escrito, he visto_ [estar, escribir, ver]
8. él _ha vivido, ha corrido, ha muerto_ [vivir, correr, morir]

15.3 The past perfect Tutorial · comparisons · NATIONAL STANDARDS

▸ The past perfect indicative (**el pretérito pluscuamperfecto de indicativo**) is used to talk about what someone *had done* or what *had occurred* before another past action, event, or state. The past perfect uses the imperfect of **haber** plus the past participle.

> Creo que ya habían venido antes.

> Siempre había llevado una vida sana.

Past perfect indicative

	cerrar	perder	asistir
yo	había cerrado	había perdido	había asistido
tú	habías cerrado	habías perdido	habías asistido
Ud./él/ella	había cerrado	había perdido	había asistido
nosotros/as	habíamos cerrado	habíamos perdido	habíamos asistido
vosotros/as	habíais cerrado	habíais perdido	habíais asistido
Uds./ellos/ellas	habían cerrado	habían perdido	habían asistido

Pensé que ya se **habían ido**.
I thought you had already left.

Cuando llegamos, Luis ya **había salido**.
When we arrived, Luis had already left.

▸ The past perfect is often used with the word **ya** (*already*). Note that **ya** cannot be placed between **haber** and the past participle.

Ella **ya había empezado** cuando llamaron.

She had already begun when they called.

Cuando llegué a casa, Raúl **ya se había acostado**.

When I arrived home, Raúl had already gone to bed.

¡Manos a la obra!

Indica el pretérito pluscuamperfecto de indicativo de cada verbo.

1. Nosotros ya __habíamos cenado__ [cenar] cuando nos llamaron.
2. Antes de tomar esta clase, yo no __había estudiado__ [estudiar] nunca español.
3. Antes de ir a México, ellos nunca __habían ido__ [ir] a otro país.
4. Eduardo nunca __se había entrenado__ [entrenarse] antes de este año.
5. Pensé que Ana y Raúl ya __se habían casado__ [casarse].
6. Yo ya te __había visto__ [ver] muchas veces antes de conocerte.

Práctica

1 Completar Completa los minidiálogos con las formas correctas del pretérito pluscuamperfecto de indicativo.

SARA Antes de cumplir los 15 años, ¿(1) __habías estudiado__ [estudiar] tú otra lengua?

JOSÉ Sí, (2) __había tomado__ [tomar] clases de inglés y de italiano.

• • •

DIANA Antes del 2007, ¿(3) __habían viajado__ [viajar] tú y tu familia a Europa?

TOMÁS Sí, (4) __habíamos visitado__ [visitar] Europa tres veces.

• • •

ANTONIO Antes de este año, ¿(5) __había corrido__ [correr] usted en un maratón?

SRA. VERA No, nunca lo (6) __había hecho__ [hacer].

• • •

SOFÍA Antes de su enfermedad, ¿(7) __había sufrido__ [sufrir] muchas presiones tu tío?

IRENE Sí… y mi tío nunca antes (8) __se había mantenido__ [mantenerse] en forma.

2 Quehaceres Indica lo que ya había hecho cada miembro de la familia antes de la llegada de la madre, la señora Ferrer. *Answers will vary.*

3 Tu vida Indica si ya habías hecho las siguientes cosas cuando cumpliste los dieciséis años. *Answers will vary.*

1. Hacer un viaje en avión
2. Escalar una montaña
3. Escribir un poema
4. Leer una novela
5. Enamorarte
6. Tomar una clase de educación física
7. Montar a caballo
8. Ir de pesca
9. Manejar un carro
10. Navegar en Internet

Conversación

Oraciones En parejas, túrnense para completar estas oraciones, usando el pretérito pluscuamperfecto de indicativo. *Answers will vary.*

1. Cuando yo llamé a mi mejor amigo/a la semana pasada, él/ella ya…

2. Antes de este año, mis amigos/as y yo nunca…

3. Hasta el año pasado, yo siempre…

4. Antes de cumplir los veinte años, mi mejor amigo/a…

5. Antes de cumplir los treinta años, mis padres ya…

6. Hasta que cumplí los dieciocho años, yo nunca…

7. Antes de este semestre, el/la profesor(a) de español nunca…

8. Antes de tomar esta clase, yo nunca…

Lo dudo Escribe cinco oraciones, algunas ciertas y otras falsas, sobre cosas que habías hecho antes de venir a la universidad. Luego, en grupos, túrnense para leer sus oraciones. Cada miembro del grupo debe decir "es cierto" o "lo dudo" después de cada oración. Cada uno escribe la reacción de cada compañero/a para ver quién obtiene más respuestas ciertas. *Answers will vary.*

modelo

Estudiante 1: *Cuando tenía diez años, ya había manejado el carro de mi papá.*

Estudiante 2: *Lo dudo.*

Estudiante 3: *Es cierto.*

6 Entrevista En parejas, preparen una conversación en la que un(a) periodista de televisión está entrevistando (*interviewing*) a un(a) actor/actriz famoso/a que está haciendo un video de ejercicios aeróbicos. El/La periodista le hace preguntas para descubrir esta información: *Answers will vary.*

- Si siempre se había mantenido en forma antes de hacer este video
- Si había seguido alguna dieta especial antes de hacer este video
- Qué le recomienda a la gente que quiere mantenerse en forma
- Qué le recomienda a la gente que quiere adelgazar
- Qué va a hacer cuando termine este video

Practice more!

| WB pp. 155–156 | LM p. 89 | vhlcentral.com |

Español en vivo

¡Acabo de descubrir una nueva vida!

Hasta el año pasado, siempre había mirado la tele sentado en el sofá durante mis ratos libres. ¡Era un sedentario y un teleadicto! Había aumentado mucho de peso porque jamás había practicado ningún deporte.

Este año, he empezado a tener una dieta más sana y voy al gimnasio todos los días. He comenzado a ser una persona muy activa y he adelgazado. Disfruto de una vida sana y… ¡Me siento muy feliz!

Manténgase en forma.

Gimnasio Olímpico

Identificar

Identifica los ejemplos del pretérito pluscuamperfecto del indicativo en el anuncio.

Preguntas

1. ¿Cómo era la vida de este joven hasta el año pasado? ¿Cómo es ahora?

2. ¿Te identificas con algunos de los hábitos, presentes o pasados, de este joven? ¿Con cuáles?

3. ¿Qué les recomienda el joven del anuncio a los lectores (*readers*)?

A repasar

15.1 Past participles used as adjectives

1 **¡Ya está hecho!** Tus padres te piden ayuda con los quehaceres de la casa. Como eres un(a) hijo/a muy responsable, ya hiciste todo. Responde a sus preguntas.

> **modelo**
> ¿Puedes planchar la ropa?
> La ropa ya está planchada.

1. ¿Puedes arreglar la computadora? *La computadora ya está arreglada.*
2. ¿Puedes estacionar el carro en el garaje? *El carro ya está estacionado en el garaje.*
3. ¿Puedes apagar la luz del pasillo? *La luz del pasillo ya está apagada.*
4. ¿Puedes preparar el almuerzo? *El almuerzo ya está preparado.*
5. ¿Puedes sacudir los estantes? *Los estantes ya están sacudidos.*
6. ¿Puedes poner los cubiertos en la mesa? *Los cubiertos ya están puestos en la mesa.*

2 **¡Qué miedo!** En parejas, imaginen que son compañeros/as de apartamento. Ayer, mientras ustedes estaban en clase, alguien rompió una ventana y entró a su apartamento. Describan a la policía lo que vieron cuando llegaron. Usen el participio pasado. *Answers will vary.*

> **modelo**
> **Cuando llegamos al apartamento, nuestra puerta estaba cerrada, pero la ventana estaba rota…**

15.2 The present perfect

3 **¡En forma!** Son las 8:45 de la mañana. Describe las actividades que Carla ha hecho en el gimnasio y las que no ha hecho todavía. *Answers will vary.*

Hora	Actividades
6:30 a.m.	hacer ejercicios de estiramiento
7:00 a.m.	tomar clase de ejercicios aeróbicos
8:00 a.m.	levantar pesas
8:30 a.m.	recibir un masaje
9:00 a.m.	ducharse
9:30 a.m.	desayunar en la cafetería
10:00 a.m.	irse a su oficina

> **modelo**
> **De seis y media a siete de la mañana, Carla ha hecho ejercicios de estiramiento.**

4 **¡A dieta!** Emilio ha seguido una dieta especial durante tres meses. Lee su dieta y contesta las preguntas. *Answers will vary.*

Desayuno	Almuerzo	Cena
una taza de café	ensalada de atún con verduras	pollo o pescado asado
cereal con leche	un pan	ensalada de tomate y
una manzana	una naranja	queso
	té helado sin azúcar	una copa de vino tinto

1. ¿Qué alimentos con proteínas ha consumido Emilio?
2. ¿Qué frutas ha comido?
3. ¿Te gustan los alimentos que ha comido Emilio?
4. ¿Crees que Emilio ha seguido una dieta equilibrada? ¿Por qué?
5. ¿Crees que Emilio ha engordado o adelgazado con esta dieta?
6. ¿Piensas que esta dieta ha mejorado la salud de Emilio? ¿Por qué?

5 **¿Alguna vez...?** En parejas, túrnense para hacerse estas preguntas. Usen el pretérito perfecto de indicativo en sus respuestas. *Answers will vary.*

> **modelo**
> tomar una clase de yoga (tú)
> **Estudiante 1:** ¿Alguna vez has tomado una clase de yoga?
> **Estudiante 2:** No, nunca he tomado una clase de yoga, pero he hecho ejercicios para aliviar el estrés.

1. levantar pesas (tu hermano/a)
2. tener problemas con el colesterol (tus papás)
3. entrenarse para un maratón (tu amigo/a)
4. llevar una vida sedentaria (tu hermano/a)
5. consumir alcohol en exceso (alguien que conoces)
6. seguir una dieta baja en grasas (tus amigos/as y tú)
7. ver televisión más de cinco horas en un día (tú)

15.3 The past perfect

6 **Oraciones** Forma oraciones con estos elementos. Usa el pretérito pluscuamperfecto de indicativo y haz los cambios necesarios.

1. Mi abuela / nunca / tener / problemas / de colesterol
   Mi abuela nunca había tenido problemas de colesterol.
2. Nosotros / jamás / cuidar / nuestro / nutrición
   Nosotros jamás habíamos cuidado nuestra nutrición.
3. Todos (nosotros) / llevar / vida / sedentario
   Todos habíamos llevado una vida sedentaria.
4. En agosto / mis hermanos y yo / resolver / estar a dieta
   En agosto, mis hermanos y yo habíamos resuelto estar a dieta.
5. Yo / no / ver / mis hermanos / en dos meses
   Yo no había visto a mis hermanos en dos meses.
6. En octubre / ellos / adelgazar / diez libras
   En octubre, ellos habían adelgazado diez libras.

 Practice more at **vhlcentral.com**.

7 **¡Ya lo había hecho!** En parejas, imaginen que tienen setenta años de edad. Un(a) estudiante dice algo que ya había hecho a los diez años de edad. El/La otro/a responde con algo que ya había hecho a los quince años. Terminen a los setenta años. ¡Usen su imaginación! *Answers will vary.*

 modelo

Estudiante 1: A los diez años de edad, ya había aprendido a hablar tres idiomas.
Estudiante 2: Antes de cumplir quince años, yo ya había conocido Nueva York.
Estudiante 1: Pues a los veinte años, yo…

8 **Anuncio de radio** En parejas, preparen un anuncio de radio para vender las vitaminas Energía 2000. Describan qué productos habían tomado ustedes antes de probar estas vitaminas y cómo se habían sentido. Usen el pretérito pluscuamperfecto de indicativo y **antes de, cuando** y **nunca**. Presenten el anuncio a la clase. *Answers will vary.*

 modelo ¡Nunca nos habíamos sentido mejor!

Síntesis

9 **El maratón** Con un(a) compañero/a, preparen una conversación entre dos deportistas que se están entrenando para su cuarto maratón en Nueva York. Comparen los entrenamientos que han tenido y los planes de nutrición que han seguido. Incluyan esta información. *Answers will vary.*

- ¿Cuántas horas a la semana se han entrenado? ¿Qué ejercicios han hecho?
- ¿Cómo ha sido su dieta? ¿Qué alimentos o bebidas no han consumido?
- ¿Cómo había sido su entrenamiento en años anteriores (*previous*)? ¿Qué cosas habían hecho diferente en otros años?
- ¿Se sienten preparados para ganar el maratón este año? ¿Por qué?

  Videoclip Video

1 **Preparación** ¿Es fácil o difícil para ti comunicar tus emociones y sentimientos (*feelings*)? ¿Los prefieres comunicar oralmente o por escrito?

2 **El clip** Mira el anuncio de **Azucarlito** de Uruguay.

Vocabulario	
el abrazo *hug*	**gesto** *gesture*
dulzura *sweetness*	**mensajero** *messenger*

Mañana a primera hora° se lo digo… ¿A quién?

Entendieron que un "te quiero" nunca viene solo°.

mañana a primera hora *first thing tomorrow morning* nunca viene solo *it doesn't happen by accident*

3 **Seleccionar** Selecciona la opción correcta para cada oración.
1. En el pueblo las personas necesitaban un mensajero de sentimientos porque (eran tímidos / estaban ocupados).
2. Pedro dejó de ser mensajero porque (se enfermó / se enamoró).
3. Los mejores regalos (no se compran / son los que dan los padres).
4. La dulzura (puede cambiar el mundo / ni se compra ni se vende).

4 **Soluciones** En parejas, conversen sobre soluciones que han aplicado en sus vidas ante los siguientes retos (*challenges*): aliviar el estrés durante los exámenes, resolver un conflicto con un amigo, correr más rápidamente en competencias, dormir mejor en período de clases. Luego compartan sus ideas con la clase. *Answers will vary.*

modelo Para aliviar el estrés durante los exámenes, yo he tomado clases de yoga muchas veces.

 Practice more at **vhlcentral.com**. *cuatrocientos uno* **401**

Ampliación

1 SCRIPT Buenos días, radioyentes, y bienvenidos a "Tu bienestar". Les habla Ofelia Cortez de Bauer. Hoy vamos a hablar de la importancia de estar en buena forma. Primero quiero que entiendan que estar en buena forma no es sólo cosa de estar delgado o ser fuerte. Para mantenerse en forma, deben tener tres objetivos: condicionar el sistema cardiopulmonar, aumentar la fuerza muscular y mejorar la flexibilidad. Cada persona tiene sus propios objetivos, y también sus propias limitaciones físicas, y debe diseñar su programa con un monitor de acuerdo con éstos. Pero óiganme bien, ¡lo más importante es tener una rutina variada, con ejercicios que les gusten; porque de otro modo no lo van a hacer! Mi rutina personal es la siguiente. Dos días por semana voy a la clase de ejercicios aeróbicos, claro, con un buen calentamiento al comienzo. Luego levanto pesas y termino haciendo estiramientos de los músculos. Los fines de semana me mantengo activa pero hago una variedad de cosas de acuerdo a lo que quiere hacer la familia. A veces practico la natación; otras, vamos de excursión al campo, por ejemplo. Como les había dicho la semana pasada, como unas 1.600 calorías al día, mayormente alimentos con poca grasa y sin sal. Disfruto mucho del bienestar que estos hábitos me producen. Ahora iremos a unos anuncios de nuestros patrocinadores. Cuando regresemos, voy a contestar sus preguntas acerca del ejercicio, la dieta o el bienestar en general. El teléfono es el 43.89.76. No se vayan. Ya regresamos con mucha más información.

1 Escuchar

A Escucha lo que dice Ofelia Cortez de Bauer. Anota algunos de los cognados que escuchas y también la idea general del discurso.

> **TIP** **Listen for the gist and cognates.** By listening for the gist, you can get the general idea of what you're hearing. Listening for cognates will help you to fill in the details.

Cognados	Idea general
_____	_____
_____	_____
_____	_____

Ahora indica si estas oraciones son **ciertas** o **falsas**.

Cierto	Falso	
✔	___	1. La señora Bauer habla de la importancia de estar en buena forma.
___	✔	2. Según la señora Bauer, es importante que todos sigan el mismo programa.
✔	___	3. La señora Bauer participa en actividades individuales y de grupo.
___	✔	4. Según la señora Bauer, el objetivo más importante de cada persona debe ser adelgazar.

B ¿Qué piensas de los consejos que ella da? ¿Hay otra información que ella debía haber incluido (*included*)? *Answers will vary.*

2 Conversar

Con un(a) compañero/a, preparen una conversación entre el/la enfermero/a de la clínica de la universidad y un(a) estudiante que no se siente bien. Usen estas preguntas guía. *Answers will vary.*

- ¿Qué problema tiene y de dónde viene?

- ¿Tiene buenos hábitos el/la estudiante?

- ¿Qué ha hecho el/la estudiante en los últimos meses? ¿Cómo se ha sentido?

- ¿Qué recomendaciones tiene el/la enfermero/a para el/la estudiante?

- ¿Qué va a hacer el/la estudiante para llevar una vida más sana?

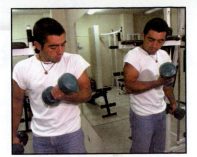

Ampliación

3 SUGGESTION Have students brainstorm details of a personal fitness plan. As a class, talk about how to organize the information in a logical manner before starting the writing assignment.

3 Escribir

Desarrolla un plan personal para mejorar tu bienestar físico y emocional. Considera la nutrición, el ejercicio y el estrés. *Answers will vary.*

TIP **Organize your information logically.** To make your writing and message clearer to your readers, organize information chronologically, sequentially, or in order of importance.

Organízalo — Escribe tus objetivos. Anota lo que has hecho hasta ahora, lo que no has hecho y lo que todavía tienes que hacer para conseguir tus objetivos.

Escríbelo — Organiza tus apuntes y escribe el primer borrador de tu plan personal.

Corrígelo — Intercambia tu plan personal con un(a) compañero/a. Dale sugerencias para mejorar la organización. ¿Incluye toda la información pertinente? ¿Es lógica la organización? Si ves algunos errores, coméntaselos.

Compártelo — Prepara la versión final, tomando en cuenta los comentarios de tu compañero/a. Luego con otro/a compañero/a, comparen lo que han escrito. ¿Son similares sus planes? ¿Son diferentes?

3 EVALUATION

Criteria	Scale
Content	1 2 3 4
Organization	1 2 3 4
Use of vocabulary	1 2 3 4
Accuracy and mechanics	1 2 3 4
Creativity	1 2 3 4

Scoring

Excellent	18–20 points
Good	14–17 points
Satisfactory	10–13 points
Unsatisfactory	< 10 points

4 Un paso más

Imagina que estás a cargo de (*in charge of*) promocionar una excursión de aventuras con actividades deportivas en algún país hispano. Crea un folleto (*brochure*) atractivo para vender la idea de la excursión. Luego compara tu folleto con los de tus compañeros/as. *Answers will vary.*

4 SUGGESTION Students will need a week to complete this project. Bring in some adventure magazines or travel brochures to serve as models. Travel websites can also be a source of information.

4 SUGGESTION Tell students to go to the Center for Disease Control and Prevention website at www.cdc.gov for vaccination requirements and other medical information.

4 EXPANSION Have students present their brochures to the class. Do a few presentations every day until all students have shown their brochures.

- Escoge el país y los lugares que van a visitar.
- Describe las actividades deportivas y de aventura que van a hacer en cada lugar.
- Explica los aspectos de la excursión que son importantes para la salud.
- Incluye el costo del viaje.

CONEXIÓN INTERNET

Investiga estos temas en el sitio **vhlcentral.com**.

- Actividades deportivas en el mundo hispano
- Turismo alternativo en el mundo hispano

Ⓢ **Audio: Reading**

Antes de leer

For dramatic effect and to achieve a smoother writing style, authors often do not explicitly supply the reader with all the details of a story. Clues in the text can help you infer those things the writer chooses not to state in a direct manner. You simply "read between the lines" to fill in the missing information and draw conclusions about the story.

Sobre la autora

Cristina Peri Rossi (1941) nació en Uruguay, pero ahora vive en España. En sus cuentos, novelas y poemas explora las pasiones, el aislamiento (*isolation*) y las incertidumbres (*uncertainties*) que sentimos como seres humanos (*human beings*).

SUGGESTION Read the first sentence of the story aloud and discuss with the class what it may mean.

SUGGESTION Have students read through the passage and locate the verbs in the present perfect tense. Discuss why this tense is used and how it contributes to the meaning of the story. You can also have students identify the past participles used as adjectives and the infinitives. Ex: **cerrada (cerrar).**

SUGGESTION For item 1 in **¿Comprendiste?**, have students identify the words in the story that signal to the reader the sex of the narrator. (The feminine adjective is the clue: **no seas distraída.**)

SUGGESTION Have pairs interview one another with the questions in **Coméntalo.**

El viaje

Cristina Peri Rossi

Ella me ha entregado la felicidad dentro de una caja° bien cerrada, y me la ha dado, diciéndome:

—Ten cuidado, no vayas a perderla, no seas distraída, me ha costado un gran esfuerzo° conseguirla: los mercados estaban cerrados, en las tiendas ya no había y los pocos vendedores ambulantes que existían se han jubilado, porque tenían los pies cansados. Ésta es la única que pude hallar° en la plaza, pero es de las legítimas. Tiene un poco menos brillo° que aquella que consumíamos mientras éramos jóvenes y está un poco arrugada°, pero si caminas bien, no notarás° la diferencia. Si la apoyas en alguna parte°, por favor, recógela antes de irte, y si decides tomar un ómnibus, apriétala° bien entre las manos: la ciudad está llena de ladrones° y fácilmente te la podrían arrebatar°.

Después de todas estas recomendaciones soltó° la caja y me la puso entre las manos. Mientras caminaba, noté que no pesaba° mucho pero que era un poco incómoda de usar: mientras la sostenía no podía tocar otra cosa, ni me animaba a dejarla depositada, para hacer las compras. De manera que no podía entretenerme, y menos aún, detenerme a explorar, como era mi costumbre. A la mitad de la tarde tuve frío. Quería abrirla, para saber si era de las legítimas, pero ella me dijo que se podía evaporar. Cuando desprendí° el papel, noté que en la etiqueta° venía una leyenda°:

"Consérvese sin usar."

Desde ese momento tengo la felicidad guardada en una caja. Los domingos de mañana la llevo a pasear, por la plaza, para que los demás me envidien° y lamenten su situación; de noche la guardo en el fondo del ropero°. Pero se aproxima el verano y tengo un temor: ¿cómo la defenderé° de las polillas°?

Después de leer

¿Comprendiste? *Suggested answers*

1. La persona que narra el cuento, ¿es hombre o es mujer? *Es mujer.*
2. El regalo, la felicidad, ¿fue fácil o difícil de conseguir? *Fue difícil de conseguir.*
3. ¿Dónde compró la persona la felicidad, en la calle o en una tienda? *La compró en la calle.*
4. Según la persona que la dio, ¿esta felicidad es de mejor o de peor calidad que la que tenía de joven? *Es de peor calidad.*
5. Según ella, ¿hay mucho o poco riesgo (*risk*) de perder la felicidad? *Hay mucho riesgo.*
6. ¿Por qué no puede abrir la caja la narradora? *Porque hay una leyenda que dice: "Consérvese sin usar."*
7. Al final, ¿qué hace la narradora con la felicidad? *La deja en el ropero, excepto los domingos.*

Preguntas *Answers will vary.*

Responde a estas preguntas con oraciones completas.

1. ¿Qué debe hacer la narradora para cuidar la felicidad?
2. ¿Qué límites le impone la felicidad a la narradora?
3. ¿Cómo quiere la narradora que su felicidad afecte a otras personas?
4. ¿Por qué tiene miedo de las polillas la narradora?

Coméntalo

En parejas, conversen sobre estas preguntas: ¿Por qué a la persona le resulta (*results*) difícil conseguir la felicidad? ¿Por qué está encerrada en una caja? ¿Vale la pena (*Is it worth it*) tener la "felicidad" guardada en una caja sin usar? ¿Qué simboliza la felicidad en este cuento? *Answers will vary.*

me... caja *handed me happiness in a box* esfuerzo *effort* la única... hallar *the only one I could find* brillo *shine* arrugada *wrinkled* no notarás *you won't notice* Si... parte *If you set it down somewhere* apriétala *hold it* ladrones *thieves* podrían arrebatar *could snatch* soltó *she let go of* no pesaba *it didn't weigh* desprendí *I took off* etiqueta *label* leyenda *inscription* envidien *envy* en... ropero *in the back of the closet* defenderé *will I defend* polillas *moths*

Audio: Vocabulary Flashcards

El bienestar

el bienestar	well-being
la clase de ejercicios aeróbicos	aerobics class
la droga	drug
el/la drogadicto/a	drug addict
el masaje	massage
el músculo	muscle
el/la teleadicto/a	couch potato
adelgazar	to lose weight; to slim down
aliviar el estrés/ la tensión	to relieve stress/ tension
apurarse	to hurry; to rush
aumentar de peso	to gain weight
calentarse (e:ie)	to warm up
darse prisa	to hurry; to rush
disfrutar (de)	to enjoy; to reap the benefits (of)
engordar	to gain weight
entrenarse	to practice; to train
estar a dieta	to be on a diet
estar en buena forma	to be in good shape
(no) fumar	(not) to smoke
hacer ejercicio	to exercise
hacer ejercicios aeróbicos	to do aerobics
hacer ejercicios de estiramiento	to do stretching exercises
hacer gimnasia	to work out
levantar pesas	to lift weights
llevar una vida sana	to lead a healthy lifestyle
mantenerse en forma	to stay in shape
sudar	to sweat
sufrir muchas presiones	to be under a lot of pressure
tratar de (+ *inf.*)	to try (to do something)
activo/a	active
débil	weak
flexible	flexible
fuerte	strong
sedentario/a	sedentary
tranquilo/a	calm; quiet

La nutrición

la bebida alcohólica	alcoholic beverage
la caloría	calorie
el colesterol	cholesterol
la grasa	fat
la merienda	(afternoon) snack
los minerales	minerals
la nutrición	nutrition
la proteína	protein
las vitaminas	vitamins
consumir alcohol	to consume alcohol
merendar (e:ie)	to have a(n) (afternoon) snack
seguir una dieta equilibrada	to eat a balanced diet
descafeinado/a	decaffeinated

Otras palabras y expresiones

en exceso	in excess; too much
sin	without

Irregular past participles	See page 394.

As students finish the lesson, encourage them to explore the **Repaso** section on the Supersite. There they will find quizzes for practicing vocabulary, grammar, and oral language.

Practice more at **vhlcentral.com**.

16

El mundo del trabajo

PARA EMPEZAR Here are some additional questions you can ask: ¿Has tenido un trabajo? ¿Dónde? ¿Qué hacías? ¿Te gusta trabajar? ¿Por qué? ¿Has sufrido presiones? Explica. ¿Qué haces para evitar el estrés?

Communicative Goals

You will learn how to:
- discuss the world of work
- talk about future plans
- reminisce
- express hopes

PARA EMPEZAR
- ¿Está estudiando o trabajando esta persona?
- ¿Lleva ella ropa profesional?
- ¿Cuál es su profesión?
- ¿Crees que ella sufre de mucho estrés?

EL MUNDO DEL TRABAJO

S Tutorials

el científico

el actor

LAS OCUPACIONES

el/la abogado/a *lawyer*

la actriz *actress*

el/la arqueólogo/a *archaeologist*

el/la arquitecto/a *architect*

el bailarín *dancer*

la bailarina *dancer*

el/la cantante *singer*

el/la carpintero/a *carpenter*

el/la consejero/a *counselor; advisor*

el/la contador(a) *accountant*

el/la corredor(a) de bolsa *stockbroker*

el/la diseñador(a) *designer*

el/la electricista *electrician*

el/la escritor(a) *writer*

el/la escultor(a) *sculptor*

el/la gerente *manager*

el hombre/la mujer de negocios *businessperson*

el/la jefe/a *boss*

el/la maestro/a *elementary school teacher*

el/la pintor(a) *painter*

el/la poeta *poet*

el/la político/a *politician*

el/la reportero/a *reporter*

el/la secretario/a *secretary*

el/la técnico/a *technician*

el cocinero

la peluquera

el bombero

el psicólogo

Variación léxica

el/la abogado/a ⟷ el/la licenciado/a (*Amér. C.*)

el/la contador(a) ⟷ el/la contable (*Esp.*)

Se busca diseñador gráfico.

Ofrecemos excelentes beneficios.
Para mayor información,
diríjase a nuestra oficina principal,
Calle Castilla, no. 44.

el anuncio
advertisement

LAS ENTREVISTAS

el/la aspirante *candidate; applicant*
los beneficios *benefits; profit*
el/la entrevistador(a) *interviewer*
el puesto *position; job*
el salario *salary*
la solicitud (de trabajo) *(job) application*
el sueldo *salary*

contratar *to hire*
entrevistar *to interview*
ganar *to earn*
obtener *to obtain; to get*
solicitar *to apply (for a job)*

el currículum
résumé

DATOS PERSONALES

Nombre y apellidos: **Carmela Roca**
Fecha de nacimiento: **14 de diciembre de 1988**
Lugar de nacimiento: **Salamanca**
D.N.I.: **7885270-R**
Dirección: **Calle Ferrara 17, 5**
37500 Salamanca
Teléfono: **923 270 118**
Correo electrónico: **rocac@teleline.com**

FORMACIÓN ACADÉMICA
• 2010-2013 Máster en Administración y Dirección de Empresas, Universidad Autónoma de Madrid
• 2006-2010 Licenciado en Administración y Dirección de Empresas por la Universidad de Salamanca

CURSOS Y SEMINARIOS
• 2007 "Gestión y Creación de Empresas", Universidad de Córdoba

EXPERIENCIA PROFESIONAL
• 2008-2010 Contrato de un año en la empresa RAMA, S.L., realizando tareas administrativas
• 2006-2008 Contrato de trabajo haciendo prácticas en Banco Sol

IDIOMAS
• INGLÉS Nivel alto. Título de la Escuela Oficial de Idiomas
• ITALIANO Nivel medio

INFORMÁTICA/COMPUTACIÓN
• Conocimientos de usuario de Mac / Windows
• MS Office

SUGGESTION Take a class survey of the occupations students hope to have in the future. List the most popular occupations on the board and have students name the requirements for each.

EL MUNDO DEL TRABAJO

el ascenso *promotion*
el aumento de sueldo *raise*
la carrera *career*
la compañía *company; firm*
el empleo *job; employment*
la empresa *company; firm*
la especialización *field of study*
los negocios *business; commerce*
la ocupación *occupation*
el oficio *trade*
la profesión *profession*
el teletrabajo *telecommuting*
el trabajo *job; work*
la videoconferencia *videoconference*
comercial *commercial; business-related*

dejar *to quit; to leave behind*
despedir (e:i) *to fire*
invertir (e:ie) *to invest*
renunciar (a) *to resign (from)*
tener éxito *to be successful*

la reunión
meeting

SUGGESTION In small groups, have students order the events involved in securing a job.

SUGGESTION Have students describe their job interviews. Ask: **¿Te pones nervioso/a antes de una entrevista? ¿Cómo te preparas para una entrevista?**

la entrevista
interview

EXPANSION In pairs, have students write down a few questions they would ask a potential employer or a potential employee in a job interview.

SUGGESTION Using pictures and the Digital Image Bank, ask students to identify places of business and occupations. Ex: **¿Qué tipo de negocio es? (peluquería) ¿Quién trabaja aquí? (un(a) peluquero/a)**

A escuchar

1 **¿Lógico o ilógico?** Escucha las oraciones e indica si son **lógicas** o **ilógicas**.

	Lógico	Ilógico
1.	✔	
2.		✔
3.	✔	
4.	✔	
5.		✔
6.	✔	
7.		✔
8.		✔

2 **Escuchar** Escucha la descripción que hace Alejandro Dávila de su profesión y luego completa las oraciones con las palabras adecuadas.

1. Alejandro Dávila es un
   a. poeta.   (b.) hombre de negocios.   c. escultor.

2. El señor Dávila trabaja como _____ en una compañía multinacional.
   a. secretario   b. técnico   (c.) gerente

3. Al señor Dávila le interesaba _____ en la cual pudiera (*he could*) trabajar en otros países.
   (a.) una carrera   b. un ascenso   c. un aumento de sueldo

4. En sus negocios con empresas extranjeras, el señor Dávila prefiere
   a. usar las videoconferencias.   (b.) conocer a la gente personalmente.
   c. mandar mensajes electrónicos.

Practice more!

LM
p. 91

A practicar

3 EXPANSION Have pairs write logical sentences with the unused choices. Ex: **Mi hermano tuvo una entrevista de trabajo ayer.** Call on different pairs to read their sentences aloud.

3 Completar Escoge la respuesta que completa cada oración.

1. Quiero conseguir un puesto con _____.
   a. oficios   (b.) beneficios   c. ocupación

2. Luisa tiene la oportunidad de _____ la empresa donde trabaja.
   a. despedir   b. entrevistar   (c.) invertir en

3. Mi vecino dejó su _____ porque no le gustaba su jefe.
   (a.) puesto   b. anuncio   c. sueldo

4. Raúl va a _____ su empleo antes de empezar su propia empresa.
   a. solicitar   b. tener éxito   (c.) renunciar a

5. Mi madre _____ su carrera como escultora.
   (a.) tuvo éxito en   b. contrató   c. entrevistó

6. ¿Cuándo obtuviste _____ más reciente?
   a. los negocios   b. la videoconferencia   (c.) el aumento de sueldo

7. Jorge llegó tarde a la _____ esta mañana.
   (a.) reunión   b. especialización   c. carrera

4 EXPANSION Play a modified version of Twenty Questions. Have a volunteer think of a profession and have the class take turns asking yes-no questions until someone guesses it correctly.

4 Ocupaciones Escoge la ocupación que corresponde a cada definición.

1. Arregla las computadoras. *la técnica*
2. Enseña a los niños. *el maestro*
3. Diseña ropa. *el diseñador*
4. Canta para el público. *la cantante*
5. Nos ayuda a iluminar nuestras casas. *la electricista*
6. Desarrolla teorías de biología, química, física, etc. *el científico*
7. Construye (*Builds*) sillas, mesas, casas y otras cosas de madera (*wood*). *la carpintera*
8. Ayuda a la gente a invertir su dinero. *el corredor de bolsa*
9. Trabaja con números y arregla las cuentas de diferentes negocios. *la contadora*
10. Combate los incendios (*fires*) que destruyen edificios y bosques. *el bombero*

el bombero	el corredor de bolsa
la cantante	el diseñador
la carpintera	la electricista
el científico	el maestro
la contadora	la técnica

5 EXPANSION Have students make a list of words or expressions they associate with these professions: **arqueólogo, contador, diseñador, cocinero.**

5 Asociaciones Escribe las profesiones que asocias con estas palabras.

1. pelo   *peluquero/a*
2. novelas   *escritor(a)*
3. emociones   *psicólogo/a/consejero/a*
4. teatro   *actor/actriz*
5. periódico   *reportero/a/escritor(a)*
6. pinturas   *pintor(a)*
7. elecciones   *político/a*
8. baile   *bailarín/bailarina*
9. leyes   *abogado/a*
10. luz artificial   *electricista*

Practice more!

WB p. 157–158

S vhlcentral.com

A conversar

6 **Conversación** Contesta las preguntas con un(a) compañero/a. *Answers will vary.*

1. ¿Te gusta tu especialización?

2. ¿Lees los anuncios de empleos en el periódico con regularidad?

3. ¿Cómo te preparas para una entrevista?

4. ¿Obtienes siempre los puestos que quieres?

5. ¿Qué características tiene un(a) buen(a) jefe/a?

6. ¿Te gustaría más un teletrabajo o un trabajo en una oficina? ¿Por qué?

7. ¿Quieres tener tu propia empresa?

8. ¿Cuál es tu carrera ideal? ¿Por qué?

9. ¿Cómo son tus compañeros de trabajo ideales?

7 **Entrevista** Trabaja con un(a) compañero/a para representar los papeles de un(a) aspirante a un puesto de trabajo y el de un(a) entrevistador(a). *Answers will vary.*

El/La entrevistador(a) debe describir...
- el empleo
- las responsabilidades
- el salario
- los beneficios.

El/La aspirante debe...
- presentar su experiencia
- obtener más información sobre el puesto.

Entonces...
- el/la entrevistador(a) debe decidir si va a contratar al/a la aspirante
- el/la aspirante debe decidir si va a aceptar el puesto.

8 **Una feria de trabajo** La clase va a organizar una feria (*fair*) de trabajo. Unos estudiantes son representantes de compañías y otros están buscando empleo. *Answers will vary.*

Representantes	Aspirantes
• Preparan carteles con el nombre de su compañía. • Escriben los puestos de trabajo que ofrecen. • Contestan las preguntas de los aspirantes y describen los puestos disponibles. • Consiguen los nombres y referencias de los aspirantes.	• Circulan por la feria de trabajo. • Hablan con tres representantes y formulan preguntas sobre los puestos que tienen. • Muestran sus referencias y sus currículums. • Escogen el puesto que les gustó más.

6 **SUGGESTION** This activity can be done in pairs or small groups in round-robin fashion. Call on students to report on their group's responses.

7 **SUGGESTION** Give students two minutes to look at the photo and brainstorm.

7 **EXPANSION** Ask volunteers to role-play their **entrevistas** for the class.

8 **SUGGESTION** Divide the class so half will play the role of **Representantes** and half will be **Aspirantes**. Give students 10 minutes to prepare their assigned roles or you may assign this preparation as homework. **Representantes** should create job announcements, and **Aspirantes** should prepare their résumés.

TEACHING OPTION Have the class do a continuous narration. One student begins: **Es mi primera entrevista para mi trabajo ideal.** The next student continues: **Tengo mi solicitud de empleo y mi currículum.** The next student continues: **Voy a la empresa y hablo con la recepcionista.** Students continue taking turns until the interview ends.

Ortografía Audio

Las letras *y*, *ll* y *h*

The letters **ll** and **y** were not pronounced alike in Old Spanish. Nowadays, however, **ll** and **y** have the same or similar pronunciations in many parts of the Spanish-speaking world. This similarity results in frequent misspellings. The letter **h**, as you already know, is silent in Spanish, and it is often difficult to know whether words should be written with or without it. Here are some of the word groups that are spelled with each letter.

| ta**lla** | s**ello** | bot**ella** | amar**illo** |

The letter **ll** is used in these endings: **–allo/a, –ello/a, –illo/a.**

| **lla**ve | **lle**ga | **llo**rar | **llu**via |

The letter **ll** is used at the beginning of words in these combinations: **lla-, lle-, llo-, llu-.**

| ca**y**endo | le**y**eron | o**y**e | inclu**y**e |

The letter **y** is used in some forms of the verbs **caer**, **leer**, and **oír**, and in verbs ending in **–uir**.

| **hiper**activo | **hosp**ital | **hipo**pótamo | **hum**or |

The letter **h** is used at the beginning of words in these combinations: **hiper-, hosp-, hidr-, hipo-, hum-.**

| **hia**to | **hie**rba | **hue**so | **hui**r |

The letter **h** is also used in words that begin with these combinations: **hia-, hie-, hue-, hui-.**

Práctica Llena los espacios con **h**, **ll** o **y**. Después escribe una frase con cada una de las palabras.

1. cuchi**ll**o
2. **h**ielo
3. cue**ll**o
4. estampi**ll**a
5. estre**ll**a
6. **h**uésped
7. destru**y**ó
8. pla**y**a

Adivinanza Aquí tienes una adivinanza (*riddle*). Intenta descubrir de qué se trata.

Una cajita chiquita, blanca como la nieve: todos la saben abrir, nadie la sabe cerrar.[1]

Pista: Es una comida.

El huevo [1]

Practice more!

LM p. 92

vhlcentral.com

Video

La entrevista de trabajo

VIDEO SYNOPSIS As the friends reflect on their professional goals and plans for the future, Felipe becomes aware of Juan Carlos and Jimena's romance. Sra. Díaz helps Miguel with a mock job interview, and Maru gets some good news.

Los chicos hablan de sus planes para el futuro. Y la Sra. Díaz prepara a Miguel para unas entrevistas de trabajo.

PERSONAJES

MARISSA

FELIPE

JIMENA

JUAN CARLOS

MIGUEL

SRA. DÍAZ

MARISSA En menos de dos meses, ya habré regresado a mi casa en Wisconsin.

FELIPE No pensé que el año terminara tan pronto.

JIMENA ¡Todavía no se ha acabado! Tengo que escribir tres ensayos.

MARISSA ¿Qué piensas hacer después de graduarte, Felipe?

JUAN CARLOS Vamos a crear una compañía de asesores de negocios.

FELIPE Les enseñaremos a las empresas a disminuir la cantidad de contaminación que producen.

MARISSA Estoy segura de que tendrán mucho éxito.

FELIPE También me gustaría viajar. Me muero por ir a visitarte a los Estados Unidos.

JIMENA Pues date prisa. Pronto estará lejos trabajando como arqueóloga.

SRA. DÍAZ Durante la entrevista, tienes que convencer al entrevistador de que tú eres el mejor candidato. ¿Estás listo para comenzar?

MIGUEL Sí.

MIGUEL Mucho gusto. Soy Miguel Ángel Lagasca Martínez.

SRA. DÍAZ Encantada, Miguel. Veamos. Hábleme sobre su trabajo en el Museo Guggenheim de Bilbao.

MIGUEL Estuve allí seis meses en una práctica.

SRA. DÍAZ ¿Cuáles son sus planes para el futuro?

MIGUEL Seguir estudiando historia del arte, especialmente la española y la latinoamericana. Me encanta el arte moderno. En el futuro, quiero trabajar en un museo y ser un pintor famoso.

A C T I V I D A D E S

1 **¿Cierto o falso?** Indica si lo que dicen las oraciones es **cierto** o **falso**. Corrige las oraciones falsas.

1. Juan Carlos y Felipe quieren crear su propia empresa. *Cierto.*
2. En el futuro, Marissa va a viajar porque va a ser psicóloga.
   Falso. En el futuro, Marissa va a viajar porque va a ser arqueóloga.
3. La Sra. Díaz ayuda a Miguel con su currículum.
   Falso. La Sra. Díaz ayuda a Miguel con sus entrevistas de trabajo.
4. Miguel quiere seguir estudiando historia del arte. *Cierto.*

2 **Identificar** Identifica quién puede decir estas oraciones.

1. Nosotros vamos a ayudar a que se reduzca la contaminación. *Felipe*
2. Me gustan los hospitales, por eso quiero ser doctora. *Jimena*
3. No imagino cómo será mi vida en el futuro. *Marissa*
4. Quiero ser un pintor famoso, como Salvador Dalí. *Miguel*
5. Lleva ese entusiasmo a la entrevista y serás el mejor candidato. *Sra. Díaz*

VIDEO RECAP Before doing this **Aventuras** section, review the previous episode with these questions: **1.** ¿Qué ruinas visitaron Marissa, Jimena, Felipe y Juan Carlos? (Visitaron Chichén Itzá.) **2.** ¿Quiénes ya habían visitado Chichén Itzá? (Felipe, Jimena, Maru y Miguel ya lo habían visitado.) **3.** ¿Qué servicios pidieron Felipe y Marissa para aliviar el estrés? (Felipe pidió un masaje y Marissa pidió un baño mineral.) **4.** ¿Qué van a hacer Jimena y Juan Carlos la próxima semana? (Van a salir.)

SUGGESTION Have students look at the **Expresiones útiles.** Point out appropriate words and explain that students will learn more about the future tense in this lesson's **Gramática** section.

MARISSA No sé cómo vaya a ser mi vida a los 30 años. Probablemente me habré ido de Wisconsin y seré arqueóloga en un país exótico.

JUAN CARLOS (*a Jimena*) Para entonces ya serás doctora.

(*Mientras tanto, en la oficina de la Sra. Díaz*)

MIGUEL Gracias por recibirme hoy.

SRA. DÍAZ De nada, Miguel. Estoy muy feliz de poder ayudarte con las entrevistas de trabajo.

SRA. DÍAZ ¿Qué te hace especial, Miguel?

MIGUEL ¿Especial?

SRA. DÍAZ Bueno. Paremos un momento. Necesitas relajarte. Vamos a caminar.

MIGUEL Estamos esperando noticias del museo. (*al teléfono*) Hola. ¿Maru? ¡Genial! (*a la Sra. Díaz*) ¡La aceptaron!

SRA. DÍAZ Felicidades. Ahora quiero que tomes ese mismo entusiasmo y lo lleves a la entrevista.

---

3 **Profesiones** Los protagonistas de **Aventuras** mencionan estas profesiones. En parejas, túrnense para identificar cada profesión. *Answers will vary.*

1. arqueólogo/a
2. doctor(a)
3. administrador(a) de empresas
4. artista
5. hombre/mujer de negocios
6. abogado/a
7. pintor(a)
8. profesor(a)

Expresiones útiles

Talking about future plans

En menos de dos meses, ya habré regresado a mi casa en Wisconsin.
In less than two months, I'll have gone back home to Wisconsin.

¿Qué piensas hacer después de graduarte?
What do you think you'll do after graduating?

Vamos a crear una compañía de asesores de negocios.
We're going to open a consulting firm.

Les enseñaremos a las empresas a disminuir la cantidad de contaminación que producen.
We'll teach businesses how to reduce the amount of pollution they produce.

No sé cómo vaya a ser mi vida a los treinta años.
I don't know what my life will be like when I am thirty.

Probablemente me habré ido de Wisconsin.
I'll probably have left Wisconsin.

Seré arqueóloga en un país exótico.
I'll be an archeologist in some exotic country.

Reactions

Estoy seguro/a de que tendrán mucho éxito.
I'm sure you'll be very successful.

¡Genial!
Great!

Additional Vocabulary

ejercer *to practice/exercise (a degree/profession)*
enterarse *to find out*
establecer *to establish*
extrañar *to miss*
por el porvenir *for/to the future*
el título *title*

Practice more!

VM pp. 199–200   vhlcentral.com

Beneficios en los empleos

¿Qué piensas si te ofrecen un trabajo que te da treinta días de vacaciones pagadas? Los beneficios laborales° en los Estados Unidos, España e Hispanoamérica son diferentes en varios sentidos°. En España, por ejemplo, los empleados tienen treinta días de vacaciones pagadas al año. Por otra parte, mientras que° en los Estados Unidos se otorga° una licencia por maternidad° de doce semanas, la ley° no especifica que sea pagada, esto depende de cada empresa. En muchos países hispanoamericanos las leyes dictan que esta licencia sea pagada. Países como Cuba y Venezuela ofrecen a las madres trabajadoras° dieciocho semanas de licencia pagada. Chile cuenta con la licencia por maternidad más larga de Suramérica: veinticuatro meses.

en las últimas décadas las cosas han cambiado en Hispanoamérica: casi todos los países han incorporado el sistema privado° de jubilación, y en muchos países podemos encontrar los dos sistemas (público y privado) funcionando al mismo tiempo, como en Colombia, Perú o Costa Rica.

beneficios laborales *job benefits* varios sentidos *many ways* mientras que *while* se otorga *is given* licencia por maternidad *maternity leave* ley *law* madres trabajadoras *working mothers* jubilación *retirement* privado *private* detallado *detailed* incluye *includes*

El currículum vitae

- El currículum vitae contiene información personal y es fundamental que sea muy detallado°. En general, mientras más páginas tenga, mejor.
- Normalmente incluye° la educación completa del aspirante, todos los trabajos que ha tenido e incluso sus gustos personales y pasatiempos.
- Puede también incluir detalles que no se suele incluir en los Estados Unidos: una foto del aspirante, su estado civil e incluso si tiene auto y de qué tipo.

DATOS PERSONALES
Nombre y apellidos: Carmelo Roca
Fecha de nacimiento: 14 de diciembre de 1983
Lugar de nacimiento: Salamanca
D.N.I.: 7685270-R
Dirección: Calle Ferraris 17, 5
37500 Salamanca
Teléfono: 923 270 118
Correo electrónico: rocac@toteline.com

FORMACIÓN ACADÉMICA
- 2007-2009 Máster en Administración y Dirección de Empresas, Universidad Autónoma de Madrid
- 2002-2007 Licenciado en Administración y Dirección de Empresas por la Universidad de Salamanca

CURSOS Y SEMINARIOS
- 2007 "Gestión y Creación de Empresas", Universidad de Córdoba

EXPERIENCIA PROFESIONAL
- 2010-2012 Contratado por dos años en la empresa RAMA, S.L., realizando tareas administrativas
- 2006-2007 Contrato de trabajo haciendo prácticas en Banco Sol

IDIOMAS
- INGLÉS Nivel alto, Título de la Escuela Oficial de Idiomas
- ITALIANO Nivel Medio

INFORMÁTICA/COMPUTACIÓN
- Conocimientos de usuario de Mac / Windows
- MS Office

Otra diferencia está en los sistemas de jubilación° de los países hispanoamericanos. Hasta la década de 1990, la mayoría de los países de Centroamérica y Suramérica tenía un sistema de jubilación público. Es decir que las personas no tenían que pagar directamente por su jubilación, sino que el Estado la administraba. Sin embargo,

ASÍ SE DICE

El trabajo

la chamba (Amér. C., Ec., Méx.);	el trabajo
el curro (Esp.);	
el laburo (Arg., Urug.);	
la pega (Bol., Chile, Cuba, Ec., Perú)	
el/la cirujano/a	*surgeon*
la huelga, el paro	*strike*
el/la niñero/a	*babysitter*
el impuesto	*tax*

ACTIVIDADES

1 **¿Cierto o falso?** Indica si lo que dicen estas oraciones es **cierto** o **falso**. Corrige la información falsa.

1. Los trabajadores de los Estados Unidos y los de España tienen beneficios laborales diferentes. *Cierto.*

2. La licencia por maternidad es igual en Hispanoamérica y los Estados Unidos. *Falso. Son diferentes.*

3. En Venezuela, la licencia por maternidad es de cuatro meses y medio. *Cierto.*

4. En España, los empleados tienen treinta días de vacaciones al año. *Cierto.*

5. Hasta 1990, muchos países hispanoamericanos tenían un sistema de jubilación privado. *Falso. La mayoría de los países hispanoamericanos tenía un sistema de jubilación público.*

6. En Perú sólo tienen sistema de jubilación privado. *Falso. En Perú tienen sistema de jubilación público y privado.*

7. En general, el currículum vitae hispano y el estadounidense tienen contenido distinto. *Cierto.*

8. En Hispanoamérica, es importante que el currículum vitae tenga pocas páginas. *Falso. Mientras más páginas tenga, mejor.*

2 **Futuro laboral** En parejas, hagan una lista con expectativas que tienen sobre su futuro como trabajadores/as y sobre el trabajo que quieren tener. Luego, respondan estas preguntas: ¿Conocen bien las reglas para conseguir un trabajo? ¿Les gustan? ¿Les disgustan? Presenten sus ideas ante la clase para un debate.

CONEXIÓN INTERNET

¿Qué tipo de trabajo voluntario se puede realizar en Latinoamérica?

For more information about this **Cultura**, go to **vhlcentral.com**.

  Video

El mundo del trabajo

1 **Preparación** ¿Trabajas? ¿Cuáles son tus metas (*goals*) profesionales?

2 **El video** Mira el episodio de **Flash Cultura**.

Vocabulario

el desarrollo	*development*	**promover**	*to promote*
el horario	*schedule*	**las ventas**	*sales*

Gabriela, ¿qué es lo más difícil de ser una mujer policía?

Nuestra principal estrategia de ventas es promover nuestra naturaleza…

3 **Escoger** Escoge la opción correcta de cada par de afirmaciones.

1. A. Todos los ecuatorianos que trabajan en Ecuador son muy felices en su trabajo.

B. En Ecuador, como en todos los países del mundo, hay personas que aman su trabajo y hay otras que lo odian.

2. A. El objetivo principal de la agencia Klein Tours es mostrar al mundo las maravillas de Ecuador.

B. La agencia de viajes Klein Tours quiere mostrar al mundo que tiene los empleados más fieles y profesionales de toda Latinoamérica.

Practice more!

| VM pp. 231–232 | vhlcentral.com |

16.1 The future tense

 Tutorial

▸ You have already learned how to use **ir a** + [*infinitive*] to express the near future. You will now learn the future tense. Compare these different ways of expressing the future in Spanish.

Present indicative
Voy al cine mañana.
I'm going to the movies tomorrow.

Present subjunctive
Ojalá **vaya al cine** mañana.
I hope I will go to the movies tomorrow.

ir a + infinitive
Voy a ir al cine.
I'm going to go to the movies.

Future
Iré al cine.
I will go to the movies.

Future tense of regular verbs

	estudiar	aprender	recibir
yo	estudiar**é**	aprender**é**	recibir**é**
tú	estudiar**ás**	aprender**ás**	recibir**ás**
Ud./él/ella	estudiar**á**	aprender**á**	recibir**á**
nosotros/as	estudiar**emos**	aprender**emos**	recibir**emos**
vosotros/as	estudiar**éis**	aprender**éis**	recibir**éis**
Uds./ellos/ellas	estudiar**án**	aprender**án**	recibir**án**

¡ojo! All the forms of the future tense have written accents, except the **nosotros/as** form.

▸ In Spanish, the future tense consists of one word, whereas in English it is made up of the auxiliary verb *will* or *shall* and the main verb.

¿Cuándo **recibirás** el ascenso?
When will you receive the promotion?

Mañana **aprenderemos** más.
Tomorrow we will learn more.

▸ The future endings are the same for all verbs. For regular verbs, add the endings to the infinitive. For irregular verbs, add the endings to the irregular stem.

Irregular verbs in the future

INFINITIVE	STEM	FUTURE FORMS
decir	dir-	diré
hacer	har-	haré
poder	podr-	podré
poner	pondr-	pondré
querer	querr-	querré
saber	sabr-	sabré
salir	saldr-	saldré
tener	tendr-	tendré
venir	vendr-	vendré

Práctica

1 **Planes** Celia está hablando de sus planes. Repite lo que dice, usando el tiempo futuro.

> **modelo**
> Voy a consultar un diccionario en la biblioteca.
> *Consultaré un diccionario en la biblioteca.*

1. Julián me va a decir dónde puedo buscar trabajo.
   Me dirá…
2. Voy a buscar un puesto que ofrezca ascensos.
   Buscaré…
3. Álvaro y yo nos vamos a casar pronto.
   Nos casaremos…
4. Voy a obtener un puesto en mi especialización.
   Obtendré…
5. Mis amigos van a intentar (*try*) obtener un teletrabajo. *Intentarán…*

2 **En el futuro** Mario habla de sus planes para el futuro y de los planes de algunos amigos y parientes suyos. Forma oraciones con los elementos dados, usando el tiempo futuro.

1. Yo / estudiar / para / exámenes finales / mañana
   Estudiaré para mis exámenes finales mañana.
2. Yo / tener / entrevista de trabajo / en una semana
   Tendré una entrevista de trabajo en una semana.
3. La próxima semana / mis tíos / poner / anuncio para buscar un empleado
   La próxima semana, mis tíos pondrán un anuncio para buscar un empleado.
4. Pronto / mi hermana / dejar / puesto de cocinera
   Pronto mi hermana dejará su puesto de cocinera.
5. Mis padres / tener mucho éxito / como políticos
   Mis padres tendrán mucho éxito como políticos.
6. Mis amigos y yo / tener / puestos interesantes
   Mis amigos y yo tendremos puestos interesantes.

3 **Preguntas** En parejas, túrnense para hablar del puesto que prefieren y por qué, basándose en los anuncios. Usen las preguntas como guía y hagan también sus propias preguntas. *Answers will vary.*

SE BUSCA DIRECTOR de mercadeo para empresa privada. Mínimo de 5 años de experiencia en turismo y conexiones con INTUR (Instituto Nicaragüense de Turismo) y ANTUR (Asociación Nicaragüense de Turismo Receptivo). Debe hablar inglés, español y alemán. Salario anual: 306,000 córdobas. Horario flexible. Buenos beneficios. Envíe currículum por fax al 492-38-67.

MUEBLERÍA MANAGUA busca carpintero/a. Experiencia en fabricación de muebles finos. Horario: lunes a viernes de 7:30 a 11:30 y de 1:30 a 5:30. Sueldo semanal: 462 córdobas (y beneficios). Comenzará inmediatamente. Solicite en persona: Calle El Lago, Managua.

1. ¿Cuál será tu trabajo?
2. ¿Qué harás?
3. ¿Cuánto te pagarán?
4. ¿Te ofrecerán beneficios?
5. ¿Qué horario tendrás?
6. ¿Crees que te gustará? ¿Por qué?
7. ¿Cuándo comenzarás a trabajar?
8. ¿Qué crees que aprenderás?

Conversación

4 **Conversar** Tú y tu compañero/a viajarán a la República Dominicana por siete días. En parejas, indiquen lo que harán y no harán. Digan dónde, cómo, con quién o cuándo lo harán, usando el anuncio como guía. Pueden usar sus propias ideas también. *Answers will vary.*

modelo

Estudiante 1: ¿Qué haremos el martes?
Estudiante 2: Visitaremos el Jardín Botánico.
Estudiante 1: Pues, tú visitarás el Jardín Botánico y yo caminaré por el Mercado Modelo.

¡Bienvenido a la República Dominicana!

Se divertirá desde el momento en que llegue al **Aeropuerto Internacional de las Américas**.

- Visite la ciudad colonial de **Santo Domingo** con su interesante arquitectura.
- Vaya al **Jardín Botánico** y disfrute de nuestra abundante naturaleza.
- En el **Mercado Modelo** no va a poder resistir la tentación de comprar artesanías.
- No deje de escalar el **Pico Duarte** (se recomiendan 3 días).
- ¿Le gusta bucear? **Cabarete** tiene todo el equipo que usted necesita.
- ¿Desea nadar? **Punta Cana** le ofrece hermosas playas.

Una empresa privada En grupos pequeños, hagan planes para formar una empresa privada. Usen las preguntas como guía. Después presenten su plan a la clase. *Answers will vary.*

1. ¿Cómo se llamará y qué tipo de empresa será?
2. ¿Cuántos empleados tendrá y cuáles serán sus oficios?
3. ¿Qué tipo de beneficios se ofrecerán?
4. ¿Quién será el/la gerente y quién será el/la jefe/a?
5. ¿Permitirá su empresa el teletrabajo? ¿Por qué?
6. ¿Qué se hará para que los empleados no dejen el trabajo?
7. ¿Dónde pondrán anuncios para buscar empleados?
8. ¿Qué harán los gerentes para que la empresa tenga éxito?
9. ¿Quiénes serán sus principales competidores?
10. ¿Dónde estará ubicada (*located*) la sede (*head office*)?

Predicciones En grupos pequeños, especulen sobre lo que ocurrirá en estos años: 2020, 2050 y 2080. Usen su imaginación. Luego compartan sus predicciones con la clase. *Answers will vary.*

Practice more!

| WB pp. 159–160 | LM p. 93 | vhlcentral.com |

¡ojo! The future of **hay** (*inf.* **haber**) is **habrá** (*there will be*).

La próxima semana **habrá** dos reuniones.
Next week there will be two meetings.

Habrá muchos gerentes en la conferencia.
There will be many managers at the conference.

▶ Although the English verb *will* can refer to future time, it also refers to someone's willingness to do something. In this case, Spanish uses **querer** + [*infinitive*].

¿**Quieres llamarme**, por favor?
Will you please call me?

¿**Quieren ustedes escucharnos**, por favor?
Will you please listen to us?

▶ English sentences involving expressions such as *I wonder, I bet, must be, may, might,* and *probably* are often conveyed in Spanish using the future of probability. This use of the future tense expresses conjecture about *present* conditions, events, or actions.

—¿Dónde **estarán** mis llaves?
I wonder where my keys are?

—**Estarán** en la cocina.
They're probably in the kitchen.

—¿Qué hora **será**?
What time can it be? (I wonder what time it is?)

—**Serán** las once o las doce.
It must be (It's probably) eleven or twelve.

▶ The future may be used in the main clause of sentences in which the present subjunctive follows a conjunction of time such as **cuando, después (de) que, en cuanto, hasta que,** and **tan pronto como**.

Cuando llegues a la oficina, **hablaremos**.
When you arrive at the office, we will talk.

Saldremos tan pronto como termine su trabajo.
We will leave as soon as you finish your work.

Después de que obtengas el ascenso, te **invitaré** a cenar.
After you get the promotion, I'll invite you to dinner.

Hasta que contrate otro empleado, el jefe **tendrá** que hacer el trabajo.
Until he hires another employee, the boss will have to do the work.

¡Manos a la obra!

Conjuga los verbos indicados en futuro.

1. yo [dejar, correr, invertir] _____ dejaré, correré, invertiré
2. tú [renunciar, beber, vivir] _____ renunciarás, beberás, vivirás
3. Lola [hacer, poner, venir] _____ hará, pondrá, vendrá
4. nosotros [tener, decir, querer] _____ tendremos, diremos, querremos
5. ustedes [ir, ser, estar] _____ irán, serán, estarán
6. usted [solicitar, comer, repetir] _____ solicitará, comerá, repetirá
7. yo [saber, salir, poder] _____ sabré, saldré, podré
8. tú [encontrar, jugar, servir] _____ encontrarás, jugarás, servirás

16.2 The conditional tense

S Tutorial

comparisons

▶ The conditional tense in Spanish expresses what you *would do* or what *would happen* under certain circumstances. In Lesson 7, you learned the polite expression **me gustaría…** (*I would like…*), which uses a conditional form of **gustar**.

The conditional tense

	visitar	comer	aplaudir
yo	visitaría	comería	aplaudiría
tú	visitarías	comerías	aplaudirías
Ud./él/ella	visitaría	comería	aplaudiría
nosotros/as	visitaríamos	comeríamos	aplaudiríamos
vosotros/as	visitaríais	comeríais	aplaudiríais
Uds./ellos/ellas	visitarían	comerían	aplaudirían

▶ The conditional endings are the same for all verbs and all forms carry a written accent. For regular verbs, add the endings to the infinitive. For irregular verbs, add the endings to the irregular stem.

INFINITIVE	STEM	CONDITIONAL
decir	dir-	diría
haber	habr-	habría
hacer	har-	haría
poder	podr-	podría
poner	pondr-	pondría
querer	querr-	querría
saber	sabr-	sabría
salir	saldr-	saldría
tener	tendr-	tendría
venir	vendr-	vendría

¡ojo! The conditional form of **hay** is **habría** (*there would be*).

▶ While in English the conditional is made up of the auxiliary verb *would* and a main verb, in Spanish it consists of one word.

Este aspirante **sería** perfecto para el puesto.
This candidate would be perfect for the job.

¿**Vivirían** ustedes en otro país por un trabajo?
Would you live in another country for a job?

Querría un puesto con un buen salario.
I would like a job with a good salary.

Ganarían más en otra compañía.
They would earn more at another company.

Práctica

1 **Un viaje** A la empresa Informática al día le gustaría tener una conferencia en Puerto Rico. En estas oraciones, los empleados nos cuentan cuáles serían sus planes de viaje. Complétalas con el condicional del verbo indicado.

1. Me ____gustaría____ [gustar] llegar unos días antes de la conferencia para viajar.

2. Ana y Rubén ____saldrían____ [salir] primero a la playa para descansar.

3. Yo ____diría____ [decir] que fuéramos a San Juan porque es una ciudad muy divertida.

4. Nosotras ____preferiríamos____ [preferir] tener las reuniones por la mañana. Así, por la tarde ____podríamos____ [poder] visitar la ciudad.

5. Y nosotros ____visitaríamos____ [visitar] la zona comercial de la ciudad. Y tú, Luisa, ¿qué ____harías____ [hacer]?

6. Estamos seguros de que el jefe ____tendría____ [tener] interés en hacer una videoconferencia. En el fin de semana él ____visitaría____ [visitar] los museos.

2 **Preguntas** Forma preguntas con estos elementos. Luego inventa las respuestas. Usa el condicional. *Answers will vary.*

modelo

hacer (ustedes) / videoconferencia / con / empresa de Chile

—¿**Harían** ustedes una videoconferencia con una empresa de Chile?
—Sí, **haríamos** una videoconferencia con una empresa de Chile.

1. contratar (tú) / un miembro de tu familia / para / puesto nuevo

2. invertir (ellos) / dinero / en / compañía nueva

3. solicitar (ella) / trabajo / de abogado

4. renunciar (tú) / puesto / por otro trabajo con mejores beneficios

5. tener (nosotros) / dinero / para empezar / empresa privada

3 **Sugerencias** Beatriz busca trabajo. Dile ocho cosas que tú harías si fueras (*if you were*) ella. Usa el condicional. Luego compara tus sugerencias con un(a) compañero/a. *Answers will vary.*

Conversación

4 **En tu lugar…** Lee las situaciones. Responde con lo que harías en esta situación usando la frase **Yo en tu lugar…** (*If I were you…*). Después, compara tus ideas con las de un(a) compañero/a. *Answers will vary.*

modelo

Me encanta mi puesto, pero mi jefe nunca me deja hablar.

Estudiante 1: Me encanta mi puesto, pero mi jefe nunca me deja hablar.

Estudiante 2: Pues, yo en tu lugar, hablaría con mi jefe sobre este problema.

1. El año pasado escogí la contabilidad como mi especialización, pero ahora he descubierto que no me gusta trabajar con números todo el día. Si cambio, mis padres quizás se enojen.

2. Me ofrecen un puesto interesantísimo, con un buen sueldo y excelentes beneficios, pero tiene un horario horrible. No volveré a ver a mis amigos jamás.

3. Mi peluquero es maravilloso, pero se va de viaje por dos meses a San Juan. Los otros peluqueros que trabajan en su salón no me gustan. Y tengo que hacer varias presentaciones públicas para mi empresa durante esos dos meses.

5 **¿Qué harías?** Quieres saber qué harían tus compañeros/as por un millón de dólares. Escribe siete preguntas usando el tiempo condicional. Circula por la clase y hazles las preguntas a tus compañeros/as. Anota las respuestas e informa a la clase de los resultados de la encuesta. *Answers will vary.*

modelo

Estudiante 1: ¿Trabajarías como cantante en Las Vegas?
Estudiante 2: Sí, lo haría. Sería un puesto muy interesante.

Actividades	Nombre de compañero/a
_____	_____
_____	_____
_____	_____
_____	_____
_____	_____
_____	_____

Practice more!

WB pp. 161–162	LM p. 94	vhlcentral.com

Uses of the conditional

▶ The conditional is commonly used to make polite requests.

¿Podrías llamar al gerente, por favor?
Would you call the manager, please?

¿Sería tan amable de venir ahora?
Would you be so kind as to come now?

▶ In both Spanish and English, the conditional expresses the future in relation to a past action or state of being. The future indicates what *will happen,* whereas the conditional indicates what *would happen.* The future tense is often used if the main verb is in the present tense. The conditional is often used if the main verb is in one of the past tenses.

Creo que mañana **hará** sol.
I think it will be sunny tomorrow.

Creía que hoy **haría** sol.
I thought it would be sunny today.

▶ The English *would* can also mean *used to,* in the sense of past habitual action. To express past habitual actions, Spanish uses the imperfect.

Íbamos al parque los sábados.
We would go to the park on Saturdays.

De adolescentes, **comíamos** mucho.
As teenagers, we used to eat a lot.

▶ English sentences involving expressions such as *I wondered if, probably,* and *must have been* are often conveyed in Spanish using the conditional of probability. This use of the conditional expresses conjecture or probability about *past* conditions, events, or actions.

Serían las nueve cuando el jefe me llamó.
It must have been (It was probably) 9 o'clock when the boss called me.

Sonó el teléfono. **¿Llamaría** Tina para cancelar nuestra cita?
The phone rang. I wondered if it was Tina calling to cancel our date.

Sin ti, no sé qué haría.

Sólo tú sabes ordenar mi vida.

Computadoras de Bolsillo Vargas   MM-3000

¡Manos a la obra!

Indica la forma apropiada del condicional de estos verbos.

1. yo [escuchar, leer, escribir] _____ escucharía, leería, escribiría
2. tú [invertir, comprender, compartir] invertirías, comprenderías, compartirías
3. Marcos [poner, venir, querer] _____ pondría, vendría, querría
4. nosotras [ser, saber, ir] _____ seríamos, sabríamos, iríamos
5. ustedes [presentar, deber, despedir] presentarían, deberían, despedirían
6. ella [salir, poder, hacer] _____ saldría, podría, haría
7. yo [tener, tocar, acostarse] _____ tendría, tocaría, me acostaría
8. tú [decir, ver, renunciar] _____ dirías, verías, renunciarías

16.3 The past subjunctive Tutorial

▶ The past subjunctive (**el pretérito imperfecto de subjuntivo**) is also called the imperfect subjunctive. Like the present subjunctive, it is used mainly in multiple-clause sentences that express will, influence, emotion, commands, indefiniteness, and non-existence.

The past subjunctive

	estudiar	aprender	recibir
yo	estudiara	aprendiera	recibiera
tú	estudiaras	aprendieras	recibieras
Ud./él/ella	estudiara	aprendiera	recibiera
nosotros/as	estudiáramos	aprendiéramos	recibiéramos
vosotros/as	estudiarais	aprendierais	recibierais
Uds./ellos/ellas	estudiaran	aprendieran	recibieran

¡ojo! The past subjunctive endings are the same for all verbs. Also, note that the **nosotros/as** form always has a written accent.

▶ For *all* verbs, the past subjunctive is formed with the **Uds./ellos/ellas** form of the preterite. By dropping the **–ron** ending, you establish the stem for all the past subjunctive forms. You then add the past subjunctive endings.

INFINITIVE	PRETERITE FORM	STEM	PAST SUBJUNCTIVE
hablar	ellos hablaron	habla-	hablara, hablaras, habláramos
beber	ellos bebieron	bebie-	bebiera, bebieras, bebiéramos
escribir	ellos escribieron	escribie-	escribiera, escribieras, escribiéramos

▶ For verbs with irregular preterites, add the past subjunctive endings to the irregular stem.

INFINITIVE	PRETERITE FORM	STEM	PAST SUBJUNCTIVE
dar	dieron	die-	diera, dieras, diéramos
decir	dijeron	dije-	dijera, dijeras, dijéramos
estar	estuvieron	estuvie-	estuviera, estuvieras, estuviéramos
hacer	hicieron	hicie-	hiciera, hicieras, hiciéramos
ir/ser	fueron	fue-	fuera, fueras, fuéramos
poder	pudieron	pudie-	pudiera, pudieras, pudiéramos
poner	pusieron	pusie-	pusiera, pusieras, pusiéramos
querer	quisieron	quisie-	quisiera, quisieras, quisiéramos
saber	supieron	supie-	supiera, supieras, supiéramos
tener	tuvieron	tuvie-	tuviera, tuvieras, tuviéramos
venir	vinieron	vinie-	viniera, vinieras, viniéramos

Práctica

1 Conversaciones Completa los minidiálogos con el pretérito imperfecto de subjuntivo de los verbos.

PACO ¿Qué le dijo el consejero a Andrés? Quisiera saberlo.

JULIA Le aconsejó que (1) _dejara_ [dejar] los estudios de arte y que (2) _estudiara_ [estudiar] una carrera que (3) _pagara_ [pagar] mejor.

PACO Siempre el dinero. ¿No se enojó Andrés de que le (4) _aconsejara_ [aconsejar] eso?

JULIA Sí, y le dijo que no creía que ninguna carrera le (5) _fuera_ [ir] a gustar más.

• • •

EVA Qué lástima que ellos no te (6) _ofrecieran_ [ofrecer] el puesto de gerente.

LUIS Querían a alguien que (7) _tuviera_ [tener] más experiencia.

EVA Pero, ¿cómo? ¿No te molestó que te (8) _dijeran_ [decir] eso?

LUIS No, porque les gustó mucho mi currículum. Me pidieron que (9) _volviera_ [volver] en un año y (10) _solicitara_ [solicitar] el puesto otra vez.

• • •

CARLA Cuánto me alegró que tus hijas (11) _vinieran_ [venir] ayer a visitarte. ¿Cuándo se van?

ANA Bueno, yo esperaba que (12) _se quedaran_ [quedarse] dos semanas, pero no pueden. Ojalá (13) _pudieran_ [poder]. Hace muchísimo tiempo que no las veo.

2 Transformar Cambia las oraciones al pasado. Sigue el modelo. *Answers will vary. Suggested answers:*

modelo

Temo que Juanita no consiga el trabajo.
Temía que Juanita no consiguiera el trabajo.

1. Esperamos que Miguel no renuncie.
   Esperábamos que Miguel no renunciara.
2. No hay nadie que responda al anuncio.
   No había nadie que respondiera al anuncio.
3. Me sorprende que ellos no inviertan su dinero.
   Me sorprendía que ellos no invirtieran su dinero.
4. Te piden que no llegues tarde a la oficina.
   Te pidieron que no llegaras tarde a la oficina.
5. Juan quiere que Marta tome el puesto de contadora.
   Juan quería que Marta tomara el puesto de contadora.
6. Siento mucho que no tengas éxito en el trabajo.
   Sentía mucho que no tuvieras éxito en el trabajo.
7. Quiero que te entrevistes con esta compañía.
   Quería que te entrevistaras con esta compañía.
8. Temen que usted no firme el contrato esta mañana.
   Temían que usted no firmara el contrato esta mañana.

Conversación

 3 **Preguntas** Con un(a) compañero/a, contesten las preguntas. *Answers will vary.*

1. De pequeño/a, ¿qué querías que hicieran tus padres?

2. Cuando eras niño/a, ¿esperaban tus padres que trabajaras en una profesión específica?

3. ¿Dudaban tus profesores que tú pudieras llegar a ser lo que querías?

4. ¿Insistían tus padres en que fueras a la universidad? ¿Insistían en otras cosas?

5. ¿Qué te aconsejaron tus amigos que hicieras para tener éxito?

6. ¿Cuál esperabas que fuera tu profesión?

 Minidiálogos Trabajen en parejas. Uno/a de ustedes ha comprado una casa; la otra persona es el/la gerente de la empresa responsable de las reformas (*improvements*) de la casa. El/La cliente/a llama al/a la gerente para quejarse (*to complain*). Usen estas palabras y el modelo como guía. *Answers will vary.*

modelo   el/la técnico/a / conectar / módem

Estudiante 1: Le pedí al técnico que conectara el módem, pero todavía no ha venido.

Estudiante 2: No se preocupe. Yo también le pedí al técnico que fuera a su casa.

1. el/la electricista / poner / electricidad
2. el/la carpintero/a / construir / balcón
3. el/la diseñador(a) / escoger / muebles
4. el/la pintor(a) / pintar / paredes

 Situación Claudia dejó su puesto por la forma en que le hablaba el gerente, por el aumento que les dieron a otros empleados (¡pero no a ella!) y por el horario que no le permitía seguir con sus clases. Con un(a) compañero/a, prepara una conversación entre Claudia y el gerente. *Answers will vary.*

modelo

Estudiante 1: No estoy contenta. No me dieron un aumento de sueldo.

Estudiante 2: ¿Quería usted que le diéramos un aumento? ¡No lo sabía!

Practice more!

WB pp. 163–164	LM p. 95	vhlcentral.com

Past subjunctive of stem-changing verbs

▶ **–Ir** stem-changing verbs and other verbs with spelling changes follow a similar process to form the past subjunctive.

INFINITIVE	PRETERITE FORM	STEM	PAST SUBJUNCTIVE
preferir	prefirie**ron**	prefirie-	prefirie**ra**, prefirie**ras**, prefirié**ramos**
repetir	repitie**ron**	repitie-	repitie**ra**, repitie**ras**, repitié**ramos**
dormir	durmie**ron**	durmie-	durmie**ra**, durmie**ras**, durmié**ramos**
conducir	conduje**ron**	conduje-	conduje**ra**, conduje**ras**, condujé**ramos**
creer	creye**ron**	creye-	creye**ra**, creye**ras**, creyé**ramos**
destruir	destruye**ron**	destruye-	destruye**ra**, destruye**ras**, destruyé**ramos**
oír	oye**ron**	oye-	oye**ra**, oye**ras**, oyé**ramos**

Cuando llegaste, no creí que tuviéramos muchas cosas en común.

Me sorprendió que el año terminara tan pronto.

▶ The past subjunctive is used in the same contexts and situations as the present subjunctive, except that it generally describes actions, events, or conditions that have already happened. The verb in the main clause is usually in the preterite or the imperfect.

Me pidieron que no **llegara** tarde.
They asked me not to arrive late.

Ellos querían que yo les **escribiera**.
They wanted me to write to them.

¡ojo! **Quisiera** is often used to make polite requests.

Quisiera hablar con Marco.
I would like to speak to Marco.

¿**Quisiera** usted algo más?
Would you like anything else?

¡Manos a la obra!

Completa estas oraciones con el pretérito imperfecto de subjuntivo.

1. Quería que tú ___*vinieras*___ [venir] más temprano.
2. Esperábamos que ustedes ___*hablaran*___ [hablar] mucho más en la reunión.
3. No creían que yo ___*pudiera*___ [poder] hacerlo.
4. Se opuso a que nosotros ___*invirtiéramos*___ [invertir] el dinero ayer.
5. Sentí mucho que usted no ___*estuviera*___ [estar] con nosotros anoche.
6. No era necesario que ellas ___*hicieran*___ [hacer] todo.
7. Me pareció increíble que tú ___*supieras*___ [saber] dónde encontrarlo.
8. No hubo nadie que ___*creyera*___ [creer] tu historia.
9. Mis padres insistieron en que yo ___*fuera*___ [ir] a la universidad.
10. Queríamos salir antes de que ustedes ___*llegaran*___ [llegar].

A repasar

16.1 The future tense

1 Los detalles del trabajo ¡Felicidades! Obtuviste el empleo que querías. Completa el diálogo con tu nuevo jefe sobre los detalles de tu próximo trabajo. Usa el tiempo futuro.

TÚ Gracias por ofrecerme el puesto de contador. ¿Cuándo _empezaré_ (empezar) a trabajar?
JEFE _Answer will vary._

TÚ ¿Cuántos días de vacaciones _tendré_ (tener) al año?
JEFE _Answer will vary._

TÚ ¿Cuándo _obtendré_ (obtener) un aumento de sueldo?
JEFE _Answer will vary._

TÚ ¿Cuáles _serán_ (ser) mis beneficios?
JEFE _Answer will vary._

TÚ ¿_Podré_ (Poder) tener una computadora?
JEFE _Answer will vary._

TÚ ¿Dónde _estará_ (estar) mi oficina?
JEFE _Answer will vary._

2 ¿Qué ocurrirá...? Completa estas frases de una manera lógica usando el tiempo futuro. _Answers will vary._

modelo En cuanto Javier termine su especialización, él...
obtendrá un ascenso.

1. Tan pronto como nos graduemos, nosotros...
2. Después de que el gerente me entreviste, yo...
3. En cuanto Eva llene la solicitud de trabajo, ella...
4. Hasta que obtengan un aumento de sueldo, ellos...
5. Cuando contratemos a una secretaria, ustedes...
6. Después de que te expliquen los beneficios del puesto, tú...

3 ¿Cuál será su profesión? En parejas, utilicen el futuro de probabilidad para hacerse preguntas y responder sobre la profesión que creen que tienen las personas. _Answers will vary._

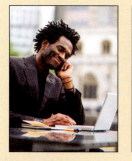

modelo Estudiante 1: ¿Trabajará este hombre en un banco?
Estudiante 2: Creo que sí. ¿Cuántas horas trabajará?

16.2 The conditional tense

4 El gerente dijo que... Tu empresa contrató a un gerente nuevo. Lee el discurso que dio en su primer día de trabajo. Después, cuéntale a tu novio/a lo que dijo el gerente, usando el condicional.

"Habrá muchos cambios en la empresa. Mejoraré los beneficios de los trabajadores, pero no aumentaré los sueldos. Despediré a los empleados perezosos (_lazy_). Tendremos una reunión todos los lunes a las siete de la mañana. Y juntos, solucionaremos los problemas de la compañía. ¡Será un buen año!"

modelo El gerente nuevo dijo que habría muchos cambios en la empresa...

5 Peticiones En parejas, túrnense para hacer preguntas y responder con la información indicada. Usen **¿Podrías...?, ¿Serías tan amable de...?** y **por favor** en sus preguntas. Contesten en forma negativa a cada petición (_request_). _Answers will vary._

modelo darme información acerca del puesto

Estudiante 1: ¿Podrías darme información acerca del puesto, por favor?
Estudiante 2: Te la daría, pero no puedo. El gerente hablará contigo.

1. explicarme mis beneficios
2. ayudarme a escribir mi currículum
3. enviarme una solicitud de trabajo
4. decirme el sueldo que ofrecen
5. hablarnos de tu experiencia profesional
6. venir a una entrevista
7. decirme qué hora es
8. contratarme lo antes posible
9. organizar una teleconferencia
10. entrevistar al aspirante a contador

6 Situaciones En parejas, túrnense para decir qué harían en estas situaciones. _Answers will vary._

• Estás perdido/a en un país donde no hablan tu lengua. Es de noche y tu automóvil está descompuesto.
• Tu computadora no funciona y tienes que imprimir un trabajo final. Son las once de la noche y tienes que dárselo a tu profesor a las ocho de la mañana.
• Hoy es el cumpleaños de tu novio/a, pero se te olvidó. No le compraste ningún regalo.
• Estás en un restaurante y llega Javier Bardem a cenar. Se sienta en una mesa cerca de ti.

Practice more at **vhlcentral.com**.

16.3 The past subjunctive

7 Reacciones Tu hermano y tú son cantantes famosos. Pero en el pasado, su familia y sus amigos les decían que siguieran otra profesión. Escribe las reacciones que tenían. *Answers will vary.*

A mis padres les molestaba mucho que	(no) escoger la profesión de cantantes
Mis mejores amigos nos insistían en que	(no) ser arquitectos
A mi abuelo le sorprendía siempre que	(no) tener éxito
Mi novia nos sugería que	(no) aprender a cantar
Los maestros nos recomendaban que	(no) ganar mucho dinero
Ustedes se alegraban de que	(no) hacer el ridículo
Tú nos decías que era muy difícil que	(no) estudiar otra especialización

8 Películas En grupos de tres, escriban sobre una película, usando el pretérito imperfecto de subjuntivo. Después, lean sus composiciones a la clase para que ellos adivinen el nombre de la película. *Answers will vary.*

> **modelo**
> Willy no quería que nadie entrara a su empresa. Le daba miedo que alguien robara su receta para hacer chocolates. Por eso, contrataba a gente pequeña para que manejaran las máquinas. Un día, decidió invitar a cinco niños a que visitaran su fábrica... (*Charlie and the Chocolate Factory*)

Síntesis

9 Cambio de profesión Con un(a) compañero/a, preparen una conversación entre un(a) psicólogo/a y un(a) cocinero/a que no está contento/a con su profesión. El/La psicólogo/a escucha a la persona hablar sobre su vida y después recomienda futuras acciones. Incluyan esta información en su conversación. Luego preséntenla a la clase. *Answers will vary.*

- ¿Que profesión querían tus padres que tú siguieras?
- ¿Qué especialización querías estudiar?
- ¿Cambiarías de profesión en este momento?
- ¿Cómo te sentirías si cambiaras de empleo?
- ¿Qué acciones recomienda el/la psicólogo/a para que esta persona sea más feliz?
- ¿Qué va a hacer el/la cocinero/a para encontrar una nueva ocupación?

Videoclip · **Video**

1 Preparación ¿Qué sabes de El Salvador? Haz una lista de cinco elementos que esperas ver en un video sobre El Salvador.

2 El clip Mira el reportaje **Turismo a Suchitoto**.

Vocabulario	
aislado *isolated*	**las artesanías** *crafts*
complacer *to please*	**desarrollo** *development*

¿Cuál es el atractivo que tiene para usted el pueblo?

Y es que la estrategia en Suchitoto no es complacer al turista, sino permitir la expresión cultural para atraer a los turistas.

3 ¿Cierto o falso? Indica si estas oraciones son **ciertas** o **falsas**.

1. Suchitoto fue casi destruido durante la guerra civil. *Falso*
2. El turismo en Suchitoto se centra en el patrimonio cultural. *Cierto*
3. Las artesanías son importantes en la economía de Suchitoto. *Cierto*
4. El gobierno no participa en el desarrollo de Suchitoto. *Falso*

4 Turismo En parejas, conversen sobre estas preguntas: ¿Cómo puede ayudar el turismo a una comunidad? ¿Qué trabajos crea? ¿Crea problemas también?

Ampliación

1 Escuchar

A Escucha la entrevista de la señora Sánchez y Rafael Ventura Romero. Antes de escucharla, prepara una lista de la información que esperas oír, según tu conocimiento previo (*prior knowledge*) del tema.

> **TIP** **Use background knowledge. / Listen for specific information.** Knowing the subject of what you are going to hear will help you use your background knowledge to anticipate words and phrases that you are likely to hear, and to determine important information that you should listen for.

Llena el formulario con la información necesaria. Si no oyes un dato (*piece of information*) que necesitas, escribe *Buscar en el currículum*. ¿Oíste toda la información de tu lista?

Puesto solicitado *contador (general)*

Nombre y apellidos del solicitante *Rafael Ventura Romero*

Dirección *Buscar en el currículum* **Tel.** *Buscar en el currículum*

Educación *Universidad Politécnica de Nicaragua*

Experiencia profesional: Puesto *contador*

Empresa *Dulces González*

¿Cuánto tiempo? *3 años durante las vacaciones de la universidad*

Referencias:

Nombre *Héctor Cruz*

Dirección *Buscar en el currículum* Tel. *Buscar en el currículum*

Nombre *Prof. Armando Carreño*

Dirección *Buscar en el currículum* Tel. *Buscar en el currículum*

B ¿Cómo sabes si los resultados de la entrevista han sido positivos para Rafael Ventura?
Los resultados fueron positivos porque la jefa quiere que él empiece a trabajar antes de que se gradúe.

2 Conversar

Con un(a) compañero/a, conversen sobre sus planes para el futuro. Incluyan esta información en su conversación. *Answers will vary.*

- ¿Qué profesión u oficio seguirás en el futuro?
- ¿Por qué te interesa esta carrera?
- ¿En qué compañía te gustaría trabajar?
- ¿Te gustaría tener un teletrabajo?
- ¿Qué se necesita hacer para tener éxito?
- ¿Te mudarías de país por un puesto excelente?

① SCRIPT

Sra. Sánchez: Buenos días. Usted es Rafael Ventura Romero, ¿no? Soy la señora Sánchez, la jefa de esta compañía. Siéntese, por favor.

Rafael Ventura: Buenos días, señora. Estoy muy agradecido de tener esta oportunidad de hablar con usted hoy. **S:** Veo aquí que está solicitando el puesto de contador general. ¿Qué preparación tiene usted?

V: En diciembre me gradúo de contador en la Universidad Politécnica de Nicaragua. Durante los últimos tres años he trabajado en Dulces González aquí en Managua como contador durante las vacaciones. Es la carrera que siempre he querido y sé que voy a tener éxito si usted me da la oportunidad. **S:** ¿Tiene usted algunas referencias?

V: Sí, señora. El gerente de la empresa donde he trabajado, el señor Héctor Cruz y también el profesor Armando Carreño de la Facultad de Contaduría Pública y Finanzas. Los teléfonos y direcciones están apuntados en el currículum.

S: Muy bien. Este puesto comienza con un salario mensual de 25.812 córdobas. Pagamos quincenal. Después de seis meses tiene la posibilidad de un aumento de sueldo. Ofrecemos beneficios excelentes. El horario es de 8:30 a 12:00 y de 2:00 a 6:00. ¿Está interesado? **V:** Estoy sumamente interesado.

S: Pues, necesito unos días para comunicarme con las personas que usted ha dado de referencia. Si todo sale bien, lo llamaré antes del viernes. ¿Cuándo está dispuesto a comenzar a trabajar? Necesito a alguien lo más pronto posible. **V:** No me gradúo hasta el 15 de diciembre. Pero puedo trabajar media jornada por las siguientes tres semanas hasta la graduación. **S:** Creo que no va a haber ningún problema con eso. Entonces hablamos en unos días. **V:** Muchas gracias por la entrevista, señora Sánchez. Estoy muy emocionado por la posibilidad de trabajar en esta gran empresa. Que tenga muy buen día.

Ampliación

3 Escribir

Escribe una composición sobre tus planes para el futuro. Formula planes para tu vida personal, profesional y financiera. Termina tu composición con una lista de metas (*goals*). *Answers will vary.*

TIP **Use note cards.** Note cards (**fichas**) can help you organize and sequence your information. Label the top of each card with a general subject, such as **lugar** or **empleo**. Number the cards so you can easily flip through them to find information.

Organízalo   Utiliza fichas para apuntar cada plan o meta para el futuro. Asigna un año a cada meta.

Escríbelo   Organiza tus fichas y escribe el primer borrador de tu composición.

Corrígelo   Intercambia tu composición con un(a) compañero/a. Léela y anota sus mejores aspectos. ¿Habla de las metas específicas para su futuro? Ofrécele sugerencias para mejorar la organización. Si ves algunos errores, coméntaselos.

Compártelo   Revisa el primer borrador de tu composición según las indicaciones de tu compañero/a. Incorpora nuevas ideas y/o más información si es necesario, antes de escribir la versión final.

4 Un paso más

Imagina que en el futuro trabajarás para una empresa multinacional que tiene sus oficinas más importantes en algún país hispano. Crea una cronología con texto y fotos de tu futura carrera profesional y compártela con la clase. *Answers will vary.*

- Escoge el país y busca información sobre las industrias y las compañías que operen allá.
- Describe la empresa y sus productos.
- Incluye fotos relacionadas con la empresa y con sus productos.
- Describe tu carrera, desde el comienzo hasta tu jubilación.
- Incluye los puestos que vas a tener en la empresa, y también fotos relacionadas con tu carrera.

CONEXIÓN INTERNET

Investiga estos temas en el sitio **vhlcentral.com**.

- Empresas en el mundo hispano
- Industrias en el mundo hispano
- Compañías multinacionales en el mundo hispano

Audio: Reading

Antes de leer

Summarizing a text in your own words can help you understand it better. Before you begin, you may find it helpful to skim the text and jot down a few notes about its general meaning. You can then read it again, writing down important details or noting special characteristics that occur in the text. Your notes will help you summarize what you have read.

The reading selection for this lesson consists of a short story by Augusto Monterroso. What special characteristics in this text could help you summarize it? Skim the story and jot down your ideas.

_____

_____

_____

_____

Sobre el autor

Augusto Monterroso (1921–2003) fue un escritor guatemalteco. Sus textos son concisos, sencillos (*simple*) y accesibles. Su trabajo incluye la parodia, el humor negro, la fábula y el ensayo.

SUGGESTION Introduce the author and his style, then discuss the meaning of **la parodia, el humor negro, la fábula,** and **el ensayo.**

SUGGESTION Do the **Antes de leer** task as a whole class before you assign the reading and **¿Comprendiste?** and **Preguntas** as homework. Have students share their notes.

EXPANSION To further check comprehension, ask students about the importance of the famous characters in the footnotes. Why did the author include Sir James Calisher, Sir Isaac Newton, and Sir Arthur Conan Doyle?

TEACHING OPTION Write on the board: **Un grupo de personas se gradúa el mismo día, pero ¿qué pasa después?** Have the class model the writing style of Augusto Monterroso by creating a similar short story. As a class, create a repetitive introductory paragraph, then assign students to write different endings. After volunteers have read aloud their responses, brainstorm an appropriate ending.

Imaginación y destino
Augusto Monterroso

En la calurosa° tarde de verano un hombre descansa acostado°, viendo° al cielo, bajo un árbol; una manzana cae sobre su cabeza; tiene imaginación, se va a su casa y escribe la Oda a Eva.

En la calurosa tarde de verano un hombre descansa acostado, viendo al cielo, bajo un árbol; una manzana cae sobre su cabeza; tiene imaginación, se va a su casa y establece la Ley de la Gravitación Universal.

En la calurosa tarde de verano un hombre descansa acostado, viendo al cielo, bajo un árbol; una manzana cae sobre su cabeza; tiene imaginación, observa que el árbol no es un manzano sino una encina° y descubre, oculto° entre las ramas°, al muchacho travieso° del pueblo que se entretiene° arrojando° manzanas a los señores que descansan bajo los árboles, viendo al cielo, en las calurosas tardes del verano.

El primero era, o se convierte entonces para siempre en el poeta sir James Calisher; el segundo era, o se convierte entonces para siempre en el físico sir Isaac Newton[1]; el tercero pudo ser o convertirse entonces para siempre en el novelista sir Arthur Conan Doyle[2]; pero se convierte, o era ya irremediablemente desde niño, en el Jefe de Policía de San Blas, S.B.[3]

[1] Sir Isaac Newton (1642–1727), matemático y físico británico. Es considerado uno de los científicos más importantes de la historia. Formuló la Ley de la Gravitación Universal.
[2] Sir Arthur Conan Doyle (1859–1930), escritor británico. Sus más famosos protagonistas son Sherlock Holmes y su ayudante, el doctor Watson.
[3] S.B. Abreviatura de San Blas, unas islas en Panamá. Una de las novelas de Monterroso tiene lugar en San Blas.

Después de leer

¿Comprendiste?

1. ¿Qué estación del año es y qué tiempo hace?
   Es verano y hace calor.

2. ¿Qué hace el primer hombre después de descansar?
   Escribe un poema.

3. ¿Qué hace el segundo hombre después de descansar?
   Establece la Ley de la Gravitación Universal.

4. ¿Qué encuentra el tercer hombre en el árbol?
   Encuentra al muchacho travieso del pueblo.

5. ¿Cuáles son las profesiones de estos tres hombres?
   El primero es poeta, el segundo es físico y el tercero es policía.

Preguntas *Answers will vary.*

Responde a estas preguntas con oraciones completas.

1. ¿Por qué lleva el cuento el título "Imaginación y destino"?

2. ¿Por qué utiliza el autor tanta repetición?

3. La misma cosa les ocurre a los tres hombres, pero tienen reacciones distintas. ¿Por qué?

4. El autor escribe "o era ya irremediablemente desde niño". ¿Qué significa esta frase en relación con el resto del cuento?

5. Imagina que hay una cuarta persona en la historia. Escribe un párrafo en el estilo del autor sobre qué le pasa a esta persona "cuando una manzana cae sobre su cabeza".

Coméntalo

En el cuento, tres personajes tienen la misma experiencia con distintos resultados. ¿Has tenido una experiencia así? Un ejemplo es la graduación: un grupo de personas se gradúa el mismo día, pero ¿qué pasa después? ¿Podemos controlar nuestros destinos? ¿Afectarán tus experiencias actuales tu futuro? ¿Cómo sabes qué profesión quieres ejercer (*carry out*) en el futuro?
Answers will vary.

calurosa *hot*   **acostado** *lying down*   **viendo** *looking*   **encina** *oak tree*   **oculto** *hidden*
ramas *branches*   **travieso** *mischievous*   **se entretiene** *entertains himself*
arrojando *throwing*

Audio: Vocabulary Flashcards

Las ocupaciones

el/la abogado/a	lawyer
el actor	actor
la actriz	actress
el/la arqueólogo/a	archeologist
el/la arquitecto/a	architect
el bailarín	dancer
la bailarina	dancer
el/la bombero/a	firefighter
el/la cantante	singer
el/la carpintero/a	carpenter
el/la científico/a	scientist
el/la cocinero/a	cook; chef
el/la consejero/a	counselor; advisor
el/la contador(a)	accountant
el/la corredor(a) de bolsa	stockbroker
el/la diseñador(a)	designer
el/la electricista	electrician
el/la escritor(a)	writer
el/la escultor(a)	sculptor
el/la gerente	manager
el hombre/la mujer de negocios	businessperson
el/la jefe/a	boss
el/la maestro/a	elementary school teacher
el/la peluquero/a	hairdresser
el/la pintor(a)	painter
el/la poeta	poet
el/la político/a	politician
el/la psicólogo/a	psychologist
el/la reportero/a	reporter
el/la secretario/a	secretary
el/la técnico/a	technician

Las entrevistas

el anuncio	advertisement
el/la aspirante	candidate; applicant
los beneficios	benefits; profits
el currículum	résumé
la entrevista	interview
el/la entrevistador(a)	interviewer
el puesto	position; job
el salario	salary
la solicitud (de trabajo)	(job) application
el sueldo	salary
contratar	to hire
entrevistar	to interview
ganar	to earn
obtener	to obtain; to get
solicitar	to apply (for a job)

El mundo del trabajo

el ascenso	promotion
el aumento de sueldo	raise
la carrera	career
la compañía	company; firm
el empleo	job; employment
la empresa	company; firm
la especialización	field of study
los negocios	business; commerce
la ocupación	occupation
el oficio	trade
la profesión	profession
la reunión	meeting
el teletrabajo	telecommuting
el trabajo	job; work
la videoconferencia	videoconference
dejar	to quit; to leave behind
despedir (e:i)	to fire
invertir (e:ie)	to invest
renunciar (a)	to resign (from)
tener éxito	to be successful
comercial	commercial; business-related

As students finish the lesson, encourage them to explore the **Repaso** section on the Supersite. There they will find quizzes for practicing vocabulary, grammar, and oral language.

Una mujer baila flamenco en Sevilla. El flamenco, el baile y su música, expresa las pasiones de la gente de España. Tiene raíces *(roots)* judías *(Jewish)*, árabes y africanas. Hoy es popular en todo el mundo. ¿Te gusta la música flamenca?

ESPAÑA

España

Área: 505.370 km^2 (195.124 millas^2), incluyendo las islas Baleares y las islas Canarias

Población: 47.043.000

Capital: Madrid – 5.762.000

Ciudades principales: Barcelona, Valencia, Sevilla, Zaragoza

Moneda: euro

SOURCE: Population Division, UN Secretariat & CIA World Factbook

Madrid: La Plaza Mayor

La Plaza Mayor de Madrid es uno de los lugares turísticos más importantes de la capital. Fue construida *(built)* en 1617 y está totalmente rodeada *(surrounded)* por edificios de tres pisos con balcones y pórticos antiguos. En la Plaza Mayor hay muchas cafeterías, donde la gente pasa el tiempo bebiendo café y hablando con amigos.

La Tomatina

En Buñol, un pequeño pueblo de Valencia, la producción de tomates es un recurso económico muy importante. Cada año en agosto se celebra el festival de La Tomatina. Durante todo un día, miles de personas se tiran *(throw)* tomates. Llegan turistas de todo el mundo, y se usan varias toneladas *(tons)* de tomates.

Mar Cantábrico

La Coruña

PORTUGAL

Salamanca

Madrid

ESPAÑA

Sevilla

Estrecho
de Gibraltar

Ceuta

Islas Canarias

La Palma

Tenerife

Gran
Canaria

Lanzarote

Fuerteventura

Gomera

Hierro

MARRUECOS

FRANCIA

ANDORRA

Pirineos

Zaragoza

Barcelona

Islas Baleares

Valencia

Mallorca   Menorca

Ibiza

Mar
Mediterráneo

Nevada

ebastián

Artes

Velázquez y el Prado

El Prado, en Madrid, es uno de los museos más famosos del mundo. En el Prado hay miles de pinturas importantes, incluyendo obras *(works)* de Botticelli, de El Greco, y de los españoles Goya y Velázquez. Diego Velázquez pintó *(painted)* *Las Meninas* en 1656 y es su obra más famosa. Actualmente, *Las Meninas* está en el Museo del Prado.

Lugares

La Universidad de Salamanca

La Universidad de Salamanca, fundada en 1218, es la más antigua *(oldest)* de España. Más de 35.000 estudiantes toman clases en esta institución. La universidad está en la ciudad de Salamanca, famosa por sus edificios *(buildings)* históricos, tales como *(such as)* los puentes *(bridges)* romanos y las catedrales góticas.

Practice more!

WB pp. 165–166   VM pp. 259–260   vhlcentral.com

¿Qué aprendiste?

1 **¿Cierto o falso?** Indica si estas oraciones son **ciertas** o **falsas**.

	Cierto	Falso
1. La moneda de España es la peseta.		✔
2. El flamenco es un instrumento musical.		✔
3. El flamenco es hoy popular en todo el mundo.	✔	
4. En la Plaza Mayor no hay cafeterías.		✔
5. La Plaza Mayor fue construida en 1617.	✔	
6. En Buñol, los tomates son un recurso importante.	✔	
7. Durante La Tomatina, se tiran pelotas.		✔
8. En el Museo del Prado hay miles de pinturas importantes.	✔	
9. *Las meninas* es la obra más famosa de Botticelli.		✔
10. En la ciudad de Salamanca se ve la influencia del imperio romano en la arquitectura.	✔	

2 **Preguntas** Contesta estas preguntas con oraciones completas.

1. ¿Alguna vez has visto bailar flamenco? ¿Te gustó?

2. ¿Sabes cuál es la capital de España? ¿Conoces algún dato interesante de esa ciudad?

3. ¿Te gustaría ir al festival de La Tomatina? ¿Conoces algún otro festival o celebración fuera de lo común (*out of the ordinary*)? ¿Cuál es y dónde se celebra?

4. ¿Cuál es tu museo favorito? ¿Recuerdas alguna obra de arte que se encuentra en ese museo? ¿Cuál?

5. ¿Cuál es la universidad más antigua que conoces? ¿Sabes en qué año fue fundada?

CONEXIÓN INTERNET

Investiga estos temas en el sitio **vhlcentral.com**.

- Gastronomía de España
- Españoles célebres

Estados Unidos

México

Golfo de México

Bahía de Campeche

Océano Pacífico

Golfo de California

BAJA CALIFORNIA

Sierra Madre Occidental

Sierra Madre Oriental

Río Grande

Río Bravo del Norte

R. Conchos

R. Colorado

R. Balsas

ISTMO DE TEHUANTEPEC

YUCATÁN

Belice

Guatemala

Honduras

El Salvador

Tijuana
Mexicali
Nogales
Hermosillo
La Paz
Ciudad Juárez
Chihuahua
Mazatlán
Puerto Vallarta
Guadalajara
Aguascalientes
León
Zacatecas
Morelia
Uruapan del Progreso
Cuernavaca
Acapulco
Cuidad Victoria
Saltillo
San Luis Potosí
Guanajuato
Nuevo Laredo
Monterrey
Reynosa
Matamoros
Tampico
Puebla
★ Ciudad de México, D.F.
Jalapa
Veracruz
Villahermosa
Oaxaca
Campeche
Mérida
Cancún

N E S O

México

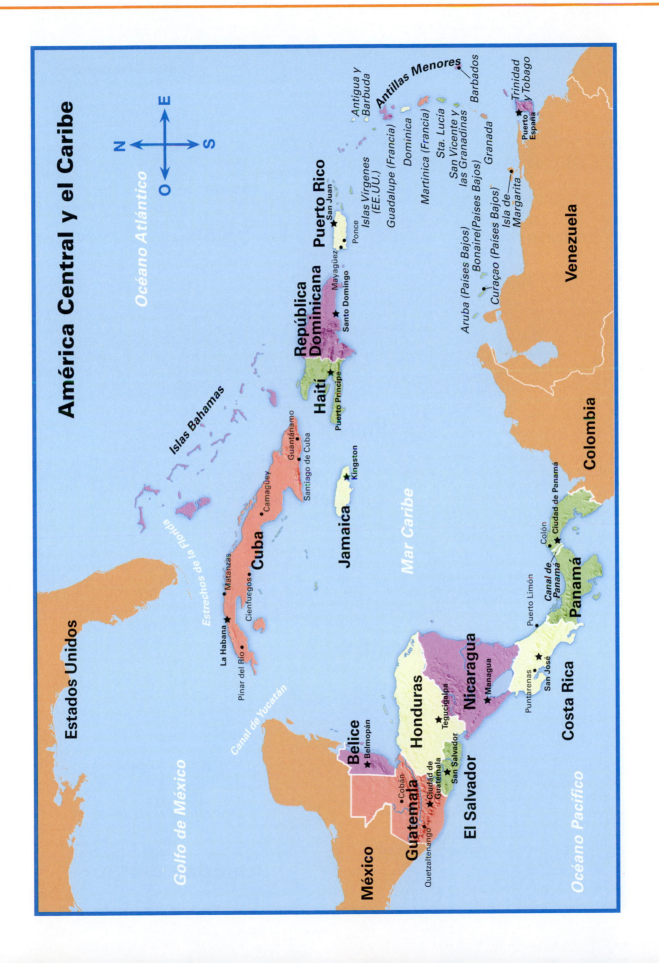

América Central y el Caribe

Océano Atlántico

Golfo de México

Estrechos de la Florida

Islas Bahamas

Estados Unidos

México

Cuba

La Habana
Pinar del Río
Matanzas
Cienfuegos
Camagüey
Guantánamo
Santiago de Cuba

Canal de Yucatán

Belice
Belmopán

Guatemala
Cobán
Ciudad de Guatemala
Quetzaltenango

Honduras
Tegucigalpa

El Salvador
San Salvador

Nicaragua
Managua

Costa Rica
San José
Puntarenas
Puerto Limón

Panamá
Colón
Ciudad de Panamá
Canal de Panamá

Jamaica
Kingston

Mar Caribe

Haití
Puerto Príncipe

República Dominicana
Santo Domingo

Puerto Rico
San Juan
Mayagüez
Ponce

Islas Vírgenes (EE.UU.)

Antillas Menores

Antigua y Barbuda

Guadalupe (Francia)

Dominica

Martinica (Francia)

Sta. Lucia

San Vicente y las Granadinas

Granada

Barbados

Trinidad y Tobago
Puerto España

Isla de Margarita

Aruba (Países Bajos)

Bonaire (Países Bajos)

Curaçao (Países Bajos)

Venezuela

Colombia

Océano Pacífico

N E O S

Mar Caribe

Islas Galápagos

Océano Pacífico

Isla Pinta
Isla Marchena
Isla Genovesa
Ecuador
Línea Ecuatorial

Volcán Darwin
Isla Santiago (San Salvador)
Isla Isabela
Isla Fernandina
Puerto Ayora
Isla Santa Cruz
Isla San Cristóbal
Santo Tomás
Puerto Barquerizo Moreno
Isla Santa María
Isla Española

Barranquilla
Maracaibo
Caracas
Puerto España
Trinidad y Tobago

Venezuela

Medellín
Colombia
Bogotá
Cali

Georgetown
Guyana
Paramaribo
Surinam
Cayena
Guayana Francesa

R. Orinoco

Pasto
Quito
Ecuador
Guayaquil
Iquitos

R. Negro
R. Amazonas
Manaus
Belém

Perú

R. Madeira

Cordillera de los Andes

Recife

Lima
Cuzco
Lago Titicaca
Arequipa
La Paz
Arica
Sucre
Bolivia
Iquique

Brasil
Brasilia

Salvador

Belo Horizonte

Océano Pacífico

Antofagasta
Sálta
Paraguay
Asunción

R. Paraguay
R. Paraná

São Paulo
Rio de Janeiro
Santos

Chile

R. Paraná

R. Uruguay

Pôrto Alegre

Córdoba
Valparaíso
Mendoza
Santiago
Rosario
Buenos Aires
Uruguay
Montevideo

Concepción
Argentina
Bahía Blanca

Océano Atlántico

Cordillera de los Andes

Puerto Montt

N
O   E
S

Estrecho de Magallanes
Punta Arenas
Islas Malvinas

Tierra del Fuego

América del Sur

Francia

Andorra

Mar Cantábrico

Océano Atlántico

Menorca
Palma de Mallorca
Mallorca

Mar Mediterráneo

Islas Baleares

Ibiza

Formentera

Islas Canarias

Lanzarote
Arrecife
Puerto del Rosario
Fuerteventura
Marruecos

La Palma
Santa Cruz de la Palma
Tenerife
Santa Cruz de Tenerife
Las Palmas de Gran Canaria
Gomera
Hierro
Gran Canaria

Océano Atlántico

CATALUÑA
Gerona
Barcelona
Tarragona

Pirineos

PAÍS VASCO
San Sebastián
NAVARRA
Pamplona
Bilbao

LA RIOJA

Lérida
Zaragoza

ARAGÓN

España

COMUNIDAD
VALENCIANA
Valencia

Alicante

Albacete

Murcia

Cartagena

CANTABRIA
Santander

ASTURIAS
Gijón
Oviedo
Avilés

Burgos

CASTILLA-LEÓN
Valladolid
Palencia
Zamora

Madrid

Segovia
Ávila

Toledo

CASTILLA-LA MANCHA

Sierra Morena

Sierra Nevada

Almería

ANDALUCÍA
Jaén
Granada
Córdoba
Málaga
Sevilla

Gibraltar (R.U.)
Ceuta (Esp.)

Melilla (Esp.)

Marruecos

Salamanca

GALICIA
La Coruña
Pontevedra
Vigo

EXTREMADURA
Cáceres
Mérida
Badajoz

Huelva
Cádiz
Algeciras

Estrecho de Gibraltar

Braga
Coimbra
Serra da Estrela
Oporto

Setúbal

Portugal
Lisboa

Océano Atlántico

N
E
O
S

Glossary of Grammatical Terms

ADJECTIVE A word that modifies or describes a noun or pronoun.

muchos libros	un hombre **rico**
many books	a *rich* man

las mujeres **altas**
the *tall* women

Demonstrative adjective An adjective that points out a specific noun.

esta fiesta	**ese** chico
this party	*that* boy

aquellas flores
those flowers

Possessive adjective An adjective that indicates ownership or possession.

mi mejor vestido	Éste es **mi** hermano.
my best dress	*This is **my** brother.*

Stressed possessive adjective A possessive adjective that emphasizes the owner or possessor.

Es un libro **mío**.
*It's **my** book./It's a book **of mine**.*

Es amiga **tuya**; yo no la conozco.
*She's a friend **of yours**; I don't know her.*

ADVERB A word that modifies or describes a verb, adjective, or another adverb.

Pancho escribe **rápidamente**.
*Pancho writes **quickly**.*

Este cuadro es **muy** bonito.
*This picture is **very** pretty.*

ARTICLE A word that points out either a specific (definite) noun or a non-specific (indefinite) noun.

Definite article An article that points out a specific noun.

el libro	**la** maleta
the book	*the* suitcase
los diccionarios	**las** palabras
the dictionaries	*the* words

Indefinite article An article that points out a noun in a general, non-specific way.

un lápiz	**una** computadora
a pencil	*a* computer
unos pájaros	**unas** escuelas
some birds	*some* schools

CLAUSE A group of words that contains both a conjugated verb and a subject, either expressed or implied.

Main (or Independent) clause A clause that can stand alone as a complete sentence.

Pienso ir a cenar pronto.
I plan to go to dinner soon.

Subordinate (or Dependent) clause A clause that does not express a complete thought and therefore cannot stand alone as a sentence.

Trabajo en la cafetería **porque necesito dinero para la escuela**.
*I work in the cafeteria **because I need money for school**.*

COMPARATIVE A word or construction used with an adjective, adverb, or noun to express a comparison between two people, places, or things.

Este programa es **más interesante que** el otro.
*This program is **more interesting than** the other one.*

Tomás no es **tan alto como** Alberto.
*Tomás is not **as tall as** Alberto.*

CONJUGATION A set of the forms of a verb for a specific tense or mood or the process by which these verb forms are presented.

Preterite conjugation of **cantar**:

cant**é**	cant**amos**
cant**aste**	cant**asteis**
cant**ó**	cant**aron**

CONJUNCTION A word or phrase used to connect words, clauses, or phrases.

Susana es de Cuba **y** Pedro es de España.
*Susana is from Cuba **and** Pedro is from Spain.*

No quiero estudiar, **pero** tengo que hacerlo.
*I don't want to study, **but** I have to do it.*

CONTRACTION The joining of two words into one. The only contractions in Spanish are **al** and **del**.

Mi hermano fue **al** concierto ayer.
*My brother went **to the** concert yesterday.*

Saqué dinero **del** banco.
*I took money **from the** bank.*

DIRECT OBJECT A noun or pronoun that directly receives the action of the verb.

Tomás lee **el libro**.
*Tomás reads **the book**.*

La pagó ayer.
*She paid **it** yesterday.*

GENDER The grammatical categorizing of certain kinds of words, such as nouns and pronouns, as masculine, feminine, or neuter.

Masculine
articles **el**, un**o**
pronouns **él**, l**o**, mí**o**, ést**e**, és**e**, aquél
adjective simpátic**o**

Feminine
articles **la**, un**a**
pronouns **ella**, l**a**, mí**a**, ést**a**, és**a**, aquéll**a**
adjective simpátic**a**

IMPERSONAL EXPRESSION A third-person expression with no expressed or specific subject.

Es muy importante.
It's very important.

Llueve mucho.
It's raining hard.

Aquí **se habla** español.
*Spanish **is spoken** here.*

INDIRECT OBJECT A noun or pronoun that receives the action of the verb indirectly; the object, often a living being, to or for whom an action is performed.

Eduardo **le** dio un libro **a Linda**.
*Eduardo gave a book **to Linda**.*

Carlos **me** prestó cincuenta pesos.
*Carlos lent **me** fifty pesos.*

INFINITIVE The basic form of a verb. Infinitives in Spanish end in -**ar**, -**er**, or -**ir**.

hablar	correr	abrir
to speak	*to run*	*to open*

INTERROGATIVE An adjective or pronoun used to ask a question.

¿Quién habla?
Who is speaking?

¿Cuántos compraste?
How many did you buy?

¿Qué piensas hacer hoy?
What do you plan to do today?

INVERSION Changing the word order of a sentence, often to form a question.

Statement: Elena pagó la cuenta del restaurante.

Inversion: ¿Pagó Elena la cuenta del restaurante?

MOOD A grammatical distinction of verbs that indicates whether the verb is intended to make a statement or command, or to express doubt, emotion, or a condition contrary to fact.

Imperative mood Verb forms used to make commands.

Di la verdad.
Tell the truth.

Caminen ustedes conmigo.
Walk with me.

¡**Comamos** ahora!
Let's eat now!

Indicative mood Verb forms used to state facts, actions, and states considered to be real.

Sé que **tienes** el dinero.
*I know that **you have** the money.*

Subjunctive mood Verb forms used principally in subordinate (or dependent) clauses to express wishes, desires, emotions, doubts, and certain conditions, such as contrary-to-fact situations.

Prefieren que **hables** en español.
*They prefer that **you speak** in Spanish.*

Dudo que Luis **tenga** el dinero necesario.
*I doubt that Luis **has** the necessary money.*

NOUN A word that identifies people, animals, places, things, and ideas.

hombre	gato
man	*cat*
México	casa
Mexico	*house*
libertad	libro
freedom	*book*

NUMBER A grammatical term that refers to singular or plural. Nouns in Spanish and English have number. Other parts of a sentence, such as adjectives, articles, and verbs, can also have number.

Singular	Plural
una cosa	**unas** cosas
a thing	*some things*
el profesor	**los** profesores
the professor	*the professors*

NUMBERS Words that represent amounts.

Cardinal numbers Words that show specific amounts.

cinco minutos
five minutes

el año **dos mil quince**
the year 2015

Ordinal numbers Words that indicate the order of a noun in a series.

el **cuarto** jugador	la **décima** hora
the fourth player	*the tenth hour*

PAST PARTICIPLE A past form of the verb used in compound tenses. The past participle may also be used as an adjective, but it must then agree in number and gender with the word it modifies.

Han **buscado** por todas partes.
They have searched everywhere.

Yo no había **estudiado** para el examen.
I hadn't studied for the exam.

Hay una **ventana rota** en la sala.
There is a broken window in the living room.

PERSON The form of the verb or pronoun that indicates the speaker, the one spoken to, or the one spoken about. In Spanish, as in English, there are three persons: first, second, and third.

Person	Singular	Plural
1st	**yo** *I*	**nosotros/as** *we*
2nd	**tú, Ud.** *you*	**vosotros/as, Uds.** *you*
3rd	**él, ella** *he/she*	**ellos, ellas** *they*

PREPOSITION A word that describes the relationship, most often in time or space, between two other words.

Anita es **de** California.
Anita is from California.

La chaqueta está **en** el carro.
The jacket is in the car.

¿Quieres hablar **con** ella?
Do you want to talk to her?

PRESENT PARTICIPLE In English, a verb form that ends in *-ing*. In Spanish, the present participle ends in **–ndo**, and is often used with **estar** to form a progressive tense.

Mi hermana está **hablando** por teléfono ahora mismo.
My sister is talking on the phone right now.

PRONOUN A word that takes the place of a noun or nouns.

Demonstrative pronoun A pronoun that takes the place of a specific noun.

Quiero **ésta**.
I want this one.

¿Vas a comprar **ése**?
Are you going to buy that one?

Juan prefirió **aquéllos**.
Juan preferred those (over there).

Object pronoun A pronoun that functions as a direct or indirect object of the verb.

Te digo la verdad.
I'm telling you the truth.

Me lo trajo Juan.
Juan brought it to me.

Reflexive pronoun A pronoun that indicates that the action of a verb is performed by the subject on itself. These pronouns are often expressed in English with *-self: myself, yourself*, etc.

Yo **me bañé** antes de salir.
I bathed (myself) before going out.

Elena **se acostó** a las once y media.
Elena went to bed at eleven-thirty.

Relative pronoun A pronoun that connects a subordinate clause to a main clause.

El chico **que** nos escribió viene a visitarnos mañana.
*The boy **who** wrote us is coming to visit us tomorrow.*

Ya sé **lo que** tenemos que hacer.
*I already know **what** we have to do.*

Subject pronoun A pronoun that replaces the name or title of a person or thing and acts as the subject of a verb.

Tú debes estudiar más.
***You** should study more.*

Él llegó primero.
***He** arrived first.*

SUBJECT A noun or pronoun that performs the action of a verb and is often implied by the verb.

María va al supermercado.
***María** goes to the supermarket.*

(Ellos) Trabajan mucho.
***They** work hard.*

Esos **libros** son muy caros.
*Those **books** are very expensive.*

SUPERLATIVE A word or construction used with an adjective or adverb to express the highest or lowest degree of a specific quality among three or more people, places, or things.

Entre todas mis clases, ésta es la **más interesante**.
*Among all my classes, this is the **most interesting**.*

Raúl es el **menos simpático** de los chicos.
*Raúl is the **least pleasant** of the boys.*

TENSE A set of verb forms that indicates the time of an action or state: past, present, or future.

Compound tense A two-word tense made up of an auxiliary verb and a present or past participle. In Spanish, there are two auxiliary verbs: **estar** and **haber**.

En este momento, **estoy estudiando**.
*At this time, **I am studying**.*

El paquete no **ha llegado** todavía.
*The package **has** not **arrived** yet.*

Simple tense A tense expressed by a single verb form.

María **estaba** mal anoche.
*María **was** ill last night.*

Juana **hablará** con su mamá mañana.
*Juana **will speak** with her mom tomorrow.*

VERB A word that expresses actions or states of being.

Auxiliary verb A verb used with a present or past participle to form a compound tense. **Haber** is the most commonly used auxiliary verb in Spanish.

Los chicos **han** visto los elefantes.
*The children **have** seen the elephants.*

Espero que **hayas** comido.
*I hope you **have** eaten.*

Reflexive verb A verb that describes an action performed by the subject on itself and is always used with a reflexive pronoun.

Me compré un carro nuevo.
I bought myself *a new car.*

Pedro y Adela **se levantan** muy temprano.
*Pedro and Adela **get (themselves) up** very early.*

Spelling change verb A verb that undergoes a predictable change in spelling in order to reflect its actual pronunciation in the various conjugations.

practicar	c → qu	practi**c**o	practi**qué**
dirigir	g → j	diri**j**o	diri**g**í
almorzar	z → c	almor**z**ó	almor**c**é

Stem-changing verb A verb whose stem vowel undergoes one or more predictable changes in the various conjugations.

entender (e:ie)	ent**ie**ndo
pedir (e:i)	p**i**den
dormir (o:ue, u)	d**ue**rmo, d**u**rmieron

Verb Conjugation Tables

The verb lists

The list of verbs below and the model-verb tables that start on page 446 show you how to conjugate every verb taught in **AVENTURAS**. Each verb in the list is followed by a model verb conjugated according to the same pattern. The number in parentheses indicates where in the tables you can find the conjugated forms of the model verb. If you want to find out how to conjugate **divertirse**, for example, look up number 33, **sentir**, the model for verbs that follow the **e:ie** stem-change pattern.

How to use the verb tables

In the tables you will find the infinitive, present and past participles, and all the simple forms of each model verb. The formation of the compound tenses of any verb can be inferred from the table of compound tenses, pages 446–453, either by combining the past participle of the verb with a conjugated form of **haber** or combining the present participle with a conjugated form of **estar**.

abrir like vivir (3) *except* past participle is **abierto**

aburrir(se) like vivir (3)

acabar de like hablar (1)

acampar like hablar (1)

aconsejar like hablar (1)

acordar(se) (o:ue) like contar (24)

acostar(se) (o:ue) like contar (24)

adelgazar (z:c) like cruzar (37)

afeitar(se) like hablar (1)

ahorrar like hablar (1)

alegrar(se) like hablar (1)

alegrarse like hablar (1)

aliviar like hablar (1)

almorzar (o:ue) like contar (24) *except* (z:c)

alquilar like hablar (1)

apagar (g:gu) like llegar (41)

aprender like comer (2)

apurar(se) like hablar (1)

arrancar (c:qu) like tocar (43)

arreglar like hablar (1)

asistir like vivir (3)

aumentar like hablar (1)

bailar like hablar (1)

bajar(se) like hablar (1)

bañar(se) like hablar (1)

barrer like comer (2)

beber like comer (2)

brindar like hablar (1)

bucear like hablar (1)

buscar (c:qu) like tocar (43)

caer(se) (5)

calentarse (e:ie) like pensar (30)

cambiar like hablar (1)

caminar like hablar (1)

cantar like hablar (1)

casarse like hablar (1)

celebrar like hablar (1)

cenar like hablar (1)

cepillar(se) like hablar (1)

cerrar (e:ie) like pensar (30)

chocar (c:qu) like tocar (43)

cobrar like hablar (1)

cocinar like hablar (1)

comenzar (e:ie) (z:c) like empezar (26)

comer (2)

compartir like vivir (3)

comprar like hablar (1)

comprender like comer (2)

comprometerse like comer (2)

conducir (c:zc) (6)

confirmar like hablar (1)

conocer (c:zc) (35)

conseguir (e:i) (g:gu) like seguir (32)

conservar like hablar (1)

consumir like vivir (3)

contaminar like hablar (1)

contar (o:ue) (24)

controlar like hablar (1)

correr like comer (2)

costar (o:ue) like contar (24)

creer (y) (36)

cruzar (z:c) (37)

cuidar like hablar (1)

cumplir like vivir (3)

dañar like hablar (1)

dar(se) (7)

deber like comer (2)

decidir like vivir (3)

decir (e:i) (8)

dejar like hablar (1)

depositar like hablar (1)

desarrollar like hablar (1)

desayunar like hablar (1)

descansar like hablar (1)

describir like vivir (3) *except* past participle is **descrito**

descubrir like vivir (3) *except* past participle is **descubierto**

desear like hablar (1)

despedir (e:i) like pedir (29)

despertar(se) (e:ie) like pensar (30)

destruir (y) (38)

dibujar like hablar (1)

disfrutar like hablar (1)

divertirse (e:ie) like sentir (33)

divorciarse like hablar (1)

doblar like hablar (1)

doler (o:ue) like volver (34) *except* past participle is regular

dormir(se) (o:ue, u) (25)

duchar(se) like hablar (1)

dudar like hablar (1)

echar like hablar (1)

empezar (e:ie) (z:c) (26)

enamorarse like hablar (1)

encantar like hablar (1)

encontrar (o:ue) like contar (24)

enfermarse like hablar (1)

enojar(se) like hablar (1)

enseñar like hablar (1)

ensuciar like hablar (1)

entender (e:ie) (27)

entrenar(se) like hablar (1)

entrevistar like hablar (1)

enviar (envío) (39)

escalar like hablar (1)

escribir like vivir (3) *except* past participle is **escrito**

escuchar like hablar (1)

esperar like hablar (1)

esquiar (esquío) like enviar (39)

establecer (c:zc) like conocer (35)

estacionar like hablar (1)

estar (9)

estornudar like hablar (1)

estudiar like hablar (1)

evitar like hablar (1)

explicar (c:qu) like tocar (43)
faltar like hablar (1)
fascinar like hablar (1)
firmar like hablar (1)
fumar like hablar (1)
funcionar like hablar (1)
ganar like hablar (1)
gastar like hablar (1)
graduarse (gradúo) (40)
guardar like hablar (1)
gustar like hablar (1)
haber (hay) (10)
hablar (1)
hacer (11)
importar like hablar (1)
imprimir like vivir (3)
indicar (c:qu) like tocar (43)
informar like hablar (1)
insistir like vivir (3)
interesar like hablar (1)
invertir (e:ie) like sentir (33)
invitar like hablar (1)
ir(se) (12)
jubilarse like hablar (1)
jugar (u:ue) (g:gu) (28)
lastimar(se) like hablar (1)
lavar(se) like hablar (1)
leer (y) like creer (36)
levantar(se) like hablar (1)
limpiar like hablar (1)
llamar(se) like hablar (1)
llegar (g:gu) (41)
llenar like hablar (1)
llevar(se) like hablar (1)
llover (o:ue) like volver (34) *except* past participle is regular
mandar like hablar (1)
manejar like hablar (1)
mantenerse (e:ie) like tener (20)
maquillar(se) like hablar (1)
mejorar like hablar (1)
merendar (e:ie) like pensar (30)
mirar like hablar (1)
molestar like hablar (1)
montar like hablar (1)

morir (o:ue) like dormir (25) *except* past participle is **muerto**
mostrar (o:ue) like contar (24)
mudarse like hablar (1)
nacer (c:zc) like conocer (35)
nadar like hablar (1)
navegar (g:gu) like llegar (41)
necesitar like hablar (1)
negar (e:ie) like pensar (30) *except* (g:gu)
nevar (e:ie) like pensar (30)
obtener (e:ie) like tener (20)
odiar like hablar (1)
ofrecer (c:zc) like conocer (35)
oír (13)
olvidar like hablar (1)
pagar (g:gu) like llegar (41)
parar like hablar (1)
parecer (c:zc) like conocer (35)
pasar like hablar (1)
pasear like hablar (1)
patinar like hablar (1)
pedir (e:i) (29)
peinar(se) like hablar (1)
pensar (e:ie) (30)
perder (e:ie) like entender (27)
pescar (c:qu) like tocar (43)
pintar like hablar (1)
planchar like hablar (1)
poder (o:ue) (14)
poner(se) (15)
practicar (c:qu) like tocar (43)
preferir (e:ie) like sentir (33)
preguntar like hablar (1)
preocupar(se) like hablar (1)
preparar like hablar (1)
prestar like hablar (1)
probar(se) (o:ue) like contar (24)
prohibir like vivir (3)
proteger (g:j) (42)
quedar(se) like hablar (1)
querer (e:ie) (16)
quitar(se) like hablar (1)
recetar like hablar (1)
recibir like vivir (3)

reciclar like hablar (1)
recoger (g:j) like proteger (42)
recomendar (e:ie) like pensar (30)
recordar (o:ue) like contar (24)
reducir (c:zc) like conducir (6)
regalar like hablar (1)
regatear like hablar (1)
regresar like hablar (1)
reír(se) (e:i) (31)
relajarse like hablar (1)
renunciar like hablar (1)
repetir (e:i) like pedir (29)
resolver (o:ue) like volver (34)
respirar like hablar (1)
revisar like hablar (1)
rogar (o:ue) like contar (24) *except* (g:gu)
romper(se) like comer (2) *except* past participle is **roto**
saber (17)
sacar(se) (c:qu) like tocar (43)
sacudir like vivir (3)
salir (18)
seguir (e:i) (32)
sentarse (e:ie) like pensar (30)
sentir(se) (e:ie) (33)
separarse like hablar (1)
ser (19)
servir (e:i) like pedir (29)
solicitar like hablar (1)
sonar (o:ue) like contar (24)
sonreír (e:i) like reír(se) (31)
sorprender like comer (2)
subir like vivir (3)
sudar like hablar (1)
sufrir like vivir (3)
sugerir (e:ie) like sentir (33)
suponer like poner (15)
temer like comer (2)
tener (e:ie) (20)
terminar like hablar (1)
tomar like hablar (1)
torcerse (o:ue) like volver (34) *except* (c:z) and past participle is regular; e.g., **yo tuerzo**

toser like comer (2)
trabajar like hablar (1)
traducir (c:zc) like conducir (6)
traer (21)
transmitir like vivir (3)
tratar like hablar (1)
usar like hablar (1)
vender like comer (2)
venir (e:ie) (22)
ver (23)
vestir(se) (e:i) like pedir (29)
viajar like hablar (1)
visitar like hablar (1)
vivir (3)
volver (o:ue) (34)

Regular verbs: simple tenses

Infinitive	INDICATIVE					SUBJUNCTIVE		IMPERATIVE
	Present	Imperfect	Preterite	Future	Conditional	Present	Past	
1 hablar	hablo	hablaba	hablé	hablaré	hablaría	hable	hablara	
Participles:	hablas	hablabas	hablaste	hablarás	hablarías	hables	hablaras	habla tú (no hables)
hablando	habla	hablaba	habló	hablará	hablaría	hable	hablara	hable Ud.
hablado	hablamos	hablábamos	hablamos	hablaremos	hablaríamos	hablemos	habláramos	hablemos
	habláis	hablabais	hablasteis	hablaréis	hablaríais	habléis	hablarais	hablad (no habléis)
	hablan	hablaban	hablaron	hablarán	hablarían	hablen	hablaran	hablen Uds.
2 comer	como	comía	comí	comeré	comería	coma	comiera	
Participles:	comes	comías	comiste	comerás	comerías	comas	comieras	come tú (no comas)
comiendo	come	comía	comió	comerá	comería	coma	comiera	coma Ud.
comido	comemos	comíamos	comimos	comeremos	comeríamos	comamos	comiéramos	comamos
	coméis	comíais	comisteis	comeréis	comeríais	comáis	comierais	comed (no comáis)
	comen	comían	comieron	comerán	comerían	coman	comieran	coman Uds.
3 vivir	vivo	vivía	viví	viviré	viviría	viva	viviera	
Participles:	vives	vivías	viviste	vivirás	vivirías	vivas	vivieras	vive tú (no vivas)
viviendo	vive	vivía	vivió	vivirá	viviría	viva	viviera	viva Ud.
vivido	vivimos	vivíamos	vivimos	viviremos	viviríamos	vivamos	viviéramos	vivamos
	vivís	vivíais	vivisteis	viviréis	viviríais	viváis	vivierais	vivid (no viváis)
	viven	vivían	vivieron	vivirán	vivirían	vivan	vivieran	vivan Uds.

All verbs: compound tenses

PERFECT TENSES

INDICATIVE							SUBJUNCTIVE		
Present Perfect		Past Perfect		Future Perfect		Conditional Perfect		Present Perfect	Past Perfect
he		había		habré		habría		haya	hubiera
has		habías		habrás		habrías		hayas	hubieras
ha	hablado	había	hablado	habrá	hablado	habría	hablado	haya	hubiera
hemos	comido	habíamos	comido	habremos	comido	habríamos	comido	hayamos	hubiéramos
habéis	vivido	habíais	vivido	habréis	vivido	habríais	vivido	hayáis	hubierais
han		habían		habrán		habrían		hayan	hubieran

Present Perfect subjunctive	Past Perfect subjunctive
haya	hubiera
hayas	hubieras
haya hablado	hubiera hablado
hayamos comido	hubiéramos comido
hayáis vivido	hubierais vivido
hayan	hubieran

PROGRESSIVE TENSES

INDICATIVE				SUBJUNCTIVE	
Present Progressive	Past Progressive	Future Progressive	Conditional Progressive	Present Progressive	Past Progressive
estoy	estaba	estaré	estaría	esté	estuviera
estás	estabas	estarás	estarías	estés	estuvieras
está } hablando comiendo viviendo	estaba } hablando comiendo viviendo	estará } hablando comiendo viviendo	estaría } hablando comiendo viviendo	esté } hablando comiendo viviendo	estuviera } hablando comiendo viviendo
estamos	estábamos	estaremos	estaríamos	estemos	estuviéramos
estáis	estabais	estaréis	estaríais	estéis	estuvierais
están	estaban	estarán	estarían	estén	estuvieran

Irregular verbs

Infinitive	INDICATIVE					SUBJUNCTIVE		IMPERATIVE
	Present	Imperfect	Preterite	Future	Conditional	Present	Past	
4 caber	**quepo**	cabía	**cupe**	**cabré**	**cabría**	**quepa**	**cupiera**	
	cabes	cabías	**cupiste**	**cabrás**	**cabrías**	**quepas**	**cupieras**	cabe tú (no **quepas**)
	cabe	cabía	**cupo**	**cabrá**	**cabría**	**quepa**	**cupiera**	**quepa** Ud.
Participles:	cabemos	cabíamos	**cupimos**	**cabremos**	**cabríamos**	**quepamos**	**cupiéramos**	**quepamos**
cabiendo	cabéis	cabíais	**cupisteis**	**cabréis**	**cabríais**	**quepáis**	**cupierais**	cabed (no **quepáis**)
cabido	caben	cabían	**cupieron**	**cabrán**	**cabrían**	**quepan**	**cupieran**	**quepan** Uds.
5 caer(se)	**caigo**	caía	caí	caeré	caería	**caiga**	**cayera**	
	caes	caías	caíste	caerás	caerías	**caigas**	**cayeras**	cae tú (no **caigas**)
	cae	caía	**cayó**	caerá	caería	**caiga**	**cayera**	**caiga** Ud. (no **caiga**)
Participles:	caemos	caíamos	**caímos**	caeremos	caeríamos	**caigamos**	**cayéramos**	**caigamos**
cayendo	caéis	caíais	**caísteis**	caeréis	caeríais	**caigáis**	**cayerais**	caed (no **caigáis**)
caído	caen	caían	**cayeron**	caerán	caerían	**caigan**	**cayeran**	**caigan** Uds.
6 conducir	**conduzco**	conducía	**conduje**	conduciré	conduciría	**conduzca**	**condujera**	
(c:zc)	conduces	conducías	**condujiste**	conducirás	conducirías	**conduzcas**	**condujeras**	conduce tú (no **conduzcas**)
Participles:	conduce	conducía	**condujo**	conducirá	conduciría	**conduzca**	**condujera**	**conduzca** Ud. (no **conduzca**)
conduciendo	conducimos	conducíamos	**condujimos**	conduciremos	conduciríamos	**conduzcamos**	**condujéramos**	**conduzcamos**
conducido	conducís	conducíais	**condujisteis**	conduciréis	conduciríais	**conduzcáis**	**condujerais**	conducid (no **conduzcáis**)
	conducen	conducían	**condujeron**	conducirán	conducirían	**conduzcan**	**condujeran**	**conduzcan** Uds.

	Infinitive	INDICATIVE					SUBJUNCTIVE		IMPERATIVE
		Present	Imperfect	Preterite	Future	Conditional	Present	Past	
7	dar Participles: dando dado	**doy** das da damos dais dan	daba dabas daba dábamos dabais daban	**di** **diste** **dio** **dimos** **disteis** **dieron**	daré darás dará daremos daréis darán	daría darías daría daríamos daríais darían	**dé** **des** **dé** **demos** **deis** **den**	diera dieras diera diéramos dierais dieran	 da tú (no **des**) **dé** Ud. **demos** dad (no **deis**) **den** Uds.
8	decir (e:i) Participles: diciendo dicho	**digo** **dices** **dice** decimos decís **dicen**	decía decías decía decíamos decíais decían	**dije** **dijiste** **dijo** **dijimos** **dijisteis** **dijeron**	**diré** **dirás** **dirá** **diremos** **diréis** **dirán**	**diría** **dirías** **diría** **diríamos** **diríais** **dirían**	diga digas diga digamos digáis digan	dijera dijeras dijera dijéramos dijerais dijeran	 **di** tú (no **digas**) **diga** Ud. **digamos** decid (no **digáis**) **digan** Uds.
9	estar Participles: estando estado	**estoy** estás está estamos estáis están	estaba estabas estaba estábamos estabais estaban	**estuve** **estuviste** **estuvo** **estuvimos** **estuvisteis** **estuvieron**	estaré estarás estará estaremos estaréis estarán	estaría estarías estaría estaríamos estaríais estarían	esté estés esté estemos estéis estén	estuviera estuvieras estuviera estuviéramos estuvierais estuvieran	 está tú (no estés) esté Ud. estemos estad (no estéis) estén Uds.
10	haber Participles: habiendo habido	**he** **has** **ha** **hemos** **habéis** **han**	había habías había habíamos habíais habían	**hube** **hubiste** **hubo** **hubimos** **hubisteis** **hubieron**	**habré** **habrás** **habrá** **habremos** **habréis** **habrán**	**habría** **habrías** **habría** **habríamos** **habríais** **habrían**	**haya** **hayas** **haya** **hayamos** **hayáis** **hayan**	hubiera hubieras hubiera hubiéramos hubierais hubieran	
11	hacer Participles: haciendo hecho	**hago** haces hace hacemos hacéis hacen	hacía hacías hacía hacíamos hacíais hacían	**hice** **hiciste** **hizo** **hicimos** **hicisteis** **hicieron**	**haré** **harás** **hará** **haremos** **haréis** **harán**	**haría** **harías** **haría** **haríamos** **haríais** **harían**	**haga** **hagas** **haga** **hagamos** **hagáis** **hagan**	hiciera hicieras hiciera hiciéramos hicierais hicieran	 **haz** tú (no **hagas**) **haga** Ud. **hagamos** haced (no **hagáis**) **hagan** Uds.
12	ir Participles: yendo ido	**voy** **vas** **va** **vamos** **vais** **van**	**iba** **ibas** **iba** **íbamos** **ibais** **iban**	**fui** **fuiste** **fue** **fuimos** **fuisteis** **fueron**	iré irás irá iremos iréis irán	iría irías iría iríamos iríais irían	**vaya** **vayas** **vaya** **vayamos** **vayáis** **vayan**	fuera fueras fuera fuéramos fuerais fueran	 **ve** tú (no **vayas**) **vaya** Ud. **vamos** id (no **vayáis**) **vayan** Uds.
13	oír (y) Participles: oyendo oído	**oigo** **oyes** **oye** oímos oís **oyen**	oía oías oía oíamos oíais oían	**oí** **oíste** **oyó** **oímos** **oísteis** **oyeron**	oiré oirás oirá oiremos oiréis oirán	oiría oirías oiría oiríamos oiríais oirían	**oiga** **oigas** **oiga** **oigamos** **oigáis** **oigan**	oyera oyeras oyera oyéramos oyerais oyeran	 **oye** tú (no **oigas**) **oiga** Ud. **oigamos** oíd (no **oigáis**) **oigan** Uds.

Infinitive	INDICATIVE Present	Imperfect	Preterite	Future	Conditional	SUBJUNCTIVE Present	Past	IMPERATIVE
14 poder (o:ue) Participles: **pudiendo** podido	**puedo** **puedes** **puede** podemos podéis **pueden**	podía podías podía podíamos podíais podían	**pude** **pudiste** **pudo** **pudimos** **pudisteis** **pudieron**	**podré** **podrás** **podrá** **podremos** **podréis** **podrán**	**podría** **podrías** **podría** **podríamos** **podríais** **podrían**	**pueda** **puedas** **pueda** podamos podáis **puedan**	**pudiera** **pudieras** **pudiera** **pudiéramos** **pudierais** **pudieran**	**puede** tú (no **puedas**) **pueda** Ud. podamos poded (no podáis) **puedan** Uds.
15 poner Participles: poniendo **puesto**	**pongo** pones pone ponemos ponéis ponen	ponía ponías ponía poníamos poníais ponían	**puse** **pusiste** **puso** **pusimos** **pusisteis** **pusieron**	**pondré** **pondrás** **pondrá** **pondremos** **pondréis** **pondrán**	**pondría** **pondrías** **pondría** **pondríamos** **pondríais** **pondrían**	**ponga** **pongas** **ponga** **pongamos** **pongáis** **pongan**	**pusiera** **pusieras** **pusiera** **pusiéramos** **pusierais** **pusieran**	**pon** tú (no **pongas**) **ponga** Ud. **pongamos** poned (no **pongáis**) **pongan** Uds.
16 querer (e:ie) Participles: queriendo querido	**quiero** **quieres** **quiere** queremos queréis **quieren**	quería querías quería queríamos queríais querían	**quise** **quisiste** **quiso** **quisimos** **quisisteis** **quisieron**	**querré** **querrás** **querrá** **querremos** **querréis** **querrán**	**querría** **querrías** **querría** **querríamos** **querríais** **querrían**	**quiera** **quieras** **quiera** queramos queráis **quieran**	**quisiera** **quisieras** **quisiera** **quisiéramos** **quisierais** **quisieran**	**quiere** tú (no **quieras**) **quiera** Ud. queramos quered (no queráis) **quieran** Uds.
17 saber Participles: sabiendo sabido	**sé** sabes sabe sabemos sabéis saben	sabía sabías sabía sabíamos sabíais sabían	**supe** **supiste** **supo** **supimos** **supisteis** **supieron**	**sabré** **sabrás** **sabrá** **sabremos** **sabréis** **sabrán**	**sabría** **sabrías** **sabría** **sabríamos** **sabríais** **sabrían**	**sepa** **sepas** **sepa** **sepamos** **sepáis** **sepan**	**supiera** **supieras** **supiera** **supiéramos** **supierais** **supieran**	sabe tú (no **sepas**) **sepa** Ud. **sepamos** sabed (no **sepáis**) **sepan** Uds.
18 salir Participles: saliendo salido	**salgo** sales sale salimos salís salen	salía salías salía salíamos salíais salían	salí saliste salió salimos salisteis salieron	**saldré** **saldrás** **saldrá** **saldremos** **saldréis** **saldrán**	**saldría** **saldrías** **saldría** **saldríamos** **saldríais** **saldrían**	**salga** **salgas** **salga** **salgamos** **salgáis** **salgan**	saliera salieras saliera saliéramos salierais salieran	**sal** tú (no **salgas**) **salga** Ud. **salgamos** salid (no **salgáis**) **salgan** Uds.
19 ser Participles: siendo sido	**soy** **eres** **es** **somos** **sois** **son**	**era** **eras** **era** **éramos** **erais** **eran**	**fui** **fuiste** **fue** **fuimos** **fuisteis** **fueron**	seré serás será seremos seréis serán	sería serías sería seríamos seríais serían	**sea** **seas** **sea** **seamos** **seáis** **sean**	**fuera** **fueras** **fuera** **fuéramos** **fuerais** **fueran**	**sé** tú (no **seas**) **sea** Ud. **seamos** sed (no **seáis**) **sean** Uds.
20 tener (e:ie) Participles: teniendo tenido	**tengo** **tienes** **tiene** tenemos tenéis **tienen**	**tenía** **tenías** **tenía** **teníamos** **teníais** **tenían**	**tuve** **tuviste** **tuvo** **tuvimos** **tuvisteis** **tuvieron**	**tendré** **tendrás** **tendrá** **tendremos** **tendréis** **tendrán**	**tendría** **tendrías** **tendría** **tendríamos** **tendríais** **tendrían**	**tenga** **tengas** **tenga** **tengamos** **tengáis** **tengan**	**tuviera** **tuvieras** **tuviera** **tuviéramos** **tuvierais** **tuvieran**	**ten** tú (no **tengas**) **tenga** Ud. **tengamos** tened (no **tengáis**) **tengan** Uds.

21 traer
Participles: **trayendo**, **traído**

	INDICATIVE					SUBJUNCTIVE		IMPERATIVE
	Present	Imperfect	Preterite	Future	Conditional	Present	Past	
	traigo	traía	**traje**	traeré	traería	**traiga**	**trajera**	
	traes	traías	**trajiste**	traerás	traerías	**traigas**	**trajeras**	trae tú (no **traigas**)
	trae	traía	**trajo**	traerá	traería	**traiga**	**trajera**	**traiga** Ud.
	traemos	traíamos	**trajimos**	traeremos	traeríamos	**traigamos**	**trajéramos**	**traigamos**
	traéis	traíais	**trajisteis**	traeréis	traeríais	**traigáis**	**trajerais**	traed (no **traigáis**)
	traen	traían	**trajeron**	traerán	traerían	**traigan**	**trajeran**	**traigan** Uds.

22 venir (e:ie)
Participles: **viniendo**, venido

	INDICATIVE					SUBJUNCTIVE		IMPERATIVE
	Present	Imperfect	Preterite	Future	Conditional	Present	Past	
	vengo	venía	**vine**	**vendré**	**vendría**	**venga**	**viniera**	
	vienes	venías	**viniste**	**vendrás**	**vendrías**	**vengas**	**vinieras**	**ven** tú (no **vengas**)
	viene	venía	**vino**	**vendrá**	**vendría**	**venga**	**viniera**	**venga** Ud.
	venimos	veníamos	**vinimos**	**vendremos**	**vendríamos**	**vengamos**	**viniéramos**	**vengamos**
	venís	veníais	**vinisteis**	**vendréis**	**vendríais**	**vengáis**	**vinierais**	venid (no **vengáis**)
	vienen	venían	**vinieron**	**vendrán**	**vendrían**	**vengan**	**vinieran**	**vengan** Uds.

23 ver
Participles: **viendo**, **visto**

	INDICATIVE					SUBJUNCTIVE		IMPERATIVE
	Present	Imperfect	Preterite	Future	Conditional	Present	Past	
	veo	**veía**	**vi**	veré	vería	**vea**	**viera**	
	ves	**veías**	**viste**	verás	verías	**veas**	**vieras**	ve tú (no **veas**)
	ve	**veía**	**vio**	verá	vería	**vea**	**viera**	**vea** Ud.
	vemos	**veíamos**	**vimos**	veremos	veríamos	**veamos**	**viéramos**	**veamos**
	veis	**veíais**	**visteis**	veréis	veríais	**veáis**	**vierais**	ved (no **veáis**)
	ven	**veían**	**vieron**	verán	verían	**vean**	**vieran**	**vean** Uds.

Stem-changing verbs

24 contar (o:ue)
Participles: contando, contado

	INDICATIVE					SUBJUNCTIVE		IMPERATIVE
	Present	Imperfect	Preterite	Future	Conditional	Present	Past	
	cuento	contaba	conté	contaré	contaría	**cuente**	contara	
	cuentas	contabas	contaste	contarás	contarías	**cuentes**	contaras	**cuenta** tú (no **cuentes**)
	cuenta	contaba	contó	contará	contaría	**cuente**	contara	**cuente** Ud.
	contamos	contábamos	contamos	contaremos	contaríamos	contemos	contáramos	contemos
	contáis	contabais	contasteis	contaréis	contaríais	contéis	contarais	contad (no contéis)
	cuentan	contaban	contaron	contarán	contarían	**cuenten**	contaran	**cuenten** Uds.

25 dormir (o:ue)
Participles: **durmiendo**, dormido

	INDICATIVE					SUBJUNCTIVE		IMPERATIVE
	Present	Imperfect	Preterite	Future	Conditional	Present	Past	
	duermo	dormía	dormí	dormiré	dormiría	**duerma**	**durmiera**	
	duermes	dormías	dormiste	dormirás	dormirías	**duermas**	**durmieras**	**duerme** tú (no **duermas**)
	duerme	dormía	**durmió**	dormirá	dormiría	**duerma**	**durmiera**	**duerma** Ud.
	dormimos	dormíamos	dormimos	dormiremos	dormiríamos	**durmamos**	**durmiéramos**	**durmamos**
	dormís	dormíais	dormisteis	dormiréis	dormiríais	**durmáis**	**durmierais**	dormid (no **durmáis**)
	duermen	dormían	**durmieron**	dormirán	dormirían	**duerman**	**durmieran**	**duerman** Uds.

26 empezar (e:ie) (z:c)
Participles: empezando, empezado

	INDICATIVE					SUBJUNCTIVE		IMPERATIVE
	Present	Imperfect	Preterite	Future	Conditional	Present	Past	
	empiezo	empezaba	**empecé**	empezaré	empezaría	**empiece**	empezara	
	empiezas	empezabas	empezaste	empezarás	empezarías	**empieces**	empezaras	**empieza** tú (no **empieces**)
	empieza	empezaba	empezó	empezará	empezaría	**empiece**	empezara	**empiece** Ud.
	empezamos	empezábamos	empezamos	empezaremos	empezaríamos	**empecemos**	empezáramos	**empecemos**
	empezáis	empezabais	empezasteis	empezaréis	empezaríais	**empecéis**	empezarais	empezad (no **empecéis**)
	empiezan	empezaban	empezaron	empezarán	empezarían	**empiecen**	empezaran	**empiecen** Uds.

27 entender (e:ie)
Participles: entendiendo, entendido

	INDICATIVE					SUBJUNCTIVE		IMPERATIVE
	Present	Imperfect	Preterite	Future	Conditional	Present	Past	
	entiendo	entendía	entendí	entenderé	entendería	entienda	entendiera	
	entiendes	entendías	entendiste	entenderás	entenderías	entiendas	entendieras	entiende tú (no entiendas)
	entiende	entendía	entendió	entenderá	entendería	entienda	entendiera	entienda Ud.
	entendemos	entendíamos	entendimos	entenderemos	entenderíamos	entendamos	entendiéramos	entendamos
	entendéis	entendíais	entendisteis	entenderéis	entenderíais	entendáis	entendierais	entended (no entendáis)
	entienden	entendían	entendieron	entenderán	entenderían	entiendan	entendieran	entiendan Uds.

28 jugar (u:ue) (g:gu)
Participles: jugando, jugado

	Present	Imperfect	Preterite	Future	Conditional	Present	Past	IMPERATIVE
	juego	jugaba	jugué	jugaré	jugaría	juegue	jugara	
	juegas	jugabas	jugaste	jugarás	jugarías	juegues	jugaras	juega tú (no juegues)
	juega	jugaba	jugó	jugará	jugaría	juegue	jugara	juegue Ud.
	jugamos	jugábamos	jugamos	jugaremos	jugaríamos	juguemos	jugáramos	juguemos
	jugáis	jugabais	jugasteis	jugaréis	jugaríais	juguéis	jugarais	jugad (no juguéis)
	juegan	jugaban	jugaron	jugarán	jugarían	jueguen	jugaran	jueguen Uds.

29 pedir (e:i)
Participles: pidiendo, pedido

	Present	Imperfect	Preterite	Future	Conditional	Present	Past	IMPERATIVE
	pido	pedía	pedí	pediré	pediría	pida	pidiera	
	pides	pedías	pediste	pedirás	pedirías	pidas	pidieras	pide tú (no pidas)
	pide	pedía	pidió	pedirá	pediría	pida	pidiera	pida Ud.
	pedimos	pedíamos	pedimos	pediremos	pediríamos	pidamos	pidiéramos	pidamos
	pedís	pedíais	pedisteis	pediréis	pediríais	pidáis	pidierais	pedid (no pidáis)
	piden	pedían	pidieron	pedirán	pedirían	pidan	pidieran	pidan Uds.

30 pensar (e:ie)
Participles: pensando, pensado

	Present	Imperfect	Preterite	Future	Conditional	Present	Past	IMPERATIVE
	pienso	pensaba	pensé	pensaré	pensaría	piense	pensara	
	piensas	pensabas	pensaste	pensarás	pensarías	pienses	pensaras	piensa tú (no pienses)
	piensa	pensaba	pensó	pensará	pensaría	piense	pensara	piense Ud.
	pensamos	pensábamos	pensamos	pensaremos	pensaríamos	pensemos	pensáramos	pensemos
	pensáis	pensabais	pensasteis	pensaréis	pensaríais	penséis	pensarais	pensad (no penséis)
	piensan	pensaban	pensaron	pensarán	pensarían	piensen	pensaran	piensen Uds.

31 reír(se) (e:i)
Participles: riendo, reído

	Present	Imperfect	Preterite	Future	Conditional	Present	Past	IMPERATIVE
	río	reía	reí	reiré	reiría	ría	riera	
	ríes	reías	reíste	reirás	reirías	rías	rieras	ríe tú (no rías)
	ríe	reía	rió	reirá	reiría	ría	riera	ría Ud.
	reímos	reíamos	reímos	reiremos	reiríamos	riamos	riéramos	riamos
	reís	reíais	reísteis	reiréis	reiríais	riáis	rierais	reíd (no riáis)
	ríen	reían	rieron	reirán	reirían	rían	rieran	rían Uds.

32 seguir (e:i) (g:gu)
Participles: siguiendo, seguido

	Present	Imperfect	Preterite	Future	Conditional	Present	Past	IMPERATIVE
	sigo	seguía	seguí	seguiré	seguiría	siga	siguiera	
	sigues	seguías	seguiste	seguirás	seguirías	sigas	siguieras	sigue tú (no sigas)
	sigue	seguía	siguió	seguirá	seguiría	siga	siguiera	siga Ud.
	seguimos	seguíamos	seguimos	seguiremos	seguiríamos	sigamos	siguiéramos	sigamos
	seguís	seguíais	seguisteis	seguiréis	seguiríais	sigáis	siguierais	seguid (no sigáis)
	siguen	seguían	siguieron	seguirán	seguirían	sigan	siguieran	sigan Uds.

33 sentir (e:ie)
Participles: sintiendo, sentido

	Present	Imperfect	Preterite	Future	Conditional	Present	Past	IMPERATIVE
	siento	sentía	sentí	sentiré	sentiría	sienta	sintiera	
	sientes	sentías	sentiste	sentirás	sentirías	sientas	sintieras	siente tú (no sientas)
	siente	sentía	sintió	sentirá	sentiría	sienta	sintiera	sienta Ud.
	sentimos	sentíamos	sentimos	sentiremos	sentiríamos	sintamos	sintiéramos	sintamos
	sentís	sentíais	sentisteis	sentiréis	sentiríais	sintáis	sintierais	sentid (no sintáis)
	sienten	sentían	sintieron	sentirán	sentirían	sientan	sintieran	sientan Uds.

34

Infinitive	INDICATIVE					SUBJUNCTIVE		IMPERATIVE
	Present	Imperfect	Preterite	Future	Conditional	Present	Past	
volver (o:ue)	vuelvo	volvía	volví	volveré	volvería	vuelva	volviera	
	vuelves	volvías	volviste	volverás	volverías	vuelvas	volvieras	vuelve tú (no vuelvas)
	vuelve	volvía	volvió	volverá	volvería	vuelva	volviera	vuelva Ud.
Participles:	volvemos	volvíamos	volvimos	volveremos	volveríamos	volvamos	volviéramos	volvamos
volviendo	volvéis	volvíais	volvisteis	volveréis	volveríais	volváis	volvierais	volved (no volváis)
vuelto	vuelven	volvían	volvieron	volverán	volverían	vuelvan	volvieran	vuelvan Uds.

Verbs with spelling changes only

35

Infinitive	INDICATIVE					SUBJUNCTIVE		IMPERATIVE
	Present	Imperfect	Preterite	Future	Conditional	Present	Past	
conocer (c:zc)	conozco	conocía	conocí	conoceré	conocería	conozca	conociera	
	conoces	conocías	conociste	conocerás	conocerías	conozcas	conocieras	conoce tú (no conozcas)
	conoce	conocía	conoció	conocerá	conocería	conozca	conociera	conozca Ud.
Participles:	conocemos	conocíamos	conocimos	conoceremos	conoceríamos	conozcamos	conociéramos	conozcamos
conociendo	conocéis	conocíais	conocisteis	conoceréis	conoceríais	conozcáis	conocierais	conoced (no conozcáis)
conocido	conocen	conocían	conocieron	conocerán	conocerían	conozcan	conocieran	conozcan Uds.

36

Infinitive	INDICATIVE					SUBJUNCTIVE		IMPERATIVE
	Present	Imperfect	Preterite	Future	Conditional	Present	Past	
creer (y)	creo	creía	creí	creeré	creería	crea	creyera	
	crees	creías	creíste	creerás	creerías	creas	creyeras	cree tú (no creas)
	cree	creía	creyó	creerá	creería	crea	creyera	crea Ud.
Participles:	creemos	creíamos	creímos	creeremos	creeríamos	creamos	creyéramos	creamos
creyendo	creéis	creíais	creísteis	creeréis	creeríais	creáis	creyerais	creed (no creáis)
creído	creen	creían	creyeron	creerán	creerían	crean	creyeran	crean Uds.

37

Infinitive	INDICATIVE					SUBJUNCTIVE		IMPERATIVE
	Present	Imperfect	Preterite	Future	Conditional	Present	Past	
cruzar (z:c)	cruzo	cruzaba	crucé	cruzaré	cruzaría	cruce	cruzara	
	cruzas	cruzabas	cruzaste	cruzarás	cruzarías	cruces	cruzaras	cruza tú (no cruces)
	cruza	cruzaba	cruzó	cruzará	cruzaría	cruce	cruzara	cruce Ud.
Participles:	cruzamos	cruzábamos	cruzamos	cruzaremos	cruzaríamos	crucemos	cruzáramos	crucemos
cruzando	cruzáis	cruzabais	cruzasteis	cruzaréis	cruzaríais	crucéis	cruzarais	cruzad (no crucéis)
cruzado	cruzan	cruzaban	cruzaron	cruzarán	cruzarian	crucen	cruzaran	crucen Uds.

38

Infinitive	INDICATIVE					SUBJUNCTIVE		IMPERATIVE
	Present	Imperfect	Preterite	Future	Conditional	Present	Past	
destruir (y)	destruyo	destruía	destruí	destruiré	destruiría	destruya	destruyera	
	destruyes	destruías	destruiste	destruirás	destruirías	destruyas	destruyeras	destruye tú (no destruyas)
	destruye	destruía	destruyó	destruirá	destruiría	destruya	destruyera	destruya Ud.
Participles:	destruimos	destruíamos	destruimos	destruiremos	destruiríamos	destruyamos	destruyéramos	destruyamos
destruyendo	destruís	destruíais	destruisteis	destruiréis	destruiríais	destruyáis	destruyerais	destruid (no destruyáis)
destruido	destruyen	destruían	destruyeron	destruirán	destruirían	destruyan	destruyeran	destruyan Uds.

39

Infinitive	INDICATIVE					SUBJUNCTIVE		IMPERATIVE
	Present	Imperfect	Preterite	Future	Conditional	Present	Past	
enviar (envío)	envío	enviaba	envié	enviaré	enviaría	envíe	enviara	
	envías	enviabas	enviaste	enviarás	enviarías	envíes	enviaras	envía tú (no envíes)
	envía	enviaba	envió	enviará	enviaría	envíe	enviara	envíe Ud.
Participles:	enviamos	enviábamos	enviamos	enviaremos	enviaríamos	enviemos	enviáramos	enviemos
enviando	enviáis	enviabais	enviasteis	enviaréis	enviaríais	enviéis	enviarais	enviad (no enviéis)
enviado	envían	enviaban	enviaron	enviarán	enviarían	envíen	enviaran	envíen Uds.

Infinitive	INDICATIVE					SUBJUNCTIVE		IMPERATIVE
	Present	Imperfect	Preterite	Future	Conditional	Present	Past	
40 graduarse (gradúo)	gradúo	graduaba	gradué	graduaré	graduaría	gradúe	graduara	
	gradúas	graduabas	graduaste	graduarás	graduarías	gradúes	graduaras	gradúa tú (no gradúes)
	gradúa	graduaba	graduó	graduará	graduaría	gradúe	graduara	gradúe Ud.
Participles:	graduamos	graduábamos	graduamos	graduaremos	graduaríamos	graduemos	graduáramos	graduemos
graduando	graduáis	graduabais	graduasteis	graduaréis	graduaríais	graduéis	graduarais	graduad (no graduéis)
graduado	gradúan	graduaban	graduaron	graduarán	graduarían	gradúen	graduaran	gradúen Uds.
41 llegar (g:gu)	llego	llegaba	llegué	llegaré	llegaría	llegue	llegara	
	llegas	llegabas	llegaste	llegarás	llegarías	llegues	llegaras	llega tú (no llegues)
	llega	llegaba	llegó	llegará	llegaría	llegue	llegara	llegue Ud.
Participles:	llegamos	llegábamos	llegamos	llegaremos	llegaríamos	lleguemos	llegáramos	lleguemos
llegando	llegáis	llegabais	llegasteis	llegaréis	llegaríais	lleguéis	llegarais	llegad (no lleguéis)
llegado	llegan	llegaban	llegaron	llegarán	llegarían	lleguen	llegaran	lleguen Uds.
42 proteger (g:j)	protejo	protegía	protegí	protegeré	protegería	proteja	protegiera	
	proteges	protegías	protegiste	protegerás	protegerías	protejas	protegieras	protege tú (no protejas)
	protege	protegía	protegió	protegerá	protegería	proteja	protegiera	proteja Ud.
Participles:	protegemos	protegíamos	protegimos	protegeremos	protegeríamos	protejamos	protegiéramos	protejamos
protegiendo	protegéis	protegíais	protegisteis	protegeréis	protegeríais	protejáis	protegierais	proteged (no protejáis)
protegido	protegen	protegían	protegieron	protegerán	protegerían	protejan	protegieran	protejan Uds.
43 tocar (c:qu)	toco	tocaba	toqué	tocaré	tocaría	toque	tocara	
	tocas	tocabas	tocaste	tocarás	tocarías	toques	tocaras	toca tú (no toques)
	toca	tocaba	tocó	tocarás	tocaría	toque	tocara	toque Ud.
Participles:	tocamos	tocábamos	tocamos	tocaremos	tocaríamos	toquemos	tocáramos	toquemos
tocando	tocáis	tocabais	tocasteis	tocaréis	tocaríais	toquéis	tocarais	tocad (no toquéis)
tocado	tocan	tocaban	tocaron	tocarán	tocarían	toquen	tocaran	toquen Uds.

Guide to Vocabulary

Note on alphabetization

For purposes of alphabetization, **ch** and **ll** are not treated as separate letters, but **ñ** still follows **n**. Therefore, in this glossary you will find that **año**, for example, appears after **anuncio**.

Abbreviations used in this glossary

adj.	adjective	*form.*	formal	*poss.*	possessive
adv.	adverb	*indef.*	indefinite	*prep.*	preposition
art.	article	*interj.*	interjection	*pron.*	pronoun
conj.	conjunction	*i.o.*	indirect object	*ref.*	reflexive
def.	definite	*m.*	masculine	*sing.*	singular
d.o.	direct object	*obj.*	object	*sub.*	subject
f.	feminine	*p.p.*	past participle	*v.*	verb
fam.	familiar	*pl.*	plural		

Spanish-English

A

a *prep.* at; to **1**
  ¿A qué hora...? At what time...? **1, 9**
  a bordo aboard **1**
  a dieta on a diet **15**
  a la derecha de to the right of **2**
  a la izquierda de to the left of **2**
  a la plancha grilled **8**
  a la(s) + *time* at + *time* **1**
  a menos que unless **13**
  a menudo often **10**
  a mi nombre in my name
  a nombre de in the name of
  a plazos in installments **14**
  A sus órdenes. At your service.
  a tiempo on time **10**
  a veces sometimes **10**
  a ver let's see **2**
¡Abajo! *adv.* Down!
abeja *f.* bee
abierto/a *adj.* open **5**; *p.p.* opened **15**
abogado/a *m., f.* lawyer **16**
abrazar(se) *v.* to hug; to embrace (each other)
abrazo *m.* hug
abrigo *m.* coat **6**
abril *m.* April **5**
abrir *v.* to open **3**
abuelo/a *m., f.* grandfather; grandmother **3**
abuelos *pl.* grandparents **3**
aburrido/a *adj.* bored **5**
aburrir *v.* to bore **7**
aburrirse *v.* to get bored
acabar de (+ *inf.*) *v.* to have just (*done something*) **6**
acampar *v.* to camp **5**

accidente *m.* accident **10**
acción *f.* action
aceite *m.* oil **8**
ácido/a *adj.* acid
acompañar *v.* to go with; to accompany **14**
aconsejar *v.* to advise **12**
acontecimiento *m.* event
acordarse (de) (o:ue) *v.* to remember **7**
acostarse (o:ue) *v.* to lie down; to go to bed **7**
activo/a *adj.* active **15**
actor *m.* actor **16**
actriz *f.* actress **16**
actualidades *f., pl.* news; current events
acuático/a *adj.* aquatic **4**
adelgazar *v.* to lose weight; to slim down **15**
además (de) *adv.* furthermore; besides **10**; in addition (to)
adicional *adj.* additional
adiós *m.* goodbye **1**
adjetivo *m.* adjective
administración de empresas *f.* business administration **2**
adolescencia *f.* adolescence **9**
¿adónde? *adv.* where (to)? (*destination*) **2, 9**
aduana *f.* customs **5**
aeróbico/a *adj.* aerobic **15**
aeropuerto *m.* airport **5**
afectado/a *adj.* affected **13**
afeitarse *v.* to shave **7**
aficionado/a *adj.* fan **4**
afirmativo/a *adj.* affirmative
afueras *f., pl.* suburbs; outskirts **12**
agencia de bienes raíces *f.* real estate agency **12**
agencia de viajes *f.* travel agency **5**
agente de viajes *m., f.* travel agent **5**
agosto *m.* August **5**
agradable *adj.* pleasant

agrio/a *adj.* sour **8**
agua *f.* water **8**
  agua mineral mineral water **8**
ahora *adv.* now
  ahora mismo right now **5**
ahorrar *v.* to save money **14**
ahorros *m., pl.* savings **14**
aire *m.* air **6**
ajo *m.* garlic
al (*contraction of* a + el) **4**
  al aire libre open-air **6**
  al contado in cash **14**
  (al) este (to the) east **14**
  al fondo (de) at the end (of)
  al lado de next to; beside **2**
  (al) norte (to the) north **14**
  (al) oeste (to the) west **14**
  (al) sur (to the) south **14**
alcoba *f.* bedroom **12**
alcohol *m.* alcohol **15**
alcohólico/a *adj.* alcoholic **15**
alegrarse (de) *v.* to be happy **13**
alegre *adj.* happy **5**
alegría *f.* happiness **9**
alemán, alemana *adj.* German **3**
alérgico/a *adj.* allergic **10**
alfombra *f.* carpet; rug **12**
algo *pron.* something; anything **7**
algodón *m.* cotton **6**
alguien *pron.* someone; anyone **7**
algún, alguno/a(s) *adj.* any; some **7**
aliviar *v.* to relieve **15**
  aliviar el estrés/la tensión to relieve stress/tension **15**
allí *adv.* there **5**
  allí mismo right there **14**
almacén *m.* department store **6**
almohada *f.* pillow **12**
almorzar (o:ue) *v.* to have lunch **8**
almuerzo *m.* lunch **8**
¿Aló? *interj.* Hello? (*on the telephone*) **11**
alojamiento *m.* lodging **5**
alquilar *v.* to rent **12**
alquiler *m.* rent **12**

alternador *m.* alternator
altillo *m.* attic 12
alto/a *adj.* tall 3
aluminio *m.* aluminum 13
amable *adj.* nice; friendly 5
ama *f.* **de casa** homemaker;
  housekeeper 12; housewife
amarillo/a *adj.* yellow 6
amigo/a *m., f.* friend 3
amistad *f.* friendship 9
amor *m.* love 9
anaranjado/a *adj.* orange 6
animal *m.* animal 13
aniversario (de bodas) *m.* (wedding)
  anniversary 9
anoche *adv.* last night 6
anteayer *adv.* the day before
  yesterday 6
antes *adv.* before 7
  antes de *prep.* before 7
  antes (de) que *conj.* before 13
antibiótico *m.* antibiotic 10
antipático/a *adj.* unpleasant 3
anunciar *v.* to announce; to advertise
anuncio *m.* advertisement 16
año *m.* year 5
  el año pasado last year 6
apagar *v.* to turn off 11
aparato *m.* appliance 12
apartamento *m.* apartment 12
apellido *m.* last name 9
apenas *adv.* hardly; scarcely; just 10
aplaudir *v.* to applaud
apreciar *v.* to appreciate
aprender *v.* to learn 3
apurarse *v.* to hurry; to rush 15
aquel, aquella *adj.* that; those (over
  there) 6
aquél, aquélla *pron.* that; those (over
  there) 6
aquello *neuter, pron.* that; that thing;
  that fact 6
aquellos/as *pl. adj.* that; those
  (over there) 6
aquéllos/as *pl. pron.* those (ones)
  (over there) 6
aquí *adv.* here 1
  Aquí está... Here it is... 5
    Aquí estamos en... Here we are
      at/in... 2
    aquí mismo right here
árbol *m.* tree 13
archivo *m.* file 11
argentino/a *adj.* Argentine 3
armario *m.* closet 12
arqueólogo/a *m., f.* archaeologist 16
arquitecto/a *m., f.* architect 16
arrancar *v.* to start (*a car*) 11
arreglar *v.* to fix; to arrange 11;
  to clean up 12
arriba *adv.* up
arroz *m.* rice 8
arte *m.* art 2
artes *f., pl.* arts

artesanía *f.* craftsmanship; crafts
artículo *m.* article
artista *m., f.* artist 3
artístico/a *adj.* artistic
arveja *m.* pea 8
asado/a *adj.* roasted 8
ascenso *m.* promotion 16
ascensor *m.* elevator 5
así *adj.* like this; so (*in such a
  way*) 10
  así así so-so
asistir (a) *v.* to attend 3
aspiradora *f.* vacuum cleaner 12
aspirante *m., f.* candidate; applicant
  16
aspirina *f.* aspirin 10
atún *m.* tuna 8
aumentar *v.* **de peso** to gain
  weight 15
aumento *m.* increase 16
  aumento de sueldo pay raise 16
aunque *conj.* although
autobús *m.* bus 1
automático/a *adj.* automatic 14
auto(móvil) *m.* auto(mobile) 5
autopista *f.* highway
ave *f.* bird
avenida *f.* avenue
aventura *f.* adventure
avergonzado/a *adj.* embarrassed 5
avión *m.* airplane 5
¡Ay! *interj.* Oh!
  ¡Ay, qué dolor! Oh, what pain!
ayer *adv.* yesterday 6
ayudar *v.* to help 12
ayudarse *v.* to help each other
azúcar *m.* sugar 8
azul *adj.* blue 6

B

bailar *v.* to dance 2
bailarín/bailarina *m., f.* dancer 16
baile *m.* dance
bajar *v.* to go down 11
bajar(se) de *v.* to get out of
  (a vehicle) 11
bajo/a *adj.* short (*in height*) 3
  bajo control under control
balcón *m.* balcony 12
ballena *f.* whale 13
ballet *m.* ballet
baloncesto *m.* basketball 4
banana *f.* banana 8
banco *m.* bank 14
banda *f.* band
bandera *f.* flag
bañarse *v.* to bathe; to take a bath 7
baño *m.* bathroom 7
barato/a *adj.* cheap 6
barco *m.* boat 5
barrer *v.* to sweep 12
  barrer el suelo to sweep the floor 12

barrio *m.* neighborhood 12
bastante *adv.* enough; quite 10;
  pretty
basura *f.* trash 12
baúl *m.* trunk 11
beber *v.* to drink 3
bebida *f.* drink 8
  bebida alcohólica alcoholic
    beverage 15
béisbol *m.* baseball 4
bellas artes *f., pl.* fine arts
belleza *f.* beauty 14
beneficio *m.* benefit; profit 16
besar(se) *v.* to kiss (each other)
beso *m.* kiss 6
biblioteca *f.* library 2
bicicleta *f.* bicycle 4
bien *adj.* good; well 1
bienestar *m.* well-being 15
¡Bienvenido(s)/a(s)! *adj.*
  Welcome! 1
billete *m.* paper money 8
billón trillion 6
biología *f.* biology 2
bistec *m.* steak 8
bizcocho *m.* biscuit
blanco/a *adj.* white 6
bluejeans *m., pl.* jeans 6
blusa *f.* blouse 6
boca *f.* mouth 10
boda *f.* wedding 9
boleto *m.* ticket
bolsa *f.* bag; purse 6
bombero/a *m., f.* firefighter 16
bonito/a *adj.* pretty 3
borrador *m.* eraser 2
bosque *m.* forest 13
  bosque tropical tropical forest;
    rainforest 13
bota *f.* boot 6
botella *f.* bottle 9
  botella de vino bottle of
    wine 9
botones *m., f., sing.* bellhop 5
brazo *m.* arm 10
brindar *v.* to toast (*drink*) 9
bucear *v.* to scuba dive 4
bueno... *adv.* well...
buen, bueno/a *adj.* good 3, 6
  ¡Buen viaje! Have a good trip!
  buena forma good shape
    (*physical*) 15
  ¡Buena idea! Good idea! 4
  Buenas noches. Good evening;
    Good night. 1
  Buenas tardes.
    Good afternoon. 1
  buenísimo extremely good
  ¿Bueno? Hello? (*on telephone*) 11
  Buenos días. Good morning. 1
bulevar *m.* boulevard
buscar *v.* to look for 2
buzón *m.* mailbox 14
  buzón de voz voicemail 11

C

caballo *m.* horse **5**
cabaña *f.* cabin **5**
cabe: no cabe duda de there's no doubt **13**
cabeza *f.* head **10**
cada *adj.* each **6**
caerse *v.* to fall **10**
café *m.* café **4**; *adj.* brown **6**; coffee **8**
cafetera *f.* coffee maker
cafetería *f.* cafeteria **2**
caído/a *p.p.* fallen **15**
caja *f.* cash register **6**
cajero/a *m., f.* cashier
 cajero automático automatic teller machine (ATM) **14**
calcetín *m.* sock **6**
calculadora *f.* calculator **11**
caldo *m.* soup
 caldo de patas beef soup
calentamiento global *m.* global warming **13**
calentarse (e:ie) *v.* to warm up **15**
calidad *f.* quality **6**
calle *f.* street **11**
calor *m.* heat **3**
caloría *f.* calorie **15**
calzar *v.* to take size… shoes **6**
cama *f.* bed **5**
cámara *f.* camera **11**
 cámara de video videocamera **11**
 cámara digital digital camera **11**
camarero/a *m., f.* waiter **8**
camarón *m.* shrimp **8**
cambiar (de) *v.* to change **9**
cambio *m.* **de moneda** currency exchange
caminar *v.* to walk **2**
camino *m.* route **11**
camión *m.* truck; bus
camisa *f.* shirt **6**
camiseta *f.* t-shirt **6**
campo *m.* countryside **5**
canadiense *adj.* Canadian **3**
canal *m.* channel (TV)
canción *f.* song
candidato/a *m., f.* candidate
cansado/a *adj.* tired **5**
cantante *m., f.* singer **16**
cantar *v.* to sing **2**
capital *f.* capital city **1**
capó *m.* (car) hood **11**
cara *f.* face **7**
caramelo *m.* caramel
carne *f.* meat **8**
 carne de res beef **8**
carnicería *f.* butcher shop **14**
caro/a *adj.* expensive **6**
carpintero/a *m., f.* carpenter **16**
carrera *f.* career **16**
carretera *f.* highway

carro *m.* car **11**
carta *f.* letter **4**; (playing) card
cartel *m.* poster
cartera *f.* wallet **6**
cartero *m.* mail carrier **14**
casa *f.* house **4**; home
casado/a *adj.* married **9**
casarse (con) *v.* to get married (to) **9**
casi *adv.* almost **10**
catorce fourteen **1**
caza *f.* hunting **13**
cebolla *f.* onion **8**
celebrar *v.* to celebrate **9**
cena *f.* dinner **8**
cenar *v.* to have dinner **8**
centro *m.* downtown **4**
 centro comercial shopping mall **6**
cepillarse los dientes/el pelo *v.* to brush one's teeth/one's hair **7**
cerámica *f.* pottery
cerca de *prep.* near **2**
cerdo *m.* pork **8**
cereales *m., pl.* cereal; grains **8**
cero zero **1**
cerrado/a *adj.* closed **5**
cerrar (e:ie) *v.* to close **4**
cerveza *f.* beer **8**
césped *m.* grass **13**
ceviche *m.* lemon-marinated fish dish
 ceviche de camarón lemon-marinated shrimp
chaleco *m.* vest
champán *m.* champagne **9**
champiñón *m.* mushroom **8**
champú *m.* shampoo **7**
chaqueta *f.* jacket **6**
chau *fam., interj.* bye **1**
cheque *m.* (bank) check **14**
 cheque de viajero traveler's check **14**
chévere *adj., fam.* terrific
chico/a *m., f.* boy/girl **1**
chino/a *adj.* Chinese
chocar (con) *v.* to run into; to crash **11**
chocolate *m.* chocolate
choque *m.* collision
chuleta *f.* chop (*food*) **8**
 chuleta de cerdo pork chop **8**
ciclismo *m.* cycling **4**
cielo *m.* sky **13**
cien(to) one hundred **2, 6**
 por ciento percent
ciencia *f.* science
 ciencia ficción science fiction
científico/a *m., f.* scientist **16**
cierto *m.* certain; true **13**
 es cierto it's true/certain **13**
 no es cierto it's not true/certain **13**
cifra *f.* figure
cinco five **1**
cincuenta fifty **2**
cine *m.* movie theater **4**

cinta *f.* (audio) tape
cinturón *m.* belt **6**
circulación *f.* traffic
cita *f.* date; appointment **9**
ciudad *f.* city **4**
ciudadano/a *adj.* citizen
claro que sí *fam.* of course
clase *f.* class **2**
 clase de ejercicios aeróbicos aerobics class **15**
clásico/a *adj.* classical
cliente/a *m., f.* client **6**
clínica *f.* clinic **10**
cobrar *v.* to cash a check **14**; to charge for a product or service **14**
coche *m.* car **11**
cocina *f.* kitchen **12**; stove
cocinar *v.* to cook **12**
cocinero/a *m., f.* cook, chef **16**
cola *f.* line **14**
colesterol *m.* cholesterol **15**
color *m.* color **6**
comedia *f.* comedy; play
comedor *m.* dining room **12**
comenzar (e:ie) *v.* to begin **4**
comer *v.* to eat **3**
comercial *adj.* commercial; business-related **16**
comida *f.* food; meal **8**
como *prep.* like, as **8**
¿cómo? what?; how? **1, 9**
 ¿Cómo es...? What's… like?
 ¿Cómo está usted? How are you? (*form.*) **1**
 ¿Cómo estás? How are you? (*fam.*) **1**
 ¿Cómo les fue...? *pl.* How did… go for you? **15**
 ¿Cómo se llama usted? What's your name? (*form.*) **1**
 ¿Cómo te llamas (tú)? What's your name? (*fam.*) **1**
cómoda *f.* chest of drawers **12**
cómodo/a *adj.* comfortable **5**
compañero/a de clase *m., f.* classmate **2**
compañero/a de cuarto *m., f.* roommate **2**
compañía *f.* company; firm **16**
compartir *v.* to share **3**
completamente *adv.* completely
compositor(a) *m., f.* composer
comprar *v.* to buy **2**
compras *f., pl.* purchases
 ir de compras go shopping
comprender *v.* to understand **3**
comprobar *v.* to check
comprometerse (con) *v.* to get engaged (to) **9**
computación *f.* computer science **2**
computadora *f.* computer **1, 11**
computadora portátil *f.* laptop **11**; portable computer

comunicación *f.* communication
comunicarse (con) *v.* to communicate (with)
comunidad *f.* community 1
con *prep.* with
  Con él/ella habla. This is he/she. (*on telephone*) 11
  con frecuencia *adv.* frequently 10
  Con permiso. Pardon me., Excuse me. 1
  con tal (de) que provided that 13
concierto *m.* concert
concordar *v.* to agree
concurso *m.* contest; game show
conducir *v.* to drive 8, 11
conductor(a) *m., f.* driver, chauffeur 1
conexión *f.* **inalámbrica** wireless (connection) 11
confirmar *v.* to confirm 5
  confirmar una reservación to confirm a reservation 5
congelador *m.* freezer
congestionado/a *adj.* congested; stuffed-up 10
conmigo *pron.* with me 4
conocer *v.* to know; to be acquainted with 8
conocido/a *adj.* known
conseguir (e:i) *v.* to get; to obtain 4
consejero/a *m., f.* counselor; advisor 16
consejo *m.* advice 9
conservación *f.* conservation 13
conservar *v.* to conserve 13
construir *v.* to build
consultorio *m.* doctor's office 10
consumir *v.* to consume 15
contabilidad *f.* accounting 2
contador(a) *m., f.* accountant 16
contaminación *f.* pollution 13; contamination
  contaminación del aire/del agua air/water pollution 13
contaminado/a *adj.* polluted 13
contaminar *v.* to pollute 13
contar (con) *v.* to count (on) 12
contento/a *adj.* happy; content 5
contestar *v.* to answer 2
contigo *pron.* with you
contratar *v.* to hire 16
control *m.* control
  control remoto remote control 11
controlar *v.* to control 13
conversación *f.* conversation 1
conversar *v.* to talk; to chat 2
copa *f.* wineglass 12
corazón *m.* heart 10
corbata *f.* tie 6
corredor(a) *m., f.* **de bolsa** stockbroker 16
correo *m.* post office; mail 14
  correo electrónico e-mail 4
correr *v.* to run 3
cortesía *f.* courtesy
cortinas *f., pl.* curtains 12

corto/a *adj.* short (*in length*) 6
cosa *f.* thing 1
costar (o:ue) *f.* to cost 6
cráter *m.* crater 13
creer *v.* to believe 13
  creer (en) *v.* to believe (in) 3
creído/a *p.p.* believed 15
crema de afeitar *f.* shaving cream 7
crimen *m.* crime; murder
cruzar *v.* to cross 14
cuaderno *m.* notebook 1
cuadra *f.* city block 14
cuadros *m., pl.* plaid 6
¿cuál(es)? which?; which one(s)? 2; what? 9
  ¿Cuál es la fecha de hoy? What is today's date? 5
cuando *conj.* when 7
¿cuándo? *adv.* when? 2, 9
¿cuánto(s)/a(s)? *adv.* how much?, how many? 1, 9
  ¿Cuánto cuesta...? How much does... cost? 6
  ¿Cuántos años tienes/tiene? How old are you? 3
cuarenta forty 2
cuarto *m.* room
cuarto/a *adj.* quarter 1; fourth 5
  menos cuarto quarter to (time) 1
  y cuarto quarter after (time) 1
cuarto de baño *m.* bathroom
cuatro four 1
cuatrocientos/as four hundred 6
cubano/a *adj.* Cuban 3
cubiertos *m., pl.* silverware
cubierto/a *p.p.* covered
cubrir *v.* to cover
cuchara *f.* spoon 12
cuchillo *m.* knife 12
cuello *m.* neck 10
cuenta *f.* bill 9; account 14
  cuenta corriente *f.* checking account 14
  cuenta de ahorros *f.* savings account 14
cuento *m.* story
cuerpo *m.* body 10
cuidado *m.* care 3
cuidar *v.* to take care of 13
¡Cuídense! Take care!
cultura *f.* culture
cumpleaños *m., sing.* birthday 9
cumplir años *v.* to have a birthday 9
cuñado/a *m., f.* brother-in-law; sister-in-law 3
currículum *m.* résumé 16; curriculum vitae
curso *m.* course 2

D

danza *f.* dance
dañar *v.* to damage; to break down 10

dar *v.* to give 6
  dar un consejo to give advice
  darse con *v.* to bump into; to run into
  darse prisa to hurry; to rush 15
de *prep.* of; from 1
  ¿de dónde? from where? 9
  ¿De dónde eres? *fam.* Where are you from? 1
  ¿De dónde es usted? *form.* Where are you from? 1
  ¿De parte de quién? Who is calling? (*on telephone*) 11
  ¿de quién...? whose...? (*sing.*) 1
  ¿de quiénes...? whose...? (*pl.*) 1
  de algodón (made of) cotton 6
  de aluminio (made of) aluminum 13
  de compras shopping
  de cuadros plaid 6
  de excursión hiking 4
  de hecho in fact
  de ida y vuelta round-trip 5
  de la mañana in the morning; A.M. 1
  de la noche in the evening; at night; P.M. 1
  de la tarde in the afternoon; in the early evening; P.M. 1
  de lana (made of) wool 6
  de lunares polka-dotted 6
  de mi vida of my life
  de moda in fashion 6
  De nada. You're welcome. 1
  de ninguna manera no way
  de niño/a as a child 10
  de parte de on behalf of
  de plástico (made of) plastic 13
  de rayas striped 6
  de repente suddenly 6
  de seda (made of) silk 6
  de vaqueros western (genre)
  de vez en cuando from time to time 10
  de vidrio (made of) glass 13
debajo de *prep.* below; under 2
deber (+ inf.) *v.* to have to (*do something*), should (*do something*) 3
  Debe ser... It must be... 6
deber *m.* responsibility; obligation
debido a due to; the fact that
débil *adj.* weak 15
decidido/a *adj.* decided
decidir *v.* to decide 3
décimo/a *adj.* tenth 5
decir *v.* to say; to tell 6
declarar *v.* to declare; to say
dedo *m.* finger 10
deforestación *f.* deforestation 13
dejar *v.* to let 12; to quit; to leave behind 16
  dejar de (+ inf.) to stop (*doing something*) 13
  dejar una propina to leave a tip 9

del (*contraction of* **de** + **el**) of the; from the

delante de *prep.* in front of **2**

delgado/a *adj.* thin **3**

delicioso/a *adj.* delicious **8**

demás *pron.* the rest

demasiado *adv.* too much **6**

dentista *m., f.* dentist **10**

dentro de *adv.* within

dependiente/a *m., f.* clerk **6**

deporte *m.* sport **4**

deportista *m.* sports person

deportivo/a *adj.* sports-related **4**

depositar *v.* to deposit **14**

derecha *f.* right **2**

a la derecha de to the right of **2**

derecho *adj.* straight **14**

derechos *m., pl.* rights

desarrollar *v.* to develop **13**

desastre natural *m.* natural disaster

desayunar *v.* to have breakfast **8**

desayuno *m.* breakfast **8**

descafeinado/a *adj.* decaffeinated **15**

descansar *v.* to rest **2**

descompuesto/a *adj.* not working; out of order **11**

describir *v.* to describe **3**

descrito/a *p.p.* described **15**

descubierto/a *p.p.* discovered **15**

descubrir *v.* to discover **13**

desde *prep.* from **6**

desear *v.* to want; to wish **2**; to desire **12**

desempleo *m.* unemployment

desierto *m.* desert **13**

desigualdad *f.* inequality

desordenado/a *adj.* disorderly **5**

despacio *adj.* slowly

despedida *f.* farewell; goodbye

despedir (e:i) *v.* to fire **16**

despejado/a *adj.* clear (*weather*)

despertador *m.* alarm clock **7**

despertarse (e:ie) *v.* to wake up **7**

después *adv.* afterwards; then **7**

después de after **7**

después (de) que *conj.* after **13**

destruir *v.* to destroy **13**

detrás de *prep.* behind **2**

día *m.* day **1**

día de fiesta holiday **9**

diario *m.* diary **1**; newspaper

diario/a *adj.* daily **7**

dibujar *v.* to draw **2**

dibujo *m.* drawing

dibujos animados *m., pl.* cartoons

diccionario *m.* dictionary **1**

dicho/a *p.p.* said **15**

diciembre *m.* December **5**

dictadura *f.* dictatorship

diecinueve nineteen **1**

dieciocho eighteen **1**

dieciséis sixteen **1**

diecisiete seventeen **1**

diente *m.* tooth **7**

dieta *f.* diet **15**

dieta equilibrada balanced diet **15**

diez ten **1**

difícil *adj.* difficult **3**

¿Diga? Hello? (*on telephone*) **11**

diligencia *f.* errand **14**

dinero *m.* money **6**

dirección *f.* address **14**

director(a) *m., f.* director; (*musical*) conductor

disco *m.* disk **11**

disco compacto compact disc (CD) **11**

discriminación *f.* discrimination

discurso *m.* speech

diseñador(a) *m., f.* designer **16**

diseño *m.* design

disfrutar (de) *v.* to enjoy; to reap the benefits (of) **15**

diversión *f.* entertainment; fun activity **4**

divertido/a *adj.* fun

divertirse (e:ie) *v.* to have fun **9**

divorciado/a *adj.* divorced **9**

divorciarse (de) *v.* to get divorced (from) **9**

divorcio *m.* divorce **9**

doblar *v.* to turn **14**

doble *adj.* double

doce twelve **1**

doctor(a) *m., f.* doctor **3, 10**

documental *m.* documentary

documentos de viaje *m., pl.* travel documents

doler (o:ue) *v.* to hurt **10**

dolor *m.* ache; pain **10**

dolor de cabeza *m.* headache **10**

doméstico/a *adj.* domestic

domingo *m.* Sunday **2**

don/doña title of respect used with a person's first name **1**

donde *prep.* where

¿dónde? where? **1, 9**

¿Dónde está…? Where is…? **2**

dormir (o:ue) *v.* to sleep **4**

dormirse (o:ue) *v.* to go to sleep; to fall asleep **7**

dos two **1**

dos veces twice; two times **6**

doscientos/as two hundred **6**

drama *m.* drama; play

dramático/a *adj.* dramatic

dramaturgo/a *m., f.* playwright

droga *f.* drug **15**

drogadicto/a *m., f.* drug addict **15**

ducha *f.* shower

ducharse *v.* to shower **7**

duda *f.* doubt **13**

dudar *v.* to doubt **13**

dueño/a *m., f.* owner **8**; landlord

dulce *adj.* sweet **8**

dulces *m., pl.* sweets; candy **9**

durante *prep.* during **7**

durar *v.* to last

E

e *conj.* (*used instead of* **y** *before words beginning with* **i** *and* **hi**) and

echar *v.* to throw

echar una carta al buzón to put a letter in the mailbox; to mail a letter **14**

ecología *f.* ecology **13**

ecologista *adj.* ecological; ecologist **13**

economía *f.* economics

ecoturismo *m.* ecotourism **13**

ecuatoriano/a *adj.* Ecuadorian **3**

edad *f.* age

edificio *m.* building **12**

edificio de apartamentos apartment building **12**

efectivo *m.* cash

ejercicio *m.* exercise **15**

ejercicios aeróbicos aerobic exercises **15**

ejercicios de estiramiento stretching exercises **15**

ejército *m.* army

el *m., sing., def. art.* the **1**

él *sub. pron.* he **1**; *adj. pron.* him

elección *f.* election

electricista *m., f.* electrician **16**

electrodoméstico *m.* electrical appliance **12**

elegante *adj. m., f.* elegant **6**

elegir *v.* to elect

ella *sub. pron.* she **1**; *obj. pron.* her

ellos/as *sub. pron.* they **1**; them

embarazada *adj.* pregnant **10**

emergencia *f.* emergency **10**

emitir *v.* to broadcast

emocionante *adj.* exciting

empezar (e:ie) *v.* to begin **4**

empleado/a *m., f.* employee **5**

empleo *m.* job; employment **16**

empresa *f.* company; firm **16**

en *prep.* in; on; at **2**

en casa at home **7**

en caso (de) que in case (that) **13**

en cuanto as soon as **13**

en efectivo in cash

en exceso in excess; too much **15**

en línea in-line **4**

¡En marcha! Let's get going!

en mi nombre in my name

en punto on the dot; exactly; sharp (*time*) **1**

en qué in which; in what; how **2**

¿En qué puedo servirles? How can I help you? **5**

enamorado/a *adj.* (**de**) in love (with) **5**

enamorarse (de) *v.* to fall in love (with) **9**

encantado/a *adj.* pleased to meet you **1**

encantar *v.* to like very much; to love (*objects*) **7**

encima de *prep.* on top of **2**
encontrar (o:ue) *v.* to find **4**
encontrar(se) *v.* to meet (each other); to find (each other)
encuesta *f.* poll; survey
energía *f.* energy **13**
  energía nuclear nuclear energy **13**
  energía solar solar energy **13**
enero *m.* January **5**
enfermarse *v.* to get sick **10**
enfermedad *f.* illness **10**
enfermero/a *m., f.* nurse **10**
enfermo/a *adj.* sick **10**
enfrente de *adv.* opposite; facing; in front of **14**
engordar *v.* to gain weight **15**
enojado/a *adj.* mad; angry **5**
enojarse *v.* to get angry **7**
ensalada *f.* salad **8**
enseguida *adv.* right away
enseñar *v.* to teach **2**
ensuciar *v.* to get (something) dirty **12**; to dirty
entender (e:ie) *v.* to understand **4**
entonces *adv.* then **7**
entrada *f.* entrance **12**; ticket
entre *prep.* between; among **2**
entremeses *m., pl.* hors d'oeuvres **8**; appetizers
entrenarse *v.* to practice; to train **15**
entrevista *f.* interview **16**
entrevistador(a) *m., f.* interviewer **16**
entrevistar *v.* to interview **16**
envase *m.* container **13**
enviar *v.* to send **14**; to mail
equilibrado/a *adj.* balanced **15**
equipado/a *adj.* equipped
equipaje *m.* luggage **5**
equipo *m.* team **4**
equivocado/a *adj.* wrong **5**
eres you are *fam.* **1**
es you are *form.* ; he/she/it is **1**
  Es una lástima… It's a shame… **13**
  Es bueno que… It's good that… **12**
  Es de… He/She is from … **1**
  Es extraño… It's strange… **13**
  Es importante que… It's important that … **12**
  Es imposible… It's impossible… **13**
  Es improbable… It's improbable… **13**
  Es la una. It's one o'clock. **1**
  Es malo que… It's bad that… **12**
  Es mejor que… It's better that… **12**
  Es necesario que… It's necessary that… **12**
  Es obvio… It's obvious… **13**
  Es ridículo… It's ridiculous… **13**
  Es seguro… It's sure… **13**
  Es terrible… It's terrible… **13**
  Es triste… It's sad… **13**

  Es urgente que… It's urgent that… **12**
  Es verdad… It's true… **13**
esa(s) *f., adj.* that; those **6**
ésa(s) *f., pron.* those (ones) **6**
escalar *v.* to climb **4**
  escalar montañas *f., pl.* to go mountain climbing **4**
escalera *f.* stairs; stairway **12**
escoger *v.* choose
escribir *v.* to write **3**
  escribir una carta to write a letter **4**
  escribir un mensaje electrónico to write an e-mail **4**
  escribir una (tarjeta) postal to write a postcard **4**
escrito/a *p.p.* written **15**
escritor(a) *m., f.* writer **16**
escritorio *m.* desk **2**
escuchar *v.* to listen **2**
  escuchar la radio to listen to the radio
  escuchar música to listen to music
escuela *f.* school **1**
esculpir *v.* to sculpt
escultor(a) *m., f.* sculptor **16**
escultura *f.* sculpture
ese *m., sing., adj.* that **6**
ése *m., sing., pron.* that (one) **6**
eso *neuter, pron.* that; that thing **6**
esos *m., pl., adj.* those **6**
ésos *m., pl., pron.* those (ones) **6**
español *m.* Spanish (*language*) **2**
español(a) *adj.* Spanish **3**
espárragos *m., pl.* asparagus
especialización *f.* field of study **16**; specialization
espectacular *adj.* spectacular
espectáculo *m.* show
espejo *m.* mirror **7**
esperar *v.* to wait (for); to hope **2**; to wish **13**
esposo/a *m., f.* husband/wife; spouse **3**
esquí (acuático) *m.* (water) skiing **4**
esquiar *v.* to ski **4**
esquina *m.* corner **14**
está he/she/it is, you are *form.* **1**
  Está despejado. It's clear. (*weather*) **5**
  Está (muy) nublado. It's (very) cloudy. (*weather*) **5**
  Está bien. That's fine.
esta(s) *f., adj.* this; these **6**
  esta noche tonight **4**
ésta(s) *f., pron.* this (one); these (ones) **6**
  Ésta es… *f.* This is… (*introducing someone*) **1**
establecer *v.* to establish
estación *f.* station; season **5**
  estación de autobuses bus station **5**

  estación del metro subway station **5**
  estación del tren train station **5**
estacionar *v.* to park **11**
estadio *m.* stadium **2**
estado civil *m.* marital status **9**
estadounidense *adj.* from the United States **3**
estampado/a *adj.* print
estampilla *f.* stamp **14**
estante *m.* bookcase; bookshelf **12**
estar *v.* to be **2**
  estar a (veinte kilómetros) de aquí to be (20 kilometers) from here
  estar a dieta to be on a diet **15**
  estar aburrido/a to be bored **5**
  estar afectado/a (por) to be affected (by) **13**
  estar bajo control to be under control
  estar cansado/a to be tired **5**
  estar contaminado/a to be polluted **13**
  estar de acuerdo to agree
  estar de moda to be in fashion **6**
  estar de vacaciones to be on vacation **5**
  estar en buena forma to be in good shape **15**
  estar enfermo/a to be sick **10**
  estar listo/a to be ready
  estar perdido/a to be lost **14**
  estar roto/a to be broken
  estar seguro/a (de) to be sure (of) **5, 13**
  estar torcido/a to be twisted; to be sprained **10**
estatua *f.* statue
este *m.* east **14**; umm
este *m., sing., adj.* this **6**
éste *m., sing., pron.* this (one) **6**
  Éste es… *m.* This is… (*introducing someone*) **1**
estéreo *m.* stereo **11**
estilo *m.* style
estiramiento *m.* stretching **15**
esto *neuter pron.* this; this thing **6**
estómago *m.* stomach **10**
estornudar *v.* to sneeze **10**
estos *m., pl., adj.* these **6**
éstos *m., pl., pron.* these (ones) **6**
estrella *f.* star **13**
  estrella de cine *m., f.* movie star
estrés *m.* stress **15**
estudiante *m., f.* student **1, 2**
estudiantil *adj. m., f.* student
estudiar *v.* to study **2**
estufa *f.* stove **12**
estupendo/a *adj.* stupendous **5**
etapa *f.* stage **9**; step
evitar *v.* to avoid **13**
examen *m.* test; exam **2**
  examen médico physical exam **10**

excelente *adj.* excellent 5
exceso *m.* excess; too much 15
excursión *f.* hike; tour; excursion 4
excursionista *m., f.* hiker 4
éxito *m.* success 16
experiencia *f.* experience
explicar *v.* to explain 2
explorar *v.* to explore
  explorar un pueblo to explore a
    town
  explorar una ciudad to explore a
    city
expresión *f.* expression
extinción *f.* extinction 13
extranjero/a *adj.* foreign
extraño/a *adj.* strange 13

F

fábrica *f.* factory 13
fabuloso/a *adj* fabulous 5
fácil *adj.* easy 3
  facilísimo extremely easy 8
falda *f.* skirt 6
faltar *v.* to lack; to need 7
familia *f.* family 3
famoso/a *adj.* famous 16
farmacia *f.* pharmacy 10
fascinar *v.* to fascinate; to like very
  much 7
favorito/a *adj.* favorite 4
fax *m.* fax (machine) 11
febrero *m.* February 5
fecha *f.* date 5
feliz *adj.* happy 5
  ¡Felicidades! Congratulations!
    (*for an event such as a birthday
    or anniversary*)
  ¡Felicitaciones! Congratulations!
    (*for an event such as an engagement
    or a good grade on a test*)
  ¡Feliz cumpleaños! Happy
    birthday! 9
fenomenal *adj.* great 5; phenomenal
feo/a *adj.* ugly 3
festival *m.* festival
fiebre *f.* fever 10
fiesta *f.* party 9
fijo/a *adj.* set, fixed 6
fin *m.* end 4
  fin de semana weekend 4
finalmente *adv.* finally
firmar *v.* to sign (*a document*) 14
física *f.* physics 2
flan *m.* baked custard 9
flexible *adj.* flexible 15
flor *f.* flower 13
folclórico/a *adj.* folk; folkloric
folleto *m.* brochure
fondo *m.* end 12
forma *f.* shape 15
formulario *m.* form 14
foto(grafía) *f.* photograph 1

francés, francesa *adj.* French 3
frecuentemente *adv.* frequently 10
frenos *m., pl.* brakes 11
fresco/a *adj.* cool
frijoles *m., pl.* beans 8
frío *m.* cold 3
fritada *f.* fried dish (pork, fish, etc.)
frito/a *adj.* fried 8
fruta *f.* fruit 8
frutería *f.* fruit shop 14
frutilla *f.* strawberry 8
fuente de fritada *f.* platter of fried
  food
fuera *adv.* outside
fuerte *adj.* strong 15
fumar *v.* to smoke 15
  no fumar not to smoke 15
funcionar *v.* to work 11; to function
fútbol *m.* soccer 4
fútbol americano football 4
futuro/a *adj.* future 16
  en el futuro in the future

G

gafas (de sol) *f., pl.* (sun)glasses 6
gafas (oscuras) *f., pl.* (sun)glasses
galleta *f.* cookie 9
ganar *v.* to win 4; to earn (money) 16
ganga *f.* bargain 6
garaje *m.* garage; (mechanic's) repair
  shop 11; garage 12
garganta *f.* throat 10
gasolina *f.* gasoline 11
gasolinera *f.* gas station 11
gastar *v.* to spend (*money*) 6
gato/a *m., f.* cat 3
gente *f.* people 3
geografía *f.* geography 2
gerente *m., f.* manager 16
gimnasio *m.* gym, gymnasium 4
gobierno *m.* government 13
golf *m.* golf 4
gordo/a *adj.* fat 3
gracias *f., pl.* thank you; thanks 1
  Gracias por todo. Thanks for
    everything.
  Gracias una vez más. Thanks once
    again.
graduarse (de) *v.* to graduate
  (from) 9
gran; grande *adj.* great; big 3
grasa *f.* fat 15
gratis *adj.* free of charge 14
grave *adj.* grave; serious 10
gravísimo/a *adj.* extremely
  serious 13
grillo *m.* cricket
gripe *f.* flu 10
gris *adj.* gray 6
gritar *v.* to scream
guantes *m., pl.* gloves 6
guapo/a *adj.* good-looking 3

guardar *v.* to save (on a computer) 11
guerra *f.* war
guía *m., f.* guide
gustar *v.* to be pleasing to; to like 2, 7
  Me gustaría(n)... I would like 7
gusto *m.* pleasure 1
  El gusto es mío. The pleasure
    is mine. 1
  Gusto de (+ *inf.*) It's a pleasure
    to...
  Mucho gusto. Pleased to meet you. 1

H

haber (*aux.*) *v.* to have (*done
  something*) 15
  ha sido un placer it's been a
    pleasure
habitación *f.* room 5
  habitación doble double room 5
  habitación individual single
    room 5
habitantes *m., pl.* inhabitants 13
hablar *v.* to talk; to speak 2
hacer *v.* to do; to make 4
  Hace buen tiempo. It's nice weather.
    5; The weather is good.
  Hace (mucho) calor. It's (very) hot.
    (*weather*) 5
  Hace fresco. It's cool. (*weather*) 5
  Hace (mucho) frío. It's (very) cold.
    (*weather*) 5
  Hace mal tiempo. It's bad weather.
    5; The weather is bad.
  Hace (mucho) sol. It's (very) sunny.
    (*weather*) 5
  Hace (mucho) viento. It's (very)
    windy. (*weather*) 5
  hacer cola to stand in line 14
  hacer diligencias to do errands;
    to run errands 14
  hacer ejercicio to exercise 15
  hacer ejercicios aeróbicos to do
    aerobics 15
  hacer ejercicios de estiramiento
    to do stretching exercises 15
  hacer el papel to play a role
  hacer gimnasia to work out 15
  hacer juego (con) to match 6
  hacer la cama to make the bed 12
  hacer las maletas to pack (one's
    suitcases) 5
  hacer los quehaceres domésticos
    to do household chores 12
  hacer turismo to go sightseeing 5
  hacer un viaje to take a trip 5
  hacer una excursión to go on a
    hike; to go on a tour 5
hacha *f.* ax
hacia *prep.* toward 14
hambre *f.* hunger 3
hamburguesa *f.* hamburger 8
hasta *prep.* until 6; toward

Hasta la vista. See you later. **1**
Hasta luego. See you later. **1**
Hasta mañana. See you
tomorrow. **1**
hasta que until **13**
Hasta pronto. See you soon. **1**
hay there is; there are **1**
Hay (mucha) contaminación.
It's (very) smoggy.
Hay (mucha) niebla. It's (very)
foggy. **5**
Hay que It is necessary that **14**
No hay duda de There's no
doubt **13**
No hay de qué. You're welcome. **1**
hecho/a *p.p.* done **15**
heladería *f.* ice cream shop **14**
helado/a *adj.* iced **8**
helado *m.* ice cream **9**
hermanastro/a *m., f.* stepbrother/
stepsister **3**
hermano/a *m., f.* brother/sister **3**
hermano/a mayor/menor *m., f.* older/
younger brother/sister **3**
hermanos *m., pl.* siblings (brothers
and sisters) **3**
hermoso/a *adj.* beautiful **6**
hierba *f.* grass **13**
hijastro/a *m., f.* stepson/stepdaughter
3
hijo/a *m., f.* son/daughter **3**
hijo/a único/a only child **3**
hijos *m., pl.* children **3**
historia *f.* history **2**; story
hockey *m.* hockey **4**
hogar *m.* home **12**
hola *interj.* hello **1**
hombre *m.* man **1**
hombre de negocios businessman
16
hora *f.* hour **1**
horario *m.* schedule **2**
horno *m.* oven **12**
horno de microondas
microwave oven **12**
hospital *m.* hospital **10**
hotel *m.* hotel **5**
hoy *adv.* today **2**
hoy día nowadays
Hoy es... Today is... **2**
huelga *f.* strike (labor)
hueso *m.* bone **10**
huésped *m., f.* guest **5**
huevo *m.* egg **8**
humanidades *f., pl.* humanities
huracán *m.* hurricane

I

ida *f.* one way (*travel*)
idea *f.* idea **4**
iglesia *f.* church **4**
igualdad *f.* equality

igualmente *adv.* likewise **1**
impermeable *m.* raincoat **6**
importante *adj.* important **3**
importar *v.* to be important (to);
to matter **7, 12**
imposible *adj.* impossible **13**
impresora *f.* printer **11**
imprimir *v.* to print **11**
improbable *adj.* improbable **13**
impuesto *m.* tax
incendio *m.* fire
increíble *adj.* incredible **5**
indicar cómo llegar *v.* to give
directions **14**
individual *adj.* private (*room*) **5**
infección *f.* infection **10**
informar *v.* to inform
informe *m.* report; paper (*written
work*)
ingeniero/a *m., f.* engineer **3**
inglés *m.* English (*language*) **2**
inglés, inglesa *adj.* English **3**
insistir (en) *v.* to insist (on) **12**
inspector(a) de aduanas *m., f.*
customs inspector **5**
inteligente *adj.* intelligent **3**
intercambiar *v.* exchange
interesante *adj.* interesting **3**
interesar *v.* to be interesting to;
to interest **7**
internacional *adj.* international
Internet *m.* Internet **11**
inundación *f.* flood
invertir (e:ie) *v.* to invest **16**
invierno *m.* winter **5**
invitado/a *m., f.* guest (at a
function) **9**
invitar *v.* to invite; to treat **9**
inyección *f.* injection **10**
ir *v.* to go **4**
ir a (+ inf.) to be going to do
something **4**
ir a la playa to go to the beach **5**
ir de compras to go shopping **6**
ir de excursión (a las montañas)
to go for a hike (in the
mountains) **4**
ir de pesca to go fishing **5**
ir de vacaciones to go on
vacation **5**
ir en autobús to go by bus **5**
ir en auto(móvil) to go by car **5**;
to go by auto(mobile)
ir en avión to go by plane **5**
ir en barco to go by ship **5**
ir en metro to go by subway **5**
ir en motocicleta to go by
motorcycle **5**
ir en taxi to go by taxi **5**
ir en tren to go by train **5**
irse *v.* to go away; to leave **7**
italiano/a *adj.* Italian **3**
izquierdo/a *adj.* left **2**
a la izquierda de to the left of **2**

J

jabón *m.* soap **7**
jamás *adv.* never; not ever **7**
jamón *m.* ham **8**
japonés, japonesa *adj.* Japanese **3**
jardín *m.* garden; yard **12**
jefe, jefa *m., f.* boss **16**
joven *adj.* young **3**
joven *m., f.* youth; young person **1**
joyería *f.* jewelry store **14**
jubilarse *v.* to retire (*from work*) **9**
juego *m.* game
jueves *m., sing.* Thursday **2**
jugador(a) *m., f.* player **4**
jugar (u:ue) *v.* to play **4**
jugar a las cartas to play cards
jugo *m.* juice **8**
jugo de fruta fruit juice **8**
julio *m.* July **5**
jungla *f.* jungle
junio *m.* June **5**
juntos/as *adj.* together **9**
juventud *f.* youth **9**

K

kilómetro *m.* kilometer **11**

L

la *f., sing., def. art.* the **1**
la *f., sing., d.o. pron.* her, it,
form. you **5**
laboratorio *m.* laboratory **2**
lago *m.* lake **13**
lámpara *f.* lamp **12**
lana *f.* wool **6**
langosta *f.* lobster **8**
lápiz *m.* pencil **1**
largo/a *m.* long (*in length*) **6**
las *f., pl., def. art.* the **1**
las *f., pl., d.o. pron.* them; *form.* you **5**
lástima *f.* shame **13**
lastimarse *v.* to injure oneself **10**
lastimarse el pie to injure one's
foot **10**
lata *f.* (*tin*) can **13**
lavabo *m.* sink
lavadora *f.* washing machine **12**
lavandería *f.* laundromat **14**
lavaplatos *m., sing.* dishwasher **12**
lavar *v.* to wash **12**
lavarse *v.* to wash oneself **7**
lavarse la cara to wash one's
face **7**
lavarse las manos to wash one's
hands **7**
le *sing., i.o. pron.* to/for him, her,
you *form.* **6**
Le presento a... I would like to
introduce... to you. *form.* **1**

lección *f.* lesson **1**
leche *f.* milk **8**
lechuga *f.* lettuce **8**
leer *v.* to read **3**
  leer el correo electrónico to read e-mail **4**
  leer el periódico to read the newspaper **4**
  leer una revista to read a magazine **4**
leído/a *p.p.* read **15**
lejos de *prep.* far from **2**
lengua *f.* language **2**
  lenguas extranjeras *f., pl.* foreign languages **2**
lentes de contacto *m., pl.* contact lenses
  lentes de sol sunglasses
lento/a *adj.* slow **11**
les *pl., i.o. pron.* to/for them, you *form.* **6**
letrero *m.* sign **14**
levantar *v.* to lift **15**
  levantar pesas to lift weights **15**
levantarse *v.* to get up **7**
ley *f.* law **13**
libertad *f.* liberty; freedom
libre *adj.* free **4**
librería *f.* bookstore **2**
libro *m.* book **2**
licencia de conducir *f.* driver's license **11**
limón *m.* lemon **8**
limpiar *v.* to clean **12**
  limpiar la casa to clean the house **12**
limpio/a *adj.* clean **5**
línea *f.* line **4**
listo/a *adj.* smart; ready **5**
literatura *f.* literature
llamar *v.* to call **11**
  llamar por teléfono to call on the phone
  llamarse to be named **7**
llanta *f.* tire **11**
llave *f.* key **5**
llegada *f.* arrival **5**
llegar *v.* to arrive **2**
llenar *v.* to fill
  llenar el tanque to fill the tank **11**
  llenar un formulario to fill out a form **14**
lleno/a *adj.* full **11**
llevar *v.* to carry **2**; to take; to wear **6**
  llevar una vida sana to lead a healthy lifestyle **15**
  llevarse bien/mal (con) to get along well/badly (with) **9**
llover (o:ue) *v.* to rain **5**
  Llueve. It's raining. **5**
lluvia *f.* rain
lo *m., sing. d.o. pronoun.* him, it, you *form.* **5**
  lo mejor the best (thing)

Lo pasamos de película. We had a great time.
lo peor the worst (thing)
lo que what; that; which **9**
Lo siento. I'm sorry. **1**
Lo siento muchísimo. I'm so sorry.
loco/a *adj.* crazy **6**
locutor(a) *m., f.* TV or radio announcer
lomo a la plancha *m.* grilled flank steak
los *m., pl., def. art.* the **1**
los *m., pl., do. pron.* them, you *form.* **5**
luchar (contra), (por) *v.* to fight; to struggle (against), (for)
luego *adv.* afterwards, then **7**; *adv.* later **1**
lugar *m.* place **4**
luna *f.* moon **13**
lunar *m.* polka dot **6**; mole
lunes *m., sing.* Monday **2**
luz *f.* light; electricity **12**

M

madrastra *f.* stepmother **3**
madre *f.* mother **3**
madurez *f.* maturity; middle age **9**
maestro/a *m., f.* teacher (*elementary school*) **16**
magnífico/a *adj.* magnificent **5**
maíz *m.* corn **8**
mal, malo/a *adj.* bad **3**; sick **5**
  malísimo very bad **8**
maleta *f.* suitcase **1**
mamá *f.* mom **3**
mandar *v.* to order **12**; to send **14**; to mail
manejar *v.* to drive **11**
manera *f.* way
mano *f.* hand **1**
  ¡Manos arriba! Hands up!
manta *f.* blanket **12**
mantener *v.* to maintain **15**
  mantenerse en forma to stay in shape **15**
mantequilla *f.* butter **8**
manzana *f.* apple **8**
mañana *f.* morning, A.M. **1**; tomorrow **1**
mapa *m.* map **1**
maquillaje *m.* makeup **7**
maquillarse *v.* to put on makeup **7**
mar *m.* ocean; sea **5**
maravilloso/a *adj.* marvelous **5**
mareado/a *adj.* dizzy; nauseated **10**
margarina *f.* margarine **8**
mariscos *m., pl.* seafood **8**
marrón *adj. m., f.* brown
martes *m., sing.* Tuesday **2**
marzo *m.* March **5**
más *adj.* more **2**

el/la/los/las más the most **8**
más de (+ number) more than (+ *number*) **8**
más tarde later (on) **7**
más… que more… than **8**
masaje *m.* massage **15**
matemáticas *f., pl.* mathematics **2**
materia *f.* course
matrimonio *m.* marriage; married couple **9**
máximo/a *m., f.* maximum **11**
mayo *m.* May **5**
mayonesa *f.* mayonnaise **8**
mayor *adj.* older **3**; bigger **8**
  el/la mayor *adj.* the oldest; the biggest **8**
me *pron.* me **5**
  Me duele mucho. It hurts me a lot. **10**
  Me gusta(n)… I like… **2**
  No me gusta(n)… I don't like… **2**
  Me gustaría(n)… I would like… **7**
  Me llamo… My name is… **1**
  Me muero por… I'm dying to (for)…
mecánico/a *m., f.* mechanic **11**
mediano/a *adj.* medium
medianoche *f.* midnight **1**
medias *f., pl.* pantyhose, stockings **6**
medicamento *m.* medication **10**
medicina *f.* medicine **10**
médico/a *m., f.* doctor **3**; *adj.* medical **10**
medio/a *m. adj.* half **3**
  medio ambiente environment **13**
  medio/a hermano/a half-brother/half-sister **3**
  medios de comunicación *m., pl.* means of communication; media
  y media thirty minutes past the hour (*time*) **1**
mediodía *m.* noon **1**
mejor *adj.* better **8**
  el/la mejor *m., f.* the best **8**
mejorar *v.* to improve **13**
melocotón *m.* peach
menor *adj.* younger **3**; smaller **8**
  el/la menor *m., f.* the youngest; the smallest **8**
menos *adv.* less **10**
  el/la/los/las menos the least **8**
  menos cuarto/menos quince quarter to (*time*) **1**
  menos de (+ number) less than (+ *number*) **8**
  menos… que less… than **8**
mensaje de texto text message **11**
mensaje electrónico *m.* e-mail message **4**
mentira *f.* lie **6**
menú *m.* menu **8**
mercado *m.* market **6**
  mercado al aire libre open-air market **6**

merendar (e:ie) *v.* to snack in the afternoon; to have a(n) (afternoon) snack **15**
merienda *f.* (afternoon) snack **15**
mes *m.* month **5**
mesa *f.* table **2**
mesita *f.* end table **12**
   mesita de noche night stand **12**
metro *m.* subway **5**
mexicano/a *adj.* Mexican **3**
mí *pron. obj. of prep.* me
mi(s) *poss. adj.* my **3**
microonda *f.* microwave **12**
   horno de microondas microwave oven **12**
miedo *m.* fear **3**
mientras *adv.* while **10**
miércoles *m., sing.* Wednesday **2**
mil one thousand **6**
   mil millones billion **6**
   Mil perdones. I'm so sorry. (*lit.* A thousand pardons.)
milla *f.* mile **11**
millón million **6**
millones (de) millions (of) **6**
mineral *m.* mineral **15**
minuto *m.* minute **1**
mío(s)/a(s) *poss.* my; (of) mine **11**
mirar *v.* to look (at); to watch **2**
   mirar (la) televisión to watch television **2**
mismo/a *adj.* same
mochila *f.* backpack **1**
moda *f.* fashion **6**
moderno/a *adj.* modern
molestar *v.* to bother; to annoy **7**
monitor *m.* monitor **11**
mono *m.* monkey **13**
montaña *f.* mountain **4**
montar *v.* **a caballo** to ride a horse **5**
monumento *m.* monument **4**
mora *f.* blackberry **8**
morado/a *adj.* purple **6**
moreno/a *adj.* dark-haired **3**
morir (o:ue) *v.* to die **8**
mostrar (o:ue) *v.* to show **4**
moto(cicleta) *f.* motorcycle **5**
motor *m.* motor **11**
muchacho/a *m., f.* boy; girl **3**
mucho/a *adj., adv.* many; a lot; much **2, 3**
   muchas veces a lot; many times **10**
   Muchísimas gracias. Thank you very, very much.
   muchísimo *adj., adv.* very much **8**
   Mucho gusto. Pleased to meet you. **1**
   (Muchas) gracias. Thank you (very much) **1**
mudarse *v.* to move (from one house to another) **12**
muebles *m., pl.* furniture **12**

muela *f.* tooth **10**
muerte *f.* death **9**
muerto/a *p.p.* died **15**
mujer *f.* woman **1**
   mujer de negocios business woman **16**
   mujer policía female police officer **11**
multa *f.* fine; ticket **11**
mundial *adj.* worldwide
mundo *m.* world **13**
municipal *adj.* municipal
músculo *m.* muscle **15**
museo *m.* museum **4**
música *f.* music
musical *adj.* musical
músico/a *m., f.* musician
muy *adv.* very **1**
   Muy amable. That's very kind of you. **5**
   (Muy) bien, gracias. (Very) well, thanks. **1**

N

nacer *v.* to be born **9**
nacimiento *m.* birth **9**
nacional *adj.* national
nacionalidad *f.* nationality **1**
nada *pron., adv.* nothing **1**; not anything **7**
   nada mal not bad at all **5**
nadar *v.* to swim **4**
   nadar en la piscina to swim in the pool **4**
nadie *pron.* no one, not anyone **7**
naranja *m.* orange **8**
nariz *f.* nose **10**
natación *f.* swimming **4**
natural *adj.* natural **13**
naturaleza *f.* nature **13**
navegador GPS GPS **11**
navegar en Internet *v.* to surf the Internet **11**
Navidad *f.* Christmas **9**
necesario/a *adj.* necessary **12**
necesitar *v.* to need **2, 12**
negar (e:ie) *v.* to deny **13**
negativo/a *m.* negative **7**
negocios *m., pl.* business; commerce **16**
negro/a *adj.* black **6**
nervioso/a *adj.* nervous **5**
nevar (e:ie) *v.* to snow **5**
   Nieva. It's snowing. **5**
ni… ni *conj.* neither… nor **7**
niebla *f.* fog
nieto/a *m., f.* grandson/ granddaughter **3**
nieve *f.* snow
ningún, ninguno/a(s) *adj.* no; none; not any **7**
   Ningún problema. No problem.

niñez *f.* childhood **9**
niño/a *m., f.* child; boy/girl **3**
no *adv.* no; not **1**
   No cabe duda de There is no doubt **13**
   No es así. That's not the way it is.
   No es para tanto. It's not a big deal.
   No es seguro… It's not sure… **13**
   No es verdad… It's not true… **13**
   No está. It's not here. **5**
   No está nada mal. It's not bad at all. **5**
   no estar de acuerdo to disagree
   no estar seguro/a (de) not to be sure (of) **13**
   No estoy seguro. I'm not sure.
   no hay there is not; there are not **1**
   No hay de qué. You're welcome. **1**
   No hay duda de There is no doubt **13**
   ¡No me diga(s)! You don't say!
   No me gustan nada. I don't like them at all.
   no muy bien not very well **1**
   ¿no? right? **1**
   no quiero I don't want to **4**
   no sé I don't know
   No te/se preocupe(s). Don't worry. **7**
   no tener razón to be wrong **3**
noche *f.* night **1**
nombre *m.* name **5**
norte *m.* north **14**
norteamericano/a *adj.* (North) American **3**
nos *pron.* us **5**
   Nos vemos. See you. **1**
nosotros/as *sub. pron.* we **1**; *ob. pron.* us **8**
noticias *f., pl.* news
noticiero *m.* newscast
novecientos/as nine hundred **6**
noveno/a *adj.* ninth **5**
noventa ninety **2**
noviembre *m.* November **5**
novio/a *m., f.* boyfriend/girlfriend **3**
nube *f.* cloud **13**
nublado/a *adj.* cloudy
   Está (muy) nublado. It's (very) cloudy.
nuclear *adj.* nuclear **13**
nuera *f.* daughter-in-law **3**
nuestro(s)/a(s) *poss. adj.* our **3**; of ours **11**
nueve nine **1**
nuevo/a *adj.* new **6**
número *m.* number **1**
   número (shoe) size **6**
nunca *adj.* never; not ever **7**
nutrición *f.* nutrition **15**

O

o *conj.* or **7**

o... o *conj.* either . . . or **7**

obedecer (c:zc) *v.* to obey

obra *f.* work (*of art, literature, music, etc.*)

obra maestra masterpiece

obtener *v.* to obtain; to get **16**

obvio/a *adj.* obvious **13**

océano *m.* ocean **13**; sea

ochenta eighty **2**

ocho eight **1**

ochocientos/as eight hundred **6**

octavo/a *adj.* eighth **5**

octubre *m.* October **5**

ocupación *f.* occupation **16**

ocupado/a *adj.* busy **5**

ocurrir *v.* to occur; to happen

odiar *v.* to hate **9**

oeste *m.* west **14**

oferta *f.* offer

oficina *f.* office **12**

oficio *m.* trade **16**

ofrecer (c:zc) *v.* to offer **8**

oído *m.* sense of hearing; inner ear

oído *p.p.* heard **15**

oír *v.* to hear **4**

oiga *form., sing.* listen (*in conversation*) **1**

oigan *form., pl.* listen (*in conversation*) **1**

Oye. *fam., sing.* Listen. (*in conversation*) **1**

ojalá (que) *interj.* I hope (that); I wish (that) **13**

ojo *m.* eye **10**

olvidar *v.* to forget **10**

once eleven **1**

ópera *f.* opera

operación *f.* operation **10**

ordenado/a *adj.* orderly **5**; well organized

ordinal *adj.* ordinal (*number*)

oreja *f.* (outer) ear **10**

orquesta *f.* orchestra

ortográfico/a *adj.* spelling

os *fam., pl. pron.* you **5**

otoño *m.* autumn **5**

otro/a *adj.* other; another **6**

otra vez again

P

paciente *m., f.* patient **10**

padrastro *m.* stepfather **3**

padre *m.* father **3**

padres *m., pl.* parents **3**

pagar *v.* to pay **6**

pagar a plazos to pay in installments **14**

pagar al contado to pay in cash **14**

pagar con to pay with **6**

pagar en efectivo to pay in cash

pagar la cuenta to pay the bill **9**

página *f.* page **11**

página principal home page **11**

país *m.* country **1**

paisaje *m.* landscape **13**; countryside

pájaro *m.* bird **13**

palabra *f.* word **1**

pan *m.* bread **8**

pan tostado toasted bread **8**; toast

panadería *f.* bakery **14**

pantalla *f.* screen **11**

pantalones *m., pl.* pants **6**

pantalones cortos shorts **6**

papa *f.* potato **8**

papas fritas *f., pl.* French fries **8**

papá *m.* dad **3**

papás *m., pl.* parents **3**

papel *m.* paper **2**; role

paquete *m.* package **14**

par *m.* pair **6**

par de zapatos pair of shoes **6**

para *prep.* for; in order to; toward; in the direction of; by; used for; considering **11**

para que so that **13**

parabrisas *m., sing.* windshield **11**

parar *v.* to stop **11**

parecer *v.* to seem; to appear **8**

pared *f.* wall **12**

pareja *f.* couple; partner **9**

parientes *m., pl.* relatives **3**

parque *m.* park **4**

párrafo *m.* paragraph

parte: de parte de on behalf of

partido *m.* game **4**; match (*sports*)

pasado/a *adj.* last; past **6**

pasado *p.p.* passed

pasaje *m.* ticket **5**

pasaje de ida y vuelta *m.* round-trip ticket **5**

pasajero/a *m., f.* passenger **1**

pasaporte *m.* passport **5**

pasar *v.* to go through **5**; to pass

pasar la aspiradora to vacuum **12**

pasar por el banco to go by the bank **14**

pasar por la aduana to go through customs **5**

pasar el tiempo to spend time **4**

pasarlo bien/mal to have a good/bad time **9**

pasatiempo *m.* pastime, hobby **4**

pasear *v.* to take a walk; to stroll **4**

pasear en bicicleta to ride a bicycle **4**

pasear por la ciudad/el pueblo to walk around the city/town **4**

pasillo *m.* hallway **12**

pastel *m.* cake **9**

pastel de chocolate chocolate cake

pastel de cumpleaños birthday cake **9**

pastelería *f.* pastry shop **14**

pastilla *f.* pill **10**

patata *f.* potato **8**

patatas fritas *f., pl.* French fries **8**

patinar (en línea) *v.* to skate (in-line) **4**

patio *m.* patio; yard **12**

pavo *m.* turkey **8**

paz *f.* peace

pedir (e:i) *v.* to ask for; to request **4, 12**; to order (*food*) **8**

pedir prestado to borrow **14**

pedir un préstamo to apply for a loan **14**

peinarse *v.* to comb one's hair **7**

película *f.* movie **4**

peligro *m.* danger **13**

peligroso/a *adj.* dangerous

pelirrojo/a *adj.* red-haired **3**

pelo *m.* hair **7**

pelota *f.* ball **4**

peluquería *f.* hairdressing salon **14**

peluquero/a *m., f.* hairdresser **16**

penicilina *f.* penicillin

pensar (e:ie) *v.* to think **4**

pensar (+ inf.) to intend; to plan (*to do something*) **4**

pensar en to think about **4**

pensión *f.* boarding house **5**

peor *adj.* worse **8**

el/la peor the worst **8**

pequeño/a *adj.* small **3**

pera *f.* pear

perder (e:ie) *v.* to lose; to miss **4**

perdido/a *adj.* lost

Perdón. Pardon me.; Excuse me. **1**

perezoso/a *adj.* lazy

perfecto/a *adj.* perfect **5**

periódico *m.* newspaper **4**

periodismo *m.* journalism **2**

periodista *m., f.* journalist

permiso *m.* permission

pero *conj.* but **2**

perro/a *m., f.* dog **3**

persona *f.* person **3**

personaje *m.* character

personaje principal main character

pesas *f., pl.* weights **15**

pesca *f.* fishing **5**

pescadería *f.* fish market **14**

pescado *m.* fish (*cooked*) **8**

pescador(a) *m., f.* fisherman/fisherwoman

pescar *v.* to fish **5**

peso *m.* weight **15**

pez *m.* fish (*live*) **13**

picante *adj.* hot, spicy **8**

pie *m.* foot **10**

piedra *f.* stone **13**

pierna *f.* leg **10**

pimienta *f.* pepper **8**

piña *f.* pineapple **8**

pintar *v.* to paint

pintor(a) *m., f.* painter **16**

pintura *f.* painting

piscina *f.* swimming pool 4
piso *m.* floor (*of a building*) 5
pizarra *f.* blackboard 2
placer *m.* pleasure
   Ha sido un placer. It's been a
     pleasure.
planchar la ropa *v.* to iron clothes 12
planes *m., pl.* plans
planta *f.* plant 13
   planta baja ground floor 5
plástico *m.* plastic 13
plato *m.* dish (*in a meal*) 8; *m.*
   plate 12
   plato principal main dish 8
playa *f.* beach 5
plazos *m., pl.* periods; time
pluma *f.* pen 2
población *f.* population 13
pobre *m., f., adj.* poor 6
pobreza *f.* poverty
poco/a *adj.* little 5, 10; few
poder (o:ue) *v.* to be able to; can 4
poema *m.* poem
poesía *f.* poetry
poeta *m., f.* poet 16
policía *f.* police (force) 11; *m.* (male)
   police officer 11
política *f.* politics
político/a *m., f.* politician 16
pollo *m.* chicken 8
   pollo asado roast chicken 8
ponchar *v.* to deflate; to get a
   flat (*tire*)
poner *v.* to put; to place 4; to turn on
   (*electrical appliances*) 11
   poner la mesa to set the table 12
   poner una inyección to give an
     injection 10
ponerse (+ adj.) to become (+ *adj.*) 7;
   to put on 7
por *prep.* in exchange for; for; by;
   in; through; by means of; along;
   during; around; in search of; by way
   of; per 11
   por aquí around here 11
   por avión by plane
   por ciento percent
   por ejemplo for example 11
   por eso that's why; therefore 11
   Por favor. Please. 1
   por fin finally 11
   por la mañana in the morning 7
   por la noche at night 7
   por la tarde in the afternoon; in
     the (early) evening 7
   por lo menos at least 10
   ¿por qué? why? 2, 9
   por supuesto of course
   por teléfono by phone; on the
     phone
   por último finally 7
portátil *adj.* portable 11
porvenir *m.* future
posesivo/a *adj.* possessive 3

posible *adj.* possible 13
   es posible it's possible 13
   no es posible it's not possible 13
postal *f.* postcard 4
postre *m.* dessert 9
practicar *v.* to practice 2
   practicar deportes *m., pl.* to play
     sports 4
precio (fijo) *m.* (fixed) price 6
preferir (e:ie) *v.* to prefer 4, 12
pregunta *f.* question
preguntar *v.* to ask (*a question*) 2
premio *m.* prize; award
prender *v.* to turn on 11
prensa *f.* press
preocupado/a (por) *adj.* worried
   (about) 5
preocuparse (por) *v.* to worry
   (about) 7
preparar *v.* to prepare 2
preposición *f.* preposition
presentación *f.* introduction
presentar *v.* to introduce; to put on
   (*a performance*)
presiones *f., pl.* pressure 15
prestado/a *adj.* borrowed
préstamo *m.* loan 14
prestar *v.* to loan 6
primavera *f.* spring 5
primer, primero/a *adj.* first 5
primo/a *m., f.* cousin 3
principal *adj.* main 8
prisa *f.* haste 3
probable *adj. m., f.* probable 13
   es probable it's probable 13
   no es probable it's not probable 13
probar (o:ue) *v.* to taste; to try 8
probarse (o:ue) *v.* to try on 7
problema *m.* problem 1
profesión *f.* profession 3, 16
profesor(a) *m., f.* teacher; professor 1
programa *m.* program 1
   programa de computación
     software 11
   programa de entrevistas talk show
programador(a) *m., f.* programmer 3
prohibir *v.* to prohibit 10, 12; to forbid
pronombre *m.* pronoun 8
pronto *adj.* soon 10
propina *f.* tip 9
propio/a *adj.* own
proteger *v.* to protect 13
proteína *f.* protein 15
próximo/a *adj.* next
prueba *f.* test; quiz 2
psicología *f.* psychology 2
psicólogo/a *m., f.* psychologist 16
publicar *v.* to publish
público *m.* audience
pueblo *m.* town 4
puerta *f.* door 2
puertorriqueño/a *adj.* Puerto
   Rican 3
pues *conj.* well; then

puesto *m.* position; job 16
puesto/a *p.p.* put 15
puro/a *adj.* pure 13

Q

que *pron.* that; who; which 9
   ¡Qué…! How…! 3
   ¡Qué dolor! What pain!
   ¡Qué gusto (+ inf.)! What a
     pleasure to… !
   ¡Qué ropa más bonita!
     What pretty clothes! 6
   ¡Qué sorpresa! What a surprise!
   ¿qué? what? 1; which? 9
   ¿Qué día es hoy? What day is it?
   ¿Qué es? What is it? 1
   ¿Qué hay de nuevo? What's
     new? 1
   ¿Qué hicieron ellos/ellas? What
     did they do? 6
   ¿Qué hicieron ustedes? What did
     you (*form., pl.*) do? 6
   ¿Qué hiciste? What did you
     (*fam., sing.*) do? 6
   ¿Qué hizo él/ella? What did
     he/she do? 6
   ¿Qué hizo usted? What did you
     (*form., sing.*) do? 6
   ¿Qué hora es? What time is it? 1
   ¿Qué les parece? What do
     you guys think? 9
   ¿Qué pasa? What's going on? 1
   ¿Qué pasó? What happened?;
     What's wrong?
   ¿Qué precio tiene? What is the
     price?
   ¿Qué tal? How is it going? 1;
     How is/are…?
   ¿Qué talla lleva/usa usted? What
     size do you wear? 6
   ¿Qué tiempo hace? How's the
     weather? 5
quedar *v.* to be left over; to fit
   (*clothing*) 7; to be left behind 10; to
   be located 14
quedarse *v.* to stay; to remain 7
quehaceres domésticos *m., pl.*
   household chores 12
quemado/a *adj.* burned (out) 11
querer (e:ie) *v.* to want; to love 4
queso *m.* cheese 8
quien(es) *pron.* who 1; whom; that 9
   ¿Quién es…? Who is…? 1
   ¿Quién habla? Who is
     speaking? (*telephone*) 11
   ¿quién(es)? who?; whom? 1, 9
química *f.* chemistry 2
quince fifteen 1
   menos quince quarter to (time) 1
   y quince quarter after (time) 1
quinceañera *f.* young woman
   celebrating her fifteenth birthday 9

quinientos/as five hundred **6**
quinto/a *adj.* fifth **5**
quisiera *v.* I would like
quitar la mesa *v.* to clear the table **12**
quitarse *v.* to take off **7**
quizás *adv.* maybe **5**

R

racismo *m.* racism
radio *f.* radio (*medium*)
radio *m.* radio (set) **11**
radiografía *f.* X-ray **10**
rápido/a *adj.* fast
ratón *m.* mouse **11**
ratos libres *m., pl.* spare time **4**
raya *f.* stripe **6**
razón *f.* reason **3**
rebaja *f.* sale **6**
recado *m.* (telephone) message **11**
receta *f.* prescription **10**
recetar *v.* to prescribe **10**
recibir *v.* to receive **3**
reciclaje *m.* recycling **13**
reciclar *v.* to recycle **13**
recién casado/a *m., f.* newlywed **9**
recoger *v.* to pick up **13**
recomendar (e:ie) *v.* to recommend **8, 12**
recordar (o:ue) *v.* to remember **4**
recorrer *v.* to tour an area
recurso *m.* resource **13**
  recurso natural natural resource **13**
red *f.* network; Web **11**
reducir *v.* to reduce **13**
refresco *m.* soft drink **8**
refrigerador *m.* refrigerator **12**
regalar *v.* to give (*as a gift*) **9**
regalo *m.* gift **6**
regatear *v.* to bargain **6**
región *f.* region; area **13**
regresar *v.* to return **2**
regular *adj. m., f.* so-so **1**
reído *p.p.* laughed **15**
reírse (e:i) *v.* to laugh **9**
relaciones *f., pl.* relationships
relajarse *v.* to relax **9**
reloj *m.* clock; watch **2**
renovable *adj.* renewable **13**
renunciar (a) *v.* to resign (from) **16**
repetir (e:i) *v.* to repeat **4**
reportaje *m.* report
reportero/a *m., f.* reporter **16**; journalist
representante *m., f.* representative
reproductor de CD *m.* CD player **11**
reproductor de DVD *m.* DVD player **11**
reproductor de MP3 *m.* MP3 player **11**
resfriado *m.* cold (*illness*) **10**
residencia estudiantil *f.* dormitory **2**
resolver (o:ue) *v.* to resolve; to solve **13**

respirar *v.* to breathe **13**
respuesta *f.* answer **9**
restaurante *m.* restaurant **4**
resuelto/a *p.p.* resolved **15**
reunión *f.* meeting **16**
revisar *v.* to check **11**
  revisar el aceite to check the oil **11**
revista *f.* magazine **4**
rico/a *adj.* rich **6**; *adj.* tasty; delicious **8**
ridículo *adj.* ridiculous **13**
río *m.* river **13**
riquísimo/a *adj.* extremely delicious **8**
rodilla *f.* knee **10**
rogar (o:ue) *v.* to beg; to plead **12**
rojo/a *adj.* red **6**
romántico/a *adj.* romantic
romper (con) *v.* to break up (with) **9**
romper(se) *v.* to break **10**
  romperse la pierna to break one's leg **10**
ropa *f.* clothing **6**
  ropa interior underwear **6**
rosado/a *adj.* pink **6**
roto/a *adj.* broken; *p.p.* broken **15**
rubio/a *adj.* blond **3**
ruso/a *adj.* Russian
rutina *f.* routine **7**
  rutina diaria daily routine **7**

S

sábado *m.* Saturday **2**
saber *v.* to know; to know how **8**
sabrosísimo/a *adj.* extremely delicious
sabroso/a *adj.* tasty; delicious **8**
sacar *v.* to take out **12**
  sacar fotos to take pictures **5**
  sacar la basura to take out the trash **12**
  sacar(se) una muela to have a tooth pulled **10**
sacudir *v.* to dust **12**
  sacudir los muebles dust the furniture **12**
sal *f.* salt **8**
sala *f.* living room **12**; room
  sala de emergencia(s) emergency room **10**
salado/a *adj.* salty **8**
salario *m.* salary **16**
salchicha *f.* sausage **8**
salida *f.* departure; exit **5**
salir *v.* to leave **4**; to go out
  salir con to leave with; to go out with **4**; to date (*someone*) **9**
  salir de to leave from **4**
  salir para to leave for (*a place*) **4**
salmón *m.* salmon **8**
salón de belleza *m.* beauty salon **14**
salud *f.* health **10**

saludable *adj.* healthy **10**
saludar(se) *v.* to greet (each other)
saludo *m.* greeting **1**
  saludos a... say hello to... **1**
sandalia *f.* sandal **6**
sándwich *m.* sandwich **8**
sano/a *adj.* healthy **10**
se *ref.pron.* himself, herself, itself, *form.* yourself, themselves, yourselves **7**
se *impersonal* one **10**
  Se nos dañó... The... broke down. **11**
  Se hizo... He/she/it became...
  Se nos pinchó una llanta. We got a flat tire. **11**
secadora *f.* clothes dryer **12**
sección de (no) fumadores *f.* (non) smoking section **8**
secretario/a *m., f.* secretary **16**
secuencia *f.* sequence
sed *f.* thirst **3**
seda *f.* silk **6**
sedentario/a *adj.* sedentary **15**; related to sitting
seguir (e:i) *v.* to follow; to continue; to keep (doing something) **4**
  seguir una dieta equilibrada to eat a balanced diet **15**
según *prep.* according to
segundo/a *adj.* second **5**
seguro/a *adj.* sure; safe; confident **5**
seis six **1**
seiscientos/as six hundred **6**
sello *m.* stamp **14**
selva *f.* jungle **13**
semáforo *m.* traffic light **11**
semana *f.* week **2**
  fin *m.* **de semana** weekend **4**
  la semana pasada last week **6**
semestre *m.* semester **2**
sendero *m.* trail **13**; trailhead
sentarse (e:ie) *v.* to sit down **7**
sentir(se) (e:ie) *v.* to feel **7**; to be sorry; to regret **13**
señor (Sr.) *m.* Mr.; sir **1**
señora (Sra.) *f.* Mrs.; ma'am **1**
señorita (Srta.) *f.* Miss **1**; young woman
separado/a *adj.* separated **9**
separarse (de) *v.* to separate (from) **9**
septiembre *m.* September **5**
séptimo/a *adj.* seventh **5**
ser *v.* to be **1**
  ser aficionado/a (a) to be a fan (of) **4**
  ser alérgico/a (a) to be allergic (to) **10**
  ser gratis to be free of charge **14**
serio/a *adj.* serious
servilleta *f.* napkin **12**
servir (e:i) *v.* to help **5**; to serve **8**

sesenta sixty **2**
setecientos/as seven hundred **6**
setenta seventy **2**
sexismo *m.* sexism
sexto/a *adj.* sixth **5**
sí *adv.* yes **1**
si *conj.* if **13**
SIDA *m.* AIDS
sido *p.p.* been **15**
siempre *adv.* always **7**
siete seven **1**
silla *f.* chair **2**
sillón *m.* armchair **12**
similar *adj. m., f.* similar
simpático/a *adj.* nice **3**
sin *prep.* without **13, 15**
  sin duda without a doubt
  sin embargo *adv.* however
  sin que *conj.* without **13**
sino *conj.* but
síntoma *m.* symptom **10**
sitio *m.* **web** website **11**
situado/a *p.p.* located
sobre *m.* envelope **14**; *prep.* on;
  over **2**
sobrino/a *m., f.* nephew/niece **3**
sociología *f.* sociology **2**
sofá *m.* sofa **12**
sois *fam.* you are **1**
sol *m.* sun **4, 5, 13**
solar *adj.* solar **13**
solicitar *v.* to apply (*for a job*) **16**
solicitud (de trabajo) *f.* (job)
  application **16**
sólo *adv.* only
soltero/a *adj.* single **9**; unmarried
solución *f.* solution **13**
sombrero *m.* hat **6**
somos we are **1**
son you/they are **1**
  Son las... It's... o'clock. **1**
sonar (o:ue) *v.* to ring **11**
sonreído *p.p.* smiled **15**
sonreír (e:i) *v.* to smile **9**
sopa *f.* soup **8**
sorprender *v.* to surprise **9**
sorpresa *f.* surprise **9**
sótano *m.* basement **12**
soy I am **1**
  Soy yo. That's me. **1**
  soy de... I'm from... **1**
su(s) *poss. adj.* his; her; its; *form.*
  your; their; **3**
subir *v.* to go up **11**
subir(se) a to get into
  (a vehicle) **11**
sucio/a *adj.* dirty **5**
sucre *m.* former Ecuadorian
  currency **6**
sudar *v.* to sweat **15**
suegro/a *m., f.* father-in-law;
  mother-in-law **3**
sueldo *m.* salary **16**

suelo *m.* floor **12**
sueño *m.* sleep **3**
suerte *f.* luck **3**
suéter *m.* sweater **6**
sufrir *v.* to suffer **13**
  sufrir muchas presiones to
    be under a lot of pressure **15**
  sufrir una enfermedad to
    suffer (from) an illness **13**
sugerir (e:ie) *v.* to suggest **12**
supermercado *m.* supermarket **14**
suponer *v.* to suppose **4**
sur *m.* south **14**
sustantivo *m.* noun
suyo(s)/a(s) *poss.* (of) his/her; (of)
  hers; (of) its; (of) *form.* your, (of)
  yours, (of) theirs; their **11**

T

tal vez *adv.* maybe **5**
talentoso/a *adj.* talented
talla *f.* size **6**
  talla grande large **6**
taller *m.* **(mecánico)** (mechanic's)
  repair shop **11**
también *adv.* also; too **7**
tampoco *adv.* neither; not either **7**
tan *adv.* so **5**
  tan pronto como as soon as **13**
  tan... como as... as **8**
tanque *m.* tank **11**
tanto *adv.* so much
  tanto... como as much... as **8**
  tantos/as... como as
    many... as **8**
tarde *adv.* late **7**
tarde *f.* afternoon; evening; P.M. **1**
tarea *f.* homework **2**
tarjeta *f.* (post) card **4**
  tarjeta de crédito credit card **6**
  tarjeta postal postcard **4**
taxi *m.* taxi(cab) **5**
taza *f.* cup; mug **12**
te *fam. pron.* you **5**
  Te presento a... I would like to
    introduce... to you. (*fam.*) **1**
  ¿Te gustaría? Would you like to?
  ¿Te gusta(n)... ? Do you like...? **2**
té *m.* tea **8**
  té helado iced tea **8**
teatro *m.* theater
teclado *m.* keyboard **11**
técnico/a *m., f.* technician **16**
tejido *m.* weaving
teleadicto/a *m., f.* couch potato **15**
teléfono celular *m.* cell phone **11**
telenovela *f.* soap opera
teletrabajo *m.* telecommuting **16**
televisión *f.* television **11**
  televisión por cable cable
    TV **11**

televisor *m.* television set **11**
temer *v.* to be afraid/concerned; to
  fear **13**
temperatura *f.* temperature **10**
temprano *adv.* early **7**
tenedor *m.* fork **12**
tener *v.* to have **3**
  tener... años to be... years old **3**
  Tengo... años. I'm... years old. **3**
  tener (mucho) calor to be (very)
    hot **3**
  tener (mucho) cuidado to be
    (very) careful **3**
  tener dolor de to have a pain in
  tener éxito to be successful **16**
  tener fiebre to have a fever **10**
  tener (mucho) frío to be (very)
    cold **3**
  tener ganas de (+ *inf.*) to feel
    like (*doing something*) **3**
  tener (mucha) hambre *f.* to be
    (very) hungry **3**
  tener (mucho) miedo to be (very)
    afraid/scared of **3**
  tener miedo (de) que to be afraid
    that
  tener planes to have plans **4**
  tener (mucha) prisa to be in a
    (big) hurry **3**
  tener que (+ *inf.*) *v.* to have to
    (*do something*) **3**
  tener razón to be right **3**
  tener (mucha) sed to be (very)
    thirsty **3**
  tener (mucho) sueño to be (very)
    sleepy **3**
  tener (mucha) suerte to be (very)
    lucky **3**
  tener tiempo to have time
  tener una cita to have a date;
    an appointment **9**
tenis *m.* tennis **4**
tensión *f.* tension
tercer, tercero/a *adj.* third **5**
terminar *v.* to end; to finish **2**
  terminar de (+ *inf.*) to finish
    (*doing something*)
terremoto *m.* earthquake
terrible *adj.* terrible **13**
terror *m.* horror
ti *prep., obj. of prep., fam.* you
tiempo *m.* time **4**; weather
  tiempo libre free time **4**
tienda *f.* store **6**
  tienda de campaña *f.* tent **5**
tierra *f.* land; soil **13**
tinto/a *adj.* red (wine) **8**
tío/a *m., f.* uncle/aunt **3**
tíos *m.* aunts and uncles **3**
título *m.* title
tiza *f.* chalk **2**
toalla *f.* towel **7**
tobillo *m.* ankle **10**

tocar *v.* to play (*a musical instrument*); to touch **13**
todavía *adv.* yet; still **5**
todo *m.* everything **5**
  en todo el mundo throughout the world **13**
  Todo está bajo control. Everything is under control.
  (todo) derecho straight ahead **14**
  ¡Todos a bordo! All aboard!
todo(s)/a(s) *adj.* all **4**; whole
todos *m., pl.* all of us; *m., pl.* everybody; everyone
  todos los días every day **10**
tomar *v.* to take; to drink **2**
  tomar clases to take classes **2**
  tomar el sol to sunbathe **4**
  tomar en cuenta to take into account **8**
  tomar fotos to take pictures **13**
  tomar(le) la temperatura (a alguien) to take (someone's) temperature **10**
tomate *m.* tomato **8**
tonto/a *adj.* foolish **3**
torcerse (el tobillo) *v.* to sprain (one's ankle) **10**
torcido/a *adj.* twisted; sprained **10**
tormenta *f.* storm
tornado *m.* tornado
tortilla *f.* tortilla **8**
  tortillas de maíz tortilla made of corn flour
tortuga marina *f.* sea turtle **13**
tos *f., sing.* cough **10**
toser *v.* to cough **10**
tostado/a *adj.* toasted **8**
tostadora *f.* toaster
trabajador(a) *adj.* hard-working **3**
trabajar *v.* to work **2**
trabajo *m.* job; work **16**; written work
traducir *v.* to translate **8**
traer *v.* to bring **4**
tráfico *m.* traffic **11**
tragedia *f.* tragedy
traído/a *p.p.* brought **15**
traje *m.* suit **6**
  traje de baño bathing suit **6**
tranquilo/a *adj.* calm; quiet **15**
  ¡Tranquilo! Stay calm!
transmitir to broadcast
tratar de (+ inf.) *v.* to try (*to do something*) **15**
  Trato hecho. It's a deal.
trece thirteen **1**
treinta thirty **1**
  y treinta thirty minutes past the hour (time) **1**
tren *m.* train **5**
tres three **1**
trescientos/as three hundred **6**

trimestre *m.* trimester; quarter **2**
triste *adj.* sad **5**
tú *fam. sing. sub. pron.* you **1**
  Tú eres… You are… **1**
tu(s) *fam. poss. adj.* your **3**
turismo *m.* tourism **5**
turista *m., f.* tourist **1**
turístico/a *adj.* touristic
tuyo(s)/a(s) *fam. poss. pron.* your; (of) yours **11**

U

Ud. *form., sing. sub. pron.* you **1**
Uds. *form., pl. sub. pron.* you **1**
último/a *adj.* last
un, uno/a *indef. art.* a; one **1**
  una vez once; one time **6**
  una vez más once again **9**
único/a *adj.* only **3**
universidad *f.* university **2**; college
unos/as *pron.* some **1**
urgente *adj.* urgent **12**
usar *v.* to wear; to use **6**
usted *form., sing. sub. pron.* you **1**
ustedes *form., pl. sub. pron.* you **1**
útil *adj.* useful
uva *f.* grape **8**

V

vaca *f.* cow
vacaciones *f., pl.* vacation **5**
valle *m.* valley **13**
vamos let's go **4**
vaquero *m.* cowboy
  de vaqueros *m., pl.* western
varios/as *adj., pl.* several
vaso *m.* glass **12**
veces *f., pl.* times **6**
vecino/a *m., f.* neighbor **12**
veinte twenty **1**
veinticinco twenty-five **1**
veinticuatro twenty-four **1**
veintidós twenty-two **1**
veintinueve twenty-nine **1**
veintiocho twenty-eight **1**
veintiséis twenty-six **1**
veintisiete twenty-seven **1**
veintitrés twenty-three **1**
veintiún, veintiuno/a twenty-one **1**
vejez *f.* old age **9**
velocidad *f.* speed **11**
  velocidad máxima speed limit **11**
vendedor(a) *m., f.* salesperson **6**
vender *v.* to sell **6**
venir *v.* to come **3**
ventana *f.* window **2**
ver *v.* to see; to watch **4**
  ver películas *f., pl.* to watch movies **4**
  a ver let's see **2**

verano *m.* summer **5**
verbo *m.* verb
verdad *f.* truth **6**
  ¿verdad? right?
verde *adj.,* green; not ripe **5**
verduras *pl., f.* vegetables **8**
vestido *m.* dress **6**
vestirse (e:i) *v.* to get dressed **7**
vez *f.* time **6**
viajar *v.* to travel **2**
viaje *m.* trip **5**
viajero/a *m., f.* traveler **5**
vida *f.* life **9**
video *m.* video **1**
videoconferencia *f.* video conference **16**
vidrio *m.* glass **13**
viejo/a *adj.* old **3**
viento *m.* wind
viernes *m., sing.* Friday **5**
vinagre *m.* vinegar **8**
vino *m.* wine **8**
  vino blanco white wine **8**
  vino tinto red wine **8**
violencia *f.* violence
visitar *v.* to visit **4**
  visitar un monumento to visit a monument **4**
visto/a *p.p.* seen **15**
vitamina *f.* vitamin **15**
viudo/a *adj.* widowed **9**
vivienda *f.* housing **12**
vivir *v.* to live **3**
vivo/a *adj.* clever; alive **5**; bright
volante *m.* steering wheel **11**
volcán *m.* volcano **13**
vóleibol *m.* volleyball **4**
volver (o:ue) *v.* to return **4**
volver a ver(te, lo, la) *v.* to see (you) again
vos *pron.* you
vosotros/as *fam., pl. sub. pron.* you **1**
votar *v.* to vote
vuelta *f.* return trip
vuelto/a *p.p.* returned **15**
vuestro(s)/a(s) *poss. adj.* your **3**; (of) yours **11**

Y

y *conj.* and **1**
  y cuarto quarter after (time) **1**
  y media half-past (time) **1**
  y quince quarter after (time) **1**
  y treinta thirty (minutes past the hour) **1**
  ¿Y tú? *fam.* And you? **1**
  ¿Y usted? *form.* And you? **1**
ya *adv.* already **6**
yerno *m.* son-in-law **3**

yo *sub. pron.* I **1**
   Yo soy… I'm… **1**
yogur *m.* yogurt

Z

zanahoria *f.* carrot **8**
zapatería *f.* shoe store **14**
zapato *m.* shoe **6**
   par de zapatos pair of shoes **6**
   zapatos de tenis sneakers **6**

English-Spanish

A

A.M. **mañana** *f.* 1
able: be able to **poder (o:ue)** *v.* 4
aboard **a bordo** 1
accident **accidente** *m.* 10
accompany **acompañar** *v.* 14
account **cuenta** *f.* 14
accountant **contador(a)** *m., f.* 16
accounting **contabilidad** *f.* 2
ache **dolor** *m.* 10
acquainted: be acquainted with
   conocer *v.* 8
action **acción** *f.*
active **activo/a** *adj.* 15
actor **actor** *m.* 16
actress **actriz** *f.* 16
addict (*drug*) **drogadicto/a** *adj.* 15
additional **adicional** *adj.*
address **dirección** *f.* 14
adjective **adjetivo** *m.*
adolescence **adolescencia** *f.* 9
adventure **aventura** *f.*
advertise **anunciar** *v.*
advertisement **anuncio** *m.* 16
advice **consejo** *m.* 9
   give advice **dar** *v.* **un consejo**
advise **aconsejar** *v.* 12
advisor **consejero/a** *m., f.* 16
aerobic **aeróbico/a** *adj.* 15
   aerobic exercises **ejercicios**
      aeróbicos 15
   aerobics class **clase de**
      ejercicios aeróbicos 15
affected **afectado/a** *adj.* 13
   be affected (by) **estar** *v.*
      afectado/a (por) 13
affirmative **afirmativo/a** *adj.*
afraid: be (very) afraid **tener (mucho)**
      miedo 3
   be afraid **temer** *v.* 13
after **después de** *prep.* 7; **después**
      (de) que *conj.* 13
afternoon **tarde** *f.* 1
afterward **después** *adv.* 7; **luego** *adv.* 7
again **otra vez** *adv.*
age **edad** *f.*
agree **concordar** *v.* agree; **estar** *v.* **de**
      acuerdo
agreement **acuerdo** *m.*
AIDS **SIDA** *m.*
air **aire** *m.* 6
   air pollution **contaminación del**
      aire 13
airplane **avión** *m.* 5
airport **aeropuerto** *m.* 5
alarm clock **despertador** *m.* 7
alcohol **alcohol** *m.* 15
alcoholic **alcohólico/a** *adj.* 15

alcoholic beverage **bebida**
      alcohólica 15
alive **vivo/a** *adj.* 5
all **todo(s)/toda(s)** *adj.* 4
   All aboard! **¡Todos a bordo!**
   all of us **todos**
   all over the world **en todo el mundo**
allergic **alérgico/a** *adj.* 10
   be allergic (to) **ser alérgico/a (a)** 10
alleviate **aliviar** *v.*
almost **casi** *adv.* 10
alone **solo/a** *adj.*
along **por** *prep.* 11
already **ya** *adv.* 6
also **también** *adv.* 7
alternator **alternador** *m.*
although **aunque** *conj.*
aluminum **aluminio** *m.* 13
   (made of) aluminum **de aluminio** 13
always **siempre** *adv.* 7
American (*North*)
      norteamericano/a *adj.* 3
among **entre** *prep.* 2
amusement **diversión** *f.*
and **y** 1; **e** (*before words beginning*
      with **i** *or* **hi**)
   And you? **¿Y tú?** *fam.* 1;
      ¿Y usted? *form.* 1
angry **enojado/a** *adj.* 5
   get angry **enojarse** *v.* 7
animal **animal** *m.* 13
ankle **tobillo** *m.* 10
anniversary **aniversario** *m.* 9
   wedding anniversary **aniversario**
      de bodas 9
announce **anunciar** *v.*
announcer (*TV/radio*) **locutor(a)** *m., f.*
annoy **molestar** *v.* 7
another **otro/a** *adj.* 6
answer **contestar** *v.* 2; **respuesta** *f.* 9
antibiotic **antibiótico** *m.* 10
any **algún, alguno/a(s)** *adj.* 7
anyone **alguien** *pron.* 7
anything **algo** *pron.* 7
apartment **apartamento** *m.* 12
apartment building **edificio de**
      apartamentos 12
appear **parecer** *v.* 8
appetizers **entremeses** *m., pl.*
applaud **aplaudir** *v.*
apple **manzana** *f.* 8
appliance (electrical) **electrodoméstico**
      m. 12
applicant **aspirante** *m., f.* 16
application **solicitud** *f.* 16
   job application **solicitud de**
      trabajo 16
apply (*for a job*) **solicitar** *v.* 16
   apply for a loan **pedir** *v.* **un**
      préstamo
appointment **cita** *f.* 9
   have an appointment **tener** *v.*
      una cita 9

appreciate **apreciar** *v.*
April **abril** *m.* 5
aquatic **acuático/a** *adj.* 4
archaeologist **arqueólogo/a** *m., f.* 16
architect **arquitecto/a** *m., f.* 16
area **región** *f.* 13
Argentine **argentino/a** *adj.* 3
arm **brazo** *m.* 10
armchair **sillón** *m.* 12
army **ejército** *m.*
around **por** *prep.* 11
around here **por aquí** 11
arrange **arreglar** *v.* 11
arrival **llegada** *f.* 5
arrive **llegar** *v.* 2
art **arte** *m.* 2
   fine arts **bellas artes** *f., pl.*
article *m.* **artículo**
artist **artista** *m., f.* 3
artistic **artístico/a** *adj.*
arts **artes** *f., pl.*
as **como** *conj.* 8
   as… as **tan… como** 8
   as a child **de niño/a** 10
   as many… as **tantos/as… como** 8
   as much… as **tanto… como** 8
   as soon as **en cuanto** *conj.* 13;
      tan pronto como *conj.* 13
ask (*a question*) **preguntar** *v.* 2
   ask for **pedir (e:i)** *v.* 4, 12
asparagus **espárragos** *m., pl.*
aspirin **aspirina** *f.* 10
at **a** *prep.* 1; **en** *prep.* 2
   at + *time* **a la(s)** + *time* 1
   at home **en casa** 7
   at least **por lo menos** 10
   at night **por la noche** 7
   at the end (of) **al fondo (de)**
   At what time…? **¿A qué hora…?**
      1, 9
   At your service. **A sus órdenes.**
attend **asistir (a)** *v.* 3
attic **altillo** *m.* 12
attract **atraer** *v.*
audience **público** *m.*
August **agosto** *m.* 5
aunt **tía** *f.* 3
   aunts and uncles **tíos** *m., pl.* 3
automatic **automático/a** *adj.* 14
   automatic teller machine (ATM)
      cajero automático 14
automobile **automóvil** *m.* 5
autumn **otoño** *m.* 5
avenue **avenida** *f.*
avoid **evitar** *v.* 13
award **premio** *m.*

B

backpack **mochila** *f.* 1
bad **mal, malo/a** *adj.* 3
   It's bad that… **Es malo que…** 12

It's not bad at all. **No está nada mal.** 5
bag **bolsa** *f.* 6
bakery **panadería** *f.* 14
balanced **equilibrado/a** *adj.* 15
  balanced diet **dieta equilibrada** 15
balcony **balcón** *m.* 12
ball **pelota** *f.* 4
ballet **ballet** *m.*
banana **banana** *f.* 8
band **banda** *f.*
bank **banco** *m.* 14
bargain **ganga** *f.* 6; **regatear** *v.* 6
baseball (*game*) **béisbol** *m.* 4
basement **sótano** *m.* 12
basketball (*game*) **baloncesto** *m.* 4
bath **baño** *m.*
  take a bath **bañarse** *v.* 7
bathe **bañarse** *v.* 7
bathing suit **traje** *m.* **de baño** 6
bathroom **baño** *m.* 7; **cuarto de baño** *m.*
be **ser** *v.* 1; **estar** *v.* 2
be… years old **tener… años** 3
beach **playa** *f.* 5
  go to the beach **ir a la playa** 5
beans **frijoles** *m.*, *pl.* 8
beautiful **hermoso/a** *adj.* 6
beauty **belleza** *f.* 14
  beauty salon **peluquería** *f.*; **salón** *m.* **de belleza** 14
because of **por** *prep.*
become (+ *adj.*) **ponerse** (+ *adj.*) 7; **convertirse** *v.*
bed **cama** *f.* 5
  go to bed **acostarse (o:ue)** *v.* 7
bedroom **alcoba** *f.* 12; **cuarto** *m.*; **recámara** *f.*
beef **carne** *f.* **de res** 8
  beef soup **caldo** *m.* **de patas**
been **sido** *p.p.* 15
beer **cerveza** *f.* 8
before **antes** *adv.* 7; **antes de** *prep.* 7; **antes (de) que** *conj.* 13
beg **rogar (o:ue)** *v.* 12
begin **comenzar (e:ie)** *v.* 4; **empezar (e:ie)** *v.* 4
behalf: on behalf of **de parte de**
behind **detrás de** *prep.* 2
believe **creer** *v.* 13
  believe (in) **creer** *v.* **(en)** 3
  believed **creído** *p.p.* 15
bellhop **botones** *m.*, *f.*, *sing.* 5
beloved **enamorado/a** *adj.*
below **debajo de** *prep.* 2
belt **cinturón** *m.* 6
benefit **beneficio** *m.* 16
beside **al lado de** *prep.* 2
besides **además (de)** *adv.* 10
best **mejor** *adj.* 8
  the best **el/la mejor** *m.*, *f.* 8; **lo mejor** *neuter*

better **mejor** *adj.* 8
  It's better that… **Es mejor que…** 12
between **entre** *prep.* 2
bicycle **bicicleta** *f.* 4
big **gran; grande** *adj.* 3
  bigger **mayor** *adj.* 8
  biggest, (the) **el/la mayor** *m.*, *f.* 8
bill **cuenta** *f.* 9
billion **mil millones** 6
biology **biología** *f*. 2
bird **pájaro** *m.* 13; **ave** *f.*
birth **nacimiento** *m.* 9
birthday **cumpleaños** *m.*, *sing.* 9
  birthday cake **pastel de cumpleaños** 9
  have a birthday **cumplir** *v.* **años** 9
biscuit **bizcocho** *m.*
black **negro/a** *adj.* 6
blackberry **mora** *f.* 8
blackboard **pizarra** *f.* 2
blanket **manta** *f.* 12
block (city) **cuadra** *f.* 14
blond **rubio/a** *adj.* 3
blouse **blusa** *f.* 6
blue **azul** *adj.* 6
boarding house **pensión** *f.* 5
boat **barco** *m.* 5
body **cuerpo** *m.* 10
bone **hueso** *m.* 10
book **libro** *m.* 2
bookcase **estante** *m.* 12
bookshelves **estante** *m.* 12
bookstore **librería** *f.* 2
boot **bota** *f.* 6
bore **aburrir** *v.* 7
bored **aburrido/a** *adj.* 5
  be bored **estar** *v.* **aburrido/a** 5
  get bored **aburrirse** *v.*
born: be born **nacer** *v.* 9
borrow **pedir prestado** 14
borrowed **prestado/a** *adj.*
boss **jefe** *m.*, **jefa** *f.* 16
bottle **botella** *f.* 9
  bottle of wine **botella de vino** 9
bother **molestar** *v.* 7
bottom **fondo** *m.*
boulevard **bulevar** *m.*
boy **chico** *m.* 1; **muchacho; niño** *m.* 3
boyfriend **novio** *m.* 3
brakes **frenos** *m.*, *pl.* 11
bread **pan** *m.* 8
break **romper(se)** *v.* 10
  break (one's leg) **romperse (la pierna)** 10
break down **dañar** *v.* 10
  The bus broke down. **Se nos dañó el autobús.**
  break up (with) **romper** *v.* **(con)** 9
breakfast **desayuno** *m.* 8
  have breakfast **desayunar** *v.* 8

breathe **respirar** *v.* 13
bring **traer** *v.* 4
broadcast **transmitir** *v.*; **emitir** *v.*
brochure **folleto** *m.*
broken **roto/a** *adj.*; **roto/a** *p.p.* 15
  be broken **estar roto/a**
brother **hermano** *m.* 3
  brother-in-law **cuñado** *m.*, *f.* 3
  brothers and sisters **hermanos** *m.*, *pl.* 3
brought **traído/a** *p.p.* 15
brown **café** *adj.* 6; **marrón** *adj.*
brunet(te) **moreno/a** *adj.*
brush **cepillar** *v.* 7
  brush one's hair **cepillarse el pelo** 7
  brush one's teeth **cepillarse los dientes** 7
build **construir** *v.*
building **edificio** *m.* 12
bullfight **corrida** *f.* **de toros**
bump into (*meet accidentally*) **darse con**
burned (out) **quemado/a** *adj.* 11
bus **autobús** *m.* 1
  bus station **estación** *f.* **de autobuses** 5
business **negocios** *m.*, *pl.* 16
  business administration **administración** *f.* **de empresas** 2
  business-related **comercial** *adj.* 16
businessman **hombre** *m.* **de negocios** 16
businesswoman **mujer** *f.* **de negocios** 16
busy **ocupado/a** *adj.* 5
but **pero** *conj.* 2; **sino** *conj.* (*in negative sentences*)
butcher shop **carnicería** *f.* 14
butter **mantequilla** *f.* 8
buy **comprar** *v.* 2
by **por** *conj.* 11; **para** *prep.* 11
  by means of **por** *prep.* 11
  by phone **por teléfono**
  by plane **en avión** 5
  by way of **por** *prep.* 11
Bye. **Chau.** *interj. fam.* 1

C

cabin **cabaña** *f.* 5
cable TV **televisión** *f.* **por cable** *m.* 11
café **café** *m.* 4
cafeteria **cafetería** *f.* 2
cake **pastel** *m.* 9
calculator **calculadora** *f.* 11
call **llamar** *v.* 11
  call on the phone **llamar por teléfono**
calm **tranquilo/a** *adj.* 15
  Stay calm! **¡Tranquilo/a!**

calorie **caloría** f. 15

camera **cámara** f. 11

　digital camera **cámara digital** 11

camp **acampar** v. 5

can **lata** f. 13

can **poder (o:ue)** v. 4

Canadian **canadiense** adj. 3

candidate **aspirante** m. f. 16;

　candidate **candidato/a** m., f.

candy **dulces** m., pl. 9

capital city **capital** f. 1

car **coche** m. 11; **carro** m. 11;

　auto(móvil) m. 5

caramel **caramelo** m.

card **tarjeta** f. 4; (playing) **carta** f.

care **cuidado** m. 3

　take care of **cuidar** v. 13

career **carrera** f. 16

careful: be (very) careful **tener** v.

　(mucho) cuidado 3

caretaker **ama** f. **de casa** 12

carpenter **carpintero/a** m., f. 16

carpet **alfombra** f. 12

carrot **zanahoria** f. 8

carry **llevar** v. 2

cartoons **dibujos** m., pl. **animados**

case: in case (that) **en caso (de) que**

　13

cash (a check) **cobrar** v. 14; **efectivo** m.

　cash register **caja** f. 6

　pay in cash **pagar** v. **al contado**

　　pagar en efectivo

cashier **cajero/a** m., f.

cat **gato/a** m., f. 3

CD player **reproductor** m. **de CD** 11

celebrate **celebrar** v. 9

cell phone **teléfono** m. **celular** 11

cereal **cereales** m., pl. 8

certain **cierto** m.; **seguro** m. 13

　it's (not) certain **(no) es**

　　seguro/cierto 13

chair **silla** f. 2

chalk **tiza** f. 2

champagne **champán** m. 9

change **cambiar** v. **(de)** 9

channel (TV) **canal** m.

character (fictional) **personaje** m.

　main character **personaje principal**

charge (for a product or service)

　cobrar v. 14

chauffeur **conductor(a)** m., f. 1

chat **conversar** v. 2

cheap **barato/a** adj. 6

check **comprobar** v.; **revisar** v. 11;

　(bank) **cheque** m. 14

　check the oil **revisar el aceite** 11

checking account **cuenta** f. **corriente**

　14

cheese **queso** m. 8

chef **cocinero/a** m., f. 16

chemistry **química** f. 2

chest of drawers **cómoda** f. 12

chicken **pollo** m. 8

child **niño/a** m., f. 3

childhood **niñez** f. 9

children **hijos** m., pl. 3

Chinese **chino/a** adj.

chocolate **chocolate** m.

　chocolate cake **pastel** m. **de**

　　chocolate

cholesterol **colesterol** m. 15

choose **escoger** v.

chop (food) **chuleta** f. 8

Christmas **Navidad** f. 9

church **iglesia** f. 4

citizen **ciudadano/a** m., f.

city **ciudad** f. 4

class **clase** f. 2

　take classes **tomar** v. **clases** 2

classical **clásico/a** adj.

classmate **compañero/a** m., f. **de**

　clase 2

clean **limpio/a** adj. 5; **limpiar** v. 12

　clean the house v. **limpiar**

　　la casa 12

　clean up **arreglar** v. 12

clear (weather) **despejado/a** adj. 5

　clear the table **quitar** v.

　　la mesa 12

　It's clear. (weather) **Está**

　　despejado. 5

clerk **dependiente/a** m., f. 6

clever **vivo/a** adj. 5

client **cliente/a** m., f. 6

clinic **clínica** f. 10

clock **reloj** m. 2

close **cerrar (e:ie)** v. 4

closed **cerrado/a** adj. 5

closet **armario** m. 12

clothes dryer **secadora** f. 12

clothing **ropa** f. 6

cloud **nube** f. 13

cloudy **nublado/a** adj. 5

　It's (very) cloudy. **Está (muy)**

　　nublado. 5

coat **abrigo** m. 6

coffee **café** m. 8

　coffee maker **cafetera** f.

cold **frío** m. 3; (disease) **resfriado** m. 10

　be (very) cold (feel) **tener (mucho)**

　　frío 3

　It's (very) cold. (weather) **Hace**

　　(mucho) frío. 5

college **universidad** f.

collision **choque** m.

color **color** m. 6

comb one's hair **peinarse** v. 7

come **venir** v. 3

comedy **comedia** f.

comfortable **cómodo/a** adj. 5

commerce **negocios** m., pl. 16

commercial **comercial** adj. 16

communicate (with) **comunicarse** v.

　(con)

communication **comunicación** f.

　means of communication

　　medios m., pl. **de comunicación**

community **comunidad** f. 1

compact disc (CD) **disco** m. **compacto**

　11

　compact disc player **reproductor** m.

　　de CD 11

company **compañía** f. 16; **empresa**

　f. 16

comparison **comparación** f.

completely **completamente** adv.

composer **compositor(a)** m., f.

computer **computadora** f. 1, 11

　computer disc **disco** m. 11

　computer monitor **monitor** m. 11

　computer programmer

　　programador(a) m., f. 3

　computer science **computación** f. 2

concerned: to be concerned **temer**

　v. 13

concert **concierto** m.

conductor (musical) **director(a)** m., f.

confirm **confirmar** v. 5

　confirm a reservation **confirmar**

　　una reservación 5

congested **congestionado/a** adj. 10

Congratulations! (for an event such

　as a birthday or anniversary)

　¡Felicidades!; (for an event such as

　an engagement or a good grade on a

　test) f., pl. **¡Felicitaciones!**

conservation **conservación** f. 13

conserve **conservar** v. 13

considering **para** prep. 11

consume **consumir** v. 15

contact lenses **lentes** m. pl. **de**

　contacto

container **envase** m. 13

contamination **contaminación** f.

content **contento/a** adj. 5

contest **concurso** m.

continue **seguir (e:i)** v. 4

control **control** m.; **controlar** v. 13

　be under control **estar bajo control**

conversation **conversación** f. 2

converse **conversar** v.

cook **cocinar** v. 12; **cocinero/a** m.,

　f. 16

cookie **galleta** f. 9

cool **fresco/a** adj. 5

　It's cool. (weather) **Hace fresco.** 5

corn **maíz** m.

corner **esquina** m. 14

cost **costar (o:ue)** v. 6

cotton **algodón** m. 6

　(made of) cotton **de algodón** 6

couch potato **teleadicto/a** m., f. 15

cough **tos** f. 10; **toser** v. 10

counselor **consejero/a** m., f. 16

count (on) **contar** v. **(con)** 12

country (nation) **país** m. 1

countryside **campo** m. 5; **paisaje** m.

couple **pareja** f. 9

　couple (married) **matrimonio** m. 9

course **curso** m. 2; **materia** f.

courtesy **cortesía** f.

cousin **primo/a** m., f. 3

cover **cubrir** *v.*
covered **cubierto** *p.p.*
cow **vaca** *f.*
cowboy **vaquero** *m.*
crafts **artesanía** *f.*
craftsmanship **artesanía** *f.*
crash **chocar** *v.* (con) 11
crater **cráter** *m.* 13
crazy **loco/a** *adj.* 6
create **crear** *v.*
credit **crédito** *m.* 6
    credit card **tarjeta** *f.* **de crédito** 6
crime **crimen** *m.*
cross **cruzar** *v.* 14
Cuban **cubano/a** *adj.* 3
culture **cultura** *f.*
cup **taza** *f.* 12
currency exchange **cambio** *m.* **de moneda**
current events **actualidades** *f., pl.*
curriculum vitae **currículum** *m.*
curtains **cortinas** *f., pl.* 12
custard (*baked*) **flan** *m.* 9
custom **costumbre** *f.*
customer **cliente/a** *m., f.*
customs **aduana** *f.* 5
    customs inspector **inspector(a)** *m., f.* **de aduanas** 5
cycling **ciclismo** *m.* 4

D

dad **papá** *m.* 3
daily **diario/a** *adj.* 7
    daily routine **rutina** *f.* **diaria** 7
damage **dañar** *v.* 10
dance **bailar** *v.* 2; **danza** *f.* **baile** *m.*
dancer **bailarín/bailarina** *m., f.* 16
danger **peligro** *m.* 13
dangerous **peligroso/a** *adj.*
dark-haired **moreno/a** *adj.* 3
date (*appointment*) **cita** *f.* 9; (*calendar*) **fecha** *f.* 5; (*someone*) **salir** *v.* **con (alguien)** 9
    date: have a date **tener** *v.* **una cita** 9
daughter **hija** *f.* 3
    daughter-in-law **nuera** *f.* 3
day **día** *m.* 1
    day before yesterday **anteayer** *adv.* 6
deal **trato** *m.*
    It's a deal. **Trato hecho.**
    It's not a big deal. **No es para tanto.**
death **muerte** *f.* 9
decaffeinated **descafeinado/a** *adj.* 15
December **diciembre** *m.* 5
decide **decidir** *v.* 3
decided **decidido/a** *adj.*
declare **declarar** *v.*
deforestation **deforestación** *f.* 13
delicious **delicioso/a** *adj.* 8; **rico/a** *adj.* 8; **sabroso/a** *adj.* 8

dentist **dentista** *m., f.* 10
deny **negar (e: ie)** *v.* 13
department store **almacén** *m.* 6
departure **salida** *f.* 5
deposit **depositar** *v.* 14
describe **describir** *v.* 3
described **descrito/a** *p.p.* 15
desert **desierto** *m.* 13
design **diseño** *m.*
designer **diseñador(a)** *m., f.* 16
desire **desear** *v.* 12
desk **escritorio** *m.* 2
dessert **postre** *m.* 9
destroy **destruir** *v.* 13
develop **desarrollar** *v.* 13
diary **diario** *m.* 1
dictatorship **dictadura** *f.*
dictionary **diccionario** *m.* 1
die **morir (o:ue)** *v.* 8
died **muerto/a** *p.p.* 15
diet **dieta** *f.* 15
    balanced diet **dieta equilibrada** 15
    be on a diet **estar** *v.* **a dieta** 15
    eat a balanced diet **seguir una dieta equilibrada** 15
difficult **difícil** *adj.* 3
dining room **comedor** *m.* 12
dinner **cena** *f.* 8
    have dinner **cenar** *v.* 8
direction: in the direction of **para** *prep.* 11
directions: give directions **indicar cómo llegar** *v.* 14
director **director(a)** *m., f.*
dirty **ensuciar** *v.*; **sucio/a** *adj.* 5
    get (something) dirty **ensuciar** *v.* 12
disagree **no estar de acuerdo**
disaster **desastre** *m.*
discover **descubrir** *v.* 13
discovered **descubierto** *p.p.* 15
discrimination **discriminación** *f.*
dish **plato** *m.* 8
    main dish **plato principal** 8
dishwasher **lavaplatos** *m., sing.* 12
disk **disco** *m.* 11
disorderly **desordenado/a** *adj.* 5
dive **bucear** *v.* 4
divorce **divorcio** *m.* 9
divorced **divorciado/a** *adj.* 9
    get divorced (from) **divorciarse** *v.* (de) 9
dizzy **mareado/a** *adj.* 10
do **hacer** *v.* 4
    do aerobics **hacer ejercicios aeróbicos** 15
    do errands **hacer diligencias**
    do household chores **hacer quehaceres domésticos** 12
    do stretching exercises **hacer ejercicios de estiramiento** 15
doctor **médico/a** *m., f.* 3; **doctor(a)** *m., f.* 10
documentary (*film*) **documental** *m.*

dog **perro/a** *m., f.* 3
domestic **doméstico/a** *adj.*
done **hecho/a** *p.p.* 15
door **puerta** *f.* 2
dormitory **residencia** *f.* **estudiantil** 2
double **doble** *adj.* 5
    double room **habitación** *f.* **doble** 5
doubt **duda** *f.* 13; **dudar** *v.* 13
    There is no doubt... **No cabe duda de...** 13; **No hay duda de...** 13
Down with... ! **¡Abajo el/la...!**
downtown **centro** *m.* 4
drama **drama** *m.*
dramatic **dramático/a** *adj.*
draw **dibujar** *v.* 2
drawing **dibujo** *m.*
dress **vestido** *m.* 6
    get dressed **vestirse (e:i)** *v.* 7
drink **beber** *v.* 3; **bebida** *f.* 8; **tomar** *v.* 2
    Do you want something to drink? **¿Quieres algo de tomar?**
drive **conducir** *v.* 8; **manejar** *v.* 11
driver **conductor(a)** *m., f.* 1
drug *f.* **droga** 15
    drug addict **drogadicto/a** *adj.* 15
due to **por** *prep.*
    due to the fact that **debido a**
during **durante** *prep.* 7; **por** *prep.* 11
dust **sacudir** *v.* 12
    dust the furniture **sacudir los muebles** 12
DVD player **reproductor de DVD** *m.* 11
dying: I'm dying to (for)... **me muero por...**

E

each **cada** *adj.* 6
eagle **águila** *f.*
ear (outer) **oreja** *f.* 10
early **temprano** *adv.* 7
earn **ganar** *v.* 16
earthquake **terremoto** *m.*
ease **aliviar** *v.*
east **este** *m.* 14
    to the east **al este** 14
easy **fácil** *adj.* 3
    extremely easy **facilísimo** 8
eat **comer** *v.* 3
ecological **ecologista** *adj.* 13
ecologist **ecologista** *adj.* 13
ecology **ecología** *f.* 13
economics **economía** *f.*
ecotourism **ecoturismo** *m.* 13
Ecuadorian **ecuatoriano/a** *adj.* 3
effective **eficaz** *adj. m., f.*
egg **huevo** *m.* 8
eight **ocho** 1
eight hundred **ochocientos/as** 6
eighteen **dieciocho** 1
eighth **octavo/a** 5

eighty **ochenta** 2
either… or **o… o** *conj.* 7
elect **elegir** *v.*
election **elecciones** *f., pl.*
electrician **electricista** *m., f.* 16
electricity **luz** *f.* 12
elegant **elegante** *adj.* 6
elevator **ascensor** *m.* 5
eleven **once** 1
e-mail **correo** *m.* **electrónico** 4
   e-mail message **mensaje** *m.*
     electrónico 4
   read e-mail **leer** *v.* **el correo**
     electrónico 4
   write an e-mail **escribir** *v.* **un**
     mensaje electrónico 4
embarrassed **avergonzado/a** *adj.* 5
embrace (each other) **abrazar(se)** *v.*
emergency **emergencia** *f.* 10
   emergency room **sala** *f.* **de**
     emergencia(s) 10
employee **empleado/a** *m., f.* 5
employment **empleo** *m.* 16
end **fin** *m.* 4; **terminar** *v.* 2
   end table **mesita** *f.* 12
energy **energía** *f.* 13
engaged: get engaged (to)
   comprometerse *v.* **(con)** 9
engineer **ingeniero/a** *m., f.* 3
English (language) **inglés** *m.* 2; **inglés,**
   inglesa *adj.* 3
enjoy **disfrutar** *v.* **(de)** 15
enough **bastante** *adj.* 10
entertainment **diversión** *f.* 4
entrance **entrada** *f.* 12
envelope **sobre** *m.* 14
environment **medio ambiente** *m.* 13
equality **igualdad** *f.*
equipped **equipado/a** *adj.*
eraser **borrador** *m.* 2
errand *f.* **diligencia** 14
establish **establecer** *v.*
evening **tarde** *f.* 1
event **acontecimiento** *m.*
every day **todos los días** 10
everybody **todos** *m., pl.*
everything **todo** *m.* 5
   Everything is under control. **Todo**
     está bajo control.
exactly **en punto** *adv.* 1
exam **examen** *m.* 2
excellent **excelente** *adj.* 5
excess **exceso** *m.* 15
   in excess **en exceso** 15
exchange **intercambiar** *v.*
   in exchange for **por** 11
exciting **emocionante** *adj. m., f.*
excursion **excursión** *f.* 4
excuse **disculpar** *v.*
Excuse me. (*May I?*) **Con permiso.** 1;
   (*I beg your pardon.*) **Perdón.** 1
exercise **ejercicio** *m.* 15
   hacer *v.* **ejercicio** 15
exit **salida** *f.* 5

expensive **caro/a** *adj.* 6
experience **experiencia** *f.*
explain **explicar** *v.* 2
explore **explorar** *v.*
   explore a city/town **explorar una**
     ciudad/pueblo
expression **expresión** *f.*
extinction **extinción** *f.* 13
eye **ojo** *m.* 10

F

fabulous **fabuloso/a** *adj* 5
face **cara** *f.* 7
facing **enfrente de** *prep.* 14
fact: in fact **de hecho**
factory **fábrica** *f.* 13
fall **caerse** *v.* 10
   fall asleep **dormirse (o:ue)** *v.* 7
   fall in love (with) **enamorarse** *v.*
     (de) 9
fallen **caído/a** *p.p.* 15
family **familia** *f.* 3
famous **famoso/a** *adj.* 16
fan **aficionado/a** *adj.* 4
   be a fan (of) **ser aficionado/a (a)** 4
far from **lejos de** *prep.* 2
farewell **despedida** *f.*
fascinate **fascinar** *v.* 7
fashion **moda** *f.* 6
   be in fashion **estar** *v.* **de moda** 6
fast **rápido/a** *adj.*
fat **gordo/a** *adj.* 3; **grasa** *f.* 15
father **padre** *m.* 3
father-in-law **suegro** *m.* 3
favorite **favorito/a** *adj.* 4
fax (machine) **fax** *m.* 11
fear **miedo** *m.* 3; **temer** *v.* 13
February **febrero** *m.* 5
feel *v.* **sentir(se) (e:ie)** 7
   feel like (*doing something*) **tener**
     ganas de (+ *inf.*) 3
festival **festival** *m.*
fever **fiebre** *f.* 10
   have a fever **tener** *v.* **fiebre** 10
few **pocos/as** *adj. pl.*
field: field of study **especialización**
   f. 16
fifteen **quince** 1
   young woman celebrating her
     fifteenth birthday
     quinceañera *f.* 9
fifth **quinto/a** *adj.* 5
fifty **cincuenta** 2
fight **luchar** *v.* **(por)**
figure (*number*) **cifra** *f.*
file **archivo** *m.* 11
fill **llenar** *v.*
   fill out a form **llenar un formulario**
     14
   fill the tank **llenar el tanque** 11
finally **finalmente** *adv*; **por último** 7;
   por fin 11

find **encontrar (o:ue)** *v.* 4
   find (each other) **encontrar(se)** *v.*
fine arts **bellas artes** *f., pl.*
fine **multa** *f.* 11
   That's fine. **Está bien.**
finger **dedo** *m.* 10
finish **terminar** *v.* 4
   finish (*doing something*)
     terminar *v.* **de (+ *inf.*)**
fire **incendio** *m.*; **despedir (e:i)** *v.* 16
firefighter **bombero/a** *m., f.* 16
firm **compañía** *f.* 16; **empresa** *f.* 16
first **primer, primero/a** *adj.* 5
fish (*food*) **pescado** *m.* 8; **pescar** *v.* 5;
   (*live*) **pez** *m.* 13
   fish market **pescadería** *f.* 14
fisherman **pescador** *m.*
fisherwoman **pescadora** *f.*
fishing **pesca** *f.* 5
fit (*clothing*) **quedar** *v.* 7
five **cinco** 1
five hundred **quinientos/as** 6
fix (*put in working order*) **arreglar** *v.* 11
fixed **fijo/a** *adj.* 6
flag **bandera** *f.*
flank steak **lomo** *m.*
flat tire: We got a flat tire. **Se nos**
   pinchó una llanta. 11
flexible **flexible** *adj.* 15
flood **inundación** *f.*
floor (*story in a building*) **piso** *m.* 5;
   suelo *m.* 12
   ground floor **planta** *f.* **baja** 5
   top floor **planta** *f.* **alta**
flower **flor** *f.* 13
flu **gripe** *f.* 10
fog **niebla** *f.*
foggy: It's (very) foggy. **Hay (mucha)**
   niebla. 5
folk **folclórico/a** *adj.*
follow **seguir (e:i)** *v.* 4
food **comida** *f.* 8
foolish **tonto/a** *adj.* 3
foot **pie** *m.* 10
football **fútbol** *m.* **americano** 4
for **para** *prep.* 11; **por** *prep.* 11
   for example **por ejemplo** 11
   for me **para mí**
forbid **prohibir** *v.*
foreign **extranjero/a** *adj.*
   foreign languages **lenguas**
     f., pl. **extranjeras** 2
forest **bosque** *m.* 13
forget **olvidar** *v.* 10
fork **tenedor** *m.* 12
form **formulario** *m.* 14
forty **cuarenta** 2
forward **en marcha** *adv.*
four **cuatro** 1
four hundred **cuatrocientos/as** 6
fourteen **catorce** 1
fourth **cuarto/a** *adj.* 5
free **libre** *adj.* 4
   be free of charge **ser gratis** 14

free time **tiempo** *m.* **libre** 4;
ratos *m., pl.* **libres** 4
freedom **libertad** *f.*
freezer **congelador** *m.*
French **francés, francesa** *adj.* 3
French fries **papas** *f., pl* **fritas** 8;
patatas *f., pl* **fritas** 8
frequently **frecuentemente** *adv.;* **con
frecuencia** 10
Friday **viernes** *m., sing.* 2
fried **frito/a** *adj.* 8
fried potatoes **papas** *f., pl.* **fritas;
patatas** *f., pl.* **fritas**
friend **amigo/a** *m., f.* 3
friendly **amable** *adj.* 5
friendship **amistad** *f.* 9
from **de** *prep.* 1; **desde** *prep.* 6
from where? **¿de dónde?** 9
from the United States
estadounidense *adj.* 3
from time to time **de vez en
cuando** 10
He/She/It is from... **Es de...** 1
I'm from... **Soy de...** 1
fruit **fruta** *f.* 8
fruit juice **jugo** *m.* **de fruta** 8
fruit shop **frutería** *f.* 14
full **lleno/a** *adj.* 11
fun **divertido/a** *adj.*
fun activity **diversión** *f.* 4
have fun **divertirse (e:ie)** *v.* 9
function **funcionar** *v.*
furniture **muebles** *m., pl.* 12
furthermore **además (de)** *adv.* 10
future **futuro** *m.* 16; **porvenir** *m.*
in the future **en el futuro**

G

gain weight **aumentar** *v.* **de peso** 15;
engordar *v.* 15
game (*match*) **partido** *m.* 4; **juego** *m.* 5
game show **concurso** *m.*
garage **garaje** *m.* 11, 12
garden **jardín** *m.* 12
garlic **ajo** *m.* 8
gas station **gasolinera** *f.* 11
gasoline **gasolina** *f.* 11
geography **geografía** *f.* 2
German **alemán, alemana** *adj.* 3
get **conseguir (e:i)** *v.* 4; **obtener** *v.* 16
get along well/badly (with)
llevarse bien/mal (con) 9
get bored **aburrirse** *v.*
get out of (*a vehicle*)
bajar(se) *v.* **de** 11
get into (*a vehicle*)
subir(se) *v.* **a** 11
get up **levantarse** *v.* 7
gift **regalo** *m.* 6
girl **chica** *f.* 1; **muchacha; niña** *f.* 3
girlfriend **novia** *f.* 3
give **dar** *v.* 6; (*as a gift*) **regalar** 9

give directions **indicar cómo llegar**
v. 14
glass (*drinking*) **vaso** *m.* 12; **vidrio**
m. 13
(made of) glass **de vidrio** 13
glasses **gafas** *f., pl.* 6
sunglasses **gafas de sol** 6
global warming **calentamiento global**
m. 13
gloves **guantes** *m., pl.* 6
go **ir** *v.* 4
go away **irse** 7
go by boat **ir en barco** 5
go by bus **ir en autobús** 5
go by car **ir en auto(móvil)** 5
go by motorcycle **ir en
motocicleta** 5
go by plane **ir en avión** 5
go by subway **ir en metro**
go by taxi **ir en taxi** 5
go by the bank **pasar por el banco**
14
go by train **ir en tren**
go by **pasar** *v.* **por**
go down; **bajar** *v.* 11
go fishing **ir de pesca** 5
go for a hike (in the mountains) **ir
de excursión (a las montañas)** 4
go mountain climbing **escalar
montañas** 4
go out **salir** *v.* 9
go out with **salir con** 4, 9
go through customs **pasar por la
aduana** 5
go up **subir** *v.* 11
go with **acompañar** *v.* 14
Let's get going. **En marcha.**
Let's go. **Vamos.** 4
going to: be going to (*do something*) **ir
a (+ *inf.*)** 4
golf **golf** *m.* 4
good **buen, bueno/a** *adj.* 1, 3
Good afternoon. **Buenas tardes.** 1
Good evening. **Buenas noches.** 1
Good idea! **¡Buena idea!**
Good morning. **Buenos días.** 1
Good night. **Buenas noches.** 1
I'm good, thanks. **Bien, gracias.**
It's good that... **Es bueno que...** 12
goodbye **adiós** *m.* 1
good-looking **guapo/a** *adj.* 3
government **gobierno** *m.* 13
GPS **navegador GPS** *m.* 11
graduate (from) **graduarse** *v.* **(de)** 9
grains **cereales** *m., pl.* 8
granddaughter **nieta** *f.* 3
grandfather **abuelo** *m.* 3
grandmother **abuela** *f.* 3
grandparents **abuelos** *m., pl.* 3
grandson **nieto** *m.* 3
grape **uva** *f.* 8
grass **hierba** *f.;* **césped** *m.* 13
grave **grave** *adj.* 10
gray **gris** *adj. m., f.* 6

great **gran; grande** *adj.* 3;
fenomenal *adj.* 5
green **verde** *adj. m., f.* 5
greet (each other) **saludar(se)** *v.*
greeting **saludo** *m.* 1
grilled (*food*) **a la plancha** 8
grilled flank steak **lomo a la
plancha**
ground floor **planta** *f.* **baja** 5
guest (*at a house/hotel*) **huésped** *m., f.*
5; (*invited to a function*) **invitado/a**
m., f. 9
guide **guía** *m., f.*
gym **gimnasio** *m.* 4
gymnasium **gimnasio** *m.* 4

H

hair **pelo** *m.* 7
hairdresser **peluquero/a** *m., f.* 16
hairdressing salon **peluquería** *f.* 14
half **medio/a** *adj.* 3
half-brother **medio hermano** 3;
half-sister **media hermana** 3
half-past (*time*) **y media** 1
hallway **pasillo** *m.* 12
ham **jamón** *m.* 8
hamburger **hamburguesa** *f.* 8
hand **mano** *f.* 1
Hands up! **¡Manos arriba!**
happen **ocurrir** *v.*
happiness **alegría** *f.* 9
Happy birthday! **¡Feliz cumpleaños!**
happy **alegre** *adj.* 5; **contento/a** *adj.* 5;
feliz *adj.* 5
be happy **alegrarse** *v.* **(de)** 13
hard-working **trabajador(a)** *adj.* 3
hardly **apenas** *adv.* 10
haste **prisa** *f.* 3
hat **sombrero** *m.* 6
hate **odiar** *v.* 9
have **tener** *v.* 3
Have a good trip! **¡Buen viaje!**
have a tooth pulled **sacar(se) una
muela** 10
have to (*do something*) **tener
que (+ *inf.*)** 3; **deber (+ *inf.*)** 3
he **él** *sub. pron.* 1
he is **él es** 1
he/she/it is, you (*form., sing.*)
are **está** 2
head **cabeza** *f.* 10
headache **dolor de cabeza** *m.* 10
health **salud** *f.* 10
healthful **saludable** *adj.*
healthy **sano/a, saludable** *adj.* 10
lead a healthy life **llevar** *v.* **una
vida sana** 15
hear **oír** *v.* 4
heard **oído/a** *p.p.* 15
hearing: sense of hearing **oído** *m.*
heart **corazón** *m.* 10
heat **calor** *m.* 3

Hello. **Hola.** *interj.* 1; *(on the telephone)* **Aló.** 11; **¿Bueno?** 11; **Diga.** 11

help **ayudar** *v.* 12; **servir (e:i)** *v.* 5
   help each other **ayudarse** *v.*

her **su(s)** *poss. adj.* 3; **la** *pron.* 5; **le** *pron.* 6;
   hers **suyo(s)/a(s)** *poss. pron.* 11

here **aquí** *adv.* 1
   Here it is… **Aquí está…** 5
   Here we are at/in… **Aquí estamos en…** 2
   It's not here. **No está.** 5

highway **autopista** *f.*; **carretera** *f.*

hike **excursión** *f.* 4
   go on a hike **hacer una excursión** 5; **ir de excursión** 4

hiker **excursionista** *m., f.* 4

hiking **de excursión** 4

him **lo** *pron.* 5; **le** *pron.* 6

hire **contratar** *v.* 16

his **su(s)** *poss. adj.* 3; **suyo(s)/a(s)** *poss. pron.* 11

history **historia** *f.* 2

hobby **pasatiempo** *m.* 4

hockey **hockey** *m.* 4

holiday **día** *m.* **de fiesta** 9

home **hogar** *m.* 12
   home page **página** *f.* **principal** 11

homemaker **ama** *f.* **de casa** 12

homework **tarea** *f.* 2

hood (car) **capó** *m.* 11

hope **esperar** *v.* 2, 13
   I hope (that) **ojalá (que)** *interj.* 13

horror **terror** *m.*

hors d'oeuvres **entremeses** *m., pl.* 8

horse **caballo** *m.* 5

hospital **hospital** *m.* 10

hot **picante** *adj.* 8

hot: be (very) hot *(feel)* **tener (mucho) calor** 3; *(weather)* **hacer (mucho) calor** 5

hotel **hotel** *m.* 5

hour **hora** *f.* 1

house **casa** *f.* 4

household chores **quehaceres** *m., pl.* **domésticos** 12

housekeeper **ama** *f.* **de casa** 12

housing **vivienda** *f.* 12

How…! **¡Qué…!** 3
   how **¿cómo?** *adv.* 1, 9
   How are you? **¿Cómo estás?** *fam.* 1
   How are you? **¿Cómo está usted?** *form.* 1
   How can I help you? **¿En qué puedo servirles?** 5
   How did… go for you? **¿Cómo les fue…?** 15
   How is it going? **¿Qué tal?** 1
   How is/are . . . ? **¿Qué tal…?**
   How much/many? **¿Cuánto(s)/a(s)?** 1, 9
   How much does… cost? **¿Cuánto cuesta…?** 6

How old are you? **¿Cuántos años tienes?** *fam.* 3

How's the weather? **¿Qué tiempo hace?** 5

however **sin embargo** *adv.*

hug (each other) **abrazar(se)** *v.*

humanities **humanidades** *f., pl.*

hunger **hambre** *f.* 3

hundred **cien, ciento** 2

hungry: be (very) hungry **tener (mucha) hambre** 3

hunting **caza** *f.* 13

hurricane **huracán** *m.*

hurry **apurarse; darse prisa** *v.* 15
   be in a (big) hurry **tener (mucha) prisa** 3

hurt **doler (o:ue)** *v.* 10
   It hurts me a lot. **Me duele mucho.** 10

husband **esposo** *m.* 3

I

I **yo** *sub. pron.* 1
   I am… **Yo soy…** 1
   I don't like them at all. **No me gustan nada.**
   I hope (that) **Ojalá (que)** *interj.* 13
   I wish (that) **Ojalá (que)** *interj.* 13
   I would like… **me gustaría(n)…** 7
   I would like to introduce… to you. **Le presento a…** *form.* 1; **Te presento a…** *fam.* 1

ice cream **helado** *m.* 9
   ice cream shop **heladería** *f.* 14

iced **helado/a** *adj.* 9
   iced tea **té helado** 8

idea **idea** *f.* 4

if **si** *conj.* 13

illness **enfermedad** *f.* 10

important **importante** *adj.* 3
   be important to **importar** *v.* 7, 12
   It's important that… **Es importante que…** 12

impossible **imposible** *adj.* 13
   It's impossible… **Es imposible…** 13

improbable **improbable** *adj.* 13
   It's improbable… **Es improbable…** 13

improve **mejorar** *v.* 13

in **en** *prep.* 2; **por** *prep.* 11
   in the afternoon **de la tarde** 1; **por la tarde** 7
   in the evening **de la noche** 1; *(early)* **por la tarde** 7
   in the morning **de la mañana** 1; **por la mañana** 7
   in love (with) **enamorado/a (de)** 5
   in which **en qué** 2
   in front of **delante de** *prep.* 2; **enfrente** 14

increase **aumento** *m.* 16

incredible **increíble** *adj.* 5

inequality **desigualdad** *f.*

infection **infección** *f.* 10

inform **informar** *v.*

inhabitants **habitantes** *m., pl* 13

injection **inyección** *f.* 10
   give an injection **poner** *v.* **una inyección** 10

injure (oneself) **lastimarse** *v.* 10
   injure (one's foot) **lastimarse (el pie)** 10

inner ear **oído** *m.*

insist (on) **insistir** *v.* **(en)** 12

installments: pay in installments **pagar** *v.* **a plazos** 14

intelligent **inteligente** *adj.* 3

intend **pensar** *v.* **(+ *inf.*)** 4

interest **interesar** *v.* 7

interesting **interesante** *adj.* 3
   be interesting to **interesar** *v.* 7

international **internacional** *adj. m., f.*

Internet **red** *f.*; **Internet** *m.* 11

interview **entrevista** *f.* 16; interview **entrevistar** *v.* 16

interviewer **entrevistador(a)** *m., f.* 16

introduction **presentación** *f.*

invest **invertir (e:ie)** *v.* 16

invite **invitar** *v.* 9

iron clothes **planchar** *v.* **la ropa** 12

it **lo/la** *pron.* 5

Italian **italiano/a** *adj.* 3

its **su(s)** *poss. adj.* 3, **suyo(s)/a(s)** *poss. pron.* 11

J

jacket **chaqueta** *f.* 6

January **enero** *m.* 5

Japanese **japonés, japonesa** *adj.* 3

jeans **bluejeans** *m., pl.* 6

jewelry store **joyería** *f.* 14

job **empleo** *m.* 16; **puesto** *m.* 16; **trabajo** *m.* 16
   job application **solicitud** *f.* **de trabajo** 16

jog **correr** *v.*

journalism **periodismo** *m.* 2

journalist **periodista** *m., f.*; **reportero/a** *m., f.*

joy **alegría** *f.*
   give joy **dar** *v.* **alegría**

juice **jugo** *m.* 8

July **julio** *m.* 5

June **junio** *m.* 5

jungle **selva** *f.* 13, **jungla** *f.*

just **apenas** *adv.* 10
   have just done something **acabar de (+ *inf.*)** 6

K

keep (doing something) **seguir (e:ie)** *v.* 4

key **llave** *f.* 5

keyboard **teclado** *m.* 11
kilometer **kilómetro** *m.* 11
kind: That's very kind of you. **Muy amable.** *adj.* 5
kiss (each other) **besar(se)** *v.*; **beso** *m.* 6
kitchen **cocina** *f.* 12
knee **rodilla** *f.* 10
knife **cuchillo** *m.* 12
know **saber** *v.* 8; **conocer** *v.* 8
know how **saber** *v.* 8

laboratory **laboratorio** *m.* 2
lack **faltar** *v.* 7
lake **lago** *m.* 13
lamp **lámpara** *f.* 12
land **tierra** *f.* 13
landlord **dueño/a** *m., f.*
landscape **paisaje** *m.* 13
language **lengua** *f.* 2
laptop (computer) **computadora** *f.* **portátil** 11
large (clothing size) **talla** *f.* **grande** *adj.* 6
last **durar** *v.*; **pasado/a** *adj.* 6; **último/a** *adj.*
    last name **apellido** *m.* 9
    last night **anoche** *adv.* 6
    last week **la semana pasada** 6
    last year **el año pasado** 6
late **tarde** *adv.* 7
later (on) **más tarde** *adv.* 7
    See you later. **Hasta la vista.** 1; **Hasta luego.** 1
laugh **reírse (e:i)** *v.* 9
laughed **reído** *p.p.* 15
laundromat **lavandería** *f.* 14
law **ley** *f.* 13
lawyer **abogado/a** *m., f.* 16
lazy **perezoso/a** *adj.*
learn **aprender** *v.* 3
least, (the) **el/la/los/las menos** 8
leave **salir** *v.* 4; **irse** *v.* 7
    leave a tip **dejar una propina** 9
    leave for (a place) **salir para** 4
    leave from **salir de** 4
    leave behind **dejar** *v.* 16
left **izquierdo/a** *adj.* 2
    be left behind **quedar** *v.* 10
    be left over **quedar** *v.* 7
    to the left of **a la izquierda de** 2
leg **pierna** *f.* 10
lemon **limón** *m.* 8
less **menos** *adv.* 10
    less… than **menos… que** 8
    less than (+ number) **menos de (+ number)** 8
lesson **lección** *f.* 1
let **dejar** *v.* 12
    let's see **a ver**
letter **carta** *f.* 4

lettuce **lechuga** *f.* 8
liberty **libertad** *f.*
library **biblioteca** *f.* 2
license (driver's) **licencia** *f.* **de conducir** 11
lie **mentira** *f.* 6
lie down **acostarse (o:ue)** *v.* 7
life **vida** *f.* 9
    of my life **de mi vida**
lifestyle: lead a healthy lifestyle **llevar una vida sana** 15
lift **levantar** *v.* 15
    lift weights **levantar pesas** 15
light **luz** *f.* 12
like **como** *prep.* 8; **gustar** *v.* 2, 7
    like this **así** *adv.* 10
    like very much **encantar** *v.*; **fascinar** *v.* 7
    I like… **me gusta(n)…** 2
    I like… very much *v.* **Me encanta…**
    Do you like… ? **¿Te gusta(n)…?** 2
likewise **igualmente** *adv.* 1
line **línea** *f.* 4; **cola** (queue) *f.* 14
listen to **escuchar** *v.* 2
    Listen! (command) **¡Oye!** *fam., sing.* 1; **¡Oigan!** *form., pl.*
    listen to music **escuchar música**
    listen to the radio **escuchar la radio**
literature **literatura** *f.*
little (quantity) **poco/a** *adj.* 5; **poco** *adv.* 10
live **vivir** *v.* 3
living room **sala** *f.* 12
loan **préstamo** *m.* 14; **prestar** *v.* 6
lobster **langosta** *f.* 8
located **situado/a** *adj.*
    be located **quedar** *v.* 14
lodging **alojamiento** *m.* 5
long **largo/a** *adj.* 6
look (at) **mirar** *v.* 2
look for **buscar** *v.* 2
lose **perder (e:ie)** *v.* 4
    lose weight **adelgazar** *v.* 15
lost **perdido/a** *adj.* 14
    be lost **estar perdido/a** 14
lot, a **muchas veces** 10
lot of, a **mucho/a** *adj.*
love (another person) **querer (e:ie)** *v.* 4; (things) **encantar** *v.* 7; **amor** *m.* 9; in love (with) **enamorado/a (de)** *adj.* 5
luck **suerte** *f.* 3
lucky: be (very) lucky **tener (mucha) suerte** 3
luggage **equipaje** *m.* 5
lunch **almuerzo** *m.* 8
    have lunch **almorzar (o:ue)** *v.* 8

ma'am **señora (Sra.)** *f.* 1
mad **enojado/a** *adj.* 5

magazine **revista** *f.* 4
    read a magazine **leer una revista** 4
magnificent **magnífico/a** *adj.* 5
mail **correo** *m.* 14; **enviar** *v.*, **mandar** *v.* mail a letter **echar una carta al buzón** 14
    mail carrier **cartero/a** *m.* 14
mailbox **buzón** *m.* 14
main **principal** *adj. m., f.* 8
maintain **mantener** *v.* 15
make **hacer** *v.* 4
    make the bed **hacer la cama** 12
makeup **maquillaje** *m.* 7
man **hombre** *m.* 1
manager **gerente** *m., f.* 16
many **mucho/a** *adj.* 3
    many times **muchas veces** 10
map **mapa** *m.* 1
March **marzo** *m.* 5
margarine **margarina** *f.* 8
marinated fish **ceviche** *m.*
    lemon-marinated shrimp **ceviche de camarón**
marital status **estado** *m.* **civil** 9
market **mercado** *m.* 6
    open-air market **mercado al aire libre** 6
marriage **matrimonio** *m.* 9
married **casado/a** *adj.* 9
    get married (to) **casarse** *v.* **(con)** 9
marvelous **maravilloso/a** *adj.* 5
marvelously **maravillosamente** *adv.*
massage **masaje** *m.* 15
masterpiece **obra** *f.* **maestra**
match (sports) **partido** *m.*
    match **hacer** *v.* **juego (con)** 6
mathematics **matemáticas** *f., pl.* 2
matter **importar** *v.* 7, 12
maturity **madurez** *f.* 9
maximum **máximo/a** *m.* 11
May **mayo** *m.* 5
maybe **tal vez** *adv.* 5; **quizás** *adv.* 5
mayonnaise **mayonesa** *f.* 8
me **me** *pron.* 5
meal **comida** *f.* 8
means of communication **medios** *m., pl.* **de comunicación**
meat **carne** *f.* 8
mechanic **mecánico/a** *m., f.* 11
    (mechanic's) repair shop **taller** *m.* **mecánico** 11; **garaje** *m.* 11
media **medios** *m., pl.* **de comunicación**
medical **médico/a** *adj.* 10
medication **medicamento** *m.* 10
medicine **medicina** *f.* 10
medium **mediano/a** *adj.*
meet (each other) **encontrar(se)** *v.*
meeting **reunión** *f.* 16
menu **menú** *m.* 8
message (telephone) **recado** *m.* 11
Mexican **mexicano/a** *adj.* 3

microwave **microonda** *f.* 12
   microwave oven **horno** *m.* **de**
     microondas 12
middle age **madurez** *f.* 9
midnight **medianoche** *f.* 1
mile **milla** *f.* 11
milk **leche** *f.* 8
million **millón** 6
   million of **millón de** 6
mine **mío/a(s)** *poss. pron.* 11
mineral **mineral** *m.* 15
   mineral water **agua** *f.*
     mineral 8
minute **minuto** *m.* 1
mirror **espejo** *m.* 7
Miss **señorita (Srta.)** *f.* 1
miss **perder (e:ie)** *v.* 4
modern **moderno/a** *adj.*
mom **mamá** *f.* 3
Monday **lunes** *m., sing.* 2
money **dinero** *m.* 6
monitor **monitor** *m.* 11
monkey **mono** *m.* 13
month **mes** *m.* 5
monument **monumento** *m.* 4
moon **luna** *f.* 13
more **más** *adj.* 2
   more... than **más... que** 8
   more than (+ *number*) **más de**
     (+ *number***)** 8
morning **mañana** *f.* 1
most, (the) **el/la/los/las más** 8
mother **madre** *f.* 3
mother-in-law **suegra** *f.* 3
motor **motor** *m.* 11
motorcycle **moto(cicleta)** *f.* 5
mountain **montaña** *f.* 4
mouse **ratón** *m.* 11
mouth **boca** *f.* 10
move (*to another house/city/country*)
   mudarse *v.* 12
movie **película** *f.* 4
   movie star **estrella** *f.* **de cine**
   movie theater **cine** *m.* 4
MP3 player **reproductor de MP3** *m.*
   11
Mr. **señor (Sr.)** *m.* 1
Mrs. **señora (Sra.)** *f.* 1
much **mucho/a** *adj.* 2, 3
mug **taza** *f.* 12
municipal **municipal** *adj.*
murder **crimen** *m.*
muscle **músculo** *m.* 15
museum **museo** *m.* 4
mushroom **champiñón** *m.* 8
music **música** *f.*
musical **musical** *adj.*
musician **músico/a** *m., f.*
must: It must be . . . **Debe**
   ser... 6
my **mi(s)** *poss. adj.* 3; **mío(s)/a(s)**
   poss. pron. 11

N

name **nombre** *m.* 5
   in my name **a mi nombre**
   in the name of **a nombre de**
   last name **apellido** *m.* 9
   My name is… **Me llamo…** 1
   be named **llamarse** *v.* 7
napkin **servilleta** *f.* 12
national **nacional** *adj., m., f.*
nationality **nacionalidad** *f.* 1
natural **natural** *adj., m., f.* 13
   natural disaster **desastre** *m.*
     natural
   natural resource **recurso** *m.*
     natural 13
nature **naturaleza** *f.* 13
nauseated **mareado/a** *adj.* 10
near **cerca de** *prep.* 2
necessary **necesario/a** *adj.* 12
   It's necessary that… **Es necesario**
     que… 12; **Hay que…** 14
neck **cuello** *m.* 10
need **faltar** *v.* 7; **necesitar** *v.* 2, 12
negative **negativo/a** *adj.*
neighbor **vecino/a** *m., f.* 12
neighborhood **barrio** *m.* 12
neither… nor **ni… ni** *conj.* 7; neither
   tampoco *adv.* 7
nephew **sobrino** *m.* 3
nervous **nervioso/a** *adj.* 5
network **red** *f.* 11
never **nunca** *adv.* 7; **jamás** *adv.* 7
new **nuevo/a** *adj.* 6
newlywed **recién casado/a** *m., f.* 9
news **noticias** *f., pl.*; **actualidades**
   f., pl.
newscast **noticiero** *m.*
newspaper **periódico** *m.* 4; **diario** *m.*
   read the newspaper **leer el**
     periódico 4
next **próximo/a** *adj.*
next to **al lado de** 2
nice **simpático/a** *adj.* 3; **amable**
   adj. 5
niece **sobrina** *f.* 3
night **noche** *f.* 1
   night stand **mesita** *f.* **de noche** 12
nine **nueve** 1
nine hundred **novecientos/as** 6
nineteen **diecinueve** 1
ninety **noventa** 2
ninth **noveno/a** 5
no **no** 1; **ningún, ninguno/a(s)** *adj.* 7
   no one **nadie** *pron.* 7
   No problem. **Ningún problema.**
   no way **de ninguna manera**
none **ningún, ninguno/a(s)** *adj.* 7
noon **mediodía** *m.* 1
nor **ni** *conj.* 7
north **norte** *m.* 14
   to the north **al norte** 14

nose **nariz** *f.* 10
not **no** 1
   not any **ningún, ninguno/a(s)** *adj.* 7
   not anyone **nadie** *pron.* 7
   not anything **nada** *pron.* 7
   not bad at all **nada mal** 5
   not either **tampoco** *adv.* 7
   not ever **nunca** *adv.* 7; **jamás** *adv.* 7
   Not very well. **No muy bien.** 1
   not working **descompuesto/a** *adj.* 11
notebook **cuaderno** *m.* 1
nothing **nada** *pron.* 1; 7
noun **sustantivo** *m.*
November **noviembre** *m.* 5
now **ahora** *adv.*
nowadays **hoy día** *adv.*
nuclear energy **energía nuclear** 13
number **número** *m.* 1
nurse **enfermero/a** *m., f.* 10
nutrition **nutrición** *f.* 15

O

o'clock: It's… o'clock **Son las…** 1
   It's one o'clock. **Es la una.** 1
obey **obedecer (c:zc)** *v.*
obligation **deber** *m.*
obtain **conseguir (e:i)** *v.* 4; **obtener** *v.* 16
obvious **obvio** *adj.* 13
   it's obvious **es obvio** 13
occupation **ocupación** *f.* 16
occur **ocurrir** *v.*
ocean **mar** *m.* 5; **océano** *m.* 13
October **octubre** *m.* 5
of **de** *prep.* 1
   of course **claro que sí; por**
     supuesto
offer **oferta** *f.*; **ofrecer (c:zc)** *v.* 8
office **oficina** *f.* 12
   doctor's office **consultorio** *m.* 10
often **a menudo** *adv.* 10
Oh! **¡Ay!**
oil **aceite** *m.* 8
okay: It's okay. **Está bien.**
old **viejo/a** *adj.* 3; old age **vejez** *f.* 9
older **mayor** *adj., m., f.* 3
   older brother, sister **hermano/a**
     mayor *m., f.* 3
oldest **el/la mayor** 8
on **en** *prep.* 2; **sobre** *prep.* 2
   on behalf of **de parte de** *prep.*
   on the dot **en punto** *adv.* 1
   on time **a tiempo** *adv.* 10
   on top of **encima de** *prep.* 2
once **una vez** 6
once again **una vez más** 9
one **un, uno/a** 1
   one hundred **cien(to)** 2
   one million **un millón** 6
   one thousand **mil** 6
   one time **una vez** 6
   one way (*travel*) **ida** *f.*

onion **cebolla** *f.* 8
only **sólo** *adv.*; **único/a** *adj.* 3
   only child **hijo/a único/a** *m., f.* 3
open **abrir** *v.* 3; **abierto/a** *adj.* 5
open-air **al aire libre** 6
opened **abierto/a** *p.p.* 15
opera **ópera** *f.*
operation **operación** *f.* 10
opposite **en frente de** *prep.* 14
or **o** *conj.* 7
orange **anaranjado/a** *adj.* 6;
   naranja *f.* 8
orchestra **orquesta** *f.*
order **mandar** 12; (*food*) **pedir (e:i)** *v.* 8
   in order to **para** *prep.* 11
orderly **ordenado/a** *adj.* 5
ordinal (*numbers*) **ordinal** *adj.*
other **otro/a** *adj.* 6
our **nuestro(s)/a(s)** *poss. adj.* 3; *poss. pron.* 11
out of order **descompuesto/a** *adj.* 11
outside **fuera** *adv.*
outskirts **afueras** *f., pl.* 12
oven **horno** *m.* 12
over **sobre** *prep.* 2
own **propio/a** *adj.*
owner **dueño/a** *m., f.* 8

P

P.M. **tarde** *f.* 1
pack (one's suitcases) **hacer** *v.* **las maletas** 5
package **paquete** *m.* 14
page **página** *f.* 11
pain **dolor** *m.* 10
   have a pain in the (knee) **tener** *v.* **dolor de (rodilla)**
paint **pintar** *v.*
painter **pintor(a)** *m., f.* 16
painting **pintura** *f.* 12
pair **par** *m.* 6
   pair of shoes **par de zapatos** 6
pants **pantalones** *m., pl.* 6
pantyhose **medias** *f., pl.* 6
paper **papel** *m.* 2; (*report*) **informe** *m.*
   paper money **billete** *m.*
paragraph **párrafo** *m.*
Pardon me. (*May I?*) **Con permiso.** 1;
   (*Excuse me.*) Pardon me. **Perdón.** 1
parents **padres** *m., pl.* 3; **papás** *m., pl.* 3
park **parque** *m.* 4; **estacionar** *v.* 11
partner (*one of a couple*) **pareja** *f.* 9
party **fiesta** *f.* 9
pass **pasar** *v.*
passed **pasado/a** *p.p.*
passenger **pasajero/a** *m., f.* 1
passport **pasaporte** *m.* 5
past **pasado/a** *adj.* 6
pastime **pasatiempo** *m.* 4
pastry shop **pastelería** *f.* 14

patient **paciente** *m., f.* 10
patio **patio** *m.* 12
pay **pagar** *v.* 6
   pay with **pagar con** 6
pay in cash **pagar** *v.* **al contado** 14;
   pagar en efectivo
pay in installments **pagar** *v.* **a plazos** 14
pay the bill **pagar** *v.* **la cuenta** 9
pea **arveja** *m.* 8
peace **paz** *f.*
peach **melocotón** *m.*
pear **pera** *f.*
pen **pluma** *f.* 2
pencil **lápiz** *m.* 1
penicillin **penicilina** *f.*
people **gente** *f.* 3
pepper **pimienta** *f.* 8
per **por** *prep.* 11
percent **por ciento**
perfect **perfecto/a** *adj.* 5
perhaps **quizás** *adv.*; **tal vez** *adv.*
periods **plazos** *m., pl.*
permission **permiso** *m.*
person **persona** *f.* 3
pharmacy **farmacia** *f.* 10
phenomenal **fenomenal** *adj.*
photograph **foto(grafía)** *f.* 1
physical (*exam*) **examen** *m.* **médico** 10
physics **física** *f., sing.* 2
pick up **recoger** *v.* 13
picture **foto** *f.* 5; **pintura** *f.*
pie **pastel** *m.*
pill (*tablet*) **pastilla** *f.* 10
pillow **almohada** *f.* 12
pineapple **piña** *f.* 8
pink **rosado/a** *adj.* 6
place **lugar** *m.* 4; **poner** *v.* 4
plaid **de cuadros** *adj.* 6
plan (*to do something*) **pensar** *v.* **(+ inf.)** 4
plane **avión** *m.* 5
plans **planes** *m., pl.*
   have plans **tener** *v.* **planes** 4
plant **planta** *f.* 13
plastic **plástico** *m.* 13
   (made of) plastic **de plástico** 13
plate **plato** *m.* 12
   platter of fried food **fuente** *f.* **de fritada**
play **drama** *m.*; **comedia** *f.*;
   jugar (u:ue) *v.* 4; (*a musical instrument*) **tocar** *v.*; (*a role*) **hacer** *v.* **el papel**; (*cards*) **jugar** *v.* **a (las cartas)**; (*sports*) **practicar** *v.* **deportes** 4
player **jugador(a)** *m., f.* 4
playwright **dramaturgo/a** *m., f.*
plead **rogar (o:ue)** *v.* 12
pleasant **agradable** *adj.*
Please. **Por favor.** 1
Pleased to meet you. **Mucho gusto.** 1;
   Encantado/a. *adj.* 1

pleasing: be pleasing to **gustar** *v.* 7
pleasure **gusto** *m.* 1; **placer** *m.*
   It's a pleasure to… **Gusto de** (**+ inf.**)
   It's been a pleasure. **Ha sido un placer.**
   The pleasure is mine. **El gusto es mío.** 1
poem **poema** *m.*
poet **poeta** *m., f.* 16
poetry **poesía** *f.*
police (force) **policía** *f.* 11
   police officer **policía** *m.*, **mujer** *f.* **policía** 11
political **político/a** *adj.*
politician **político/a** *m., f.* 16
politics **política** *f.*
polka-dotted **de lunares** *adj.* 6
poll **encuesta** *f.*
pollute **contaminar** *v.* 13
polluted **contaminado/a** *adj.* 13
   be polluted **estar contaminado/a** 13
pollution **contaminación** *f.* 13
pool **piscina** *f.* 4
poor **pobre** *adj.* 6
population **población** *f.* 13
pork **cerdo** *m.* 8
   pork chop **chuleta** *f.* **de cerdo** 8
portable **portátil** *adj.* 11
   portable computer **computadora** *f.* **portátil**
position **puesto** *m.* 16
possessive **posesivo/a** *adj.* 3
possible **posible** *adj.* 13
   it's (not) possible **(no) es posible** 13
post office **correo** *m.* 14
postcard **postal** *f.* 4; **tarjeta** *f.* **postal** 4
poster **cartel** *m.*
potato **papa** *f.* 8; **patata** *f.* 8
pottery **cerámica** *f.*
practice **entrenarse** *v.* 15; **practicar** *v.* 2
prefer **preferir (e:ie)** *v.* 4, 12
pregnant **embarazada** *adj. f.* 10
prepare **preparar** *v.* 2
preposition **preposición** *f.*
prescribe (*medicine*) **recetar** *v.* 10
prescription **receta** *f.* 10
present **regalo** *m.*; **presentar** *v.*
press **prensa** *f.*
pressure: be under a lot of pressure **sufrir** *v.* **muchas presiones** 15
pretty **bonito/a** *adj.* 3; **bastante** *adv.*
price **precio** *m.* 6
   fixed price **precio** *m.* **fijo** 6
print **estampado/a** *adj.*; **imprimir** *v.* 11
printer **impresora** *f.* 11
private (*room*) **individual** *adj.* 5
prize **premio** *m.*
probable **probable** *adj.* 13
   it's (not) probable **(no) es probable** 13

problem **problema** *m.* 1
profession **profesión** *f.* 3, 16
professor **profesor(a)** *m., f.* 1
profit **beneficios** *m., pl.* 16
program **programa** *m.* 1
programmer **programador(a)** *m., f.* 3
prohibit **prohibir** *v.* 10, 12
promotion (*career*) **ascenso** *m.* 16
pronoun **pronombre** *m.*
protect **proteger** *v.* 13
protein **proteína** *f.* 15
provided that **con tal (de) que** *conj.* 13
psychologist **psicólogo/a** *m., f.* 16
psychology **psicología** *f.* 2
publish **publicar** *v.*
Puerto Rican **puertorriqueño/a** *adj.* 3
pull a tooth **sacar** *v.* **una muela**
purchases **compras** *f., pl.*
pure **puro/a** *adj.* 13
purple **morado/a** *adj.* 6
purse **bolsa** *f.* 6
put **poner** *v.* 4; **puesto/a** *p.p.* 15
   put a letter in the mailbox **echar** *v.*
     una carta al buzón 14
   put on (*a performance*) **presentar** *v.*
   put on (*clothing*) **ponerse** *v.* 7
   put on makeup **maquillarse** *v.* 7

Q

quality **calidad** *f.* 6
quarter **trimestre** *m.* 2
   quarter after (*time*) **y cuarto** 1;
     y quince 1
   quarter to (*time*) **menos cuarto** 1;
     menos quince 1
question **pregunta** *f.*
quickly **rápido** *adv.*
quiet **tranquilo/a** *adj.* 15
quit **dejar** *v.* 16
quite **bastante** *adv.* 10
quiz **prueba** *f.* 2

R

racism **racismo** *m.*
radio (*medium*) **radio** *f.*;
   radio (*set*) **radio** *m.* 11
rain **llover (o:ue)** *v.* 5
   It's raining. **Llueve.** 5
raincoat **impermeable** *m.* 6
rainforest **bosque** *m.* **tropical** 13
raise (*salary*) **aumento** *v.* **de sueldo**
   16
read **leer** *v.* 3; **leído/a** *p.p.* 15
ready **listo/a** *adj.*
real estate agency **agencia** *f.* **de**
   bienes raíces 12
reap the benefits (of) **disfrutar** *v.* **(de)**
   15
reason **razón** *f.* 3
receive **recibir** *v.* 3

recommend **recomendar (e:ie)** *v.* 8,
   12
recycle **reciclar** *v.* 13
recycling **reciclaje** *m.* 13
red **rojo/a** *adj.* 6
red-haired **pelirrojo/a** *adj.* 3
reduce **reducir** *v.* 13
   reduce stress/tension **aliviar** *v.* **el**
     estrés/la tensión
refrigerator **refrigerador** *m.* 12
region **región** *f.* 13
regret **sentir (e:ie)** *v.* 13
related to sitting **sedentario/a** *adj.*
relationships **relaciones** *f., pl.*
relatives **parientes** *m., pl.* 3
relax **relajarse** *v.* 9
relieve stress/tension **aliviar el**
   estrés/la tensión 15
remain **quedarse** *v.* 7
remember **recordar (o:ue)** *v.* 4;
   acordarse (o:ue) *v.* **(de)** 7
remote control **control** *m.* **remoto** 11
renewable **renovable** *adj.* 13
rent **alquilar** *v.* 12; **alquiler** *m.* 12
repeat **repetir (e:i)** *v.* 4
report **informe** *m.*; **reportaje** *m.*
reporter **reportero/a** *m., f.* 16
representative **representante** *m., f.*
request **pedir (e:i)** *v.* 4
reservation **reservación** *f.* 5
resign (from) **renunciar (a)** *v.* 16
resolve **resolver (o:ue)** *v.* 13
resolved **resuelto/a** *p.p.* 15
resource **recurso** *m.* 13
responsibility **deber** *v.*
rest **descansar** *v.* 2
   the rest **lo/los/las demás** *pron.*
restaurant **restaurante** *m.* 4
résumé **currículum** *m.* 16
retire (from work) **jubilarse** *v.* 9
return **regresar** *v.* 2; **volver (o:ue)** *v.* 4
   return trip **vuelta** *f.*
returned **vuelto/a** *p.p.* 15
rice **arroz** *m.* 8
rich **rico/a** *adj.* 6
ride **pasear** *v.* 4
   ride a bicycle **pasear en bicicleta** 4
   ride a horse **montar a caballo** 5
ridiculous **ridículo/a** *adj.* 13
   it's ridiculous **es ridículo** 13
right **derecha** *f.* 2
   right away **enseguida** *adv.*
   right here **aquí mismo**
   right now **ahora mismo** 5
   right there **allí mismo** 14
   be right **tener** *v.* **razón** 3
   to the right of **a la derecha de** 2
   right? (*question tag*) **¿no?**;
     ¿verdad?
rights **derechos** *m., pl.*
ring (*a doorbell*) **sonar (o:ue)** *v.* 11
river **río** *m.* 13
road **camino** *m.*

roast chicken **pollo** *m.* **asado** 8
roasted **asado/a** *adj.* 8
role **papel** *m.*
rollerblade **patinar** *v.* **en línea**
romantic **romántico/a** *adj.*
room **habitación** *f.* 5; **cuarto** *m.*;
   (*large, living*) **sala** *f.*
roommate **compañero/a** *m., f.*
   de cuarto 2
round-trip **de ida y vuelta** 5
   round-trip ticket **pasaje** *m.* **de**
     ida y vuelta 5
route **camino** *m.* 11
routine **rutina** *f.* 7
rug **alfombra** *f.* 12
run **correr** *v.* 3
   run errands **hacer diligencias** 14
   run into (*have an accident*)
     chocar *v.* **(con)** 11; (*meet*
     accidentally) **darse con** *v.*
rush **apurarse; darse prisa** *v.* 15
Russian **ruso/a** *adj.*

S

sad **triste** *adj.* 5
   it's sad **es triste** 13
safe **seguro/a** *adj.* 5
said **dicho/a** *p.p.* 15
sake: for the sake of **por** *prep.*
salad **ensalada** *f.* 8
salary **salario** *m.* 16; **sueldo** *m.* 16
sale **rebaja** *f.* 6
salesperson **vendedor(a)** *m., f.* 6
salmon **salmón** *m.* 8
salt **sal** *f.* 8
salty **salado/a** *adj.* 8
same **mismo/a** *adj.*
sandal **sandalia** *f.* 6
sandwich **sándwich** *m.* 8
Saturday **sábado** *m.* 2
sausage **salchicha** *f.* 8
save (*on a computer*) **guardar** *v.* 11;
   save (*money*) **ahorrar** *v.* 14
savings **ahorros** *m., pl.* 14
   savings account **cuenta** *f.* **de**
     ahorros 14
say **decir** *v.* 6; **declarar** *v.*
   say hello to... **saludos** *m., pl.* **a...** 1
scarcely **apenas** *adv.* 10
scared: be (very) scared **tener** *v.*
   (mucho) miedo 3
schedule **horario** *m.* 2
school **escuela** *f.* 1
science **ciencia** *f.*
   science fiction **ciencia ficción** *f.*
scientist **científico/a** *m., f.* 16
scream **gritar** *v.*
screen **pantalla** *f.* 11
scuba dive **bucear** *v.* 4
sculpt **esculpir** *v.*
sculptor **escultor(a)** *m., f.* 16

sculpture **escultura** *f.*

sea **mar** *m.* 5; **océano** *m.*

sea turtle **tortuga marina** *f.* 13

seafood **mariscos** *m., pl.* 8

search: in search of **por** *prep.* 11

season **estación** *f.* 5

seat **silla** *f.*

second **segundo/a** *adj.* 5

secretary **secretario/a** *m., f.* 16

sedentary **sedentario/a** *adj.* 15

see **ver** *v.* 4

    see (you) again **volver** *v.* **a**
        ver(te, lo, la)

    See you. **Nos vemos.** 1

    See you later. **Hasta la vista.** 1;
        Hasta luego. 1

    See you soon. **Hasta pronto.** 1

    See you tomorrow. **Hasta**
        mañana. 1

seem **parecer** *v.* 8

seen **visto/a** *p.p.* 15

sell **vender** *v.* 6

semester **semestre** *m.* 2

send **enviar** *v.*; **mandar** *v.* 14

separate (from) **separarse** *v.* **(de)** 9

separated **separado/a** *adj.* 9

September **septiembre** *m.* 5

sequence **secuencia** *f.*

serious **grave** *adj.* 10

    extremely serious **gravísimo/a**
        adj. 13

serve **servir (e:i)** *v.* 8

set (*fixed*) **fijo** *adj.* 6

    set the table **poner** *v.* **la mesa** 12

seven **siete** 1

seven hundred **setecientos/as** 6

seventeen **diecisiete** 1

seventh **séptimo/a** *adj.* 5

seventy **setenta** 2

several **varios/as** *adj., pl.*

sexism **sexismo** *m.*

shame **lástima** *f.* 13

    It's a shame. **Es una lástima.** 13

shampoo **champú** *m.* 7

shape **forma** *f.* 15

    be in good shape **estar en**
        buena forma 15

share **compartir** *v.* 3

sharp (*time*) **en punto** 1

shave **afeitarse** *v.* 7

shaving cream **crema** *f.* **de afeitar** 7

she **ella** *sub. pron.* 1

    she is **ella es** 1

shellfish **mariscos** *m., pl.*

ship **barco** *m.*

shirt **camisa** *f.* 6

shoe **zapato** *m.* 6

    pair of shoes **par de zapatos** 6

    shoe size **número** *m.* **de zapato** 6

    shoe store **zapatería** *f.* 14

    tennis shoes **zapatos** *m., pl.* **de tenis**

shopping, to go **ir** *v.* **de compras** 6

    shopping mall **centro** *m.* **comercial**
        6

short (*in height*) **bajo/a** *adj.* 3; (*in*
    length) **corto/a** *adj.* 6

short story **cuento** *m.*

shorts **pantalones cortos** *m., pl.* 6

should (*do something*) **deber** *v.*
    (+ *inf.*) 3

show **mostrar (o:ue)** *v.* 4; **espectáculo**
    m.

shower **ducha** *f.*; **ducharse** *v.* 7;
    bañarse *v.*

shrimp **camarón** *m.* 8

siblings **hermanos** *m., pl.* 3

sick **mal, malo/a** 5; **enfermo/a** *adj.*
    10

    be sick **estar enfermo/a** 10

    get sick **enfermarse** *v.* 10

sightseeing: go sightseeing **hacer** *v.*
    turismo 5

sign **firmar** *v.* 14; **letrero** *m.* 14

silk **seda** *f.* 6; (made of) **de seda** 6

silverware **cubierto** *m.*

similar **similar** *adj. m., f.*

since **desde** *prep.*

sing **cantar** *v.* 2

singer **cantante** *m., f.* 16

single **soltero/a** *adj.* 9

    single room **habitación** *f.*
        individual 5

sink **lavabo** *m.*

sir **señor (Sr.)** *m.* 1

sister **hermana** *f.* 3

sister-in-law **cuñada** *f.* 3

sit down **sentarse (e:ie)** *v.* 7

six **seis** 1

six hundred **seiscientos/as** 6

sixteen **dieciséis** 1

sixth **sexto/a** *adj.* 5

sixty **sesenta** 2

size **talla** *f.* 6

    shoe size **número** *m.* **de zapato** 6

skate (in-line) **patinar** *v.*
    (en línea) 4

ski **esquiar** *v.* 4

skiing **esquí** *m.* 4

    water-skiing **esquí acuático** 4

skirt **falda** *f.* 6

sky **cielo** *m.* 13

sleep **dormir (o:ue)** *v.* 4; **sueño** *m.* 3

    go to sleep **dormirse (o:ue)** *v.* 7

sleepy: be (very) sleepy **tener** *v.*
    (mucho) sueño 3

slim down **adelgazar** *v.* 15

slow **lento/a** *adj.* 11

slowly **despacio** *adv.*

small **pequeño/a** *adj.* 3

smaller **menor** *adj.* 8

smallest, (the) **el/la menor** *m., f.* 8

smart **listo/a** *adj.* 5

smile **sonreír (e:i)** *v.* 9

smiled **sonreído** *p.p.* 15

smoggy: It's (very) smoggy. **Hay**
    (mucha) contaminación.

smoke **fumar** *v.* 15

    not to smoke **no fumar** *v.* 15

smoking section **sección** *f.* **de**
    fumadores 8

    (non) smoking section **sección**
        de (no) fumadores 8

snack (in the afternoon) **merendar**
    v. 15; (afternoon snack) **merienda**
    f. 15

    have a snack **merendar** *v.* 15

sneakers **zapatos de tenis** 6

sneeze **estornudar** *v.* 10

snow **nevar (e:ie)** *v.* 5; **nieve** *f.*

snowing: It's snowing. **Nieva.** 5

so (in such a way) **así** *adv.* 10; **tan**
    adv. 5

    so much **tanto** *adv.*

    so-so **regular** 1; **así así**

    so that **para que** *conj.* 13

soap **jabón** *m.* 7

    soap opera **telenovela** *f.*

soccer **fútbol** *m.* 4

sociology **sociología** *f.* 2

sock **calcetín** *m.* 6

sofa **sofá** *m.* 12

soft drink **refresco** *m.* 8

software **programa** *m.* **de**
    computación 11

soil **tierra** *f.* 13

solar energy **energía solar** 13

solution **solución** *f.* 13

solve **resolver (o:ue)** *v.* 13

some **algún, alguno/a(s)** *adj.* 7; **unos/**
    as *pron.* 1; **unos/as** *m., f., pl. indef.*
    art. 1

somebody **alguien** *pron.*

someone **alguien** *pron.* 7

something **algo** *pron.* 7

sometimes **a veces** *adv.* 10

son **hijo** *m.* 3

song **canción** *f.*

son-in-law **yerno** *m.* 3

soon **pronto** *adj.* 10

    See you soon. **Hasta pronto.** 1

sorry: be sorry **sentir (e:ie)** *v.* 13

    I'm sorry. **Lo siento.** 1

    I'm so sorry. **Mil perdones.;**
        Lo siento muchísimo.

soup **caldo** *m.*; **sopa** *f.*

sour **agrio/a** *adj.* 8

south **sur** *m.* 14

    to the south **al sur** 14

Spanish (language) **español** *m.* 2;
    español(a) *adj.; m., f.* 3

spare time **ratos** *m., pl.* **libres** 4

speak **hablar** *v.* 2

specialization **especialización** *f.*

spectacular **espectacular** *adj.*

speech **discurso** *m.*

speed **velocidad** *f.* 11

    speed limit **velocidad máxima** 11

spelling **ortográfico/a** *adj.*

spend (money) **gastar** *v.* 6

    spend time **pasar** *v.* **el tiempo** 4

spicy **picante** *adj.* 8

spoon (table or large) **cuchara** *f.* 12

sport **deporte** *m.* 4
   sports-loving **deportivo/a** *adj.*
   sports-related **deportivo/a** *adj.* 4
spouse **esposo/a** *m., f.* 3
sprain (one's ankle) **torcerse** *v.*
   (el tobillo) 10
sprained **torcido/a** *adj.* 10
   be sprained **estar** *v.* **torcido/a** 10
spring **primavera** *f.* 5
stadium **estadio** *m.* 2
stage **etapa** *f.* 9
stairs **escalera** *f.* 12
stairway **escalera** *f.* 12
stamp **estampilla** *f.* 14; **sello** *m.* 14
stand in line **hacer** *v.* **cola** 14
star **estrella** *f.* 13
start (*a vehicle*) **arrancar** *v.* 11
state **estado** *m.*
station **estación** *f.* 5
statue **estatua** *f.*
status: marital status **estado** *m.* **civil** 9
stay **quedarse** *v.* 7
   Stay calm! **¡Tranquilo/a!** *adj.*
   stay in shape **mantenerse** *v.* **en**
      forma 15
steak **bistec** *m.* 8
steering wheel **volante** *m.* 11
step **etapa** *f.*
stepbrother **hermanastro** *m.* 3
stepdaughter **hijastra** *f.* 3
stepfather **padrastro** *m.* 3
stepmother **madrastra** *f.* 3
stepsister **hermanastra** *f.* 3
stepson **hijastro** *m.* 3
stereo **estéreo** *m.* 11
still **todavía** *adv.* 5
stock broker **corredor(a)** *m., f.* **de**
   bolsa 16
stockings **medias** *f., pl.* 6
stomach **estómago** *m.* 10
stone **piedra** *f.* 13
stop **parar** *v.* 11
   stop (*doing something*) **dejar** *v.* **de**
      (+ *inf.*) 13
store **tienda** *f.* 6
storm **tormenta** *f.*
story **cuento** *m.*; **historia** *f.*
stove **estufa** *f.* 12
straight **derecho** *adj.* 14
   straight ahead **(todo) derecho** 14
strange **extraño/a** *adj.* 13
   It's strange… **Es extraño…** 13
strawberry **frutilla** *f.*; **fresa** *f.* 8
street **calle** *f.* 11
stress **estrés** *m.* 15
stretching **estiramiento** *m.* 15
   stretching exercises **ejercicios**
      m., pl. **de estiramiento** 15
strike (*labor*) **huelga** *f.*
stripe **raya** *f.* 6
   striped **de rayas** *adj.* 6
stroll **pasear** *v.* 4
strong **fuerte** *adj.* 15
struggle (for) **luchar** *v.* **(por)**

student **estudiante** *m., f.* 1;
   estudiantil *adj.*
study **estudiar** *v.* 2
stuffed up (*sinuses*) **congestionado/a**
   adj. 10
stupendous **estupendo/a** *adj.* 5
style **estilo** *m.*
suburbs **afueras** *f., pl.* 12
subway **metro** *m.* 5
   subway station **estación** *f.* **del**
      metro 5
success **éxito** *m.* 16
successful: be successful **tener** *v.* **éxito** 16
such as **tales como**
suddenly **de repente** *adv.* 6
suffer **sufrir** *v.* 13
   suffer from an illness **sufrir una**
      enfermedad 13
sufficient **bastante** *adj.*
sugar **azúcar** *m.* 8
suggest **sugerir (e:ie)** *v.* 12
suit **traje** *m.* 6
suitcase **maleta** *f.* 1
summer **verano** *m.* 5
sun **sol** *m.* 4, 13
sunbathe **tomar** *v.* **el sol** 4
Sunday **domingo** *m.* 2
sunglasses **gafas** *f., pl.* **de sol** 6; **gafas**
   oscuras; **lentes** *m., pl.* **de sol**
sunny: It's (very) sunny. **Hace (mucho)**
   sol. 5
supermarket **supermercado** *m.* 14
suppose **suponer** *v.* 4
sure **seguro/a** *adj.* 5
   be sure (of) **estar** *v.* **seguro/a (de)**
      5, 13
surf the Internet **navegar** *v.* **en Internet**
   11
surprise **sorprender** *v.* 9; **sorpresa** *f.* 9
survey **encuesta** *f.*
sweat **sudar** *v.* 15
sweater **suéter** *m.* 6
sweep the floor **barrer** *v.* **el suelo** 12
sweet **dulce** *adj.* 8
sweets **dulces** *m., pl.* 9
swim **nadar** *v.*
   swim in the pool **nadar en la**
      piscina 4
swimming **natación** *f.* 4
   swimming pool **piscina** *f.* 4
symptom **síntoma** *m.* 10

T

table **mesa** *f.* 2
tablespoon **cuchara** *f.* 12
take **tomar** *v.* 2, 8; **llevar** *v.*
   Take care! **¡Cuídense!**
   take care of **cuidar** *v.* 13
   take (someone's) temperature
      tomar(le) *v.* **la temperatura**
      (a alguien) 10
   take (*wear*) a shoe size **calzar** *v.* 6

take a bath **bañarse** *v.* 7
take into account **tomar** *v.* **en**
   cuenta
take off **quitarse** *v.* 7
take out the trash **sacar** *v.* **la basura**
   12
take pictures **sacar** *v.* **fotos** 5;
   tomar fotos 13
talented **talentoso/a** *adj.*
talk **hablar** *v.* 2; **conversar** *v.* 2
   talk show **programa** *m.* **de**
      entrevistas
tall **alto/a** *adj.* 3
tank **tanque** *m.* 11
tape (audio) **cinta** *f.*
taste **probar (o:ue)** *v.* 8
tasty **rico/a** *adj.* 8; **sabroso/a** *adj.* 8
tax **impuesto** *m.*
taxi(cab) **taxi** *m.* 5
tea **té** *m.* 8
teach **enseñar** *v.* 2
teacher **profesor(a)** *m., f.*;
   (*elementary school*) **maestro/a** *m.,*
   f. 16
team **equipo** *m.* 4
technician **técnico/a** *m., f.* 16
telecommuting **teletrabajo** *m.* 16
teleconference **videoconferencia** *f.*
telephone **teléfono** *m.* 11
   cell phone **teléfono celular** 11
television **televisión** *f.* 11
   television set **televisor** *m.* 11
tell **decir** *v.* 6
temperature **temperatura** *f.* 10
ten **diez** 1
tennis **tenis** *m.* 4
   tennis shoes **zapatos** *m., pl.* **de**
      tenis
tension **tensión** *f.* 15
tent **tienda** *f.* **de campaña** 5
tenth **décimo/a** *adj.* 5
terrible **terrible** *adj. m., f.* 13
   it's terrible **es terrible** 13
terrific **chévere** *adj.*
test **prueba** *f.* 2; **examen** *m.* 2
text message **mensaje de texto** *m.* 11
Thank you. **Gracias.** *f., pl.* 1
   Thank you (very much).
      (Muchas) gracias. 1
   Thank you very, very much.
      Muchísimas gracias.
   Thanks for everything. **Gracias**
      por todo.
   Thanks once again. **Gracias una**
      vez más.
that **que; quien(es); lo que** *rel. pron.* 9
   that (one) **ése, ésa, eso** *pron.* 6;
      ese, esa, *adj.* 6
   that (*over there*) **aquél, aquélla,**
      aquello *pron.* 6;
      aquel, aquella *adj.* 6
   that which **lo que** *conj.* 9
   That's me. **Soy yo.**
   that's why **por eso** 11

the **el** *m.*, **la** *f. sing., def. art.*; **los** *m.*,
las *f. pl., def. art.* 1
theater **teatro** *m.*
their **su(s)** *poss., adj.* 3; **suyo(s)/a(s)**
poss., pron. 11
them **los/las** *pron.* 5; **les** *pron.* 6
then **después** (*afterward*) *adv.* 7;
entonces (*as a result*) *adv.* 7;
luego (*next*) *adv.* 7; **pues** *adv.* 15
there **allí** *adv.* 5
There is/are… **Hay…** 1;
There is/are not… **No hay…** 1
therefore **por eso** *adv.* 11
these **éstos, éstas** *pron.* 6;
estos, estas *adj.* 6
they **ellos/as** *sub. pron.* 1
they are **ellos/as son** 1
thin **delgado/a** *adj.* 3
thing **cosa** *f.* 1
think **pensar (e:ie)** *v.* 4; (*believe*)
creer *v.* think about **pensar en** 4
third **tercer, tercero/a** *adj.* 5
thirst **sed** *f.* 3
thirsty: be (very) thirsty **tener** *v.*
(mucha) sed 3
thirteen **trece** 1
thirty **treinta** 1; thirty (*minutes past
the hour*) **y treinta** 1; **y media** 1
this **este, esta** *adj.*;
éste, ésta, esto *pron.* 6
This is… (*introduction*) **Éste/a
es…** 1
This is he/she. (*on telephone*)
Con él/ella habla. 11
those **ésos, ésas** *pron.* 6;
esos, esas *adj.* 6
those (over there) **aquéllos, aquéllas**
pron. 6; **aquellos, aquellas** *adj.* 6
thousand **mil** *m.* 6
three **tres** 1
three hundred **trescientos/as** 6
throat **garganta** *f.* 10
through **por** *prep.* 11
throughout: throughout the world **en
todo el mundo** 13
throw **echar** *v.*
Thursday **jueves** *m., sing.* 2
thus (*in such a way*) **así** *adj.*
ticket **boleto** *m.*; **entrada** *f.*; **pasaje** *m.*
5; (*traffic*) **multa** *f.* 11
tie **corbata** *f.* 6
time **vez** *f.* 6; **tiempo** *m.* 4
buy on time **comprar** *v.* **a plazos** *m.*,
pl. have a good/bad time **pasar
lo** *v.* **bien/mal** 9
We had a great time. **Lo
pasamos de película.**
times **veces** *f., pl.*
many times **muchas veces** 10
tip **propina** *f.* 9
tire **llanta** *f.* 11
tired **cansado/a** *adj.* 5
be tired **estar** *v.* **cansado/a** 5
title **título** *m.*

to **a** *prep.* 1
toast (*drink*) **brindar** *v.* 9
toast **pan** *m.* **tostado**
toasted **tostado/a** *adj.* 8
toaster **tostadora** *f.*
today **hoy** *adv.* 2
Today is… **Hoy es…** 2, 5
together **juntos/as** *adj.* 9
tomato **tomate** *m.* 8
tomorrow **mañana** *adv.* 1
See you tomorrow. **Hasta mañana.** 1
tonight **esta noche** *adv.* 4
too **también** *adv.* 7
too much **demasiado** *adv.* 6;
en exceso 15
tooth **diente** *m.* 7; tooth **muela** *f.* 10
tornado **tornado** *m.*
tortilla **tortilla** *f.* 8
touch **tocar** *v.* 13
tour an area **recorrer** *v.*; **excursión** *f.*
go on a tour **hacer** *v.* **una
excursión** 5
tourism **turismo** *m.* 5
tourist **turista** *m., f.* 1; **turístico/a** *adj.*
toward **para** *prep.* 11; **hacia** *prep.* 14
towel **toalla** *f.* 7
town **pueblo** *m.* 4
trade **oficio** *m.* 16
traffic **circulación** *f.*; **tráfico** *m.* 11
traffic light **semáforo** *m.* 11
tragedy **tragedia** *f.*
trail **sendero** *m.* 13
trailhead **sendero** *m.*
train **entrenarse** *v.* 15; **tren** *m.* 5
train station **estación** *f.* **del tren**
m. 5
translate **traducir** *v.* 8
trash **basura** *f.* 12
travel **viajar** *v.* 2
travel agency **agencia** *f.* **de viajes** 5
travel agent **agente** *m., f.* **de
viajes** 5
travel documents **documentos**
m., pl. **de viaje**
traveler **viajero/a** *m., f.* 5
traveler's check **cheque** *m.* **de
viajero** 14
treat (*entertain*) **invitar** *v.* 9
tree **árbol** *m.* 13
trillion **billón** 6
trimester **trimestre** *m.* 2
trip **viaje** *m.* 5
take a trip **hacer** *v.* **un viaje** 5
tropical forest **bosque** *m.* **tropical** 13
truck **camión** *m.*
true **cierto/a; verdad** *adj.* 13
it's (not) true **(no) es cierto/verdad**
13
trunk **baúl** *m.* 11
truth **verdad** *f.* 6
try **intentar** *v.*; **probar (o:ue)** *v.* 8
try (*to do something*) **tratar** *v.* **de
(+ inf.)** 15
try on **probarse (o:ue)** *v.* 7

t-shirt **camiseta** *f.* 6
Tuesday **martes** *m., sing.* 2
tuna **atún** *m.* 8
turkey **pavo** *m.* 8
turn **doblar** *v.* 14
turn off (*electricity/appliance*)
apagar *v.* 11
turn on (*electricity/appliance*)
poner *v.* 11; **prender** *v.* 11
turtle **tortuga** *f.* 13
sea turtle **tortuga marina** 13
twelve **doce** 1
twenty **veinte** 1
twenty-eight **veintiocho** 1
twenty-five **veinticinco** 1
twenty-four **veinticuatro** 1
twenty-nine **veintinueve** 1
twenty-one **veintiún, veintiuno/a** 1
twenty-seven **veintisiete** 1
twenty-six **veintiséis** 1
twenty-three **veintitrés** 1
twenty-two **veintidós** 1
twice **dos veces** 6
twisted **torcido/a** *adj.* 10
be twisted **estar** *v.* **torcido/a** 10
two **dos** 1
two hundred **doscientos/as** 6
two times **dos veces** 6

U

ugly **feo/a** *adj.* 3
uncle **tío** *m.* 3
under **debajo de** *prep.* 2; **bajo** *prep.*
understand **comprender** *v.* 3;
entender (e:ie) *v.* 4
underwear **ropa** *f.* **interior** 6
unemployment **desempleo** *m.*
university **universidad** *f.* 2
unless **a menos que** *adv.* 13
unmarried **soltero/a** *adj.* 9
unpleasant **antipático/a** *adj.* 3
until **hasta** *prep.* 6; **hasta que** *conj.* 13
up **arriba** *adv.*
urgent **urgente** *adj.* 12
It's urgent that… **Es urgente que…**
12
us **nos** *pron.* 5
use **usar** *v.* 6
used for **para** *prep.* 11
useful **útil** *adj.*

V

vacation **vacaciones** *f., pl.* 5
be on vacation **estar** *v.* **de
vacaciones** 5
go on vacation **ir** *v.* **de vacaciones** 5
vacuum **pasar** *v.* **la aspiradora** 12
vacuum cleaner **aspiradora** *f.* 12
valley **valle** *m.* 13
various **varios/as** *adj., pl.*
vegetables **verduras** *f., pl.* 8

verb **verbo** *m.*
very **muy** *adv.* 1
   very bad **malísimo** 8
   very much **muchísimo** *adv.*
   Very good, thank you. **Muy bien, gracias.**
   (Very) well, thanks. **(Muy) bien, gracias.** 1
vest **chaleco** *m.*
video **video** *m.* 1
   video conference **videoconferencia** *f.* 16
   videocamera **cámara** *f.* **de video** 11
vinegar **vinagre** *m.* 8
violence **violencia** *f.*
visit **visitar** *v.* 4
   visit a monument **visitar un monumento** 4
vitamin **vitamina** *f.* 15
voicemail **buzón** *m.* **de voz** 11
volcano **volcán** *m.* 13
volleyball **vóleibol** *m.* 4
vote **votar** *v.*

W

wait (for) **esperar** *v.* 2
waiter **camarero/a** *m., f.* 8
wake up **despertarse (e:ie)** *v.* 7
walk **caminar** *v.* 2
   take a walk **pasear** *v.* 4
   walk around the city/town **pasear por la ciudad/el pueblo** 4
wall **pared** *f.* 12
wallet **cartera** *f.* 6
want **desear** *v.* 2; **querer (e:ie)** *v.* 4, 12
   I don't want to **no quiero** 4
war **guerra** *f.*
warm (oneself) up **calentarse** *v.* 15
wash **lavar** *v.* 12
   wash one's face/hands **lavarse** *v.* **la cara/las manos** 7
   wash oneself **lavarse** 7
washing machine **lavadora** *f.* 12
watch **mirar** *v.* 2; **reloj** *m.* 2; **ver** *v.* 4
   watch television **mirar (la) televisión** 2
   watch movies **ver películas** 4
water **agua** *f.* 8
   water pollution **contaminación del agua** 13
   water-skiing **esquí** *m.* **acuático** 4
way **manera** *f.*
we **nosotros/as** *sub. pron.* 1
   we are **nosotros/as somos** 1
weak **débil** *adj.* 15
wear **llevar** *v.* 6; **usar** *v.* 6; **calzar** *v.* (shoes) 6
weather **tiempo** *m.* 5
   It's bad weather. **Hace mal tiempo.** 5
   It's nice weather. **Hace buen tiempo.** 5

weaving **tejido** *m.*
Web **red** *f.* 11
website **sitio** *m.* **web** 11
wedding **boda** *f.* 9
Wednesday **miércoles** *m., sing.* 2
week **semana** *f.* 2
weekend **fin** *m.* **de semana** 4
weight **peso** *m.* 15
   lift weights **levantar** *v.* **pesas** *f., pl.* 15
Welcome! **¡Bienvenido(s)/a(s)!** *adj.* 12
well **pues** *adv.*; **bueno** *adv.*
well-being **bienestar** *m.* 15
well organized **ordenado/a** *adj.*
west **oeste** *m.* 14
   to the west **al oeste** 14
western (*genre*) **de vaqueros** *adj.*
whale **ballena** *f.* 13
what **lo que** 9
   what? **¿qué?** *adj., pron.* 1, 9; **¿cuál(es)?** 9
   At what time…? **¿A qué hora…?** 1
   What a… ! **¡Qué…!**
   What a pleasure to . . . ! **¡Qué gusto (+ inf.)…**
   What a surprise! **¡Qué sorpresa!**
   What day is it? **¿Qué día es hoy?**
   What did he/she do? **¿Qué hizo él/ella?** 6
   What did they do? **¿Qué hicieron ellos/ellas?** 6
   What did you do? **¿Qué hiciste?** *fam., sing.*; **¿Qué hizo usted?** *form., sing.*; **¿Qué hicieron ustedes?** *form., pl.* 6
   What did you say? **¿Cómo?**
   What do you guys think? **¿Qué les parece?** 9
   What happened? **¿Qué pasó?**
   What is it? **¿Qué es?** 1
   What is the date (today)? **¿Cuál es la fecha (de hoy)?**
   What is the price? **¿Qué precio tiene?**
   What is today's date? **¿Cuál es la fecha de hoy?** 5
   What pain! **¡Qué dolor!**
   What pretty clothes! **¡Qué ropa más bonita!** 6
   What size do you wear? **¿Qué talla lleva (usa)?** 6
   What time is it? **¿Qué hora es?** 1
   What's going on? **¿Qué pasa?** 1
   What's… like? **¿Cómo es…?**
   What's new? **¿Qué hay de nuevo?** 1
   What's wrong? **¿Qué pasó?**
   What's your name? **¿Cómo se llama usted?** *form.* 1
   What's your name? **¿Cómo te llamas (tú)?** *fam.* 1
when **cuando** *conj.* 7
   When? **¿Cuándo?** 2, 9

where **donde** *adj., conj.*
   where? (*destination*) **¿adónde?** 2, 9; (*location*) **¿dónde?** 1, 9
   Where are you from? **¿De dónde eres?** *fam.* 1; **¿De dónde es usted?** *form.* 1
   Where is…? **¿Dónde está…?** 2
   (to) where? **¿adónde?** 2
which **que; lo que** *rel. pron.* 9
which? **¿cuál(es)?** *adj., pron.*; **¿qué?** 2, 9
   which one(s)? **¿cuál(es)?** 2
while **mientras** *adv.* 10
white **blanco/a** *adj.* 6
   white wine **vino** *m.* **blanco** 8
who **que; quien(es)** *rel. pron.* 9
   who? **¿quién(es)?** 1, 9
   Who is…? **¿Quién es…?** 1
   Who is calling? (*on telephone*) **¿De parte de quién?**
   Who is speaking? (*on telephone*) **¿Quién habla?** 11
whole **todo/a** *adj.*
whom **quien(es)** *rel. pron.* 9
whose…? **¿de quién(es)…?** 1
why? **¿por qué?** *adv.* 2, 9
widowed **viudo/a** *adj.* 9
wife **esposa** *f.* 3
win **ganar** *v.* 4
wind **viento** *m.*
window **ventana** *f.* 2
windshield **parabrisas** *m., sing.* 11
windy: It's (very) windy. **Hace (mucho) viento.** 5
wine **vino** *m.* 8
   red wine **vino tinto** 8
   white wine **vino blanco** 8
wineglass **copa** *f.* 12
winter **invierno** *m.* 5
wireless (connection) **conexión** *f.* **inalámbrica** 11
wish **desear** *v.* 2; **esperar** *v.* 13
   I wish (that) **Ojalá que** 13
with **con** *prep.*
   with me **conmigo** 4
   with you **contigo** *fam.*
within **dentro de** *prep.*
without **sin** *prep.* 13, 15; **sin que** *conj.* 13
   without a doubt **sin duda**
woman **mujer** *f.* 1
wool **lana** *f.* 6
   (made of) wool **de lana** 6
word **palabra** *f.* 1
work **trabajar** *v.* 2; **funcionar** *v.* 11; **trabajo** *m.* 16
   work (*of art, literature, music, etc.*) **obra** *f.*
   work out **hacer** *v.* **gimnasia** 15
world **mundo** *m.* 13
worldwide **mundial** *adj. m., f.*
worried (about) **preocupado/a (por)** *adj.* 5

worry (about) **preocuparse** *v.* **(por)** 7
   Don't worry. **No se preocupe.**
      form. 7; **No te preocupes.** *fam.* 7
worse **peor** *adj. m., f.* 8
worst **el/la peor** 8; **lo peor**
Would you like to? **¿Te gustaría?**
write **escribir** *v.* 3
   write a letter/post card/e-mail
      escribir una carta/(tarjeta)
      postal/mensaje *m.*
      electrónico 4
writer **escritor(a)** *m., f.* 16
written **escrito/a** *p.p.* 15
wrong **equivocado/a** *adj.* 5
   be wrong **no tener** *v.* **razón** 3

X-ray **radiografía** *f.* 10

yard **jardín** *m.* 12; **patio** *m.* 12
year **año** *m.* 5
   be… years old **tener** *v.* **… años** 3
yellow **amarillo/a** *adj.* 6
yes **sí** *interj.* 1
yesterday **ayer** *adv.* 6
yet **todavía** *adv.* 5
yogurt **yogur** *m.*
you **tú** *sub. pron. fam. sing.* 1; **usted**
      sub. pron. form. sing. 1; **vosotros/**
      as *sub. pron. fam. pl.* 1; **ustedes**
      sub. pron. form. pl. 1; **te** *d. o. pron.*
      fam. sing. 5; **lo** *d. o. pron. m. form.*
      sing. 5; **la** *d. o. pron. f. form. sing.*
      5; **os** *d. o. pron. fam. pl.* 5; **los** *d. o.*
      pron. m. form. pl. 5; **las** *d. o. pron.*
      f. form. pl. 5; **le(s)** *i. o. pron.*
      form. 6
   you are **tú eres** *fam. sing.* 1; **usted**
      es *form. sing.* 1; **vosotros/as**
      sois *fam. pl.* 1; **ustedes son**
      form. pl. 1
   You don't say! **¡No me digas!** *fam.;*
      ¡No me diga! *form.*
   You're welcome. **De nada.** 1; **No**
   hay de qué. 1
young **joven** *adj.* 3
   young person **joven** *m., f.* 1
   young woman **señorita** *f.*
younger **menor** *adj. m., f.* 3
   younger brother, sister **hermano/a**
      menor *m., f.* 3
youngest **el/la menor** *m., f.* 8
your **su(s)** *poss., adj., form.* 3
   your **tu(s)** *poss., adj., fam. sing.* 3
   your **vuestro(s)/a(s)** *poss., adj.*
      form., pl.
   your(s) *form.* **suyo(s)/a(s)**
      poss. pron., form. 11

your(s) **tuyo(s)/a(s)** *poss.,*
      fam., sing. 11
youth **juventud** *f.* 9; (young person)
   joven *m., f.* 1

zero **cero** *m.* 1

Índice

Text Credits

300-301 © TUTE.

376-377 © Denevi, Marco, *Cartas peligrosas y otros cuentos. Obras completas, Tomo 5*, Buenos Aires, Corregidor, 1999, págs. 192-193.

404-405 © EL VIAJE by CRISTINA PERI ROSSI.

428-429 © Augusto Monterroso.

Photography and Art Credits

All images © Vista Higher Learning unless otherwise noted. Fotonovela photos provided by Carolina Zapata.

Cover: (full pg) © PhotoLatino/eStock Photo-All rights reserved.

Front Matter (IAE): IAE-4 © digitalskillet/iStockphoto; **IAE-7** Pascal Pernix.

Front Matter (SE): iii Darío Eusse Tobón; **xxx** (t) © rvlsoft/Shutterstock.com; (m) © Imoloko/Shutterstock.com; (b) © L_amica/Shutterstock.com.

Lesson One: 1 (full pg) Carolina Zapata; **2** (l) Paul Díez; (r) Martín Bernetti; **3** (t, b) Martín Bernetti; **4** Martín Bernetti; **5** Martín Bernetti; **6** (l, m, r) Martín Bernetti; **10** (l) Rachel Distler; (r) Ali Burafi; **11** Paul Díez; **12** (t, mr, bl, br) Martin Bernetti; (ml) © Supertrooper/Shutterstock.com; **13** (t) Dario Eusse Tobon; (mt) © tiero/Fotolia.com; (mmt) © VibrantImage/Big Stock Photo; (mmb, mb) Martin Bernetti; (b) © gchutka/iStockphoto; **14** © Blend Images/Alamy; **16** (left col: tl) Martin Bernetti; (left col: tm) © Andresr/Shutterstock.com; (left col: tr) © elenathewise/Big Stock Photo; (left col: b) © Scanrail/Fotolia.com; (right col: t, right col: tr) © kathclick/Big Stock Photo; (right col: mtl) © Hector Mata/AFP/Getty Images; (right col: mtr) © Jeff Gross/Getty Images Sport/Getty Images; (right col: mbl) © Mitchell Gerber/Corbis; (right col: mbr) © WireImage/Getty Images; (right col: bl) © Rafique Rahman/Reuters/Corbis; **17** © Reuters/Corbis; **22** © Gary Conner/Getty Images; **23** (t) © RapidEye/iStockphoto; (b) © Philip Lange/123RF.

Lesson Two: 27 (full pg) Carolina Zapata; **28** (t) © RazvanPhotography/Big Stock Photo; (ml) © Alexander Raths/Fotolia.com; (mr) Martín Bernetti; (b) © Moodboard/123RF; **29** (t, ml, mr) Martín Bernetti; **30** Martín Bernetti; **31** (t) © Bettmann/Corbis; (b) © Johnny Lye/iStockphoto; **32** Martín Bernetti; **36** (t) © Pablo Corral V/Corbis; (b) Mauricio Osorio; **37** © Robert Fried/Alamy; **38** (l) Martín Bernetti; (r) © Allihays/Dreamstime.com; **39** (t, ml, br) Martín Bernetti; (mr) © LWA/Sharie Kennedy/Blend Images/Alamy; (bl) © Kenhurst/Dreamstime.com; **40** © PNC/Media Bakery; **41** Martín Bernetti; **42** (l, r) Martín Bernetti; **45** (t) Martín Bernetti; (b) © ADALBERTO ROQUE/AFP/Getty Images; **46** Martín Bernetti; **48** (tl, b) Martín Bernetti; (tr) Darío Eusse Tobón; **49** (t) Martín Bernetti; (b) © David R. Frazier Photolibrary, Inc./Alamy; **50** José Blanco; **51** (t) Pascal Pernix; (b) Mauricio Osorio; **53** © Richard H. Cohen/Corbis; **54** (tl) © Ian Dagnall/Age Fotostock; (tr) © Sylvain Grandadam/Age Fotostock; (l) © Lou Rocco/Disney ABC Television Group/Getty Images; (ml) © Alliance Images/Alamy; (mr) © DFree/Big Stock Photo; (r) © spacephotos com./Spacephotos/Age Fotostock; **55** (tl) © Richard Cummins/Corbis; (tr) © Danny Lehman/Corbis; (b) Marta Mesa.

Lesson Three: 57 (full pg) Carolina Zapata; **58** Martín Bernetti; **59** (t) © Media Bakery; (m) Gloria Elena Restrepo; (b) © Rob Marmion/Shutterstock.com; **61** (t, mm, bl, bm) Martín Bernetti; (ml) Darío Eusse Tobón; (mr) © LWA-Dann Tardif/Corbis; (br) Ventus Pictures; **66** (tl) © AP Photo/David Cantor; (tr) ©

Rafael Perez/Reuters/Corbis; (b) © Martial Trezzini/epa/Corbis; **67** © Media Bakery; **68** (tl) © Chris Fertnig/iStockphoto; (tm) © Juniors Bildarchiv/Alamy; (tr, bm, br) Martín Bernetti; (bl) © Olena Savytska/iStockphoto; **69** (t) © Ted Spiegel/Corbis; (mtl) © Heribert Proepper/AP Images; (mtr) © Shubroto Chattopadhyay/Corbis; (mml) © Jon Kopaloff/Contributor/FilmMagic/Getty Images; (mmr) © ZUMA Wire Service/Alamy; (mbl) © Ivo Roospold/Alamy; (mbr) © Dennis Brack/Danita Delimont, Agent/Alamy; (b) Gloria Elena Restrepo; **70** Martín Bernetti; **71** (left col: t) Darío Eusse Tobón; (left col: m, left col: b) Martín Bernetti; (r) © Jupiterimages/Getty Images; (insert) © Melica/Dreamstime.com; **72** (t, mtl, mbl) Martín Bernetti; (mtr) © Blend Images/Fotolia.com; (mbr) © Photodisc/Alamy; (b) Darío Eusse Tobón; **73** (l) Martín Bernetti; (r) © James Woodson/Getty Images; **78** (tl) Carolina Patino Andrade; (tr) Martín Bernetti; (b) Darío Eusse Tobón; **79** (tl) Ventus Pictures; (tr, bl, br) Martín Bernetti; **80** (t, m, b) Martín Bernetti; **81** (t) Nora y Susana © Fotocolombia.com; (m) © Chuck Savage/Corbis; (b) Martín Bernetti.

Lesson Four: 83 (full pg) Carolina Zapata; **84** (tl) © PCN Photography/Alamy; (tr) © Cathy Yeulet/123RF; (b) © Djmattaar/Dreamstime.com; **85** (tl) © Michael Chamberlin/Fotolia.com; (tm) Martin Bernetti; (tr) © Ty Allison/Taxi/Getty Images; (bl) © Aleksandar Todorovic/Big Stock Photo; (br) © Richard Human/Alamy; **86** (l, r) Martin Bernetti; **87** (tl, tmr, tr, br) Martin Bernetti; (tml) Darío Eusse Tobón; (bl) © Image Source/Corbis; **92** (l) © JAVIER SORIANO/Staff/AFP/Getty Images; (r) © AP Photo/Fernando Bustamante; **93** © Max Earey/Shutterstock.com; **95** © Monkey Business Images/Dreamstime.com; **96** © hjalmeida/Big Stock Photo; **97** (tl) © Rolfbodmer/iStockphoto; (tr) © Ana Abejon/iStockphoto; (b) © Curtis J. Morley/iStockphoto; **98** © Paul Bradbury/OJO Images Ltd/Alamy; **99** (t) © VojtechVlk/Shutterstock.com; (b) © koh sze kiat/Shutterstock.com; **100** (tl) Martin Bernetti; (tr) © Blend Images/Fotolia.com; (bl) © Bailey-Cooper Photography/Alamy; (br) Dario Eusse Tobon; **101** Dario Eusse Tobon; **102** © Image Source/Alamy; **103** Ventus Pictures; **104** (tl) Martin Bernetti; (tr) Ventus Pictures; (b) © TheSupe87/Fotolia.com; **105** (t) Martin Bernetti; (b) © ra2studio/Big Stock Photo; **106** (t) © Jeff Greenberg/Alamy; (b) © Jupiter Images; **107** © Roger Viollet/Getty Images; **109** © Bill Ross/Corbis; **110** (t) © jschultes/Big Stock Photo; (bl) © holbox/Big Stock Photo; (br) © Ritu Jethana/123RF; **111** (tl) © Bettmann/Corbis; (tr) Diego Rivera. (1866–1957) *Sugar Cane*, 1930. Fresco, 57 1/8 x 94 1/8 inches (145.1 x 239.1 cm). Gift of Mr. and Mrs. Herbert Cameron Morris, 1943. Location: Philadelphia Museum of Art, Philadelphia, U.S.A. © 2012 Banco de México Diego Rivera Frida Kahlo Museums Trust, Mexico, D.F./Artists Rights Society (ARS), New York. Photo credit: © Philadelphia Museum of Art/Corbis; (bl) © David R. Frazier Photolibrary/Alamy; (br) © Omar Torres/AFP/Getty Images.

Lesson Five: 113 (full pg) Carolina Zapata; **114** (tl, tr, b) Martín Bernetti; **115** (t) Martín Bernetti; (bl) © Wendy Carter/iStockphoto; (br) © Ionescu Bogdan Cristian/iStockphoto; **116** (l) © Margo Silver/Stone/Getty Images; (m) © PJF News/Alamy Limited; (r) Darío Eusse Tobón; **122** © Jeremy Horner/Corbis; **123** © Mrallen/Dreamstime.com; **124** Martín Bernetti; **125** © Medioimages/Photodisc/Getty Images; **135** Martín Bernetti; **136** Carlos Gaudier; **137** (tr, m, b) Carlos Gaudier.

Lesson Six: 139 (full pg) Carolina Zapata; **140** (l, r) Martín Bernetti; **141** (t) Martín Bernetti; (b) © Karkas/Big Stock Photo; **142** (l) Martín Bernetti; (r) Darío Eusse Tobón; **148** (l) © Jose Caballero Digital Press Photos/Newscom; (r) © INSADCO Photography/Alamy; **149** © Ivanchenko/iStockphoto; **153** (tl, tr, bl, br) Martín Bernetti; **154** © Randy Faris/Corbis; **156** (left col: t, left col: m, left col: b) Paula Díez; (right col) © Andres Rodriguez/123RF; **159** © David J. Green - lifestyle themes/Alamy; **160** (l, m, r) Darío Eusse Tobón; **161** (t, b) Martín Bernetti; **162** Paula Díez; **163** Paula Díez; **165** © PictureLake/Fotolia.com; **166** (tl, tr) Doren Spinner; (bl) © Mike Segar/Reuters/Corbis; (br) © Michael Kim/Corbis; **167** (t) © © Jeremy Horner/Corbis; (b) © R. Peterkin/Fotolia.com.

Lesson Seven: 169 (full pg) Carolina Zapata; **170** (t, m, b) Martín Bernetti; **171** (l) Martín Bernetti; (r) Darío Eusse Tobón; **172** (tl, mr, bml, br) Darío Eusse Tobón; (tr, ml, bl, bmr) Martín Bernetti; **174** (t, ml, mm, mr, bl, bm, br) Martín Bernetti; **178** © Stewart Cohen/Getty Images; **179** © Ocean/Corbis; **180** (tl, tr, ml, mr, bl) Martín

Bernetti; (br) © Stockbyte/Getty Images; **181** (left col, right col: l, right col: r) Martín Bernetti; **183** (t, m) Martín Bernetti; (b) Darío Eusse Tobón; **184** Martín Bernetti; **185** © Masterfile (Royalty-Free Division); **187** Martín Bernetti; **190** Anne Loubet; **191** Jimena V.

Lesson Eight: 195 (full pg) Carolina Zapata; **196** (t) Martín Bernetti; (b) © Jack Puccio/iStockphoto; **197** (tl, tr, br) Martín Bernetti; (bl) © Barry Gregg/Corbis; **204** (l) Rachel Distler; (r) © Greg Elms/Lonely Planet Images/ Getty Images; **205** © GrenouilleFilms/iStockphoto; **207** (left col: t, left col: b) Darío Eusse Tobón; (l) © Benitez, Rodolfo/Age Fotostock; (ml) Janet Dracksdorf; (mr) © StockFood/Gustavo Andrade - StockFood Munich; (r) José Blanco; **210** © Hemis/Alamy; **211** (left col: t) © Ben Blankenburg/Corbis; (left col: ml) © Corbis; (left col: mm, left col: bm, left col: br) Martín Bernetti; (left col: mr, left col: bl) Darío Eusse Tobón; (r) © Jack Hollingsworth/ Corbis; **216** © Commercial Eye/Getty Images; **217** Darío Eusse Tobón; **221** © Galen Rowell/Corbis; **222** (tl) © John Beatty/Getty Images; (b) © Jeff Luckett/iStockphoto; **223** (t) © Piero Pomponi/Getty Images; (bl) Jimena V.; (br) © Marshall Bruce/iStockphoto.

Lesson Nine: 225 (full pg) Carolina Zapata; **226** (tl) © Susana/Fotocolombia.com; (tr, br) Martín Bernetti; (bl) © Andrew Unangst/Corbis; **228** Martín Bernetti; **230** Martín Bernetti; **234** (l) © Sylwia Blaszczyszyn/Dreamstime. com; (r) © PictureNet/Corbis; **235** © Jeff Greenberg/Alamy; **236** Martín Bernetti; **239** (left col: l) Darío Eusse Tobón; (left col: m, left col: r) Martín Bernetti; (right col: t) © Nikolai Sorokin/Dreamstime.com; (right col: b) © ecliff6/iStockphoto; **240** Martín Bernetti; **243** (left col: t) Darío Eusse Tobón; (left col: ml, left col: mr, left col: br) Martín Bernetti; (left col: bl) Gloria Elena Restrepo ; (right col: t) © Trouvail/Dreamstime.com; (right col: b) © padnpen/iStockphoto; **244** (l) © reggie casagrande/iStockphoto; (r) © Arne9001/Dreamstime.com; **245** © JUPITERIMAGES/Brand X/Alamy ; **248** (t) © Katrina Brown/123RF; (b) Esteban Corbo; **249** Armando Brito.

Lesson Ten: 251 (full pg) Carolina Zapata; **252** (t) Martín Bernetti; (b) José Blanco; **253** (t) © kmiragaya/Big Stock Photo; (b) © James Steidl/Dreamstime.com; **254** Martín Bernetti; **256** © JupiterImages/Photos.com/Alamy; **260** (t) José Blanco; (b) © Ricardo Figueroa/AP Images; **261** Janet Dracksdorf; **263** Rossy Llano; **267** (l) © endomotion/ Big Stock Photo; (r) Martín Bernetti; **268** © JupiterImages/Photos.com/Alamy; **270** Paula Díez; **271** © Stephanie Maze/Corbis; **272** Martín Bernetti; **275** © Duomo/Corbis; **276** (t) Ali Burafi; (b) © gaelj/Fotolia.com; **277** (tl, tr, b) Ali Burafi.

Lesson Eleven: 279 (full pg) Carolina Zapata; **280** (t, br) Martín Bernetti; (bl) Celeste Avila; **281** (l) © Dmitry Kutlayev/iStockphoto; (r) © Ju-Lee/iStockphoto; **283** Darío Eusse Tobón; **288** (t) Carolina Zapata; (b) Esteban Corbo; **289** © Pictrough/Big Stock Photo; **291** (l) Martín Bernetti; (r) © Reuters/Corbis; **294** (t) © LdF/ iStockphoto; (tml) © Fred De Bailliencourt/iStockphoto; (tmr, bmr, bl) Martín Bernetti; (bml, br) Liliana P. Bobadilla; **295** (t) © LdF/iStockphoto; (b) © Greg Nicholas/iStockphoto; **298** Ventus Pictures; **299** Darío Eusse Tobón.

Lesson Twelve: 303 (full pg) Carolina Zapata; **304** (l) Martín Bernetti; (r) Darío Eusse Tobón; **305** (tl, tr) Martín Bernetti; (b) © Comstock Images/Jupiterimages; **306** (l, r) Martín Bernetti; **308** (l) © Terry J Alcorn/ iStockphoto; (r) © Harry Neave/Fotolia.com; **312** (l) © Dusko Despotovic/Corbis; (r) Martín Bernetti; **313** © Iconotec/Alamy; **317** Martín Bernetti; **320** Carolina Patino Andrade; **321** © Fred Goldstein/Fotolia.com; **323** © Tony Arruza/Corbis; **324** © Chile DesConocido/Alamy; **327** © Owen Franken/Corbis; **328** (t) © Katoton/ Dreamstime.com; (bl) © Dave G. Houser/Corbis; (br) © Craig Lovell/Corbis; **329** (tl) © Kevin Schafer/Corbis; (tr) © Tony Arruza/Corbis; (b) © Yann Arthus-Bertrand/Altitude.

Lesson Thirteen: 331 (full pg) Carolina Zapata; **332** (tl, b) Martín Bernetti; (tr) Rachel Distler; **333** (tl) © Ron Masessa/iStockphoto; (tm) © Wendy Boos/iStockphoto; (tr) © Simone van den Berg/iStockphoto; (b) © Darren Greenwood/Design Pics/Corbis; **334** (tl) Carlos Arango; (tr) © Daniel Stein/iStockphoto; (bl)

Television Credits

About the Authors

José A. Blanco founded Vista Higher Learning in 1998. A native of Barranquilla, Colombia, Mr. Blanco holds a B.A. in Literature from the University of California, Santa Cruz, and an M.A. in Hispanic Studies from Brown University. He has worked as a writer, editor, and translator for Houghton Mifflin and D.C. Heath and Company and has taught Spanish at the secondary and university levels. Mr. Blanco is also the co-author of several other Vista Higher Learning programs: **VISTAS** and **PANORAMA** at the introductory level, **VENTANAS**, **FACETAS**, and **ENFOQUES** at the intermediate level, and **REVISTA** at the advanced conversation level.

Philip Redwine Donley received his M.A. in Hispanic Literature from the University of Texas at Austin in 1986 and his Ph.D. in Foreign Language Education from the University of Texas at Austin in 1997. Dr. Donley taught Spanish at Austin Community College, Southwestern University, and the University of Texas at Austin. He published articles and conducted workshops about language anxiety, language anxiety management, and the development of critical thinking skills, and was involved in research about teaching languages to the visually impaired. Dr. Donley was also the co-author of three other introductory college Spanish textbook programs published by Vista Higher Learning, **VISTAS**, **PANORAMA**, and **¡VIVA!**.